Oswald Bayer

Martin Luthers Theologie

세 번째 개정판

오스발트 바이어

마르틴 루터의 신학
-현재화-

옮긴이 정병식

공감마을

마르틴 루터의 신학 - 현재화

초판 1쇄 발행 2018년 11월 12일
초판 2쇄 발행 2023년 3월 20일

지은이 오스발트 바이어
옮긴이 정병식
펴낸이 김지혜
펴낸곳 도서출판 공감마을

주소 경기도 파주시 하우안길 26-6
E-Mail editorgonggam@gmail.com

출판등록번호 제406-2014-000045
출판 등록일 2014년 9월 3일

값 25,000원

ISBN 979-11-958549-4-3 93230

Martin Luters Theologie: Vergegenwaertigung
by Oswald Bayer
tr, by Chung, Byung Sig
Copyright © 2007 by Mohr Siebeck Tuebingen

All rights reserved. No Part of This book may be used or reproduced
in any manner whatever without written permission except in the case
of brief quotations embodied in critical articles or reviews.

이 책의 한국어판 저작권은 도서출판 공감마을과 저작권사와 독점계약으로
'도서출판공감마을'에 있습니다.
저작권법에 보호를 받는 저작물이므로 무단전재와 복제를 금합니다.

이 연구는 2018년도 서울신학대학교 교내연구비 지원에 의한 연구임.

Gerhard Hennig
게어하르트 헤닉에게

서 문

1. 루터 - 조직신학자인가?

마르틴 루터는 - 토마스 아퀴나스처럼 - 『신학대전』과 같은 조직신학을 집필하지 않았고, 멜란히톤처럼 『신학해제』도 쓰지 않았다. 200년 이후 철학자와 신학자들이 줄 곧 해 온 조직적 사고는 그에게 정말 낯선 것이었다. 조직적인 틀 안에서 사고하는 사람들은 통합과 일치에 얽매여 모든 것이 빈틈없이 맞물려 있어야 한다고 생각한다. 루터의 신학은 자명한 결과에 대해서도 철저히 의문을 갖도록 자극하고 있다.

루터는 1512년부터 신학교수로 가르치면서 극도의 집중력과 주의력으로 성서 본문을 연구하는 일에 몰두했다. 그는 소위 "구약학자"였고, 강의의 대부분은 구약의 책들이었다. 루터 신학의 독특한 성격에 대한 결정적인 증거들이 그 속에 있다. 그의 신학은 더 나아가 매일 매일 시편을 읽고 행하는 기도 속에서 무르익었다. 시편을 읽으며 하는 기도는 아우구스티누스 엄수파 소속 수도사들의 삶의 한 부분이었다. 루터는 시편에 학문적인 관심을 가졌다. 게다가 교회와 강의실은 서로 맞물려 있어 교회가 강의실이었고, 강의실이 곧 교회였다. 그는 수도사신분으로 설교도 했다. 설교는 교수가 된 이후, 그리고 기회가 있을 때마다 비텐베르크 시교회Stadtkirche와 집에서 뜻을 같이하는 많은 사람들 앞에서 죽기까지 계속했다.

　루터는 기회가 있을 때마다, 다양한 형식으로 개인이든 그룹이든 여러 계층의 사람들에게 설교하고 글을 썼으며, 대부분은 구체적인 문제를 다루었다. 원자료들은 다양한 종류의 본문, 즉 강의, 설교후기, 논쟁서, 위로서신, 서문 - 무엇보다도 성서에 대한 - 논제, 탁상대화, 우화, 찬송 등 하나의 종합도서관을 방불케 한다. 이 자료들은 웃고, 가르치고, 훈계하고, 위로하고, 꾸짖고 그리고 욕하기도 한다. 이 모든 말과 그리고 기회가 있을 때마다 쓴 모든 글을 조직적 체계를 가진 하나의 총론으로 묶을 수는 없다. 그럼에도 1518년 봄에 쓴 루터의 첫 개혁적 작품의 논제 "진리 탐구와 상처받은 양심의 위로"Pro veritate inquirenda et timoratis conscientiis consolandis라는 제목이 알려주듯이, 이 모든 것은 하나의 특정한 삶의 정황과 연관되어 있다. 이것은 훌륭한 제목이다. 왜냐하면 루터는 진리를 추구하는 학문적인 논의를 상처 입은 양심을 위로하는 것과 분리하지 않기 때문이다. 믿음에 대한 지적인 지식은 믿음에 대한 감정적인 체험과 같은 것이며, 토론의 기술은 목회에도 도움이 된다.

2. 원동기Urmotiv

　다양한 방식의 저술에도 불구하고 하나의 중심, 즉 루터 신학의 원동기는 마지막 심판 앞에 선 사람들의 양심을 위로하고 확신을 주고자 하는 신학적 관심이다. 그러나 이것을 따로 떨어져 있는 하나의 개념으로 표현할 수는 없다. 많은 다른 측면의 연구가 필요하며, 다양한 관점들이 검토되어야 한다.

우선 루터 신학 전체는 "너희가 *자유*를 위하여 부르심을 입었다"갈 5:13는 구절에 집약되어 있다고 말할 수 있다. 그러나 어떤 종류의 자유를 의미하는가? 성서와 종교개혁자들의 의미에서 볼 때, 자유의 개념은 *율법과 복음의 구분*에서부터 이해해야 한다. 그리고 그 안에 루터 신학의 원동기를 나타내는 두 번째 표현방식이 있다. 그러나 이 두 번째 방식은 중요한 모든 본문에 명료하게 나타나지는 않는다. 세 번째 표현방식은 "오직 믿음에 의한 칭의"이다. 루터는 끊임없이 이것을 성서의 중심이자 그의 신학의 중심으로 삼고 있다. 그러나 "만약 칭의" 역시 창조신학의 차원과 종말론적인 중요성을 고려하지 않는다면, 왜곡될 위험이 있다.

루터의 신학은 매우 생동감이 넘치고 복합적이어서 단 하나의 개념으로 요약하기는 어렵다. 그것은 어떤 체계성을 염두에 둔 것이 아니며, 오직 율법과 구분된 복음의 역동성을 고려할 때에만 내적 연관성, 즉 하나님의 언약을 파악할 수 있다. 이러한 연관성이 루터 신학의 모든 세포 안에서 염색체구조를 이루고 있다. 성령이 직접 해석하는 살아 있는 하나님의 말씀이든, 죄인과 의롭게 하는 하나님 사이에 기독론에 기초한 말씀의 교환이든, 외적인 인간 혹은 교회의 기본 구조든, 마지막으로 몇 가지 기본원칙에 입각해 있지만 매우 유연하게 다룰 수 있는 윤리든, 루터 신학의 모든 점에서 단선적인 서술방식을 차단하는 역동성을 발견할 수 있다.

3. 전개

내가 지적했던 난제는 - 역사적인 방법론을 사용했든, 조직신학적인 방법론을 이용했든 – 지금까지 루터 신학을 설명하는 모든 책 속에 반영되어 있다.

『케리그마와 도그마』 47권 2001년, 254-274에 요약 형태로 출판되었던 이 책도 이와 같은 문제점을 부인할 수도 없고 부인하지도 않을 것이다. 이 책은 전체요약을 보여주는 도입격변의 시대에 이어 루터신학의 중요한 역동성을 서론에서 주제별로 구성했다. 서론1부 1장~4장에서 네 개의 소주제, 즉 신학의 이해, 신학의 주제, '종교개혁적인 전환'에 대한 규명과 성서의 권위를 다루었다. 나머지 장 2부 5장~15장에서는 원초적인 동기Urmotiv를 더 상세하게 전개했다. 이것은 다시 두 부분으로 나누어 전개되었다. 첫 부분은 창조로부터 악의 문제까지 다루며, 두 번째 부분은 악의 극복으로부터 삼위일체 하나님의 신성과 세상의 완성까지 다룬다. 이 두 부분 사이의 분기점이 종교개혁의 결정적인 전환점이며, 이것은 루터의 종교개혁적 자유의 노래인 "사랑하는 그리스도인들이여, 이제 모두 기뻐하라"EG 341와 정확히 일치하고 있다. 이 노래는 지옥으로 가는 사람이 하나님의 자비로 전혀 예기치 못한 은혜를 경험하고 단 한번 얻은 은혜를 나누어 줌으로써 계속 새롭게 경험하는 내용을 담고 있다. 죄인과 거룩한 하나님의 대결이 죽음으로 끝나지 않는 이유는 하나님 자신 안에서 일어나는 이해하기 어려운 역전 때문이다호 11:8. 하나님은 자비하며, 우리의 구주인 그의 아들 안에서 사랑이다. 그리스도 안에서 하나님이 대가없이 주는 은혜는 계속 이어지는 주제들인 성령, 교회, 그리스도인의 새로운 삶 그리고 마지막으로 종말과 사랑인 삼위 하나님의 명백한 계시의 기초이다.

　이어지는 주제들 속에는 사도신경에서 볼 수 있는 삼위일체적 구조가 동시에 나타난다. 하나님은 성부와 창조자로, 성자와 구세주로, 성령과 완성자로 표현된다. 그러나 이것이 구원사의 진행 속에서 처음부터 분명히 드러나는 것은 아니며, 우리가 지금 벌써 분명히 인지할 수 있도록 모든 것이 마침내 종합되는 것도 아니다. 그렇기 때문에 '세계의 완성과 하나님의 삼일성'이라는 장章 다음에는 전체의 구조 속에 이미 들어 있던 결론이 나온다. 여기서 나는 신앙의 도상途上에 있고 아직은 보지 못하는 우리의 현재 모습을 기도하는 마음으로 숙고할 것이다고후 5:7.

　사도신경의 구성뿐만 아니라 『교리문답서』 전체 역시 이 책의 구조에 영향을 주고 있다. 『소요리문답서』의 모든 부분 - 십계명, 사도신경, 주기도문, 성례전, 세례 및 결혼 소책자 그리고 가정계명 - 이 긴밀하게 결합되었다.

　마지막으로 이 같은 배열의 중요한 특징은 그것이 윤리학과 유기적으로 통합되어 교리서의 부록처럼 보이지 않는다는 점에 있다. 결혼과 가정, 경제와 정치와 같은 특별한 윤리적 주제에 대한 연구는 주어진 범위 안에서 완전한 결론을 이끌어 낼 수는 없으며, 새로운 관점은 언제나 가능하다.

4. 방법론

　이 책의 서술은 루터 저서의 분석을 통해 이루어졌기 때문에 역사적-언어학적으로 비판할 수 있다비록 역사적 질문은 분명하게 다루어지지 않았지만, 이 작업은 전제되고 포함되었다. 물론 요약과 개괄적인 내용을 함께 썼으나, 전체 요지는 언제나 구체적인 본문 연구를 통해서 얻은 것이다.

루터 신학의 다양성에 부합하도록 설교, 논문, 논쟁서, 탁상담화, 강의, 토론 등 여러 분야를 폭넓게 포함했다. 물론 가장 중요한 것은 세 가지 교리문답서, 성서 각 권의 서문과 찬송이다. 직접적인 본문 연구는 외적인 장식이 아니며, 독자적인 조직적 체계를 의도한 사전작업도 아니다. 본문 연구는 오히려 듣고 검증하고 유보하고 질문을 제기해야 하는, 짧게 말한다면, 저항하는 본문에서 자기 자신과 자신의 판단을 내려야 하는 조직신학의 과제와 일치한다. 모든 것을 이미 알거나 혹은 빈틈없는 직관으로 꿰뚫어 볼 수 있다고 생각하는 사람은, 루터의 말에 의하면, "다 익기 전에 떨어진 설익은 과일"과 같다. 그러므로 루터의 작품에 직접 다가가서 독자 자신이 판단해 얻은 결실을 더욱 성숙하게 하도록 하고자 독자를 초대했다.

5. 현재화

이 책은 두 가지 점에서 현대적 의미를 찾고자 노력하고 있다. 한편으로는 역사적인 내용을 현대인의 의식 속으로 새롭게 밀어 넣고자 한다. 비록 과거의 사건이 시대가 흐르면서 변형되고 재배열되고 왜곡되었지만, 현 시대는 항상 어느 정도 과거와 연결되어 있고, 거기로부터 영향을 받는다. 조직신학자를 포함하여 모든 신학자들의 관심은 역사적인 재구성의 단계를 넘어서야 한다. '무엇이 사실인가?' 그리고 '역사적 변화의 흐름 속에서 영속적인 가치를 가지고 있는 것은 무엇인가?'를 물어야 한다.

서문

만약 우리가 조직신학적인 의도에서 – 즉 진리에 대해 묻고자 - 루터를 현재화한다면, 루터도 자기 자신을 우리에게 현재화하거나 심지어는 아마도 자기 자신을 강요할 수 있다는 사실을 경험하게 된다. 이것은 일차적으로 그의 감동적인 인격이 아니라 그의 신학에서 불가피하게 표명되는 내용에 근거한 것이다. 우리는 루터 역시 평생 동안 씨름했던 그 시대의 질문 속에서 우리 자신의 현재를 검증하지 않을 수 없다. 그것은 바로 하나님에 대해서, 그리고 하나님과 인간의 관계에 대해서 어떻게 말하는 것이 옳은가 하는 질문이다. 어떻게 구원과 생명과 은총이 죄와 마귀와 죽음의 세계 안으로 들어오는가? 구원에 저항하는 일들이 매일 발생하는 상황에서 어떻게 구원의 확신을 가질 수 있는가? 구원을 위해 교회가 필요하다면, 그리고 정말 그렇다면, 교회가 교회답기 위해서는 누가 필요한가? 참으로 종말론적 세상에서 그리스도인들은 어떻게 사는가? 이러한 질문들은 중세에서 현대와 포스트모던 시대로 넘어와도 명백하게 풀리지 않았다. 사고와 삶의 방식이 완전히 변화되었음에도 불구하고 이런 질문들은 루터의 시대와 다름없이 우리 시대에도 계속 제기되고 있다.

나 자신의 조직신학 연구는 루터의 신학을 현대의 문제들과 연결할 때 발생하는 많은 문제들과 씨름하는 가운데서 이루어졌다. 나는 이 문제를 『육적인 말씀, 종교개혁과 현대의 갈등』 튀빙겐, 1922 서론에서 설명했다. 루터를 연구하며 발견한 진리들을 비교와 대조의 방법을 통해 밝혀 준 것이 본서의 특징이다. 루터를 칸트, 헤겔 그리고 슐라이어마허와 같은 진리 탐구자들과 대화하게 하고, 필요할 경우에는 격렬한 논쟁 속으로도 끌어들였다. 이것은 시대착오적 접근법은 아니며, 진리를 얻을 수 있는 시대를 아우르는 방법이다. 특정 문제를 다룰 때에 그것은 단순히 과거라며 거리를 둘 수 없으며, 또 다른 시대에 속한 역사의 일부라며 배제해 버릴 수는 없다.

6. 기록필름

이 책에는 40년간의 루터 연구가 담겨 있다. 그것은 하나의 필름보관소에 비유할 수 있으며, 2001/2002년 겨울학기에 튀빙겐 대학에서 행한 2시간 분량의 15주 연속 강의를 위해 뽑아낸 것이다. 이 책의 최종 형식은 그와 같은 과정의 결과이다. 많은 곳에서 단절과 다양한 수준의 서술방식을 볼 수가 있다. 전체적으로 보면, 다양한 관점을 가진 기록영화처럼 보일 수도 있기에 희망하기는 자료가 지나칠 정도로 넘치지도 않고 커다란 틈새가 생겨 어려움을 겪지도 않기를 바란다.

출판을 위해 수고를 아끼지 않은 동료 마쿠스 프랑크, 게르다 세이트, 요한네스 쉬방케 박사 그리고 사무엘 포겔에게 진심으로 감사를 드린다. 또한 모어 지벡Mohr Siebeck 출판사와 무엇보다도 적극적으로 협조해 준 헤익 치브리츠키 박사에게 감사를 드린다.

상세한 조언을 준 마르틴 아브라함에게 특별한 고마움을 표하고 싶다. 그는 부단히 필름보관소와 연구물을 철저히 분석해 주었고, 필요한 단락을 추천했다. 무엇보다도 본서는 그의 교회론적인 전문 지식에 큰 도움을 입었다.

친구이자, 처남인 게어하르트 헤닉에게 감사함으로 이 책을 드린다. 그는 나에게 마르틴 루터 신학을 깊이 연구하도록 처음 자극을 준 사람이다.

튀빙겐, 7월 31일, 2003년

3판 역시 2판처럼 전체를 면밀하게 검토했다. 오류를 수정하고 몇 가지 작은 사항들은 첨삭했다. 페이지는 전혀 바뀌지 않았다.

본서에 대한 이제까지의 관심은 - 특히 2006년 잡지 「조직신학과 종교철학」 NZSTh 1권에서 언급했듯이 - "현대적 해석"을 일시적인 화제나, 현 시대의 난제를 풀기 위해 루터를 이용하는 것이 아니라, 공통된 문제에 대하여 개혁자 루터에게 듣고, 비판적 대화를 나누는 의미로 이해하고 있음을 보여주는 것이다.

튀빙겐, 1월 21일, 2004년
튀빙겐, 10월 31일, 2006년   오스발트 바이어

목차

서문
1. 루터 – 조직신학자인가? . . . 7
2. 원동기 . . . 8
3. 전개 . . . 10
4. 방법론 . . . 11
5. 현대적 해석 . . . 12
6. 기록필름 . . . 14

도입: 격변의 시대
1. 새 시대와 옛 시대 사이에서 . . . 27
2. 악에 저항하다 . . . 28
3. 십자가에 달린 자와 십자가의 말씀 . . . 33
4. 개인사와 세계사 . . . 36
5. 묵시默示와 삶의 용기 . . . 38
6. 숨어 있는 하나님과 계시된 하나님 . . . 40

1부 - 기본 주제들(입문)

1 장   인간은 누구나 신학자이다: 루터의 신학 이해

   1. 무엇이 신학자를 만드는가? . . . 44

      1.1. 성령의 은혜Gratia Spiritus . . . 47

      1.2. 영적인 시련Tentatio . . . 50

      1.3. 경험Experientia . . . 52

      1.4. 기회Occasio . . . 53

      1.5. 세심한 성경연구Sedula Lectio . . . 57

      1.6. 지식과 학문적 훈련bonarum artium cognitio . . . 58

   2. 하비투스 테오스도토스Habitus θεόσδοτος, 하나님이 준 능력 . . . 60

2 장   신학의 주제: 죄를 범하는 인간과 의롭게 하는 하나님

   1. 경험적 지혜Sapientia Experimentalis . . . 63

      1.1. 기도Oratio . . . 66

      1.2. 묵상meditatio . . . 68

      1.3. 영적인 시련Tentatio . . . 70

   2. 신학의 주제Subiectum theologiae . . . 73

   3. 수동적 삶vita passiva: 신앙 . . . 79

3 장   "개신교적"evangelisch이란 무엇인가? 루터 신학에서 일어난 종교개혁적인 전환

   1. 질문의 관점 . . . 83

2. 자유와 확신을 주는 언어행위인 언약 . . . 90

    2.1. 확인 문장과 구성 문장 . . . 90

    2.2. "내가 너를 용서한다!"Ego te absolvo! . . . 91

    2.3. 중심인 약속Promissio . . . 93

    2.4. 자격의 문제 . . . 95

    2.5. 결론 . . . 96

3. 율법과 복음의 차이 . . . 100

    3.1. 순서 . . . 105

    3.2. 선물과 본보기로서 그리스도 . . . 106

    3.3. 반율법주의와 현대의 율법주의 . . . 109

4. 지식과 확신 . . . 111

4 장 무엇이 성경을 거룩한 책이 되게 하는가?

1. 청중과 해석자에 앞서는 성경의 우위優位 . . . 113

2. 교회: 듣는 자들의 공동체 . . . 118

3. 율법과 복음을 통한 성경의 자기 해명 . . . 121

4. 영과 문자 . . . 125

5. "그리스도를 다루는 것" . . . 130

6. 루터의 성경 이해가 싸운 세 가지 전선 . . . 133

    6.1. 에라스무스의 회의적인 인문주의에 반대하여 . . . 133

    6.2. 로마가톨릭의 형식주의에 반대하여 . . . 136

    6.3. 영적인 열광주의에 반대하여 . . . 140

7. 구약과 신약의 관계 . . . 142

8. "나의 케테 폰 보라"... 144

2부. 개별 주제들(교의학과 윤리적 자료)

5 장 창조: 공동체의 설립과 보존

1. 말씀 없이는 세계도 없다... 147

   1.1. 창조로서의 칭의; 칭의로서의 창조... 147

   1.2. 언어사건으로서의 창조... 156

   1.3. 먼저 온 하나님... 161

2. "열려라"Tu dich auf!... 163

   2.1. 봉쇄폐쇄·소통할 수 없음... 163

   2.2. 탄식 중에 나오는 능력의 말씀... 172

   2.3. "자연신학"?... 175

3. 창조의 회복으로서의 세계완성... 178

6 장 세계의 질서: 교회, 가정, 정부

1. 세 가지 신분의 근본 특징... 185

2. 창조질서로서의 교회... 191

   2.1. 이성적인 하나님 인식... 193

   2.2. 참된 창조신앙... 198

   2.3. 하나님과 우상... 204

   2.4. 확신은 구체적이다... 206

3. 가정과 정부... 210

3.1. 세속적인 것의 영적 중요성 . . . 210

　　　3.2. 가정과 결혼 . . . 213

　　　3.3. 국가정부 . . . 221

　　4. 사랑이 척도이다 . . . 228

7 장 인간: 하나님의 형상

　　1. 인간의 본질은 믿음에 있다 . . . 232

　　2. 인간의 이성 – "바로 신적인 그 무엇" . . . 235

　　3. "[…] 모든 피조물과 함께 나를 창조했다." . . . 241

　　　3.1. 공급자 하나님을 믿음 . . . 246

　　　　a) 요약 . . . 246

　　　　b) 전개 . . . 249

　　　3.2. 응답 . . . 256

　　　3.3. 아멘 . . . 257

　　4. 인간의 마음 – 우상 공장 . . . 257

8 장 죄 그리고 노예의지

　　1. 불신앙 속에 있는 인간의 허상: 죄 . . . 261

　　　1.1. 기본 정의 . . . 264

　　　1.2. 기본 정의의 구분 . . . 266

　　　1.3. 하나님으로부터 돌아섬; 자기 자신에게로 굽어짐 . . . 268

　　2. 노예의지 . . . 271

　　3. '유전' 죄원죄 . . . 281

4. 마귀가 올라타다 . . . 284

9 장 하나님의 진노와 악

   1. 알 수 있는 하나님의 진노 . . . 287

   2. 알 수 없는 하나님의 진노 . . . 289

      2.1. 죄인에게 있는 하나님의 통전적 행위 . . . 291

      2.2. 악 또는 악한 것; "악마로서의 하나님" . . . 295

   3. 전능의 개념과 호칭 방식 . . . 301

      3.1. 강하고 그리고 약한 전능의 개념 . . . 301

         a) "허용승인": 고난당하는 하나님에 관한 보편적 설명 . . . 302

         b) 사랑의 이면인 하나님의 진노 . . . 304

         c) 이중예정 . . . 305

      3.2. 진술형식 . . . 306

      3.3. 세 개의 빛 . . . 307

10 장 "아들을 통하여 온 우리의 주": 자비와 사랑의 하나님

   1. "사랑하는 그리스도인들이여, 이제는 기뻐하라" . . . 313

   2. 즐거운 교환 . . . 329

   3. "나의 주 … 예수 그리스도를 믿사오니" . . . 335

      3.1. 주 예수 그리스도에 대한 믿음 . . . 336

      3.2. 그리스도의 본질은 그의 사역이다

            - 그리스도의 사역은 그의 본질이다 . . . 338

   4. 속성의 교류와 탈중심성 . . . 341

11 장 하나님의 현재: 성령

1. "나는 믿는다": "성령이 복음을 통해 나를 불렀음을" . . . 346

   1.1. "나는 내가 ... 없다는 것을 믿는다" . . . 348

   1.2. " ⋯ 그러나 성령은" . . . 349

     a) "... 복음으로 나를 부르고" . . . 350

     b) "... 마찬가지로 하나님은 땅위의 모든 교회를 불러" . . . 353

     c) "... 교회 공동체 안에서 나와 모든 신자가 ⋯" . . . 355

2. 살아있는 성령 – 믿을 수 있는 말씀 . . . 356

   2.1. 영성주의자들"열광주의자"에 대한 반박 . . . 356

   2.2 로마에 반대하여 . . . 358

   2.3. 에라스무스에 반대하여 . . . 359

3. 외적인 말씀과 현대의 신령주의 . . . 360

4. 삼위일체 하나님은 성령으로 그 자신을 완전히 준다 . . . 367

12 장 교회

1. 말씀의 직임 . . . 372

2. 교회의 표지 notae ecclesiae . . . 375

   2.1. 세례 . . . 381

   2.2. 참회와 용서 . . . 388

   2.3. 주의 만찬성찬 . . . 390

   2.4. 안수하여 세운 직임 . . . 394

   2.5. 다른 직임들 . . . 398

3. 교회의 숨겨짐 . . . 400

13 장 믿음과 선행

1. 믿음은 선행의 원천이다 . . . 407

2. 섬김의 자유 . . . 417

3. 형이상학적 진보인가? - 윤리적 진보 . . . 420

4. 자유 . . . 425

   4.1. "너희는 자유를 위하여 부름을 받았다!" . . . 426

   4.2. 복음적으로 그리스도를 따름 . . . 428

   4.3. 그리스도를 따름-규범과 의무표Haustafeln-규범 . . . 433

   4.4. 복음적인 가난 . . . 439

   4.5. 복음적인 순결 . . . 441

   4.6. 복음적인 복종 . . . 442

14 장 영적 통치와 세속 통치: 하나님의 두 왕국

1. 목회 윤리 . . . 446

2. 영향사, 오해 그리고 대립 . . . 449

3. 『세속권세에 관하여, 어느 정도까지 순종해야 하는가?』 . . . 452

4. "그리스도인"과 "공인" . . . 459

5. 루터의 『산상수훈-주해』 . . . 460

6. 교회법의 문제 . . . 462

7. 오늘의 적용과 과제 . . . 464

8. 두 정부와 세 가지 신분의 관계 . . . 466

15 장 세계완성과 하나님의 삼일성

   1. 세계의 완성 . . . 470

      1.1. 이중 결말인가 만물화해인가? . . . 470

      1.2. 개인의 완성과 세상의 완성 . . . 472

      1.3. 마지막 때 . . . 476

      1.4. 마지막 사건이 아니라, 마지막 인물이다 . . . 480

   2. 하나님의 삼일성 . . . 481

      2.1. 셋이 하나인 하나님을 말하는 자리와 방식 . . . 481

      2.2. 일반적인 신론과 구분되는 삼위일체론 . . . 484

      2.3. 언어사건으로서 삼위일체인 하나님 . . . 489

      2.4. 시간과 영원 . . . 492

   3. 전능한 하나님 – 하늘의 아버지 . . . 493

16 장 약속과 기도

   1. "응답이 없는 기도는 없다." . . . 500

   2. 약속, 필요성, 믿음, 열심 . . . 505

부록 번역 후기 . . . 511

   성구 인용 . . . 514

   인명 색인 . . . 522

   용어 색인 . . . 528

도입: 격변의 시대

하나님은 거름더미 속에서도
그리고 자신의 살갗이 타들어가는 중에도
우리와 함께 하신다.

1. 새 시대와 옛 시대 사이에서

"그는 거대한 격변의 시대를 느끼고 자신의 성경을 단단히 움켜잡았다"고 콘라트 페르디난트 메이어는 1871년 『후텐의 최후의 날들』[1]에서 시적으로 표현했다. 성경을 단단히 움켜쥐고 길게 드리워진 가운을 입고 도전적이고 영웅의 자세로 성의를 나부끼며 그 시대에서도 역시 받침대 위에 우뚝 서있던 사람, 그가 바로 독일인 루터였다. "거대한 격변의 시대"란 말은 루터와 그의 활동이 새 시대에 속하는가 아니면 중세에 속하는가 하는 질문의 의미로 오늘날까지 이해되고 있다.

그러나 이 질문은 매우 미흡하다. 그것은 기정사실을 일컬을 수도 있으나, 먼저 철저한 설명이 필요하다. 그러나 결정적인 의미는 약간 다른 차원에 있다. 거대한 격변의 시대는 사실 옛 시대와 예수 그리스도의 십

---

1   Conrad Ferdinand Meyer, Huttens letzte Tage. Eine Dichtung(1871), XXXII: Luther(단락의 마지막), Reclam 6942, Stuttgart 1975, 39.

자가에서 일어난 새 시대의 단절이다. 그것은 멸망한 옛 세계, 즉 타락한 창조와 새로워진 창조, 즉 새로운 세계 사이의 단절이다. 새로운 세계는 이제 새롭게 되었기에 결코 옛 세상이 되지 않을 것이며, 영원히 새로울 것이다. 새로운 시대의 실재, 이것이 현재요, 성령의 시대이다.

언급한 시대의 격변이 루터의 삶과 그의 활동에 영향을 주어 가장 내적인 것을 추구하게 했고 그가 이루고자 하는 것을 완전히 성취하게 했다. 미하엘 마티아스 프레츨Michael Mathias Prechtl이 정확히 표현했듯이, "마르틴 루터는 내적으로 성숙한 모습"이었다.[2] 메이어의 후텐에 나오는 말로 다시 한 번 표현하자면, "그의 정신은 두 시대 사이의 전쟁터이다. 그가 마귀를 보았다 해도 놀라운 것이 아니다!"[3]

2. 악에 저항하다

악마! 십자가에서 끝장난 옛 세상의 악이 - 악을 정복했으며 정복하고 있는 - 바로 그 복음 때문에 마침내 발악하고 있다. "그 때문에 우리

---

[2] 프레츨은 루터의 제자 요한 라이펜스타인(Johann Reifenstein)이 1545년 그린 루터의 노년 사진을 실었다. 참조, 예. Tafel IX in: Martin Brecht, Martin Luther, Bd. 3: Die Erhaltung der Kirche (1532-1546), Stuttgart 1987. 이 노년의 그림은 바이마르의 시교회 제단 중간에 있는 루터의 모습(1553년 루카스 크라나흐 작품)에서 가져온 것이다. 프레츨은 라이펜스타인의 그림에서 얼굴을 가져왔고, 루카스 크라나흐의 그림에서 줄무늬의 깃을 가진 화려한 추기경의 주홍색 옷, 펼쳐진 성경에 손가락을 얹은 모습 그리고 크라나흐의 그림에서는 외적으로 그러나 프레츨은 내적으로 배열한 옆구리에서 피를 흘리는 십자가에 달린 모습을 가져왔다. 프레츨의 수채화는 펼쳐진 성경위에 페이지가 표시되어 있지 않다. 그러나 크라나흐의 그림에는 관찰자들이 읽을 수 있도록 표시가 되었다. 루터의 검지는 히브리서 4장 16절(각주 19)을 가리키고 있다. "그러므로 우리는 긍휼하심을 받고 때를 따라 돕는 은혜를 얻기 위하여 은혜의 보좌 앞에 담대히 나아갈 것이니라."

[3] 위의 각주 1) 40.

는 복음에 의해서 이제야 비로소 마귀를 정말 알게 되었다"고 루터는 1535년 신년 설교에서 말했다.[4] 마귀와 씨름하며 얻은 루터의 통찰력은 마르크스, 프로이트 그리고 니체 같은 의심의 대가들도 능가하지 못했다. 루터는 확실히 상당한 거리감을 두고 글을 쓰는 차가운 관찰자는 아니었다. 오히려 그는 몸과 영혼, 피부와 머리를 가지고 열정적으로 관여했다. 이러한 열정은 그의 눈을 멀게 한 것이 아니며, 오히려 오직 거룩한 책의 말씀을 통해서만 보게 했다. 성경은 그에게 종이 위에 쓰인 독서를 위한 글이 아니라, 매우 영향력 있는 생명의 말씀이다.[5]

특히 시편을 끊임없이 연구하는 동안에 루터는 어떻게 내가 내 자신에게 원수가 되는지, 어떤 형태로 내가 남에게 원수가 되는지, 만약 내가 십자가에 달린 예수를 바라보지 않는다면, 어떻게 하나님이 나에게 원수가 되고 마귀로 변하는지를 깨달았다. 하나님은 나에게 어둡고 끝없이 멀리 계심과 동시에 끝없이 가까이 계시면서 - 병들게 하고, 불타게 하고, 가까이서 압박하는 - 힘이다. 하나님은 생명과 죽음, 사랑과 증오, 살리는 일과 죽이는 일, 행복과 불행, 선과 악, 간단히 말해서, - 우리는 풀 수 없는 - 모든 일을 일으키는 전능자의 권능 안에 자신을 숨기고 있다.[6] "그가 먼저 마귀가 되지 않는 한, 하나님은 하나님일 수 없다."[7]

"그가 먼저 마귀가 되지 않는 한, 하나님은 하나님일 수 없다"는 루터의 말에서 마귀는 야곱이 얍복 강에서 동이 트기까지 밤새도록 씨름

---

4 WA 41, 3,26.
5 참고. 4장.
6 참고. 9장.
7 WA 31 I, 249.25f(시편 117편 주해; 1530).

했던 그러한 마귀였다. 야곱은 싸우면서 "나를 축복하지 않으면 가게 하지 않겠다"창 32:26고 대답했다. 그는 축복을 얻고, 거기서부터 "하나님과 겨룬 자"라는 뜻의 "이스라엘"Israel이라고 불렀다. "이는 네가 하나님과 사람으로 더불어 겨루었음이니라"창 32:28.

악에 대한 루터의 통찰력은 세상을 현실적으로 알게 해 주었다. 바로 이 점에서 루터는, 하나님은 사랑이라는 기독교의 원초적인 고백을 교리적 체계의 일치를 위한 인식 원리와 구성 원리로 삼고 있는 현대의 사랑의 신학자들과는 완전히 다르다. 그렇게 하기 위해 현대 신학자들은 시편의 저자들이 대적했던 원수들을 종이호랑이로 만들고, 이론에 집중함으로써 그 원수들을 사라지게 만드는 대가를 치를 수밖에 없었다. 그들과는 정반대로 루터의 삶과 활동은 이러한 원수들로 인해 야기된 영적인 시련과 원수들과의 투쟁으로 온통 얼룩져 있다. 예컨대 시편 119편 주해만을 보더라도, 이 시편에서 하나님의 말씀의 "원수"Feind가 강한 모티브로 크게 강조되고 부각되며, 시대사적인 현안, 특히 적그리스도[8]의 화신인 로마 교황청과 열광주의와의 논쟁 속에서 절정에 이르렀음을 보게 된다. 루터가 유대인을 다룬 후기[9] 글에서 하나님의 말씀의

---

8   교황을 적그리스도로 보는 루터의 판단은 오늘날의 교황에게는 더 이상 적용되지 않는다. 그러나 당시에는 그것이 옳았다. 왜냐하면 교황이 교회, 결혼, 가족, 가정 및 하나님의 통치에 대한 잘못된 이해를 통해 세계 질서를 파괴했기 때문이다: WA 39 II, 39-91. 1539년 5월 9일자 순회토론(마 19:21) 제목 전체를 통해 루터에게 교황을 적그리스도라고 하는 것이 어떤 의미인지를 정확히 알 수 있다. 세 개, 즉 교회, 정치, 가정이라는 신분에서 볼 때 교황은 그 가운데 어느 곳에도 없으며, 오히려 이 세 계층의 공적인 적이다. 참고. 특히 WA 39 II, 52,6-53,14 그리고 6장).

9   WA 53,579-648(『셈과 예수의 혈통』 1543), 그러나 특히 WA 53, 417-552(『유대인들과 그들의 거짓에 관하여』 1543); 『예수 그리스도는 유대인으로 태어났다』라는 초기의 논문과는 완전히 다르다(WA 11,314-336; 1523). 차이점에 대해서는 아래 책이 특별히 유익하다. Peter von der Osten Osten-Sacken, Martin Luther und die Juden, New untersucht anhand von Anton Margaritihas "Der gantz Jüdisch glaub"(1530/31), Stuttgart 2002. 참고. 15장 각주 24.

미하엘 마티아즈 프레츨 (Michael Mathias Prechtl)의 수채화
『마르틴 루터의 노년』

원수를 그들과 동일하게 본 것은 - 치명적인 결과를 가져온 역사와 함께 - 끔찍한 실수였다.

루터의 세상 이해, 시간 이해 그리고 하나님의 말씀 이해는 창조부터 세상의 종말까지 전체를 개관하면서도 현재에 집중하고 있다. 그러나 그것은 신비적이거나 실제적인 직접성 속에서 순간에 몰두하는 것이 아니라, 시대의 사건과 관련되어 있으며 그것을 강하게 비판하고 있다. 프레츨Prechtl이 루터 그림 속에서 창을 든 기사와 탈곡용 도리깨를 가진 농부가 서로 싸우는, 즉 농민전쟁과 세상의 종말이 일어났다고 루터가 본 1525년의 상황을 그림으로 그렸다면, 그가 주제를 정확하게 그려낸 셈이다. 같은 시기에 루터는 종말의 때임에도 불구하고 결혼하여 가정을 이룸으로써 마귀에 "저항하는"[10] 하나님의 창조의지를 인식했다. 이것은 종말론적인 번개가 번쩍이는 한 가운데서 창조자인 하나님을 믿는 신앙의 표시였다.

"나는 마귀와 싸울 수 있다. 죽기 전에 나는 케티와 결혼할 것이다. [...] 나는 농부들이 나의 용기와 [나의] 기쁨을 빼앗아 가지 않기를 바란다. [...] 약간의 시간이 지나면, 그 후에는 의로운 심판자가 올 것이다."[11] 그는 자신의 심판으로 세상을 완성하는 마지막 존재이다.

만약 우리가 농부의 모습에서 오토 딕스Otto Dix의 군인을 보고, 그와 더불어 전쟁과 테러의 잔혹함과 함께 베르됭Verdun의 지옥을 회상한다면, 역사적으로 단 한번 일어났다는 당시의 상황을 뛰어 넘어서 루터가 일으키고 싸우고자 했던 것의 중요성이 분명해진다. 반대편에 있는 한

---

10 WA 18, 277,35(『결혼을 권하고자 볼프강 라이센부쉬에게 보내는 기독교적인 글』 1525).
11 WA BR 3, 482,81-83,93f; 1525년 5월 4일(5일?)자 뤼헬(Rühel)에게 보내는 서신

무리의 기사들의 모습에서 알브레히트 뒤러의 "종말의 기사"와 "기사, 죽음 그리고 마귀"를 떠 올릴 수도 있다. 그러나 그것은 - 히로니무스 보쉬Hieronymus Bosch가 그린 마귀 그림들을 인용하여 - 신화적으로 표현한 것이다. 피 묻은 칼을 든 기사 한 사람은 생선비늘로 덮인 몸을 가지고 있다: 그것은 베헤못Behemoth과 레비아단Leviathan이다.

3. 십자가에 달린 자와 십자가의 말씀

하나님은 자신의 아들을 통해 모든 사람이 서로 인정을 받으려고 늑대처럼 죽기 살기로 싸우는 전쟁터 같은 세계 역사 속으로 들어왔고, 십자가에서 죽기까지 자신을 내어주었다. 하나님은 인간이다. 루터가 "임마누엘" - 하나님이 우리와 함께 한다 - 이라는 그리스도의 이름을 설교했듯이,[12] 하나님은 "거름더미 속에서도, 그리고 자신의 살갗이 타들어가는 중에도 우리와 함께한다." 십자가에 달린 하나님은 사랑의 힘으로 죄, 죽음 그리고 지옥의 밤을 참고, 극복했다.[13]

이러한 모습과 장면은 이 세상에서 우리가 인생을 마치는 순간까지 영향을 주며, 우리의 시선을 끌어당길 것이다. "우리처럼 죄, 죽음, 지옥의 모습을 통해 영적인 시련을 당한, 십자가에 달린 자 안에서"[14] 그대는 "죽음을 생명 안에서, 죄를 은총 안에서, 그리고 지옥을 천국의 안에서

12　WA 4, 608,32-609,1.
13　참고. 10장.
14　WA 2,691,25f(죽음의 준비에 관한 설교, 1519).

보아도"[15] 좋다. 십자가라는 표지와 모습 안에서 그대는 승리할 것이며, 비록 죽을 지라도 살게 될 것이다.

예술가들이 보여주듯이, 십자가에 못 박힌 예수는 단지 그림 속에서만 머물러 있지 않고 자신을 말씀으로 들려주며, 자신을 말씀으로 만든다: 그는 선포되는 성경의 말씀 속에서 오고 있다. 그의 피의 광채는 성경의 의미를 열어 보이고, 십자가의 말씀으로서 약속을 열어 보인다. 지옥에 갈 수밖에 없는 우리의 인생과 세계의 역사는 그것을 통해 용서를 받음으로써 하나님과 교제를 할 수 있게 되었다.

루터는 하나님의 말씀을 섬기는 자로서 이 십자가의 말씀을 가리키고, 하나님의 이름으로 용서를 약속하고 용서를 주고, 용서를 선포한다. 성경은 예컨대 – 자물쇠로 단단히 잠겨 – 닫혀 있는 것이 아니며, 근본주의자들의 무기와 흡사한 것도 아니다. 성경은 열려 있는 것이다. 성경은 오직 그것을 열 수 있는 자, 즉 십자가에 달렸으나 살아 있는 [눅 24:30-32] 자가 열어 놓은 것이다.

루터의 검지는 펼쳐진 성경의 한 특정 구절을 가리키고 있다. 어디일까? 그것은 "죄를 용서하다"SVNDE VERGJBT라는 로마서 3장 25절일 것으로 생각한다.[16] 루터는 성경 전체에서 단지 이 내용만을 대문자로 썼으며, 그래서 여백에 눈에 띠게 표기해 놓은 것을 "핵심"과 "이 서신과

---

15   WA 2,688,35f. 참고. WA 11, 141, 22/29행: "media vita in morte kers umb media morte in vita sumus"(눅 1,39-56; 1523년 7월 2일자 설교). 참고. WA 43,219,37("media morte in vita sumus"); WA 40 III, 496,16f; WA 12,609,17f.

16   여기에 대해서는 Martin Schloemann, Die zwei Wörter. Luthers Notabene zur "Mitte der Schrift,"; in Luther 65, 1994, 110-123.

성경 전체의 중심"[17]이라고 칭했다.

개신교 신앙의 도전Trotz과 위안Trost은 사죄의 약속을 문자 그대로 굳건히 붙든다는 사실에 근거한다.[18] 게다가 루터는 우리에게 준 하나님의 약속을 "내 것으로 삼아야" 하며, 그의 약속을 우리 것으로 삼음으로써 그 앞에 나서야 한다고 말하고 있다.[19] 바로 신학적 유산이 들어 있는 창세기 강의 본문도 이와 동일한 내용을 전하고 있다.

"나는 세례를 받았다. 나는 용서를 받았다. 그래서 나는 이 사실을 의지하며 죽는다. 그 어떤 것이 이 사실을 거부하더라도, 그 어떤 질문이 제기되더라도, 시험과 염려는 나를 전혀 흔들지 못할 것이다. 왜냐하면 "누구든지 믿고 세례를 받으면 구원을 받을 것이다," "무엇이든지 네가 땅에서 풀면 하늘에서도 풀릴 것이다" 그리고 "이것은 나의 몸이요, 너의 죄 사함을 위해 흘리는 나의 피니"라고 말한 자는 속이거나 거짓말을 하지 않기 때문이다. 이것은 확실히 사실이다."[20]

---

17   D. Martin Luther, Biblia: das ist: Die ganze Heilige Schrift: Deutsch, Wittenberg 1545; 로마서 3장 23절 이하에 대해서는 참고. Luthers Bestimmung des Themas der Theologie: WA 40 II, 328,1f(1532년 시 51:2절에 대해). 참고. 2장.

18   참고. 3장.

19   이것은 루터신학에서 종교개혁 전환과 연관하여 1518년 3월에 한 히브리서 4장 16절 주해가 알려 준다: "오직 이러한 믿음만이 참되고 가치 있다. 믿음은 행위에 의존하지 않고, '수고하고 무거운 짐을 진 자들아 다 내게로 오라 내가 너희를 쉬게 하리라'(마 11:28)고 말씀하는 정말 깨끗하고, 신뢰할 만하며 그리고 확고한 그리스도의 말씀을 의지하는 것이다. 이 말씀을 내 것으로 삼으면서(In praesumptione igitur istorum verborum) 나아가야 하며, 나아가는 자들은 창피를 당하지 않는다. WA 57 III, 171,4-8(히브리서 5장 1절 본문주해). 참고. Oswald Bayer, Promissio. Geschichte der reformatorischen Wende in Luthers Theologie, (1971) Darmstadt 21989, 206-212, 특히 208f.

20   WA 44,720,30-36(창세기 48장 21절 강의, 1545).

다른 곳, 즉 『갈라디아서 주석』에도 이렇게 쓰여 있다: "이것은 우리의 신학이 확실하다는 이유이다. 왜냐하면 이 신학이 우리를 우리 자신으로부터 떼어서 우리 자신 밖에 세워둔다. 그 결과로 우리는 우리 자신의 힘, 양심, 감각, 인격, 행위를 의지하지 않고, 오히려 우리 밖에extra nos, 속일 수 없는 하나님의 약속과 진리를 의지하게 된다."[21]

4. 개인사와 세계사

그러므로 무엇 때문에 루터가 그 자신이 아니라 오직 자신의 가르침만을 중요하게 생각했는지 분명하다. 그는 1522년에 이미 "폭동과 반란을 피해야 할 모든 그리스도인에게 주는 신실한 권면"이라는 글에서 아래와 같이 요청했다.

"내 이름을 언급하지 않기를 원하며, 각자는 자신이 루터파가 아니라 그리스도인이라고 칭하기를 원한다. 루터는 무엇인가? 가르침은 나의 것이 아니다! 마찬가지로 나는 그 누구를 위해서 십자가를 지지 않았다. 성 바울 고전 3:4은 기독교인들이 바울파 혹은 베드로파라 부르는 것을 허락하지 않고 단지 기독교인이라 부르라고 했다. 사람들이 그리스도의 자녀들을 가치 없는 나의 이름을 따라 부르는 불쌍하고 역겨운 냄새 나는 구더기 같은 일을 어떻게 내가 자초하겠는가? 그렇지 않은가, 사랑하는 친구들이여! 나는 교회와 더불어 오

---

21 WA 40 I, 589,25-28(1531년 갈라디아서 4장 6절 강의). 이어지는 구절은 다음과 같다(28행): "교황은 그에 관하여 아무것도 모른다."

직 우리의 주님인 그리스도마 23:8의 하나밖에 없는 보편적인 가르침을 가지고 있다."[22]

자신의 개인사와 세계사에 대한 루터의 관심은 사도행전이 공유하고 있는 관심, 즉 하나님의 말씀의 경로, "복음의 경로"cursus euangelii[23]에 대한 관심 속으로 완전히 침몰되었다. 만약 그의 생애와 약력에 관해 말하고 종교개혁 활동에 관해 기술했다면, "나에게, 그리고 하나님의 사랑스러운 말씀에 무슨 일이 일어났으며, 지난 15년 동안 하나님의 말씀이 많고 큰 원수들로부터 어떤 고통을 겪어야 했는지를 그 역사로부터 배울 수 있을 따름이었다."[24]

1545년 『라틴어 전집』 첫 번째 책의 서문에서 루터가 독자들에게 쓴 아래의 어법은 상투적인 미사여구가 아니라 그의 생애와 활동을 잘 알게 해주는 확실한 기준임을 보여주고 있다:

"사단과 싸워 이기도록 말씀의 성장을 위해 기도하라. 왜냐하면 사단은 강하고 악하며, 시간이 얼마 남지 않았음을 알기에 최후의 발악을 하듯이 맹렬하고 미친 듯이 날뛰고 있기 때문이다. 그러나 하나님은 자신이 일으킨 일을 우리 안에서 견고하게 하며, 자신의 영광을 위해 우리 안에서 시작한 일을 완성

---

22   WA 8, 685,4-16. 루터가 중요한 것은 그 자신이 아니라, 오직 그의 가르침이라고 한 것은 특별히 WA 23, 17-37이 잘 보여준다. (1527년 영국 왕의 모독적인 글에 대한 루터의 답변).

23   WA TR 4, 311,25-312,1(Nr.4436; 1539): "이들은 우리가 복음을 실어 나르는 것을 막고자 한다(참고. 살후 3:1). 그러나 그것은 우리의 능력에 있지 않다. 크고 자라는 것을 우리는 막을 수 없다." 참고. WA 42, 501,4-7(창세기 13장 4절에 대한): "말씀의 운명"(fortuna verbi).

24   WA 38,134,6-8(『루터의 모든 책과 글 색인과 목록에 대한 서문』 1533).

할 것이다. 아멘"[25]

역사 속에서 그 자신의 생애는 반박되고 거부되고 짓밟히는 하나님의 말씀의 경로와 뗄 수 없이 결합되었지만, 이와 동시에 주의 재림과 마지막 심판을 위해 열정적으로 탄원하고 기도하는 가운데 시간은 긴장으로 점철되었다. 바로 이런 역사 경험의 공간을 우리는 오직 "묵시적"[26]이라고 부를 수밖에 없을 것이다.

5. 묵시默示와 삶의 용기

루터의 묵시적인 창조 이해와 역사 이해는 포괄적인 역사철학적 관찰 방식, 특히 근대의 진보 사상을 거부한다.[27] 그리스도의 십자가에서 일어났고 세례 속에 흔적을 둔 옛 세계와 새 세계의 단절은 형이상학적인 일치 개념과 역사적-신학적 완성 사상을 파괴한다.

세례는 옛 시대와 새 시대 사이의 단절 지점이다. 윤리적인 진보는 오직 세례로 복귀함으로써만 가능하다. 우리가 정말로 선이라고 말하고 최상이라고 말해도 좋은 진보는 세례로의 전향과 복귀이며, 낙관주의와 비관주의, 미래에 대한 무서운 공포와 계속되는 우주 발전과 가능성

---

25 WA 54,187,3-7; 사도행전 12장 24절과 19장 20절; 요한계시록 12장 12절과 빌립보서 1장 6절을 인용했다.

26 여기서 이 개념은 특정한 문학 장르가 아니라, 양식비판과 전승사적인 구분을 넘어 세상의 완성인 최후의 심판으로 현재 긴장되어 있다고 보는 기독교신앙을 근본적으로 특징짓는 확신을 의미한다.

27 참고. 13장 3.

증대에 대한 낙관적인 희망의 대안이 파괴되었다는 세계 인식으로의 전환과 복귀이다. 참으로 창조자 하나님은 끊임없이 새로운 일을 행하신다.

세례로부터 생겨나는 루터의 독특한 삶의 용기는 - 낙관주의와 비관주의를 넘어서 - 그 자신의 말은 아니지만 "비록 내일 세상의 종말이 오더라도, 나는 오늘 한 그루의 사과나무를 심겠다!"[28]라는 매우 적절한 격언으로 표현할 수 있다.

이 격언에는 창조자 하나님에 대한 믿음과 타락한 세상에 대한 희망이 궁극적인 은혜의 승리로서 서로 교차하고 있다. 그 결과로 부분들이 보완되거나 깨어진 균열이 파악되거나 모순들이 의미 있게 드러나지도 않는다. 죄와 용서는 세계 안에 내재적 방식으로 결합되어 있지 않다: 연속성은 창조자가 직접 만든 작품을 버리지 않을 것이라는, 오직 그에 대한 신뢰를 통해서만 기대할 수 있다.[29] 내 자신과 다른 사람들의 마지막 심판에 대해서 말하거나. 헤겔처럼 세계의 역사를 세상의 심판이라고 생각할 필요는 없다.

프레츨의 삽화를 통해 보듯이, 오늘날까지 개신교회와 신학은 루터의 가르침을 정착시키려고 많은 노력을 기울였다. 집중 폭우와 같은 루터의 신학은 가능하면 조절하여 흐르게 해야 한다. 그러나 기독교는 그 일을 사소하고 지루하게 여겼고, 그 결과로 기독교는 루터 신학의 세계성과 그의 신학이 가진, 인간의 마음을 파악할 수 있는 실제적인 통찰력

---

28 참고. Martin Schloemann, Luthers Apfelbäumchen? Ein Kapitel deutscher Mentalitätsgeschichte seit dem Zweiten Weltkrieg, Göttingen 1994.

29 참고. 15장.

을 상실했고, 그 결과 그의 혼신의 노력은 악한 것이 되고 말았다.

만약 모두를 위해 단 한번 십자가에 달린 예수 그리스도가 새 시대와 옛 시대의 분깃점이라는 루터의 - 묵시적인 - 시간이해를 주목한다면, 우리는 오늘날에도 변함없는 루터의 중요성을 알게 될 것이다. 루터의 시간 이해는 심판, 세계완성 그리고 창조를 동시에 다룬 교차하는 시대 속에서 솟구치는 힘을 가지고 있다. 세계의 미래는 하나님의 현재성으로부터 나온다. 하나님의 새 창조는 그분과 연합하여 살지 않는 세계가 "옛" 세계임을 증명하고, 처음 세계를 다시 회복할 것이다. 십자가에 달린 분이 알려주는 현재의 구원은 장차 세계의 완성을 보장하고, 원래 세계인 약속된 창조를 위해 고난당하며 한숨짓는 옛 세계의 피조물의 모순을 고통스럽게 경험하게 만든다.

6. 숨어 있는 하나님과 계시된 하나님

신앙인은 나그네 인생을 살기 때문에 앞에서 말한 모순 속에서 영적인 시련을 경험한다. 약속과 기대가 크면 클수록 탄식과 "왜"시 22:2라는 질문도 더 진해지고 강렬해진다. 하나님이 모든 피조물에게 준 삶의 약속과는 모순되는 매일의 경험 때문에 하나님이 약속했고 지금도 약속한 것을 지킬 지에 대한 질문이 강력히 제기된다. 우리의 기도를 들어준다는 약속과는 정반대로 불의, 부당한 고난, 기아, 살인과 죽음과 같은 세상의 고통으로 신음하게 된다.

하나님이 물러나거나 자신을 숨기는 괴로운 상황을 루터는 간과하거나 경시하지 않고 매우 깊이 그리고 예리하게 인식했다. 그는 고난의 경험을 무시하지 않았다. 그러나 루터는 그것을 궁극적인 것으로 보지 않았다. 그렇기 때문에 그는 자신을 숨기는 하나님으로부터 벗어나서, 인간이 되고 십자가에 숨어 있는 가운데 드러난 하나님에게 나아갔다. 루터는 "하나님에게 맞서 하나님에게 돌진했고, 부르짖었다"[30] 숨어 있는 하나님에게 맞서 계시된 하나님에게 돌진한 것이다.[31]

"숨어 있음"과 "계시된" 하나님이라는 루터의 구분과 배열에서 중요한 것은 견딜 수 없는 것을 견디게 하고 고난도 의미 있는 것으로 보이게 할 수 있다는 사변적인 숙고가 아니다. "숨어 있는" 하나님이라는 말은 오히려 구체적인 "삶의 정황"을 가지고 있다: 그것은 탄식과 같은 영적인 시련으로부터 치솟아 나온 것이다.

그러나 탄식은 저절로 발생하지 않는다. 그것에 선행하는 어떤 메시지나 권위적인 진술을 필요로 한다. "너희는 내 얼굴을 찾으라 하실 때에 내 마음이 주께 말하되, 주님이시여 내가 주의 얼굴을 찾으리이다 하였나이다"시 27:8. 탄식과 탄원은 오직 약속 때문에 일어난다. "환난 날에 나를 부르라, 그러면 내가 너를 구할 것이다"시 50:15. 하나님은 인간과 이야기하고, 들으며, 그를 부르기 전에 들어주는 분이다; "그들이 부르기 전에 내가 응답하리라"사 65:24.

오직 이처럼 선행하는 말씀, 즉 선행하는 대답 때문에 영적인 시련은 말씀에 주목하라고 가르친다. 그러므로 탄식하며 영적 시련을 겪는 중에도 선행하는 답변 때문에 도저히 파악할 수 없는 하나님을 파악하고

30　WA 19,223,15f(요나서 2장 3절, 1526).

31　참고. 9장.

알 수 있게 하는 자리인 약속의 말씀 안에서 이해하고자 노력한다.

하나님의 약속은 성찬 속에서 듣고 맛볼 수 있도록 응집되어 있다. 성찬의 주인은 십자가에 달린 분이다. 그는 "죽음을 맛보고"히 2:9, 살아 있으며 바로 자신의 죽음 때문에 궁극적인 말씀이다. 그러므로 성찬에서 경험하듯이, 고난과 죽음은 삶의 한 가운데서 배제될 수 없다. 그것은 매일 매일의 삶 속에 포함되어 있다. 그래서 성찬의 말씀은 "유카리스티"Eucharistie, 즉 감사와 기쁨을 일깨운다. 복음서에 대한 설교가 보여주듯이,[32] 성찬 속에서 하나님은 자신을 완전히 내어 준다. 여기서 이웃을 향한 새로운 사랑이 삶속에서 흘러나온다. 신앙은 "하나님의 은총에 대한 살아있는 신뢰로서 [...] 모든 피조물을 바라보며 즐거워하고, 당연히 기뻐한다.[33] 신앙은 심판과 죽음을 지나 만물의 구원을 기대하는 용기다. 이와 같은 용기의 약속에서 하나님은 자유케하며, 십자가에 달렸으나 살아 난 자로서 신비롭게 드러난다.

---

32 참고. 12장.

33 Heinrich Bornkamm(Hg.), Luthers Vorreden zur Bibel, Göttingen 31989, 183(= WA DB 7,10,16-19 로마서 서문, 1522).

1부

기본 주제들
(입문)

1장
인간은 누구나 신학자이다: 루터의 신학 이해

> 모두를 그리스도인이라 부르듯이,
> 모든 사람을 신학자라 부른다.

1. 무엇이 신학자를 만드는가?

"쉐마 이스라엘 - 들으라!"신 6:4. "오직 귀만이 그리스도인의 기관이다."[1] 그렇다면 무엇을 들어야 하는가? - 처음과 끝을 들어야 하는가? 그 답은 십계명의 복음의 전주곡이라 할 수 있는 "나는 주, 너의 하나님이니라!"출 20:2이다. 루터는 이 말씀과 약속으로부터 신앙을 이해했으며, 그 반대인 신앙으로부터 약속의 말씀을 이해하지 않았다. 만약 그렇지 않다면, 하나님의 말씀은 우리가 가진 종교적인 호감의 표현일 뿐이기 때문이다.

그렇지 않다. 루터의 교리문답구조[2]에서 중요한 것은 신앙고백이 십계명을 따르고 있고, 신앙고백이 복음의 전주곡 바로 뒤에 이어져 있다는 사실이다. 루터 신학의 독특한 구조를 이해하기 위한 표준적인 문장은 다음과 같다: "신앙은 첫 번째 계명에 대한 그리스도인의 응답과 고백 이외에

---

1 WA 57 III,222,7(히 10:5, 1518): "Solae aures sunt organa Christiani hominis."
2 참고. Oswald Bayer, Theologie(HST 1), Gütersloh 1994, 106-114, 그리고 WA TR 5,574-581(Nr. 6287) 목록.

다른 것이 아니다."³

이제 신학, 더 정확히 말하면 신학자도 바로 이로부터 이해할 수 있다. 우리는 "신학이 무엇인가?"라고 묻는 것에 익숙해 있으며, 그 자체를 하나의 주제로 다룰 수도 있다고 생각한다. 그러나 루터는 먼저 신학자, 즉 정확한 삶의 역사를 가진 인물, 지역, 개성 그리고 사건에 대해서 묻는다.

그러나 "신학자는 무엇인가?"하고 묻고 싶다. 이유를 알기 위해서 "당신은 누구인가?"라는 질문을 먼저 다루어야 한다. 왜냐하면 복음적 이해에 따르면 모든 사람은 신학자이며, 신앙을 가진 모든 사람은 그리스도교 신학자이기 때문이다.⁴ 신앙은 단지 전문 신학자들만이 아니라 - 그들은 전문적으로 신학을 한다. - 모든 사람에게 "당신은 누구인가?"라는 질문에 반응하도록 해준다. 대답은 다음과 같다. 나는 "나는 주 너의 하나님이다"라는 말을 들은 사람이다. 나는 이 말씀을 통해 처음으로 창조된 자이다. 주체의 특성은 그렇게 일어났고, 그렇게 일어난다. 그것은 데카르트처럼 자신의 주체성으로부터 출발하여 단지 어디로부터 왔는지를 질문하는 방식같이 단순한 것이 아니다. 오히려 주체는 그 존재에 부여된 호칭으로부터 항상 새롭게 수용된다. 따라서 주체와 그의 자유는 어떤 절대적인 자발성이 아니라 대답이라고 규정할 있다. "나는 누구인가?"라는 질문은 하나님을 내 개인사와 세계사의 작가作家요, 하나님이 나와 모든 세계의 시인詩人⁵이라고 말할 때 가장 적합하고 적중한 대답을 들을 수 있다. 물론 나는

---

3 BSLK 647,36-38(『대교리문답서』).

4 참고. 각주 8.

5 "'Nos sumus ποίημα poëma Dei.' Ipse poëta est, nos versus sumus et carmina quae condit." - "'우리는 하나님의 작품'(엡 2:10)이며, 그의 시이다. 그는 시인이다. 우리는 그가 만든 시와 노래이다."(WA 44,572,26f, 창세기 44장 17절 강의, 1544)

하나님에 관해 말하는 것이 아니라, 하나님에게 대답하면서 하나님에게 말한다. 이것은 기도oratio 속에서, 찬양과 탄식 속에서 일어난다. 나는 기도하고 중보기도를 드리고 감사하고 예배하는 가운데서 하나님과 함께 마음으로 말한다.

그렇다면 말씀을 통해 창조되었고, 삶의 공간과 시간의 공간 안에서 피조물이 신앙과 불신앙 속에서 답변해야 하는 "무엇-질문"Was-Frage은 정당성을 갖게 된다. 다시 말하면, "무엇-질문"은 그 자체로서 늘 추상적인 사고와 연결되어 있다. 이 사실은 특히 앵글로색슨 언어의 분석을 통해 분명히 드러났다. "무엇-질문"은 일반적으로 존재하는 사물에서 성질이 부여된 객관적 현실을 추론하게 만든다. 이런 사고는 인간적 요소는 고려하지 않은 채, 신학의 "본질"을 묻는 질문을 - 신학은 무엇인가? - 제기한다. 그러나 인간적 요소는 본질적으로 중요하다. 우리가 "신학"에 관해 말할 수 있는 이유는 오직 사람이 신학자로 형성되기 때문이다. 다시 말하면, 모든 피조물과 함께 나를 조성한 하나님의 말씀을 통해 나는 신학자가 된 것이다.

이 주체를 신학자라는 존재로 만드는 것은 무엇인가? 이 점에 대해 루터는 탁상담화에서 짧지만 충분한 답변을 했다: "무엇이 신학자를 만드는가?Quae faciant theologum; 1. 성령의 은혜 2. 영적인 시련 3. 경험 4. 기회 5. 지속적이고 성실한 성경연구 6. 지식과 학문 수련."[6]

확실히 이 목록은 하나님이 주는 성령의 은사$_1$와 인간의 교육$_6$이라는 긴장 속에서 전문적인 신학자가 만들어지는 특징만을 우선 보여주고 있다. 그러나 더 가까이 다가가서 살펴본다면, 이것은 우리가 만나게 되는

6　WA TR 3,312,11-13(Nr. 3425).

모든 그리스도인의 종교, 교육과 생애도 표현하고 있음을 보여준다. 루터의 유명한 신학수업의 세 가지 규칙인 기도Oratio, 묵상Meditatio, 영적시련 Tentatio을 생각하더라도, 이 점은 타당하다아래 2부 1. 그러나 탁상담화에서 여섯 가지 특징을 보여주는 더 큰 맥락 속에서는 이 세 가지가 빠져 있다.

1. 1. 성령의 은혜Gratia Spiritus

여섯 가지 특징 중 첫 번째 특징은 앞에서 말했던 신학자의 창조신학적, 기초인간학적인 구조를 대변한다. 무엇이 신학자를 신학자로 만드는가? 먼저 창조자 영의 은혜인 "성령의 은혜"이다. 신학자를 신학자로 만드는 것은 자신의 권위, 자기 확신이나 자기 기억이 아니라, 오직 성령을 통해, 즉 그의 말씀을 통해 일어나는 무로부터의 창조creatio ex nihilo이다. 그 속에서 우리는 결국 하나님의 호흡을 통해 "그의 입의 기운"시 33:6, 즉 소통을 위해 이성을 사용할 수 있는 재능을 얻었다창 2:19 이하.

신학자라는 존재의 이러한 기초인간학적인 위치를 먼저 바라보는 것이 중요하다. 만약 그렇지 않다면, 다른 모든 설명은 공중에 뜨게 된다. 그렇기 때문에 "성령의 은혜"가 처음에 나오는 것은 옳다. 왜냐하면 오직 이렇게 함으로써만 신학자의 주체성에 대한, 그리고 삶의 역사와 삶의 세계에 대한 정당한 질문들이 신학적으로 적절한 해답과 대답을 찾을 수 있기 때문이다.[7]

신학자라는 존재가 가진 근본적이고 인간적인 요소를 명확히 보는 사

---

[7] 참고. 유명한 문장: "그리스도인인 나는 신학자인 나에게 인식의 대상이다"(Johann Christian Konrad von Hofmann, Theologische Ethik, Nördlingen 1878, 17).

람만이 마지막 여섯 번째 특징인 "지식과 학문 수련"의 중요성을 참으로 알 수 있다. 왜냐하면 인문학 과정의 수업을 통해 학문적인 논쟁과 토론 능력을 갖춘 전문적인 신학자는 다른 그리스도인이나 사고력을 가진 모든 사람들과 근본적으로 차이가 없기 때문이다. 학문적 훈련을 받은 신학자는 가장 정확한 글로 기독교 신앙에 관하여 학문적으로 설명할 수 있다는 사실을 통해서만 - 이것은 그의 특별한 소명이다 - 그리스도인으로서 신학자가 되기[8] 시작한 다른 그리스도인과 구분된다.

그렇지만 신학자는 단순히 학문적인 책임만을 그의 과제로 삼는 사람은 아니다. 신학자는 - 게다가 이것이 우선적이고 본질적이다 - 세상에 대해 말할 책임도 가지고 있다.

나는 칸트의 용법에 따라서[9] "학교개념"Schulbegriff과 "세계개념"Weltbegriff를 구분했다. 철학에서 사용하는 "학교개념"은 독자적인 영역을 가진 전문용어로서 학교, 학원, 대학에 의해 전문화되어 있다. 거기서 사용하는 언어, 즉 학교언어는 범위가 좁아 제한적으로 배우고 이해할 수밖에 없으며, 하나의 특별한 삶의 형식을 가지고 있다.[10] 이에 비하여 철학에서 세계개념은 모든 사람이 인간으로서 추구하고, 그와 무조건 연관된 것을 다룬다. 즉 그것은 인간의 궁극적 목적, 세계 안에서 그 자신이 차지하는 위치와 그의 운명 등이다. 인간이란 무엇인가? 그것은 내가 이 세상에 존재하는 이유는 무엇이며, 나의 운명이 시간 안에 있다는 것은 무엇

8　"Omnes dicimur Theologi, ut omnes Christiani."(우리 모두가 그리스도인이듯이, 우리 모두는 신학자이다). WA 41,11,9-13(시편 5:17 설교, 1535년 1월).

9　Immanuel Kant, Logik, in: Ders., Schriften zur Metahpysik und Logik, Werke, in 10 Bdn., hg. v. Wilhelm Weischedel, Bd. 5. Darmstadt 1968, 446-450.

10　참고. Pierre Hadot, Exercices spirituels et philosophie antique, Paris 21987(=Philosophie als Lebensform. Geistige Übungen in der Abtike, Berlin 1991).

인가 등을 묻고, 찾는다.

  신학도 역시 학교개념을 가지고 있을 뿐만 아니라 역사비평, 경험, 이데올로기 비평과 같은 규칙과 방법을 가지고 있다. 신학은 중세 전성기 이후로 대학의 신학부가 확고하게 제도화한 것처럼 지난 천년 이후 계속 다듬어진 질문, 검증과 결정이라는 질의quaestio의 틀 속에서 움직이고 있다. 세계개념은 미래 추구와 삶의 형식으로 인해 신학의 학교개념과 구분된다. 세계개념은 - 철학의 세계개념처럼 - 인간으로서 모든 인간에게 관련된 것을 다룬다.

  모든 인간은 놀라움과 탄식과 같은 기본적 문제로부터 영향을 받는다. 이러한 기본적인 문제는 결국 "나는 주 너의 하나님이다"라는 하나님의 자기 계시와 그와 더불어 주어진 실제적인 갈등을 초래하는 "너는 나 이외에 다른 신을 섬기지 말라"는 말 속에 기초해 있다. 말씀과 신앙에 관한 이와 같은 일차적인 갈등에서 학문적 문제가 다루는 이차적인 논쟁이 파생되어 나온다.[11]

  신학이 가지고 있는 학교개념과 세계개념의 차이는 루터 연구에서 특히 무엇이 첫 번째가 되는 "세계 개념"인지, 이미 언급한 신학수업의 세 가지 규칙, 즉 기도Oratio, 묵상Meditatio, 영적인 시련Tentatio에 근거해서 알 수 있고, 가르칠 수 있다. 그에 따르면 "신학자는 영적인 시련에 의해 인도되어, 기도하면서 말씀 안으로 들어가 영적인 시련을 겪는 자들을 돕고자 말씀을 해석하는 자이며, 그 결과로 영적인 시련을 겪는 자들도 마찬가지로 - 기도하면서 - 말씀 안으로 들어가 그 말씀을 해석한다"[12]는 것이다.

---

11 참고. Bayer, Theologie, (각주 2), 505-11 그리고 528 이하.
12 하나님이 성서를 통해 나에게 말함으로 내가 성서를 해석할 수 있다는 것과 그 의미는 4장 1에서 상세히 설명했다. 참고. Oswald Bayer, Autorität und Kritik. Zu Hermeneutik und Wissenschaftstheorie,

만약 "우리가 그와 같은 피조물이며, 하나님이 그 피조물과 더불어, 진노에서든 은총에서든, 영원과 불멸에 대해 말하고자 한다"[13]는 것이 맞다면, 그렇다면 모든 인간은 묵상, 즉 하나님의 말씀과 교제하면서 살아간다. 만약 그렇지 않다면, 인간은 이러한 교제를 뒤틀어 타락의 상태statu corruptionis로 산다. 즉 그는 정말로 하나님이 아닌 것을 하나님이라고 말하는 왜곡되고 잘못된 묵상 속에서 산다.[14] 무엇보다도 불신앙은 십자가를 헛되이 여긴다. 왜냐하면 거기서는 하나님을 기대하지 않기 때문이다.

루터의 묵상 이해를 - 그가 말하는 세 개의 규율 중에서 단지 이 하나만을 보아도 - 그렇게 이해한다면, 현시대적 상황이 만들어 낸 이해, 즉 묵상을 학문적으로 접근하는 신학과 전문화된 대중 종교와 그리고 침묵이라고 알고 있는 개인적 이해 사이의 난립을 극복할 수 있다. 이와 함께 난립된 이해는 루터의 묵상 이해 속에 통합되었다. 이러한 묵상 개념을 연구하고 현대적인 이해와의 논쟁 속에서 새롭게 의미를 찾는, 소위 포스트모던은 유익한 것이다. 이 과정에서 발생하거나 추구된 포스트모던은 단지 현대에 대한 진지한 메타비평으로만 등장한다.

1. 2. 영적인 시련Tentatio

영적인 시련과 유혹, 이 두 단어는 신학적으로 엄격하게 구분할 수 없다. 게다가 희랍어 성서뿐만 아니라 라틴어 성서도 단 하나의 단어

Tübingen 1991, 특히 1-82.
13   WA 43,481,32-35(창세기 26장 24절 이하 강의; 참고. 15장 1.2).
14   참고. 6장 2(요나서 1장 5절에 대해).

πειρασμός, tentatio를 쓰고 있다. 이 두 단어에는 신약성서와 기독교가 결국 아직 끝은 아니지만 세계와 인류의 멸망보다 더 무서운 멸망의 가능성에 직면해 있다는 진지함이 들어 있다: 그것은 하나님에게서 영원히 멀어진 자의 영원한 죽음, 하나님과의 교제의 파괴, 하나님과의 분리이다

그러므로 영적인 시련은 가장 근본적인 지적인 의심보다 강하고, 존재의 기반이 흔들리는 데서 오는 두려움보다 더 심오하며, 위험의 경험이나 자신과 세계에 대한 신뢰 상실의 경험보다 더 심오하다. 영적인 시련은 "모든 것이 사라지고 / 내가 나의 헛됨과 썩어짐만을 보는,"[15] 나 자신에게 스스로 적이 되고 온 세상이 나를 적대하며, 심지어 하나님이 약속을 깨고 위반함으로써 창 22장[16] 나를 대적하여 직접 나를 시험하는 상황이 일어난다.

이 상황에서 중요한 것은 "너에 대해서 아무것도 묻지 않고"[17] 무서울 정도로 자신을 숨기는 하나님과는 달리 너에 대해 물을 뿐만 아니라, 너를 대변하고 애쓰는 하나님과 모든 의심을 떠나 성령 안에서 아들을 통해 피조물에게 은혜와 의를 공급하는 아버지에게 피하는 것이다. 서로 송사하거나 혹은 변명하는 롬 2:15 자신의 생각이나 양심의 말을 의지하지 말아야 한다. "보시기에 심히 좋았던" 피조물이 겪어야 하는 질병, 비방, 불의, 슬픔, 아픔, 죽음과 고통에 대해 반문하지 말아야 한다. 모든 종류의 영적인 시련을 이겨냈고, 이겨낼 수 있는 것은 하나님이 구원의 확신을 주기 때문이다 롬 8:26-39.

---

15 EG, 373,5(Johann Heinrich Schröder, Jesu, hilf siegen, du Fürste des Lebens).
16 참고. 루터의 주해: WA 43,200-205(『창세기 강의』 1535-1545).
17 EG, 361,9(Paul Gerhardt, "Befiehl du deine Wege).

구원의 확신은 인지적인 지식 이상의 것이다. 루터가 영적인 시련을 강조하고 있다면, 그에게 중요한 것은 명제적인 내용에 대한 인식이 아니라 인식한 것에 대한 잉여의 확신이다. 다시 말해, 지식이 아니라 경험이 중요하다는 것이다. 왜냐하면 영적인 시련은 단지 알고 이해하도록 너를 가르치는 것이 아니라, 너의 믿음이 아닌 "하나님의 말씀"이 "얼마나 옳고, 참되고, 달콤하고, 사랑스럽고, 강하고, 위로가 되는지" 경험하게 만들기 때문이다.[18] "오직 영적인 시련만이 말씀을 깨닫도록 가르쳐주기 때문이다"라는 루터의 이사야 28장 19절 번역은 이와 일치한다.

1. 3. 경험 Experientia

루터가 말하는 "경험"은 우선 능동태 actio가 아니라 수동태 passio를 의미한다. 그것은 내가 만들어가는 경험이 아니라, 내가 겪는 경험이다. 그것은 영적인 시련 속에서 하나님의 말씀을 통해 나에게 일어나는 경험이다. 그러므로 "오직 경험만이 신학자를 만든다" sola experientia facit theologum[19] 라는 루터의 유명한 말은 핵심을 찔렀다. 물론 경험 그 자체가 신학자를 만드는 것은 아니다. 여기서 말하는 경험은 곧 거룩한 말씀에 대한 체험을 가리킨다.

그렇기 때문에 "경험"의 특징은 보편성이라는 모호함 속에서는 이해할 수 없다. 경험은 오히려 특정한 본문의 세계를 통해 이루어지며, 본문이 지닌 분명한 성격에도 불구하고 결코 좁지 않으며, 무한히 넓은 것이다.

18　WA 50, 660,1-3(『비텐베르크 판 루터전집』 첫 권 서문, 1539), 참고. 2장 1.3.
19　WA TR 1,16,13[Nr.46; 1531].

그리스도인이라는 존재와 신학자라는 존재, 아니 인간 존재는 곧 - 어떤 모양이든, 그가 영적인 시련을 겪고 있는 한 – 가는 데 시간이 필요한 경험의 길이다. 종교개혁도 루터의 삶과 신학에서 한 순간에 일어난 일이 결코 아니다. 종교개혁은 오히려 "밤낮으로 묵상하는 자들"에게 일어났다.[20] 루터는 다음과 같이 강조한다.

"비록 그는 아무것도 아니었고, 노력하거나 시련을 겪거나 경험하지 않았음에도 불구하고 어느 날 순간에 영웅이 된 자들 중의 하나가 아니라, 아우구스티누스가 자신에 대해 묘사했듯이, 자신에 대해 글을 쓰고 가르치는 가운데서 진보했으며, 성서를 단 한 번 보고서 그 모든 정신을 완전히 파악한 사람들 중의 한 명이다."[21]

1. 4. 기회 Occasio

우리가 방금 논의한 시간의 측면은 네 번째 특징을 보여준다. 루터는 탁상담화에서 종종 "기회"를 신학적 존재의 특징이라고 말한다.[22] 그는 이 단어를 사용할 때에 특히 전도서 설교자의 시간이해를 차용했다. 1526년 강의에서도 그렇게 주해했다.[23] 전도서는 그때 그때마다 나에게 와서 주어지는 결정적인 시간을 말하고 있다. 즉 세상만사가 고유한 시간을 가지고 있으며, 모든 시간이 동시에 자신의 시간은 아니라는 것이다.

---

20   WA 54, 186,3(『라틴어전집』 제1권 서문, 1545), 참고. 시편 1,2.
21   WA 54,186,26-29. 참고. Augustinus, Epistolae 143,2(MPL 33,585)
22   특히 WA TR 6, 358-360(Nr. 7050).
23   WA 20,1-203.

정확한 장소, 사람 그리고 개인보다 더 중요한 것은 시간적인 순간이라고 루터는 강조한다.[24] 그러나 "시간이라는 단어는 너무나 일반적이다. 나는 그 대신에 지나가는cacendo이라는 어원을 가진 우연이라는 말을 사용한다." "오카시오"occasio란 나에게는 가장 알맞은 기회로서 "우연"의 시간이다. 이것은 내가 직접 마련하거나 초래한 것이 아니라, 오히려 우연적인 것이며 동시에 부름을 따르는 것이다. "시간과 시간이 가져오는 것을 사용하라"[25], "현재를 붙잡으라Carpe diem[26]! 앞머리가 있을 때에 기회를 놓치는 자, 젊을 때에 카이로스kairos를 붙잡지 못하는 자는 머리카락이 사라진 대머리를 보게 될 것이다."[27]

"기회가 인사하며, 머리 뒤에 당도하여 '보라, 내가 거기 있다. 나를 잡으라!'고 말하려고 한다. 너는 물론 그 기회가 다시 오리라고 생각한다. 자 이제 원치 않을지라도 기회가 말하고 있다. 그렇다면 바로 뒤에 있는 기회를 잡으라!"[28]

시간이란 단어는 '기회를 보는 것과 영이 현재 활동적으로 파악하는 것'이란 이중적 의미를 가지고 있으며, 그러므로 주어진 순간인 "짧은 시간"[29]이 있음을 아는 것이 중요하다.

특히 루터가 『기독교학교를 설립하고 운영해야 할 독일 모든 도시의 시의원들에게』1524라는 글에서 말한 "기회"에 관한 내용은 매우 인상적

---

24   참고. WA TR 6,359,14f(Nr. 7050).
25   WA TR. 16f., 19.
26   Horaz, Oden I, 11,8.
27   "Fronte capillata post haec occasio calva"(WR TR 6,358,33[Nr. 7050] Cato Dionysius 인용).
28   WA TR. 6,358,31-34.
29   WA 19,226,20(『요나서 주해』 1526); WA DB 10II,11,1.

이다.

"사랑하는 독일인들이여, 문 앞에 시장이 있을 때 사라, 햇빛이 비치고 날씨가 좋은 동안 함께 모이라. 그곳에 하나님의 은혜와 말씀이 있다면 그것을 이용하라. 왜냐하면 하나님의 말씀과 은혜는 재빨리 지나가는 폭우 같아서 한번 있던 곳에 다시 돌아오지 않음을 알아야 한다. 그것은 유대인에게 왔었다. 그러나 떠나갔다. 그들은 지금 아무것도 갖고 있지 않다. 바울은 그것을 그리스로 가져왔다. 그 또한 떠나갔다. 지금은 터키가 그것을 소유하고 있다. 로마와 라틴어를 쓰는 나라들도 그것을 가졌으나, 마찬가지로 떠나갔다. 이제 그들은 교황이 있다. 독일인들은 영원히 그것을 가질 것이라고 생각할 필요가 없다. 감사를 모르고 귀하게 여길 줄 모르는 사람들에게는 그것을 갖는 게 허락되지 않을 것이다. 그러므로 그것을 잡아라[...]."[30]

"잡아라, 바로 그 시간이기 때문이다. 지금, 지금이 바로 그 때이다!"[31] "너희가 오늘날 그의 음성 듣기를 원하노라…!"시 95:7-8; 히 3:7-15.

기회를 붙들어야 할 긴급성은 복음의 약속에 직면하여 더욱 최고조에 달한다. 복음의 카이로스고후 6:2, 참조. 사 49:8는 주어진 말씀을 자신에게 적용하는 위험한 동일화에서 일어나며, 말씀을 받은 자들은 책임을 갖고 그것을 계속 전달한다. 작금의 해석은 항상 새롭다. 왜냐하면 그 해석은 매 경우마다 새로운 시간과 상황을 다루기 때문이다. 복음은 항상 다시 새

---

30 WA 15,32,4-13(『기독교학교를 설립하고 운영해야 할 독일 모든 도시의 시의원들에게』 1524).
31 WA TR 6,359,36f.

롭게 말해야 하지만, 어떤 새로운 것이나 혹은 다른 것을 말하는 것이 아니다. 왜냐하면 새로운 것을 새롭게 말한다는 것은 결코 옛 것을 말하는 것이 아니기 때문이다. 그렇기 때문에 복음은 항상 새롭게 해석되어야 한다. 그러나 그것은 - 신화와는 달리 – 최종적인 성격을 잃어버리지 않은 채 보충될 수는 없다.

복음은 오직 율법과 분리될 때에만 항상 복음이다. 신학자는 지금이 무슨 시간인지, 율법의 시간tempus legis인지 아니면 복음의 시간tempus euangelii인지를 아는 자이다.[32] 그러므로 기회의 포착은 율법과 복음을 정확히 구분하는 데서 결정적으로 최고조에 달한다.

율법과 복음의 차이점에 대한 인식은 구원사적인 구조를 통해서 증명할 수 없다. 그것은 연대기적인 것이 아니라 카이로스적인 성격을 가지고 있다. 정확한 구분은 결코 방법론적인 것이 아니라, 오히려 우연히 나에게 주어진 행운과 같은 것이다. 왜냐하면 하나님의 일과 성령의 역사만이[33] 은혜요, 하나님의 시간의 은혜로서 하나의 예술[34]이기 때문이다.

카이로스의 기회를 붙잡는 것은 시간의 징조를 스스로 해석하는 것이 아니라, 결정적으로 성령을 통해 조명을 받는 것이다. 그렇기 때문에 네 번째 특징인 기회는 - 다른 모든 특징처럼 - 첫 번째인 성령의 은총으로부터 해석되어야 한다. 나는 다만 성령의 오심을 기도할 수 있다. 그러므로 그 세 개의 규율 중에서 첫 번째 규율인 기도로 다시 돌아오는 것이 중요하다.

---

32 WA 40 I, 209,16-23; 526,21-31; 527,21-27(『갈라디아서 주석』 1535).
33 WA TR 2,4,7-16(Nr.1234;1531); WA 36,13,22-27(갈라디아서 3장 23-29절 설교, 1532년)
34 WA 36,9,28f; WA 40 I,526,15(『갈라디아서 주석』 1535년); WA TR 6,142(Nr.6716)

1. 5. 세심한 성경연구 Sedula Lectio

만약 결정적인 것, 즉 어두워진 마음의 조명과 존재의 변화가 성령의 은혜의 열매로서 간구의 대상이 된다면, '세둘라 렉치오' sedula lectio, 즉 계획을 세워 일정한 방법에 따라 꾸준히 열정을 가지고 평생 동안 지속해 온 성경공부는 무엇을 얻게 하는가? 마지막 두 개의 특징과 관련해서는 하나님이 주는 성령의 은사와 인간의 학문적 연구 사이에 긴장이 있음을 간과해서는 안 된다.

간구와 기대의 대상으로 인간의 공로와 교육을 통해 일어나지 않는 성령의 활동과 삼위일체 하나님 자신의 활동은 인간의 노력과 관심을 배제하지 않는다. 기도는 오히려 인간을 자유롭게 만든다. 성령의 은혜는 창조 목적에 적합한 사용, 즉 땅의 통치창 1:28, 경작과 보존창 2:15, 교육과 활동 그리고 루터가 세 가지 계층에 대해 가르칠 때에 개념화한 세속적인 삶의 영역을 구축하도록 인간의 이성을 자유롭게 만든다.

인간의 교육 활동에 중요한 것은 말, 즉 듣고 말하고 읽고 쓰는 것이다. "사람에게 말하는 것보다 더 강력하고 고귀한 일은 없다. 왜냐하면 사람은 모양 혹은 다른 행위를 통해 구분하기보다는 말을 통해창 2:19 이하 다른 동물들과 대체로 더 구분되기 때문이다."[35] 그러므로 '세둘라 렉치오'는 우선 교회에서 공적으로 가르치거나 혹은 설교하거나 혹은 성례전을 집행 해야 하는 "정식으로 임명된" 신학자가 매일 해야 하는 일이다.[36] 그것은 성서 본문과의 주의 깊은 계속적인 교제이며, 일생 동안 힘써 행해야 할 본문에

---

35 Heinrich Bornkamm(Hg.), Luthers Vorreden zur Bibel, 66(= WA DB 10 I, 101,13-15 [이차 시편강의 서문, 1528]).
36 『아우크스부르크 신앙고백서』 제14조(BSLK 69,3f).

대한 명상이다.

"즉 마음으로 뿐만 아니라, 외적으로 설교와 성경에 쓰인 말씀을 항상 되새기고, 읽고 또 읽으며, 성령이 그 말씀으로 뜻하는 것을 깊이 숙고하고 알고자 노력해야 한다."[37]

그렇지만 이러한 '세둘라 렉치오'는 모든 그리스도인에게 필요한 것이다. 세상살이에 유익한 책들과 생명의 책인 성경은 반드시 구분되어야 하며 모든 인간은 듣는 기능과 읽는 기능을 통해 비로소 구성된다는 점을 인정한다. 인간은 말의 대상이며 수신자이기 때문에 답변해야 하며 – 말하기와 읽기 - 더 나아가 책임도 가져야 한다.

언어강의에 관심을 기울여야 한다는 루터의 열정적인 호소는 기초인간학적이며 기초윤리학적인 중요성을 가지고 있다. 그 점에서 그것은 인문주의자들과도 일치한다.[38] 언어는 정신적이고 영적인 삶에 중요할 뿐만 아니라, 세상살이를 위해서도 근본적이고 기본적인 의미를 가지고 있다. 언어는 "성경을 단지 이해하기 위해서만 필요한 것이 아니라, 세속의 통치권을 행사하기 위해서도 필요하다."[39]

1. 6. 지식과 학문적 훈련bonarum artium cognitio

---

37   WA 50,659,22-25(『비텐베르크판 루터 전집』 1권 서문, 1539), 참고. 2장 1. 2.

38   Helmar Junghans, "Die Worte Christi geben das Leben," in Wissenschaftliches Kolloquium "Der Mensch Luther und sein Umfeld"(1996년 5월 2-5일, 바르트부르크에서), hg. v. Wartburg-Stiftung Eisenach(Wartburg-Jahrbuch, Sonderband), Regensburg, 1996, 154-175.

39   WA 15,36,17f(『기독교학교를 설립하고 운영해야 할 독일 모든 도시의 시의원들에게』 1524).

여섯 번째 특성은 적어도 신학이 가지고 있는 보편적 성격에 속한다. 교육을 받았든, 잘못 교육을 받고 왜곡되었든, 언어를 사용할 수 있는 능력이 모든 사람에게 주어져 있다는 점에서 이것은 중요하다. 핵심은 목록의 마지막에 있는 신학의 학교개념에 있다. 세 과목 문법, 변증, 수사과 네 과목 산술, 지리, 음악, 천문으로 구성된 일곱 과목의 자유예과 septem artes liberales에 대한 지식과 훈련이 없이 신학자는 자신의 소명을 감당할 수 없다.

루터는 고대로부터 전해져오는 표준교육에서 언어능력을 분명하고 명백하게 강조했다.[40] 그러므로 이 마지막 특징의 설명에서 볼 수 있는 문학과 자유예과의 접촉은 우연이 아니며, 루터의 의도를 이해하는 데에도 유익하다. 문법, 변증 그리고 수사의 도움을 받아 성서 본문의 의미를 드러내어 바로 알고, 그것을 학교와 대학으로 전해주는 것이 중요하다. 이렇게 하는 것은 말씀의 사역인[41] 성서의 외적 명백성에 도움이 되는 일이다.

루터는 세 과목 중에서 문법을 가장 중요시했다. "인간이 발명한 모든 학문 가운데서 문법은 신학을 장려하는 데 특별히 유익하다."[42] "우리는 먼저 문법을 강조하고자 한다. 이것은 정말 신학적인 것이다"[43] 루터의 생각에 따르면 수사학은 "시인과 역사가들"[44]과 더불어 문법 다음으로 중요하다. 문법과 수사학은 루터에게 있어서 언어와 역사도 없이 공허하게 흐르며 오류를 유발하는 변증[45]보다 중요한 것이다. 그렇기 때문에 루터는

---

40   참고. 특별히 WA 15,36,6-43,18.
41   WA 18, 609,5(『노예의지론』 1525). 참고. 4장 6.1.
42   WA 6,29,7f(철학 서적이 신학자에게 유익한지 아니면 유익하지 않은지를 묻는 15가지 논제, 1519?).
43   WA 5,27,8(『이차시편강의』 1519-1521).
44   WA 15,46,18. 참고. WA 51,23-52,24(『기독교학교를 설립하고 운영해야 할 독일 모든 도시의 시의원들에게』 1524).
45   WA 15,46,19-21.

변증에 앞서 문법과 수사를 가르치고 주목해야 한다고 주장한다.

> "사변가들은 부적합한 논리에 속았다. 즉 그들은 문법과 수사를 알지 못했다. 문법을 할 수 있기 전에 논리를 알고자 하고, 듣기보다는 오히려 가르치려 하며, 말하기보다는 판단하고자 하는 곳에서는 옳은 것이 일어날 수 없다."[46]

문법과 수사학을 전제로 할 때, 그 연관성 속에서 변증에 대한 인식과 훈련은 신학적인 문제를 해결하기 위한 학문적인 토론에서 반드시 필요하다. 루터 자신도 토론의 기술을 능숙하게 훈련했다. 게다가 직접 - 그의 아들 한스를 위해 - 『변증법』이라는 책을 썼다.[47]

2. 하비투스 테오스도토스 Habitus θεόσδοτος, 하나님이 준 능력

여섯 가지 특성의 순서는 적절하다. 그것은 성령의 선물을 시작으로 인간의 교육적 활동으로 끝나는 아치 모양의 윤곽을 가지고 있다. 서로 다른 두 개의 길, 즉 성령을 통해 선물된 은사의 길과 사람으로부터 받은 교육의 길이 하나로 일치된다. 루터 신학자인 요한 게르하르트 1582-1637는 이것을 역설적으로 "하비투스 테오스도토스" Habitus θεόσδοτος, 즉 "하나님이 선사해 준 하비투스"라고 칭했다. "하비투스" Habitus는 아리스토텔레스의 윤리 개념이며, 체계적인 연습을 통해 획득한 능력을 의미한다. 그것이 이

---

46   WA 26,443,8-12(『그리스도의 성만찬에 관하여. 고백』 1528).
47   WA TR 4,647-649(Nr. 5082 b; 1540). 좀 더 긴 판인 WA 60,140-162는 루터와는 상관없이 나중에 나온 탁상담화의 확장판이다.

루어지는 과정에 인간이 직접 참여하며, 직접 실현해간다. 게르하르트의 역설적인 규명이 보여주는 도전을 간과해서는 안 된다. 그것은 신학의 개념일 뿐만 아니라, 보편적인 개념이기도 하다. 왜냐하면 비록 알지 못하더라도, 인간의 모든 교육활동은 하나님의 영의 은사로부터 유지되기 때문이다.

2장
신학의 주제: 죄를 범하는 인간과 의롭게 하는 하나님

> 신학은 완전히 배울 수 없기 때문에
> 끝이 없는 지혜이다.

루터가 튀빙겐 대학 신학교수 가브리엘 빌Gabriel Biel로부터 알게 되었던 세 가지 학문적 핵심 문제의 설명을 참고해보면, 그의 신학개념은 앞에서 말했던 내용보다 더욱 폭이 넓어지고 심오해진다.[1] 이 문제는 순전히 신학사적인 관심 속에서만 일어나는 것은 아니다. 오히려 이 설명 자체는 오늘날의 학문이론의 핵심 문제와 유익하게 그리고 풍부하게 관련되어 있다.

"신학의 주제", 즉 죄를 범한 인간과 의롭게 하는 하나님은 이제 단일주제로 다루어지는 것이 아니라, 의도적으로 신학의 전체 맥락 속에서 다루어진다. 왜냐하면 독특한 신학이해, 독특한 시간 개념과 경험 개념, 그리고 힘들어하는 양심을 보살피는 그의 목회적인 신학 이해 속에 넣어서 볼 때, 비로소 칭의는 무시간적인 원리가 아니라 극적인 사건임이 분명히 드러나기 때문이다.

우리가 세 가지 관점을 구분하지만, 이것은 세 가지 관점이 서로 분리된 세 가지 영역의 부가물이 아니라 개관과 이해를 돕는 하나의 구조물임

---

1 Gabrielis Biel, Collectorium circa quattuor libros Sententiarum, Bd. 1, hg. v. Wilfrid Werbeck und Udo Hofmann, Tübingen, 1973, 8. 참고. Oswald Bayer, Theologke(1장 각주 2), 31f 그리고 36-55.

을 의미한다. 다른 말로 표현하면, 비록 이 세 가지 개념이 차례대로 나타나지만, 세 가지가 모두 동시에 지혜경험의 지혜와 칭의와 신앙에 대해 말한다.

1. *경험적 지혜*Sapientia Experimentalis

신학이란 어떤 종류의 지식인지를 묻는 전통적인 질문 속에서 루터는 그것을 학문으로 보기보다는 차라리 하나의 지혜로 보는 이해를 지지한다. 왜냐하면 이미 초기의 루터가 신학을 하나의 "경험적인 지혜"라고 말했기 때문이다.[2] 학문은 지혜와 무관한 것이 아니라 지혜 속에 포함되어 있다. 지혜는 학문이 학문 이전의 삶의 세계와 함께 연결되어 있다는 사실을 고려한다.

학문은 아리스토텔레스 이후로 꼭 필요한 원칙, 더 강조하자면, 단 한 가지 유일한 원칙을 가지고 있고, 아리스토텔레스의 학문적 체계에 따르면 그 정상에 이성적인 신학, 즉 신에 관한 논리Theologik가 있다.[3] 철학적인 하나님 개념에도 그 안에 이와 같은 학문이 들어 있다. 비非아리스토텔레스적인 의미에서 볼 때, 지혜는 이와는 달리 경험과 연관이 있다. 그러

---

2 WA 9,98,21(타울러의 설교에 대한 여백주기, 1516).
3 참고. 형이상학 12장: 아리스토텔레스에게 있어서 "모든 일은 각기 고유한 원인으로 증명할 수 있다"는 사실을 고려해야 한다(Analy. post. 1,9,75b). 그러므로 "모든 학문은 고유의 원리를 갖고 있다"(Otfried Höffe, Einfuhrung in die Wissenschaftstheorie der Zweiten Analytik; in Aristoteles, Lehre vom Beweis oder Zweite Analytik, PhB 11, Hamburg 1990, XXV). 학문의 역사를 고찰해 보건데, 이것은 가장 중요한 관점이다. 그것은 조직적인 사고 그리고 철학적인 학문의 일치를 무시하고 고유의 학문적 연구를 위한 방법을 준비한다(ebd.). 회페 역시 이러한 관점을 가지고 제일 철학을 거부하지 않고, 근본이 되는 학문이라고 전제했다(ebd.). 그러나 여기서 하나의 문제가 등장한다. 어떻게 개개 학문의 다양성과 그들의 원리가 신학에서 가장 높은 제일 철학의 원리가 되는가 하는 것이다.

나 막연하지 않은⁴ 경험은 닫힌 것이 아니다. 지혜가 학문을 포함하고 있다면, 학문은 스스로 설 수 없으며, 학문 이전의 삶의 세계로부터 그리고 그것에 비추어 상대화할 수 있다.

아리스토텔레스는 학문과 지혜의 차이를 제거했다. 그는 지혜를 학문의 가장 높은 형식이라고 말함으로써 철학과 신학을 조화시켰다. 그와 같은 이해는 신학의 개념에서 역사적인 것과 모든 경험적인 것, 모든 경험의 순간을 배제한다. 신학은 "신에 관한 논리"Theologik로서 순수이 이성적인 신학일 뿐이다. 이성적 신학은 그 자체가 최고의 학문, 원리의 학문, 곧 모든 것을 움직이게 하지만 그 자신은 움직이거나 피해를 입지 않는 단 하나의 신적인 원리를 가진 학문이 된다.

루터는 다르게 생각한다. 그는 하나님 인식, 아니 하나님 자신의 시간성을 중요하게 여긴다. 그렇기 때문에 그는 신학을 원리학문이 아니라 역사학문과 경험학문으로 이해한다. 아리스토텔레스주의자들은 자체 모순인 "경험적 지혜"만을 듣는다. 아리스토텔레스에게 역사적인 것과 경험적인 것은 학문의 대상이나 원리일 수 없다. 이에 맞서 루터는 "신학은 끝없는 지혜이다. 왜냐하면 그것은 결코 완전히 배울 수 없기 때문이다."라고 주장한다.⁵

이 문장과 그 배경⁶ 속에는 신학을 경험과 지혜로 보는 독특한 이해가 들어 있다. 이 경험과 지혜를 인간은 듣고 배우지만, 들은 것을 잊어버리고 마음에 간직하지 못하며, 영적인 시련과 괴로움의 압력 아래 다시 배우

---

4 막연한 경험과 질서정연한 경험의 구분에 대해서. 참고 Dietz Lange, Erfahrung und die Glaubwürdigkeit des Glaubens, Tübingen 1984, 17.
5 WA 40 III,63,17f(시 121:3. 1532).
6 WA 40 III,63,18-64,7.

게 된다. 여기서 신학은 열린 역사, 즉 끝없는 역사로 이해되었다. 신학의 본질적인 요소는 경험되고 체험된 시간이다. 이 시간은 헛된 시간이 아니라 성취된 시간이다. 물론 "순간", 확장되지 않는 점과 같은 사건이라는 의미에서만 그러한 것이 아니라, 하나님의 약속을 통해 창조되었고 오늘 그리고 여기서 들을 수 있는 기억과 미래의 틀 안에서 그러하다. 이로써 우리가 이미 도입 부분에서 논의한 묵시적인 역사 이해, 시간 이해, 존재 이해가 중요해진다. 중요한 것은 나에게 닥치고 나를 검증하고 시험하며 나에게 시련을 주는 경험이다. 이러한 경험은 일차적으로 내가 "겪는 것"이 아니라, "감수하는" 것이다. 능동적인 행동을 통해서도, 관조를 통해서도 나는 경험의 주인이 되지 못한다.[7]

루터의 신앙이해와 신학이해 속에서 일어나는 아리스토텔레스의 학문이해와 현실이해의 혁명은 아리스토텔레스의 하나님 이해에 대한 철저한 비판을 포함하고 있다. 아리스토텔레스에게 결정적인 것은 어떤 사람에게 그와는 다른 것, 그보다 더 나쁜 것, 그보다 더 부족한 것이 되는 것은 존재의 축소라는 플라톤의 주장이다. 따라서 하나님의 순수한 활동은 본질적으로 자기 자신을 보고 자기 자신을 생각하는 데 있다. 이러한 하나님 이해에 대한 루터의 명쾌한 판단은 아래와 같다: "원-존재는 단지 그 자신만을 본다. 만약 그가 자신 밖을 본다면, 세상의 불행을 보게 될 것이다. 여기서 아리스토텔레스는 무언중에 하나님을 부정한다."[8] 아리스토텔레스가 말하는 형이상학의 신은 자신의 완전성과 목적지향성 안에서 단지 그 자신만을 바라보며, 그 누구와도 함께하지 않으며, 그 누구에게도 자신을

---

7 참고. 3("수동적 삶: 신앙").
8 WA TR 1,57,44f(Nr.135, 1531). 참고. (73f.) 73.22-24(No. 155; 1532).

주지 않는다. 그는 사랑하지 않으며, 그렇기 때문에 고난을 받지도 않는다. 그는 시간과 변화에 예속되지 않는다. 그는 역사적이지 않다. "만약 하나님이 그렇다면, 다시 말해, 하나님이 오직 자기 자신만을 보고, 자신 밖에 있는 세상의 불행을 보고 염려하지 않는다면, 그는 가장 완전한 존재ens perfectissimum가 아니라 가장 가련한 존재ens miserrimum일 것이다"[9]라고 루터는 반박한다.

어떻게 루터가 신학을 "지혜"sapientia, 더 정확히 말해, "경험적 지혜"sapientia experimentalis로 규정하고 있는지는 그가 말하는 신학수업의 올바른 방식인 세 가지 규율, 즉 "기도"Oratio, 묵상Meditatio, 영적시련Tentatio에서 가장 명료하게 알 수 있다. 루터는 『독일어전집』1539[10] 첫 권 서문에서 그에 관해 썼으며, 하나님의 말씀을 찬양하는 시편 119편을 인용했다.

1. 1. 기도Oratio

"첫째로 당신은 성경은 모든 다른 책들의 지혜를 어리석게 만드는 책이라는 점을 알아야 한다. 왜냐하면 오직 성경만이 영생에 대하여 가르치기 때문이다. 이런 이유에서 당신은 자신의 생각과 이성을 사용하려던 것을 즉시 단념해야 한다. 이성으로는 성공하지 못할 것이며, 그와 같은 오만함은 당신과 다른 사람들을 (루시퍼처럼) 하늘로부터 지옥의 나락으로 추락시킬 것이다. 오히려 그 대신 골방에 들어가 무릎을 꿇고, 겸손과 진실한 마음으로 하나님께 기도하라. 하나

---

9   WA TR 1,73,32.
10 WA 50,657-661, 상세한 주석은 바이어(Bayer)의 Theologie(1장 각주 2), 55-106.

2장_신학의 주제 67

님은 사랑하는 아들을 통해 그의 성령을 주기를 원하며, 그 성령이 당신을 깨우치고, 인도하며, 알게 해줄 것이다.

당신도 알듯이, 다윗은 앞에서 언급한 시편에서 '주여, 나를 가르치소서, 나를 지도하소서, 나를 인도하소서, 나에게 보여 주소서'라며 항상 동일한 말로 기도했다. 비록 그는 모세의 책과 다른 책들을 잘 알고 매일 같이 듣고 읽었지만, 성경의 참된 주인을 갖기를 원했으며, 이성으로 접근하거나 그 자신이 말씀의 주인이 되고자 하지 않았다. 만약 그렇게 한다면, 그가 스스로 어리석음에 빠지는 분리주의자가 되고, 성경을 자신에게 복종시켜 자신의 이성으로 쉽게 이해할 수 있다고 여기기 때문이다. 마치 성령과 기도가 필요하지 않는 이솝 우화나 마르콜푸스Marcolfus와 같은 것이다."[11]

비록 루터는 "이 세상에서의 삶"을 위해서는 이성이 가장 중요함을 인정하고, 이와 연관하여 이성을 "신적인 것"[12]으로 드높였지만, 영생과 하나님 인식과 자신을 인식하려는 이성의 능력에 대해서는 강하게 비판했다. 이러한 판단은 전적으로 부정적이다. 심판하고 의롭게 하는 하나님을 생각하면서, 나의 불신앙과 죄를 깨닫고 하나님을 완전히 신뢰한다면, 자기 자신의 "생각과 이성에 대해 절망해야" 한다. 왜냐하면 자신의 생각과 이

---

11 WA 50:659.5-21. '기도'를 설명하는 단락에서 증명할 수 없는 인용은 처음의 인용 때문이다. 참고. 루터가 삼위일체처럼 세 가지 즉 '기도, 묵상, 영적시련'을 한꺼번에 개관한 요약. WA TR 2,67.32-40(Nr.1353;1532) = "우리의 이성으로 성경을 판단하거나, 비평하거나, 이해하거나 해석해서는 안 되며, 기도하면서 부지런히 묵상하고 그 뜻을 찾아야 한다. 영적인 시련들이 있으며, 마귀 역시 훈련과 경험을 통해 어느 정도 이해를 가르치는 하나의 원인이 되기도 한다. 그렇지 않으면 성경을 듣고 읽는다고 해도 결코 이해할 수 없다. 성령만이 우리의 주인이고, 우리를 지도하는 선생님이어야만 한다. 청년 혹은 학생은 이러한 선생님에게 배우는 것을 부끄러워하지 않는다. 내가 시련을 당할 때면 나는 즉시 예수 그리스도가 나를 지키며, 나를 위해 죽었다는 내가 위로를 얻을 수 있는 성경의 말씀을 읽는다."

12 WA 39 I,175.9f(Disputatio de homine, 논제4; 1536).

성은 오류를 가져오고, 그가 자신을 알려주는 곳을 찾음과 동시에 알 수 없는 곳에서 하나님을 찾기 때문이다. 이것이 하나님과 "술래잡기"를 하는 자신의 생각과 이해, 즉 정신 나간 이성의 과오들이다. 루터는 스콜라의 이성신학자들을 다음과 같이 강하게 조소했다:

"만약 그들이 머리를 가지고 하늘을 뚫고 천국을 둘러본다면, 거기서 아무도 찾아내지 못할 것이다. 왜냐하면 그리스도는 구유와 여자의 태중에 있기 때문이다. 그들은 다시 아래로 곤두박질할 것이며, 목이 부러질 것이다."[13]

만약 신학을 공부하는 자가 오직 하나님의 자기비하, 낮춤과 겸손만을 배운다면, 위를 향해 알고자 하는 욕망을 버려야 한다. 그는 아래에서부터 시작하며, 겸손하고 교만하지 않다. 성경의 해석은 성경의 영감과 충돌하려고 해서는 안 된다. 해석의 겸손은 영감의 겸손에 상응하는 것이다. 그러므로 첫 번째 규율의 극치는 다음과 같다:

"골방에 들어가서 무릎을 꿇고마 6:6 하나님께 겸손과 진실로 기도하라. 하나님이 사랑하는 아들을 통해 너에게 성령을 주고자 하며, 너를 깨우치고, 이끌며, 알게 해 줄 것이다."

1. 2. 묵상meditatio

"다음으로 당신은 묵상해야 한다. 오직 마음으로만이 아니라, 바깥을 향해 입으

---

13 WA 9,406.17-20(창세기 28장 설교; 1520). 하나님과의 숨바꼭질 놀이에 대해서는 6장 2.2 참고.

로 말하고, 책에 쓰여진 말 그대로 읽고 또 읽고, 부지런히 적으며, 성령이 그 말씀으로 의도한 것이 무엇인지를 숙고해야 한다. 한 두 번으로 충분히 읽었다거나, 들었다거나, 말해서 모든 것을 완전히 이해하고 있기 때문에 이제 더는 불필요하다거나 혹은 그렇게 생각하지 않도록 주의하라. 훌륭한 신학자는 그렇게 해서 만들어지는 것이 아니다. 그는 때가 되지 않아서 떨어지는 설익은 열매와 같다.

그러므로 다윗이 같은 시편에서 항상 어떻게 찬양하고 있는지를 보라. 그는 오로지 하나님의 말씀과 계명만을 밤낮으로 말하고, 시를 쓰고, 얘기하고, 노래하고, 듣고, 읽고자 했다. 왜냐하면 하나님은 당신에게 안내서로 주신 외적인 말씀을 제쳐두고 자신의 성령을 주지 않을 것이기 때문이다. 왜냐하면 하나님은 외적으로 쓰고, 설교하고, 읽고, 듣고, 노래하고 말하라고 헛되이 명령하지 않았기 때문이다."[14]

예전에 루터가 특히 묵상의 내적인 측면을 생각했다면, 이제는 그 두 번째 규율과 함께 외부를 향해 강하게 시선을 돌렸다. 내적인 조명이 성경에 매여 있음에도 불구하고 묵상에 관한 그의 말이 열광적이고 사변적으로 오해되고 있음이 염려되자[15], 루터는 성경을 "단지 마음으로만이 아니라 외적으로도" 읽어야 한다고 강렬하고 날카롭게 강조했다. 묵상을 설명하는 두 개의 단락 처음과 끝에 "외적으로"[16]라는 부사가 쓰인 것은 특별히

---

14 WA 50,659,22-35.
15 앞의 서론에서 루터는 자칭 영적인 지도를 받는다는 자들을 당파주의자들(Rottengeistem)이라고 칭했다. 이들은 함께 무리를 지어 교회를 분열시키는 자들이다.
16 오늘날의 용법과는 달리 루터 당시의 이 말은 "Äußerliches" 뿐만이 아니라, "Äußeres"를 의미했다. Jacob und Wilhelm Grimm, Deutsches Wörterbuch, Bd. 1, Leipzig 1854, 1035.

주목할 만하다.

묵상을 외적인 말씀에 초점을 맞출 때, 루터는 "묵상"이라는 단어를 특별한 방식으로 사용한다. 이로써 그는 문뜩 떠오르는 임의의 착상을 말하지 않는다. 오히려 그는 고대교회의 통찰과 훈련으로 되돌아가고 있다. 시대가 흐르면서 이것이 완전히 망각되지는 않았지만, 점점 더 퇴색하고 있다. 여기서는 큰 소리로 읽고 동시에 기도하는 훈련이 중요하며, 더욱 중요한 것은 성경의 말씀을 읽고 기도하는 것이며, 특히 특정한 시편을 골라 그렇게 하는 것이다. 그와 같은 본문묵상에서는 인간이 중심을 찾아가는 것이 아니다. 그는 자신에게 귀를 기울이지 않는다. 그는 자신 속으로 들어가지 않고, 자신 밖으로 나온다. 그의 가장 깊은 내면은 그 자신 밖에서 오직 하나님의 말씀 속에서 산다. 그의 내면은 하나님의 말씀에 사로잡히게 된다. 내면은 "본질적으로 말씀 속에 있는 마음이다."[17] 그렇기 때문에 묵상은 성경의 본문 뒤로 물러나서, 이른바 언어 이전의 직접성으로 되돌아갈 수 없다. 그렇게 되면, 성경의 본문은 단순히 하나의 "표현"이 되고 말 것이다. 묵상은 오히려 받아들인 말씀 안에서 움직인다. 묵상은 하나님과의 교제이다.

1. 3. 영적인 시련 Tentatio

"셋째는 영적인 시련이다. 이것은 시금석이다. 영적인 시련은 당신에게 단지 알고 이해하게 할 뿐만 아니라, 모든 지혜 위에 뛰어난 지혜인 하나님의 말씀이 얼마나 옳고, 얼마나 참되고, 얼마나 달콤하고, 얼마나 사랑

---

17   WA 10 I/1,188,6(요 1:1-14, 『교회설교』 1522).

스러운지, 얼마나 강력하고, 얼마나 위로가 되는지 경험하게 해준다. 그러므로 다윗이 앞에서 언급한 시편에서 자신이 견디어야 하는 모든 원수들과 사악한 제후들 혹은 폭군들과 거짓된 영과 무리들에 대해서 얼마나 자주 한탄했는지를 당신은 알고 있다. 왜냐하면 그는 묵상했기 때문이다. 다시 말하면, 그는 (이미 말했듯이) 하나님의 말씀과 온갖 방법으로 교제했기 때문이다. 하나님의 말씀이 당신을 통해 드러나면, 사탄은 곧바로 찾아와 너를 진짜 박사로 만들고, 그의 유혹을 통해서 하나님의 말씀을 구하고 사랑하도록 가르쳐 줄 것이다. 나 자신은 교황주의자들에게 고맙게 생각한다. 그들은 마귀가 격동하듯이 나를 치고, 괴롭히고, 두렵게 하며, 만약 그렇지 않았다면 결코 되지 못했을 상당히 훌륭한 한 사람의 신학자를 만들어 주었다. 이와는 달리 그들이 나에게서 얻고자 한 영광, 승리, 환희를 나는 기꺼이 그들에게 부어주었다. 왜냐하면 그들이 그것을 갖고자 했기 때문이다."[18]

묵상하는 사람은 반드시 고난을 감수해야 한다. 루터가 철저히 묵시적인 시대의 지평 안에서, 그리고 이와 동시에 그의 가장 깊은 내면에서 치렀던 공개적인 투쟁의 영향을 받지 않은 것은 전혀 없다. 투쟁은 보편적이다. 루터의 묵상이해를 특징짓는 이러한 보편성은 세 번째 규율의 특징이기도 하다. 투쟁은 단지 특별한 직무를 수행하는 목사들에게만 일어나는 것은 아니라, 모든 그리스도인에게, 참으로 모든 사람에게 일어난다.

루터가 기꺼이 책으로 집필하고 싶었던 영적인 시련에서 중요한 것은 첫 번째 계명의 가치이다. 하나님의 유일성과 그와 더불어 현실과

---

18 WA 50, 660,1-16(『독일어전집』 1권 서문, 1539).

현실적 경험의 유일성은 영원하고 불가피한 불변의 원리가 아니라, 실제적이고 실천적으로 그리고 철저히 "외적으로" 논쟁거리이다. 첫 번째 계명을 묵상하는 사람은 한 분 하나님과 많은 주인들 사이의 갈등에 휘말리게 된다. 하나님의 유일성이라는 사변적 관념을 통해서는 이러한 혼돈에서 빠져 나올 수 없다. 유일성과 함께 하나님의 전능함을 "단지 아는 것"만으로는, 이와 함께 영적인 눈을 통해 그것을 무시간적으로 지금 고수하는 것으로는 충분치 않다. 오히려 그는 하나님의 유일성을 "경험해야" 한다. 그러나 이러한 경험은 시간을 필요로 한다. 하나님의 유일성은 검증되고 답습되는, 다시 말하면, 경험되는 길에 들어섰을 따름이다.

영적인 시련은 믿음의 진실성을 검증하고 믿는 사람들의 신뢰성을 증명하는 시금석과 같은 것은 아니다. 오히려 영적인 시련 속에서 그리고 시련에 맞서 자신의 신앙과 능력을 증명해 보이는 하나님의 말씀의 시금석이다. "왜냐하면 오직 영적인 시련만이 말씀에 주목하도록 가르치기 때문이다." 루터는 히브리어 본문이 아니라 불가타Vulgata에서 분명한 이사야 28장 19절을 인용함으로써 자신의 성서이해와 신학이해를 한 가지 요점에 집중시켰다.

따라서 "오직 경험만이 신학자를 만든다."라는 루터의 유명한 말은 고상한 창작과 사변과 함께 지식의 순수성도 배제하지만, 다른 한편으로는 순수한 경험의 원리와 같은 것도 대변하지 않는다. 그러한 원리는 무제한적이고 공허한 개방성과 미완성의 원리일 수밖에 없을 것이다. 경험 자체가 신학자를 신학자로 만드는 것이 아니라, 성경에 대한 경험이 신학자를 신학자로 만든다.

2. *신학의 주제* Subiectum theologiae

루터가 가브리엘 빌에게서 넘겨받은 세 가지 주요 질문 중의 두 번째 질문은 어떤 학문이 일치를 가져오는지를 묻는다. 학문의 일치는 그것이 다루는 "주제"의 일치에서 기대할 수 있다. 그렇다면 이제 루터가 생각하는 신학의 일치된 대상은 무엇인가? 모든 언어학적, 역사적, 철학적, 수사학적, 교육학적 노력은 일치를 위해 무엇을 하는가?

많은 사람들이 "하나님"을 단순하게 그리고 머뭇거림도 없이 신학의 대상으로 여긴다. "하나님"은 "신학의 본래적인 대상"이라는 것이다.[19] 신학이 주제로 삼는 모든 것은 "하나님과의 관련성이라는 관점 아래서sub ratione Dei" 주제화된다. 그런 점에서 신학은 "하나님에 관한 학문"이다.[20]

이와는 달리 루터처럼 신학의 대상, 즉 신학의 주제를 "죄를 범한 인간과 의롭게 하는 하나님"[21] 이라고 보는 사람은 매우 협소하게 규정하는 듯이 보인다. 루터의 대상 규정에서 중요한 것은 동사적 형용사 죄를 범한 인간과 의롭게 하는 하나님를 우연적이나 부가적인 것이 아니라, 핵심적이고 본질적인 "형용사"로 여겨야 한다는 점이다. 따라서 엄밀하게 신학적으로 생각한다면, 인간은 본질적으로 하나님에 의해 고발되고 풀려난 자이다. 거꾸로 보면, 하나님은 결정적으로 인간을 고발하고 풀어주는 분이다. 우주론적이고 정치적인 질문들은 이미 언급한 대상 규정 속에서 비로소 신학

---

19 Wolfhart Pannenberg, Wissenschaftstheorie und Theologie, Frankfurt 1973, 300.
20 Pannenberg, Wissenschaftstheorie und Theologie, 300(토마스 아퀴나스, STh 1, q. 1, art.7). 참고. Pannenberg, Systematische Theologie, Bd. 1. Göttingen 1988, 15.
21 WA 40 II, 328,1f(1532); 참고. '도입'의 '격변의 시대'에 각주 17과 바이어(Bayer), Theologie(1장 각주 2), 36-42와 409-418

적인 질문들로 변한다. 만약 이 말이 옳다면, 그것은 과대평가할 수 없는 결과를 빚는다. 그렇다면 모든 신학적 명제는 이러한 규정과 정확하게 일치되어야 한다. 따라서 루터는 창조론, 기독론, 세계 완성의 이론인 세계 심판의 이론을 칭의론으로 이해한다.

　신학의 대상을 묻는 질문에 대한 답을 루터는 전통적으로 참회시편이라고 일컫는 시편 51편 주해에서 찾았다. 이 시편은 루터 신학의 역사를 이해하는 데 매우 중요하다. 이 시편의 단어 하나하나는 죄와 은총을 논하는 데 필수적이다. 루터에 따르면 신학은 이 외에 다른 주제를 가지고 있지 않다. 죄와 은총에 관해서도 철학적 - "형이상학적", "도덕적", 혹은 "역사적" - 으로 논할 수 있다. 루터가 신학의 신학성Theologizität을 결정하고 판정할 수 있다고 보는 규칙은 "하나님의 약속과 율법을 통해서 주어지는 것이며, 인간적인 규칙을 통해서 주어지는 것이 아니다. 다시 말하면 '주께서 말씀하실 때에 의롭다'시 51:4.[22] 죄와 은총에 대해 신학적으로 말한다는 것은 하나님의 언약과 그의 율법에 대해 말하는 것이며, 고소할 뿐만 아니라 죽이는 율법과 위로하며 생명을 주는 복음에 대해 말하는 것을 의미한다.

　시편 51편은 의롭게 하는 하나님을 경험한 대표적인 죄인인 다윗의 역사를 넘어서 "모든 죄와 그 뿌리"[23]를 철저하게, 그리고 보편적으로 말하고 있다. 보편성은 인류 전체에 해당하는 용어이지만, 동시에 개인의 실존의 너비와 깊이에 주목할 때에도 해당된다. 죄인이라는 점, 더 정확히 말하면, 죄의 고백은 인간을 개별화하고, 인간을 하나의 개인으로 만든다. "내가 주께만 범죄했다"Tibi soli pecavi, 시 51:4. 이러한 고백이 없다면, 인간

22　WA 40 II, 373,5-7(1532). Zu Luthers Wendung gegen ein "metaphysisches", "moralisches" oder "historisches" Verständnis: Bayer, Theologie(각주 21), 37. 각주 6.

23　WA 40 II, 319.8f.

은 개인이 아니라 종種의 한 사례에 불과할 것이다. 이로써 신학의 대상 규정의 인간론적인 깊이와 이와 동시에 신학적 인간론의 뿌리도 드러나게 된다.

이러한 깊이는 하나의 분명한 매체 안에서, 즉 말씀을 통해서 열리고, 형성된다. 그것은 말과 언어의 분명한 특성이다. 이것은 신학의 주제가 신학적인지 여부를 결정한다. 하나님과 인간은 말씀, 즉 죄의 고백의 말씀과 죄의 용서의 말씀 안에 나란히 등장한다. 루터의 정의는 3인칭으로 되어 있다. 그러나 이러한 진술은 하나의 파생된 진술이다. 좀 더 직접적인 1인칭과 2인칭, 즉 호칭과 응답의 말로 서술하는 것도 어렵지 않다. 모든 교의적인 진술의 바탕이 된다고 할 수 있는 이 원래적 문장은 하나님이 말씀하고 인간이 응답하는 문장이요, 기도의 문장이요, 찬송하고 고백하는 문장이다. 심판을 촉구하는 찬송인 시편 51편 4절"내가 주께만 범죄하여 주의 목전에 악을 행하였사오니 당신은 의로우십니다."에서 볼 수 있듯이, 이 문장은 하나님에게 영광을 돌리고 고백하는 문장이며, 하나님이 옳다고 인정하는 문장이다.

그러므로 기도자는 하나님이 옳다고 인정하고, 하나님에게 의를 돌리며, 하나님이 의롭다고 말한다. 하나님의 속성과 특징을 드러내는 "삶의 자리"Sitz im Leben는 이처럼 구체적인 기도의 상황이다. 따라서 루터의 정의homo peccator et deus iustificans에서 접속사 '그리고'et는 하나님과 인간 사이의 대화를 대변한다. 죄인과 의롭게 하는 하나님은 주고받는 대화 속에서 나란히 존재한다.

하나님과 인간의 상호 의사소통은 결코 자명한 것은 아니다. 놀라운 것은 대조에서 분명히 드러난다: 하나님과 인간이 나란히 함께 있지만, 연합하기에는 극단적으로 대조되는 이러한 상황을 루터는 괴리Dissoziation라고 말한다. 그 안에서 하나님과 인간은 각자이며, 나뉘어 있고, 죽음으로 갈라져 있다. 이러한 괴리 속에서는 "벌거벗은 하나님이 벌거벗은 인간과 함께 있을 뿐이다."[24] "벌거벗은 하나님"은 "절대적인 권위를 가진 하나님"이며, "숨어 있는 하나님"Deus absconditus이다.[25] 그와는 관계할 수 없고, 교제할 수 없고, 거래할 수 없고, 말할 수 없다. 그를 믿을 수 없다. 그렇지만 이러한 괴리가 벌거벗은 사람을 그냥 두지 않는다. 그는 벌거벗은 하나님을 적으로 경험한다. 그러므로 죄를 범한 인간과 의롭게 하는 하나님 사이의 대화는 우선 누가 옳은지를 놓고 싸우는 투쟁이다. 이것은 삶과 죽음에 대한 상호 인정이 걸린 하나의 투쟁이다. 그러한 대화는 하나님 인식과 자신의 인식이라는 상관성에 해를 끼칠 수도 있다. 왜냐하면 처음부터 누가 인간의 상대인지가 분명하기 때문이다. 하나님인가? 아니면 마귀인가? 야곱이 얍복강에서 밤새 씨름한 것은 마귀인가? 아니면 야훼인가?창 32장

얍복 강에서의 야곱의 씨름 이야기는 죄인인 인간이 의롭게 하는 하나님을 만나게 될 때에 일어나는 것이 무엇인지를 가장 잘 보여준다. 루터가 이 씨름 안에는 "그리스도가 함께하고 있다"[26]고 주장한다면, 중재의 방식을 좀 더 명확하게 설명하고 있는 것이다. 즉 벌거벗은 하나님과 벌거벗은 인간의 충돌을 해소시키고, 치명적인 대립을 극복해서 하나님이 죄인에게 말하고, 그를 죽음에서 구원하고, 더 나아가 우상숭배의 근원인 자신에 대한 집착에서 자비롭게 구원하는 것은 그리스도의 직무와 사역이다. 파괴

---

24 WA 40 II, 330,1.
25 WA 40 II, 330,1. 12 그리고 17번째 줄.
26 WA 40 II, 329.7. 참고. 10장.

가 아니라 구원을 가져오는 하나님과 인간의 대화적 공존은 말씀 안에서 일어나는 공존이다. 그것은 대화를 통해 일어난다. 그리스도론에서는 누가 누구 덕택에 어떤 매체 속에서 공존하는지, 더 정확히 말하면, 서로에게 다가서게 되는지가 밝혀진다.

인간의 적과 상대가 하나님인지 혹은 마귀인지의 결정은 말씀의 명확성과 더불어 내포된 그리스도론에 달려 있다. 그렇게 될 때에 비로소 말씀과 신앙의 본질이 신학의 내용과 대상으로서 열려진다.

"하나님은 다른 방식으로는 인간과 전혀 관계를 맺지 않았으며, 더욱이 약속의 말씀이 아닌 다른 방법으로는 관계를 맺지 않았다. 거꾸로 우리도 하나님의 언약의 말씀에 대한 신앙이 아닌 다른 방식으로는 하나님과 관계를 맺을 수 없다."[27]

그러므로 하나님과 인간의 유익한 의사소통은 의미 없는 상호관계와 소통이 아니며, 하나님과 인간의 치명적인 대립을 해결할 수 있는 특별하고도 유익한 출구이다. 그것은 내가 놀라기에 충분한 하나의 기적이다. 물론 신학이 그 기적을 다루고 그것으로 시작할 수 있지만, 그 기적을 – 실증적으로 - 하나의 사실로서 단순히 수용할 수는 없다. 이러한 비자명성은 마치 의미의 마당처럼 신학의 주제 그 자체를 정의하는 행위에 속한다. 그러므로 만약 신학이 지닌 의미의 폭에서 이것이 배제되거나, 의미의 폭과 그 공포_{태고의 공포}에 관한 생생한 기억이 더 이상 없다면, 남은 정의는 죽은 거나 다름없다. 그렇기 때문에 만약 죄를 범한 인간과 의롭게 하는 하

27　WA 6,516,30-32(『교회의 바벨론 포로』 1520).

나님이 – 분명히 동일한 의미를 갖지만, 다르게 말한다면, 만약 죽게 하는 율법의 말씀과 생명을 주는 복음의 말씀이 신학의 대상이라면, 이와 같은 대상은 실증적으로 주어진 것이 아니며, 확인하거나 설명될 수 있는 죽은 대상도 아니다. 대상은 살아 있는 것이며, 날고 있는 새처럼 그릴 수 없는 극적인 사건이지만, 여하튼 배워야 하는 것이다.

죄를 범한 인간과 의롭게 하는 하나님이 말씀과 믿음 안에 서로 공존하기 때문에 신학을 말씀론이나 신앙론으로 대체할 수는 없다. 비록 신앙에 앞서 말씀의 중요성을 감안하더라도, 신앙론보다는 오히려 말씀론에 대해 말해야 한다. 따라서 신학의 대상이 특수한 본문으로 구성되어 있음을 간과해서는 안 된다.

신학의 대상이 근본적으로 언어적이라는 것은 부정적인 것을 의미한다. 신학은 우선 지식(이론적 오해)이나 행위(도덕적인 오해)와 관련이 없다. 또한 신학은 처음부터 그리고 원래부터 자신의 기초가 되는 말씀 배후에 있는 것과 관련이 없다(심리학적 오해). 신학은 오히려 그 속에서 율법과 복음이 구체적으로 일어나는 중요한 언어를 다룬다. 신학의 대상이 가진 특수한 생동성과 신체성은 신학으로 하여금 주객도식 혹은 일치이념에 부합하지 않는 대상의 대상성에 대한 독자적인 이해를 하도록 해준다. 신학의 대상에 대한 이러한 독자적인 이해는 - "죄를 범한 인간과 의롭게 하는 하나님" - 신학적 사고를 어떤 경우에도 상호간에 영향을 주지 않거나 혹은 하나님의 자기계시와 같은 공통적인 상위개념에 종속될 수 없는 세 가지 방향에서 전개함으로써 만들어진다. "대상"의 극적인 사건은 세 개의 과정 속에서 완성된다.

a) 나를 심판하는 율법의 저항. 율법은 나의 죄를 드러내고, 나를 고발하고, 죽음에 넘긴다.[28]

b) 복음의 약속. 복음 안에서 하나님은 예수 그리스도와 함께 나를 위해 친히 말씀한다. 즉 하나님은 나를 대변한다.[29]

c) 오직 율법의 영향으로만 이해할 수 없는, 그리고 복음과 철저히 모순되는, 도저히 파악할 수 없는 숨어 있는 하나님의 개입.[30]

3. 수동적 삶 vita passiva: 신앙

"신학이 실천적인가 아니면 이론적인가?"[31]라는 가브리엘 빌의 세 번째이자 마지막 질문은 루터의 신학개념을 가장 잘 이해하게 해준다. 왜냐하면 루터의 신학개념의 토대가 되는 신앙에 대한 이해를 가지고 답변하기 때문이다.

이 문제를 다룬 루터는 전통적으로 내려오는 이론과 실천 theoria und praxis, 사변과 행동 contemplatio und actio이라는 아리스토텔레스의 두 가지 틀을 무너뜨림으로써 "능동적 삶 vita activa이 행위를 통해, 그리고 사변적 삶 vita contemplativa이 사변을 통해 우리를 잘못 이끌지 못하게 했다."[32] 따

---

28 참고. 3장 각주 27 그리고 8장.
29 참고. 10장.
30 참고. 9장.
31 위의 각주 1.
32 WA 5, 85,2f(=AWA 2, 137,1f [『이차시편강의』 1519-1521; 시 3:4]).

라서 루터는 신학을 사변이나 행위의 범주에 포함시키지 않는다.[33] 루터가 발견한 세 번째 틀은 매우 독특한 하나의 과정과 길이다. 그렇기 때문에 그는 자신의 정의를 보존하기를 원했다. 그리고 그것은 루터에게 수동적인 삶vita passiva의 개념으로 보존되어 있기도 하다.

수동적 삶에서 중요한 점은 그것이 특정한 경험과 연결되어 있다는 사실이다. 그런 경험은 내가 먼저 만든 것이 아니라 감수하는 것이다. "살면서, 아니 오히려 죽고 그리고 지옥에 내려감으로써 비로소 한 사람의 신학자가 되는 것이지, 알거나 읽거나 혹은 숙고함으로써가 아니다."[34] 신앙의 칭의[35]는 "우리가 하나님만을 우리 안에서 활동하게 허용하고 우리의 능력이 전혀 우리 자신을 위해서 아무것도 하지 못하게 한다"[36]는 점에서 수동적이다. "신앙은 우리 안에서 일어나는 하나님의 활동이며, 그것은 우리를 변화시키고, 하나님에 의해 새롭게 태어나게 하며요 1:13, 옛 아담을 죽인다. 신앙은 우리로 하여금 마음, 성품, 의지와 능력이 완전히 다른 사람으로 만든다참고. 신 6:5."[37] 그러므로 믿음은 하나에서 열까지 하나님의 활동이다. 사람은 아무것도 기여할 수 없으며, 단지 수용하고 겪을 수 있을 뿐이다. 행위의 의는 이와는 달리 그리스도인의 의와는 완전히 반대되는

---

33 특별히 두 요소의 결합에 루터의 논박이 중요하다. "내가 나쁜 행동을 했다, 나는 저주받았다"와 같은 "실천적인" 숙고를 루터는 "사변적"이라고 여겼다. WA TR 2,56,20-22(Nr. 1340; 1532). 참고. WA 40 II, 329,3-332,7(시 51:3, 1532).

34 WA 5, 163.28f(= AWA 2, 296.10 [『이차시편강의』 1519-1521; 시 5:12]). 이것은 루터의 과장된 표현이다. 1538년 이차 반율법주의 논쟁 서문(WA 39 I, 421,4f)이 보여주듯이, 그는 아는 것과 읽는 것을 배제하지는 않는다. 루터는 거기서 읽기와 아는 것에 대해 매우 긍정적으로 말하고 있다.

35 루터가 "의"(니코메디아 윤리학 5장)에 관한 아리스토텔레스의 정의 자체가 아니라, 그 정의를 죄론과 은총론에 적용하는 것에 대해 싸움을 주목해야 한다. 루터는 아리스토텔레스가 그의 윤리학과 정치학에서 서술한 것을 매우 가치 있게 여겼다.

36 WA 6, 244.3-6(『선행에 관한 설교』 1520).

37 Heinrich Bornkamm(Hg.), 성경 서문, 182(=WA DB 7, 10,6-8 [『로마서 서문』, 1522]).

것이다. 그리스도인의 의는 수동적이다. 우리는 다만 그것을 받을 뿐이다. 우리는 그것을 일으키는 것이 아니라, 다른 한분, 즉 우리 안에서 활동하는 하나님을 경험한다. 세상은 그것을 이해하지 못한다.[38] 자신의 행위와 공로를 통해 무엇인가를 이룰 뿐만 아니라 자신을 만들고자 하는 사람, 즉 자기 자신에게 사로잡혀 있는 사람에게 그것은 숨겨져 있다.

루터는 타울러의 설교를 통해 알았고 높이 평가했던 특정한 형태의 신비주의를 접하게 되는 과정에서 신앙이 "수동적 삶"이라는 혁명적인 새로운 정의를 발견했다. 물론 이러한 과정도 어느 정도는 비판적이다. 왜냐하면 신비주의적인 사변의 그럴듯해 보이는 수동성 배후에도 역시 사변과 몰두라는, 점점 고양되는 그 자신의 공로가 숨어 있을 수 있기 때문이다. 이와는 정반대로 의롭게 되려는 사상, 형이상학, 의롭게 하려는 행위, 도덕이 송두리째 파괴될 때, 오직 수동적이고 오직 신앙을 통해서만 경험되는 의가 일어난다. 신앙은 지식이 아니고, 행위도 아니며, 형이상학이 아니고, 도덕도 아니며, 능동적 삶vita activa이 아니고, 사변적 삶vita contemplativa도 아니라, 수동적 삶vita passiva이다.

---

38 WA 40 I, 41,2-6(갈라디아서의 전체 주제에 관해; 1531); "그러나 우리에게서부터 시작되는 의는 그리스도인의 의가 아니다. 그것을 통해서 우리는 의롭게 되지 못한다. 그리스도인의 의는 정반대이다. 즉 그것은 수동적 의이며, 우리가 단지 받을 수 있을 뿐, 일으킬 수 없고, 우리 안에 일하는 다른 한 분, 즉 하나님이 고난을 겪는 것이다. 세상은 이것을 이해하지 못한다. 그것은 비밀한 가운데 감추어져 있다(고전 2:7)."

3장
"개신교적"evangelisch이란 무엇인가?
루터 신학에서 일어난 종교개혁적인 전환

> 나는 이단이 되고 싶지 않다.
> 나는 반박하며,
> 나는 한 사람의 그리스도인이 되었다.

프로테스탄트 교회, 특히 루터를 따라서 이름을 붙인 교파교회는 오직 자신이 이미 존재하고 있다는 사실만으로 루터신학 안에서 종교개혁적인 전환의 정당성을 대변한다고 주장한다. 그러나 존재한다는 사실이 규범적인 효력을 갖는 것은 아니다. 그러므로 조직신학과 역사신학이 교회 안에서, 그리고 교회를 상대로 비판적인 기능을 가지고 있음을 인식한다면, "개신교적"이라는 형용사와 "종교개혁적"이라는 형용사를 자신에게 적용하는 것이 유효하다는 주장이 사실에 맞는지 검증하지 않을 수 없다. 그렇지만 그런 주장은 어떤 사실에 부합한다는 말인가? 다르게 말하면, 루터 신학에서 무엇이 "개혁적"인가?

나는 이 질문에 대해 네 가지 단계로 대답하고 싶다. 그러므로 나는 먼저 질문의 관점 자체를 구상하고, 이것을 분명한 약속Promissio-개념 속에 놓여 있는 결정적인 지점으로 이끌고 갈 것이다. 이것이 두 번째 단계이다. 세 번째 단계에서는 주어진 약속인 복음과 요구하고 죄를 입증하는 율법을 구분함으로써 약속의 개념을 더 구체화할 것이다. 마지막으로는 율법과 복음을 구분하는 실제적인 사건 속에서 성령이 주는 확신을 제시할 것이다.

1. 질문의 관점[1]

"개혁"reformatio이라는 단어 자체는 제기된 질문에 대해 단지 희미한 단서만을 제공할 뿐이다. 그것은 원래의 것을 다시 적합하게 하려는 것이며, 새롭게 가치를 부여하고, 새롭게 통용시키려는 시도를 의미한다. 그러나 루터 시대 이전이나, 동시대 그리고 루터 시대 이후의 이 용어의 쓰임에 대한 연구도 현재의 영향을 포함하여 교회사적, 보편사적인 현상을 폭넓게 드러내주지 못했을 뿐만 아니라, 규범적인 기능을 보여주는 어떤 개념에 걸맞은 분명한 내용을 보여주지 못했다. 이러한 기능의 성취는 - 마치 목사 안수식에서 하듯이 - 신앙고백서를 제시하고 변증하고 이를 지킬 의무를 주고받는 사람에게서 기대할 수 있다. 루터 신학에서 종교개혁적 전환은 "종교개혁적인" 것이 역사적인 한 과정으로 출발하여 오늘날까지 조금씩 지속되어 온 것이 아니라, 체계적인 논쟁신학적 상황이 담긴 하나의 분명한 언어적 표현으로 역사 속에 등장했다는 사실을 알려준다.

물론 이것은 쇠처럼 확고부동한 것은 아니다. 그렇기 때문에 "종교개혁적인" 것은 - 특히 제2차 바티칸공의회 이후로 로마 가톨릭교회와 루터 신

---

[1] 상세한 것은 다음을 참조. Oswald Bayer, "Die reformatorische Wende in Luthers Theologie," ZThK 66 / 1969, 115-150.

학 사이에서 전개되고 있는 반가운 대화를 목도하면서 - 그 정당성과 그 사실적인 내용을 계속 검증해야 한다. 진지하고 면밀한 논쟁신학적인 노력은 교회 일치의 필수적인 전제다.

이미 특정한 표상 안에서 주도적인 역할을 수행하는 "종교개혁적인" 것을 본문에서 어떻게 찾을 수 있는가? 그것은 예컨대 "죄인이면서 동시에 의인"simul iustus et peccator이라는 문장 속에서 이해할 수 있는가?

그 자체로서 해석이 필요하고 그래서 척도로 삼기 어려운 하나의 문장을 규범으로 삼는 것은 별로 유익하지 않다. 만일 "종교개혁적인" 것을 그 자체로서 내용이 분명하고 완결된 본문 속에서 찾는다면, 어려움을 최소화할 수 있다. 그러한 본문은 자의적으로 규범화되지 않으며, 역사적 입장에 따라서 그 자체가 이미 하나의 척도가 된다. 그것은 충분히 그 시대의 정신을 알게 해주었고, 그래서 논쟁신학적인 상황을 만들어 왔다. 의심의 여지가 없이 1520년에 발표된 『교회의 바벨론 포로』De captivitate Babylonica ecclesiae praeludium라는 글은 이러한 본문을 제공한다. 루터는 이 글에서 일관된 자신의 입장을 대표적으로 보여주고 있으며, 이것은 하이델베르크 논쟁1518과 거기에 언급된 "십자가 신학"theologia crucis에서 시사되지 않은 것이다. 게다가 동시에 이 논문은 지난 10년간의 논쟁을 요약하고 있으며, 트리엔트 공의회 당시에 여러 가지 중요한 결정을 하면서 로마가톨릭교회의 강한 거부를 불러 일으켰다. 그 결정에는 성경을 어떻게 이해해야 하는가의 정의를 포함하여 칭의에 대한 교령이 담겨 있고, 거의 대부분의 부정적인 반응은 이 논문 속에 담긴 진술과 그것이 일으킬 영향에 대한 것이다. 그러므로 루터신학에서 "종교개혁적인 것"이 무엇인지는 그 속에, 즉 실제로 약속promissio과 믿음fides의 관계 속에 가장 날카롭게 서술되어 있다.

만일 이렇게 주어진 척도를 사용하고자 한다면, 이것이 예전의 루터 본문과는 어떤 관계를 맺고 있는지에 대한 질문이 곧바로 제기된다. "종교개혁적인 것"은 되돌아볼 때도 그러하듯이, - 역사철학적인 의미에서 – 필연적이었다고 보아서는 안 되며, 전혀 예견하지 못한 우연으로, 다시 말하면 하나의 발견으로 보아야 한다. 그렇다고 결과가 시대의 경향과 분리된 것은 아니다. 단지 초기의 글을 "씨앗과 발전"이라는 유기체적인 도식으로 보려는 직선적인 해석은 배격되고 거부되었다. 루터의 초기 신학과 후기 신학의 연관성을 파괴하지 않으려는 의도로 이와 같은 도식을 사용하는 것은 옳다. 그렇지만 비록 질문과 답변처럼 옛 것과 새 것이 서로 관계를 맺고 있을지라도, 변혁과 전환은 발전이라고 이해할 수 없으며, 어떤 한 가지 운동의 필연적인 순간도 아니다. 가능한 답변의 수는 제한되어 있다. 물론 질문과 함께 하나의 특정한 지평이 열리게 된다. 그러나 어떤 답변도 질문으로부터 불가피하게 생겨나지 않는다. 그것은 하나의 새로운 출발점을 의미하며, 기대에도 불구하고 일어나는 하나의 놀라움과 하나의 발견이다.

루터는 - 『라틴어 전집』 1545 첫 권 서문에서 - 종교개혁적 전환을 해석하는 사람들에게 자신의 신학적 출발의 과정을 직접 보여 주었다. 괴롭히던 하나의 질문이 있었고, 그에 대한 답을 찾았으며, 그 때 닫혀 있던 문이 열렸다.[2]

사람들은 대체로 『라틴어 전집』 서문에 설명된 새로운 돌파를 루터

---

2   WA 54, 179-187, 특히 186,1f: "나는 불타는 갈증으로 사도 바울이 무엇을 원했는지를 알고자 바울의 로마서 1장 17절을 끈질기게 두들겼다"(마 7:7). 186,8f: "그때 나는 완전히 새로 태어나 열린 문을 통해 낙원으로 들어갔음을 느꼈다." 참고. WA 43, 537,12-25(창 27:38)

신학의 종교개혁적 전환과 동일하게 여긴다. 언어, 내용 그리고 가장 분명히 드러난 자기 증언의 대목이 이를 대변한다. 그러나 서문에서 설명된 루터의 새로운 인식이 초기의 인식 중의 어느 것과 일치하는지에 대해서는 여전히 논의가 분분하다. 학자들은 그것을 주로 시간적으로나 내용적으로 옛 것을 고집하는 세력들과 공개적으로 대립하기 이전에, 즉 면죄부 논쟁 이전에 형성된 것으로 본다. 그것은 여러 개의 다양한 본문 속에 드러나거나 여전히 숨겨져 있는 새로운 출발점이다. 이러한 이른바 "초기설"은 특히 에른스트 비처[3]가 대변하는 "후기설"과 서로 대립하고 있다. 두 가지 입장은 모두 앞에서 언급한 1545년의 『라틴어 전집』 서문에 들어 있는 루터의 자기 증언을 직접적인 근거로 삼고 있다. 그러나 이 과정에서 a) 루터의 증언이 그의 다른 회고를 통해 얼마나 상대화되었는지를 주목하지 않았고, - 이와 관련된 것으로서 - b) 그것이 종교개혁적 전환을 정의하는데 기여할 수 있는 능력의 한계도 보지 못했다.

a) 어떤 학자는 종교개혁적 전환을 하나님의 의$_{iustitia\ dei}$의 중요성에 대한 발견과 더불어 - 특히 여러 개의 탁상담화를 회고한 결과 - 루터가 역시 중요한 새로운 인식의 관철이라고 설명한 율법과 복음의 차이의 발견과 함께 묶어 보려고 노력했지만, 도리어 어려움만 늘어났을 뿐이다. 왜냐하면 우선 얻을 수 있는 척도와는 달리 초기 강의에 나오는 "영과 문자"에 대한 이해가 회고 속에서 글로 설명된 인식과 대체로 일치하는지는 적절하게 밝힐 수 없기 때문이다.

여기서 "약속"이라는 구호가 분명히 보여주는 회고적인 자기증언의 세

---

3   Ernst Bizer, Fides ex auditu. Eine Untersuchung über die Entdeckung der Gerechtigkeit Gottes durch Martin Luther, Neukirchen 31966.

번째 특징은 고려되지 않았다. 가장 중요한 본문은 1545년에 이루어진 창세기 강의의 한 부분이다.[4] 본문을 해석해보면, 그것은 신학적 증거와 동시에 확신으로서 분명한 신앙고백을 하고 있으며[5], 시간적으로 바로 인접한 자기고백의 서문과는 달리 종교개혁적인 발견이 명확히 서술되어 있다. 그것은 하나님의 약속의 재현으로서 나타나고 있으며, "교황의 지배 아래 있던 모든 신학자들이 잘 알지 못했고 깨닫지 못했던 것이다."[6] 여기서 종교개혁적인 발견은 루터가 1520년 『교회의 바벨론 포로』에서 표명한 약속 이해와 동일하다. 이것은 회고적인 자기고백에도 나타나며, 루터의 신학적 유산으로서 "종교개혁적인 것"이다.

b) 이로써 종교개혁적 전환의 정의를 밝히는데 서문이 기여할 수 있는 것의 한계가 분명해졌다. 만일 서문에 확연히 드러난 로마서 1장 17절에 대한 새로운 이해를 이 구절에 대한 예전의 주해와 비교하려고 시도한다면, 여러 개의 주해들이 서로를 보완하는 것이 아니라 배제시킬 여지를 갖고 있음을 알게 될 것이다. 문장 형태로서는 아우구스티누스의 전통에 속하고, 따라서 트렌트 교령에서도 볼 수 있다는 사실을 제쳐두더라도[7], 그것이 이미 루터의 글 속에서 하나의 척도로 사용될 수 없다는 사실이 일반적으로 입증된다. 논쟁신학적 관점에서도 "종교개혁적인 것"이라고 특

---

4 WA 44, 711,7-720,56. 참고. 도입: 격변의 시대, 각주 20.
5 AaO. 720,(28-36 그리고) 50-56. 참고. aaO. 716,27f.
6 "한 때, 즉 내가 수도사였을 때에 나는 교황의 영향 아래서 살았고, 말씀 혹은 약속 등의 개념은 전혀 알지 못했다. 나는 지금 내 귀로 약속을 듣고, 모든 믿는 자에게도 들리는 시대에 살게 하신 하나님께 감사한다. 그도 그럴것이 말씀을 듣는 자는 교황 측의 모든 신학자들에게 드러나지 않고 알려지지 않은 하나님의 언약을 쉽게 이해하기 때문이다(quod in toto Papatu omnibus Theologis obscura et ignota erat)"(AaO. 719,18-23).
7 Decretum de iustificatione, c. 7(Kompendium der Glaubensbekenntnisse und kirchlichen Lehrentscheidungen, hg. v. Heinrich Denzinger und Peter Hünermann, Freiburg 392001, Nr. 1528-1531, 506f.

별히 정의할 수 있는 것은 없다.[8]

이제까지의 설명으로 미루어 볼 때, 종교개혁적인 것은 『교회의 바벨론 포로』에 나오는 약속 이해에 기초하고 있다는 사실을 알 수 있으며, "약속"이라는 구호가 분명히 보여주는 회고의 문장은 이러한 이해로부터 해석하는 것이 반드시 필요하다는 사실을 알 수 있다.

"종교개혁적인 것"이 처음으로 관철될 때, 약속은 설명되었고, 분명히 하나의 척도로 등장했기 때문에 그 척도를 근거로 이제 많은 변화를 겪었던 루터 신학의 역사에서 처음 등장한 변화에 대해 질문하는 것은 이제 의미가 있다. 물론 이 일은 객관적으로 - 즉 언어에 한정된 - 단편적인 연구여서는 안 되며, 좀 더 완전하고 분명한 본문과의 연관성 속에서 이루어져야 한다. 이렇게 설명할 때, 우리는 의도했던 것으로 - 상위개념이나 기본구조로 - 되돌아가서 루터의 후기의 본문에서 결정적인 해석을 시도할 필요가 있다.

이러한 관점에서 시작할 때 마주하게 되는 가장 초기의 본문은 1518년 초여름에 작성한 『진리 파악과 두려워하는 양심의 위로를 위해』 Pro veritate inquirenda et timoratis conscientiis consolandis라는 제목의 루터의 50개 토론논제이다.[9] 이것은 참회의 성례전과 연관하여 『교회의 바벨론 포로』에서 등장하는 약속이해를 미리 보여줌과 동시에 "요약" Summa을 끝

---

[8] 전체단락 참고. Gerhard Ebeling, Art. "Luther II. Theologie", RGG3 Bd. 4, 1960(Sp.495-520) 498: "루터의 말년 회고록에서 볼 수 있는 하나님의 의에 대한 형식적 성격은 다른 것과 함께 스콜라신학의 주해전통에서도 역시 볼 수 있는 아우구스티누스의 이해와 혼동하기에는 충분하지 않다. 루터의 후기 회고는 종교개혁적인 전환에 대해 단지 제한적인 가치만을 보여줄 뿐이다."

[9] WA 1,629-633. 이 본문은 잘 알려져 있지 않으며, 현대의 어떤 루터 선집에도 포함되어 있지 않다. 종교개혁의 전환이란 문제를 다루면서 내 생각에는 쿠어트 알란트(Der Weg zur Reformation. Zeitpunkt und Charakter des reformatorischen Erlebnisses Martin Luthers, ThEx, NF 123 / 1965,108) 만이 그것을 인용했다. 그는 한편으로는 이 논제의 중요성을 강조했고, 다른 한편으로는 다시금 제한시켰다("새로운 이해가 여러 곳에 나타나 있다." 108).

에 작성해줌으로써 로마서 1장 17절에 대한 해설을 제공하고 있다.

"하나님의 의"롬 1:17라는 구호가 약속과 믿음에 관한 짤막한 형태의 명제이지만 후자에 의해 해석될 수 있다는 점에서 서문1545의 회상과 창세기 강의가 일치하고 있음을 다시 알게 된다. "진리를 위하여"Pro veritate라는 명제는 – 앞에서 말했던 의미에서 – 종교개혁적인 본문, 즉 맨 처음에 해당하는 종교개혁적인 내용을 가진 본문이다. 왜냐하면 구원의 확신은 그 안에 들어 있는 약속 이해와 함께 얻을 수 있기 때문이다. 그리고 이것은 루터와 로마 가톨릭의 대표 사이에 중요한 논쟁점이 되었고, 1518년 10월 추기경 카예탄이 주도한 아우크스부르크 심문에서 절정에 달했다.

그것은 본질적으로 루터신학에서 종교개혁적 전환의 인식에 속하며, 카예탄과의 만남에서 주목하게 된 "개신교적인 것"이 무엇인지에 대한 인식에 속한다. 루터는 이것을 자료로 공개했다. 그 안에서 루터는 그리스도인의 존재와 이단을 날카롭게 구분하고 있다. 약속에 대한 루터의 종교개혁적 발견과 더불어 그 자신의 증언에 의해 "한 사람의 그리스도인이 되었다"는 구원의 확신을 카예탄은 "오류"라고 일축했다. 카예탄이 열정을 다해 주장한 것을 루터는 "이단적"이라 여겼다. "나는 이단이 되고 싶지 않다. 나는 반박하며, 나는 한 사람의 그리스도인이 되어, 기꺼이 죽을 것이며, 화형당하고, 쫓겨나고 그리고 저주를 받을 것이다."[10]

이런 깊은 의미가 있기에 오해도 존재한다. 같은 주제에 대한 오늘날의 평가는 근본적으로 매우 다양하다.

---

10 WA BR 1,217,60-63(1518년 10월 14일 칼슈타트에게 보내는 편지); 참고. WA 2,18,14-16(Acta Augustana; 1518). 참고. 4장 6.2 그리고 12장 각주 7. 더 나아가 Gerhard Hennig, Cajetan und Luther, Stuttgart 1966.

2. 자유와 확신을 주는 언어행위인 언약

2. 1. 확인 문장과 구성 문장

복음에 대한 루터의 종교개혁적 재발견은 예컨대 "보라, 내가 세상 끝 날까지 너희와 함께 있을 것이라."마 28:20 같은 특정한 문장과 연결되어 있다. 이러한 문장들은 언약, 확언, 약속의 내용을 가지고 있다. 그것은 영국의 언어분석가 존 오스틴J. Austin이 "약속"이라는 말을 예로 들어 수행적 문장들die performative Sätze을 묘사한 것처럼 그렇게 설명할 수 있다. 그는 『말로 일을 수행하는 방법』 How to do Things with Words[11]이라는 저서에서 묻고, 그리고 설명을 제공하고 있다. 나는 오스틴의 주장을 객관적으로 수용하면서 확인 문장과 – 오스틴이 다르게 설명한 – 구성 문장을 구분할 것이다.

확인 문장은 이미 구성된 사태를 지적한다. 그 행위는 확인 행위이다. 그러므로 확인 문장은 이미 존재하는 것을 드러낸다. 그것은 진술논리의 고전적인 판단 문장이다. 오스틴이 말하는 확인 문장과는 다른 수행 문장에서는 약간 다른 것이 발생한다. 수행 문장은 스스로 사태를 구성한다. 수행 문장은 그것을 이미 형성되어 있다고 주장하지 않고, 그것을 처음 설정한다. 그렇기 때문에 오스틴이 수행 문장이 무엇인지를 설명하고자 법률적인 개념에서 언급된 소위 "실행" 문장을 지적한 것은 우연이 아니다.[12]

---

11 John L. Austin, How to do Things with Words. William James Lectures delivered at Harvard University 1955, Cambridge / Mass. 1962.

12 John L. Austin, Performartive und konstatierende Äußerung, in: Sprache und Analysis. Texte zur englischen Philosophie der Gegenwart, KVR 275, hg., übers. u. eingel. v. Rüdiger Bubner, Göttingen

여기서 중요한 것은 소위 법적 행동을 둘러싼 구체적 정황을 제공하는 서문과는 달리 법률적인 행위의 실현이다.[13]

수행 진술에 대한 구체적인 예로서 오스틴은 자연스럽게 약속을 인용한다. "내가 너와 약속한다"라고 말한다면, 나는 무엇을 하는가? 이것을 말하거나 혹은 듣는 경우에 무슨 일이 일어나는가? 나 자신이 하나의 의무를 지게 된다. 이것은 하나의 행동이지만, "그가 그에게 약속한다"라고 말하는 아무 관계도 없는 제3자가 주장한 행동이 아니라, 오히려 분명한 일의 상황을 구성하는 행동이다. 그렇게 함으로써 예전에는 없었던 하나의 관계가 성립한다. 만일 약속이 유지되지 않고 깨어진다면, 관계는 파괴된다. 만일 약속을 지킬 능력이 없는 약속을 하는 경우에는 약속의 남용이 일어난다. 만일 약속을 지킬 권한과 능력도 없이 약속을 한다면, 그 약속은 가치 없고, 헛되며, 속임과 거짓이 된다.

이와 같은 설명으로 "내가 너와 약속한다"와 같은 종류의 하나의 언어 행동인 수행문장은 전통적인 논리학에서 말하는 진술문과는 전혀 다르다는 것, 즉 훨씬 다양하고 훨씬 폭이 넓음을 분명히 알 수 있다. 그것은 진술문과는 완전히 다른 방식의 "참"과 "거짓"이다. 시간이 흐르면서 질적인 것을 갖추게 되는 행동은 측정기의 바늘이 가리키는 것과 같은 유사한 순간에 이루어질 수 없으며, 시간이라는 요소를 무시하면 거짓이 될 수 있다. (예를 들어, 혼인서약이 입증되거나 혹은 거짓이 되는 것은 언제인가?)

2.2. "내가 너를 용서한다!" Ego te absolvo!

1968, (140-153) 140.

13 Austin, "Performative und konstatierende Äußerung", 140.

루터가 복음을 언어행동으로, 효력을 가진 말씀으로 이해하게 된 것은 힘든 과정이었다. 이것은 면죄부를 필요로 하는 참회의 성례전이 가진 기능을 깊이 숙고한 결과로 일어났다. 그는 사제의 용서의 말씀인 "내가 너를 용서한다!"죄로부터를 우선은 법적인 선고 행위, 즉 확인해주는 언어행위로 이해했다. 사제는 참회를 보고, 그것을 용서받을 자의 표지로 받아들인다. 그러나 그것은 용서 받을 자가 의식할 수 없는 신의 칭의이며, 신의 용서이다. 이것은 공개적인 것이며, 사제는 – 용서 받는 자에게 확신을 주기 위해 – 그것을 확인해 준다. 용서의 말은 정확한 의미에서 고전적인 논리학에서는 "판결"로 이해되었다.

그러므로 루터는 우선 고대, 특히 아우구스티누스의 의미 해석학이 계승한 스토아의 언어 이해의 틀 속에 있었다. 이것은 오늘날도 계속해서 이용되고 있는 일상적인 언어이해이다. 그에 따르면 언어는 사물이나 사태를 가리키는 하나의 표시 체계이거나 하나의 감정을 표현하는 표시 체계이다. 둘 모두 – 진술 혹은 표현으로서 - 사물 자체는 아니다.

언어적인 표지 자체가 내용res이라는 사실, 이것은 루터의 위대한 해석학적인 발견이었고, 엄밀한 의미에서 종교개혁적인 발견이었다. 루터는 이러한 언어이해를 탁상담화[14]에서 아래와 같은 문장으로 분명히 밝혔다: "철학적 표지는 부재하는 사물의 표지이고, 신학적 표지는 실재하는 사물의 표지이다"Signum philosophicum est nota absentis rei, signum theologicum est nota praesentis rei.

종교개혁의 뚜렷한 성격은 하나님의 의iustitia dei가 무엇을 의미하는지를 발견한 점에 있다. 구원의 약속, 구원의 확신을 구성하는 약속은 신뢰

---

14   WA TR 4,666,8f(Nr. 5106; 1540).

가 가는 말이며, 하나님의 의를 직접 알린 방식 및 수단과 분리할 수 없다.

루터의 종교개혁적 발견1518은 먼저 참회의 성례전을 깊이 숙고하는 가운데서 일어난 것이었다. 표지 자체가 이미 내용이라는 것은 용서와 연관하여 볼 때 "내가 너를 너의 죄로부터 용서한다"는 문장이 현재의 모습을 단지 확인하는 판결, 즉 내적이고 신적이고 본래적인 용서나 칭의가 이미 완성되었다고 전제하는 것이 아니라, 실제적인 일을 이제야 비로소 구성하고 있는 하나의 언어행위를 의미하며,[15] 그의 이름에서 언급된 사람과 그에게 말해져서 약속을 믿는 사람 사이의 하나의 관계가 이제야 시작되고 만들어졌다는 것을 뜻한다. 자유하게 하고 확신을 주는, 소통을 가져오는 그러한 언어행위를 루터는 "유효한 말씀"Verbum efficax이라고 칭한다. 그것은 영향을 남기고, 효력을 일으키는 말씀이다.

2. 3. 중심인 약속Promissio

"너희에게 오늘날 구세주가 나셨다"는 성탄 이야기눅 2:11, 부활절 이야기 그리고 다른 많은 성경구절에서와 마찬가지로 세례와 성만찬에서도 역시 루터는 그러한 수행적인 말을 발견했다. 그는 이러한 문장들을, 이미 언급했듯이, 약속들promissiones이라고 칭하고 있다. 이것들은 그리스도가 임재하는 구체적인 방법과 방식이다. 즉 구속력이 있고 분명하며, 확실히

---

15 동일한 것은 루터가 구성적인 언어행위라고 말한 축복에도 적용된다. 축복은 현재의 선물로서 믿음과 약속의 문제이다. 그것은 단지 원함이 아니고 나타나고 구성되는 것이다. 그것은 실제 단어들이 분명하게 표현한 것을 주고 실제로 전달한다(WA 43,525,3-19[창세기 27장 28절 이하]): "In scriptura sancta autem sunt reales benedictiones, non imprecativae tantum, sed indicativae et constitutivae, quae hoc ipsum, quod sonat re ipsa largiuntur et adferunt" [그러나 성경 안에 실제 축복들이 있다. 그것들은 단지 원하는 것보다 더욱 큰 것이다. 그들은 사실을 표현하고 효과적이다. 그들은 실제로 그 말씀들이 말하는 것을 가져오고 준다[...]. 참조. WA 43,247,22-26.

자유하게 하고, 확신을 준다. 사람은 혼자만의 고독한 내적인 독백으로 그러한 자유와 확신을 상기할 수 없다. 약속은 – 임명받은 사제 혹은 설교자의 약속만이 아니라 – 나에게 그것을 예수의 이름으로 알려주는 다른 사람의 약속을 매개로 해서만 구성되고 얻을 수 있는 것이다. 나는 스스로 나에게 약속을 말할 수 없다. 그 약속은 나에게 말해져야만 한다. 왜냐하면 그렇게 할 때만 약속은 사실을 입증하며, 자유와 확신을 가져오기 때문이다.

신론이 가지고 있는 형이상학적인 구조와는 달리 하나님의 진리와 뜻은 추상적인 성격이 아니며, 구두로 그리고 공개적으로 한 구체적인 약속으로서 특정한 상황에 있는 특정한 독자와 연관되어 있다. "하나님"은 구두로 사람에게 약속하여 그 사람이 하나님을 믿을 수 있도록 하는 분으로 파악되고 있다. 하나님의 참됨은 그가 이미 하신 말씀을 지키는 그의 신실함에 있다. 그는 한 번 선언한 세례약속에 자신을 매어 시련을 겪고 있는 사람이 구두로 하는 설교 말씀을 통해 계속해서 자신의 특정한 약속을 새롭게 믿을 수 있도록, 그리고 이러한 방식으로 자신의 영광과 절망에서 벗어나도록 능력을 주시고, 격려해 주신다. 탁월한 대상인 복음을 양식비평적인 관찰과 서술을 통해 특별한 형식을 가진 구조로 보려고 하는 신학은 성서에 있는 모든 것을 똑같이 중요하게 여기는 성서주의Biblizismus를 배제한다. 그 신학은 포괄적으로 양식비판적인 특이성에 주목하여 언어형태와 실제로 일어난 일의 상호조화를 진지하게 다루고 있다는 점에서 비판적이다. 더 나아가서 그것은 성서에서 – "이웃사랑"과 "자유"와 같은 – 혹은 "오직 믿음에 의한 칭의" 그리고 "칭의 안에 살아가는 새 하늘과 새 땅"과 같은 주제들처럼 개별적인 개념과 사상을 취하지는 않는다. 그것은 또한 그것이 무엇을 의미하는지를 찾고자 하거나, 본문 뒤에 숨겨진 역사 혹은 본문의 토대가 되는 특정한 인간이해를 다루는 것도 아니다. 그것은 단지 특정한 문장, 정말 특정한 언어행위에 의해서만 설명될 수 있으며, 그러한 것들을 자의적으로 선택하지 않았거나 혹은 그것이 본문 뒤에 있는 어떤 원리에서 파생되지 않았음을 보여줄 수 있을 뿐이다. 왜냐하면 성경 자체는 약속으로 가득하며, 자유롭게 전환시킬 수 있는 문장들로 가득하기 때문이다.

2. 4. 자격의 문제

권위 부여 내지는 적법성 부여 혹은 달리 표현하여 검증의 문제에 좀 더 주목해 보자. 이 문제는 오늘날에야 비로소 신학에 제기된 것은 아니다.

만일 신학의 본질이 기술된 약속에 있다면, 이로부터 검증의 문제를 위해 두 가지 부정적인 정의定義가 생긴다. 하나는, 서술적 문장이 아닌 약속을 서술적 문장으로 전환시킬 수 없다는 것이다. 둘째는, 행위를 지시하는 문장이 아닌 약속을 행위를 지시하는 문장으로 전환시킬 수 없다는 것이다. 만일 그것이 행위를 지시하는 문장이라면, 그 문장이 가리키는 행위의 성취 가능성이나 혹은 성취 속에 그리고 행위의 실행가능성이나 혹은 실행 속에 그 약속의 진리를 결정하는 척도가 있을 것이다. 실현의 틀 아래서 일어나는 그러한 변형은 약속을 말한 사람의 비본래성을 전제한다.

그와는 정반대로 약속의 진리는 – 이러한 문제를 다룰 수 있는 변증법은 없다. - 오직 그 약속에 의해 전개되는, 좀 더 정확히 말해서 그 약속에 의해 비로소 구성되는 영역 속에 있다. 그러므로 그 진리는 약속 안에서 비로소 자신을 소개하고 알리는 화자와 세속의 역사 한 가운데 자신의 삶의 모든 역사적 상황을 가진 청자의 관계 속에 있다. 만일 약속에 의해 성립된 화자의 관계가 사실이 되고 검증이 된다면, 그가 직접 약속을 검증할 필요는 없게 된다. 루터는 "신앙이 영혼 안에 내재하여 논의되고 현실화될 수 있는 하나의 질Qualität이기를 꿈꾸는" 자들을 반대한다.

루터가 말하듯이, "만일 진리인 하나님의 말씀을 듣고, 마음이 그 말씀을 믿고자 매달리며, 마음이 바로 진리의 말씀에 의해 사로잡히면, 진리의 말씀은 사실이 되고 검증이 되는 것이다."[16]

자기 자신을 검증하려는 것은 무신론일 것이다. 주관적인 경건에서 검증하고자 노력하든 혹은 설명한 무신론에서 검증하고자 노력하든, 결과는 동일하다. 인간은 여기서 그 자신에 대한 진실을 말하기를 원하지만, 바로 이를 통해 하나님을 거짓말쟁이로 만든다.

2. 5. 결론

1. "하나님의 의"가 무엇인지는 특별히 약속과 믿음에 대한 새로운 이해를 통해 비로소 결정된다. 이것은 곧 종교개혁적 칭의론이 단지 특정한 신앙의 말로 표현하는 종교개혁적 약속론과 성례론의 일반적인 확대일 뿐임을 말하는 것이다.

수단이 되어버린 교회일치적 합의가 작금의 논쟁신학적 연구에 가져오는 결과는 무엇인가? 교회를 분열시키는 것 것은 칭의에 대한 이해가 아니

---

16 WA 6,94,9-12(1520년 2월 3일 "De fide infusa et acquisita" 12번째 논제에 대한 설명).

라 교회에 대한 이해[17]라는, 점점 더 강해지는 견해와는 달리 다음과 같은 사실이 타당하다. 이로써 실제적인 논쟁점은 단지 은폐될 뿐이며, 그것이 확인되지는 않는다. 만일 논쟁신학이 논쟁의 원칙적인 상황을 진지하게 고려한다면, 그것을 결정하는 약속 이론과 성례전 이론의 관점 속에서 칭의론을 엄밀하게 이해하려고 할 것이다. 아우크스부르크에서 루터와 카예탄은 이 공통적인 문제에 대해 철저히 다른 견해를 보여주었다. 여기서 중요한 것은 예수 그리스도의 권위 속에서 죄인에게 선포된 말씀의 효력과 범위였다. 말씀과 믿음으로부터 그들은 하나님과 인간, 성경과 전통, 사제와 교회도 역시 다르게 이해하였다.

2. 1518년부터 1520년까지 전통적인 동기로 조밀하게 짜인 조직 전체가 점차 붕괴되었다는 사실은 중요한 곳에서 변혁이 이미 발생했다는 가정을 반대하는 것이 아니라, 기계적 방식이 아니라 새로운 관점을 만들어 내고 있는 역사적 방식을 밝혀내고자 하는 것이다. 매번마다 새로운 약속 이해를 문제 제기의 출발점으로 삼지 않더라도, 변혁 속에서 이해된 신학은 전통적인 노선이 어떻게 전개되어 왔는지를 보여준다. 그 타당성은 새롭게 구성한 성례전 이해와 교회 이해 외에도 무엇보다도 사제 이해와 이단 이해 루터의 초기신학과 근본적으로 구분되는 기도, 예수 그리스도의 인성과 사역, 율법과 복음의 차이, 믿음과 행위의 관계에 대한 이해 등 중요한 점을 증명할 수 있음이 입증되고 있다.

---

17 Joseph Lortz, Martin Luther. Grundzüge seiner geistigen Struktur, in: Reformata Reformanda. FS für Hubert Jedin, hg. v. Erwin Iserloh und Konrad Repgen, Bd. 1,Münster 1965, (214-246) 244: (지난 400년과는 달리) 오늘날은 그 어디에서도 칭의 조항을 더 이상 교회를 분열시키는 것으로 받아들이지 않는다는 인식을 여기서도 이제 진지하게 다루어야 한다. 최근 발터 카스퍼(Walter Kasper)의 글이 이와 일치한다: Situation und Zukunft der Ökumene, in: Theologische Quartalschrift 181/ 2000,(175-190) 186: "칭의론의 근본적인 문제가 설명됨에 따라 이제 개혁진영과의 대화에서 교회론적 문제가 전면에 위치해 있다."

3. 만일 루터신학에서 종교개혁 전환의 원자료인 『진리를 위하여』 Pro veritate라는 논제를 읽는다면, 한 개인에게는 교회사, 신학사 그리고 경건사적인 특정한 차원에서 등장한 문제에 해답이 된 그것이 어떻게 다른 사람에게는 신앙의 근거와 고백이 될 수 있었는지, 혹은 될 수 있는지의 문제를 밝힐 수 있다. 만일 종교개혁적 전환이 침묵과 비표현, 즉 루터가 "가끔 의식한 하나의 깊은 층 속에"[18] 위치하지 않고, 언어적인 맥락 속에서 드러난 발견 속에 자리하고 있다면, 그러한 전용 가능성은 이해가 된다. 그것은 이제 삶과 교리가 서로 상반되지 않고 상호 일치함을 의미하는 것이다. 루터는 처음 생명의 비언어적 개체도, 나아가 복잡한 교리도 고통을 겪는 양심을 위로하는 진리라고 여기지 않았다. 루터가 발견한 것은 - 그러한 위로에 도움을 주는 논제가 보여주듯이 - 명확한 발음으로 말하고 들을 수 있는 지극히 단순한 것, 즉 예수 그리스도의 이름으로 죄의 용서를 받았다는 구두의 약속이다. 이 같은 명백한 약속이 지닌 힘이 확실한 신앙을 만들어준다. 이러한 형식으로 접하게 되는 "종교개혁적인 것"은 설교와 교리와 같은 구두의 말로 전달되고, 글로는 신앙고백서로 출판되고 주장될 수 있다.

4. 논제 『진리를 위하여』 Pro veritate가 포괄적으로 적용된 『교회의 바벨론 포로』라는 글은 그리스도인의 시간을 한 번 일어난 세례약속 Taufpromissio[19]으로 계속 다시 돌아가는 것으로서 언제나 - 성만찬 약속

18　Hanns Rückert, Die geistesgeschichtliche Einordung der Reformation, ZThK 52 / 1955, (43-64) 55. AaO. 64: "punctum mathematicum seines Glaubens."

19　WA 6,528,8-35(1520). 간략한 정의 참고. aaO. 572,16f: 참회는 세례로 돌아가는 것 외에 다른 것이 아니다.

Abendmahlspromissio[20]에 의해서 – 보증되는 참회의 시간이라고 본다. 세례와 성만찬의 상호 협조를 통해 유일한 말씀의 시간이 이루어지고, 그 속에서 단 한 번 주어진 약속은 새 약속의 영원성을 능가할 수 없음이 전제되어 있다. 그러나 일회성과 연결될 때, 영원성은 확실해진다. 왜냐하면 그 확인이 대중에게도 공개되기 때문이다.

이러한 말씀의 개념은 "너희를 위하여 주었다"라는 성찬의 말씀에 나타난 약속의 개념에 적용되었다. 이것은 루터에게서 "너의 죄가 용서 되었다"라는 용서의 말씀과 객관적으로 연관되며, 말씀과 신앙에 대한 종교개혁적 이해와도 직결된다. 동시에 이러한 이해는 성경 전체를 볼 때도 적용되며, 성경 도처에서 확인이 된다. 그러므로 성만찬에서 주어진 말씀은 유일한 약속의 말씀은 아니다. 그렇지만 그것은 여전히 단 하나밖에 없는 본질을 담고 있으며, 루터가 율법과는 구분한 복음의 진수와 동일한 것이다. 그것은 간략한 복음의 요약으로서 다른 해석이 불필요한 모든 개신교 설교의 기본 본문을 이루고 있다.

"교회"는, 엄밀한 의미에서 종교개혁적 이해에 따른다면, 언약이 설교의 기본 본문이 되어 그 결과로 『진리를 위하여』라는 논제와 아우크스부르크 회담에서 루터신학에 나타난 종교개혁 전환이라고 인식한 모든 조직신학적이고 논쟁신학적인 원래적 상황을 바르게 인식하는 바로 거기에 있다.

---

20   AaO. 528,36-529,5.

3. 율법과 복음의 차이

확신은 명백성을 전제한다. 오직 복음이 약속으로서, 절대적 선물로서 - "이것을 취해서 먹으라!" - 요구하고 죄를 확인해 주는 율법과 구분될 때, 확신을 주는 명백성은 주어진다. 물론 율법은 그 자체로서 거룩하고 의롭고 선하지만, 우리가 완전히 성취할 수는 없는 것이다롬 7:12, 갈 3:10-12, 약 2:10, 갈 5:3, 롬 2:25. 루터에게 복음은 "다른 말씀"이며, 두 번째와 마지막의 말씀이요, 하나님의 궁극적인 말씀이다. 그는 탁상담화에서 종교개혁적인 전환을 회고하면서, 아래와 같이 적고 있다:

"율법과 복음을 구분하지 못한 것 외에 예전에 나에게 부족한 것은 아무것도 없었다. 이 둘을 하나로 여겼고, 그리스도와 모세의 차이는 다만 완전의 정도와 시간의 차이라고 생각했다. 그러나 하나는 율법이요, 다른 하나는 복음이라는 차이점을 내가 발견했을 때, 나는 완전히 깨어졌다."[21]

루터는 1532년에 갈라디아서 3장 23-29절을 본문으로 행한 신년설교에서도 같은 내용을 언급하고 있다:

"나는 이 두 개의 말을 섞고 싶지 않다. 각자가 고유의 장소, 고유의 내용을 가지고 있다. 즉 율법은 옛 아담을 위한 것이며, 복음은 낙심하고 놀란 나의 양심을 위한 것이다."[22]

---

21 WA TR 5, 210,12-16(Nr. 5518; 1542): "다른 말씀"인 복음에 대해서는 각주 24와 각주 28을 보라.
22 WA 36, 41,30-32. "율법과 복음"을 날카롭게 대립시키는 것은 어휘상 성서적이지는 않으나, 고후 3장 6절이 언급하듯이, 내용을 고려할 때 정당하다. Otfried Hofius, Gesetz und Evangelium nach 2.

"바울의 견해는 이렇다." 기독교에서 설교자와 청중은 율법과 복음의 차이및 행위와 신앙의 분명한 차이를 배우고 이해해야 한다고 루터는 같은 설교에서 말한다. 바울도 디모데에게 진리의 말씀을 바르게 전하라고 명령했다딤후 2:15. 율법과 복음의 구분은 기독교의 최고의 예술이기 때문에 예수의 이름을 찬양하거나 받아들이는 사람들은 모두 이러한 구분을 할 수 있어야 하고, 알아야 한다. 이것이 부재한 곳에서는 기독교인과 이교도 혹은 유대교인과의 차이점을 알 수 없다. 기독교의 완성 여부는 바로 이러한 구분에 달려 있다."[23]

루터에 따르면 신학은 모든 주제를 다룰 때에 율법과 복음을 잘 구분해야 하며, 하나님은 언어를 통해 그리고 세상 속에서 인간을 만나며, 그 결과로 사람들이 믿고 자유롭게 행동할 수 있음을 깊이 고려해야 한다. 율법과 복음을 구분하지 않는 것은 – 실제로 그렇게 쓰이고 있는 보통의 용례처럼 - 단지 죽음을 가져오는 율법을 사용할 뿐이다. 이와는 달리 율법과 복음의 구분은 무엇이 복음인지, 그 의미를 분명히 하는 데 도움을 준다. 이러한 구분을 잘 설명하는 고전적 구절은 루터의 논문 『그리스도인의 자유』1520 8장과 9장에 있다:

"성경에서 그렇게 많은 율법, 계명, 행위, 신분과 방식이 제시되고 있는데도 오직 믿음만이 의롭게 만들며, 아무런 업적이 없어도 그처럼 엄청난 하나님의 나라를 준다는 것이 어떻게 가능한 일인가? 이제부터 점차 더 많이 듣게 되겠으나, 행위가 없어도 오직 믿음만이 의롭게, 자유하게 그리고 복되게 할 수 있음을 부

Korinther 3, in: Ders., Paulusstudien, WUNT 51, Tübingen 1989), 75-120.
23 WA 36, 25,17-26.

지런하게 깨닫고 진지하게 여겨야 한다. 그리고 성경 전체를 두 가지 말, 즉 하나님의 율법 혹은 계명과 약속 혹은 언약으로 분류할 수 있음을 알아야 한다. 계명은 우리에게 많은 선한 일을 행하라고 가르치고 규정하지만, 실제로는 전혀 일어나지 않는다. 계명은 지시할 뿐이지, 돕지는 않는다. 그것은 인간이 무엇을 해야 하는지를 가르치나, 그것을 행할 수 있는 능력은 주지 않는다. 그렇기 때문에 계명은 사람들로 하여금 그 계명에서 선에 대한 자신의 무능력을 보고, 자신에 대한 절망을 배우게 하는 규정일 뿐이다. 인간은 계명에서 자신에 대해 낙담하며 다른 곳에서 도움을 찾는 것을 배운다. 그렇게 함으로써 인간은 악한 욕망이 없이 자신의 힘으로 할 수 없는 일을 다른 사람을 통해서 성취하게 되는 것이다[...].

만일 이제 인간이 그 계명으로부터 자신의 무능력을 배우고 느낀 나머지, 계명을 성취하거나 혹은 그렇지 않을 경우에는 분명히 저주를 받을 것이기 때문에 어떻게 그가 계명을 성취해야 하는지를 걱정하게 된다면, 그는 정말 겸손해지고 자신이 보기에 무익한 자가 된 것이다. 그는 무엇을 통해서 의롭게 될 수 있는지 스스로 찾지 못한다. 그것은 다른 말씀, 즉 하나님의 언약과 약속에 달려 있다: 모든 계명을 성취하고, 율법이 강요하고 요구하듯이, 당신의 악한 욕망과 죄를 용서받고자 한다면, 그리스도를 믿으라. 나는 그리스도 안에서 당신에게 모든 은총, 의, 평화 그리고 자유를 약속한다. 당신이 믿으면 얻을 것이며, 당신이 믿지 않으면 얻지 못할 것이다. 너무나 많고 유용하지 않기 때문에 율법의 모든 행위로는 불가능한 것도 신앙을 통해서는 쉽고 간단하게 될 것이다. 나는 모든 것을 간단히 신앙에 맡겼으며, 신앙을 가지면 모든 것을 가지게 될 것이며, 구원을 얻을 것이다. 그러나 신앙을 갖지 못한 자는 아무것도 얻지 못할 것이다. 그러므로 하나님의 약속은 율법이 요구하는 것을 들어주며, 계명과 성취도 모두 하나님 자신의 것이라는 계명의 의미를 완성해줄 것이다. 하나님은 홀로 계명을 주는 분이요, 성취하는 분이다.[24]

신학의 대상에 대한 상세한 설명이 이미 보여주었지만,[25] 그 특징도 "신앙" 혹은 "칭의"처럼 좀 더 상세히 언급할 필요가 있다. 왜냐하면 신학의 대상은 – 철저히 긴장감이 도는 - 구분에서만 표현할 수 있는 역동적인 사건이라고 인식해야 하기 때문이다.[26] 이것은 무엇보다도 복음으로부터 율법을 구분하는 데 적용된다.

먼저 만나게 되는 것은 율법이다. 그 속에서 하나님은 – 피할 수 없는 엄격한 질문으로 - 나에게 다가온다: 아담아! 이브야! 너는 어디 있느냐?창 3:9 너의 형은 어디 있느냐?창 4:9. 그러한 질문들은 내가 알지 못했던 것에서 나를 인도하여 빛으로 나아가게 한다. 그 결과 나는 정말로 처음으로 "당신이 바로 마땅히 죽을 그 사람"삼하 12:5,7임을 알게 된다. 나는 이것을 나에게 직접 말할 수 없다. 즉 그것은 밖으로부터 다른 사람에 의해서 나에게 말해져야 한다. 동시에 하나님의 선지자 나단 앞에 선 다윗처럼 나는 직접 나를 판결할 수 있음을 경험한다. 나를 거스르는 율법은 내부로부터 온 것이다. 그의 외향성Externität은 나에게 기계적으로 들리는 타율Heteronomie이 아니다.[27]

24　WA 7, 23,24-24,20.

25　참고. 2장 2.

26　그러한 구분이 일치의 개념으로 제기되지 못하도록 막아준다. 연합을 이루려는 독단적인 이성의 뜻은 거기서 좌초되고, 그에 상응하는 하나님의 이론적인 일치의 개념은 삼위일체적으로 전개될 수도 있다(참고. 15장). 그것은 루터와는 달리 200년 이후로 점점 분명해진 이론신학의 커다란 약점이며, 그러한 조직신학적 개념이 가지고 있는 말에 순응하여 세 가지(참고. 2장 2.) 배경으로 구분한 엄격함과 날카로움을 잘 못 인식했다.

27　만일 오해를 피하고자 할 경우, 율법의 첫 번째(정치적) 용법과 그와 더불어 복음인 새 창조의 은

율법에서와는 달리 하나님이 나에게 말할 때, 하나님은 나를 위해 복음 안에서 말한다. 그렇기 때문에 복음은 "하나의 다른 말씀"[28]이요, 하나님의 두 번째 말씀이다. 그것은 율법의 말씀 때문에 – 하나님의 자기계시와 같은 – 제3의 말씀으로 상대화될 수 없다. 두 가지 말씀 중의 그 어느 것도 다른 것의 영향을 받지 않는다. 우리가 아직 살아있는 한고후 5:7, 율법과 복음의 구분은 더 높거나 더 깊은 일치를 도모하는 그 어떤 기술로도 제거할 수 없다.

두 번째로 중요하고 결정적인 하나님의 말씀인 복음은 나를 위한 말씀이다. 루터의 종교개혁 신학에 나타나는 "나를 위한"pro me은 예수 그리스도가 나를 위해 소통하는 존재가 되었다는 것이다. 삼위일체 하나님은 세례와 성만찬뿐만 아니라 세례와 성만찬에서 일어나는 일을 계속 보여주는 모든 설교 속에서 육신이 되신 말씀을 나에게 약속하고 준다. 죄를 용서한다는 언약과의 예기치 않았던 그러한 만남 속에서 죄인은 새로운 피조물이 되고, 외부로부터 형성된 새로운 정체성을 갖게 되며, 낯선 자와 놀라운 교환, 즉 인간의 죄와 하나님의 의가 서로 자리를 바꾸는 변화가 시작된다.

루터가 율법과 복음을 구분한 것은 아래와 같이 세 가지 관점에서 더 숙고해야 한다. 첫째는 율법이 먼저요, 그 다음이 복음이라는 순서와 연관된 것이다. 둘째는 선물로서 그리스도와 본보기로서 그리스도에 대한 루터의

총으로 얻은 보존은총의 구분을 두 번째("신학적" 혹은 "정죄하는") 용법과 결합시키기는 어렵다. 그것은 율법의 정치적 용법을 독자적으로 이해하고 그 자체를 강조하는데 분명히 도움이 된다. 다양한 개념에서 이중적 용법(duplex usus)에 관한 표현들을 보게 된다. 예를 들어, WA 26,15,28-32; 16,22-36(『디모데전서 강의』1528); WA 40 I,479,1-486,5(갈 3:19, 『대갈라디아서 주석』1531); WA 39 I,441,2f(2차 반율법주의자와의 논쟁, 1538).

28 WA 7,24,9f(『그리스도인의 자유에 관하여』1520).

구분과 연관된 것이다. 마지막 세 번째는 루터의 율법과 복음의 구분이 가지고 있는 항구적인 조직신학적 의미, 즉 현대에 주는 중요성과 관련된 것이다.

3. 1. 순서

루터가 주장한 율법과 복음의 순서는, 복음이 율법 다음에 등장하고, 모든 관점에서 이 사실이 전제되어 있으며, 복음은 오직 율법과 관계를 맺는 가운데서만 의미가 있다는 것을 뜻하는가?

루터가 강조하듯이, 만일 율법이 언제나 여기서 효력을 끼치고 있고, 인간을 – 죄인으로 – 규정한다면, 복음을 만나기 전에는 율법이 실제로 먼저 존재했다는 것을 인정하는 셈이 된다. 그러나 율법이 원칙적으로 우월하다고 말할 수는 없다. 복음의 실질적인 우월성은 그로부터 아무런 침해를 받지 않는다. 율법을 복음 이해 가능성의 유일한 조건으로 보는 것은 잘못이다. 만일 복음이 다가오고 복음이 율법의 경험과의 관계 속에서 이해된다면, 과거에 자신을 기만한 율법의 경험 자체가 자기 자신으로부터 나온 관계 속에서 이해되는 것이 아니라, 실질적으로 이미 존재해 왔던 복음과의 관계 속에서 이해된다. 바로 이런 관계 속에서 복음은 이해된다. 만일 오직 복음만이 악과 죄를 극복할 수 있다고 인식된다면, 창조의 인식이 협소해질 위험이 있다. 여하튼 루터는 이미 하나님의 창조 속에서 아무런 이유도 없이 선사하는, 오직 은총으로부터 일어나는, 그런 의미에서 "복음적인" 행동이 활동하고 있음을 본다.[29] 오직 부정적인 경험으로부터만 이

---

29   참고. 5장 1.1. 그리고 7장 3.

해되는 경험과는 달리 복음은 새로운 창조의 전달자로서 흘러넘치는 긍정을 경험하게 한다.

　율법은 불신앙을 경험하게 함으로써 실질적이고 논리적으로 신앙과 복음을 전제하고 있다. 왜냐하면 불신앙은 거짓 신들을 섬기는 행위로서 그 자체로서 죽음과 멸망을 자초하는 것이 아니라, 참되고 하나이며 선한 하나님을 외면함으로써 죽음과 멸망을 자초하기 때문이다. 만약 십계명의 서문, 하나님의 자기소개와 자기고지가 순수한 복음이라면, 복음과의 관계 속에서 불신앙은 하나님과의 영원한 친교를 거부하고 저항하는 행동으로서 죄이다. 똑같은 방식으로 사망의 위험창 2:17은 오직 이미 주어진 생명의 약속과 해방창 2:16과의 관계 속에서만 참으로 이해할 수 있다.

3. 2. 선물과 본보기로서 그리스도

　루터에 따르면 복음은 율법이 되어서는 안 되며, 믿음은 하나의 허용과 가능성으로서 당위성에 부응하려고 애쓰는 행위가 되어서는 안 된다. 루터가 『그리스도인의 자유』[30]라는 논문에서 비판적으로 말했듯이, 복음과 그리고 복음이 만들어 준 신앙의 도덕화는 그리스도를 삶의 하나의 본보기로 만드는 곳에서 일어난다. 그렇기 때문에 루터는 『복음에서 찾고 기대해야 할 것을 가르치는 작은 강의』라는 글에서 복음과 율법의 구분이 기독론의 한가운데서 반복하고 강조해야 할 구분, 즉 그리스도를 선물Gabe과 본보기Exemplum로 보는 구분을 강조하고 있다.

　선물과 본보기라는 이러한 구분은 복음과 신앙의 도덕화를 비판하며,

30　WA 7,58,31-35(1520).

이런 구분은 동시에 신앙에서 비롯되는 선한 행위, 즉 새로운 순종의 구체적인 모습을 묻는 질문에서 본질적이라는 것을 입증한다. 그리스도는 선물로서 신앙을 창조하고, 그리스도는 본보기로서 사랑의 일을 수행한다:

"그리스도는 선물로서 당신의 믿음을 자라게 하고 당신을 그리스도인이 되게 해준다. 그러나 그리스도는 본보기로서 당신의 일을 수행한다. 그 일들은 당신을 그리스도인이 되게 하는 것이 아니라, 당신이 그리스도인이 되기 이전에 만들어진 당신으로부터 나오도록 해준다. 선물과 본보기가 구분되면 구분될수록 믿음과 행위도 역시 구분된다. 믿음은 그 자신의 것이 아니라 그리스도의 일이요, 삶이다. 행위는 당신의 고유한 그 어떤 것이지만, 당신 자신의 것이 아니라 이웃의 것이어야 한다."[31]

성경의 증언에 따라서 행해지는 예수 그리스도에 관한 발언 속에서도 율법과 복음의 구분을 인식할 수 있다.

"그렇기 때문에 당신은 그리스도의 말씀, 사역 그리고 고난을 두 가지 방식으로 이해해야 한다. 하나는 당신이 볼 수 있도록 눈앞에 제시된 본보기로서이다. 베드로 사도가 베드로전서 4장 1절참고 2:21에서 말하듯이, '그리스도께서 우리를 위하여 고난을 받으셨으며, 우리에게 본을 보이셨으므로' 당신은 그를 좇아 그렇게 행하여야 한다. 그가 기도하고, 금식하며, 사람들을 돕고, 사랑을 보여주듯이, 당신도 역시 자신과 이웃에 대해 그렇게 행하여야 한다. 그러나 복음에 따르

---

31 WA 10 I/1,12,17-13,2(Ein kleiner Unterricht, was man in den Evangelien suchen und erwarten soll; Kirchenpostille 1522). 참고. WA TR 1,544(Nr. 1070).

면 그것은 아직 복음이라고 부를 수 없을 정도로 복음에서 가장 작은 것이다. 왜냐하면 그것으로만 보면, 그리스도는 당신에게 다른 성인 이상으로 더 유익한 것이 없기 때문이다. 성인은 그리스도와 살지만 당신에게는 아무런 유익이 없다. 간단히 말해서, 이러한 방식은 기독교인을 만드는 것이 아니라, 위선자만을 만들 뿐이다. 당신은 더 많은 것을 행해야 한다. 이것은 이제까지 오랜 시간 동안 최고의 설교방식이었고, (그렇지만 거의 실행되지 못한) 설교방식이었다.

복음의 핵심과 토대는 다음과 같은 것이다. 당신은 그리스도를 본보기로 받아들이기 이전에 먼저 그리스도를 하나님이 당신에게 주어 당신 자신의 것이 된 선물로 받아들이고 알게 된다. 그러므로 그가 무엇을 행하거나 혹은 고난을 겪음을 목도하거나 듣는다면, 당신은 의심하지 말기를 바란다. 그리스도는 직접 그와 같은 행위와 고난으로 당신과 하나가 되고, 당신은 마치 스스로 그것을 당신이 직접 그렇게 한 듯이, 마치 당신이 바로 이 그리스도가 된 듯이 믿을 수 있다. 보라. 이것이 바로 복음을 바르게 이해했다는 것이다. 즉 그것은 어떤 선지자도, 어떤 사도도, 어떤 천사도 말한 적이 없고, 어느 누구도 놀라거나 이해할 수 없는 놀라운 하나님의 선물이다. 이것은 우리에게 주는 하나님의 위대한 사랑의 불이며, 마음과 양심이 기뻐하고, 만족해 할 것이다. 이것은 기독교 신앙을 설교한 것을 의미한다. 그러한 설교는 '복음'을 뜻하며, 독일어로 표현하면, 기쁘고, 좋으며, 위로가 되는 메시지와 같은 것을 의미한다.[32]

이것은 성서해석에서 "오직 그리스도"solus Christus라는 개념과 쉽게 결합될 수 있는, 오늘날에도 만연된 도덕화Moralisierung를 폭로하고 피하기 위해서는 선물인 그리스도와 본보기인 그리스도를 구분하는 것은 반드시

---

32 WA 10 I/1,11,1-12,2.

필요하다. 그러한 도덕화의 위험은 오늘날 종교가 도덕으로부터 생겨났다는 칸트의 명제의 영향 아래 아리스토텔레스적인 윤리학적 현실이해를 죄론과 은총론 안으로 수용한 루터 시대보다도 훨씬 더 크다.

3. 3. 반율법주의와 현대의 율법주의

루터에 따르면 한 사람의 신학자를 신학자답게 만드는 것은 율법과 복음을 올바로 구분하는 것이다.[33] 여기서 중요한 것은 오늘날 이러한 문제가 종종 더는 심각하게 인식되지 않거나, "종교개혁과 그 신학을 시대에 국한된 형태"[34]로 치부해 버리는 것이다. 그렇지만 이성과 신앙 그리고 신앙과 정치의 관계 문제, 악에 대한 심판과 폭력 내지 그 폭력을 극복할 기회에 대한 문제는 인류의 미래에 대한 문제와 마찬가지로 여전히 논란이 되고 있다. 이러한 문제는 예전처럼 오늘날에도 변함없이 인간론, 윤리 그리고 종말론의 근본문제에 해당하는 것이다.

논란이 되고 있는 것은 해명해야 한다. 그러한 해명은 '오늘날 복음의 보편화 속에서도 반율법주의적이며 동시에 율법주의적인 경향도 계속 증가일로에 있다'는 명제에 도움을 줄 것이다.

이미 자기 이해가 압축되어 있는 자신의 이름을 통해 오늘의 시대는 "개신교적인" 특징을 띠고 있다고 강조한다. 오늘의 시대는 자신을 자유의 표지 안에 있는, 더할 나위 없이 새로운 시대로 이해한다. 여기서 율법

---

33 "그 때문에 율법으로부터 복음을 잘 구분할 줄 아는 사람은 하나님께 감사하며, 그가 한 사람의 신학자임을 알게 된다"(WA 40 I,207,17f[갈 2:14 강의; 1531]). 참고. WA 40 I,526,15(갈 3:23 강의); WA TR 6,127-147, 특히 142,8-12(Nr. 6715).

34 Wolfhart Pannenberg, Lebensraum der christlichen Freiheit. Die Einheit der Kirche ist die Vollendung der Reformation, EK 8 / 1975, (587-593) 590.

은 원칙적으로 이미 극복되었다고 전제된다. 인간은 선천적으로 자유하며, 선하고, 자발적이다. 이러한 의미에서 현대는 *반율법적이다*.

새 시대의 새로운 인간이 무엇이든, 그는 항상 첫째가 되어야 한다.[35] 이와 동시에 보편적이라고 주장되는 자유의 복음은 사람들에게 이를 스스로 해결하고 실현할 것을 강요한다. 왜냐하면 자유의 복음은 원래부터 인간에게 속한 것이기 때문이다. 그러나 만일 자유가 약속되고 전달된 것이 아니라 원래부터 나에게 속해 있는 것이라면, 만일 내가 자유를 위해 내 자신을 결정한다면, 나는 개인적 주체와 집단적인 주체로서 나 자신에게 주어진 약속을 성취해야 할 부담을 지게 되며, 단지 자유를 위해 해방될 뿐만 아니라 동시에 "자유를 위해 저주를 받은"샤르트르[36] 자가 된다. 나는 자유해서는 안 되며, 나를 자유롭게 만들어야 한다. 그러므로 반율법주의의 뒷면은 율법주의이다.

만일 도덕성과 정당성, 자유와 필연성, 강요와 통찰, 자발성과 율법주의의 관계에 대해 신학적인 판단을 내리려고 한다면, 오늘날도 역시 율법과 복음에 관한 종교개혁적인 구분을 가지고 논쟁하지 않을 수 없을 것이다. 예를 들어, 만약 삶의 세계에 대한 과도한 제약이나 후근대적인 보상에 대해 입장을 취해야 한다면, 이러한 구분은 회상, 진단 그리고 치료에 대한 현대의 후근대적인 재구성에도 도움을 줄 수 있다. 그러한 보상은 쾌락주의적인 개인주의와 자의적인 탐미주의에서, 그리고 모든 관계의 익명화에 대한 과도한 제약 앞에서 도망치는 모습에서 찾을 수 있다.[37]

---

35 참고. 예를 들어 헤겔의 주장: "der Mensch sich zu dem machen muss, was er ist." (Georg Wilhelm Friedrich Hegel. Die absolute Religion, hg. v. Georg Lasson, PhB 63, Hamburg 1966, 129).

36 참고. 5장 각주 5.

37 주로 하나님을 근원, 힘 등으로 언급하는 것을 보면 율법뿐만 아니라, 복음도 역시 익명으로 된다. 개인의 범주는 사라지고 없다.

4. 지식과 확신

율법과 복음의 구분을 알아야 하지만, 구분이 일어나는 실제적인 과정은 지식을 통해서는 확신할 수 없다. 지식과 확신의 이러한 구분은 교리적 문장들이 만들어지고 전달되는 방법과 형태 안에서도 일어나야 한다.

> "말씀에 관한 한, 율법과 복음을 올바르게 구분하는 이러한 기술을 […] 곧 배우게 되었다. 배울 기회가 온다면, 삶으로 그리고 마음으로 경험하고 노력해야 하지만, 어떤 사람에게는 너무나 높고 어려워서 그 중에 어느 것도 이해하지 못할 것이다."[38]

> "율법과 복음을 올바르게 구분할 수 있고, 그것을 아는 사람은 이 땅에 없다. 우리가 설교를 들을 때, 우리는 그것을 이해하고 있다고 늘 생각한다. 그러나 그것은 착오이다. 오직 성령만이 이러한 기술을 행할 수 있다. 예수라는 사람에게도 감람산에서 그것이 없었고, 천사가 그를 위로해야 했다. 그는 하늘에서 온 박사(즉 학자)였고, 성령은 비둘기의 모습으로 그에게 임했다. 그럼에도 불구하고 그는 천사를 통해 강해졌다. 나도 분명히 내가 그것을 할 수 있다고 생각했을 것이다. 왜냐하면 나는 오랫동안 그것에 대해 썼기 때문이다. 그러나 만일 그 일이 닥친다면, 나는 정말로 내가 그것을 구분할 수 없음을 안다. 오직 하나님만이 가장 거룩한 주와 교사가 되어야 한다."[39]

---

38   WA TR 6,142,26-30(Nr. 6716).
39   WA TR 2, 4,7-16(Nr. 1234; 1531); 1장 각주 33. 참고. aaO., 468,24f(Nr. 2457; 1532): "Miror autem me hanc scientiam non discere"[나는 내가 아는 이것을 배우지 않은 것이 놀랍기만 하다].

이미 설명했듯이, 루터는 이러한 구분을 발견한 것을 하나의 돌파라고 말하고 있다: "하나는 율법이요, 다른 하나는 복음이라는 구분을 내가 발견했을 때, 나는 완전히 돌파했다."[40] 그러나 이러한 자유는 그냥 남겨두거나 사용할 수 있도록 제공된 지식으로 풀 수 있는 경험이 아니다. 그러므로 그것은 변함없는 하나의 기술이고, 어려움 가운데서 구분할 수 있는 하나의 행운이다.

이로부터 그것을 글로 쓰거나 교리로 확정하는 어려움이 발생한다. 예컨대 신앙고백서나 협정문을 가지고 대학의 토론문화의 형태로 분명히 판단하는 가운데서 인위적인 확신에서 벗어나는 하나의 사건에 관해 말할 때, 어려움이 발생한다. 하나님 자신은 율법과 복음의 일치와 마찬가지로 구분의 주님이지만, 우리는 그렇지 않다. 이것을 잊지 않기 위해서는 이 문제를 신학적으로 가르쳐야 한다. 그렇게 가르침으로써 이러한 구분이 일어나는 "삶의 상황"도 숙고될 것이다.

---

40 각주 21.

4장
무엇이 성경을 거룩한 책이 되게 하는가?

거룩한 성경이 그 자신을 해석한다.
sacra scriptura sui ipsius interpres

성경의 권위 문제는 오늘날 루터 당시의 시대와는 다른 차원을 가지고 있다. 그렇지만 루터는 성경을 해석하는데 중요한 해석학적 기본 입장을 가지고 있었고, 이것들은 오늘날까지도 그 타당성을 인정받고 있다. 이 책이 루터 신학 전체를 다루면서 현대적인 관점에서 그의 신학을 재조명하지만, 특히 이 주제에서 그것을 함께 숙고해야 할 필요가 있다.

1. 청중과 해석자에 앞서는 성경의 우위優位

루터의 기본 입장은 "거룩한 성경이 그 자신을 해석한다"Sacra scriptura sui ipsius interpres는 것이다.[1] 이것은 성경의 한 구절을 다른 구절을 통해 해석하고, 또 그들을 서로 일치시키는 사전방식Konkordanz-methode을 훨씬 능가하는 것이다. 그것은 성경을 읽는 자, 듣는 자 그리고 해석자와 관련하여 볼 때, 성경 본문이 가지고 있는 효력을 말하는 것이다. 포괄적인 의미

---

1   WA 7,97,23(Assertio omnium articulorum; 1520); 참고. 각주 17.

에서 볼 때, "거룩한 성경이 그 자신을 해석한다"는 것은 결국 성경 본문이 자기 자체를 듣게 만든다는 것을 의미한다.

학문적인 방법을 동원해 – 분명하게, 손으로 직접, 통제할 수 있게 – 수행할 수 있는 모든 해석 작업에도 불구하고 성경 말씀의 이해는 결국 통제할 수 없는 것이다. 우리는 이러한 긴장을 루터의 신학 개념에서 이미 인지했다. 한편으로 그는 교육활동 – 문법적이며 철학적인 신학 교육, 끈질긴 묵상과 해석 – 을 했다. 그러나 이와 동시에 그는 통제할 수 없는 성령의 은사도 체험했다. 하나님의 의를 깨달음으로써 '천국의 문'[2]이 열렸을 때, 그는 종교개혁적 발견과 함께 성령의 은사를 체험했다. 해석자는 본문에 의미를 부여하거나 혹은 본문을 이해시키는 사람이 아니다. 그는 오히려 본문으로 하여금 직접 말하고자 한 것을 스스로 말하도록 허용해야 한다. 그렇다면 성경을 개신교의 형식원리로 보고 칭의를 개신교의 내용원리[3]로 보는 관용적인 구분은 쓸모가 없어진다. 성경의 권위는 형식에 있지 않고 전적으로 내용에 있다. 그것은 놀라게 하고, 한숨짓게 하고, 자랑하게 하고, 요구하고 그리고 성취한다고 말하는 저자의 음성이다. 성경은 결코 형식적 권위로 먼저 확정되어서는 안 된다. 그럴 경우에 내용은 두 번째 단계로 고려되기 때문이다. 본문은 다양한 형식 – 특히 율법의 요구와 복음의 약속 – 과 내용을 통해 자신의 권위를 강조한다.

그러므로 성경은 그것을 읽는 독자와 청중에 앞서는 우위를 가지고 있음에 주목해야 한다. 그 우위를 통해 독자와 청중은 위축되지 않고, 자유하게 된다. 왜냐하면 내가 성경을 읽고 들을 때, 이 이야기들이 나에 관해

2　WA 54,186,7f(루터의 라틴어 전집 서문; 1545); 참고. 3장 각주 2와 1장 1.
3　처음 제안자는 아우구스트 트베스텐이다: August Twesten, Vorleslungen über die Dogmatik der ev.-luth. Kirche, Bd. 1, Hamburg 1826, 258-260.

설명하고 있다는 것, 즉 그 이야기들이 나를 말하고 있음을 나는 알게 되기 때문이다. 내가 성경을 듣기에 앞서 나는 이미 그 안에 등장하고 있다. 나에게 말하는 본문은 나보다 앞서 그곳에 있다. 내가 직접 말함으로써 동시에 나는 자유롭게 들을 수 있고, 전심으로, 즉 몸과 영과 모든 생각이 비판적인 들음에서 자유하게 된다. 해석자는 주해자로서 배제되지 않았다. 오히려 이제야 그에게 마음껏 활동할 수 있는 모든 가능성이 열리게 되었다. 그는 꼭두각시가 아니다. 하나님이 모든 피조물과 함께 나를 창조했음을 믿는다고 고백하는 사람은 오히려 비판적 구분을 할 수 있고, 그에게 부여해준 이성을 사용할 수 있는 능력도 가진 사람이다. 청자는 성경의 권위에 의해서 자신에게 적합한 장소에 배치를 받는다. 즉 그는 <u>스스로 확정하지 않고</u>, 피조물로서 위치하게 되는 것이다.

그와 함께 나타나는 근본적이고 인간론적인 문제는 권위와 비판의 관계를 묻는 문제[4]처럼 강조점과 관점을 조금만 다르게 해도 해결할 수 있다. 그와 더불어 강조되는 것은 삶 자체를 해석의 과정이라고 규정할 때에 비로소 드러나는 수용과 전달, 듣기와 말하기, 읽기와 쓰기의 불균형이다. 그것은 부모와 자식 사이의 육체적이고 정신적인 관계에서도 전형적으로 나타난다. 나는 세상에 대해 비판적으로 – 즉 구분하면서 - 인식할 수 있는 자격이 없다. 나는 그러한 자격을 얻거나, 그것이 가능한 다른 사람으로부터 자격을 부여받아야 한다. "권위"Autorität란 단어라틴어: augere가 지닌 정확한 의미에 따르면 그것은 증대시키고 성장시키는 힘이요, 생명을 만드는 힘이다. 그러므로 비판이 없이는 권위도 없다. 만약 아무것도 비판

---

[4] 이 주제에 대해 상세한 것은 다음을 보라. Oswald Bayer, Autorität und Kritik. Zu Hermeneutik und Wissenschaftstheorie, Tübingen 1991.

할 것이 없다면, 그것은 공허함을 가져올 뿐이며, 열매도 없을 것이다. 거꾸로 풍성한 결실을 맺을 수 있고 비판할 자격이 있는 권위는 진정한 권위라고 간주할 수 있으며, 이러한 권위는 자유롭게 구분하고 판단하며 나름대로 세상에 대한 인식을 성장시켜준다. 비판이 없이는 진정한 권위도 없다.[5]

모든 것을 원칙적으로 정당화하는 것, 말하자면 원점에서 새롭게 입증하며 그리고 - 어쨌든 요구에 따라 - 아무런 선입견도 없이 재구성하려는 의도 등은 예전의 시대와는 구분되는 오늘날의 사고가 지닌 특징이다. 합리적이라고 볼 수 없는 것, 자의식의 일치는 이루었지만 재구성을 통해서도 "설명"되었다고 정당화할 수 없는 것, 그런 방식으로 생각하고 정당화하는 것은 존재의 자격을 상실했다. "종교, 자연에 대한 관점, 사회, 국가 질서 등 모든 것은 가차 없는 비판의 주제였다. 모든 것은 이성의 엄격한 감시 아래 정당성을 입증하거나 존재를 포기해야 했다."[6]

이러한 정당한 설명의 요구와 실행이 가장 좋은 해방의 수단이라는 것은 분명하다. 이것은 역사적이며 전통적인 요구와 주장을 해결할 수 있는 하나의 수단이다. 사람들은 너무 가까이 있는 것을 떼어내기를 원하며, 적어도 그것과 거리를 두기를 원한다. 이런 거리 속에서 그것은 더는 위험하

---

[5] "성경비평"이라는 말에 관한 한, 이 용어를 사용하는 타당한 이유가 있다. 흔히 말하듯이, 성경에 대한 비평이라는 의미로(소유의 목적격) 루터가 디모데전서 1장 7절에서 말하듯이, 우리가 성경을 "섭렵하고자"(meistern) 하는 것으로 이해할 뿐만 아니라, 본문에서 나에게 생겨나는 비평(소유의 주격)으로서 이해할 수도 있다: "성경비평"은 인간을 두려움으로부터 해방시키는 비판능력과 판단능력이다. 왜냐하면 그 두려움은 하나님을 두려워하는데서 오기 때문이다. 지혜의 시작은 하나님에 대한 경외이다. 즉 그것은 내가 나를 직접 만들지 않았음에 대한 인정이요, 자신의 유한성과 종속성에 대한 통찰이다. 종속성은 곧 자유, 곧 인간의 자유가 필요함을 인정하는 것이다. 그러나 인간의 자유는 제한된 자유이다.

[6] Friedrich Engels, Anti-Dühring, in: Karl Marx / Ders., Werke, Bd. 20, Berlin 1962,16. 비교. Karl Marx, Brief an Arnold Ruge(1843), aaO. Bd. 1,344: "존재하는 모든 것에 대한 근원적인 비판."

지 않고, 나에게 말하고 초대하지 않으며, 요구하지 않고, 의무를 주지도 않는다. 이것은 결국 역사적 연구에 대한 계몽주의의 관심에도 적용된다. 역사적 본문은 선험적인 진리 이념의 획일적인 잣대에 팽팽하게 맞춰지며, 따라서 우연성은 배제되어 버린다. 시간적인 것은 뒷전으로 밀려나고, 본문 뒤에 놓여 있는 비시간적인 하나의 원리가 - 예컨대 "예수의 관심", "기독교의 본질", "정경 속의 정경"과 같은 것이 - 핵심으로서 추론된다.

자신의 해석 활동을 통해 본문을 주석하고 본문 뒤에 놓여 있다고 생각되는 자의식의 일치라는 원칙을 수용해야 한다는 근대적 주체성의 요구에 맞서, 오직 자신의 의도에 따라서 스스로 창작한 것만을 보아야 한다는 이성의 자아도취적인 요구에 맞서[7] 루터는 본문의 완강한 자율성을 고려한다. 본문의 권위는 독자와 듣는 청중을 비판적으로 해석한다. "성경은 성경을 연구하는 사람 안으로 변화되는 것이 아니라, 성경을 사랑하는 사람을 자신 속으로, 그리고 자신의 능력 안으로 변화시킨다. 이것이 성경의 능력임을 명심하라"[8]고 루터는 말한다. 자기비판적인 주체성과 개체성, 그리고 루터도 매우 중요하게 생각했던 개인적인 스타일은 자기 자신 안에 근거해 있지 않다. 데카르트가 말한 대로 그것은 자기성찰과 자기 확신 속에서 획득되는 것도 아니다. 그것은 외부로부터 세워지는 것이다. 그리스도인은 "성경 안에" 자신에 관한 것이 기록되어 있고,[9] 자신이 성경의 본문에 의해, 그리고 본문을 통해서 그 저자에 의해 해석되고 있다는 인식 안에서 자기비판적인 주체성을 부여받는다.

7　Immanuel Kant, Kritik der reinen Vernunft, hg. Raymund Schmidt, PhB 37a, Hamburg 31990, B XIII.
8　WA 3,397,9-11(시편 68편 14절, 『일차시편강의』 1513-1516).
9　Johann Georg Hamann, Briefwechsel, Bd. 2, hg. v. Walther Ziesemer und Arthur Henkel, Wiesbaden 1956, 9, (30-37) 33f. 여기에 Bayer, Autorität und Kritik, (각주 4), 19-32.

그러므로 독자가 주목하는 본문의 핵심은 이것을 읽고 듣는 나의 습득을 통해 퇴색되지 않는다. 더욱이 본문의 저항력은 매우 크다. 본문은 변하지 않는다. 그러나 성경을 읽는 사람과 듣는 사람은 본문을 통해 변화된다. 해석자가 성경을 해석하는 것이 아니라, 성경이 해석자를 해석한다. 따라서 성경은 성경의 주해를 스스로 배려한다. 성경은 자신의 해석자다: sacra scriptura sui ipsius interpres거룩한 성경은 자기 자신을 해석한다.

2. 교회: 듣는 자들의 공동체

성경을 듣고 읽는 사람이 성경 본문에 의해 해석되는 일은 교회에서, 즉 먼저 듣고 그리고 믿으며, 그런 다음에 비로소 "나는 믿으며, 그래서 나는 말한다"고후 4:13라고 말하는 공동체 속에서 일어난다. 여기서 생각할 수 있는 해석학적이고 학문적인 질문은 본질적으로 성령론적-교회론적인 종류의 것이다. 즉 "신학"에 대한 적절한 개념은 오직 예배로부터만 나온다.

예배를 위해서 모인 공동체는 참되고 보편적인 소통 공동체, 즉 의롭다고 인정을 받은 죄인들의 소통 공동체이다. 그들은 시편을 기도하고, 루터가 "작은 성경"kleine Biblia[10]이라고 부른 시편을 애용하듯이 전체 성경을 사용한다. 성경을 읽으면서 루터는 하나의 거룩하고 보편적이고 사도적인 교회의 전통 속으로 그 자신이 깊이 들어가 있음을 알게 되었다:

"요약하면, 만일 당신이 작은 화폭에 생생한 색채와 형태로 그려진 교회를 보고

---

10 Bornkamm(Hg.), Bibelvorreden, 65(= WA DB 10 I, 98,22f [두 번째 시편 서문; 1528]).

자 한다면, 시편을 보라. 시편은 투명하고 밝고 맑은 거울과 같아서, 기독교가 무엇인지 너에게 보여줄 것이다. 그렇다. 당신 자신도 그 속에 있을 것이며, 당신 자신과 게다가 하나님과 모든 피조물"[11] - 즉 모든 창조와 세계의 역사를 발견하게 될 것이다.

나는 내 자신을 사죄의 약속과 그에 대한 믿음 안에서 살아가는 죄인으로 경험한다. 이것은 가장 깊은 고독 속에서 일어나는 경험이기 때문에 가장 개인적인 경험이다. 그러나 이것은 동시에 오직 성도들이 범세계적인 공동체 안에서만,[12] 즉 모든 시간과 공간을 관통하는 공동체 안에서만 할 수 있는 경험이기도 하다. 시편은 당신을 거룩한 자들의 공동체로 안내할 것이라고 루터는 말한다. "왜냐하면 모든 성도들의 생각과 말처럼, 그가 기쁨, 두려움, 희망, 슬픔 속에서 함께 느끼고 말하고 있다고 가르쳐 주고 있기 때문이다."[13]

이러한 성도들의 교제 communio sanctorum 는 특수한 과제를 위해 전체에서 선별한 연구자 공동체보다 더 폭넓고 깊고 구체적이고 현실적이다.[14] 우리는 성경이 놓여 있는 책상 앞에 앉아 있는 학자를 모델로 삼아 성경의 권위와 이성의 관계에 대한 문제를 다루려는 생각을 버려야 한다. 여기서 해석하고 있는 나, 즉 비판과 구성을 통해 비로소 대상을 구성하는 나는

---

11   AaO. 69
12   참고. 12장.
13   Bornkamm(Hg.), Bibelvorreden, 68(= WA DB 10 I, 104,2-4).
14   참고. Charles Sanders Peirce, Schriften, Bd. 1: Zur Entstehung des Pragmatismus, hg. v. Karl-Otto Apel, Frankfurt 1967, 260("catholic consent") 그리고 261: "진리를 구성하는 모든 보편적 일치는 이 세상을 살아가는 인간 혹은 인류를 제한하지 않으며, 우리가 속한 모든 이성적 존재의 공동체로 확장된다."

허상이다.

이러한 방식으로 지어내는 해석 활동은 요한 알브레히트 벵엘J. A. Bengel에게 영향을 주었다. 그는 해석될 본문에 자신을 적용하고, 그 문제를 자신에게 응용하라고 요구했다: "본문에 온전히 집중하고, 모든 것을 너에게 적용하라!"Te totum applica ad textum: rem totam applica ad te! 이러한 말에는 사실적인 순간도 담겨 있지만, "성경을 읽고 해석하는 사람을 그 자신 속으로 끌어들여 자기의 것으로 변화시키는 것은 성경 그 자체다"[15]라는 루터의 인용문을 통해서 비판적으로 상대화할 수도 있다. 이러한 일은 우선 연구자 개인이나 혹은 홀로 성경을 읽는 사람 안에서 일어나지 않으며, 의롭다고 인정을 받은 죄인들의 소통 공동체, 특히 예배 중에서 일어난다.

그러나 이러한 소통 공동체의 보편성은 성서의 원래 자료처럼 추상적으로 보일 수 없다. 성경에서와 마찬가지로 성경을 사용하는 교회 공동체의 예배에는 순수한 선험Apriori도, 영원한 원리와 원칙도 없으며, 역사적으로 우연한 그리고 그와 함께 "순수하지 않은"unreines 선험이 있을 뿐이다.[16] 성경을 해석하는 것과 마찬가지로 해석되는 것, 성경을 통한 자아 인식은 일반적으로 타당하다고 요구되는 과정이지만, 그 보편적인 적용 가

---

15 참고. 각주 8.
16 루터는 1520년 그의 논문 『Assertio omnium articulorum』에서 성경을 제1원리라고 불렀다 (principium primum, 각주 17). 그는 거기서 학문적인 인식 능력에 무제한적인 절대성을 부여한 아리스토텔레스의 학문의 개념을 비판적으로 다루었다; "무제한적인 절대성으로 존재하는 것은 영원하며, 영원한 것은 만들어지지 않았으며, 파괴할 수 없는 것이다."(Nikomachische Ethik VI, 1139b 22-24, übers. v. Franz Dirlmeier, Reclam 8586-8590, Stuttgart 1969, 156). 루터가 시대적 산물이며, 개연적이고, 역사인 성격을 감정적인 정감에 따라 제1원리라고 말하고 있다면, 그것은 본질상 엄청난 조롱이다. 종교개혁적인 성서원리를 말하는 사람은 아무도 그 속에 있는 역설을 간과하지 않는다. 이러한 말은 단지 그것이 갈등의 표시로 이해가 된다면 적절할 것이다. 그 갈등 속에 있는 신학적 학문 내지 학적 신학은 루터 시대뿐만 아니라 오늘날까지도 있으며, 역사 속에 계속 등장할 것이다. 성서원리에 대해 말하는 사람은 영원하고 순수한 선험을 중요시하는 학문적인 개념에 대한 근본적인 비판 속에서만 이것을 행할 수 있다.

능성은 먼저 일어나는 것이 아니며, 순수 형식도 아니고, 조건적이고 보장될 수도 없다. 추상적인 궁극적 증명은 불가능하다.

3. 율법과 복음을 통한 성경의 자기 해명

루터의 성경 이해에서 중요한 점은 그가 성경의 권위를 형식적인 "성경원리"로서 먼저 세우고자 하지 않는다는 사실이다. 객관적인 성경주해를 둘러싼 갈등이 여전히 등장하고 있기 때문에 이러한 근본주의적 입장은 가능하지 않다. 이러한 갈등은 자료를 가지고 관련된 논지를 다룰 때에 해결할 수 있다.

로마 교황청과 갈등하면서 루터는 고전적인 자리에서 다음과 같이 묻는다:

"만일 두 교부의 입장이 서로 모순된다면, 당신은 누구를 기준으로, 어떤 척도를 따라 이 문제를 결정할 것인지 – 당신이 할 수 있다면 - 한 번 말해보라. 결정은 물론 우선순위를 주지 않으면 안 되는 성경의 판단을 통해 내려져야 한다. 이것은 성경은 그 자체가 최고의 척도이며, 쉽게 이해할 수 있고, 분명하고 열려 있으며, 스스로가 해석자sui ipsius interpres임을 말해주는 것이다. 성경은 시편 119편 130절에 쓰여 있듯이 "주의 말씀을 열면 빛이 비치어 우둔한 사람들을 깨닫게 하나이다.", 인간의 모든 주장을 검토하고, 판단하고 비추어주는 설명 혹은 히브리어가 본래 의미한 것처럼 개방 혹은 문이다. 여기서 성령은 성경의 뜻을 명백하게 조명하고, 마치 하나의 열린 문 혹은 (스콜라 학자가 말하는) 제일 원리

principium primum를 통하듯이 하나님의 말씀을 통해서만 통찰되도록 가르친다. 바로 여기서부터 인간은 깨달음과 통찰을 얻고자 출발해야 한다."[17]

그러나 이러한 주장은 다분히 개인적인 주장이 아닌가? 루터의 개인적인 작은 발견이 아닌가? 한 개인의 판단이라는 단수성singularitas이 한 사람의 수도사, 더 나아가 종교개혁 이전의 루터에게 근본적인 악이었는가? 한 개인으로서 내가 그토록 견고한 전통에 대적하는 것이 옳은가? 루터의 이러한 자기비판적 질문은 여전히 그의 깊은 영적 시련에 속하는 것이다.

로마 교리청에 대항하여 주장한 "거룩한 성경이 그 자신을 해석한다"sacra scriptura sui ipsius interpres라는 루터의 명제는 한 개인의 허울 좋은 주장이 아니라, 라틴어 전집 서문에서 말했듯이, 독일어 전집 첫 권 서문에 쓴 신학 수업의 세 가지 규칙 - 기도Oratio, 묵상Meditatio, 영적시련Tentatio[18] - 과 선포를 통해 죄인에게 전달되는 하나님의 의의 발견[19]이라는 중요한 내용을 가진 객관적 논증을 통해 입증한 것이다. 루터는 이러한 발견을 그 자신의 삶에 대한 회고록에서 쓰고 있지만, 그것은 직접적인 증언 이상의 중요성을 가진 것이었다. 즉 그것은 오직 구원에 대한 소망으로 본문과 씨름하고, 열정을 다해 문을 두드려 이해의 문, 즉 천국과 참된 삶에 이르는 대문이 열리기를 희망하는 모든 성경 독자에게 주는 대표적인 설명이다. 루터의 증언은 극적인 방식으로 성경의 권위 문제를 보여주고 있다. 그에 따르면 이 문제의 해답은 "단지 생각하면서 인식하는 정적인 적

---

17 WA 7,97,19-29(Assertio omnium articulorum; 1520).
18 참고. 2장 1. 1-3.
19 참고. 각주 2.

막 속에서"[20] 얻을 수 없으며, 독자와 해석자의 존재 변화를 포함하고 있다. 성경은 신앙을 일깨움으로서 그 자신을 입증한다. 그러므로 이미 강조했듯이[21], 개신교의 형식 원리인 소위 "성경 원리"는 개신교의 내용 원리인 칭의론과 분리되기보다는 구분되어야 한다. 이 둘은 하나이다. 즉 성서의 권위, 그 효력 그리고 명백성 – 그 해명성 - 내지 그 충분성은 약속promissio를 통해 직접 선물하는 하나님의 의라는 사건 안에 그 본질이 있다. 다시 말해, 만일 성경이 인간의 구원을 위해 주어진 것이라면 딤후 3:15, 성경은 구원에 충분한 능력을 가지고 있다. 루터 신학에서 종교개혁적 전환의 중요성을 묻는 질문과 성경의 권위에 대한 루터의 이해를 묻는 질문은 동일하다. 즉 그것은 하나이며, 같은 질문이다.

루터가 이와 같은 구원의 능력을 가진 권위를 로마서를 연구하면서 깨닫게 된 것은 우연이 아니다. 1522년 서문에서 성경 전체를 해석하는 척도로 로마서를 – 갈라디아서와 함께 – 강조한 것은 단지 처음 볼 때만 자의적으로 보인다: 그것은 "성경 전체를 충분히 밝힐 수 있는" "밝은 빛"이다.[22] 인간의 구원이 가장 중요하기 때문에 "죄를 범하고 길을 잃어버린 인간과 의롭게 하며 구원하는 하나님"은 "신학의 대상"이다.[23] 이러한 사실은 로마서에 가장 잘 나타나 있다. 로마서는 "기독교의 모든 복음적 교리"를 가장 간략하게 요약하고 있을 뿐만 아니라, "구약성경 전체로 들어가는

---

20 Georg Wilhelm Friedrich Hegel, 『논리학』 제2판 서문(1831), in: Ders., Sämtliche Werke. Jubiläumsausgabe, hg. v. Hermann Glockner, Bd. 4, Stuttgart 31958, 35.

21 참고. 각주 3.

22 Bornkamm(Hg.), Bibelvorreden, 177(=WA DB 7, 2,15f [『로마서 서문』 1522]). Jörg Armbruster, Luthers Bibelvorreden. Studien zu ihrer Theologie(AGWB Bd. 5), Stuttgart 2005. 로마서 내지 바울신학에 대한 상세한 개요는 거룩한 성경이 그 자신을 해석한다는 규칙의 가장 중요한 내용적 모습이다 (AaO. 110-115. 140-142).

23 참고. 2장 2.

입구"²⁴를 제공하고 있다. 이미 강조했듯이, 루터가 성경 전체에서 몇몇 단어만을 대문자SVNDE VERGJBT: 죄를 용서하다, 롬 3:25로 표현하고, 특별한 것은 여백주기에 "핵심"이라는 말과 "이 서신과 전체 성경의 요점"²⁵ - 구약을 포함하여²⁶ - 이라고 쓴 것은 신학의 대상이 죄를 범한 인간과 의롭게 하는 하나님이라는 루터의 규명에 정확히 일치한다. 로마서의 중요성은 각각의 성경에 대한 루터의 이해와 평가에 의해 이루어진 것이다.

로마 가톨릭이나 역사-비평 진영은 이와 같은 로마서의 강조를 루터의 개인적인 결정으로 늘 상대화하였다. 그러나 만일 성경이 정말로 "그 자신을 해석한다"면, 이와 같은 성경의 직접적인 자기 해석은 단지 내용적인 방식으로만, 즉 성경 본문이 직접 신앙을 일으킴으로써, 다르게 말해서 성경이 직접 그것을 듣고 읽고 그리고 해석하는 자에게 율법과 복음을 구분해 줌으로써 일어나는 것이다. 루터의 종교개혁적 발견을 보여주는²⁷, 물론 항상 새롭게 완성해야 하는 이러한 내용적인 구분은 믿음이 형성되는 그 중심을 기반으로 성경을 듣고 읽도록 해준다. 성경은 형식적인 척도가 아니다. 성경의 권위는 오히려 그것이 신앙을 일으킨다는 사실에 그 본질이 있다. 이것은 루터적인 전통에 매우 감명을 주었고, 루터교회는 규범적 권위auctoritas normativa를 원인적 권위auctoritas causativa, 즉 신앙의 근거가 되는 성경의 권위에서 추론해 내었다.

교회사적으로 중요한 세 가지 대안 - 논쟁이 되고 있는 성경 본문을 해결하기 위해 공식 교리청이 있다는 것, 안정된 조화가 성경 안에 있기 때

---

24 Bornkamm(Hg.), Bibelvorreden, 196(=WA DB 7, 26,14f [『로마서 서문』 1522]).
25 참고. 서론, 각주 16과 17.
26 참고. 아래 7.
27 참고. 3장 3.

문에 평범하게 읽을 수 있다는 공식적 주장 그리고 비판적 이성을 통해서 제기할 수 있는 본문 뒤에 놓인 공식 원리 - 은 이에 대해 적합하지 않을 수 있다.

"성경 자체는 분명하며, 성경이 그 자신을 해석한다. 게다가 그것은 해석자에 따라서, 전이해와 관점에 따라서 다양한 의미부여를 경험하기 때문이 아니라, 성경은 명백하고 자명하며 스스로 그 의미를 이해시켜주기 때문이다. 즉 성경은 그 자신의 해석자이며, 그렇기 때문에 인간은 - 그가 누구이든 - 이해를 돕고자 자신의 주해 기술을 활용할 필요가 없다. 성경의 규범적인 기능은 성경의 직접 해석 내지는 직접 전달의 존재론적 검증의 근거를 입증해주고 있다."[28] 루터가 성경의 이러한 자기 해석 능력을 교회와 신학에 관철하고자 했을 때, 종교개혁 진영 내에서도 많은 갈등이 유발되었음은 공공연한 사실이다. 이것은 그로부터 기원한 오늘날의 교회에도 - 다원주의에 직면하여 - 해당한다.

4. 영과 문자

오랫동안 학자들은 루터에게 성서 본문은 오직 설교되었을 때만, 오직 구두로만 - "살아있는 음성viva vox으로서"[29] - 하나님의 말씀이라고 강조했다. 이에 대한 증거로서 다음과 같은 루터의 말을 인용했다: "책을 써야 했다는 사실은 이미 커다란 영의 부족이며, 영의 중단이다. 그 필요성이

---

28 Notger Slenczka, Die Schrift als "einzige Norm und Richtschnur", in: Karl-Hermann Kandler(Hg.), Die Autorität der Heiligen Schrift für Lehre und Verkündigung der Kirche, Neuendettelsau 2001, 61 und 65.

29 참고. WA 43,12(창 19:29).

불가피했어도, 그것이 새로운 약속의 방식은 아니다."[30] "그리스도는 아무 것도 쓰시지 않았고, 모든 것을 말씀으로 했다. 사도들도 쓴 것은 많지 않았으며, 대부분은 말로 전했다."[31]

플라톤의 전통[32]을 따르는 구두의 전달에 대한 배타적 강조 속에서는 글로 작성된 것이 구두로 전달된 것의 근원과 뿌리라는 루터의 높은 평가는 크게 주목받지 못했다. 그러므로 루터는 고린도전서 15장 3-7절에 대해 설교하면서, 바울은 예수 그리스도의 죽음과 부활을 해석하기 위해 한편으로는 인간적인 증언을 참고하지만, 다른 한편으로는 무엇보다도 『문서』를 중요시했다고 강조하고 있다.

"성경과 외적인 설교를 경멸하고 그 대신에 다른 은밀한 계시를 구하는 광포한 영에 사로잡힌 자들을 대적해야 한다. 이들은 지금 도처에서 마귀에 사로잡혀 열광하고 있으며, (우글거리고 있으며) 성경을 죽은 문자로 보고 공허한 영만을 찬양하며, 말씀도 영도 가지고 있지 않다. 그러나 당신은 지금 거룩한 바울이 성경을 어떻게 강한 증거로 인용하고 있는지 그리고 글로 쓰고, 그(바울) 혹은 다른 사람들이 구두로 설교한 (오직) 눈으로 볼 수 있거나 글로 적은 말씀 외에 우리의 교리와 신앙을 보존할 다른 방법이 없음을 보여주는지를 듣고 있다. 왜냐하면 여기 분명히 성경, 성경이라고 쓰여 있기 때문이다. 영은 홀로 행하는 것이며, 글은 죽은 문자요, 생명을 줄 수 없다고 입에 거품을 물게 하는 공허한 (의미없는) 영이 아니다. 그러므로 그것은 다음과 같은 것을 뜻한다: 비록 문자 자체

---

30 WA 10 I/1,627,1-3(마 2:1-12; 『교회설교』 1522).
31 WA 5,537, (10-22) 11f(『이차시편강의』 [시편 18:45], 1520).
32 Phaidros 274b-278c. Zum theologiegeschichtlichen Gesamtzusammenhang des Problems. 참고. Johannes von Lüpke, Geist und Buchstabe, RGG4 Bd. 3, 2000, Sp. 578-582.

는 생명을 주지 못할지라도, 그것(눈으로 볼 수 있거나 혹은 글로 쓰인 말)은 함께 있어야 하며, 듣거나 혹은 받아들여야 하고, 성령은 같은 방식으로 마음에 역사하고, 마음은 말씀을 통해 그리고 말씀 안에서 마귀와 모든 영적 시련을 이기는 신앙을 갖게 된다."[33]

루터가 성경의 의미와 중요성을 다시 발견한 것은 물론 그의 말년은 아니었다. 1522년에 이미 위에 인용한 구절이 들어 있는 "영의 약함" 때문에 성경이 필요하다는 설교에서 이렇게 말한다:

"그리스도는 그의 출생과 통치에서 두 가지 증거를 가지고 있다. 하나는 글 혹은 문자로 작성된 말씀이다. 다른 하나는 입을 통해 알려지게 된 음성 혹은 말이다."[34] "만일 소원이 있다면, 모든 책이 철저히 파기되기를 바라는 것 외에 더 좋은 것이 없을 것이며, 이 세상에서 특히 그리스도인들에게는 순수한 글 혹은 성경만이 가장 값진 것이다."[35]

그러므로 기록된 성경은 모든 다른 책보다 뛰어나다. 복음의 이해에서는 구두의 말이 기록된 말보다 더 특권을 갖는 것은 아니다. 오히려 신앙은 이 두 가지를 모두 조명하며, 불신앙은 이 두 가지, 즉 성경뿐만 아니라 구두로 전해진 설교의 말씀 모두를 어둡게 만든다.[36] 성경이 구두의 선포를 목표로 삼으나, 그것은 성경과 경쟁하는 것도 아니며, 성경에 대한 대

---

33 WA 36:500.23-501.8(1532).
34 WA 10 I/1,625,14-16(『교회설교』. 참고. 각주 30).
35 WA 10 I/1,627.16-18.
36 참고. WA 10 I/1,627.21-628,21.

안도 아니다. "우리는 사도들에게서 그들의 모든 설교는 곧 성경을 강조하고 세우는 것 외에 다른 것이 아니었음을 본다."[37] "성경 외에 신앙을 가르치는 책은 없다."[38]

그러므로 신앙은, 만일 일어난다면, 비록 본문 비평의 결과로 자세한 것에서 다양한 차이가 있을지라도, 문자가 완전한 신뢰를 전달할 때에 일어난다. 이러한 문자 속에 영과 진리가 새롭게 되고자 하는 것이 무엇인지가 파묻혀 있고, 하나님의 자기 매임과 겸손의 도움으로 확고히 기록되어 있다. 새로운 진리는 옛 진리를 능가하지 못한다. 그것은 오히려 옛 것으로 돌아가 그로부터 나온다. 하나님은 맹세와 약속을 주셨고, 이것을 문자 속에 두셨을 뿐만 아니라, 그에게 위임된 문자를 통해서도 전달하신다. 하나님은 그의 맹세, 그의 약속을 하나의 계약Testament 속에서 증명했다고 말할 수도 있다. 이러한 약속은 말과 글이라는 두 가지 방식으로 되어 있다. 십자가에 달린 자의 부활과 죄, 죽음 그리고 지옥으로부터의 승리를 전하는 구두의 증언은 그 자체가 성서의 중요한 내용이며, 그것은 "성경대로" 일어난 것이다고전 15:3 이하.

그러나 결정적인 문서 확정이 차갑고 강제적이며 독재적인 성격의 언어 규율을 담은 법률적인 편찬은 아니다. 이러한 의미에서 볼 때, 기독교는 코란을 가진 이슬람처럼 경전종교는 아니다. 왜냐하면 성서의 본문을 하나의 체계로 완성할 수 없기 때문이다. 성서의 본문은, 물론 파고들 수 없는 명확한 선이 있지만, 독자와 청자에게 자유를 허용하는[39] 많은 틈과

---

37 WA 10 I/1,626,5f.
38 WA 10 I/1,582,12f.
39 자유는 무엇보다도 원래 상황과 동일하지 않은 새로운 정황과 관계하고 있다.

빈자리를 가진 하나의 공간을 이루고 있다. 그러나 이러한 본문들은 무한대로 걱정만 하는 불분명한 자유를 허용하는 것은 아니다. 다른 한편으로 그들은 모든 것이 일치하는 본문의 세계로 들어오지 못하며, 오히려 그 속에서 차이를 보고, 부조화를 들어야 하는 본문의 세계로 들어가게 된다.

이것은 유쾌하지는 않다. 그래서 사람들은 이러한 거친 것을 계속 매끄럽게 하거나 부드럽게 만들려고 노력한다. 가령 최고의 신학자와 예리한 교부인 그레고리 폰 니사Gregor von Nyssa는 "단단하고 딱딱한 성경이라는 빵"을 자유로운 알레고리적 해석을 통해 "소화하려고" 했다.[40] 이미 알고 있는 한 가지 뜻에 귀결시킴으로써 문자라는 단단한 빵이 소화가 된다. 낯선 것이 친근하게 되는 것이다.

루터는 이와는 달리 단어의 명백성과 신앙의 확신을 목적으로 알레고리를 반대하고, 단순한 단어의 뜻인 문자적 의미[41]를 강조했다. 만일 문자를 "확실한 문자"[42], 확고한 예언의 말씀벧후 1:19으로 수용한다면, 서로의 차이점을 인정하고 관계를 형성함으로써 의사소통을 도와 다름과 생소함의 안내자를 인정하게 될 것이다. 그러므로 문자는 영과 믿음에 도움이 된다.

그러므로 모든 것은 - 한편으로는 성경근본주의와 다른 한편으로는 문자보다 더 중요한 것이 있다는 은사주의와는 달리 - 고정된 것과 변하는 것, 입으로 전한 것과 글로 쓴 것 그리고 살아있는 영과 고정된 문자의 상호관계를 인식하는 데 달려있다. 그것을 인식하지 못하는 사람은 바로 살

---

40 Gregor von Nyssa, In Canticum Canticorum Homilia VII(MPG 44, 925 B/C).
41 루터의 사중적 의미의 성서해석 사용과 포기에 대해서는 다음의 책을 보라: Gerhard Ebeling, Evangelische Evangelienauslegung. Eine Untersuchung zu Luthers Hermeneutik, (1942) Tübingen 1991.
42 Friedrich Hölderlin, Hymne, "Patmos", in: Ders., Sämtliche Werke. Große Stuttgarter Ausgabe, hg. v. Friedrich Beissner, Bd. 2/1, 1951, (165-172) 172, 225; 참고. 벧후 1:19.

아 있는 하나님 자신의 권위와 다름없는 성경의 권위가 가지고 있는 독특한 성격을 알지 못하게 된다. 루터는 고정성과 변화성이라는 이러한 동시성을 모두 고려했다.

5. "그리스도를 다루는 것"

루터는 그의 『신약성서 서문』 1522에서 감동적인 방식으로 복음의 성격에 대해 말하고 있다:

"복음은 희랍어이며, 독일어로는 사람들이 노래하고 말하고 기뻐하는 좋은 소식, 좋은 동화[이야기], 유익하고 새로운 신문[뉴스], 좋은 외침[통보, 알림]을 뜻한다. 다윗이 거인 골리앗을 쓰러뜨렸을 때, 그것은 유대 백성들에게 새로운 기별이요, 위로가 되는 새로운 소식이었고, 그들은 잔혹한 적들을 제압하고 해방되었으며, 기쁨과 평화를 맞이했음을 뛰고 노래하며 즐거워했다. 그러므로 이러한 하나님의 복음과 새로운 계약은 사도들을 통해, 죄와 죽음과 마귀와 싸워 이긴 진정한 [참된] 다윗에 의해 전 세계로 울려 퍼진 새로운 이야기이며, 소식이다. 그는 죄에 사로잡혀 죽음의 운명에 처했으며, 마귀에 사로잡힌 모든 사람을 아무 공로 없이 구원했고, 의롭고, 생명을 주고, 축복했으며, 평화를 베풀고, 하나님께로 다시 인도했다. 만일 사람들이 확실히 믿고, 언제나 믿음 안에 있다면, 이 사실을 노래하고, 감사하며, 하나님을 찬양하고 늘 기뻐한다. 그와 같은 기별과 위로의 이야기 혹은 복음적이고 신적인 새로운 소식을 '새로운 계약'이라고 일컫는다. 임종을 앞 둔 사람이 자신이 죽은 후에 재산을 언급한 상속자에게 분배하라고 유언하듯이, 죽음을 앞 둔 그리스도 역시 자신이 죽은 후에 이러한 복음을 온 세상에 선포하고, 믿는 모든 사람들에게 그의 모든 소유를 주라고 명령하고 지시했다. 그의 생명을 주라 함은 죽음을 이기기 위함이며, 그의 의를 주라 함은 죄를 소멸하기 위함이고, 그의 축복을 주라 함은 영원한 정죄를 이기기 위함이다. 이제 죄에 죽고, 지옥에 빠진 불쌍한 인간은 값으로 산 사랑스러운 그리스도에 관한 메시지 외에는 아무것도 위로를 삼을 수 없다. 그것이 사실임을 믿는 한, 마음을 다해 기뻐하고 즐거워해야 한다."[43]

이러한 복음 이해가 옳다면, 구두의 말씀과 글로 적은[44] 말씀의 권위에 대한 질문은 말씀 – 특히 설교된 말씀 – 이 성령과 더불어 예수 그리스도의 임재 그 자체라는 사실을 지적함으로써 답변할 수 있다. 말씀은 "그리스도가 생명, 가르침, 일, 죽음, 부활 그리고 그가 가지고 있고 행하고 할 수 있는 모든 것이라고 말하는 [...] 음성이다."[45] 말씀이 설교되어야 하는 목적은 그것이 생명과 축복을 약속하고 알리려는 목적으로 주어졌다는 것을 교회 공동체[46]의 예배를 통해서 비로소 전개할 수 있기 때문이다.

이것으로 진리가 무엇이며, 정말로 새롭고 결코 다시 쇠락하지 않을 것이 무엇인지 가늠할 수 있는 척도 – 정경 Kanon – 가 마련되었다. 영원히 새로운 이것은 하나의 이름을 가지고 있으며, 곧 예수 그리스도이다.

43　Bornkamm(Hg.), Bibelvorreden, 168f(= WA DB 6,2,23-4.23).

44　WA 7, 97.1-3(Assertio omnium articulorum; 1520): "성령은 그가 쓴 그리고 발견되는 그의 거룩한 책 이외에 어느 곳에도 임재하지 않으며 살지 않는다."

45　Bornkamm(Hg.), Bibelvorreden, 171(= WA DB 6,9,18f 『신약성서 서문』 1522]).

46　참고. 위의 2.

"모든 거룩한 책들은 하나같이 그리스도를 설교하고 다루고 있다는 점에서 일치하고 있다. 더 나아가 그것은 모든 책을 검토하는, 즉 그것이 그리스도를 다루고 있는지 아닌지를 알 수 있는 정확한 시금석이다. 왜냐하면 모든 성경이 그리스도를 보여주기 때문이며롬 3:21, 바울은 그리스도 외에는 아무것도 알기를 원하지 않았기고전 2:2 때문이다. 비록 베드로나 바울이 가르쳤더라도, 그리스도를 가르치는 것이 아니라면, 그것은 사도적이 아니다. 다시 말해, 비록 유다, 안나, 빌라도 그리고 헤롯이 하더라도, 그리스도를 설교하는 것이 사도적이다."[47]

기독교 신학을 성경 근본주의와 구분하는 경계가 여기서 선명하게 드러난다. 내용적이고 객관적인 척도를 – 성경의 권위의 형식화와는 달리[48] – 루터보다 더 예리하게 제시할 수 있는 사람은 없다. 어떤 점에서 그리고 어떻게 성경이 "그리스도를 추구하며" 그리고 "모든 책을 판단하는 올바른 시금석", 즉 비판의 척도가 무엇인지는 율법과 복음의 구분을 통해서 상세히 규명된다.[49]

"복음서와 서신을 우리가 행할 것을 배워야하는 율법적인 책으로 보고, 그 속에 나타난 그리스도의 공로는 본보기외에 아무것도 아니라고 보는 것은 좋지 않은 습관이다. 이러한 그릇된 의견에 사로잡히면, 복음서와 서신서도 유익하게 그

---

47   Bornkamm(Hg.), Bibelvorreden, 216ff(= WA DB 7,384,25-32[『야고보서와 유다서 서문』 1522]).
48   물론 내용적인 권위를 위해서 어느 정도 "형식적인" 공간이 필요하다는 사실을 주목해야만 한다. 그러므로 루터는 – 비록 많지는 않지만 – 그가 문제로 여겼던 성서인 야고보서, 유다서, 히브리서 그리고 계시록을 "형식적"으로 분류했다. 그는 그것들을 정경에서 배제하지 않았다. 그 속에서 약간의 정경적인 것을 발견할 수 있었기 때문이다. 그는 성경을 지배하지 않고, 이해하기 어려운 커다란 어려움에 직면해서도 신뢰를 가지고 접근했다. 『요한계시록』(1530) 제1판과 제2판 서문의 비교는 루터의 생각이 얼마나 긍정적으로 변했는지를 잘 보여주고 있다.
49   참고. 위의 3과 3장 2.

리고 기독교적으로 읽을 수 없다. 과거에 등장했던 이교도와 다를 바가 없게 된다."[50]

짧게 요약하면, 성경의 중심에 대한 복음적인 이해는 성경의 권위에 대한 이해가 결정한다. 선포하거나 구두로 전하는 성경의 말씀은 예수 그리스도의 현존과 다름없다. 즉, 그는 율법과는 달리 약속과 은사로서 복음 안에 현존한다.

성경의 내적 명료성과 외적 명료성이라는 루터의 천재적인 구분과 배열은 이렇게 규명되고 사유된 성경사용 - 성경을 삶에 적용하고, 더 나아가 성경을 통해 깨달은 인식을 삶에 적용 - 에 상응하는 것이다.

6. 루터의 성경 이해가 싸운 세 가지 전선

6.1. 에라스무스의 회의적인 인문주의에 반대하여

"성경의 모호성이 이중적이듯이, 성경의 명료성도 역시 이중적이다. 외적인 명료성은 말씀을 위해 봉사하며, 다른 하나는 마음의 깨달음 속에 자리하고 있다. 만일 당신이 내적 명료성에 대해 말한다면, 만일 하나님의 영을 가지고 있지 않다면, 어느 누구도 성경에 있는 점Jota 하나도 인식하지 못할 것이다. 사람들의 마음은 모두 어두워졌기 때문에, 비록 그들이 성경 전체를 말하고 인용할지라

---

50 WA 10 I/1,8.4-9,5("복음서에서 무엇을 찾고 기대해야 하는지에 대한 작은 강의; 『교회설교』 1522). 참고. 3장 3.2.

도, 그 가운데 아무 것도 인식하거나 진리를 깨닫지 못하고, 하나님을 믿지도 못하며, 그들이 하나님의 피조물이라는 것도 믿지 않는다. 시편의 말씀도 그렇게 말한다. '어리석은 자는 그 마음에 이르기를 하나님이 없다고 한다.'시 14:1 성령은 성경 전체와 좋아하는 부분을 이해하기 위해 필요하다. 만일 당신이 외적 [명료성]에 관해서 말하고자 한다면, 성경에는 이해할 수 없는 것도 없고, 애매모호한 것도 전혀 없다. 오히려 모든 것은 말씀을 통해 밝히 드러나 있으며, 성경에 있는 것은 온 세상에 선포되었다."[51]

에라스무스와 루터의 차이는 루터가 성경의 많은 모호한 부분에도 불구하고 중요한 진술에서는 분명하고 명백하다고 확신하는 점에 그 본질이 있다.[52] 이러한 이해는 그리스도가 성경의 중심이라는 생각에서 나온 것이다. 아래는 위에 인용한 단락의 결론과 상응하는 내용이다:

"봉인이 깨지고 무덤의 돌이 굴려져서 그것으로 최고의 비밀, 즉 하나님의 아들 그리스도가 사람이 되었고, 하나님은 삼위인 동시에 한 분이며, 그리스도가 우리를 위하여 고난을 당하셨고 영원히 다스릴 것이라는 사실이 알려진 이상, 성경에 무엇이 더 숨겨져 있다는 말인가? 이것은 초등학교에도 알려져서 그곳에서도 노래하는 것이 아닌가? 성경에서 그리스도를 제거해보라. 도대체 당신은 그 외에 무엇을 더 찾을 수 있겠는가? 비록 지금까지 말씀에 대한 무지로 인하여 성경의 몇몇 구절이 모호했다고 할지라도, 성경의 내용을 분명히 이해할 수 있다."[53]

---

51 WA 18,609,4-14(『노예의지론』 1525).
52 WA 18,606,33-39.
53 WA 18,606,24-31.

그러므로 성경 전체는 예수 그리스도로부터 그리고 그리스도를 바라보면서, 그리스도를 다루고 있는 것을 바라보면서 읽히고 해석되어야 한다.

루터는 성경의 외적인 명료성과 내적인 명료성을 구분하지만, 서로를 분리하지는 않는다. 에라스무스가 외적인 말씀과 연관하여 이해하기 어려운 것은 그냥 내버려두고, "신비적인 침묵 속에서 높이기를"[54] 옹호한 반면, 루터는 외적인 명료성과 내적인 명료성의 연관성을 강조한다. 성경의 외적인 명료성claritas externa scripturae은 모호한 구절이 있음에도 불구하고 그리스도가 성경의 중심임을 이해시키기에 부족함이 없다. 성경의 내적인 명료성은 성령의 조명이요, 자기 자신에게 집착하고 그로 인해 볼 수가 없는 인간의 어두워진 마음을 깨우쳐 주는 하나님 자신의 능력이다. 경건하지 못한 자 – 하나님을 부인하는 자 - 를 의롭게 만드는 성령은 계몽의 참 빛이다. 이러한 빛이 인간을 새롭게 만들어, 그 결과로 인간은 자신을 죄인으로 인식하고, 하나님을 죄인을 의롭게 하는 분으로 인식하고 인정하게 해준다. 인간의 "인식"의 본질은 그가 하나님의 인정을 받아서 자신을 아는 것이 아니라, 하나님이 그를 안다는 사실을 아는 것에 있다.

그러나 이와 같은 성령의 내적인 명료성은 외적인 말씀이 없이는 일어나지 않는다.[55] 오직 외적인 말씀과 성령을 통해서 그 안에서 역사하는 예수 그리스도의 권위를 신뢰할 때, 성경은 거룩한 글로 읽히게 된다. 이와는 달리 에라스무스는 그것을 지나치게 형식적으로 다루고, 다른 본문들과 다름없이 구원의 문제를 간접적으로만 성경과 관련지었다.

---

54 『자유의지론』Ⅰ a 9. 침묵으로 일관하는 무관심("Quae supra nos, nihil ad nos": WA 18,605,20f)과 더불어 타협을 목적으로 거리를 두는 에라스무스의 설명방식에 대해 루터는 거칠게 비판했다(aaO. 15-23줄). Thomas Reinhuber, Kämpfender Glaube. Studien zu Luthers Bekenntnis am Ende von De servo arbitrio, TBT 104, Berlin / New York 2000, 6-8.

55 참고. 위의 4 그리고 11장 2.

6. 2. 로마가톨릭의 형식주의에 반대하여

루터는 성경의 핵심적인 내용을 찾고, 그것을 중심으로 읽은 성경에서 구원의 확신을 주는 명백한 말씀을 듣는다. 이러한 확신은 "특별한 믿음"fides specialis[56] 속에 놓여 있으며, "그것을 통해서 나는 그리스도인이 되었다."[57] 이러한 말씀 이해와 신앙 이해를 정확히 파악한 추기경 카예탄은 1518년 아우크스부르크에서 루터를 심문했을 때, "이것은 새로운 교회를 세우려는 것을 의미한다."[58]고 예견하듯이 확신했다. 사실 성경 이해에서 – 대체로 그렇지만, 본문 하나하나의 이해에서만이 아니라 성경, 교회 그리고 신앙의 관계를 규정하는 문제에서도 - 오늘날까지 로마 가톨릭과 개신교 사이에는 중대한 차이점이 드러나 있다. 여기서 특히 논의가 분분한 것은 "새로운 교회"이고자 한다는 비난의 대상이 누구인가 하는 점이다: 로마 가톨릭의 관점에서는 개신교가 1500년이 넘는 교회사에서 하나의 새로운 현상인 반면, 종교개혁자들은 교황권을 그 사이에 등장한 새로운 것으로 보면서,[59] 참된 교회를 위해 말씀과 성경 이해로 돌아가라는 요구를 제기한다.

성경 이해에 대한 양측의 차이점은 루터의 『그리스도인의 자유로운 공의회 개최에 대한 새로운 호소』1520라는 글 속에 특별히 분명히 나타나 있다:

---

56 구체적인 언약을 가리키는 특별하고 특수한 신앙(참고. 3장 1과 12장 각주 7).
57 참고. 3장 각주 10.
58 "Hoc est novam ecclesiam construere"(Opuscula, Lyon 1575, 111a,7f.). 참고. 12장 1.
59 참고. 특히 WA 51,477,1-507,13(『한스 보르스트 반박』 1541).

단지 이러한 공의회에서만 "교회의 권력이 성경을 무시하거나 위배하지 않고, 성경을 준수하고, 성경과 하나님의 진리 아래 있음을 보장할 수 있다."[60] 그렇지 않을 경우, "아무도 그리스도를 고백하지 않을 것이며, 성경을 공적으로 읽지 않을 것이고, 바르고 참된 기독교신앙과 성경의 말씀을 떠나 거짓된 인간의 망상과 생각에 빠져 미혹하는 이야기만을 추구"[61]하는 일이 일어날 수 있다. 성경의 권위는 교회법과는 달리 최고의 우선권을 가지고 있어야 한다는 것이다: "나는 첫째도, 두 번째도, 세 번째도 사도들이 나에게 주기를 [...] 갈망한다, 무엇보다도 특히 당신들, 공인 그리고 증인들에 의해서."[62]

『무엇 때문에 교황과 그 측근들의 책이 마르틴 루터 박사에 의해 불태워졌는가?』 1520라는 책에 그 이유가 적혀 있다.

"교황은 거룩한 성경을 자신의 뜻대로 해석하고 설명하며, 그가 원하는 것 외에는 누구도 같은 것을 다르게 해석하도록 허용하지 않는 권한을 가지고 있다. 이것으로 그는 하나님의 말씀 위에 앉아서참고. 살후 2:4 그 하나님의 말씀을 갈기갈기 찢고 소멸시키고 있다."[63]

오늘날 로마 가톨릭교회의 모습과 그들의 성경 이해는 매우 달라졌다.

---

60 WA 7,87,23f. 참고. aaO., 95,10-14; 96,9-19(Assertio omnium articulorum; 1520).
61 AaO., 88,1-5.
62 WA 7,88,13-15. Kurt-Victor Selge, Das Autoritätengefüge der westlichen Christenheit im Lutherkonflikt 1517 bis 1521, in: HZ 223 / 1976, 591-617.
63 WA 7,175,8-12(Nr.29). 참고. aaO. 181,1-4: "나는 모든 사람이 자신의 견해를 갖기를 원한다. 나는 교황이 그를 반대하여 말하거나, 글을 쓰거나 혹은 행동을 한 사람을 단 한 번도 성경이나 이성으로 반박한 것을 보지 못했으며, 언제나 왕, 제후 혹은 그 외의 추종자들을 통해 폭력과 출교로 대응했다는 사실에 화가 났다."

그럼에도 불구하고 루터의 관심은 역사가 흐르면서 지나가버렸다고 말할 수는 없다. 자체적인 설명에 따르면 로마가톨릭 신학은 여전히 수차례에 걸쳐 "증빙심의"를 하며, 물론 단계가 존재하지만 상호 협력 속에서 오늘날 타당하고 유효한 하나님의 말씀을 제시해야 할 의무를 부여해 성경, 전통, 성도들의 신앙이해sensus fidelium, 교리청과 마지막으로 학문적인 신학 등을 다루고 있다.[64] 그에 대해[65] 답변한 튀빙겐 개신교학부의 입장은 물론 "규정하는 규범norma normans인 성경에 대한 복음적인 표현은 수용하지만[66], 교리청에 대한 아래와 같은 단락은, 비록 성경의 규범성이 로마-가톨릭 입장을 긍정하더라도, 다른 모든 것에 대한 비판적 심의기구로서는 결코 인정할 수 없음을 보여주었다."[67] 만일 전통이 "성경을 이해하는 데 없어서는 안 되는 것"[68]이라면, "이 두 가지, 즉 성경과 교회 전통은 동일한 권위"[69]를 갖게 된다. 비록 모든 신자들이 신앙의 계승에 참여하더라도[70], 튀빙겐 학자들의 확신에 따르면 그것이 계시과정에 대한 몫의 의미로 이해되어서는 안 된다. 오히려 "자신들에게 전달된 복음의 외적인 말씀을 그 말씀에 대한 자신의 신앙고백과 함께 계속 전해주는 것"[71]이 신앙인들의

---

64 Communio Sanctorum. Die Kirche als Gemeinschaft der Heiligen, Paderborn / Frankfurt a.M. 2000, Nr. 44-73. 이 문서는 2000년 말 '독일주교협의회'와 '독일개신교 및 루터교 연합'(VELKD)이라는 두 개의 단체에 의해 출판되었다. 그 속에서 공동의 교회 이해를 표현하고자 시도했고, 부록에서는 개신교인들 역시 이해해야 할 가톨릭교회의 특별한 요소(교황직, 죽은 자를 위한 기도, 성인과 마리아 숭배)에 대한 해석도 시도했다. 가톨릭이 이 문서의 편집에 참여했지만, 이 경우 그들이 개신교 신앙고백의 주요 요점을 인정했다는 의미는 아니다.

65 "Communio Sanctorum"에 대한 입장, epd-Dokumentation Nr. 11(2002년 3월 11일).

66 CS Nr. 48 그리고 72f.

67 "Communio Sanctorum"에 대한 입장, 14.

68 "Communio Sanctorum" Nr. 54.

69 "Communio Sanctorum"에 대한 입장, 15.

70 "Communio Sanctorum" Nr. 57.

71 "Communio Sanctorum"에 대한 입장, 16.

일이라고 말하는 것이 종교개혁적이다.

특히 교회의 교리직Lehramt에 대한 문제는 여전히 논의가 분분하다.[72] 루터 측이 제안한 해석은 다음과 같다: "어떤 상황에서도 오류가 없는 교리직"은 – 그 산하에 신학이 위치해 있다[73] – 하나님의 말씀이 자체를 해석한다는 자기해석을 포함하여 수용되어야 한다는 것이다. 즉 교리직은 "하나님의 도구"이며, 이 도구는 "성령의 인도 아래 교회에서 진리가 관철되는 것을 돕고 더불어 성경의 자기해석 능력과 대립되지 않는다."[74] 튀빙겐 학자들의 입장은 그 속에 내포된 조화, 즉 "'하나님의 말씀'이 성경, 전통 그리고 교리직의 공동작용이라고 생각하고, 하나님의 말씀이 가진 자체의 해석능력은 단지 이러한 공동작용의 자체해석 능력일 뿐이라는 의견을 반대한다. 그럴 경우에 성경과 교직 사이의 대립은 결코 일어날 수 없다. 왜냐하면 성경은 이러한 상호작용 속에서만 [...] 그 참된 고유의 의미를 드러낼 수 있기 때문이다."[75]

그러므로 지금도 여전히 "성육신은 특수한 구조를 가진 사회적 유기체인 교회 설립을 가져왔고, 그 유기체는 성육신하신 하나님의 아들을 통해 계시된 하나님의 말씀을 잘 전달하여, 그 결과로 이제 그사회적 유기체인 교회 안에서, 게다가 다양하고 구별된 권한을 가진 증빙심의의 공동작용을 통해 신앙이 이루어진다"[76]는 로마 가톨릭의 관점은 비판적으로 생각해야 한

---

72 참고. 이 문제에 대한 비판적인 로마 가톨릭 측의 입장: Bernd Jochen Hilberath, Die Wahrheit des Glaubens. Anmerkungen zum Prozess der Glaubenskommunikation, in: Ders.(Hg.), Dimensionen der Wahrheit. Hans Küngs Anfrage im disput, Tübingen / Basel 1999, 51-80.
73 "Communio Sanctorum" Nr. 70.
74 "Communio Sanctorum" Nr. 68.
75 "Communio Sanctorum"에 대한 입장, 18.
76 "Communio Sanctorum"에 대한 입장, 19.

다. 언급한 다섯 개의 요소들을 가령 하나의 고무줄로 모두 묶을 수 있으나, 그 가운데 독립적으로 말할 수 있는 것은 없으며, - 대립은 잠재적이고 - 성경도 역시 아니다. 그와 같은 구성은 처음에는 조화롭다는 인상을 불러일으킨다. 실제적인 긴장과 서로 다른 해석에도 불구하고 결국 모든 결정은 로마 교리청에 의해서 이루어진다.

6. 3. 영적인 열광주의에 반대하여

"그리고 구두로 전한 외적인 말씀과 관련된 이 문제에서는 하나님이 예전에 주신 외적인 말씀이 없거나 혹은 그것을 통하지 않고서는 아무에게도 그의 영이나 은총을 주시지 않는다는 사실을 확실히 믿어만 한다. 이렇게 해야 우리는 열광주의자, 즉 자신들은 말씀 없이 그리고 말씀에 앞서 성령을 받는다고 자랑하고, 그 후에 성경 혹은 선포된 구두의 말씀을 자신들 멋대로 판단하고 해석하고 그리고 왜곡하는 심령주의자들로부터 보호받게 될 것이다. 뮌처가 이같이 행하였고, 많은 사람들이 오늘날도 여전히 이같이 행하고 있다. 이들은 영과 문자를 예리하게 구분하는 심판관이 되기를 원하며, 자신들이 말하거나 혹은 하는 일은 전혀 알지를 못한다."[77]

분명하고도 생생하며-외적인 성경과의 연관성이 결여된 곳에서는 자의적인 해석이 난무할 수 있다. 만일 모든 신학자와 설교자가 직접 성령을 받았다고 검증할 수 없는 주장을 하며 등장한다면, 교회의 질서, 무엇보다

---

[77] BLSK 453,16-454,7(Schmalkaldische Artikel 8; 1537). 뮌처는 루터를 "성경학자"로, 그 자신은 "성령학자"로 묘사했다(aaO. 454. 각주 2; 참고. WA 50,646,33f[『공의회와 교회에 관하여』 1539]; WA 54,173,5-7[디도서 3장 5절 설교; 1537년 10월 12일]).

도 신자들의 구원의 확신을 위태롭게 할 것이라고 루터는 본다.[78]

"아담과 하와를 열광주의자로 만든 것은 모든 옛 악마와 옛 뱀이며, 이들이 외적인 하나님의 말씀으로부터 영을 추구하는 자로 그리고 스스로 착각하도록 유도했다."[79] 성경에 대해 이런 방식으로 생각하는 사람은 인간적인 해석의 기술과 해석의 권위를 인정하지만, 본래 그리스도만이 성경의 중심으로서 그리고 성령을 중재하는 성경의 해석자로서 살아있는 복음을 전하고 실현하는, 다시 말해서 직접 구원의 확신을 일으킬 수 있다.

"그렇기 때문에 우리는 하나님은 그의 외적인 말씀과 성례를 통하지 않고서는 우리 사람들을 다루지 않는다는 것을 계속 고집해야 한다. 그러한 말씀과 성례가 없이 성령을 찬양하는 모든 것은 마귀이다."[80] 에라스무스의 인문주의[81] 속에 잠재되어 있는 것이 열광주의자들에게서 현저히 드러나고 있다. 즉 성경의 내적인 그리고 외적인 명료성이 찢겨지고 있다는 것이다.

이에 반대하여 루터는 성경의 외적인 명료성은 말씀직Wortamt, 즉 "말씀을 전하는 직무에 있다"[82]는 사실을 강조한다. 그것은 임명하는 것이며, 하나의 "제도"이다. 성경의 외적인 명료성은 문법, 언어학적인 비평 그리고 해석학과 밀접한 연관을 가지고 있다. 또한 그러한 작업이 가장 중요한 측면임을 분명히 지적해야 하지만, 그렇다고 할지라도 보편적인 의미

---

78 열광주의가 그가 생각하고 있는 사고구조에 원인이 있는 것이라면, - 외적으로 볼 때 로마가톨릭과 성령을 추구하는 자들의 반제도주의(Anti-Institutionalismus)라는 날카로운 대조에도 불구하고 - 성경이해에 있어서는 일치하고 있음을 알 수 있다. 이러한 - 교회론에 있어서는 커다란 차이점에 관해 – 놀라운 주제에 대해서는 11장 2.2.

79 BLSK 454,12-15.

80 BLSK 455,31-456,5.

81 참고. 위의 6.1.

82 WA 18,609,5(『노예의지론』 1525). 참고. 각주 51.

에서 볼 때, 그것은 성경의 외적인 명료성이 의미한 것을 설명할 수는 없다. 아우크스부르크 신앙고백서 제5조에서 말하듯이, 이것의 본질은 임명을 받고 외적인 말씀을 수행하는 직임 속에, "생생한 말씀"을 전하는 "제도" 속에 있다. 따라서 루터는 성경의 "외적" 명료성을 이렇게 설명한다: "오히려 모든 것이 말씀을 통해 확실히 밝혀졌으며, 성경 속에 있는 것이 온 세상에 선포되었다."[83]

7. 구약과 신약의 관계

구약성서와 신약성서가 어느 점에서 그리고 어떻게 "그리스도를 다루고 있으며" 그리고 "모든 책을 판단하는 정확한 시금석"[84], 즉 비판의 척도가 되는지는 – 말하였듯이 – 율법과 복음을 통해서 좀 더 정밀하게 규명된다. 특별히 루터의 성경서문에서 율법과 복음의 구분이 모든 성경을 해석하고 이해하는 데 어떻게 그에게 열쇠가 되었는지를 볼 수 있다.

『구약성서서문』에서 그는 이렇게 말하고 있다: "여기서 당신은 그리스도가 누우시고, 천사 역시 목자들에게 가라고 알려준 강보와 구유를 발견하게 될 것이다. 강보는 낡고 볼 품 없으나, 그 안에 놓인 보물은 그리스도이다."[85] 루터는 구약과 신약에서 율법뿐만 아니라, 복음도 역시 발견한다. 즉 그는 죄를 입증하는 날카로운 요구뿐만 아니라, 구원한다는 해방의

---

83 참고. 각주 51.
84 참고. 각주 47.
85 Bornkamm(Hg.), Bibelvorreden, 42(= WA DB 8,12,5f[1523]).

약속과 선물을 발견한다.[86] 구약과 신약은 다만 강조하는 점이 다를 뿐이다:

"신약의 주요 강조점이 그리스도 안에서 죄의 용서를 통한 은총과 평화를 선포하는 것이라면, 구약의 주요 강조점은 율법을 가르치고, 죄를 고발하며, 선한 행위를 요구하는 것이다."[87]

그러나 율법과 복음을 나누어 율법을 구약으로 그리고 복음을 신약으로 획일적으로 분류할 수는 없다.[88] 토라는 사실 많은 "율법"[89]을 가르친다. 그러나 그 이전에 이미 창세기 3장 15절이라는 원복음Protevangelium이 주어졌다:

"내가 너로 – 뱀, 마귀 – 여자와 원수가 되게 하고, 너의 후손도 여자의 후손과 원수가 되게 할 것이다. 여자의 후손이 네 머리를 상하게 할 것이다." 도움은 그리스도를 통해서 온다. "그는 여자의 후손이며, 마귀의 머리, 죄, 죽음, 지옥 그리고 모든 그 세력을 제압했다."[90]

86　Bornkamm(Hg.), Bibelvorreden, 43,13-18.

87　Bornkamm(Hg.), Bibelvorreden, 43,18-21.

88　『그리스도인의 자유』라는 글에는 물론 이렇게 쓰여 있다: "그 때문에 약속들은 신약성서의 하나님의 말씀이며, 신약성서에 속하는 것이다"(WA 7,24,20f). 1522년 신약성서 서문 역시 (Bornkamm [Hg.], Bibelvorreden, 167f [=WA DB 6,2,16-22]) 부분적으로 그렇게 분류하는 것처럼 보인다. 그러나 여기서는 그 배경을 주목해야 한다. 루터는 칼슈타트가 신약을 율법, 역사, 예언 그리고 지혜서로 분류하는 것에 반대하는 입장에서 썼으며, 모든 신약성서의 근본적인 내용은 단 하나 복음이라고 강조한다. 참고. Armbruster, Luthers Bibelvorreden(각주 22).

89　Bornkamm(Hg.), Bibelvorreden, 167(WA DB 6,2,17『신약성서 서문』1522]).

90　Bornkamm(Hg.), Bibelvorreden, 169(= aaO. 4,28-33). 구약에도 복음이 있음을 증명하기 위해 루터는 그 증거로서 창세기 22장 18절; 사무엘하 7장 12절 이하; 미가서 5장 1절; 호세아 13장 14절 등의 언약들을 인용한다(aaO. 169f = aaO. 4,24-6,21).

루터에 따르면 복음은 구약에서 직접적으로 뿐만 아니라, - 율법이 "옳은" 한, 다시 말해 율법이 복음에 대한 안내로서 이해되는 한, - 간접적으로도 나타난다:

"그러면 이제 예언서와 역사서와 같은 다른 책들은 무엇인가? 그 답은 모세가 오경에서 보여주고자 한 것 외에 다른 것이 아니라는 것이다. 왜냐하면 그것은 모세로 하여금 그의 모든 직책을 수행하게 하고, 거짓 예언자들을 경계하여 백성으로 하여금 잘못된 행위를 범하지 않게 하며, 모세의 올바른 직임을 따라 율법을 잘 지키며 살아 율법의 바른 이해를 통해 자신의 무능함을 깨닫게 하고, 율법이 그리스도에게로 인도갈 3:24함을 굳게 믿게 하는 데 목적이 있다."[91]

루터의 조직신학적인 해석은 성경 전체를 구원의 중요성이라는 관점으로 본 것이다. 이러한 그의 관찰이 역사-비평적 관점에 의해 모두 인정받는 것은 아니다. 역사-비평적 해석방법은 성경이 어느 정도로 상호간에 다양한 관계를 가지고 있으며, 그와 더불어 성경의 전체적인 연관성을 인식할 수 있는지 혹은 알고자 원하는지를 자문해야 한다.

8. "나의 케테 폰 보라" meine Käthe von Bora

자유를 줄 수 있는 권위를 가진 성서본문과 선물로 받았으나 과도한 자유를 가진 해석자 사이에서 스스로 해석되고 이해되는 이러한 본문에 대

---

91 Bornkamm(Hg.), Bibelvorreden, 55(= WA DB 8,28,12-18 [『구약성서 서문』 1523]).

해 비판적으로 묻는 것은 하나의 삶의 관계, 곧 사랑의 관계를 조성하는 일이다: "갈라디아서는 내가 매우 신뢰하는 [나는 그와 혼인했다] 나의 작은 서신이다. 즉 갈라디아서는 나의 케테 폰 보라이다."[92] 이러한 사랑의 관계는 우스운 이야기가 아니라, 일생 동안[93] 지켜야 할 믿음의 관계임을 말할 필요는 없다.

"너 자신을 알라"Gnothi seauton [Erkenne dich selbst][94]는 성경의 본문을 해석하고 이해하고자 하는 사람은 그 속에서 신적인 저자 외에는 아무도 만나지를 못할 것이다.

---

92 WA TR 1,69,18-20(Nr. 146; 1531?). 참고. Oswald Bayer, "Lust am Wort, in: Ders., Gott als Autor. Zu einer poietologischen Theologie, Tübingen 1999, (221-229) 226f.

93 루터가 말하는 신학수업의 두 번째 규칙이 그에 대해 말하고 있다: WA 50, 659,22-29(루터의 독일어 저작 전집 1판 서문; 1539). 2장 1.2("Meditatio").

94 참고. 각주 11.

2부

개별 주제들
(교의학과 윤리적 자료)

5장
창조: 공동체의 설립과 보존

>나는 아무 공로와 가치가 없음에도
>하나님이 모든 피조물과 함께 나를 창조했음을 믿는다.

칭의론은 독립된 주제가 아니다. 그것은 신학 전체와 연관이 있다. 칭의론은 특히 창조신학적인 중요성을 가지고 있으며, 모든 루터교인들은 1529년 이후로 – 『소교리문답서』를 통해서 – 이것을 알게 되었다.

1. 말씀 없이는 세계도 없다

1. 1. 창조로서의 칭의; 칭의로서의 창조

루터의 『소교리문답서』는 칭의의 정확한 개념을, 흔히 생각하듯이, 신앙고백의 두 번째 혹은 세 번째 조항 설명에서 쓰지 않고 특이하게도 첫 번째인 창조에 관한 조항에서 쓰고 있다:

"나는 하나님이 모든 피조물들과 함께 나를 창조했음을 믿는다. 또한 하나님이 나에게 몸과 영혼, 눈, 귀와 모든 신체, 이성과 모든 감각을 주었고, 그것을 보존하며, 거기다가 옷과 신발, 음식과 마실 것, 집과 가정, 아내와 자식, 농지, 가축과 모든 소유를 주며, 몸과 생활에 필요한 음식과 모든 것을 풍족히 그리고 매일 공급해 준다. 또한 모든 위험과 모든 악에서 지키고 보호해준다 – 이 모든 것이 하나님의 은혜와 자비에서 온 것이며, 나의 공로와 가치는 전혀 없다 [...]."[1]

"공로"Verdienst라는 단어는 칭의론을 둘러싼 싸움에서 나왔으며, "가치"Würdigkeit라는 단어는 성례론을 둘러싼 싸움에서 생겨났다. 공로라는 어휘가 창조 조항에서 사용되고 있다면, 그것은 칭의를 이해하는데 결정적인 의미를 가지고 있음을 뜻한다. 또한 그 역으로 만일 그것이 분명히 칭의를 말하기 위해 사용되었다면, 창조를 이해함에 있어서도 매우 중요함을 의미한다. 따라서 그것이 가리키는 것을 살펴보는 것도 유익하다. 그럴 경우 우리는 루터 신학에서 적절한 칭의론 이해를 얻을 뿐만 아니라, 좁은 소견을 버리고 신학적으로 책임이 있는 – 물론 철학적으로도 논의할 수 있는 – 존재론에 이르게 될 것이다.

전통적으로 볼 때, "공로"의 문제가 내포된 칭의라는 말은 그 자신의 삶의 역사와 세계 모든 역사의 종말과 연관하여 결산과 보답, 성취와 완성을 염두에 둔 미래를 향한 것이다. 더 나아가 우리가 개인이자, 신앙공동체요, 세계 공동체로서 우리의 모든 행동의 결과 얻게 될 것을 고려한 것이다. 루터는 칭의의 개념과 문제를 창조에 관한 조항에서 강조하며, 이렇게 말했다: 하나님은 판사로서 보답할 필요가 없다. 보답해야 하는 것은 오히려 나의 기원과 현재의 삶이다.

이 뜻은 아래와 같은 일화에서 분명해진다: "한번은 루터가 요나스 박

---

[1] BSLK 510.33-511.8.

사, 바이트 디트리히 그리고 다른 식탁동료들과 함께 휴양을 위해 예센[슈바르첸 엘스터에 있는 작은 도시]을 여행했을 때, 여비가 풍족하지 않았음에도 불구하고 그곳의 가난한 사람들에게 적선을 했다. 요나스 박사가 그를 좇아 적선을 하며 이런 설명을 덧붙였다: 하나님이 언제 나에게 똑같은 것을 다시 줄지 누가 알겠는가? 그러자 루터는 웃으면서 답했다: 당신은 마치 하나님이 예전에는 당신에게 주지 않은 것처럼 말하는군요."[2]

세계는 아무 조건이 없이 존재에로 부름을 받았고롬 4:17, 순수한 자유로부터 나와서 순수한 선이 되었다. "무로부터의 창조"는 존재하는 모든 것이 선에 의해서 이루어졌음을 의미한다 – 보답할 필요가 없는 것이다: "이 모든 것은 아무런 나의 공로와 가치가 없음에도 아버지 하나님의 은혜와 자비로 된 것이다."

유대교와 기독교 창조론의 기본형식인 "무로부터의 창조"Creatio ex nihilo는 루터의 칭의신학적인 의미에서 이해해야만 한다. 모두가 생각한 "당신이 줄 수 있도록 나는 당신에게 준다"do ut des라는 말은 더 이상 의미가 없다. 이것은 바울이 욥기 41장 3절에서 인용하여 로마서 11장 35절에서 말한 수사학적인 질문에 부합하는 것이다: "누가 주께 먼저 드려서 갚으심을 받겠느냐?" 네게 있는 것 중에 받지 아니한 것이 무엇이냐? 네가 받았은즉 어찌하여 받지 아니한 것처럼 자랑하느냐?참고. 고전 4:17.

근본적인 깊이와 우주론적이고 존재론적인 넓이를 가진 의롭게 하는 하나님의 창조의 말씀은 스스로 그 자신을 세우고, 자아실현을 시도하는

---

2 Reisen zu Luther. Erinnerungsstätten in der DDR, hg. v. Udo Rössling / Paul Ambros, Leipzig(1983) 1988), 190.

오늘의 인간적인 욕망과 가장 첨예하게 대립하고 있다. 피히테, 마르크스 그리고 샤르트르는 루터가 살던 중세보다 인간을 더욱 근본적으로 이해하여 처음도 끝도 행위자요, 생산자로 - 마르크스에 의하면, "노동"을 통한 "자기생산"Selbsterzeugung 속에서 이해했다.[3]

노동을 통해 자신과 자신의 세계를 직접 구축하기를 원하는 인간은 그로 인해 안식일과 주일을 잘못 이해하고 있다. 더 나아가 인간은 일요일과 평일의 구분 속에서 작용하고 그 속에서 설명할 수 있는 오직 믿음에 의한 칭의를 잘못 인식하고 있다. 피히테는 행위로 인간을 규명하는 것이 가능하다고 본다: "당신은 행동하기 위해서 존재한다. 당신의 행동과 오직 당신의 행동만이 당신의 가치를 결정한다."[4] 이것은 샤르트르가 말하는 존재는 본질로부터가 아닌 그 반대 즉, 인간의 본질이 존재로부터 온다는 주장과 일치한다. 인간은 정확히 말해서 인간이 스스로 만든 것이며 - 그 이상도 그 이하도 아니다. 인간은 자유 속에서 - 인간은 자유롭도록 저주를 받았다. - 행동하는 존재이다.[5] "나의 모든 존재와 나의 등장의 유일한 원천이 되고자" "나는 스스로 내가 된다"고 피히테는 말한다. "이제부터 내 자신 안에 있는 생명은 내 밖에 있는 것으로 인해 제약을 받지 않는다는 것

---

[3] Karl Marx, Nationalökonomie und Philosophie(in: Ders., Die Früschriften, hg. v. Siegfried Landshut, Stuttgart 1968, 225-316), 269. "참된, 그 때문에 실제적인 인간을 그 자신의 일의 결과"로서 파악하는 것이 중요하다.

[4] Johann Gottlieb Fichte, Die Bestimmung des Menschen(1800)(in: Fichte, Gesamtausgabe der Bayerischen Akademie der Wissenschaften, hg. v. Reinhard Lauth, Bd. I, 6 [Werke 1799-1800], 198-309), 253.

[5] Jean-Paul Sartre, L'Existencialisme est un Humanisme, 1946("실존주의는 인문주의인가?"; in: Ders., Drei Essays [Ullstein 304], Frankfurt a.M. 1973,7-36). trans. Philip Mairet(London: Methuen, 1949): "존재는 본질에 앞선다"(26,28); "인간은 오직 자신을 위하는 존재이다"(28); "인간은 자유롭게 되고자 해서 정죄를 받았다"(34); "그는 그가 하는 모든 것에 책임이 있다"(34).

이다."⁶ 이러한 의미에서 볼 때, 피히테에게는 태초에 행동이 있었다. 즉 요한복음의 첫 문장은 "태초에 행동이 있었다"고 다시 쓰여야 하며, 그 행동은 바로 나의 행동을 말한다. 피히테가 "창조의 추정을 [...] 모든 거짓된 형이상학과 종교적 가르침의 절대적 오류"라고 보는 것은 자연스러운 것이다. "창조는 결코 질서정연한 것으로 생각될 수 없다."⁷ 이것은 곧 오직 믿음에 의한 칭의가 무의미함을 말하려는 것이다.

그러므로 칭의라는 주제는 개별주제가 아니며, 그 옆에는 다른 주제들이 있을 수 있음을 보여주고 있다. 그것은 근본적인 중요성을 지니고 있으며, 모든 주제와 연관된다. 칭의는 내 자신의 인생사와 세계사만이 아니라, 자연의 역사와도 관련이 된다. 그것은 모든 일에 관련되어 있다. 그러므로 칭의 조항을 다만 "교회를 세우고 넘어지게 하는 조항"articulus stantis et cadentis ecclesiae⁸이라고 말하는 것은 충분치 않다. 오히려 칭의의 의미가 지닌 창조신학적이며-존재론적인 측면을 인식해야만 한다. 루터는 슈말칼덴 조항의 중요한 항목에서 "비록 하늘과 땅이 멸망할지라도, 이 조항 중 어느 것도 물러서거나 양보할 수 없다"고 말한다.⁹ "만일 칭의 조항이 없다

---

6 Fichte, Die Bestimmung des Menschen, aaO. (각주 4), 285.

7 Johann Gottlieb Fichte, Die Anweisung zum seligen Leben oder auch die Religionslehre. In Vorlesungen gehalten zu Berlin, im Jahre 1806(in: Johann Gottlieb Fichte's Sämmtliche Werke, hg. v. Immanuel Hermann Fichte, 1845/46, Bd. 5), 479(6번째 강의).

8 Theodor Mahlman, Zur Geschichte der Formal "Articulus stantis et cadentis ecclesiae"(in: Lutherische Theologie und Kirche 17 [1993], 187-194) 이러한 표현은 발렌틴 에른스트 뢰셔(Valentin Ernst Löscher)에게서 처음으로 등장하고 있다는 일반적인 가정을 반박한다(Vollständiger Timotheus Verinus, Bd. 1,1718, 342f.) 참고. Friedrich Loofs, Der articulus stantis et cadentis ecclesiae(ThStKr 90, 1917, 323-420), 345. 루터는 이미 시편 130편 4절 주해에서 "만약 이 조항이 서있으면 교회도 서 있고, 그것이 무너지면 교회도 무너진다"(isto articulo stante stat Ecclesia, ruente ruit Ecclesia: WA 40 III, 352,2f)고 말하지만, 그는 그렇게 하여 이 조항의 의미를 강조하려고 한 것이며, 결코 칭의가 작용하는 범위를 교회로만 제한하고자 한 것은 아니다.(참고. 로프스 324-333에 인용구).

9 BLSK 415,21f; 참고. 416,3-6(1537).

면 세계는 죽음과 어둠 외에는 아무것도 없을 것이다."[10]

자비로우며 끊임없이 주는 성경적이며 종교개혁적인 하나님 이해는 아무것도 선물로 받고자 하지 않는 현대의 행동주의와 첨예하게 대립한다. 그러나 하나님은 무조건 주는 자이다. 그의 줌에서 그의 행동의 형태를 알 수 있다. 그는 "경건하지 아니한 자를 의롭다 하고"롬 4:5, 같은 방식으로 "죽은 자를 살리며, 없는 것을 있는 것으로 부르는 분이다"롬 4:17. 창조와 새 창조는 둘 모두 무조건적인 선물이다. 사람에게 준 첫 번째 말씀인 "동산 각종 나무의 열매는 네가 임으로 먹어도 된다"창 2:16는 선사의 말씀 Gabewort은 "받아먹으라. 이것은 너희를 위해 주는 나의 몸이다!"라는 성찬의 말씀에서 다시 새로워졌다. 하나님의 삼위일체적 존재는 그 자체나 우리를 위해서나 – 신학적인 전통에 결코 흔하지 않는 – 베품 그리고 희생으로 이해할 수 있다.

그에 상응하여 모든 것을 포괄하고 관철하는 칭의론의 중요성을 알아내기 위해서 특히 주목해야 하는 사도신경의 첫 번째 항목은 광야의 앞마당이 아니다. 신앙고백은 삼위일체 하나님에 대한 신앙이 없이는 이해될 수 없다. 그것은 오히려 삼위일체 하나님에 대한 신앙을 화제로 삼고 있다. 아무 조건도 없는 사랑과 자비의 하나님은 아버지로서 아들을 통해 성령 안에서 인간에게 마치 의무인양 약속을 하고, 인간에게 자신을 완전히 내어주고, 그의 존재를 알리고, 자신을 위해서는 아무것도 남기지 않고, 모든 것을 나누어 준다. 아래는 1528년 『그리스도의 성찬에 관하여 고백』이라는 글에서 사도신경의 세 가지 항목을 루터가 요약한 것이다:

---

10 WA 39 I,205,5(Promotionsdisputation von Palladius und Tilemann; 1537).

"세 위격이면서 동시에 한 분 하나님이 있으며 그는 그 자신과 그가 가진 모든 것을 완전히 우리에게 주었다. 아버지는 모든 피조물과 함께 하늘과 땅을 우리에게 주어 우리를 돕고, 우리가 사용할 수 있게 해주었다. 그러나 이 선물은 아담의 타락으로 인하여 빛을 잃었고, 쓸모없게 되었다. 그 때문에 그 이후 아들이 우리를 위해 자신을 희생했으며, 그의 모든 일들, 고난, 지혜 그리고 의로움을 선물로 주고, 우리를 아버지와 화목케 했으며, 그로인해 우리가 다시 생명을 얻어 의롭게 되어 선물과 함께 아버지를 알게 되고 가질 수 있게 되었다. 그러나 이 은총은 은밀하게 감추어져 있어 우리가 알 수 없고, 아무도 그 은총을 누릴 수 없기에 성령이 왔고 우리에게 자신을 온전히 준 것이다. 그는 우리에게 보여준 그리스도의 선한 행위를 알고, 그것을 받아 간직하도록 도우며, 유익하게 사용하고, 나누어주며, 증가시키고 장려하도록 우리를 가르친다. 그는 이것을 내적으로 뿐만 아니라. 외적으로도 행한다. 즉 내적으로는 믿음과 다른 영적인 은사를 통해서 하며, 외적으로는 복음, 세례 그리고 제단의 성례전을 통해서 일한다. 그는 이처럼 세 가지 수단 혹은 방식을 통해서 우리에게 오며, 그리스도의 고난에 동참하여 복을 얻게 한다."[11]

루터는 가장 기본적인 것을 다루는 『소교리문답서』에서 하나님이 "하늘과 땅 그리고 모든 피조물들과 함께" 그 자신을 우리에게 주었음을 강조하며, 존재론적인 차원에서 그것이 의미하는 대로 오직 하나님의 말씀을 믿음으로만 의롭게 될 수 있음을 더욱 분명히 하고 있다. 근본적이고 넓은 의미에서 볼 때 믿음은 인간이 가지고 있는 어떤 것이 아니라, 존재 그 자체이다. 즉 나에게 삶과 삶에 필요한 것을 줄 것임을 확신하는 것이

---

11 WA 26, 505,38-506,12(『그리스도의 성찬에 관하여, 고백』 1528).

다. 그것을 기다리며, 그것을 추구하는 것이 믿음이다. 만일 그것이 순수한 선에서 이루어지고 어떤 위험 가운데서도 순수한 자비로 인해 항상 새롭게 보장되는 것이라면, 동시에 그것은 나의 존재이기도 하다.

1536년에 쓴 루터의 유명한 『인간에 대한 토론』 Disputatio de homine의 핵심논제는 "인간이 믿음에 의해 의롭게 된다"hominem iustificari fide[12]고 인간에 대해 신학적인 정의를 내리고 있다. "인간"은 오직 믿음에 의해서만 sola fide, 즉 오직 하나님에 의해서만 의롭게 되는 존재이다.[13] 이 정의는 이미 죄 가운데 빠져 살고 있는 사람에게 칭의가 오직 믿음에 의해서 일어난다는 것으로 이해할 수 있는 것만은 아니다. 오히려 이 논제는 동시에 인간 실체의 본질이 그의 존재가 오직 믿음에 의해서만 의롭게 된다는데 있음을 말함으로써 중요한 인간론적-존재론적인 의미를 가지고 있다.

이와 같은 존재론적인 차원은 − 마치 예수를 믿는다고 말하는 모든 사람에게 적용되는 듯한 - 자동적인 구원을 내포하고 있지 않음을 루터는 서른세 번째(33) 논제로 분명히 밝혀주고 있다: "인간이 의롭게 되어야만 한다고 인간에 대해 말하는 사람qui iustificandum dicit은 그가 죄인이고 불의하며 그 때문에 하나님 앞에 죄를 지었으나, 은혜를 통해 구원받았다per gratiam salvandum고 확실히 주장해야 한다."[14] 역으로 루터는 서른두 번째(32) 논제에서 예수 그리스도를 믿지 않는 모든 사람들도 인간존재임을 부인하지 않는다. 비록 인간이 불법인 죄로 인해 타락했을지라도 오히려 하

---

12 WA 39 I,176,34f(논제 32).
13 참고. 7장 1. "Fides facit personam"(WA 39 I, 283,1; Zirkulardisputation de veste nuptiali; 1537).
14 WA 39 I,176,36f; 게어하르트 에벨링의 번역, IL Bd. 2, 297.

나의 피조물로서 인간의 본질에 대해 철저히 언급할 수 있어야 한다.[15]

사실 넓은 의미에서 볼 때 단지 인간론적으로만이 아니라, 창조신학적이고 존재적으로 "세계는 믿음에 의해 의롭게 된다"Mundum iustificari fide고 이해하는 것이 중요하다. 사람만이 아니라, 모든 세계가 믿음에 의해 의롭게 되는 것이다.

만일 모든 인간과 더불어 모든 세계가 하나님의 말씀과 동시에 믿음에 의해 창조되었다면, "믿음"은 – 히브리어 "에메트"Emeth 내지 "에무나"Emunah의 의미에서 – 신뢰성이라고 이해될 수 있다. 그러므로 믿음은 하나님의 일Werk로서 하나님이 건네고 약속하는 말씀을 통해 모든 피조물에게 주어지고 전달된다. 그러므로 루터는 1524-1528년 시편을 번역하면서 하나님의 "에메트"Emeth 내지 "에무나"Emunah를 후기에 일관되게 했던 "진실" 혹은 "진리"처럼 번역하지 않고, 많은 곳에서 "믿음"으로 번역하고 있다. 왜냐하면 창조자가 말씀을 통해 혹은 말씀으로 피조물에게 신뢰할 수 있는 근거를 주어, 그 결과로 피조물은 진실과 믿음을 기반으로 '진실과 믿음'을 위해 존재하기 때문이다.

> "시편에서는 종종 하나님에게 '당신의 믿음 혹은 당신의 믿음 안에서'라고 말하고 있다. 왜냐하면 그가 그러한 믿음을 주고 신뢰를 세우기 때문이다. 그러므로 진리와 믿음이라는 두 단어는 히브리어에서 거의 같은 뜻으로 사용되며, 하나가 다른 것 대신 사용되기도 한다. 독일어로 말하듯이, 믿는 사람은 참되고 신실하다. 그러나 신뢰를 깨는 사람은 거짓되고 믿을 수 없다고 여긴다."[16]

---

15 참고. 8장 1.
16 WA DB 10 I,96,4-9(첫 번째 시편 서문; 1524). 참고. 로마서 3장 3절.

그러므로 루터는 삼차원적인 신앙의 개념을 대표한다: 첫째는 특별한 믿음fides specialis[17]으로, 이것은 인간을 구원하는 구원의 믿음이며, 특별한 의미에서 그 자신을 "새로운 피조물"고후 5:17로 인식하는 것이다. 둘째는 인간과 모든 피조물이 하나님을 통한 은혜의 공급을 의지하는 것이다. 그리고 마지막으로는 하나님의 신실함이며, 그 속에서 하나님은 인간의 존재를 확실히 지키고 보호한다. 루터는 - 오늘날 우리에게는 낯선 방식이지만 - 시편 146편 6절의 해석을 통해 이러한 보호와 전달에 관해 말한다. "하나님은 하늘과 땅과 바다와 그 중의 만물을 짓고 영원히 신앙을 지키는 자"[18]라며, 하나님의 신앙에 관하여 말한다.

광의적인 창조신학적 개념에서 볼 때, 창조는 소통의 성격을 지니고 있다. 즉 창조는 신앙공동체를 세우고 보존하는 것을 의미한다.

1. 2. 언어사건으로서의 창조

창조는 신앙공동체의 설립과 보존으로서 말씀하는 하나님과 그에게 자유로이 응답하는 피조물 사이에서 일어나는 언어교환이다. 창조는 그에게 대답할 뿐만 아니라, 서로 말하는 대화의 사건 속에서 일어난다: "날은 날에게 말하고 밤은 밤에게 지식을 말한다"시 19:2.

루터에게 있어서 신뢰할 수 있고, 신앙을 형성해주며, 믿을 가치가 있는 하나님의 말씀인 그의 약속은 성례전과 설교의 영역에서 뿐만 아니라, 창조론의 영역에서도 매우 중요하지만, 최근까지도 루터연구에서 전혀 주목

---

17 참고. 4장 각주 56.
18 1545년부터 1912년까지 루터 번역은 그랬다. 그러나 오늘날에는 "진심함을 지키다"(der Treue hält)이다. 참고. 호세아 1장 22절 "믿음 안에서 나는 너와 사랑할 것이다."

을 받지 못했다. 약속의 범주를 창조론의 영역으로 적용하는 것은 확실히 의문을 가져 올 수 있다. 구원의 행동뿐만 아니라 세계에서 일어나는 하나님의 행위를 단 하나의 범주로 나타낼 수 있는가?

루터가 창조를 기본적으로 언어사건이라고 이해하고 있는 논제를 다룰 때에 해석자의 설명이 중요하지 않다는 것은, 창조 시편인 시편 33편 4절 하반부에 대한 루터의 번역으로 입증할 수 있다: "주의 말씀은 정직하다. 그리고 그는 약속한 것을 확실히 지킨다." 이러한 번역은 루터의 창조이해를 위해서 매우 유익하다. 명사절로 쓰인 히브리어 본문이 "정직하게" 일어나는 하나님의 "활동"을 말하는 곳에서 루터는 하나님의 창조사역은 확실히 하나의 활동, 그것도 말로 하는 활동임을 뛰어난 적용으로 입증하고 있다. 하나님의 활동은 직접 말하는 것이며, '그 자신이 해석자'sui ipsius interpres, 즉 그 자신이 직접 이해시킨다는 것이다. 그것은 활동하는 말이며, 이 활동과 함께 하나님의 신실성은 하나의 약속이 된다.

하나님은 그의 믿음과 사랑의 말씀으로 세계를 다스린다. 이 말씀에 응답하고 그 말씀으로 사는 사람은 믿는 사람이다. 이 말씀에 자신을 닫아버리는 사람에게는 마음, 입과 손도 닫을 것이다. 온 세계가 그를 가둘 것이다. 그는 두려워하며 하나님의 진노를 경험할 것이다. 그렇다면 나에게 세계는 하나님이 말씀한 낮과 밤, 여름과 겨울, 청년과 노년이라는 안전한 삶의 공간과 안전한 리듬 속에서 살아가고 삶을 기뻐하고 즐겨도 될 약속의 매체가 더는 아니다. 만약 세계를 약속된 것으로 믿지 않는다면, 세계를 "두려운 자연스러움"[19]으로, 견딜 수 없도록 강요하고 압박하는 법으로

---

19 Arnold Gehlen, Anthropologische Forschung. Zur Selbstbegegnung und Selbstentdeckung des Menschen, Reinbek b. Hamburg, 1961, 68.

세계를 경험하게 될 것이다. 다시 말해, 당신은 공포 그 자체인 불확실한 세계에서 하나의 의미를 찾아야 하고, 안팎으로 이러한 혼돈의 세계에 하나의 의미를 부여해야 하며, 당신이 우선 질서를 세워야 한다. 만약 세계를 약속된 것으로 믿지 않는다면, 니체가 적절하게 표현했듯이, "춥고 정적만이 흐르는 수천 개의 사막"이 될 것이다.[20] 그러한 정적과 추위 속에서 나는 하나님의 진노를 경험한다. 물론 그것은 이름이 없기 때문에 나는 그것을 간단히 하나님의 진노라고 인식할 수 없다. 나를 포함한 모든 피조물은 – 나를 놀라게 하는 바스락거리는 나뭇잎일지라도[21] – 이러한 진노를 알고 말하지만, 대체로 내 마음은 완고함과 낙담에 사로잡혀 있다. 루터는 진노와 은총을 넘어서는 중립 지역을 모른다. 그의 세계감정, 그의 언어, 그의 역사 이해가 근본적으로 두 가지 측면을 지니고 있는 사실은 바로 이런 이유 때문이다. 루터가 싸워야 할, 그리고 일생동안 수행했던 투쟁의 근거는 바로 여기에 있다.

　루터는 신뢰할 수 있는 약속의 말씀 외에 다른 명확한 것을 찾으려는 유혹에 넘어가지 않았다. 그렇기 때문에 세계는 그에게 불명확하며, 예측할 수 없으며, 마음대로 이용 가능하지도 않았다. 통일을 추구하는 모든 역사철학적 사변과는 달리 그의 신학은 거칠다. 그러한 사변 – 예컨대 세계사가 지속적으로 진보한다는 환상 – 에 맞섰다는 점에서 루터의 신학은 냉정하고, 현실적이며, 구체적인 세계경험으로 가득하다.

20　Friedrich Nietzsche, Der Freigeist, 1. Teil: Abschied, 3. Strophe(Ders., Werke, Kritische Gesamt-Ausgabe, hg. v. Giorgio Colli / Mazzino Nontinari, VII-3, Berlin/New York 1974, 37 [Aus den Nachgelassenen Fragmenten, Herbst 1884]).

21　루터는 종종 레위기 26장 36절을 인용한다. 참고. WA 8,677,3f(Eine treue Vermahnung […]; 1522): "그들은 바스락거리는 나뭇잎 소리 역시 두려워 할 것이다." WA 45,626,37-627,1(요한복음 14장 27절 설교; 1537).

자주 인용되었지만 종종 오해를 받았던 루터의 세계이해는 철저히 신학적이다. 왜냐하면 세계는 하나님의 신실한 말씀으로 창조되었고, 계속된 위협 속에서도 유지되고 있다고 인식되었기 때문이다. 이것은 심판과 은총의 인식이다.

창조는 언어사건이다. 이것은 현대까지도 학문적 이론에 광범위한 영향을 주고 있다. 환경 위기에 직면한 오늘의 상황에서는 하나님의 세계내재에 대해 신학적으로 접근하는 것이 점점 더 긴급해지고 있다. 신학은 오랫동안 세계와 상관없는 인격주의 속에서 움직였고, 그 주제는 장소와 시간이 문제가 되지 않는 하나님과 인간 사이의 직접적인 대화였을 때에 더 이해하기가 쉬웠다. 그러나 오늘날 과정철학적 모델이나 혹은 인공두뇌학의 조직이론적 모델과 연결해 볼 때 '말 걸음'Anrede이라는 하나님의 창조행위의 성격이 더는 충분히 이해되지 못하는 위험도 있다. 생태계로부터 해방되었을 뿐만 아니라 그로부터 점점 더 고립되어 가는 자연과학의 역사는 상당 부분 바로 세계의 탈언어화의 역사로 기록될 수 있다. 인과론의 도식은 창조자를 단순히 "원인"으로, 그리고 창조를 "결과"로 폄하해 버린다. 플라톤과 스토아의 로고스 개념으로 시작하여 스콜라의 아리스토텔레스 수용과 함께 도약해 온 이러한 과학의 역사적 과정은 루터의 시대에 오늘날 우리 시대처럼 그렇게 분명한 영향력을 주지 못했다. 그럼에도 불구하고 루터는 - 창조를 신앙공동체의 설립과 보존으로 이해한 - 자신의언어로 전달된 은총의 신학과 함께 결정적인 이해에 도달했고, 오늘날 우리에게, 특별히 자연과학 그리고 자연철학과의 대화와 논쟁에서 유익하고 생산적일 수 있는 전망을 열어주었다.

칼뱅과 개혁주의 전통과 짤막하게 비교해 본다면, 루터의 신학을 좀 더 명확하게 이해 할 수 있다. 여기서 하나님은 초월적이고, 말하자면 위로부터 수직적으로 행동하며, 말없이 인과론적으로 심판하는 존재로 인식된다. 따라서 여기서 "피조물의 현실은 우선적으로 의존하는 방식으로 관련되어 있다."[22] 슐라이어마허의 "절대 의존의 감정"과 절대적 원인으로서의 하나님 이해는 개혁주의 전통 속에 서있다. 비록 피조물의 세계가 창조자의 지속적인 행동에 의존해 있고, 그의 전능함을 반영하고 있지만, 개혁주의적 관점은 창조자의 능력을 피조 세계 안으로 개입할 수 있는 능력으로 보지 않는다. 그와는 반대로 루터 신학은 하나님의 자유를 제한하지 않으면서도 창조의 현실을 특히 소통의 그물망으로 해석한다.[23] 하나님은 세계를 구원하면서 처음으로 자신을 나타낸 것이 아니라, 이미 창조와 보존과 함께 자신을 드러냈으며, 자신을 부어주고, 철저히 내어 주었다. 하나님의 전능은 겸허하다. 창조는 희생과 약속으로 이해할 수 있고, 공동체의 설립과 보존으로 이해할 수 있으며, 이런 의미에서 창조는 언어사건이다.

창조 세계를 소통의 그물망으로 보는 이러한 이해의 흔적은 오늘날 세계를 읽을 수 있는 글$_{\text{Text}}$로 이해하는 곳에서도 여전히 나타난다.[24] 이것은 물론 "유전자 코드"에 대한 언급이나 언어로 완전히 개념화할 수 없는 정보 개념의 이용에 이르기까지 다양한 강도와 은유에서 볼 수 있다.

따라서 오늘날 책임적인 신학적 창조론은 두 가지 극단과 비판적인 관계를 맺는 가운데서 표명되어야 한다. 신학적 창조론은 예컨대 변증법적 신학의 영향 아래서 세계를 망각해 온 인격주의와 근대에 특히 스피노자

---

22 Johannes v. Lüpke, Art. "Schöpfer / Schöpfung VII. Reformation bis Neuzeit", TRE 30, 1999, (305-326) 312.

23 Lüpke, Schöpfer/Schöpfung VII, 312.

24 참고. Hans Blumenberg. Die Lesbarkeit der Welt, Frankfurt a.M. 1981.

의 이름과 결부된 내재적인 세계구원 사이에 서 있다. 이 두 가지 극단, 즉 인격주의와 스피노자의 사고방식을 피해야 할 과제에 직면해 있는 우리는 구약성서학자인 루터로부터 결정적인 것을 배울 수 있다. 그는 한편으로 "나는 주 너의 하나님이다"[25]라는 하나님의 태초의 약속으로부터 창조가 말 걸음Anrede의 특징을 띠고 있음을 강하게 주장한다. 이와 동시에 루터는 창조자가 창조 세계 안에 현존해 있음을 강조한다. 이것은 하나님의 자발적인 내재요, 하나님의 철저한 세계성이다: 하나님은 "하늘보다 못한 거름덩이 혹은 오물 속에 있다."[26] 이 두 가지 요소, 즉 내재성과 말 걸음은 서로 뗄 수 없이 일체를 이루고 있다.

1. 3. 먼저 온 하나님

이러한 공속관계는 아래와 같은 명제에서 이해할 수 있다: 하나님은 모든 피조물과 함께 항상 이미 먼저 온 자로서 모든 피조물과 더불어 말씀 안에서 나에게 임하며, 나와 함께 있고 내 안에 있다.

하나님이 세계에 온다는 이야기는 그 자체가 자명한 것이 아니며, 하나님이 세계 안에 있다는 것은 인간의 공로와 무관하다. 그러나 하나님은 항상 이미 세계 안에 현존하는 자로서만 세계로 온다. 하나님은 모든 피조물과 더불어 있고, 모든 피조물 안에 있다. 루터가 아우구스티누스의 유명한 말을 인용하여 하나님은 나 자신보다도 나에게 더 가까이 있다고 말했듯

---

25 Ex 20,2; BLSK 647,36-38(『대교리문답서』).
26 WA 18,621,16-18(『노예의지론』 1525). 루터는 에라스무스의 도발을 받아들여(『노예의지론』 1. a9) 그것을 다루었다.

이, 하나님은 피조물 그 자체보다도 더 깊이, 더 은밀하게 현존한다.[27] 루터가 『노예의지론』에서 한가한 하나님deus otiosus을 반대하고, 에피쿠로스의 신들이 그러하듯이 자신의 손을 무릎 사이에 쑤셔 넣은, 지치고 비활동적인 하나님을 반대하여 주장하듯이, 이와 같은 가장 은밀한 현재성 속에서 하나님은 최고로 활동적인 하나님deus actuosissimus[28]이다.

그렇지만 하나님이 이미 여기에 있고 하나님이 먼저 온다는 이야기를 하나님이 온다는 이야기와 관련지을 때, 비로소 하나님이 거기에 있지만 어떻게 있는지는 자명하지 않다는 사실이 분명해진다. 왜냐하면 하나님은 자신의 현존과 가장 은밀한 가까움 속에서 나를 압박하고 불사를 뿐만 아니라, 자유와 깨달음을 위해서 확신을 주고자 건네는 말씀 안에서 그의 오심이 필요하며, 그 말씀 안에서 그는 자신을 찾도록 허락한다. "하나님이 여기에 있고, 게다가 당신을 위해 있다면, 그것은 조금 다른 것이라고 루터는 강조한다. 하나님은 그의 말씀을 주고, 그것을 스스로 지키며, '여기서 네가 나를 찾을 것이다'고 약속한다."[29]

하나님의 오심과 동시에 이미 먼저 오심에서 창조자와 피조물 내지 피조물 상호간의 연합으로서 창조는 완성된다. 이 두 가지 요소는 서로 뗄 수 없는 것이다. 그 중 어느 것도 절대화해서는 안된다. 하나님이 항상 피조물과 더불어 그리고 피조물 안에 있다면, 그들에게 올 필요가 없다. 만약 하나님이 절대적 초월자로서 있다면, 말의 교환, 대화는 일어날 수 없

27　WA 23,137,33("이것은 나의 몸이다"라는 그리스도의 이러한 말씀을 확고히 믿어야 한다는 것; 1527). 참고. 아우구스티누스, 『고백록』 III,6.11. 참고. Joachim Ringleben, Interior intimo meo. Die Nähe Gottes nach den Konfessionen Augustins, ThSt 135, Zürich 1988.

28　WA 18,747,25; 711,1.

29　WA 23,150,13-17("이것은 나의 몸이다"라는 [...]; 각주 27).

다. 이 두 경우에는 간청과 탄식도 부적절하다. 오직 체념만이 있을 뿐이다. 야훼문서의 창조기사는 소통하는 하나님에 관해서 말하고 있다. 그는 세계의 피조물처럼 행동하며, 땅을 통해 인간에게 올 때에 그에게는 "땅의 흙"창 2:7이 더럽지 않다. 새 창조도 역시 이러한 방식으로 일어난다막 7:33; 요 9:6.

2. "열려라" Tu dich auf!

1538년 9월 8일 루터는 이 날삼위일체 12번째 주일의 복음서 본문인 마가복음 7장 31-37절의 치유의 이야기를 특별한 방식으로 설교했다. 이 설교[30]는 특별히 "자연신학"Natürlichen Theologie의 문제를 창조론과 관련지어 생각할 수 있기 때문에 주목할 가치가 있다.

2. 1. 봉쇄폐쇄·소통할 수 없음 Verschlossenheit

루터의 설교는 처음부터 끝까지 신앙과 불신앙, 봉쇄와 개방, 들을 수 없음과 들음, 볼 수 없음과 봄이라는 이원론을 사용했다. 이 설교는 더 나아가 불신앙의 힘과 그 보다 더 큰 신앙의 힘을 내용으로 담고 있다.

한편으로는 "온 세계가 귀가 먹었다 […]!", "그들은 귀가 있으나 듣지

30　WA 46,493-495.

못한다"³¹, "눈이 있어도 보지 못한다"³²고 말하며, 다른 한편으로는 "온 세계가 언어로 가득하다", "만일 우리가 귀를 기울인다면, 놀라운 것을 들을 수 있을 것이다…"라고 말한다.

"이교 철학자인 피타고라스Pythagoras는 별들의 운동은 매우 사랑스러운 화음을 내며 상호조화를 이루지만, 사람들은 굳어버린 습관으로 인해 물린 듯 싫증을 낸다고 말하고 있다. 우리도 역시 마찬가지이다. 아름다운 피조세계가 있으나, 아무도 주목하지 않는 것은 습관에 젖어 있기 때문이다."³³

온 세계는 언어로 가득하다 – 그러나 온 세계는 벙어리이다! 이와 같은 상반된 두 가지로 구성된 전체 형식은 동일한 설교에 등장하고 있다. 즉 이 설교는 두 가지 내용으로 구성된 바울의 전체를 통칭하는 방식을 따르고 있으며, 그에 의하면, 그가 모든 사람에게 긍휼을 베풀고롬 11:32 그들에게 신앙을 주고자 하나님이 모든 것을 불신앙아래 가두었다갈 3:22는 것이다.

신앙과 불신앙이라는 이원론은 정적인 것도 아니며, 고정된 것도 아니다. 오히려 불신앙으로부터 신앙으로 옮겨가는 것이 중요하며, 그렇게 될 경우에 이원론은 폐기된다. 불신앙으로부터 신앙으로 나아가는 방향전환이 중요하다. 신앙으로 나아가는 결정적인 전환에서는 영원한 변증법도, 주요한 파동도 중요한 것은 아니다. 마찬가지로 불신앙에서 신앙으로 나

---

31 WA 46,495,1.
32 WA 46,495,32.
33 WA TR 5,225,11-14(Nr. 5539; 1542/43).

아가는 방향 전환은, 경건주의에서 종종 보여주었듯이, 연대기적인 도식으로 생각할 수 있는 것은 아니다. 마치 한번은 회심하고 그리고 그 후에는 다시 시간선상에서 앞으로 그리고 동시에 위로 넘어가듯이. 우리는 불신앙으로부터 신앙으로 나아가는 전환이 우리가 살아있는 한 언젠가는 우리 뒤에서 일어날 수 있는 듯이 그것을 믿고, 긴장하며 그것을 "고대한다" 시 104:27, 롬 8:19.

환승, 즉 불신앙으로부터 신앙으로 나아가는 전환은 세계로 나아가는 전향이며, 피조물로 나아가는 전향이다. 그것은 그의 "음성"[34]을 듣고 창조자에게 회심하는 것으로서 세계로의 회심이다. 창조자는 피조세계가 그 음성을 듣게 했고, 피조세계를 통해 우리에게 말하는 것이다.

요한 게오르크 하만이 그의 『미학개요』 Aesthetica in nuce, 1762에서 "창조"란 "피조물을 통해 피조물에게 하는 말"[35]이라고 쓴 것은 루터의 이해와 일치한다. 이러한 이해는 뢰러Rörer의 설교 필기 속에서 볼 수 있으며, 여섯 번이나 반복되고 있고[36], 다음과 같은 문구에서 가장 자극적이다: "꽃이 핀다면, 양떼, 소떼, 나무들이 말한다: '에바다'열려라"[37].

"열려라!"막 7:34. 이것은 예수 그리스도가 직접 한 말이 아닌가? 그 자신의 말이 아닌가? 마치 손아래 있는 듯, 양, 소 그리고 활짝 핀 꽃들에게 루터가 말하고 있다면, 그에게 반박하지 않겠는가? 여기서 루터는 자연신학이라는 이단에 빠지지 않았는가? 혹은 좀 더 부드럽게 판단해서, 설교자와 신학자에게는 아니지만, 시인에게 허용된 영감이 넘치는 장난질이 아닌가?

---

34 WA 46,495,24.
35 Johann Georg Hamann, Sämtliche Werke, hg. v. Josef Nadler, Bd. 2, Wien 1950, 198, 28f.
36 WA 46,494,4f. 21; 495,2.6.21f,23f.
37 WA 46,495,21f.

이 설교는 기독론과 자연신학, 구원과 성화, 말씀과 본성, 창조, 화해 그리고 성취 등과 같은 우리가 흔히 구별하고, 보통 영역을 분류하거나 서로 대립된다고 여기던 것을 함께 모으라고 말한다. 마치 엄격한 금기사항인 양, 주의 깊게 분리한 것도 여기서는 모두 함께 통합될 수 있는 듯 보인다.

만일 우리가 거의 동일한 시기에 이루어진 아래의 탁상담화를 면밀히 고찰해보면, 그 설교에서 말한 요점과 그 속에서 그들이 마치 여기 있는 듯 얽혀있는 시간을 설명하게 하는데 도움이 될 수 있다:

우리는 "지금 미래의 삶을 여는 새벽 여명에 있다. 왜냐하면 우리는 아담의 타락으로 인해 잃어버린 피조세계에 대한 지식을 다시 얻고자 시작하고 있기 때문이다. 지금 우리는 교황권이 다스리던 그 어떤 시대에서 보다 피조세계를 더 정확히 보고 있다. 에라스무스는 태의 열매가 어떻게 형성되고, 준비되고, 만들어지는지에 대해 아무것도 묻지 않으며, 관심이 없다. 그는 더 나아가 결혼이 얼마나 영광스러운 일인지에 대해서도 신경을 쓰지 않는다. 그러나 우리는 하나님이 얼마나 전능하며 선한지 생각할 때면 하나님의 은혜로 작은 꽃에서도 그의 영광스러운 일과 기적을 알기 시작한다. 그러므로 우리는 그를 찬양하고 영광을 돌리며 감사를 드린다. 우리는 그가 만든 피조 세계에서 그의 말씀의 능력이 얼마나 큰지를 안다. 작은 복숭아씨까지도 그가 말했기에 만들어진 것이다시 33:9. 비록 그 껍질이 매우 단단하다고 할지라도, 때가 되면 속에 들어 있는 매우 연약한 씨를 통해 분명히 열릴 것이다. 에라스무스는 이것을 간과하고, 주목하지 않으며, 소가 새로운 [헛간] 문을 보듯이, 피조세계를 보고 있다."[38]

---

38 WA TR 1,574,8-19(Nr. 1160).

일종의 요약인 이 탁상담화의 첫 문장은 목가적인 전원시가 아님을 분명하게 보여준다. 그 안에는 이제 막 동터오는 새로운 시대에 속해 있다는 교만한 의식도 없으며, 더 나아가 자신의 이성과 힘으로 새로운 시대를 초래하겠다는 것도 반영되어 있지 않다. "미래의 삶을 여는 새벽 여명"은 오히려 "하나님의 은총에 의한"von Gottes Gnade 것인 듯이 보인다. 하나님의 은총은 "지금"참고, 고후 6:2 새롭게 들을 수 있으며, 창조 세계를 알도록 귀, 눈, 마음, 입을 열어주며, 손을 벌려준다: "우리는 아담의 타락으로 인해 잃어버린 피조세계에 대한 지식을 다시 얻고자 시작하고 있다."

이러한 경탄은 오늘날 – 환경의 위기 속에서 – 적지 않게 치료수단으로 추천되고 있고, 어쨌든 많은 사람들이 그것을 동경하고 있는, 아무런 균열도 없는 우주에 대한 신앙과는 조금 다른 것이다. 두 번째 순진함인 새로운 경탄은 오히려 인간이 자신의 실수로 완고해져 스스로 이끌려가며, 그의 동료 피조물도 함께 이끌고 가는 죽음의 세계의 극복에서 온다.[39] 모든 청자聽者는 보편적인 죄의 연관성 속에서 그 자신을 보아야만 하며, 인간의 종種의 역사를 지적한다고 해서 주어진 짐을 덜 수는 없다.

듣는 모든 사람에게 그들의 귀가 먹고 말이 막힌 것이 죽음에 합당한 병이라고 증명한 설교의 기본 틀을 루터는 바울에게서 제공받았다롬 1:18-3:20: 모든 사람은 – 하나님으로 인하여 – 그의 동료를 통해 하나님을 들을 수 있고, 그를 찬양하며 응답할 수 있고, 그에게 감사할 수 있다. 그러나 단 한사람도 그것을 행하지 않는다.

감사하지 않는 인간의 모습을 여러 번 반복해서 – 철저히, 명확하게, 구

---

39 죄와 완고함이 상호 밀접한 관련이 있음을 루터는 시편 135편 15-18절((WA 46,494,35ff)을 통해 강조했다. 즉 그는 '귀가 있어도 듣지 못한다'(시 115;6)는 말을 이사야 6:9-10의 의미로 이해한다. 참고. 롬 1,18-23 그리고 고전 1:21.

체적으로 드러내고 있다. 만일 우리가 눈과 귀를 연다면, 꽃들이 우리에게 말하고, 우리의 소유와 돈이 우리에게 말하고, "곡식도 우리에게 '하나님 안에서 기뻐하고, 먹고, 마시고, 나를 사용하며 나와 함께 이웃에게 봉사하라'고 말할 것이다[...]."[40] 그러나 그 대신에 감사하지 않음과 탐욕만이 있다. "그러므로 염려와 탐욕이 기쁨을 상하게 하여, 우리 주 하나님을 부끄럽게 만들 것이다."[41] "너의 염려와 탐욕"을 완전히 제어할 수 있는 것은 오로지 하나님의 여유와 인내, "그의 깊은 호의"[42]에 달려 있는 것이지, 우리에게 달려 있는 것이 아니다. "우리는 새가 노래하는 것과 돼지가 투덜거리는 것조차도 들을 자격이 없다."[43]

감사하지 않음은 염려와 탐욕 속에서 굳어져 그로 인해 인간은 그를 만든 창조자를 떠나 그 자신에게 갇히게 되고, 그의 귀, 마음 그리고 동시에 그의 손을 이웃에게서도 역시 닫아버린다. 루터가 탐욕에 특별한 중요성을 부여하고 있음은 그것을 반복하는 매 경우마다 탐욕과 소유욕에서 끝나고 있는 점에서 볼 수 있다.[44] 루터는 탐욕에서 자신을 위한 결정이라는 행위를 본다. 그것의 종착역은 결과적으로 자기 자신에게 구부러짐 incurvatio in se ipsum이요, 마귀가 원하는 것이다. 자신을 위한 행위는 우상숭배이다.[45] 이러한 빙의 상태가 자신에게 사로잡힘이며 그와 더불어 나의

---

40 WA 46,494,15ff; 참고. 전도서 9장 7절. 루터는 탐욕과는 정반대인 이웃에 대한 봉사를 언제나 중요하게 여겼다(ebd. Z. 9.12.14.17. 그 외 여러 곳).

41 WA 46,494,24f.

42 WA 46,494,31.

43 WA 46,494,35.

44 참고. 각주 40 외에도 참고. aaO., 494,23.25.31f; 495,9.34f 그리고 39.

45 참고. 특별히 그 연관성은 aaO. 494,35-495,4.9: "그들은 탐욕스럽고 우상을 숭배한다." 참고. 『그리스도인의 자유에 관하여』: "하나님을 부인하지 않고, 스스로를 하나의 우상으로서 마음 세우는 것인가?"(WA 7,54,14f). 독일어판에는 "인간이 불신앙으로 하나님을 부인하고, 하나님께 대항하여 그 마음속에 자신이라는 세우는 것이라고 썼다."(WA 7,25,16-18). 참고. 8장.

피조성과 이웃의 피조성에 대한 오판과 억압이라는 것을 루터는 구약성경에서의 우상숭배 비판의 수용을 통해 설명하고 있다.[46] "열국의 우상은 은금이요 사람의 손으로 만든 것이다. 그들은 입이 있어도 말하지 못하며 눈이 있어도 보지 못하며 귀가 있어도 듣지 못한다. 그들의 입에는 아무 호흡도 없나니 그것을 만든 자와 그것을 의지하는 자가 다 그것과 같다"시 135:15-18. 구약성경의 본문과 다르게 루터는 다른 것이 아닌 바로 우리 자신에 대해서 말하고 있다. 바로 "우리들이" 시편 135편이 말하는 우상들과 같다는 것이다. 아무도 예외일 수 없다. 루터는 이 구절을 결론에서 인용하고 있으며, 그에 의하면 형상은 형상을 만든 사람과 유사할 뿐만 아니라, 형상을 만든 사람도 형상과 유사하다는 것이다. 이것은 루터에 의하면 – 시편에서와는 달리 – 보편적인 의미를 가지고 있다. 모든 사람들은 세계와 관계하고 그리고 그 자신과 관계하면서 그들로부터 영향을 받고 있다.

> "이것이 바로 시민이고, 농부이다. 그들은 자신만을 위할 뿐이지, 하나님을 섬기지 않는다. 금, 은 그리고 곡식을 가지고 있으나, 그것들은 들을 수도, 볼 수도 없다. 그것은 죽은 신이다. [...] 간단히 말해, 그들의 신들은 얼마나 눈이 멀었는지, 귀가 있어도, 들을 수 없기 때문에 하나님이 피조물을 통해 부르는 소리를 듣지 못한다."[47]

루터의 분석과 설명은 오늘날 시사성이 전혀 없는 것이 아니며, 엄청날 정도로 의미를 던져주고 있다. 하나님은 자연을 통해서 더는 우리를 부

---

46 WA 46,494,35ff.
47 WA 46,494,37-495,2.

르고 지명하지 않을 수도 있다. 만일 자연과의 교제가 비록 부분적일 뿐만 아니라, - 그것이 꼭 필요하고 정당해도 - 모든 것을 소유할 것, 가져야 할 것 그리고 이용할 것이라는 범주로 나누어 만족을 모르는 탐욕가운데서 일어날 때, 그는 이러한 방법을 더는 사용하지 않을 수 있다. 루터의 설교 속에서 그것이 의미하는 점은 다음과 같이 '그들은 하나님을 섬기지 않는다, 그들은 그 때문에 서로 봉사하지 않으며, 그들이 가지고 있으며, 탐욕과 죽음의 사랑 속에서 열정적으로 손에 쥐고자 하는 금, 은 그리고 곡식을 섬기는 것'임을 의미한다면, 그 중요성이 가늠될 것이다. 그들은 세계의 사물로부터 더 이상 창조자를 들을 수 없다. 왜냐하면 그들은 세계를 상호교제 속에서 감사하고, 수용하고 나누어주면서 사용하지 않기 때문이다.

"비록 온 세계와 [모든] 피조물들이 소리치고, [이러한 방법을 통해] 하나님 [자신이 직접 우리에게] 약속한다고 할지라도 우리는 듣지 못한다."[48] 그러나 하나님은, 우리가 1528년에 나온 루터의 『고백』 Bekenntnis에서 들었듯이, 하나님은 "자신과 더불어 그가 가진 모든 것을 우리 모두에게 완전히 주는 자이다. 아버지는 우리가 이용하고 사용하도록 모든 피조물과 함께 하늘과 땅을 우리에게 준다."[49]

루터의 창조이해의 핵심은 온 세계와 모든 피조물들이 그를 불렀으며, 하나님은 이러한 방법을 통해 약속하고 그 자신을 우리에게 준다는 것이다. 창조는 "하나님이 그의 놀라운 역사를 통해 설교할 뿐만 아니라, 우리의 눈을 두들기며, 우리의 감각을 어루만지고 동시에 마음으로 우리를 깨

---

48 WA 46,495,4f.
49 WA 26,505,38-41(『그리스도의 성찬에 관하여, 고백』 1528) 각주 11을 보라. 이 본문을 완전히 이해하기 위해서는 삼위일체에 대한 모든 신학적 맥락을 주의해야 한다. aaO. 505,38-506,12. 참고. 『대교리문답서』(1529)중 사도신경 해석의 결론: "하나님은 어떻게 그가 가진 그리고 할 수 있는 모든 것을 우리에게 완전하게 주는가?"(WA 30 I,192,26f = BSLK 661,38f.).

닫게 하는 우리의 집, 안뜰, 농지, 정원이며 그리고 모든 것이 완전한 성경이다."[50] "모든 것이 완전한 성경"이라는 것은 오직 신앙만이 인식하는 것이며, "그 신앙을 우리는 먼저 성경에서 찾았다 [...]. 그러므로 그리스도인들은 땅에서 자라는 나무와 다른 모든 것과도 이야기하며, 나무와 다른 모든 것이 다시 그리스도인들과 이야기를 나눈다."[51]

루터에게 세계는 약속한 세계이다. 창조는 약속한 세계이다. 약속한 세계에 대해 자신의 마음을 걸어 잠그는 사람은, 이미 강조했듯이, 마음, 입 그리고 손을 걸어 잠그는 사람이다. 그럴 경우에 모든 세계는 그에게 협소해진다. 그는 두려움을 얻게 되고, 그 속에서 하나님의 진노에 시달린다. 나를 둘러싸고 있는 모든 피조물들이 이러한 분노를 알려주고 말하고 있다. 그러나 내 마음은 여전히 완고하며, 낙담 가운데 있으며, 홀로 웅크리고 있다. 이것은 원죄이다. 이것은 죽음에 이르게 하는 병이며, 인간이 자신을 의지하다가 스스로 속박당하며, 그 속에서 생명으로부터 차단되는 것이다.

블레즈 파스칼Blaise Pascal은 도처에서 여전히 "잃어버린" 그리고 "숨겨진" 하나님의 흔적만을 나타내는 자연에 관하여 말함으로서 지금의 세계를 형성하고, 세계를 다스리는 문제와의 구체적인 관계 속에서 이것이 뜻하는 바가 무엇인지를 – 이성을 도구로 통치해야 한다는 요구와 관련해서 – 철학적 자각을 위해 처음으로 표명했다. 역사적으로 볼 때, 이것은 획기적인 일로서 오늘날도 여전히 기억되고 있다. "그러므로 자연은 도처에서

---

50 고린도전서 15장 36절 이하에 대한 1544년 5월 25일자 설교: WA 49,(422-441) 434:16-18. 이 설교의 목적: 우리는 하나님이 그의 전능성을 통해 매일 피조물들에게 행하는 그 일을 가지고 "죽은 자의 부활에 대한 우리의 믿음을 강화시키는 것을 배워야 한다(WA 49,423,10-12).

51 WA 36,646,15-20(1532년 12월 22일자 고린도전서 15장 36절 이하에 대한 설교.

즉, 인간 내부만이 아니라, 인간 밖에서도 하나님의 상실과 부패한 본성을 여전히 보여주고 있다."[52] 헤겔은 『팡세』 Pensées에서 이 부분을 가져와 진단하고 확대하여, 하나님의 "죽음"에 관하여 언급했다.[53] 다른 사람, 즉 니체는 자신의 역사적 입장을 규명하고, 거기에 필요한 분석 및 시대에 대한 예견[54]과 하나님의 죽음에 관해서도 마찬가지로 언급했다.

2. 2. 탄식 중에 나오는 능력의 말씀

오직 능력의 말씀만이 죽음을 극복할 수 있다. 루터는 설교 중 두 군데에서 예수 그리스도가 말한 능력의 말씀에 관해 직접적이고 공개적으로 언급하고 있다. 그것은 죽음을 생명으로 변화시키고, 병을 고치며, 자기 자신에게 미친 듯이 집착하는 자를 열어주고, 고립에서 벗어나 공동체를 지향하게 해준다.

첫 번째 구절은 다음과 같다: "마귀는 찬양과 감사를 방해한다. 뒤집어 보면, 우리는 [우리의 혀]를 하나님을 비방하는데 사용하고 이웃을 해롭게 하는데 사용한다. - 우리 자신을 저주한다. - 그렇기 때문에 그 [예수 그리스도]는 '에바다'Hephethah!하고 노래한다."[55] 두 번째 구절은 첫 번째보다 더 중요하다. 여기서 마귀에 대항하여 예수가 말한 능력의 말의 배경과 방

---

52 Blaise Pascal, Pensées, fr. 441(Zählung nach Léon Brunschvigg); in: Œuvres Complètes, hg. v. Jacques Chevalier, 1954, 1201f. 번역.

53 Georg Wilhelm Friedrich Hegel, Glauben und Wissen ... (1802)(Suhrkamp Werkausgabe, Bd. 2, 287-433), 432. 추가로 Edgar Thaidigsmann, Identitätsverlangen und Widerspruch. Kreuzestheologie bei Luther, Hegel und Barth(München 1983), 참고. 2장.

54 Dieter Henke, Gott und Grammatik. Nietzsches Kritik der Religion(Pfullingen 1981)은 "신은 죽었다"(Gott ist tot!)는 니체의 외침이 사실이 아니라, 예언자적인 시보(Zeitansage)임을 보여주었다.

55 WA 46,494,13-15.

식을 알 수 있다. 문맥은 이렇다: "당신들은 창조자인 아버지의 보살핌으로 즐거워할 수 있었을 것이며, 이것하나님의 복을 눈으로 보고 얻을 수 있었을 것이다. 그러나 우리는 눈이 있음에도 불구하고 보지 못한다. 그렇기 때문에 주님은 우리로 인하여 한숨을 쉰다."[56]

탄식하는 사람은 억눌려 있다. 그는 편협하고 불안에 빠져 있다. 그렇기 때문에 그는 탄식하며 부르짖는다. 예수 그리스도의 탄식에서 비로소 능력의 말이 가지고 있는 특징이 드러난다. 그 자체로서 생각한다면, 그것은 단순히 위로부터 주어진 명령의 말에 불과할 수도 있다. 그러나 이와 같은 능력의 말은 아래로부터, 깊은 곳에서 올 수도 있음을 탄식은 보여준다. 탄식하는 자는 하나님의 아들이요, 주님이며 우리의 형제이다. 이와 같은 방식으로 예수는 타락한 세계에 참여하고, 귀신들린 자들로부터 배척을 당한다. 탄식은 예수가 참된 인간이요 우리의 형제로서 타락한 세계와 연대하는 형태이며 방식이다.

그러므로 예수의 능력의 말씀은 그의 탄식과 고난이 없이는, 그의 죽음이 없이는 존재하지 않는다. 명백하게 능동적인 요소, 예컨대 죽음과 질병과 같힘의 권세에 저항하고 창조자 하나님의 원래적인 뜻이 거부하는 것에 저항하며 사단과 마귀에 저항하는 분노와 공격과 같이 명백하게 능동적인 요소는 본질적으로 수동적인 요소, 즉 타락한 창조 세계와 그 불행에 대한 동정과 참여와 본질적으로 연결되어 있다. 예수 그리스도는 그의 해방하는 능력의 말씀 안에서 단지 주님일 뿐만 아니라 형제이며, 단지 참 하나님일 뿐만 아니라 참 인간이다.

그는 인간과 하나님으로서, 함께 고통을 당하는 자와 고통을 극복하

---

56   WA 46,495,31f: "주님은 우리 때문에 한숨 쉰다"(Dominus propter nos gemit)

는 자로서 탄식한다. 그는 사랑하기 때문에 능동적인 자비 속에서 진노한다.[57] 이와 같은 능동적인 자비는 하나님의 능력 속에서 매우 현실적이고 세속적이고 인간적이며, 역겨울 정도로 물질적이다. 하나님의 자비는 인간에게 말을 걸어 오면서 물질적인 수단을 노골적으로 사용한다. 창조자가 겸손과 자기 비하 속에서 인간을 창조하고자창 2:7[58] 손을 더럽히고 흙을 만진 것처럼, 예수 그리스도는 타락하고 귀신들리고 병들고 그리고 죽음의 세계에서 살고 있는 인간을 새롭게 만들고자 "손가락을 귀에 넣고, 침을 뱉어 혀에 [...] 대었다"막 7:33.

이러한 말씀은 창조적인 수단과 분리되지 않으며, 말씀을 통해 일어난 구원의 과정 한 가운데서 "열려라"Tu dich auf!라는 결정적인 말씀이 주어진다. 이 말씀 안에서 옛 세계가 새로운 세계로, 타락한 세계가 구원받은 세계로, 불신앙이 신앙으로 변하게 된다. "열려라." 이것은 십자가에 달렸으나 살아난 예수 그리스도의 말씀이다. 그의 말씀, 즉 그의 자기 계시는 효력적인 말씀verbum efficax이다. 그것은 결정적인 의미에서 약속promissio이다. 그것은 단지 전망을 제시하거나 그래서 단지 위로한다는 의미에서만 약속을 주지 않는다. 이 약속은 오히려 그 자체가 성취이다. 그것은 자기 자신을 성취한다. 물론 나중에 비로소 성취되는 것이 아니라, 약속이 주어짐과 동시에 성취된다. 그것은 즉각 효력을 일으키고 제때 능력을 발휘하

---

57 예수의 자비와 그의 분노 사이에는 다른 대안이 없다(참고. 막 1:41; 에두아르트 슈바이처(Eduard Schweizer)에 반대하여 z.St.[NTD 1〕, 1967,31: "예수가 자비가 아니라 [...], [...] 이다."

58 루터는 『인간에 관한 논쟁』(1536)에서 스스로에게 도취하여 인간을 있는 그대로 사랑하지 않는 형이상학, 특히 아리스토텔레스가 말하는 하나님에 반대하여 이것을 강조하고 있다. WA 39 I, 179,29-34, 특히. 33f(참고. WA 42, 63,34ff; 창세기 2장 7절에 대해[1535]): "간단히 말해서 철학자들은 창조자 하나님이나 흙 한 덩어리로 만들어진 인간에 대하여 아무것도 알지 못한다." 참고. WA 18, 785,7-9; WA TR 1,57(Nr. 155; 1531/32).

는 약속이다. 예수 그리스도가 말할 때 귀가 열리고, 입이 열린다. 닫힌 문이 열리고, 묶였던 사슬이 풀린다. 그러므로 말씀은 능력을 주고 힘을 발휘하는 말씀이다.

2. 3. "자연신학"?

루터는 설교한 기적 이야기가 독립적이거나 혹은 독립해서 설명할 수 있는 기적이 아님을 당연히 전제하고 있다. 새로운 것을 창조하는 "열려라!"라는 예수 그리스도의 말씀이 일어남으로써 동시에 모든 피조물이 말하기 시작하며, 예전에 나에게 닫혀 있던 세계가 나에게 새롭게 하나님의 말씀이 된다. "우리가 듣도록 여기서 설교가 주어진다. 양들, 소들, 나무들도, 꽃이 필 때는 '에바다!'Hephethah!라고 말한다. 모든 피조물이 당신을 부른다! 그러므로 귀를 열어라!"[59] 능력의 말씀 안에 하나의 간구가 있음을 간과해서는 안 된다. 창조와 새 창조의 말씀은 간구를 금하지 않고, 바로 그런 여지를 허락한다.

설교 전체에서 가장 놀랍고 우리에게 매우 특이한 것은 루터가 단도직입적이며 신학적으로 명쾌한 설명 속에서 예수 그리스도가 기적 이야기로 직접 말한 그 말씀을 모든 피조물이 들어야 한다고 요구한다는 사실이다. 이것은 루터에게 예수 그리스도는 그의 말씀 안에서 너무나 능력이 커서 우리에게 온 세계를 열어 깨닫게 할 수 있음을 의미한다. 말 하는 자의 말에 힘이 있는 것은 그의 탄식과 고난 때문이다. 세계가 스스로 열리는 것은 그의 고난 때문이다. 그것은 더 이상 불신앙 때문에 오해되어서는 안되

---

59   WA 46,495,20-24.

며, 신앙으로 이해해야 한다. 이미 인지했듯이, 이것은 자연에 대한 유일한 접근이며, 결코 우매한 것이 아니다. 왜냐하면 미학적으로 자연에 대한 직접적인 관계는 "해가 빛을 잃고" 그리고 "어둠이 온 땅에 임한"눅 23:44 이하 이후로는 더 이상 가능하지 않다. 십자가에 달려 외친 부르짖음 속에서 - 십자가에 달렸으나, 살아난 - 예수 그리스는 자연적인 것들을 경건하게 대하는 미학적 태도와 들에 핀 백합화와 공중에 나는 새도 하늘 아버지가 돌본다고 말하는 또 다른 순수성 사이의 차이점을 동시에 찢었다. 그가 만들고, 그의 말씀을 통해 일어나는 중재를 통해서야 비로소 자연은 창조로서 말 할 수 있다. 그는 창조의 중재자이다.

단 한 번의 구원의 기적으로 하나님의 통치라는 완전한 계절이 왔다고 말할 수 있는지, 그리고 - 당시 그곳에서 한 사람이 경험한 - 구원의 역사가 온 세계의 구원을 위해 의미하는 것은 무엇인지에 대한 중요한 질문에 대하여 루터는 "작은 것을 통해 큰 것을 향해 나아가는" per minora ad maxima 방식으로 대답하고 있다. 즉 "우리가 온 세계를 이해하도록 하나님은 개별적으로는 극히 작은 기적을 통해 우리를 깨닫게 한다. 왜냐하면 온 세계는 귀가 먹었고, 그것을 이해하지 못하기 때문이다."[60] 이러한 방식으로 루터는 설교 도입부에서 유일한 - 그가 강조하듯이, 바교적 중요하지는 않지만 - 단 한 번의 기적을 통해 기적 전체을 향해, 기적인 세계를 향해, 창조를 향해 힘차고 빠르게 전진한다.[61] "자연적인 것"과 세속적인 것

---

60 "Per minora illa miracula excitat, ut intelligamus maxima, quia totus mundus est surdus, quia non intelligit"(WA 46,493,26f.).

61 크루시거의 여름설교(Cruciger's Sommer Postille, 1544)에서 발췌한 마가복음 8장 1-9절에 대한 설교에서도 같은 것이 나타난다. "사람들은 그가 세계에서 매일같이 그렇게 행하고 있다고 알고 있으며, 그가 가진 모든 것은(성 아우구스티누스가 말한 것처럼 [MPL 35, 1593]) 결코 미미하지 않은 기적을 통해 일어난다. 곡식이 매년마다 땅에서 자라는 것이 우리에게는 흔한 일이며, 늘 보던 일이라는 이유로 인해 그와 같은 일들을 보지 못한다. 우리는 매일 보고 듣는 것을 기적이라고 여기지 않

에 대한 하나의 새로운 이해는 하나님의 창조행위를 철저히 현실적으로 이해할 수 있게 해준다.

설교 전체를 읽어보면, 루터가 얼마나 본문을 보편적이고 구체적으로 concretum universale 설교했는지에 대해 매우 놀라게 된다. 그러나 그는 여기서 사변적으로가 아니라 인격적으로, 개인주의적으로가 아니라 실존적으로 설교한다. 그는 세계 도피와 세계와의 분리를 요구하면서 설교하는 것이 아니라, 세계의식과 자기 자신을 꿰뚫어 보면서 설교한다. 실존과 세계는 구원과 성화처럼 바로 함께 속해 있다. 그렇지만 루터는 순수한 관조속으로 빠지지 않는다. 우리가 나그네로 살아 있는 한, 율법이 폭로하는 불신앙과 약속을 통해 복음이 만들어주는 신앙은 여전히 중요하다. "탐욕을 품고 얻고자 애쓰는 것을 당신은 얻지 못할 것이다. 그러나 [...] 눈을 크게 뜨고, 기뻐하라 [...]. 당신은 충분히 가지게 될 것이다!"[62] "믿느냐, 그렇다면 당신은 얻은 것이다."[63]

이 설교를 통해 루터가 아무런 주저도 없이 세계를 창조로 인식하지 않았음을 분명히 알 수 있다. 창조 조항은 신앙의 조항이다. 창조신앙은 삼위일체 하나님에 대한 신앙이다. 오직 성령을 통해서만 나는 – 예수 그리스도의 활동에 근거하여 - 하나님을 다시 인식한다. 그러므로 창조론은 말

는다. 그러나 그것이 바로 기적이다 – 사실 정확히 말하고자 한다면, 그것은 정말로 엄청난 기적이며, 보리떡 일곱 개로 많은 사람들을 먹인 [...] 것처럼 그는 모래와 돌로 곡식을 만드신다. 이것이야말로 태초에 시작되어 매일 우리 앞에서 일어나는 기적이지만, - 우리는 그것이 너무나 익숙해 있기 때문에 – 눈으로 보지 못하고 느끼지도 못하며 그것을 완전히 간과하고 있다. 그러므로 하나님은 때때로(그가 여기서 하듯이) 크지 않고, 일상의 흐름을 벗어난, 특별한 기적을 일으킬 것임에 틀림없다. 그것으로 우리를 깨우치고, 그것을 통해 유일하며 특별한 기적을 알려주고, 온 세계에서 매일 일어나는 기적들 속으로 우리를 안내하기 때문이다.

62 WA 46,495,39f.
63 WA 7,24,13(『그리스도인의 자유에 관하여』 1520).

씀을 곧바로 말하지 않고, 창조의 허약성을 생각해야 한다: 세계는 망가져 있고, 새롭게 창조되어야 한다. 죄는 하나님과 인간, 하나님과 세계 사이의 소통을 일그러뜨리고, 참으로 부패하게 만들었다. 그러므로 루터의 창조론이 존재하고 있는 이 세계를 높이 찬양하고 있다고 염려할 필요는 없다. 그것은 낙관주의와 비교주의, 세계추구와 세계도피 중의 양자택일을 파괴하고 극복하는 하나의 삶의 의지로 일관되고 있다.

3. 창조의 회복으로서의 세계완성

성경에 나오는 가장 중요한 시간의 양태는 현재이다. 세계의 미래는 하나님의 현재로부터 온다. 지금 전달되는 구원은 장차 임할 세계의 완성을 보증하며, 고난을 당하고 탄식하는 옛 세계의 피조물과 약속된 창조, 원래적인 세계 간의 대립을 고통스럽게 경험하게 한다. 하나님의 새 창조는 옛 세계를 옛 세계로 만들며, 원래의 세계를 회복한다.

이처럼 독특한 시간의 교차는 루터의 창조 이해를 결정짓는다. 성경에 나오는 창조기사를 주해하면서 그는 다음과 같이 창조론에 대한 해석학적 열쇠를 제공하고 있다.

"우리는 잃어버린 보물인 이러한 재물에 대해 말하고, 탄식하면서 모든 것이 다시 회복될 그 날을 당연히 희망한다. 사도 바울이 로마서 8장에서 말한 우리 육체의 구원에 대해 희망을 갖기 위해 잃어버린 행복과 함께 우리가 감수하고 있고 매우 비참하게 경험하고 있는 불행을 기억하는 것은 유익한 일이다. 영혼에 관한 한, 우리는 그리스도를 통해 자유하게 되었으며, 그것이 성취되기까지 우리는 믿음 안에서 이러한 자유를 굳게 지키고 있기 때문이다."[64]

루터가 이 문헌에서 창조의 역사를 변호하는 것은 순수한 기억이나 순수한 희망이 아니라, 종교개혁적인 전환이 그 자신과 그의 신학에게 부여한 현재적인 경험에 기초하고 있다. 영광의 상실에 대한 기억 속에서 창조를 희망하는 것은 마치 용서의 말씀에서, 세례에서 그리고 참된 설교에서와 마찬가지로 성찬의 말씀에서 듣게 되는 사죄의 약속을 믿는 믿음에 근거한 것이다. 하나님은 입, 몸 그리고 피조물을 통한 약속과 그 약속에 의해 이루어진 신앙으로 통치한다. 만약 불신앙 속에서 믿지 않는다면, 구원을 약속하는 말씀도 심판으로 작동한다. 이와 마찬가지로 세계를 위한 약속의 말씀도 인간의 신앙이 없이는 – 그의 불신앙과 그의 죄에 맞서 스스로 – 작동한다. 심지어 그 속에서도 하나님은 "악동을 다른 사람을 통해", 한 범죄자를 다른 사람을 통해 "처벌한다."[65] 하나님이 약속한 세계는 그의 신실함에 힘입어 계속 존재할 것이다. 하나님은 오래 참음과 인내로 우리 인간이 일으킨 혼돈 앞에서 세계를 보호하고, 미래를 바라보며 세계를 유지한다.

완고한 – 현대의 선입견에 근거한 – 오해에 따르면 창조자 하나님의 보존 활동에 대한 발언은 우리가 기대하는 하나님의 미래에 대한 발언과 –

---

64 WA 42,80,35-40(창세기 2장 16절 이하; 1535). "영혼"과 "육체"의 순서와 차이는 『그리스도의 자유에 관하여』(1520)라는 논문에서처럼 특별한 의미로 사용되었다. 이 논문은 루터가 이러한 구분 – "내적" 그리고 "외적" 인간의 구분처럼 - 을 가지고 위에 언급한 시간의 교차를 의미했다는 증거를 제공한다. "새로운" 그리고 "옛" 인간이라는 시간개념으로부터 "영혼"과 "육체" 그리고 "내적" 그리고 "외적" 인간을 구분한 루터의 이해를 알 수 있다. 참고. 특히 WA 7,21,11-17; 29,31-30,10; 59,24-36.

65 BLSK 600,16(『대교리문답서』). 참고. 8장 각주 15.

전혀 모순되지는 않지만 - 조화되기 어려운 듯이 여겨진다. 이러한 오해는 풀릴 수 없다. 이러한 오해는 창조라는 말을 사용할 경우에 시선을 절대적인 시작으로 돌이켜야 하는 것으로 보기 때문에 일어난다. 반면에 그것은 시선을 앞으로 돌려서 절대적 목표인 순수한 미래를 지향하며, 회복적인 의미와는 정반대인 진보적인 경향을 중요하게 여긴다. 프랑스 혁명 이래 지배하던 이러한 경향성은 루터가 성경에서 배운 창조이해와는 상충된다. 따라서 진보와 회복이라는 불행한 선택에 순응하는 것이 아니라 이를 철저히 극복하는 것이 우리의 과제이다.

이미 이름과 함께 매우 자명하게 이해되는 "현대"Neuzeit는 일종의 구원을 주장하면서 등장했다. 그것은 완전히 새로운 것, 더 없이 좋은 선을 가져 온다고 주장한다. 그러나 그것은 공포도 가져왔다. 이것은 영원한 혁명 속에서 구원을 촉진하기 위해 새로운 것을 능가하려는 욕망에서 나온 것이다.[66] 무비판적인 신학은 더 할 나위가 없이 새로운 현대가 실현하려고 추구하는 것을 하나님의 새로운 창조의 새로움과 비슷하다고 본다. 그것은 여기서 두 가지를 동일시하려는 위험에 빠지게 된다. 이러한 현대의 시간 의식과 그것에 기울어지는 신학은 바울신학과 루터신학의 특징을 이루는 시간의 독특한 교차를 인식하지 못한다. 하나님의 현존의 새로움으로부터 세계의 미래가 열린다. 세례 속에서 그리고 성찬 속에서 현재적으로 열리는 새로운 창조는 타락한 옛 세계를 낡고 지나간 세계로 만들며, 원래

---

66 현대적 당위성의 표현에 대한 피할 수 없는 논쟁에서 신학적인 요소를 간과할 사람은 없다. 참고. Günther Bornkamm, Die Zeit des Geistes. Ein johanneisches Wort und seine Geschichte(in: Ders., Geschichte und Glaube I [Gesammelte Aufsätze, Bd. III], München 1968, 90-103); Ernst Wolf, "Erneuerung der Kirche" im Licht der Reformation. Zum Problem von "Alt" und "Neu" in der Kirchengeschichte(in: Peregrinatio, Bd. II. München 1965, 139-160); Gerhard Ebeling, Erneuerung aus der Bibel(in: Siegfried Meurer [Hg.], Erneuerung aus der Bibel, Stuttgart 1982, 14-26).

의 창조 세계를 다시 회복시킨다. 비동시성 속에서 일어나는 시간의 이러한 합치와 독특한 교차는 생각하기 어려울 뿐만 아니라, 특히 경험하기도 어렵다. 요한 알브레히트 벵엘Johann Albrecht Bengel이 시도했듯이,[67] 차라리 보편적 연대기와 역사적 구조로 도피하거나, 그와는 정반대로 불트만과 키에르케고르가 한 것처럼 "순간"Augenblick속에서 그리고 "결단"의 도약 속에서 "현재"를 분리하는 것도 이해할 만하다. 루터는 이러한 찰나적인 순간에 의지하지 않았으며, 시간의 연대기적인 순서를 통해 역사를 투명하게 이해하지도 않았다.[68] 그에게 세계를 해명하는 열쇠는 숫자가 아니라, 하나님의 약속이다.

모든 역사적 사변을 - 예컨대 역사가 지속적으로 진보할 것이라는 환상을 - 거부한다는 점에서 루터 신학과 그의 창조 이해는 냉철하고 현실적이며, 구체적인 세계 경험으로 가득하다. 그와는 정반대로 신앙의 희망, 즉 "오직 하나님 한분만이 의롭다"라는 희망은 세계 경험으로부터 나오지 않는다.[69] 루터에게 희망은 오히려 욥기와 바울롬 11:33-36에게서처럼, 창조자 하나님을 믿는 신앙에 근거하고 있다. 신앙의 수동적인 의로움은 인간에게 신앙의 자유를 부여한다. 온 세계를 위한 하나님의 미래와 "영광의

---

67 Johann Albrecht Bengel, Ordo temporum(1741). 이에 대한 포괄적인 연구: Gerhard Sauter, Die Zahl als Schlüssel zur Welt. Johann Albrecht Bengels "prophetische Zeitrechnung" im Zusammenhang seiner Theologie, EvTh 26 / 1966,1-36.

68 연대기에 대한 루터의 생각과 계산들 - 참고. 특히 전체 역사를 위해서 첨부한 그의 도표들인 "Supputatio annorum mundi(WA 53,1-184; 1541/45) - 은 그의 역사 이해를 판단하는데 중요하다고 볼 수는 없다. 이것은 오히려 "인간이 얼마만큼 역사에 대해 수동적 내지는 능동적 관계를 갖느냐 하는 사실에 있다"(Reinhard Schwarz, Die Wahrheit der Geschichte im Verständnis der Wittenberger Reformation, [ZThK 76 / 1979,159-190], 182 각주 62). 루터와 벵엘을 비교할 때 벵엘에게 존재론적인 것이 부족하듯이 루터에게는 지혜적인 요소가 부족하다는 점을 주의해야 한다,

69 Heinrich Bornkamm(Hg.), Luthers Vorreden zur Bibel, Göttingen ³1989, (59-61) 60(욥기 서문).

빛"[70]에 대한 희망은 창조를 지향한다. 그것은 생명을 만들고, 공동체를 지키고 보존하는 말씀을 신뢰한다. 오직 이러한 약속을 통해서만 죄인의 칭의, 죽은 자의 부활, 무로부터의 창조가 일어난다.[71]

---

70   WA 18,785,35(783,17-785,38과 연관하여; 『노예의지론』 1525). 참고. 9장 3.3.
71   루터는 무로부터의 창조에 관한 자신의 이해를 특별히 그의 『창세기주석』에서 설명했다. 참고. Johannes Schwanke, Creatio ex nihilo. Luthers Lehre von der Schöpfung aus dem Nichts in der Groβen Genesisvorlesung(1535-1545), TBT 126, Berlin/New York 2004.

6장
세계의 질서: 교회, 가정, 정부

> 이것이 바로 교회이며,
>
> 그것은 가정과 정부에 앞선다.
>
> Haec est institutio Ecclesiae,
>
> antequam esset Oeconomia et Politia.

창조자 하나님은 풍성한 자비 속에서 피조물에게 생존에 필요한 공간을 창조해 주었다. 그렇지만 그는 피조물의 독립성을 침해하지 않기 위해 스스로 위축된 것이 아니라, 말씀으로 소통하고 자신이 허용한 규정과 질서를 통해 관계를 맺고 자신을 알리고 교환하고 교제를 나누게 했고, 이를 통해 만물을 충만하게 채우고, 미덕의 선물을 통해 자신을 아낌없이 부어 준다.

인간은 자신의 세계를 바르게 인식하고, 세계를 – 이름을 지어줌으로써창 2:19 이하 - 관리하고 형성하기 위해 자신에게 약속된 자유를 사용해야 한다.[1] 이것은 책임을 가진 공간에서 일어난다. 루터는 세 가지 신분 이론

---

1 참고. 7장 2.

을 통해 근본적이고 교리문답적인 방식으로 이를 생각했다.

"신분"Stand은 오늘날 우리에게 현대사회의 특징인 "유동성"Mobilität과 반대되는 개념처럼 보인다. 고대의 신분 개념은 늦어도 19세기 중엽 이래 사라졌다. 그것은 "신분국가"와 "신분사회"와 같은 역사적이고 사회학적인 분류 개념으로 대체되었고, 오늘날의 일상적 대화에서는 종종 오직 "신분에 대한 관심"을 통해서만 특별한 관심을 나타낼 뿐이다. 오직 "신분윤리"와 "가족관계"라는 단어와 그에 부응하여 호적청Standesamt이라는 단어 속에서만 예전의 의미가 여전히 존재한다. 사회학이 "지위"Status에 관해 말할 때, 그것은 사회적 상승과 하강 속에서 스스로 획득한 신분을 의미하며, 출생을 통해 "부여된" 과거의 신분과는 다르다. 어떤 사람이 살아가고 있는 사회적 위치는 더는 유산이 아니라 그 자신의 공적이다.

"급속한 사회적 변화"가 두드러지게 나타나고 있으며, 그에 따라 개념도 계속 변화를 보이고 있다. 변화는 지속적이다. 그러나 변화만 일어나는 것은 아니다. 지속적인 것이 존재한다. 배고픔, 목마름, 성욕과 같은 기본적 욕구basic needs는 충족되기를 원하지만, 욕구의 원천을 고려할 경우에는 임의로 충족될 수 없다.

인간의 유동적인 본성을 형성하는 일에서 언어는 – 포괄적인 상징 형성의 과정으로서 - 결정적이다. 언어는 본성에 하나의 구조를 부여하고, 확실성을 형성하며, 행동 과정을 결정한다. 이를 통해 인간의 삶은 회상과 희망 속에서 미래를 전망할 수 있게 해 된다. 마르틴 루터는 세 가지 신분을 통해 위에서 언급한 이 문제를 깊이 숙고했다. 여기서 핵심은 세 가지 신분의 "요소와 적용"이 분리될 수 없이 서로 교차하고 있다는 점이다. 루터의 이해를 현대의 인류학과 사회학이 제기하는 문제들과 비판적으로 연결해 보려고 시도한다면, 이와 일치하는 한 쌍의 개념으로서 "본성과 제도"Natur und Institution가 적절하다.

아래서 우리는 루터의 세 가지 신분 이론의 특징을 우선은 그의 신학적 유산인 1528년의 『고백』Bekenntnis[2]에 맞춰서 설명할 것이다(1.). 그 다음에는 세 가지 신분 중에서 첫 번째로 해당하는 창조 질서인 교회를 설명할 것이다(2.). 이와 더불어 5장에서 이미 언급했던 자연신학의 문제를 다른 측면에서 조명할 것이다.[3] 결론(4.)에서는 세 가지 신분의 척도로서 사랑을 주제로 다루기에 전에 또 다른 신분인 가정과 정부를 마지막 세 번째 부분에서 더 자세히 소개할 것이다.

1. 세 가지 신분의 근본 특징

루터의 세 가지 신분은 성경의 원역사原歷史를 그의 시대에 적합하도록 창조신학적으로, 죄罪신학적으로 그리고 사회윤리적으로 해석하고 사용한 종류와 방식을 의미한다: "하나님의 이 신분은 세계가 존재하는 한, 그리고 세계 끝 날까지 모든 나라를 통해 존재하고 지속한다."[4] 이 세 가지 신분은 루터에게 원역사적으로 매우 중요한 의미를 가지고 있기 때문에

---

2 WA 26,503,35-505,28(『그리스도의 만찬에 관하여, 고백』 1528). 물론 이 본문은 논제 서술문이나 공식적 특징을 밝히기에는 너무 짧다. 개인적인 모티브에 대하여 그것의 의미를 조명할 더욱 상세하고 유사한 본문들을 조사하는 것이 필요하다.

3 5장 2에서는 기독론적으로 시작하여, 그로부터 치유의 기적을 통해 창조를 파악한 반면, 여기서는 그 역으로 접근하여 창조와 종교개념의 측면에서 전문적인 기독교의 하나님 이해로 안내 할 것이다.

4 WA 31 I(409, 34-411,34) 410,16f(시 111:3; 1530).

그는 이것을 성경해석의 첫 번째 원칙으로 삼을 정도였다. "첫째, 성경이 하나님의 일에 대해 말하고 가르친다는 것은 의심할 여지가 없다. 그러나 이것은 세 가지, 즉 가정, 정부와 교회라는 분야로 나누어져 수행된다. 만일 한 가지 용어가 교회와 맞지 않다면, 정부나 가정 속에 적용하면 아마 잘 적용될 것이다."[5]

루터의 성숙한 이해가 담긴 가장 정교한 요약은 1535년에 행한 창세기 2장 16절 이하의 주석이다[6]:

"이것이 교회의 시작이다. 가정과 정부가 존재하기 전에 교회가 존재했다. [여기서] 교회는 장벽이나 그 어떤 외형도 없이 가장 넓고 편안한 공간에서 시작된다. 교회가 시작된 다음에는 가정의 기초도 놓여졌다. [...] 그러므로 성전은 집보다 먼저 있었고, 집보다 우월하다. 정부는 죄를 범하기 전에는 없었다. 아직 필요하지 않았기 때문이다. 즉 정부는 부패한 본성에 대응하기 위한 불가피한 대응수단이다."

루터는 여기서 하나님이 인간에게 약속했고 약속하는 세 가지 근본적인 생활 형태에 관해 말한다. 그는 전통에 따라 그것을 "신분"Stände이라고 부른다. 그 특징은 다음과 같이 설명할 수 있다.

a) 기본-신분은 하나님의 말씀을 듣고 이에 자유롭게, 감사히 대답하도록 규정된 인간의 신분이다. 사람의 본질은 그가 하나님의 말씀을 들었고 그렇기 때문에 듣고 스스로 대답할 수 있으며, 이에 대한 책임도 져야 한

---

5 WA TR 5,218,14-18(Nr. 5533; 1542/43). 예를 들어: WA TR 2,642,27f(Nr. 2762; 1532).
6 WA 42,79,3-14; 참고. aaO., 87,11f(창 2:18) 그리고 98,11-27(창 2:21). WA 42,XXII,17-32.

다는 사실에 있다. 교회와 종교의 기본 과정, 즉 제의와 하나님 예배의 기본 과정은 하나님이 말씀하고 인간의 대답을 기대한다는 사실에 있다. 그것은 창조질서[7]로 이해되며, 모든 인간과 모든 종교는 창조질서에 속해 있다. 모든 인간은 인간으로서 교회라는 창조질서에 속해 있다. 그러나 교회는 감사할 줄 모르는 인간과 그의 죄를 통해 부패했고, 따라서 더는 실제로 교회가 아니다.

b) 가정이라는 창조질서는 교회라는 기본 신분 안에, 말씀과 신앙 또는 말씀과 불신앙이라는 기본 신분 안에 포함되어 있고, 그것들에 의해 침투되고 둘러싸여 있다. 이로써 루터는 부모와 자녀의 관계, 남자와 여자의 관계, 인간과 농토, 즉 자연과 인간의 갈등, 생존 수단, 즉 매일의 양식의 조달에 관해 말하고 있다.

c) 루터는 세 번째 신분, 즉 정치적 신분을 창조질서로 보지 않고, 타락으로 인해 불가피하게 생겨난 긴급질서로 보려고 했다. 물론 정부가 가정에 기초해 있고[8], 그래서 정부가 처음부터 가정의 일과 함께 고려될 수 있음을 루터는 잘 알고 있었다.

이 세 가지 기본 신분은[9] "세 가지 기관 혹은 질서"이며, 다른 곳에서 루터는 이를 "하나님의 말씀과 계명 안에 있는" "신분들"Stände 혹은 "계급들"Hierarchien이라고 표현했다. "그러나 하나님의 말씀 안에 있는 것은 거룩한 것이 분명하다. 왜냐하면 하나님의 말씀은 거룩하며, 말씀에 속해 있

---

7 참고. 특히 WA 42,79,3-5 그리고 80,41-81,9(창세기 2장 16절 이하).
8 참고. 각주 97-99.
9 이 세 가지 기본 신분의 구체적이고 역사적인 형태가 자율적인 자유의 사안이었다고 해서 무시하고 거부될 수 도 있는 "초청 성격의 제안"을 그들에게 주는 것은 아니다(gegen Ernst Wolf, Sozialethik. Theologische Grundfragen, hg. v. Theodor Strohm, Göttingen 1975, 171). 아무도 이러한 기본 신분으로부터 벗어날 수 없다.

고 더불어 말씀 안에 있는 모든 것을 거룩하게 만들기 때문이다."[10]

그러나 타락으로 인해 생겨난 것은 단지 법질서를 유지하려는 수단으로 만들어진 정부만이 아니다. 죄로 인해 두 개의 창조질서, 즉 교회라는 기본-신분과 가정이라는 신분도 타락했다. 그러나 그것들은 타락에도 불구하고 제거되지는 않았다. 그것들은 타락한 상태 속에서도 하나님의 약속 안에 머물러 있으며, 따라서 거룩해지고 있다. 그것들의 전향으로 인해 우리는 그것들 안에서 창조하고 용서하는 하나님 말씀의 능력을 인식하고 믿을 수 있다.

루터는 슈말칼덴 조항 서문에서 종교개혁의 불가피성을 이렇게 설명했다:

"우리 교회는 지금 하나님의 은총으로 잘 깨우쳐 말씀과 성례전을 올바르게 사용하고 있고, 모든 신분과 올바른 행위를 매우 분명히 인식하고 있기 때문에 우리는 우리 자신을 위하여 공의회를 요청할 필요가 없으며, 또한 이러한 문제에 대해 공의회로부터 더 나은 것을 희망하거나 기대할 수 없음을 알고 있다."[11]

슈말칼덴 조항에서도 그러하듯이, 여러 『탁상담화』에서도 루터는 두 가지 중요 요소로서 한편으로는 말씀을 성례전으로 인식하고 성례전을 말씀으로 인식하고 있으며, 다른 한편으로는 신분에 대해서도 올바로 인식하고 있음을 간결하게 강조하고 있다.[12] 그리고 그는 이와 같은 사실을 자

---

10 WA 26:505.8-10(Vom Abendmahl Christi. Bekenntnis; 1528).

11 BSLK 411,20-26; 참고. aaO. 413,13ff.

12 참고. 특히 WA TR 1,573,14-23(Nr. 1158); 3,689,18-34(Nr. 3889; 1538); 4,179,10-12(Nr. 4172; 1538). 참고. WA Tr 1, 128,9f(Nr. 312; 1532); 129,11-32(Nr. 315; 1532) 그리고 각주 4.

신의 "종교개혁"의 핵심으로 자랑하고 있다.[13] 1528년에 나온 루터의 『고백』 Bekenntnis[14]과 마찬가지로 『아우크스부르크 신앙고백서』는 구성 전체가 이 두 가지 요소를 설명하는 데 집중하고 있다.[15] 이 책들 외에도 『교리문답서』도 역시 두 가지를 핵심으로 강조하고 있다. 『공의회와 교회에 관하여』는 이 두 가지를 특별히 강조하며 끝을 맺는다. 이것은 십계명의 첫 번째 돌판 및 두 번째 돌판과 일치한다.[16]

이와 같은 자료에서 아래와 같은 결론을 얻을 수 있다. 루터 자신의 증언에서 세 신분론은 두 정부론보다 훨씬 큰 비중을 차지하고 있다.[17] 두 정부론은 요약된 글이나 성경을 다루는 본문 속에는 나타나지 않는다.

만약 오늘날 루터의 신학을 수용하는 자들이 세 신분론을 훨씬 더 중요하게 여긴다면, 많은 소모적인 논쟁을 피할 수 있을 것이다. 루터의 두 정부론과 관련해서 성, 결혼, 가족, 교육, 학교 그리고 경제로부터 추론된 "세속" 정부인 정치적 영역을 "영적" 정부와 대립시키거나 심지어는 이러

---

13 "나는 공의회를 열고 개혁을 했다고 생각한다[…]. 왜냐하면 올바른 교리문답이 우리의 작은 무리에게서 진행되고 있기 때문이다. 주기도문, 사도신경, 십계명을 가르치고, 회개, 세례, 기도, 십자가[즉, 고난], 삶, 죽음 그리고 제단의 성례 등이 시행되고 있다. 더 나아가 결혼과 정부가 무엇이며, 아버지와 어머니, 아내와 자녀, 남편과 아들, 남종과 여종이 무엇인지도 가르치고 있다. 간략히 말해서, 나는 세상의 모든 신분들에게 선한 양심과 질서를 부여했다. 그로 인해 모두가 어떻게 살아야 하는지를 알고, 자신의 신분 안에서 어떻게 하나님을 섬겨야 하는지를 안다." (WA 26,530,7f.28-34; 참고. 531,26-34 [스테판 클링게바일(Stephan Klingebeil)의 영예로운 사제혼례 허용에 관한 루터의 서문, 1528]). 참고. WA 10 II,375,11.14(『개인기도서』 1522).

14 고백에 서술된 신분에 대한 가르침과 말씀의 설명처럼 보이는 교회론이 엄청날 정도의 양을 차지하고 있다는 것은 이러한 주제를 지나치듯 우연히 다루는 것이 아니라, 진지하게 하나님과 세상 모두 앞에서 드러내고자 하는 의도이다.(1528년의 고백과 슈말칼덴 조항의 관계에 대해서는 BSLK 409,20-24. 참고)

15 참고. Wilhelm Maurer, Historischer Kommentar zur Confessio Augustana, 2 Bde., Gütersloh 1976/78; Oswald Bayer, Leibliches Wort. Reformation und Neuzeit im Konflikt, Tübingen 1992, 57-72("신앙의 대중성"과 "삶의 자유"라는 두 가지 요점).

16 참고. 한편으로는 WA 50,(488-653) 628,29-643,5(특히 642,32-643,5)와 다른 한편으로는 643,6-37.

17 참고. 14장.

한 대립 관계를 교회와 국가의 대립 차원으로 축소할 위험이 있다. 영적인 것과 세속적인 것을 구분하는 이러한 개념 사용은 대체로 영적인 것은 내적, 외적으로 세속적이라는 사실과 세속적인 것이 – 만약 하나님이 세운 세속 정부라면 – 다시금 영적이라는 사실을 간과하게 만든다. 그러므로 세 신분론은 앞에서 언급한 영역들이 추상적으로 서로 대립하거나 심지어는 서로 분리되는 것을 막아 준다.

두 정부론에서는 영적인 것과 세속적인 것이 엄격하게 구분되는 것을 볼 수 있지만, 신분론에서는 루터가 영적 신분을 다른 두 신분과 나란히 동일선 상에 놓은 것은 매우 놀랍다. 다시 말하면, 루터는 다른 곳에서는 "세속적인" 것으로서 "영적인" 것과 날카롭게 구분했던 것을 영적인 신분과 결합하고 있다. 따라서 그는 – 객관적으로 변증법적 신학의 경직된 분리 태도와는 정반대로 - 기독교를 종교, 제도와 세계 현상으로 생각하고 시민종교의 거부할 수 없는 문제점을 신학적으로 책임 있게 다루는 것을 가능하고 긴급한 것으로 만들었다.

먼저 기본 신분인 교회는 다른 두 신분과 구분되어야 한다. 물론 두 신분을 그 자체로서는 동일한 차원에서 보아서는 안 된다. 가정oeconomia은 정부politia보다 더 근본적이다. 기본 신분에서는 하나님과의 관계나 신앙과 불신앙의 문제가 중요하다. 마찬가지로 교회 신분status ecclesiasticus을 영적인 정부와 동일시할 수도 없다. 왜냐하면 타락 이후와 종말 이전의 교회는 비가시적인 교회처럼 순수한 하나님 나라가 아니기 때문이다. 가시적인 것과 비가시적인 것은 오히려 서로 엉켜 있다. 교회적 신분은 이 세상과 시간 속에서 통치 신분이기도 하다. 목사들도 보수를 받으며, 이론의 비판 과정이나 훈련 과정에 따라서 해임되기도 한다.[18] 그렇기 때문에 영적인 정부도 역시 세속적이며, 심판받는 행위의 모호성을 벗어날 수 없다.

두 정부론과 세 신분론은 각자가 서로를 희생시키는 대가로 자신을 주장해서는 안 된다. 루터에 관한 한, 여하튼 최소한은 놀라운 유동성을 고려해야 한다. 그는 성서해석의 강조점을 양심의 지시에 따라서 구체적인 상황에 두었지만, 다시금 강조점을 옮겼다. 그렇지만 이러한 유동성은 한번은 두 정부를 구분하고 다시 세 신분을 구분하는 방법과 방식과도 일치한다. 그러나 가끔은 한 가지 구분이 다른 것과 교차하기도 한다. 여하튼 루터의 유동성은 그의 윤리 이해를 단순하게, 그리고 구조적으로 두 왕국론으로 고정시키는 것을 허락하지 않는다. 다른 한편으로 우리는 두 왕국론을 신분론 안으로 매끄럽게 통합할 수 있다고 주장하는 오류에 빠져서도 안 된다.

2. 창조질서로서의 교회

창조질서인 교회와 인간의 기본 신분과 함께 자연신학에 대한 질문이 다시금 제기된다. 이것은 우리가 이미 마가복음 7장을 본문으로 행한 루터의 구원사 설교를 다루면서 눈여겨보았던 점이다.[19]

야훼문서의 창조기사에 따르면 사람에게 주어진 하나님의 첫 번째 말씀은 "너는 먹어도 된다...!"창 2:16라는 생명의 약속이다. 이러한 생명의 약

---

18 참고. 12장과 14장 6.("교회법의 문제").
19 참고. 5장 2.

속은 "선악을 알게 하는 나무의 열매를 먹어서는 안 되며 그것을 먹는 날에는 틀림없이 죽을 것"이라는 사망의 위협창 2:17을 통해 보호되고 있다. 이러한 약속과 위협에 대해 루터는 1535년 『창세기 강의』에서 "이것이 가정Ökonomie과 정부Politie가 존재하기 전부터 일어났던 교회의 시작이다."[20]라고 간결하게 적었다. 이 교회는 특별한 교회가 아니라, "담장이 없는"[21] 보편적인 교회이다. 하나님이 인간을 생명으로 부르고, 이와 같은 방식으로 그에게 "설교하고", "그에게 자신의 말씀을 제공하며"[22], 이를 통해서 그가 "하나님을 찬양하고 하나님에게 감사함으로써 그가 주 안에서 기뻐하기를 원한다"[23]는 점에서 교회는 말씀과 신앙 안에서 이루어진다.

예배와 교회가 이미 "창조질서"이며 그리스도인의 특별한 사안이 아니라는 사실은 얼핏 보면 놀랍게 들릴 것이다. 이러한 명제가 어떤 인식을 가져오는지를 아래에서 보여줄 것이다.

"나는 주 너의 하나님이다"출 20:2라는 하나님의 자기소개와 함께 태초에 모든 사람에게 주어진 생명의 약속창 2:16과 생명의 약속을 보호하는 죽음의 위협창 2:17으로서 "나 외에 다른 신을 갖지 말라"출 20:3는 첫 계명으로부터 하나의 독특한 "자연신학"과 종교현상학이 생겨났다. 그것은 로마서 1장 18절 - 3장 20절의 의미에서 모든 인간이 맺고 있는 하나님 관계를 고려한다. 그러나 실제로 그리고 실천적으로 이런 관계는 항상 망가져 버렸다. 그것은 잘못된 관계이다. 이성은 – 우선 이론적 이성이 아니라, 하나님의 형상이 지닌 능력에서 도출된 실천적 이성을 말한다. – 항상 이미 하

---

20 "Haec est institutio Ecclesiae, antequam esset Oeconomia et Politia"(WA 42,79,3); 참고. 각주 6.
21 WA 42,79,4.
22 WA 42,80,2.
23 WA 42,81,3f.

나님을 추구하고 있다. 그래서 루터는 "그 선원들은 두려워서 각자 자기의 신을 불렀다"라는 요나서 1장 5절에 대해 정곡을 찌르며 말했다. "배에 있는 사람들은 모두 하나님에 대해 알고 있지만", "하나의 특정한 하나님을 갖고 있지는 않다."[24] 하나님을 알게 하는 것은 예수 그리스도의 직무이다.

2. 1. 이성적인 하나님 인식

요나서 1장 5절은 비그리스도인들의 하나님 이해를 그리스도인들의 하나님 이해와 연관해서 생각하도록 요구한다. 그래서 루터는 요나서를 그리스도교 신학자christlicher Theologe로 해석한다. 중요한 것은 로마서 1장 18~21절의 대입이다: "하나님의 분노가 불의로 진리를 막는 사람들의 모든 경건하지 않음과 불의에 대하여 하늘로부터 나타난다. 이는 하나님을 알만한 것이 그들 속에 보임이라. 왜냐하면 하나님이 그들에게 보여주었기 때문이다. 창세로부터 그의 보이지 아니하는 것들, 곧 그의 영원한 능력과 신성이 그가 만든 만물에 분명히 알려졌다. 그러므로 그들이 핑계하지 못할 것이다. 하나님을 알되 하나님을 영화롭게도 아니하며 감사하지도 아니하고 오히려 그 생각이 허망하여지며 미련한 마음이 어두워졌다." 많은 사람들은 성경에서 이 본문을 못 본 듯이 지나쳐 버린다. 그러나 그것은 단지 성경에 있을 뿐만 아니라 진실이기도 하다:

"모든 이방인들이 어떻게 하나님을 아는지에 대해 바울이 로마서 1장에서 말한 것이 진실임을 너는 여기서 보게 된다. 모든 세계가 신에 대해서 말할 줄 알며,

---

24   WA 19,208,21f(『요나서 주해』 1526).

신이 만물보다 더 위대함을 자연적 이성은 인식하고 있다."[25]

인간이 핑계를 댈 수 없음을 설명하고자 바울이 자신의 논지 속에 스토아 사고를 수용했듯이, 루터도 역시 - 잘 알듯이, 맨손이 아니라 바울의 본문을 사용해서 - 키케로의 『신의 본성에 대하여』 De natura deorum[26]라는 글을 통해 알게 된 '만인의 일치'De consensu gentium에서 나온 신존재 증명의 방식으로 논지를 전개하고 있다. 이런 점에서 루터는 바울과 스토아와 참으로 "모든 세계"와 일치하고 있다. "모든 세계가 신에 대해서 말할 줄 안다[...]"[27] 따라서 『대교리문답서』의 제1계명 해설에서도 루터는 "예배가 없거나 드리지 않을 정도로 그렇게 악한 민족은 없다"[28]라고 말한다. 그렇지만 하나님의 존재 내지는 경배해야 할 신들의 존재에 대한 만민의 합의consensus gentium가 논쟁의 여지가 없지 않음을 루터가 모르지 않는다:

그는 쓰기를, "에피쿠로스주의자, 플리니우스Plinius 그리고 입으로 부인하는 그와 동일한 몇몇 사람들이 있는 것은 분명하다. 그러나 그들은 억지로 마음에 있는 빛을 부인하려고 한다." 그들은 "억지로 귀를 막거나 눈을 감는 사람들처럼 행동하는데, 그것은 보지 않고 듣지 않고자 함이다. 그러나 그것은 그들에게 아무것도 도움이 되지 않는다. 그들의 양심은 그들에게 다르게 말한다."[29]

---

25 WA 19,205,27-30.
26 그것은 서방교회적 전통에서처럼 루터에게도 역시 자연신학의 문제를 설명하는데 있어서 중요한 참고 자료였다. 그것은 데이비드 흄의 『자연 종교에 관한 대화』가 나온 이후에서야 비로소 사라졌다(1779년 이후 출판).
27 참고. 각주 25.
28 BLSK 563,37-40.
29 WA 19,206,1-5(『요나서 주해』 1526). 참고. Jean Calvin, Christliche Unterweisung. Der Genfer Katechismus von 1537, Gütersloh, 1978, 첫 부분, 특히 7-11.

주목할 만한 점은 논지의 서두에서처럼 성서를 인용한 마지막 부분에서도 "바울은 거짓말을 하지 않는다"[30]고 쓰고 있다는 사실이다. 성경본문을 오직 형식적 권위로만 끌어들일 수는 없다. 성경 본문은 성경의 진리가 부인할 수 없는 것임을 확신하게 해주고 깨닫게 해준다. 그것은 종교현상학적으로도 증명할 수 있다: "이것은 하나님을 찾는 사람들이 이교도였다는 점에서도 입증된다. 만일 그들이 하나님 혹은 신에 대해 전혀 모른다면, 어떻게 그를 부르거나 그를 향해 소리치려고 하겠는가?"[31]

만일 루터가 요나서 1장 5절을 해석하면서 "자연과 이성에서 배우기를"[32] 원한다면, 자연과 이성에서 배울 수 있는 것은 성경에서도 배울 수 있다는 결론이 나온다.[33] 초기 루터의 해석에서는 성경과 이성이 화해할 수 없이 서로 대립하며, 내용적으로 이성을 "매춘부"Hure[34]라고 말해야 했던 지점을 발견하게 된다. "신앙은 이성을 죽인다."[35] 그러나 여기서는 성경과 이성이 일치한다. 그러므로 구분이 필요하며, 일치가 존재하는 다른 관점과는 달리 사고를 통해서는 연결할 수 없는, 화해할 수 없는 대립이 있다는 관점을 제시할 수 있다.

하지만 어떤 점에서 둘은 정확히 일치하는가? 그것은 특정한 행동과 관련되어 있고, 그런 행동과 따로 떼어낼 수 없고 구분할 수도 없는 특정한

---

30 WA 19,206,5f.
31 WA 19,205,30-32.
32 WA 19,206,7.
33 이 관점은 구개신교 정통주의에서도 역시 자연신학의 문제를 다루도록 했다. 자연과 이성이 스스로에 대해 말하는 것은 성경의 증거에 대해 스스로 말하는 것이다. 성경은 자연이 말하며, 하나님은 자연을 통해 자신을 계시한다고 직접 말한다. - "날은 날에게 말하고"(시 19:2).
34 참고. 7장 각주18.
35 "Fides occidit rationem"(WA 40 I,362,6 [갈 3:6; 1531]). 참고. Gerhard Ebeling, Fides occidit rationem, Luther-Studien, Bd. 3 Tübingen 1985, 181-222.

내용과 관련되어 있다.[36]

특별한 행위와 관련된 것은 "하나님을 향한 부르짖음" 속에서, 무아지경 속에서 - 처절한 고난 가운데서 - 일어나는 간구의 외침 속에서 언어로 나타난다. 비그리스도인들의 기도도 "자연적 이성"[37]이 하나님과 같은 존재에 대한 어느 정도의 지식을 갖고 있음을 증명한다.

하나님을 향해 외치는 기도 행위는 특정한 기대와 결합되어 있다. 비록 이교도들은 생명을 잃을 수 있다는 두려움 속에서 "하나님을 올바르게 믿지는 못하지만, 하나님은 바다와 모든 고난 속에서 도와줄 수 있는 존재라는 감각과 견해를 가지고 있다."[38] "이러한 사람들은 하나님을 모든 악으로부터 도와줄 수 있는 존재로 여긴다. 바로 이 점에서 자연적인 이성도 모든 선한 것이 하나님으로부터 온다는 사실을 알고 있다는 결론을 얻는다. 왜냐하면 모든 악과 불행에서 벗어나도록 도울 수 있는 자는 또한 모든 선과 행복을 줄 수도 있기 때문이다."[39]

『대교리문답서』 제1계명에 대한 루터의 해석도 모든 인간이 하나님에게 선, 행복과 동시에 모든 불행으로부터, 고난으로부터 구원을 받기를 기대한다고 적고 있다:

"신이란 우리가 모든 좋은 것을 기대하고 모든 고난 중에서 피난처로 삼아야 할 자이다. 그러므로 '한 분의 신을 섬긴다'는 것은 마음을 다해 그를 신뢰하고 믿는

---

36 특정한 행위라는 것은 믿고, 바라고, 신뢰하며, 무언가를 기대한다(fides qua creditur)는 것이며, 특정한 내용이라는 것은 믿고 이루어지기를 기대한 것이다. 이러한 구분은 아우구스티누스 이후로 사용해오던 표현이다(De Trinitate 14,8,11).

37 WA 19,205,29(『요나서 주해』 1526).

38 WA 19,205,33f.

39 WA 19,206,8-11.

다는 것이다. 따라서 나는 오직 신뢰와 마음의 믿음만이 하나님도 만들고 우상도 만든다고 종종 말했던 것이다. 만일 믿음과 신뢰가 올바르다면, 여러분의 신도 참되다. 그러나 만일 신뢰가 거짓되고 잘못된 것이라면, 참된 하나님도 역시 존재하지 않는다."[40] "모든 이방인들의 생각에 따르면 '신이 있다'는 것은 본래 신뢰하고 믿는다는 것이나, 그들의 신뢰는 거짓이며 옳지 못하다는 것이 문제이다. 왜냐하면 그것은 유일하신 하나님을 믿는 것이 아니기 때문이다. 이 하나님 외에는 하늘이나 땅에 참된 신은 없다. 그렇기 때문에 이방인들은 스스로 고안해 낸 어둠과 몽상을 우상으로 삼아 헛된 것을 의지하게 된다."[41]

루터는 거짓 신앙도 참된 신앙이 중요함을 알고 있다고 주장한다. "하나님을 바르게 믿지 않는"[42] 사람들도 하나님을 바르게 믿는 사람들처럼 하나님에 관해서 알고 있다. 왜냐하면 이 둘 모두 하나님이 베풀어주시는 복과 구원의 자비를 기대하기 때문이다. 놀랍다! 루터는 "그러한 빛과 이성이 모든 사람들의 마음에 있으며, 소멸될 수 없다[...]"[43]고 강조한다. "자연적인 이성의 빛은 하나님을 선하고, 은총을 주시고, 자비를 베풀며, 온유하다고 여긴다."[44] 그러므로 루터는 한편으로는 이성을 매우 대단하고 총명하다고 말하지만, 다른 한편으로는 선을 거꾸로 사용하는 "매춘부"라

40　BLSK 560,10-21(『대교리문답서』). 존재론적인 측면에 대해서는 다음을 비교하라. 비교. aaO., 561,9-17. "많은 사람들은 금전과 재물을 가지고 있을 경우, 하나님과 모든 것을 충분히 가졌다고 생각하며, 그것을 너무 완고하고 확고하게 믿고 있기에 아무에게도 주지 않는다. 보라, 이러한 사람은 신이 있지만, 그것은 맘몬이며, 돈이며, 재물이다. 그는 거기에 온 맘을 쏟는다. 바로 이것이 이 땅에서 가장 만연되어 있는 우상이다."

41　BLSK 564,9-19.

42　참고. 각주 38.

43　WA 19,205,35-206,1(『요나서 주해』 1526).

44　WA 19,206,12.

고 부른다.

2. 2. 참된 창조신앙

이성은 하나님에 관한 지식, 즉 하나님의 선과 자비에 대한 지식을 어떤 점에서 비뚤어지게 사용하는가? 자연적 이성은 "크게 두 가지를 결여하고 있다"[45] - 하나는 하나님을 아는 지식을 구체적으로 자신의 존재와 관련짓는 것이며(a), 다른 하나는 하나님을 만날 수 있는 정확한 방법이다(b).

"크게 두 가지를 결여하고 있다"라는 표현은 분명히 "자연적 이성"[46]에 "아직도" 존재하지 않은 그 무엇을 추가해야 하고, 심지어는 자연을 폐기하기보다는 은총을 추가하여 자연을 높이 끌어올려 완성하는 것이 중요하다는 듯이 들린다. 그러나 이러한 생각은 속임수이다. 더 정확히 본다면, 그것은 두 가지 보충을 말하는 것이 아니며, 양적인 성격의 것이 아니라 질적인 성격을 말한다.[47] 참된 신앙은 추가적인 것을 믿는 것이 아니며, 거짓된 믿음보다 더 많은 것을 믿는 것도 아니다. 비록 거짓된 신앙은 동일한 지식을 가졌지만, 그것도 역시 참된 신앙과 똑같이 하나님의 선과 자비를 안다.

a) 서푼짜리 오페라는 무어라고 말하는가? "사람은 완전히 보편적이다!" 그와는 정반대로 참된 사랑은 "완전히 보편적이지" 않다. 참된 신앙도 바로 그렇다. 참된 신앙이란 "하나님은 다른 사람뿐만이 아니라 나에게

---

45 WA 19,205,14.

46 WA 19,205,29.

47 16세기의 언어 용법에 의해 "noch"를 "doch"로 이해할 수 있다면, 부사적 의미일 것이며, 보충적이며-양적인 측면은 사라질 듯하다.

도 은혜롭기를 원한다는 사실을 의심하지 않는 신앙이다. 이것이 참되고 살아 있는 신앙이며, 성령의 위대하고 풍성하고 진귀한 선물이다."[48]

그렇게 말하는 것은 모든 논리학과 모순되지 않는가? 나는 내가 보편적으로 알고 있는 것을 특별히 나와 관련지을 수 있고, 논리적으로 본다면, 나와 관련지을 수 있어야 하지 않는가? 생각하기에 따라서 지식 속에서 나는 그렇게 할 수 있지만, 참된 신앙, 즉 분명한 신앙 속에서는 그렇게 할 수 없다. 나는 반드시 죽을 것임을 안다. 그렇지만 내가 그것을 믿는가? 여기서 우리는 - 자연적 이성에는 결여되어 있는 두 가지 "위대한 것" 중에서 한 가지를 언급한 루터의 용어 속에서 – 유명하지만 잘못 이해되어 온 종교개혁자들의 용어 "나를 위해서"pro me를 만나게 된다: 참되고 살아 있는 신앙, 성령의 크고 풍성하고 진귀한 선물은 "하나님께서 다른 사람뿐만 아니라 나에게도 역시 은혜롭기를 원한다는 사실을 의심하지 않는 신앙이다."

칸트의 영향을 받은 신개신교주의는 신앙이 믿는 모든 대상을 거부하고 자신에게 적용되는 것을 고수하려고 "나를 위해서"를 방법론적인 원리로 남용했고, 지금도 남용하고 있다.[49] 만일 하나님이 나에게 은혜롭기를 원한다는 사실을 의심하지 않는 참된 신앙이 이런 형식적-존재론적인 확신의 의미에서 이해될 수 없다면, 참된 신앙이란 무엇을 의미하는가?

b) 만일 자연적 이성에 결여되어 있는 두 가지 큰 것 중의 두 번째 것이 첫 번째의 것에 단순히 추가되지 않는다면, 우리는 중요한 점을 알 수 있다. 루터가 언급한 두 가지는 오히려 내적으로 서로 연결되어 있다. 그

---

48 WA 19,206,28-30.
49 Hans Joachim Iwand, Wider den Missbrauch des pro me als methodisches Prinzip in der Theologie, Evangelische Theologie 14,1954,120-124(=ThLZ 79/1954, 453-458).

래서 두 번째의 것이 첫 번째 것을 해석하며, 그렇게 함으로써 "나를 위해서"pro me의 의미를 묻는 질문에 정확한 답변을 준다.

우선 신중히 표현하자면, 두 번째 것은 판단능력을 결여하고 있다:

"이성은 [보편적 개념으로 이해된] 신을 정확히 알려줄 수 없고, 오직 신에게만 돌려야 할 것을 그에게 돌릴 수도 없다. 이성은 하나님이 존재한다는 것을 안다. 그러나 누가 혹은 어떤 분이 참된 하나님인지를 이성은 알지 못한다. 그리스도가 이 땅에 와 세례 요한이 그가 존재함을 증언했을 때, 마치 유대인들에게 일어났던 것과 같은 일이 이성에게도 똑같이 일어난다. 그들은 마음으로 그리스도가 그들 중에 있고 사람들 사이를 다니고 있음을 알았지만, 그 사람이 어떤 사람인지를 알지 못했다. 왜냐하면 나사렛 예수가 그리스도임을 아무도 생각할 수 없었기 때문이다. 그러므로 이성도 역시 하나님과 '술래잡기'를 하여, 잘못 붙잡고 있는 대로 행하여 목표를 비껴가며, 그 결과로 하나님이 아닌 것을 하나님이라 부르고, 그 반대로 하나님을 하나님이 아니라고 부른다. 이성은 하나님이 존재하는 것을 알지 못하며. 혹은 알았다고 할지라도, 하나님이 어떤 혹은 무슨[50] 하나님인지를 알지 못한다. 이성은 서투르게 이리저리 더듬다가 신이라고 생각하는 것에 이름을 붙이고, 신으로 숭배하며, 신이라 부른다. 그러므로 이성은 결코 참된 하나님을 만날 수 없으며, 계속해서 마귀 혹은 마귀가 통치하는 그들 자신의 형상을 볼 뿐이다. 그렇기 때문에 하나님이 존재하는 것을 아는 것과 하나님이 무엇이며 누구인지를 아는 것은 근본적으로 다르다. 전자는 자연이 안다. 또한 그것은 모든 사람의 마음에 쓰여 있다. 그러나 후자는 오직 성령만이 가르쳐

---

50 "welcher oder wer"에 대한 더 정확한 설명: WA 19,206,33.

준다."[51]

첫 번째 것을 다시 되돌아보자면, 하나님이 나에게 은혜로움을 의심하지 않는 참된 신앙은 인식론적으로는 이해할 수 없다는 것이 분명하다. 그것은 루터가 두 번째 부분에서 말한 그리스도론적 성격을 외면하거나 해석해서, 그것이 자연적 이성의 신앙이 되도록 하고 있다: "여기서 자유의지는 더는 아무것도 할 수 없다."[52] 즉 여기서 자연적 이성은 더는 아무것도 할 수 없다. 루터가 에라스무스에게 반대하여 주장하듯이, 그것은 은총으로 향할 능력이 전혀 없다.[53]

요나서 1장 5절 주해는 1526년에 출판되었다. 그보다 1년 전에 『노예의지론』 De servo arbitrio이 출판되었다. 루터는 여기서 구원의 제안에 '예'라고 답할 수 있도록 최소한의 자유의지가 확실히 주어져 있다는 에라스무스의 주장을 반박했다.[54] 루터는 오직 그리스도만이 성령을 통해서 성경을 열어주며 그렇게 구원을 선물한다는 입장을 고수했다

하나님이 나에게 은혜를 베푼다는 것은 그가 인간 나사렛 예수에게, 그의 삶과 고난과 죽음에 자신을 영원히 결속했다는 것과 동일하다. 루터는 "나를 위해서"pro me를 그리스도론과 매우 밀접하게 결합함으로써, 그것을 완전히 그리스도론적으로 이해함으로써 에라스무스와 "건강한 인간 이성"을 반박한다: 바로 이것이다. 나에게 베풀어진 하나님의 선과 자비가 예수 그리스도와 동일함을 자연적 이성은 알지 못한다. 루터가 "이성도 역

---

51 WA 19,206,31-207,13.
52 WA 19,206,22.
53 참고. WA 18,667,29-668,3(『노예의지론』 1525). 참고. 8장 각주 30ff.
54 에라스무스, 『자유의지론』 (참고. 8장 각주 29), 2a, 11; 1b, 10. 참고. 8장 2.

시 하나님과 '술래잡기'를 하여, 실책하고, 목표를 비껴가며, 그 결과로 하나님이 아닌 것을 하나님이라 부르고, 그 반대로 하나님을 하나님이 아니라고 부른다"[55]고 정확하게 말하고 있듯이, 바로 여기서 이성은 결정적인 실수를 범하고 있다. 그러므로 그리스도론은 루터에게 단순히 사고의 산물이 아니라, 매우 특정한 맥락에서만 표현되는 것이다. 신앙의 확신은 예수 그리스도의 대리를 통해 일어난 것이다.[56]

그러므로 다음과 같은 점이 분명해진다. 자연적 이성의 지식과 기도 행위, 그 신앙 행위와 신앙 내용이 이 인간 예수가 나를 위한 하나님 자신이라는 - 성령을 통해 배우게 된 - 신앙으로 부드럽게 넘어간다고 말할 수 없다. 그 사이에는 자연적 이성 자체가 극복할 수 없는 단절이 놓여 있다. 이것은 질적인 차이를 가리킨다. "그렇기 때문에 하나님이 존재하는 것을 아는 것과 하나님이 무엇이며 누구인지를 아는 것은 근본적으로 다르다. 전자는 자연이 안다. 또한 그것은 모든 사람의 마음에 쓰여 있다. 그러나 후자는 오직 성령만이 가르쳐준다."[57] "성령에 의하지 않고는 아무도 예수를 주라고 말할 수 없다." 루터는 바울의 이 말[고전 12:3]이 진리라고 말한다. "주"Kyrios는 70인 역[58]에서 하나님 자신을 가리키는 단어이다. 하나님이 인간 예수와 동일하다는 것을 자연적 이성은 간과해 버린다. 바로 이 동일성을 루터는 자신의 노래 "내 주는 강한 성이요"에서 매우 도발적이고 강렬하게 표현한다:

---

55 WA 19,207,4-6(『요나서 주해』 1526), 각주 51.
56 참고. 10장.
57 WA 19,207,11-13(『요나서 주해』 1526).
58 구약성서 희랍어 번역. 주전 3세기와 2세기.

"그는 그리스도, 만군의 주이며

그리고 다른 하나님은 없다 [...]."EG 362,2

바로 그렇다. "나사렛 예수가 그리스도임을 아무도 생각하지 못했다."[59] 아무도 이런 생각에 이르지 못했다. 칸트처럼 하나님을 "순수한 이성의 차원에서" 생각하는 사람은 그리스도를 나사렛 예수와 동일시할 수 없다. 이러한 동일화는 역설이다. 그것은 모든 사람이 하나님과 그의 선과 자비에 관해 지닌 견해를 거스르는 것이다.

그러나 이런 신학적-그리스도론적 역설을 모든 관점에서 이해할 수 없는 것은 아니다. 만일 자연적 이성이 (a) "하나님이 존재하는지를 몰랐거나" 혹은 (b) "그가 누군지를 알았다면"[60], 하나님과의 술래잡기 놀이는 일어나지 않았을 것이다. 이것은 성경의 논증이다. 그러므로 요한이 기록한 "나는 ~이다"Ich bin라는 그리스도의 말씀은 – 예를 들어 "나는 생명의 떡이다" – 삶의 배고픔, 행복 추구를 전제하는 것이고, 모든 사람은 이것을 알고 있으며, 그런 점에서 하나님의 선함도 알고 있다. 역설적인 것은 예수 그리스도가 생명의 떡으로서 이러한 배고픔을 진정시키고, 그것으로 하나님에 대해 묻는 질문에 대답한다는 것이다. "나사렛 예수가 그리스도라는 것을 아무도 생각할 수 없었다." 이러한 역설은 "나는 매우 많은 사람들이 창조자 하나님을 부인하고, 너무도 적은 사람들이 그를 확신하고 있다는 것을 안다"는 파스칼의 말과 정확히 일치한다.[61]

---

59 WA 19,207,3(『요나서 주해』 1526). 참고. 각주 51.
60 WA 19,207,6f.
61 Blaise Pascal, Über die Religion(Pensées), übertragen und hg. v. Ewald Wasmuth, Heidelberg 1972,119(fr. 229; Zählung nach Léon Brunschwicg).

관계에 대한 그의 명제를 위해, 더 정확히 말한다면, 자연과 은혜, 이성 신앙과 그리스도 신앙의 불균형에 대해 루터는 하나의 "예"Exempel[62]를 들고 있다. 그것은 제멋대로 든 예가 아니다. 그것은 행위의 의와 그것을 수단으로 추구한 자기 의에 대한 지적 속에 들어 있다. 인간이 하나님에게 모든 선과 도움을 기대하는 것은 정당하다. 그러나 인간은 이러한 도움이 다른 방식으로 오기를 원한다. 성령이 없이, "자기 자신의 이성과 능력으로"[63] 인간은 자신의 신앙 행위 속에서 목적을 이루지 못한다. 그는 "완전히 실책을 저지르고", 정확한 것을 찾지만 이리 저리 더듬을 뿐이며, 혼란에 빠져 그 옆에 있는 것을 붙들고 만다.[64] 죄는 과실 자체로서 양적인 성질의 것이 아니다. 슐라이어마허에 따르면, 죄는 부족하고 희미하고 약한 하나님 의식이다. 그것은 그리스도를 통해서 힘을 얻고, 강해지고, 정화된다. 희랍어와 히브리어가 말해주듯이, 죄는 표적을 맞추지 못한다는 의미에서 과실이다. 루터는 자연적 이성의 술래잡기에 관한 그의 발언 속에서 이러한 어원론을 인상 깊게 보여주고 있다.

2. 3. 하나님과 우상

대충해서 표적을 맞추지 못하는 이러한 과실의 본질은 자기 의를 추구하는 노력, 즉 나의 존재와 나의 존재가 가진 권리에 근거해서 스스로 확신하거나 혹은 나 자신을 실현하려는 시도에 있다. 그것은 원죄peccatum

---

62 WA 19,207,14(『요나서 주해』 1526). 참고. WA 246,4-28(『소선지서 강의』 1524ff).
63 BSLK 511,46f(『소교리문답서』); 참고. 11장.
64 WA 19,207,4f(『요나서 주해』 1526).

originale이고, 그것이 야기하는 수천 가지 다른 죄들의 원천이다. 원죄는 하나님과 동일하게 되려는 것이다. 『요나서 주해』[65]의 모든 장에서 루터는 역사적으로 혹은 생물학적으로 거리를 둘 수 없고 항상 동시에 나 자신의 현재적인 죄[66]인 원죄에 관해 언급하고 있다. 그가 인식한 핵심 내용은 다음의 논제에 잘 드러나 있다: "그러므로 너는 여기서 보라", "배에 있는 이 사람들은 하나님에 관해 모든 것을 알고 있지만, 그들은 참된 하나님을 믿지 못한다."[67] 그들은 동일한 것을 가지고 있지만, "그리스도를 믿는 믿음"[68]은 없다.

과실에 대한 루터의 긴 증명은 다음과 같이 짧게 요약할 수 있다: 참된 하나님이 없는 사람, "그리스도"를 믿지 않는 사람은 그가 다른, 낯선 신들을 찾아다녀서가 아니라, 참된 하나님을 예수 그리스도 안에서 찾지 않고 다른 곳에서 찾고 있다는 사실로 인해 많은 우상을 숭배하는 셈이 된다. 죄 안에서, 불신앙 안에서 다른 낯선 신들을 경배하는 것이 아니라, 오히려 한 분인 참된 하나님을 다르게 경배하게 된다. 이것이 다신론의 근원이다.

모든 우상은 "우리로 하여금 하나님에게서 멀어지게 하고 올바른 예배를 드리지 못하게 하는"[69] 세력이다. "그들이 생수의 근원이 되는 나를 버리고 스스로 웅덩이를 판 것인데, 그것은 물을 저축하지 못하는 터진 웅덩이다"렘 2:13. 하나님을 떠나 돌아서는 것은 원죄로서 "나 자신에게 구부러

---

65 WA 19,207,14-209.14(『요나서 주해』 1526).
66 참고. 8장 3.
67 WA 19,208,21f.
68 WA 19,208,18.
69 WA 19,207,33. "ab"이라는 음절은 라틴어의 "a", 희랍어의 ἀπό(~로 부터 멀어져, ~에게서 떠나서)라는 음절과 일치한다. 죄는 하나님에게서 떠나는 것이다. 참고. 8장 1.3.

짐"incurvatio in me ipsum인 나를 사랑하는 것과 동일한 것이다. 그 안에서 나는 하나님의 대상성, 그의 객관성, 그의 외향성을 잃어버리고, 나를 오직 나와 내 주변에서만 찾고 있다.

전체적으로 볼 때, 창조질서인 교회에 대한 루터의 이해에서 중요한 것은 다음과 같다. 신앙은 하나님으로부터 모든 사람에게 오지만, 이와 동시에 죄 가운데서 창조자를 잘못 인식하기 때문에 "모든 사람의 것이 아니다"살후 3:2.

2. 4. 확신은 구체적이다.

교회를 창조질서로 보는 루터의 이해는 동시에 자연신학의 문제를 다룰 수 있는 방법을 제공하는 이해로서 모범이 된다. 왜냐하면 신학은 본질상 외부로부터, 자칭 중립적인 위치로부터 수행할 수 없음이 드러나기 때문이다. 신학은 절대 의존 감정의 보편성을 전제할 수 없다. 신학은 마치 모든 사람의 생각과 행동이 궁극적인 확신에 기초하고 있는 것처럼 행한다. 그 확신에 근거해서 우리는 그에게 말을 걸 수 있게 된다. 왜냐하면 신학은 인간 존재와 더불어 직접 주어진 것이기 때문이다. 실제로 지배하는 불확실성과 구체적으로 그리스도의 분명한 약속 말씀 속에서 전달된 확실성은 존재론적 것 속에서 수렴하는 것으로 발견될 수 없거나, 하나의 유일한 존재론적인 확실성으로 표명될 수 없다. 왜냐하면 그것은 존재적인 불확실성이나 확실성에 항상 전제되어 있고, 그래서 두 가지 안에서 항상 함께 설정되기 때문이다. 그렇게 - 슐라이어마허처럼 - 주장하는 사람은 스스로 하나님이 되고 싶은 인간이 사로잡혀 있는 실제적인 불확실성 속에서, 다시 말하면, 죄와 함께 하나의 철학적인 놀이를 한다. 자기 자신과 자신과 동등한 것 속에 갇혀 있는 인간은 실제로 불확실성 자체를 전혀 알지 못하며, 따라서 그의 불확실성을 넘어서 그가 요구하는 확실성에 대해서도 말할 수 없다는 사실을 그는 알지 못한다.[70]

확신은 오히려 구체적으로 형성된다. 그것은 사죄를 선언하는 것과 같은 그리스도의 선포의 분명하고 확정적인 문장 속에서 일어난다. 그것은 이러한 구체적인 과정에서 분리되어, 종교현상학의 분야가 도피처로 삼고 있는, 이른바 보편적으로 타당한 성격을 지닐 수는 없다. 종교현상학의 분야는 모든 종교에게 그 토대를 제공할 정도로 매우 넓게 확장되었다. 루터에 따르면, 무신론은 종교, 특히 인간이 자기 자신에게 의존하려고 시도하는 자기실현의 종교 속에서 가장 강력한 힘을 발휘한다.[71]

그러나 루터도 역시 신앙과 불신앙 존재론적 대립, "한 쪽과 다른 쪽의 대립"슐라이어마허을 단 하나의 존재론적 공통분모로 묶지 않는가? 그는 "하나님과 우상, 이 두 가지를 모두 만들 수 있는 마음의 믿음"[72]에 관해서는 말하지 않는가? 슐라이어마허의 절대의존의 감정에서처럼 이와 같은 형식적인 "믿음"의 통합 속에 인간의 동일한 기본 욕구 혹은 기본적인 정신 상태가 언급되어 있다고 보려는 강한 유혹을 느낄 수도 있다. 이와 같

---

70 초월적이며-철학적인 그리고 초월적이며-신학적인 모든 사고방식은 통일된 - 어쨌든 공식적으로는 통일된 - 보편적 개방성에서 출발한다. 그 속에서 보편적 폐쇄성인 죄는 언제나 극복된다. 인간의 존재는 그에 의하면, 세상에 대한 그의 개방성과 하나님의 자기고지에 근거하고 있으며, 그쪽에서만 인간의 개방성과 수용성을 전제하고 있다. 그러한 생각에는 하나의 환상이 있다. 이에 비하여 죄와 은총의 대립을 숨기지 않고, 선험이 아닌 - 논리적인 선험이 없이 - 이러한 대립의 앞과 뒤에서, 안과 아래서 찾고 만들고자 노력하는 사고만이 환상이 아니다.

71 루터는 이슬람을 교황권과 열광주의자들과 같은 위치에 둠으로서 냉정한 자세로 이것을 강조한다. 그는 종교들과 교파 사이를 구분하지 않고, 다만 참된 신앙과 거짓된 신앙만을 구분한다. 불신앙은 자기 의를 세우려는 시도로서 기독교 신앙 밖에서 오며, 아무런 차이가 없다.

72 BSLK 560,16f(『대교리문답서』).

은 형식적인 공통 개념보다 더 강한 것은 내용적 차이이다. 존재론적으로 볼 때 ,"거짓된 믿음"은 루터에게 올바른 믿음과 완전히 대립되는 것이며, 따라서 공동의 상위개념, 즉 중립적인 "믿음" 혹은 중립적인 "양심"은 무의미한 것이 될 것이다.

따라서 신학은 은밀하게 형식주의적으로 시작할 것이 아니라, 열린 시각으로 자신의 실질적인 내용과 함께 시작해야 한다. 슐라이어마허와는 달리 루터는 1계명을 이해하고자 보편적인 것의 증명을 요구하지 않는다. 거꾸로 루터는 1계명에서 무엇이 "종교"인지를 읽는다. 그것은 "마음의 믿음"참고. 신 6:5이다. 이러한 믿음은 선험적이지 않으며, 하나님의 계시에 의해 구체적으로 만들어지고, 1계명이 요구한 것이다. 그것은 형식적-존재론적으로 접근할 수 없으며, 내용적-존재적으로 이해할 수 있다. 마찬가지로 하나님의 자기 계시와 1계명에 대한 대립은 곧 "거짓 믿음"이다. 그것은 너무나 구체적이기 때문에 그것이 올바른 믿음과 공통일 것이라는 선험성으로부터 상대화할 수 없다. 믿음의 두 운동의 관계는 다음과 같다. 무엇이 거짓 믿음, 즉 불신앙인지는 오직 올바른 신뢰로부터, 오직 믿음으로부터 분명히 드러나며, 거꾸로는 그렇지 않다. 그러나 바로 이렇게 뒤집을 수 없는 관계 설정은 루터가 제1계명에 대한 해석 덕분에 획득한 종교 개념을 매우 폭넓게 확장한다.

슐라이어마허가 그리스도교 신앙의 형식적, 선험철학적 예비개념 내지는 논리적 상위개념의 도식을 통해 얻고자 한 것은 무엇을 "종교"라고 말할 수 있는지에 대한 학문적인 이해이다. 이와는 달리 루터는 제1계명을 해석하면서 종교의 상위개념이 아닌, 구체적인 성경 본문에 대한 해석에서 포괄적인 – 무엇보다도 논쟁이 되는 - 종교개념을 발견했다.[73] 루터의 첫 계명에 대한 설명은 슐라이어마허가 가능한 가장 폭넓은 관점을 얻고자 했지만 실제로는 자아실현 방식을 "신앙의 방식"과는 다르게 설명함으로써 관점이 협소해졌음을 보여준다. 더 정확히 말하자면, 그것은 신앙과 모순되는 것이다.

이미 창조론에서 칭의에 대한 질문이 나온다. 강조점은 이것이다: 칭의에 대한 질문은 하나님의 존재를 묻는 질문보다 더 중요하다.[74] 절대 의존감정은 이와는 달리 "하나님이 모든 피조물과 더불어 나를 지었음"을 인정한다. 그러나 이것은 형식적이기 때문에 인간이 그것을 인정하지 않는다는 관점을 놓치고 만다. 인간은 자신의 죽음을 알지만, 믿지는 않는다. 슐라이어마허는 죄의식을 심리적 장애로 보고, 크게 관심을 두지 않고 인정도 하지 않음으로써 처음부터 이러한 모순을 약화했다.

교회를 창조질서로 보는 루터의 이해는 세계 종교와 대화하고 토론하는 과정에서 탁월한 의미를 지닌다. 여기서 죄에 대한 신학적 이해가 무엇보다 중요하다. 창조에서 하나님의 생각을 벗어나 존재하는 공동체는 이미 왜곡된 것이다. 따라서 창조의 질서로서 세워진 교회도 부패했다. 이러한 이유로 모든 피조물은 부패하여 "탄식한다"롬 8:18-23.

우리가 기독교적인 특별한 예배[75]가 아닌 모든 사람들이 드리는 일반적 예배에 대한 루터 신학을 설명하는 과정에서 창조질서로 이해한 교회와 교회의 심각한 타락에 주목할 때, 하나의 종교학적인 질문을 던지게 된

73　"기독교 신학 역시 모든 원리를 그 안에서 찾아야만 하는 틀을 이루는 보편적인 종교학은 전제될 수 없다(gegen Wolfhart Pannenberg, Wissenschaftstheorie und Theologie, Frankfurt, 1973, 364. 참고. 그러나 중요한 상대화 aaO., 421f).

74　이것은 1963년 헬싱키에서 열린 세계루터란 총회의 선언문 결어에서 밝힌 강조점과 대립된다.

75　참고. 12장.

다. 세계 종교사 연구를 위해 필요한 이 관점은 예배의 "중심"에 무엇이 있느냐의 문제이다창 2:9. 그것은 원초적으로 모든 사람들에게 - 모든 피조물과 더불어 – 타당한 생명의 약속이 주어졌다는 것이며, 십계명의 머리말과 첫 번째 계명 외의 어느 곳에서도 이러한 중요하고 편안한 느낌의 말을 들을 수 없다는 사실이다: "나는 너의 주, 너의 하나님이니라… 너는 나 외에는 다른 신들을 네게 있게 말지니라!"출 20:2-3

『대교리문답서』에서 첫 번째 계명에 대한 루터의 설명은 첫 번째 계명에 대한 해석에서 얻을 수 있는 종교 개념이 얼마나 대단하고 넓은지를 인상 깊게 보여주고 있다. 이와 같은 종교 개념이 창조의 신학적 차원을 설명해주고 - 세 가지 신분에 대한 설명이 보여주듯이 – 개인의 존재 방식뿐만 아니라 사회적 존재 방식이 기본적인 세계 경험과 서로 연결되어 있음을 알게 해준다.

3. 가정과 정부

3.1. 세속적인 것의 영적 중요성

세 가지 신분에 대한 루터의 이해는 논쟁의 여지가 없지 않다. 이것은 1539년 5월 9일에 이루어진 마태복음 19장 21절에 대한 토론 논제인 『교회, 정부, 가정이라는 세 신분에 관련하여: 교황은 이 세 신분의 어느 것에도 속하지 않으며, 그는 세 신분 모두에게 공공의 적이다』[76]라는 글 속

---

76   WA 39 II, 44,8-13 그리고 52,6-53,14; 참고. 도입 "격변의 시대"의 각주 8.

에 전형적으로 나타나 있다. 세 가지 신분론은 가정과 정치적 신분의 영적인 세속성에 대한 경멸과 더불어 루터가 비판했던 수도사의 제자도 이해를 부정한 데에서 온 결과는 아니다. 물론 루터의 입장은 이와 같은 부정과 밀접하게 연결되어 있다. 그것은 수도원의 정신을 철저히 따르기 위해 열광주의자나 재세례자들이 추구한 세상 "도피"Desertion에 대한 부정과도 연결되어 있다. 루터의 신학과 그의 윤리는 이 두 가지 측면에 대한 논쟁적인 저항이 없이는 이해할 수 없다. 루터는 이 두 가지 측면을 "중간적 입장"Mittelbahn이라는 독창적인 방식으로 정확히 보고 있다. 그는 "우로도 좌로도" 치우치기를 원하지 않는다.[77]

아우구스티누스 엄수파 수도사였던 마르틴 루터의 삶과 신학이 종교개혁적 전환이 일어나기까지는 극단적인 금욕주의로부터 영향을 받았다는 사실은 의심의 여지가 없다. 그는 모든 세속적인 것과 자연적인 것을 오직 세상 도피의 요구 아래서만 고려하였다. 그것은 자기 자신을 포기하기 위한, 모든 일에서 자기 자신과 자신의 것만을 추구하는 욕망인 죄를 제거하기 위한 공간과 시간과 수단이었다. 극단적인 요구가 순결과 청빈과 복종을 위한 수도사의 서약으로 집약되었듯이, 모든 세속적인 것과 자연적인 것은 극단적인 요구에 부응하기 위해 매일의 참회를 통해 자신을 부인하고 자신을 낮추며 자신이 아무것도 아님을 인식하기 위한 필수적인 내용과 수단으로만 이용되었다. 종교개혁이 시작되기 이전의 루터는 세속적인 것과 자연적인 것에 대해 고유한 가치나 긍정적이고 영적인 중요성마저 부여하지 않았다.

---

[77] WA 18,112,33f(『하늘의 예언자들 반박, 성상과 성례전에 관하여』 1525). "도피"(Desertion), 즉 "가정과 정부를 버리는 것에 대하여"(deserere oeconomiam, politiam)(WA 20, 7,35f [전도서 강의 서문] 1532) 그리고 『아우크스부르크 신앙고백서』, 제16조(BSLK 71,6: "deserere").

루터 연구는 지금까지 놀랍게도 세상에 대한 이러한 극단적인 거부가 어떻게 모든 세속적인 것과 자연적인 것에 대한 긍정으로 바뀌었는지를 다루지 않았다. 이것은 1520년도부터 나오는 루터의 글에 점차 확연하게 드러나 있다. 후기에 나온 글을 - 『교리문답서』 뿐만 아니라 - 고려할 때, 얼핏 이런 추측이 가능하다: 말씀과 성례전에서 세속적인 물질이 영적인 것을 전해줌을 이해하게 되자, 모든 세속적인 것도 영적으로 중요하다는 것이 긍정적인 의미로 루터에게 다가왔다. 이것은 결혼, 부모, 더 나아가 경제와 세속 정부를 포함한 법에도 적용된다.

루터는 세례에 근거한 모든 그리스도인들의 신앙을 기준으로 세속적 신분의 가치를 인정했다. 그 신분들은 예전에는 이념적이지는 않았으나, 실제로 제한적 의미를 가졌던 것들이다. 이제 중세 후기 도시 문화와 궁정에서 전문화된 직업과 연관하여 중요하게 된 "판사, 공무원, 시장, 서기"[78] 그리고 여태까지 사회 밑바닥에서 경멸을 받던 "남종과 여종"의 신분이[79] 하나의 "거룩한" 신분이 되었다.[80] "나는 모든 성직자, 수도사, 수녀의 거룩함보다 그들이 있는 곳에서 최선을 다하는 판사와 서기의 일을 더 좋아한다."[81]

"따라서 경건한 하녀는 명령을 좇아 맡겨진 일에 따라 마당을 쓸거나 거름을 나르고, 남종도 마찬가지로 일을 할 때, 바른 길, 즉 천국을 향하게 된다. 다른 사람

---

78 WA 26,505,5f(『그리스도의 성만찬에 관하여, 고백』 1528).
79 WA 26,505,6. 루터는 "신분"이라는 말을 사회의 구성과 구조와 연관해 사용했다. 이럴 경우 그것은 세 가지 신분론에서의 의미와는 전혀 다른 의미를 갖게 된다. 루터는 - 이것은 말할 필요도 없지만 - 세 가지 신분을 말할 때 사회의 계급이나 명성의 정도를 말하고자 하지 않았다.
80 WA 26,504,30.
81 WA 30 II, 561,11-13(『어린이를 학교에 보내야 한다는 설교』 1530).

들은 자신의 직무와 일을 팽개치고 성 야고보를 따르거나 혹은 교회로 가지만, 이것은 곧장 지옥으로 가는 것과 같다."[82]

3. 2. 가정과 결혼

"경제"Oeconomia는 루터에게 오늘날 사회적으로 전문화된 상황에서 결혼과 가정, 경제, 교육과 학문 등으로 우리가 구분하는 모든 것을 포함한 개념이다. 그는 여기서 아리스토텔레스의 전통에 서 있다. 아리스토텔레스 전통은 경제οἰκονομία를 가정οἶκος, 즉 가정경제로부터 이해한다. 여기서 경제의 이 세 가지 차원에 대한 광범위한 루터의 입장을 서술하는 것은 불가능하다.[83] 아래에서는 가정과 결혼에 관한 루터의 이해를 결혼을 중심으로 살펴보았다.

루터의 결혼관을 이해하고자 하는 사람은 먼저 가정에 대한 그의 견해를 알아야 한다. 현대인에게는 매우 낯선 루터의 관점은 이 세상에 사는 모든 사람은 제5계명"네 부모를 공경하라"을 "첫째이자 최고의 것"[84]으로 여겨야 한다는 사실에서 온 결과이다: "하나님은 그 어떤 신분보다도 부모라는 신분에 특별한 가치를 부여했다."[85] 생명에 대해 누군가에게 감사해

---

82 WA 10 I/1, 310,9-13(요한복음 21장 19-24절에 대해; 『교회설교』(1522).

83 경제에 대한 단행본: Hans-Jürgen Prien, Luthers Wirtschaftsethik, Göttingen 1992. 교육과 학문에 대해서는: Werner Reininghaus, Elternstand, Obrigkeit und Schule bei Luther, PF 38, Heidelberg 1969. 학교는, 루터에게 있어서, 연장된 부모의 집이며, 결코 국가의 일만은 아니다. (참고. WA 50,651,15-652,32 『공의회와 교회에 관하여』 1539).

84 BSLK 586,48f(『대교리문답서』).

85 BSLK 587,7-9; 참고. aaO. 592,32-44. "부모는 아이들에게 복음을 알려주기에 부모는 그들의 자녀에게 사도, 주교, 목사임이 분명하다. 간단히 말하여, 아이들을 가르치는 부모보다 이 세상에 더 위대하거나 고결한 것은 없다. 부모는 아이들을 다스릴 영적이고 세속적인 힘을 갖고 있기 때문이다"(WA 10 II, 301,23-27; 『결혼 생활에 관하여』 1522).

야 하지만, 인간이 잊어버리는 배은망덕과 연관해서 루터는 『대교리문답서』에서 아래와 같이 말하고 있다.

> "하나님은 그러한 세상의 사악함을 잘 알고 계신다. 그렇기 때문에 하나님은 계명을 주셔서 부모가 자녀에게 행한 것을 모두가 생각하도록 상기시켜 주시고 생각하게 해주신다. 그래서 자녀는 자신이 부모에게서 몸과 생명을 받았음과 또한 보살핌을 받고 양육을 받았음도 알게 된다. 그렇지 않을 경우, 자녀는 이미 그 자신의 불결Unflat 속에서 백번도 넘게 질식했었을 것이다."[86]

오직 나의 부모를 통해서만 나에게 생명이 주어졌다. 이러한 문장은 진부하게 들린다. 그러나 그것은 개인주의와 세대 간의 차이가 심한 시대에 세상과 우리의 삶, 우리 자신의 삶의 역사가 우리 자신에게서 시작되지 않음을 새로이 배워야 한다는 것은 결코 아니다. 오히려 우리의 삶보다도 먼저 주어진 하나의 말, 하나의 뜻, 하나의 동의를 고맙게 생각한다. 이것이 분명해야 결혼을 다룰 수 있다.

루터가 살던 시대에도 오늘날처럼 이런 질문이 제기되었다. 결혼이 올바른 삶의 길인지 어떻게 확신할 수 있는가? 만일 내가 혼자 산다면, 더 자유롭지 않겠는가? 다른 여자가 아닌 바로 이 여자가 나의 아내 혹은 다른 남자가 아닌, 바로 이 남자가 나의 남편이라는 것을 어떻게 확신하는가? 배우자가 더는 내 맘에 들지 않아도 계속 살아야 하는가? 위기와 갈등이 발생할 경우에는 무엇을 지켜야 하는가? 다른 사람이 나에게 훨씬 더 잘 어울릴 것 같다는 생각을 해도 되는가? 그러한 방황과 갈등 속에서 확고한

---

86 BSLK 593,21-28.

신분을 찾을 수 있고, 확고한 근거를 마련할 수 있는가?

우리는 바로 여기서부터 무엇 때문에 루터가 결혼이라는 "신분"에 대해 그렇게 힘주어 말할 수 있었는지를 이해할 수 있다. 루터에게 신분의 견고함은 가장 높은 생동성과 연결되어 있었다.

결혼 신분의 견고함은 신뢰할 수 있는 말씀으로 인해 인간에게 주어진 것이다. 말씀은 함께 살아온 시간의 지속과 결속을 보장한다. 그것은 아름다움과 기쁨, 위기와 갈등 속에서 요동치는 삶의 모든 순간을 묶고 있는 끈이다. 그것이 신분을 신분이 되게 만든다. 하나님의 말씀은 한 명의 특정한 남자와 한 명의 특정한 여자를 아무런 조건과 기간의 제한 없이 함께 살게 했다.

루터는 "남자와 여자의 관계를 나눌 수 없다"고 한 예수의 말씀을 결혼에 대한 하나님의 말씀으로 들었다. 그것은 교회의 결혼예식에서 우리가 늘 듣던 말씀이다: "하나님이 짝지어 주신 것을 사람이 나누지 못할 것이다." 막 10:9 예수는 이에 대해 두 개의 창조 기사 창세기 1장를 인용하여 하나님의 본래의 창조의 뜻을 강조했다: "사람이 독처하는 것이 좋지 못하니!" 창 2:18.

하나님은 이 창조의 말씀으로 인간이 외롭다는 불평을 들어 주셨다. 하나님은 이미 선제적으로 대응하셨다. 창조자의 말씀에 따르면, 하나님은 남편과 아내를 함께 있게 하심으로써 외로움을 방지하신다. "결혼하고" "대화하여" 한 몸이 되며, 그 안에서 서로가 서로를 – 경외하며 - 인식하고 인정하게 된다. 물론 여기서 서로의 동질성과 독특성은 배제되지 않고, 내재되어 있다.

결혼에 관한 하나님의 말씀에 대한 루터의 이해는 1531년 1월 8(?)일에

행한 결혼설교에 가장 분명하고 감동 깊게 등장했다[87]:

"결혼은 하나님이 추진하시고 제정하셨으며, 하나님의 나라 밖에도 만들어져 있고, 하나님의 나라 밖에서도 역시 시행되고 구별되어 있음을 누가 모르겠는가? 창세기 1장, 2장 그리고 9장이 보여주듯이, 모두가 이것을 알고 있다. 나도 역시 이 말씀을 암송하도록 교육 받았다." 그러나 정말로 그것을 알고 배우는 것은 "아직은 내가 할 수 없고, 더욱 배워야 하는 하나의 예술이다."[88]

무엇 때문에 이 말씀을 먼저 배워야 하며, 먼저 그 말씀을 경험해야 하는가? 이 말씀은 우리의 삶을 설명하고, 구체화하여 모호함을 제거하고 목적한 것을 이루도록 해주기 때문이다. 루터는 하나님의 말씀은 인간의 충동적인 삶이 지닌 혼란스런 본성에 당위성을 제시하고, 서로 다른 삶의 방식에 특정한 차이가 있음을 밝혀준다는 사실을 매우 강조했다.

만약 말씀이 없다면, 혼인의 위치에 있다고 해도 혼인 신분을 가질 수 없다. 만약 남편과 아내부부가 그들의 혼인에서 하나님의 말씀을 보지 못한다면, 그들의 연합이 말씀에 대한 믿음 안에서 이루어진 것임을 알지 못할 것이며, 그렇다면 그들의 이성도 눈 먼 것이 될 것이다.

루터는 『결혼생활에 관하여』 Vom ehelichen Leben 라는 글에서 눈 먼 이성적 관점과 하나님의 말씀을 믿는 믿음으로 깨우친 이성적 관점을 서로 날카롭게 대립시키고 있다:

87　WA 34 I,50-75(히브리서 13장 4절 설교); Frieder Walker와 Alfred Holbein은 "혼인 은사"(Ehe-Gabe)라는 현대 표준 독일어로 번역했다(Fürth: Flacius Verlag, 1984).

88　WA 34 I,52,22-27. 참고. 3장 각주 39.

"보통 이교도들이 의지하는 자연적 이성이 혼인에 대해 말할 때, 비록 이성이 아무리 영특하다고 할지라도, 콧대를 세우고 이렇게 말할 것이다: 오, 아기를 달래고, 기저귀를 빨고, 재우고, 고약한 냄새를 맡으며, 밤새 깨어 있어야 하며, 울 때는 보살피고, 피부 발진과 염증을 치료해야 한다. 그 후에는 아내를 돌보고, 부양하고, 일하고, 이곳저곳을 고쳐야 하며, 여기저기가 아파서 결혼의 피로함과 고달픔에 대해서만 더욱 떠들게 된다. 에이, 내가 노예인가? 이 불쌍하고 가련한 남편이여, 당신은 한 여자를 얻었으나, 에구, 에구, 가련한 여자요, 지겨운 여자일 뿐이다. 차라리 혼자서 걱정 없이 편안한 생활을 하는 것이 더 낫지 않을는지 […].

그러나 그리스도교 신앙을 가진 사람은 이에 대해 어떻게 말하는가? 그는 눈을 열어 사소하고 유쾌하지 않고 싫은 이 모든 일을 성령 안에서 바라보고, 그 모든 것이 값비싼 금과 보석으로 치장되어 있듯이 하나님의 축복으로 장식되어 있음을 알며, 이렇게 말한다: 오, 하나님, 나를 한 남자로 만들어, 자식을 갖게 하신 분이 당신이심을 확신하고, 또한 당신이 가장 기뻐하는 일임을 확신하며, 나는 아기를 달래고, 기저귀를 빨고, 아이 엄마를 돌볼 자격이 없음을 고백합니다. 어떻게 내가 공로도 없이 이런 자격을 얻었으며, 당신의 피조물과 당신의 사랑스런 뜻을 받들어야 한다고 확신할 수 있는지요? 비록 가볍고 경시되는 일일지라도, 나는 기꺼이 그 일을 할 것입니다. 이제 추위도 더위도, 수고도 힘든 일도 나를 불쾌하게 할 수 없습니다. 왜냐하면 당신이 그러한 일을 매우 기뻐한다는 것을 확신하기 때문입니다.[89]

이와 같은 믿음의 확신은 말씀에 대한 확신에서 나오는 것이며, 혼인에

---

89 WA 10 II, 295,16-296,11(『결혼생활에 관하여』 1522).

도 동일하게 적용된다. 말씀과 상관없이 피상적으로 보면, 눈먼 이성과 볼 수 있는 이성의 차이점을 발견하지 못한다. 그 이성은 혼인한 삶과 혼인하지 않은 삶의 차이를 서로 구분할 수 없다.

남편과 아내의 관계를 말하는 오늘날의 혼인법도 역시 하나님의 말씀에 의해 이해되고 있다. 서로 호감을 갖고, 상호 검증하여 관청의 담당관 앞에서 확실하게 맺어지기까지 결정의 전 과정에서 하나님의 말씀과 뜻을 분별하고, 하나님이 나로 하여금 이 여자와 이 남자와 함께 살고, 혼인하고, 이야기하도록 정해주셨다고 고백하는 것은 필요하고 유익한 일이다. 우리는 결혼을 자신의 독자적인 결정의 결과라거나 단순한 계약에 불과하여 서로 합의하면 언제든지 다시 헤어질 수 있는 것으로 이해할 수 없다.

그리스도인들은 그들의 결혼을 자신의 의지의 결과라고 이해할 수 없기 때문에 결혼 예식은 그 중심에 하나님에 대한 고백, 즉 하나님이 이 혼인을 이루어주었다는 고백이 있다. 또한 부부의 삶에 대하여 하나님에게 감사하며, 하나님을 의지하게 된다. 죄의 용서라는 하나님의 약속으로부터 혼인의 삶이 중단 없이 이어질 것을 기대하고 간구한다. "네게 있는 것 중에 받지 아니한 것이 무엇이냐?"고전 4:7. 하나님은 교회의 혼인예식의 과정에서 자신이 불쌍한 자라는 고백을 참작하신다.[90]

악, 곧 마귀는 선하게 창조된 피조물들을 위협하고 파괴하려고 애쓰고 있다. 남자와 여자의 혼인, 그들의 연합은 하나님의 선한 창조이다. 그러나 마귀는 분열의 씨를 뿌린다. "그것은 하나님이 만든 신분과 질서이다. 결혼하는 것은 정말로 영적 시련으로 가득한 수도원에 들어가는 것과 같

---

90 참고. BSLK 530,15-26(『소교리문답서』 결혼소책자)

다." 사랑의 유지는

"당신의 뜻대로 되는 것이 아니다. 당신에게는 마귀라 일컫는 강력한 적이 있다. 집에서 불평과 불만의 소리가 들리고, 의자와 테이블이 뒤집혀 있으며, 방에서 아내를 구타하거나 뺨을 때리는 것을 볼 때, 마귀는 기뻐서 어쩔 줄 모른다. 그 것은 마귀를 위한 음악이다. 마음 먹었던 일이 정확하게 이루어졌기 때문에 그는 몰래 숨어서 웃는다. 아내 곁에는 남편이 없고, 아내는 남편을 사랑하지 않기를 마귀는 원한다. 그렇기 때문에 당신은 결혼생활을 외적으로만 보아서는 안된다. 그런 식으로 보면, 결혼은 시험과 슬픔으로 가득 찬 것일 뿐이다. 결혼은 말씀에 따라서 바라보아야 한다. 그럴 경우에 결혼은 말씀으로 장식된 것이며, 말씀에 기초한 것이 된다. 이 말씀은 쓰디 쓴 쑥을 달콤한 꿀이 되게 할 것이고, 슬픔을 기쁨으로 다시 바꾸어 줄 것이다."[91]

하나님의 말씀에는 인간을 질식시키지 않고 해방하는 권위가 있다. 그것은 위기와 갈등이 있을 때 서로 연합하게 하는 힘이지만, 사람과 사람의 기분 그리고 마음 상태로부터 – 물론 그의 결단으로부터도 아니다 - 나오는 것은 아니다. 결혼에 관한 하나님의 말씀은 상황과 동떨어지고 두 사람과 상관없는 것에 대해서 말하는 것이 아니다. 그 말씀은 유혹과 시련을 막아준다. 그것은 물론 낙관적인 것이 아니며, 영적 시련과 유혹이 없다는 것도 아니다. 그것은 자체로서는 효력이 없다. 그것은 영혼을 돌보는 말씀이다.

영적 시련 가운데 처하게 되면, 도덕적 결단이 가져오는 안정은 위안이

---

91 WA 34 I,64,1-14(『결혼에 관한 설교』 1531).

되지 못한다. 영적 시련은 – 강렬할 경우 – 혼인의 삶을 파괴할 수 있다. 영적 시련에 처하게 되면, 애정의 감정도 위로가 되지 못한다. 시련은 그들을 소멸시킬 수 있다. 영적 시련에 빠지게 되면, 외적인 법도 위로가 되지 못한다. 그것은 비록 외적인 강제성으로 두 사람의 결합을 유지시켜 부부가 다시 힘을 얻고, 새로이 서로를 긍정한다고 할지라도, 자유하게 할 수는 없다. 위안을 주고 부부의 삶을 보증하는 것은 말씀밖에 없다.

오늘날까지도 의미가 있는 루터의 신분 개념의 핵심은 함께 살아가는 자들의 인격에 있다. 이 인격은 말씀으로 지어졌다. 신학적으로 볼 때, "인간"에 대해 말할 때, 루터는 결코 개인주의적으로 말하지 않고, 오직 말을 주고받는 대화의 관계 속에서만 말하고 있다: 내가 누구인지는 내가 상대방의 말을 듣는 결과로 아는 것이며, 그렇기 때문에 나는 응답할 수 있고, 응답해야 한다. 루터의 의도를 볼 때, 신학적인 제도 이해에 대한 숙고는 매우 인격적이다. 다시 말하면, 그것은 가능한 한 말씀대로 행동한다는 것[92]을 뜻한다. 우리는 이것을 항상 의식해야 하거나, 의식하게 만들어야 한다. 참으로 인격적인 것은 바로 제도성, 그 제도적 특성에 있다. 만약 이것이 없다면, 그것은 공허한 것이 될 것이고, 따라서 전혀 비인격적인 것이 되고, 단지 기분이나 순전한 의무가 될 것이다.

나의 신분 혹은 나의 직업[93], 나의 소명과 더불어 나의 삶의 길을 어떻게

---

92   하나님의 말씀을 굳게 신뢰하는 것이 참된 제도의 기초이다. 혼인의 기초는 "하나님이 결혼 제도를 만들어 주셨음을, 남자와 여자가 한 몸을 이루고, 아이를 낳고 기르도록 명령했음을 확실히 믿고 아는 것이다. 그 때문에 남자와 여자는 하나님은 거짓말을 하지 않는다고 분명히 해주는 하나님의 말씀(창 1:28)을 믿는 것이다."(WA 10 II, 294,27-30 [『결혼생활에 관하여』 1522]).

93   만약 "신분"에 대해 말하는 대신에 "직업"에 대해 말한다면, 결혼한다는 것은 그 자체가 자명한 일이 아님이 더욱 분명해질 것이다. 특별한 직업은 독신으로 사는 사람뿐만 아니라 그 일로 부르심을 받았음을 알기에 결혼한다는 자들에게도 필요한 것이다. 루터에게 있는 "직업"의 의미는 구스타프 빙그렌(Gustav Wingren)이 연구했다: Luthers Lehre vom Beruf, München 1952.

확신할 수 있는지에 대한 질문과 함께 루터의 실천적이고 넓고 깊은 말씀 이해를 알 수 있게 되었다.

3. 3. 국가정부

세 번째 신분인 정부를 다룰 때, 루터의 신학에 대한 이 설명이 조직적인 의도 속에서, 즉 현재적 책임 속에서 이루어진다는 사실을 밝힐 것이고, 그 이유도 밝힐 것이다. 루터의 이해와 다른 새로운 시각과 문제들도 진지하게 수용하고 살펴보아야 한다. 특히 이 주제와 연관된 분야에서 나는 비판적인 루터 수용이 반드시 필요하다고 본다. 그렇지만 아래에서 – "권력"Macht, "폭력"Gewalt 그리고 "통치"Herrschaft를 구분한 관점에서 – 만약 정부에 대한 루터의 이해가 없었다면, 나는 정부에 대한 긍정적인 이해를 얻을 수 없었을 것이다.

루터에게, 그리고 오늘날까지도 그러하지만, 분명히 구분해야 하는 두 가지 입장이 드러난다. 그 중의 하나는 신학적 죄 이해에 바탕을 둔 정치 윤리적 근거에서 나온 것으로서 정부질서를 "부패한 본성에 대한 불가피한 대안"[94]으로 이해한 것이다. 두 번째 입장은 인간에 대한 낙관적인 관점, 즉 인간은 본래 평화를 이루어낼 능력이 있다는 가정에서 나왔다. 이 두 개의 입장을 비판적으로 다루면서, 나는 세 번째 입장을 소개할 것이다. 나는 두 가지 다른 입장이 지닌 진리의 요소를 인정한다.

---

94 WA 42,79,8f(창세기 2장 16절 이하에 대해). "Remedium necessarium naturae corruptae." 참고. 각주 6.

첫 번째 입장은 근대에 토마스 홉스가 주장한 자연 상태와 사회계약의 개념과 풍부하게 결합된 정치윤리적 근거에서 나온 것이다.[95] 이 입장은 주로 어떻게 죄와 그 결과를 알 수 있는지의 문제를 다루고 있다. 성경의 창조 이야기에 대한 루터의 해석에 따르면, 하나님은 에덴동산에 - 태고에 - 교회die Kirche와 "가정"oeconomia을 창조했으나, "정부"Politia는 만들지 않았다.[96] 폴리치아Politia, 즉 오늘날 의미하는 국가der Staat/정부는 처음부터 만들어진 창조질서가 아니라, 나중에 필요에 의해 생겨난 긴급질서Notordnung이다. 따라서 정부는 특히 강제력을 사용한다. 오직 그것만이 독단을 막아주고, 오직 그것만이 다른 사람의 생명을 해치는 맹수의 본능을 제어한다. 오직 그것만이 형제 살해범 가인을 다룰 수 있다. 오직 그것만이 상호인정을 놓고 모두가 서로 생사의 혈투를 벌이는 싸움을 길들일 수 있다. 이러한 신학적, 정치적인 입장에서 볼 때, 법을 파괴하는 모든 행동은 댐을 파괴하는 것이다. 그로 인하여 홍수가 일어나고, 모든 것을 황폐화시킬 위험이 발생한다. 이런 입장은 19세기 이래 루터교회에서 - 유감스럽게도 - 가장 압도적인 영향을 떨쳐왔다.

두 번째 입장은 자연법에 대해 매우 낙관적이라는 의미에서 전혀 다르다. 이것은 아리스토텔레스와 스토아 전통 속에서 인간의 원초적인 사회성으로부터 출발한다. 인간은 그의 이성의 힘으로 범세계적인 합의, 모든 민족의 합의에 이르기까지 합의를 추구하며, 모든 규정을 준수할 수 있다는 것이다. 규정을 어기는 것은 예외이다. 여기서 사람들은 우선 혼돈을

---

95   Thomas Hobbes, Leviathan, I, c. 13f.
96   참고. 위의 단락 1.

막을 생각을 하는 것이 아니라, 하나의 질서Kosmos를 전제하고 있다. 인간은 평화를 유지할 능력을 가지고 있으며, 자신에게 부여된 자유를 이성적이고 사회적 목적에 부합하게 사용할 수 있다고 본다. 루터가 죄의 질서와 불가피한 질서인 정치를 창조질서인 가정과 날카롭게 구분할 뿐만 아니라 이 둘을 내적인 연관성 속에서 보았고, 정치가 가정 위에 세워져 있다고 주장했다면, 이런 입장도 루터를 근거로 끌어들일 수 있다. 『대교리문답서』의 제4계명 해석은 이렇게 말한다: "부모의 권위로부터 다른 모든 권위가 나오고, 발전한다."[97] 그리고 다른 곳에는 "가정이 모든 공적인 일의 근원이다."[98]고 적혀 있다. 이런 점에서 루터는 가끔 죄로 인해 국가정부가 등장했다는 자신의 엄격한 입장을 상대화하고, 아리스토텔레스와 스토아 전통에 근거한 자연법적 설명에 가까이 다가가고 있다. 아래의 『탁상담화』는 이를 지지하는 증거이다: "하나님은 사람들이 다정하고 평화롭게 […] 같이 살도록 창조하셨다."[99] 어쨌든 현재 개신교 안의 교회와 신학적 상황은 정치적인 기본방향과 관련해 이 두 가지 입장 – 각자가 가장 이상적인 형태라고 강조함에도 불구하고 – 사이에서 갈등을 겪고 있다고 볼 수 있다. 어떤 정치적 선택이 이 두 가지 입장과 연결되고 일치하는지는 명백하다.

---

97 BSLK(596,17-599,13), 596,20f.

98 "Domus est fons omnium rerum publicarum"(WA 40 III,220,4f; 시편 127편 1절에 대해; 1532/33); 참고. WA 20,8,19-23(『전도서 강의』 1526). 참고. WA 47,854,7f(1539년 9월 29일자 설교): "부모는 근원이자 원천이며, 바로 여기서 세속 정부가 나온다."(Parentes sunt quell und born, ex quo venit weltlich regiment).

99 WA TR 6,266,23-25(Nr. 6913). WA 40 III,222,35f(시 127:1, 1532/33)에 따르면 인간과 더불어 가정뿐만 아니라 국가(die Politie)도 동시에 창조되었다("leges et artes divina ordinatione cum homine concreatae").

정치적 신분에 대한 루터의 이해는 현재적인 책임감 속에서 세 번째 방향을 대변하는 입장 속에서 수용되고, 발전되어 가고 있다. 이를 통해 첫 번째 입장이 지닌 창조신학적 결점과 마찬가지로 두 번째 입장이 지닌 신학적 죄론의 결점은 극복되었다.

만약 국가가 오직 죄만을 다룰 뿐이고 본래의 인간 존재와 무관하다면, 이것은 국가 이해에 치명적인 결과를 초래한다: 국가는 완전히 강압 국가가 되는 성향을 띠게 된다. 대표를 통해 일해야 한다는 사상은 강화되고 심화된다. 대중의 뜻을 알려주는 국민투표와 같은 방법은 원칙적으로 불신을 받게 된다. 사람들은 그러한 난폭한 지배를 두려워한다. 그러나 국가가 본래의 인간 존재와 – 부인할 수 없을 정도로 지금은 왜곡되어 있지만 – 연관이 있다면, 다른 판단이 가능하다.

먼저 권력의 현상은 다르게 인식될 것이다. 권력은 유감스럽게도 죄 때문에 더 큰 악을 막기 위하여 불가피하게 도입되고 시행되어야 하는 것이 아니다. 권력은 또한 – 이와는 정반대로 – 그 자체로서 악한 것이 아니라, 본질적으로 인간의 본질에 속해 있는 것이다. 권력은 인간이 생명체라는 사실과 함께 주어진 것이다. 인간은 들을 수 있고, 그렇기 때문에 – 대답하면서 – 말할 수 있고, 또한 책임을 져야 하는 생명체이다. 듣는 사람은 그가 듣는 사람, 즉 말하는 사람의 권력에 복종한다. 말하는 사람, 즉 다른 사람에게 말을 거는 사람은 상대를 일으켜 세우고 자신에게 주목하게 만들고, 그에게 힘을 행사하며, 참으로 그를 지배한다.

인간인 우리는 결정적으로 대칭을 이루도록 – 예컨대 완전하고 동등한 언어 능력의 대칭을 이루도록 – 결정된 것이 아니라 들음과 말함, 말함과 들음 사이에서 비대칭을 이루도록 결정되었다. 두 사람이 두 개의 다른 집단으로 나눠져서, 한 집단은 항상 말하기만 하고 다른 집단은 항상 복종하기만 한다고 말할 필요도 없다. 하나의 동일한 사람 안에도 비대칭이 존재한다. 두 가지가 – 물론 상황과 입장에 따라서 비율은 교체되지만 - 나란히 존재하지 않은 사람은 없다.

모든 사람이 다른 사람을 지배하는 힘을 가졌듯이, 나는 듣고 말하는 자로서 그러하다. 오직 이러한 힘과 책임의 관계 속에서만 - 이 관계를 떠나서는 그럴 수 없다. - 인간은 자신의 존엄성과 자신의 자유를 가진다. 자유와 존엄성은 다른 사람과 분리된 채 생각할 수 있는 개인의 소유물이 아니다. 인간의 존엄성과 인간의 자유는 오히려 들음과 말함, 제공과 획득, 수용과 전달, 권위와 비판 사이에서 일어나는 공동체적인 놀이 속에 있다.[100]

"자유"는 공동의 사회적 놀이로서 원래부터, 이미 창조자 하나님의 뜻에 따라서 권력의 공백 속에서 존속하는 것이 아니라, 권력 관계 속에 존속한다. 권력 관계는 남의 생명을 이롭게 하고, 처음부터 그것을 형성하고, 바로 그것을 창조한다. 이것은 특히 부모로부터 물려받은 육체적, 정신적 유산의 가치이다.

그렇지만 이러한 힘은 - 바로 이 점이 그 두 번째 결정적인 특징이다. - 아무런 단절도 없이 생명에 영향을 끼치지 않는다. 다시 말하면, 인간은 원래적인 들음과 말함을 철저히 왜곡하고 부패시켰고, 이런 점에서 그의 힘과 자유와 가치를 철저히 왜곡하고 부패시켰다. 인간은 부패한 상태in statu corruptionis 속에서 살아가고 있다. 두 번째 입장은 이를 보지 못하고, 인간의 인류사적-보편적 중요성을 과소평가한다. 생명을 창조하고 생명을 촉진하는 힘은 삶 속에서 위협하고 침해하는 폭력으로 왜곡되었다. 왜곡

---

100 참고. Oswald Bayer, Autorität und Kritik. Zu Hermeneutik und Wissenschaftstheorie, Tübingen 1991.

된 힘은 폭력이다. 폭력은 힘의 남용이다.

성경의 원역사는 이 힘의 남용을 이야기해 준다. 원역사는 그 첫 사례를 무엇보다도 형제살인창세기 4장에서 보고 있다. 따라서 제5계명"살인하지 말라!"은 삶의 증진을 위해 힘을 사용하기 위해 힘의 남용을 비판한다.[101] 다른 모든 계명도 역시 힘의 남용을 비판하고, 이를 통해 자유와 생명을 위해 기여한다. 정의와 관련하여 특별히 제8계명"너는 너의 이웃에 대하여 거짓 증거하지 말라!"을 생각해 보아야 한다. 이것은 신뢰할 수 있는 말의 힘에 기여하고, 이를 통해 정의와 그의 자유를 위해 기여한다.

폭력 속에서 힘이 왜곡되고 남용되는 상황에서 통치가 없다면, 생명은 유지되고 촉진될 수 없다. 폭력적 상황에서, 그리고 폭력에 맞서 생명을 이롭게 하는 힘에 기여하는 것은 정당하고 책임적이며 책임을 져야 하는 통치이다.

정치적 통치는 – 단어 자체가 말하듯이, 민주주의도 역시 통치이다. - 노골적인 폭력을 억제하고, 동족 살해를 방지하며, 자구권과 자경권을 조절한다. 폭력, 그 돌발적 특징과 자의를 통제하는 것은 엄청난 문화적 업적이다.[102] 물론 현대에 와서 비로소 가능해진 국가권력의 전체주의에 대해 망각해서는 안 될 점이 있다. 근대 초기 이래 국가는 물리적 폭력을 독점하고, 국가의 개입이 오직 법질서를 위해서만 기여하도록 결정한다면, 그렇다면 자구권과 자경권에 직면하여, 그리고 언제나 공개적으로 일어날

---

101 "우리는 하나님을 경외하고 사랑해야 한다. 우리는 이웃에게 상처를 주거나 해를 입히지 않아야 하며, 그를 보호하고 일신상의 모든 필요한 것들을 도와야한다"(BSLK 508,31-34 〔『소교리문답서』 5계명 설명〕).

102 루터 생애의 첫 기간에 영구적 지역평화(1495)가 체결되고, 그로 인해 자경권(Fehderecht)이 폐지되었다. 그는 이 법으로 정치적 영역에서 이루어진 법질서가 위태롭게 되기를 원하지 않았다. 루터의 주된 관심은 공공질서의 유지였다.

수 있는 만인의 만인에 대한 전쟁에 직면하여 국가권력의 전체주의는 무슨 진보를 의미하는지를 망각해서는 안 된다.[103]

다만 "합법적이고 물리적인 힘"[104]은 – 폭력 행위를 의미하는 것이 아니다. – 법치국가의 통치 질서를 배타적으로 결정하는 것이 결코 아니다. 여기에는 – 오인해서는 안 되고, 이성적 한계를 넘어서 의심해서도 안 되는 - 마지막 가능성이 놓여 있다. 이런 가능성은 진지하게 존재한다. 다시 말하면, 이런 가능성은 단지 위협적으로만 다가오는 것이 아니라 실행되기도 한다. 이것은 일상적인 일에 폭력을 사용해야 한다는 의미가 아니다. 그것은 오히려 "최후의 수단"ultima ratio[105]이다.

만일 극단적인 사례, 긴급명령과 긴급조치, 비상대책이 입법과 국가의 법제정의 모범이 된다면, 이것은 정치적으로 끔찍할 일이 될 것이다. 이 점을 고려할 때, 루터의 국가Politie 이해는 수정되어야 한다. 왜냐하면 죄를 짓고 타락한 세상 한 가운데서도 바로 그 본래의 힘, 즉 생명을 창조하고 증진하는 들음과 말함의 비대칭은 모든 타락과 남용에도 불구하고 다행히 완전히 상실하거나 소멸하지 않았기 때문이다. 그렇기 때문에 정치적 질서의 본질은 폭력에 맞서는 폭력에 있는 것이 아니다. 그것은 "통치"로서 내부로부터 소원하고 인정한 질서를 전제하고 또 전제할 수 있다는 점에서 순수한 대응폭력이 아니다. 법치국가의 통치 질서는 위협적이고 긴급한 경우에 수행하는 적법한 폭력에 근거할 뿐만 아니라, 동시에 그에

---

103   루터에게 중요한 관점은 법이라는 사실은 라인하르트 슈바르츠가 아래 글에서 보여주고 있다: Reinhard Schwarz, Christusgemeinschaft und Rechtsgemeinschaft - Theologie und Gesellschaft in Luthers Rede von "Zwei Reichen"; in Herausforderung, hg. v. Fernando Castillo und Heinrich Fries, Regensburg 1980, 9-27.

104   Max Weber, Staatssoziologie, hg. v. Johannes Winckelmann, Berlin ^{2}1966, 27.

105   Max Weber, Soziologische Grundbegriffe, Tübingen ^{4}1978, 81f.

대한 시민들의 인정에도 근거하고 있다. 만약 법치국가의 통치 질서가 많든 적든 시민 대다수의 동의, 즉 도덕적 합의에 따라서 지지를 얻지 못한다면, 그것은 존립할 수 없다.

4. 사랑이 척도이다.

"이제 이 세 가지 제도와 신분을 넘어서는 그리스도인의 사랑이라는 보편적인 신분이 있다. 이 신분에서는 세 개의 신분이 아니라 필요한 모든 사람 전체에게 모든 종류의 호의를 베푼다. 배고픈 자에게 음식을 제공하고, 목마른 자에게 마실 것을 주고, 적을 용서하고, 세상에서 온갖 종류의 악으로 고통을 겪는 이 세상의 모든 사람들을 위해 기도한다."[106]

여기서 루터는 그의 세 가지 신분론을 신앙의 힘으로 활동하는 사랑과 짤막하게 연결한다.[107] 신분의 이러한 상대화를 통해 신분의 동등화가 일어나는 것은 아니다. 루터는 사랑을 가장 중요한 것으로 여기고, 생명을 통해 - 충분하지는 않지만 - 사랑을 상세히 설명한다. 이로써 사랑과 생명은 신분 안에서 연결된다. 『고백』에서 사랑을 통한 신분의 상대화는 짧은 본문에도 불구하고 부수적인 것이 아니라 질적이며, 이것은 『소교리문답서』에서 사랑의 계명마 22:39과 함께 "십계명"의 결론을 통해 확인된

---

106   WA 26,505,11-15(『그리스도의 성만찬에 관하여. 고백』 1528). 참고. 419페이지, 각주 38.
107   참고. 13장.

다.[108] 이와 같은 집중과 폭넓은 적용의 결합은 『아우크스부르크 신앙고백서』 제16조에서 찾아볼 수 있다: 그것은 "모든 신분에서 사랑을 실천하는 것"[109]이다. 루터 신학 전체에 그러하듯이, 여기서도 제1계명은 그리스도인의 삶의 근거와 한계로서 최종적인 말씀을 가진다. "사람보다 하나님에게 순종하는 것이 마땅하다" 행 5:29.[110]

---

108   BSLK 527,18f.
109   BSLK 71,12f("in talibus ordinationibus exercere caritatem").
110   BSLK 71,23-26.

7장
인간: 하나님의 형상

> 바울은 인간에 대해 짧게 정의했다.
> 인간은 믿음에 의해 의롭게 된다.

인간에 대한 신학적 관점은 세 가지이다. 첫째, 인간은 피조물이다. 둘째, 인간은 타락한 피조물, 즉 죄인이다. 셋째, 인간은 예수 그리스도를 통하여 그의 타락한 본성에서 돌아섬으로 의롭게 된 존재이다. 루터는 『인간에 대한 토론』Disputatio de homine, 1536[1]에서 이 세 가지 관점을 간결하게 라틴어 문장으로 아래와 같이 표현했다.

(21) "인간은 하나님의 피조물로 육과 살아 있는 영으로 구성되어 있으며, 처음에는 죄 없이 하나님의 형상대로 지어져, 자손을 낳고, 만물을 다스리며 결코 죽지 않을 존재로 정해진 존재였다."

(22) 이 피조물은 "그러나 아담의 타락으로 마귀의 권세, 즉 죄와 죽음에 굴복했다. 죄와 죽음은 인간의 힘으로 이길 수 없으며, 영원한 것이다."

(23) "오직 하나님의 아들 예수 그리스도를 통해서만 해방될 수 있고 그리스도를 믿는 한, 영생을 선물로 받을 수 있다.[2]

---

1 WA 39 I, 174-180.

2 WA 39 I, 176,7-13. "21. Scilicet, quod homo est creatura Dei, carne et anima spirante constans, ab

물론 세 가지 관점은 시대 제약의 조건 아래서[3] 마치 화학적으로 나누듯이 그렇게 서로 나눌 수 있는 것은 아니다. 이 점은 예를 들어 세 가지 신분론, 특히 국가윤리에서 첫 두 개의 관점이 서로 중복되고 있는 점에서 알 수 있다. 루터는 『인간에 대한 토론』에서 정확한 인간 이해를 놓고 철학과 논쟁을 벌인다. 이 논쟁은 단순히 지엽적인 것이 아니다. 그것은 오히려 루터의 신학 이해에서 본질적인 것이다. 왜냐하면 그것은 결코 신학 안에서만 움직이는 것이 아니기 때문이다. 그것은 루터에게 본질적으로 갈등학문Konfliktwissenschaft이다. 논제의 구성이 이것을 보여준다: 논제 1-19는 비판적 관점에서 철학적 인간 이해를 다루고 있다. 논제 20-40은 신학적인 인간 이해를 논하고 있다. 그러나 그것은 철학과 – 비판적인 – 관계를 맺지 않는 것은 아니다.

루터는 철학과 대화하고 논쟁하면서 자신의 주장을 편다. 인간론을 논할 경우에 그는 인간을 "이성적 동물"로 보는 철학적 정의를 참고한다. 그는 철학을 지배하는 아리스토텔레스 전통의 이러한 정의에 맞서 다음과 같은 논제 32를 제기한다: "바울은 '그러므로 사람이 의롭다 함을 얻는 것은 율법의 행위에 있지 않고 믿음으로 되는 줄 우리가 인정하노라'고 말하는 로마서 3장 28절에서 인간은 믿음으로 의롭게 된다고 인간을 간단히 정의한다."[4]

---

  initio ad imaginem Dei facta, sine peccato, ut generaret et rebus dominaretur, nec unquam moreretur, 22. Post lapsum vero Adae subiecta potestati diaboli, peccato et morti, utroque malo suis viribus insuperabili et aeterno, 23. Nec nisi per filium Dei Iesum Christum liberanda (si credat in eum) et vitae aeternitate donanda."

3 참고. "도입: 격변의 시대"

4 여기 그리고 아래에서 사용하는 『인간에 대한 토론』 논제는 게르하르트 에벨링(Gerhard Ebeling)의 번역을 참조하였다(IL II, 294-297). 논제 32는 정의를 다루고 있으며, 더 정확히 이렇게 번역할 수 있다: "인간은 믿음에 의해 의롭게 되는 인간이다." 참고. 5장 각주 13.

1. 인간의 본질은 믿음에 있다.

루터는 그가 성서의 중심적인 본문으로 여겼던 로마서 3장 28절을 - 이에 대해 그는 5개 이상의 명제를 제시했다. - 인간의 정의로 여긴다[5]: 인간의 본질은 그가 믿음으로 의롭게 된다는 사실에 있다. 루터에 따르면 의롭게 하는 믿음은 인간에게 붙어 있는 그 어떤 것이 아니며, 우연처럼 하나의 실체에 이차적으로 추가되는 질적인 특성도 아니다. "인간이 믿음으로 의롭게 된다"Hominem iustificari fide는 것은 오히려 근본적으로 인간학적인 명제이다.[6]

인간은 아무런 공로가 없는, 순전히 빚진 존재이다. 따라서 중요한 것은 다음과 같은 것이다. "인간은 자신의 이성적인 능력에 의해 정의될 수 있는가? 아니면 믿음에 대한 그의 의존성으로부터 정의될 수 있는가? 혹은 인간의 행동이 자신의 존재를 세상에 보증하는가, 아니면 세상 속에 있는 인간의 존재를 인간에 대한 하나님의 행동으로 믿어야 하는가?"[7] 우리는 루터가 무로부터 창조creatio ex nihilo를 어떻게 해석했는지를 이미 보았다. 그것은 허무와 악에 저항하는 계속적인 새 창조와 세상의 보존이다.

인간은 자신에게 생명과 삶에 필요한 것을 공급해주고 매 순간 지켜주며 빼앗아가지 않는 것에 기본적으로 의존하는 존재이다. 그러나 그 자신

---

5 WA 39 I, 44-48; 48-53(1535); 82f; 84-86(1536); 202-204(1537)

6 더 나아가서 그것은 인간뿐만 아니라, 모든 피조물이 아무 공로 없는 빚진 존재임을 가르쳐 준다. 『인간론에 대한 토론』의 중심 논제는 이미 5장 1.1.에서 아래와 같은 의미로 해석했고, "온 세상이 믿음으로 의롭게 되는 것"(mundum iustificari fide)으로 발전되었다. 여기서는 이제 이 설명을 세상에서 살아가는 인간의 자리에 집중할 것이다.

7 Gerhard Ebeling, Lutherstudien, vol. II/3, 544.

의 상태나 여건에 의존해서는 한 순간도 버틸 수 없다.[8] 삶에 필요한 것을 고대하고 그것을 구하려는 열망, 이것이야말로 신앙이고 동시에 인간과 모든 피조물의 존재이다. 왜냐하면 이러한 존재는 순수한 사랑으로부터, 그리고 모든 위협에 저항하는 순수한 자비로부터 보호를 받기 때문이다. 이것은 『소교리문답서』에 간략히 요약되어 있다: "나는 하나님이 모든 피조물과 함께 [...] 아무 자격이나 공로가 없는 나를 창조했음을 믿는다."[9] 인간은 피조물이며, 믿음으로 의롭게 된 자이다. 창조론은 루터에게 칭의론이며, 칭의론은 곧 창조론이다.

나는 "모든 피조물과 함께", 다시 말해, 동료 피조물 한가운데 창조되었다. 그들은 우리 인간처럼 오직 믿음으로만, 즉 오직 하나님의 신실함을 통해서만 존재한다. 물론 여기서 잘못된 인간중심주의는 배제되어야 하지만 - 오늘날 특히 만연된 순진한 자연 사랑에 대해서도 비판적이어야 한다. – 우리 인간이 동료 피조물과 마주보고 있다는 점은 분명히 보아야 한다. 인간이 차지하는 특별한 위치에 관해서도 신학적으로 언급되어야 한다. 이것은 인간을 "이성적 동물"animal rationale, 즉 "이성을 부여받은 생명체"로 보는 고대의 정의를 수용하는 『인간에 대한 토론』의 서두 질문과 일치한다.

루터는 신학의 전통처럼 창세기 1장 26-28절을 인용하면서, 동료 피조물과는 다른 인간의 특별한 위치를 하나님의 형상imago Dei이라고 표현했다. 물론 루터는 그것을 처음부터 인간에게 내재해 있는 자질로 보지 않았다. 그것은 오히려 하나의 관계 개념이다. 그것은 "아무런 공로와 가치도

---

8   WA 18, 662,12(『노예의지론』 1525): "ut ne momento consistere suis viribus possint"(그들은 그들 자신의 힘으로 잠시도 살 수 없다).
9   BSLK 510,33-511,5. 여기에 아래 241-256페이지.

없는" 나에게 주어진 가치이다. 이것은 듣고 말할 수 있기 위해 먼저 듣는 가운데서 받아들이는 것이다. 말하는 것은 응답하는 것이다. 하나님의 형상은 본질적으로 인간에게 전달된 응답의 능력에 있다. 1528년에 쓴 시편의 서문에서 그는 다음과 같이 말한다.

"인간이 말하는 것보다 더 강하고 더 고상한 능력은 없다. 더욱이 인간은 대개 형상이나 다른 활동보다는 말을 통해 다른 동물과 구분된다. 왜냐하면 하나의 나무도 조각 기술을 통해 인간의 형상을 지닐 수 있기 때문이다. 그리고 동물도 인간처럼 보고 듣고 냄새를 맡고 노래하고 걷고 서고 먹고 마시고 굶고 목마르고 허기지고 추워하고 거친 환경을 견딜 수 있기 때문이다."[10]

이성은 인간이 만든 고안물이나 소유물이 아니라 언어를 통해 전달되는 선물이라는 사실은 라틴어보다는 희랍어로 표현된 인간에 대한 철학적 정의의 형태 속에서 더 잘 보존되어 있다: 인간은 로고스를 가진 생명체이다(ζωον τον λόγον ἔχον.[11] 물론 외부에서 던지는 말이 어느 정도로 인간에게 다가가는지는 여전히 분명하지 않다. 그렇지만 "로고스"λόγος라는 말 속에서 이성은 이해하는 이성이고 언어와 무관하지 않다는 사실을 엿볼 수 있다. 언어 이성은 들음에 의존하는 것으로서 인간에게 수동적으로 전달된다. 그렇기 때문에 신학적 인간 정의는 오직 수동적 단어로만 만들 수 있다. 이성은 – 이성 그 자체로서가 아니라 – 주어진 것으로서 하나님의 형상의 표지이다.

---

10   Heinrich Bornkamm, Bibelvorreden, 52(=WA DB 10 I, 100,12-17).
11   Aristoteles, Politica I, 2,1253a 7-10.

"인간이 믿음으로 의롭게 된다"Hominem iustificari fide는 세 개의 단어로 구성된 이 논제는 루터가 인간에 대해 말하고 싶은 것의 본질을 보여준다. 인간이 자신의 비본질을 불신앙 속에, 죄 속에 가지고 있듯이, 인간은 자신의 본질을 신앙 속에 가지고 있다.

2. 인간의 이성 – "바로 신적인 그 무엇"

"인간은 믿음으로 의롭게 된다"는 논제는 인간이 가진 세 가지 하나님의 형상에 대한 개념을 포괄하는 표지이다: 인간의 가치, 인간의 이성 그리고 인간의 자유의지. 루터가 자유의지에 관하여 얼마나 긍정적으로 언급했는지는 종종 간과되곤 했다. 『아우크스부르크 신앙고백서』도 역시 "자유의지에 관하여"De libero arbitrio; 18조라는 고유의 항목을 갖고 있다.[12] 그러므로 우리의 의지가 부자유하다고는 말할 수 없다 – 다만 구원과 관련해서 우리 스스로 할 수 있는 것은 없다.[13] 세상에서 정의를 세우는 일과 관련한 자유의지의 역할은 인정하고 말해도 된다. 그리고 바로 그곳이 자유의지의 집이다. "하나님은 아담이 타락한 이후에도 이성에게서 이러한 권한을 빼앗지 않고 오히려 인정해 주었다."[14]

---

12 "자유의지란, 인간이 외적으로 정직하게 살고, 이성이 지시하는 여러 가지 일들을 결정하며 다른 일들을 자유롭게 선택할 수 있는 것이라고 가르친다. 그러나 성령의 은총, 도움 그리고 역사가 없이는 인간은 하나님을 기쁘게 할 수도, 마음으로 경외하거나 혹은 그를 믿거나, 타고난 악한 욕망을 마음에서 제거할 수도 없다. 그러한 일들은 하나님이 말씀을 통해 주신 성령을 통하여 일어난다. 그래서 바울은 고린도후서 2장 14절에서 '본래의 인간은 하나님의 영에 대해 아무것도 이해하지 못한다.'고 말하고 있다." CA XVIII.

13 참고. 8장 2.

14 WA 39 I 175,20f(『인간에 대한 토론』 논제 9)

이것은 동시에 기독교윤리의 근본문제를 제기했다. 즉 인간의 보편적 윤리와 기독교윤리의 관계는 무엇인가 하는 점이다. 기독교윤리는 어떤 특징을 가지고 있는가? 세 가지 신분론을 잠시 되짚어 보자. 1528년에 나온 『고백』Bekenntnis에서 루터는 "거룩한"heilig과 "구원받는"selig의 차이점을 요약하여 분명하게 설명했다. 신분들은 거룩한 것이다. 하나님이 도입했기 때문이다. 그렇지만 우리가 그 신분을 가졌다고 하여 자동으로 구원을 받는 것은 아니다. 거룩한 신분을 가지고 사는 사람도 버림받을 수 있다. 루터는 "불신자들도 역시 거룩한 일들을 할 수 있다. 그러나 그렇다고 거기에 구원이 있는 것은 아니다"[15]고 강조한다. "거룩한"과 "구원 받는"은 구별해야만 한다.

『인간에 대한 토론』에서 루터는 이와 같은 생각을 네 가지 원인논제 11-15이라는 도식을 채택해서 명확하게 보여주고 있다. 이 도식은 아리스토텔레스의 모든 전통에서 중요한 의미를 가지고 있으며, 모든 문제를 이 틀에서 서술했다.

1. 동력인causa efficiens – 그 문제는 어디서 왔는가?
2. 질료인causa materialis – 무엇으로 구성되었는가?
3. 형상인causa formalis – 그것은 무엇으로 구성되어 있는가?
4. 목적인causa finalis – 그것의 목적은 무엇인가?

루터는 제2원인과 제3원인에 대해서는 아리스토텔레스, 데모스테네스 그리고 키케로의 시각에 어느 정도 공감을 표했다. 이 같은 관점에서 고대

15　WA 26,505,20f(『주의 성만찬에 관하여. 고백』 1528).

철학자들은 이 세상의 삶을 가장 아름답고 최고의 것으로 여겼다. "물론 거기에 많은 거룩한 것들"이 있다. 이교도 역시 세상을 이해하고 있고, 이성을 사용하고 있다는 것은 매우 타당하다. 그러나 "철학은 확실히 동력인을 모르며, 또한 인간에 대한 목적인도 알지 못한다. 철학은 이 세상에서의 행복 외에 다른 목적인이 없다. 철학은 동력인이 창조자 하나님임을 모른다."[16] 철학은 국가와 가정이 어디서부터 비롯되어, 누구에 의해 그것이 유지되며, 이 모든 것이 무엇을 향하는지를 알지 못한다. 하나님의 창조적 손길의 출처인 동력인과 하나님의 심판이며 동시에 세계완성인 목적인은 세속적인 철학자들에게는 감추어져 있기 때문에 그들은 알 수 없다.

그렇기 때문에 철학자들은 모든 불신자들처럼 스스로 동력인과 목적인, 즉 스스로 국가와 가정의 창조자와 완성자가 되려는 과오를 범했다. 비록 그들이 옳은 것에 대해 알고 있다고 할지라도, 그들은 자신의 인생을 통틀어 안내하는 체계가 있다는 것에 동의하지 않는다. 왜냐하면 그들이 존재의 근원을 스스로 수용하고자 원하기 때문이다.

인간에게 있는 하나님의 형상의 본질은 이 땅에서 하나님을 대변vicarius하고, 하나님의 뜻을 수행하는 데 있다. 하나님의 도구요, 하나님의 뜻을 수행하는 자로 존재하는 데 만족하지 못하는 자는 자의로 그에게 약속한 언어 이성인 하나님의 형상을 썩히고 부패시킨다. 정치적 인간homo politicus은 키케로처럼 좋게 말하고, 좋게 행동한다. 사람들은 그로부터 단지 배울 뿐이다. 그러나 그는 그 행위를 통해 칭찬을 얻고자 한다는 점에서 올바르게 행하는 것은 아니다. 루터는 이에 대해 노골적으로 이렇게 말했다: "'내가 이것을 해냈다'고 하나, 이 페치feci는 사실 페체스feces가 될

---

16   WA 39 I,175,28-31(『인간에 대한 토론』 논제 13f).

것이다"Haec ego feci. Ex hoc: feci, vere fiunt feces.[17] 로마인이 얻고자 애쓰는 명성은 자신에 대한 찬양이며, 그 자체가 더러운 "배설물"feces이다.

좋은 국가와 가정도 만약 자신을 드러내고 정당화하는 수단과 도구가 될 때에는 부패하게 된다. "인간은 행위가 아니라 믿음으로 의롭게 된다"Hominem iustificari fide absque operibus. 아무리 하나님이 원하더라도, 인간은 자신이 유한하며 오류 가능성을 가지고 있음을 인식할 경우에 선하다. 그러나 자신의 칭의와 자신의 영광을 위해 세상의 행위를 이해하고 주장하려는 순간에 세상의 행위는 부패하고, 왜곡된다. 왜냐하면 그것은 이제 세상적인 것이 아니라 최종적인 칭의와 구원을 요구해야 할 부담을 떠안게 되기 때문이다.

이것으로 루터가 보편적인 인간과 그리스도교의 인간, 자연-철학적 윤리와 신학적 윤리를 얼마나 철저히 대립적 관계로 이해하는지 분명해졌다. 토마스 사회윤리의 상대적인 독립성과 내재성에서도 그러하듯이, 이 갈등은 진정되지 않는다. 토마스의 사회윤리에 따르면 본성은 은총으로 인해 오직 상승되고, 완성된다. 선험철학적 사상이 원하듯이, 하나님이 인간의 자유를 가능하게 하는 조건이 됨으로써 갈등이 극복되는 것도 아니다. 자연과 은총, 이교도들과 의롭게 된 자들이 서로 평화롭게 공존하고, 더 높아지거나 더 낮아질 수는 없다. 철학이 세계 안에서 차지하는 자신의 한계를 망각하고 인간을 절대적으로 정의할 수 있다고 주장할 때, 갈등은 상존하고. 그리고 늘 새롭게 터져 나온다.

루터가 이성을 한때 "매춘부"[18]라고 부르고, 그리고는 다시금 "바로 신

---

17 WA 40 III, 222,34f("'내가 이것을 이루어냈다'고 키케로는 말한다. 그러나 이 '내가 이루어냈다'(feci)는 배설물(feces)이 될 것이다."

18 참고. 『하이델베르크논쟁』의 철학적 논제(설명을 포함한 두 번째 논제: WA 59, 409,20-410,12;

적인 것"divinum quiddam[19]이라고 불렀던 것은 바로 이로부터 이해할 수 있다. 그렇다면 하나님의 의iustitia dei와 세상의 의iustitia civilis를 구분하는 것은 전혀 모순이 아니다.

이 구분에 주목해야 한다. 왜냐하면 루터는 - 여하튼 그의 글을 읽지 않고 소문에 따라서 판단하는 사람들과 함께 있을 때에는 - 이성을 경멸한다고 알려졌기 때문이다. 이러한 평판은 - 아우구스티누스, 토마스 아퀴나스, 슐라이어마허 혹은 키에르케고르 등이 철학에 대해 큰 관심을 가졌던 것과는 완전히 달리 - 수십 년 동안 그 어떤 철학자도 그에 대해 관심을 갖지 않았다는 사실에서 비롯한다.[20]

루터는 실제로 이성을 매우 날카롭게 반박했다. 다시 말하면, 예컨대 죄인인 인간과 의롭게 하는 하나님에 관해 이해할 수 있고 자부하고, 그래서 죄와 은총과 구원의 문제에서 정확히 판단할 수 있다고 자부하는 왜곡된 이성을 루터는 반박했다. 루터에게서 이성은 율법의 한계 안에 머물러 있으며, 자신으로부터 복음에 전혀 이를 수 없다. 구체적으로 루터는 죄론과 은총론에서 중세 후기에, 예컨대 가브리엘 빌Gabriel Biel에게서 볼 수 있듯이, 아리스토텔레스의 니코마코스 윤리학을 적용해 칭의를 이해하려는 시도를 반대한다. 만약 이성이 계산적으로 "당신은 당신이 행한 것이다"라고 말한다면, "믿음은 이성을 죽인다"fides occidit rationem고 해야 옳다.[21] 오

1518); 『혼인생활에 관한 설교』 (WA 10 II, 295,16; 1522); WA 26, 334,23(『그리스도의 성만찬에 관하여, 고백』 1528): "신앙은 여기서 이성을 눈멀게 해야만 한다 [...]." 참고. WA 51, 123-134(롬 12:3, 1546년 1월 17일 설교).

19 WA 39 I, 175,9f(『인간에 대한 토론』 논제 4)

20 참고. Oswald Bayer, Philosophische Denkformen der Theologie Luthers als Gegenstand der Forschung. Eine Skizze, in: Lutherforschung im 20. Jahrhundert. Rückblick – Bilanz – Ausblick, hg. v. Rainer Vinke, Mainz 2004, 135-149.

21 WA 40 I, 359,7-373,2(갈라디아서 3장 6절 내지는 창세기 15장 6절에 대하여; 1531).

직 이런 관점에서 – 구원론적 관점에서, 구원에 관해서 - 루터는 이성과 철학의 능력을 인정하지 않는다.

하이델베르크 논쟁의 두 번째 철학적 논제에 대한 검증probatio은 다음과 같이 말한다. "그리스도 밖에서" 철학하는 것은 혼외정사를 하는 것과 같다. "오직 결혼한 자만이 성을 선하게 사용하듯이, 오직 바보, 즉 그리스도인만이 선하게 철학할 수 있다."[22] 루터에게 중요한 것은 지식을 다루는 올바른 방식이다. 십자가의 말씀을 통해 자신을 바보로 만든 사람은 철학적 지식에서는 자신의 지식을 찾지 못한다. 그는 오히려 철학적 왜곡에서 벗어나서 사랑 안에서 자신의 지식이 이웃과 이웃의 고난에 도움이 되게 한다. 그는 자신의 명예를 추구하거나 높은 지위를 구하지 않고, 낮고 천한 자들을 바라본다.[23] 즉 그는 예컨대 낮은 자들의 시각을 가지고 아래로부터 역사를 바라본다. 그러나 죄와 불신앙 속에서는 창조자와 심판자를 인식할 수 없다. 이성은 주변만을 더듬으며, 하나님과 장님놀이를 한다. 그 결과로 이성은 하나님이 아닌 것을 하나님이라 칭하고, - 십자가 위에, 그리고 구유 안에 있는 - 하나님을 하나님으로 여기지 않는다.

더 놀라운 것은 죄에도 불구하고 이성이 "모든 인문학, 의학, 법학 및 지혜, 힘, 기량 그리고 영광을 얻고자 사람들이 붙들고 있는 모든 것의 발명가와 지도자로서 영향을 끼치고 있다"[24]는 사실이며, 하나님이 자신의 미

22　WA 59, 409,20f.(하이델베르크 논쟁의 철학적 논제들, 1518). 중요한 첫 논제는 이렇다: "자신의 영혼을 위태롭게 하지 않으면서 아리스토텔레스를 이용하여 철학적으로 논하기를 원하는 사람은 먼저 그리스도 안에서 완전한 바보가 되어야 한다." 거기에 고린도전서 3장 18절을 인용했다: "너희 중에 누구든지 이 세상에서 지혜 있는 줄로 생각하거든 어리석은 자가 되라 그리하여야 지혜로운 자가 되리라."

23　참고. Edgar Thaidigsmann, Gottes schöpferisches Sehen. Elemente einer Sehschule im Anschluss an Luthers Auslegung des Magnificat, in: NZSTh 29 / 1987, 19-38.

24　WA 39 I, 175,11-13(『인간에 대한 토론』 논제 5; Gerhard Ebeling, Lutherstudien, II/1, 16.

래를 바라보며 이성을 통해 이 허무한 세계를 보존한다는 사실이다. 왜냐하면 하나님은 "아담의 타락 후에도 이성에게서 최고의 지위", 그 통치 임무 창 1:28를 "박탈하지 않고 오히려 확인해 주었기"[25] 때문이다. 세상의 영역 안에서 이성은 실제로 하나의 태양과 일종의 신적 능력이며, 이생에서 [의학, 재판 등]의 모든 것을 관리하도록 임명되었다."[26] 여기서 이성은 "발명자"요, 참으로 지도자[27]요, 통치자요, 여왕이다. 이성은 순수한 시민법의 한계 안에서 자신의 한계를 알기 때문에 자신의 수행 능력도 알고 있고, 그리고 자신의 위험도 알고 있다. 이성은 절대주의로부터 벗어났고, 그래서 세상과 역사 안에서 가능하고 필수적인 것을 냉정하게 인식하는 자유를 갖게 되었다.[28]

3. "[…] 모든 피조물과 함께 나를 창조했다."

루터는 『소교리문답서』에서 사도신경의 첫 번째 조항을 설명하면서, 지혜문학을 다루는 구약성서학자의 느낌으로 세상 안에 있는 - 고립된 것이 아니라 피조물 한 가운데 있는 - 피조물인 인간의 위치를 조심스럽게 이렇게 설명한다.

---

25 WA 39 I, 175,20f(논제 9); 참고. 각주 14번. 이러한 이성에서는 지혜를 율법으로 보며 죄라고 보지 않는다. 즉 이성은 여기서 율법의 정치적 용법(usus politicus legis)이라는 의미의 기능을 한다. - 루터의 간단한 표기(WA 40 I,479,17-480,31; 특히 479,30).

26 WA 39 I, 175,18f(논제 8).

27 WA 39 I, 175,11(논제 5).

28 신앙이 없는 이성의 사용은 가능한가? 왜냐하면 오직 신앙만이 절대주의로부터 자유를 주기 때문이다. 불신앙은 그 자체가 세상에 대해 구원론적으로 관심이 없으며, 이성의 사용을 전도시키지는 않는가?

1. 공급자 하나님을 믿음

a) 요약

"모든 피조물들과 함께

 하나님이 나를 창조했음을

 나는 믿는다."

b) 전개

공급한 것: 안전한 존재

　("몸과 영혼":)

　나에게 몸과 영혼을

　　　눈, 귀 그리고 모든 지체

　　　이성과 모든 감각기관을

　주셨고 여전히 보호한다;

　("빵":)

　여기에 더해[:] 옷과 신발, 먹을 것과 마실 것,

　　　집과 정원, 아내와 자녀,

　　　농지, 가축 그리고 모든 소유물,

　("육"과 "영" 그리고 "빵"에 대한 요약)

　　궁핍함 가운데 처한 [나를] 그리고 식량을

　　　이 육신과 생활에

　　　풍족하게 그리고 매일 같이 공급한다,

공급한 것: 거절된 허무

　모든 위험에서 지키고

특히 모든 악에서 보호하고 보존한다;

공급자

그리고 이 모든 것을

[긍정적] 순전히 아버지와 같은 하나님의 선함과 자비로

[부정적] 나의 그 어떤 공로와 자격도 없이

2. 응답

이 모든 것에 대하여 그에게 감사하고 찬양하며

그로 인하여 섬기고 순종하며 책임이 있다.

3. 아멘

그것은 분명히 진리이다."

    루터는 신약성서에 나오는 신앙고백의 형식을 예로 삼아 "내가 믿는다"의 목적격을 부문장으로 바꾸어 설명할 수 있는 더 큰 여지를 제시하고 있다. 그는 "나를" 강조하여 말하고 싶은 모든 것과 함께 대명사로 제시했다: "하나님이 나를 모든 피조물과 함께 창조했음을 나는 믿는다."

    이러한 설명은 낭독자에게 반드시 필요하고, 그리고 충분하다. 만일 그가 신앙의 토대를 넘어서 그 무엇을 생각하고자 한다면, 자기 자신과 충돌하게 될 것이다. "이 하나님 외에 다른 하나님은 없다. 왜냐하면 하나님 외에는 하늘과 땅을 창조할 자가 없기 때문이다."[29] 창조자는 단 하나이며,

---

29   BSLK 647,43-46. 『소교리문답서』의 본문이 구문과 의미에 있어서 더욱 정확히 분석되기 전에 해석을 위해 『대교리문답서』의 일치하는 구절들이 인용되고 있다.

그는 다른 어떤 존재를 통한 그 어떤 창조의 이유도 거부한다. 루터에게 "창조자"라는 단어가 우리 중의 그 누구도 자신의 생명을 자신으로부터 받지 않았으며, 그가 받은 생명을 스스로 보증할 수 없다는 사실을 뜻한다면, 루터가 논리적으로 생각하는 것이다.[30]

그렇지만 배타적이고 부정적인 어법으로 말하고 그렇게 말해야 한다는 것은 오직 - 그 자신에게 근거해 있지 않고 오직 보존되는 존재의 - 풍성함의 뒷면일 따름이다. 이 풍성함은 간단히 표현될 수 없으며, 실체의 끝날 수 없는 순서 속에서 알려진다.

> "육체, 영혼 그리고 삶, 크고 작은 몸의 지체들, 모든 감각, 이성과 지성 기타 등, 음식과 음료, 옷, 식량, 아내와 자식, 하인들, 집과 가정 등, 거기에 생명을 위해 필요한 모든 피조물들 […], 해, 달 그리고 하늘의 별들, 낮과 밤, 공기, 불, 물, 땅 그리고 땅에 있는 것, 새, 물고기, 짐승, 곡식과 자라는 모든 것, 좋은 정부, 평화, 안전 등 육체적이고 세속적인 재산 이상으로 더 공급된 것들이다."[31]

루터는 순서대로 열거한 것들의 더미 속에서 길을 잃지 않고, 세계와 그 속의 나의 삶의 독립성을 철저히 배제하는 관점 아래 그것들을 끌어안고, 꿰뚫어 본다. 그의 긴 열거는 "우리 중의 그 누구도 자신을 소유할 수 없으며, 아무리 작고 미미한 것이라도 바로 앞에서 나열한 것과 더 나열할 수 있는 것을 스스로 보존할 수 없다"[32]는 사실을 깨닫게 도와준다.

30　참고. 각주 32.
31　BSLK 648,14-26.
32　BSLK 648,27-30.

교리 명상은 그 어떤 직관적인 지식도 기대하거나 약속하지 않는다. 그것은 토론의 방법도 허락지 않는다. 한때 발견하고 시행했던 토론의 방법은 버려둬도 좋다. 그것은 정보로서 폐기되었고, 저장되었고, 기억의 저장고에서 마음대로 소환되었다. 그것은 오히려 하나의 "반추"ruminatio [33] 요, 평생학습이요, "회상"이요[34], 반복이다. 그것은 "매일 실행해야 하는 것이다."[35] 그렇기 때문에 우리는 루터가 쓴 언어의 함축성과 간결성에도 불구하고 바로 교리 설명에서 정의하고 분명한 결론을 내리는 문장을 기대해서는 안 되며, 사고와 환상을 일으키고 받아들이고 계속 전개시킬 수 있고, 그렇기 때문에 - 『소교리문답서』에서 그러하듯이 - 불가피하게 시적인 성격을 띠는 개방적인 문장을 기대하는 것이 좋다.

만약 신학이 언어학으로 이해된다면, 창조 조항의 설명이 지니는 시적인 형태의 중요성을 무시해서는 안 된다. 루터의 문장에는 우연적이거나 자의적인 것은 전혀 없다. 모든 것은 자신의 질서를 갖고 있다. "창조자에 대한 끝없는 질문은 질문의 파악 불가능성을 초래한다."[36] 오직 가장 필요한 것만이 언급된다. 그러나 그것은 너무 짧지는 않다. 넓고 충만한 세계를 명상하기 위해서는 그에 적합한 언어적 공간과 리듬이 필요하다. 본문의 언어 형태 안에는 넓지만 "무한하지 않은" 인간의 삶의 공간이 형성된다. "무한한 공간 속에서는 인간이 길을 잃어버릴 것이다."[37]

---

33 "ruminatio"는 명상전통에서 쓰이는 전문용어이다. 참고. Martin Nicol, Meditation bei Luther, FKDG 34, (1984)^2 1991.

34 BSLK 650,11.

35 BSLK 549,7; 참고. 552,43-553,1; 554,11.31.

36 Walther Killy, Der Dichter, in: Hans Jürgen Schultz [Hg.], Luther Kontrovers, Stuttgart 1983, (146-161) 155.

37 Hans-Jürgen Hermisson, Gottes Freiheit - Spielraum des Menschen. Alttestamentliche Aspekte eines biblisch-theologischen Themas(ZThK 82 / 1985, 129-152), 140. 참고. Evangelische Kirche der

3. 1. 공급자 하나님에 대한 믿음

a) 요약

본문은 세 문장으로 구성되어 있다. 세 번째 문장("이것은 확실히 사실이다")은 가장 짧다. 그리고 유일하게 삼인칭으로 서술되었다. 그것은 동시에 주어가 목적이 될 수 있음을 알고 고백하는 사람에게 확신을 주기 위함이다. 두 번째 좀 더 긴 문장("이 모든 것[...]")은 첫 번째 문장처럼 일인칭이다. 그 첫 문장은 가장 길다. 이 문장은 길고, 엄청 어려우며 여러 개의 부문장을 통해서만 확실해진다. 그 안에 주문장이 들어와 있으며, 없어진 것이 아니다. 일인칭으로 된 주문장은 게다가 문장 중에서 가장 짧고, 두 개의 단어로만 구성되어 있다: "나는 믿는다 [...]." 그렇지만 그 문장은 마침표로 끝나지 않는다. 오히려 그것은 신약성서 속에 신앙고백 문서의 문법에서 나온 본질적으로 열린 문장으로 하나의 대상에 의존하고 연관되어 있다. 신앙은 이러한 관련을 통해 구체화된다. "절대적인" 신앙은 없다.[38] 신앙은 오히려 이유, 목적, 내용에 관한 것이다. 다시 말하면, 대상을 갖고 있는 신앙만이 신앙이다.

그러므로 부문장은 핵심적인 내용을 말하고 있다. 또한 부문장을 주문장으로 바꿀 수도 있다: "나는 믿는다: 하나님은 나를 창조했다 [...]." 그러므로, 루터가 그랬듯이, 하나의 독특한 움직임이 드러나 있다. 그것은 주격으로 쓰인 나를 부문장 주어의 목적어가 되게 함으로써 말하고 있는 일

Union(Hg.), Gott - Herausforderung der Kirche(Votum eines Ausschusses der EKU), Neukirchen 1982, 33f.

38 Gegen Paul Tillich, 『존재에로의 용기』(Der Mut zum Sein, GW XI, Stuttgart ²1976, (11-139) 137-139.

인칭인 나에게서 관심을 돌린다. 그런 다음에 바로 부문장을 지배하는 주어인 "하나님"이 - 여기에 속한 서술어인 "창조된"이라는 말과 결합되어 크게 강조되며 이어진다. 첫 목적대격인 "나를"과 나란히 있는 또 하나의 목적대격 "모든 피조물과 함께"는, 종종 보았듯이, 단순한 보충과 추가가 아니며, 문장 끝에 자리한 위치를 통해 특별한 중요성을 얻고 있다. 문장의 끝에 대해 말하자면, 목적대격 속에서 말하고 있는 나는 모든 피조물과 확고하게 직접 연관성을 갖고 있음을 뜻하는 것이다. 그것은 홀로 그리고 직접적으로가 아니라 넓은 세상 한 가운데서 자신을 지은 창조자를 만난다는 것이다.

그럼에도 불구하고 특히 신개신교주의를 통해 더욱 강력해진 로마 가톨릭의 적들은 루터에게서 신학적으로 의구심이 드는 주관성과 믿음의 진리를 행위에 적용하는 사례를 찾을 수 있다고 말한다. 파울 학커Paul Hacker는 1966년에 나온 책 『마르틴 루터에게서 볼 수 있는 신앙속의 자아』Das Ich im Glauben bei Martin Luther에서 이 문제를 가장 날카롭게 제기했다. 그는 의도적으로 『소교리문답서』를 다루면서 루터를 근대적 주체성의 창시자로 보았다. 이것은 자아확신으로만 성취할 수 있다는 확고한 태도로 모순처럼 보이는 모든 객관적인 진리를 해결하려고 노력하는 것이다. 더 나아가 급진적인 "자아관련성"Ichbezogenheit을 통해 루터의 설명이 "신앙고백을 다루는 전통적인 본문과 완전히 다르다"[39]고 구분하고 있다. "자아는 신앙의 행위에서 그 자신을 낮추게 한다." 루터가 말하는 신앙은 "반성

---

39 Paul Hacker, Das Ich im Glauben bei Martin Luther, Graz 1966, 23. 학커는 마리테인(Maritain)을 통해 강화된 전통에 서 있다: Jacques Maritain, Trois Reformateurs. Luther-Descartes-Rousseau, Paris 1925, 1-72(Luther ou l'avenement du moi), 특별히 19: 루터는 "형이상학적 이기주의를 대표한다"고 말했다.

적"reflexiv[40]이다.

학커는 충분히 주의 깊게 읽지 않았다. 만일 그렇지 않았다면, 그는 루터가 나에게 말씀하는 하나님의 약속에 의해 시작된 관계를 중요하게 인식하고 그것을 강조하고 있으나, 자신에게 집착하지 않는, 즉 인간에게 중요한 다른 피조물들과의 기본적인 연관성에서 추론하여 숙고하지 않고, 처음부터 그 안에 주어진 것으로 보고 있음을 분명히 알아챘을 것이다. 루터의 창조신앙을 요약해보면, "모든 피조물과 더불어 나를"이라는 말이 창조자와의 원초적인 관계 속에 서로 맞물려 사용되고 있다. 그러나 물론 근대에 이 둘은 인식하고 있는 나와 인식된 나, 사적 중요성과 공적 가치, 이해와 설명, 역사와 자연처럼 서로 분리되었다.

하나님은 모든 피조물과 더불어 나를 창조했기 때문에 나를 홀로 두지 않으며, 다른 피조물들과 함께 거하게 한다. 그렇다. 교리문답의 전체적인 맥락, 특히 1계명 설명에서도 나는 다른 피조물들과 더불어 창조되었을 뿐만 아니라, 그들을 통해서 - 즉 특히 나의 부모를 통해서 만들어졌다는 결론을 얻게 된다. 다른 피조물들은 매체이며, 그들을 통해 하나님은 일한다. 즉 "그것은 수단이며, 하나님은 그것을 통해 모든 것을 준다."[41]

루터는 현대적 의미의 주체성의 창시자인가? "하나님 앞에서 나는 - 비록 자기 관계로는 결코 존재할 수 없지만 - 일종의 자기 관계 안에 존재할 수 있고, 그렇게 존재해도 무방하며, 그렇게 존재해야 한다"고 루터는 강조했다. 바로 이점에서 신앙과 불신앙의 차이점을 알게 된다. 불신앙은 자기 관계로 존재하기를 원한다. 그러나 신앙 속에서 나das Ich라는 자아는

---

40   Hacker, Das Ich im Glauben bei Martin Luther, 28. 그에 대한 비판은 오토 헤르만 페쉬의 비평을 보라. Otto Hermann Pesch, Theol. Revue (64/1968), 51-56.

41   BSLK 566,(12-37)21f. 참고. 4계명 설명: BSLK 593,37f; 593,37f; 599,5-8.

폭넓은 관계를 통해 전달되는 자기 관계성 안에 존재한다. 이 관계는 내가 인식하기 이전에 이미 주어진 것이요, 내가 직접 고안하고 만들어낼 수 없는 것이다.

b) 전개

공급한 것: 안전한 존재

루터는 자신이 쓴 개요의 끝에 마침표를 찍지 않았다. 왜냐하면 이 설명은 무궁무진하고, 그것이 사안에 적합했기 때문이다. 루터가 그것을 설명하는 첫 문장을 전개하는 방식과 방법을 통해서 신앙진리와 연관하여 주체성을 논하는 학커의 주장은 완전히 그 토대를 상실했다. 단어의 모양을 주목해 보면, 아래 설명에서 두 개의 목적격인 "나"mich와 "모든 피조물"alle Kreaturen이 루터의 창조론을 구성하는 주요 내용이며, "모든"이라는 말이 단순히 부수적으로 쓰인 것이 아님을 확인 할 수 있다. 그렇다. 설명 전체에서 일인칭 대명사의 숫자를 조사하고, "모든"이라는 숫자와 연관해서 그것을 살펴보면, 루터에게 주관적이라고 비난을 퍼부은 사람이 당혹할 정도로 "모든"이라는 말이 엄청난 중요성을 가지고 있음이 드러난다.

창조자를 만복의 공급자로 보는 찬송은 창조자와의 개인적인 관계에서 일어나는 것이 아니다. 그것은 직접적이거나 즉각적이 아니라 근본적으로 세상에서 일어나는 일들을 통해서 인지된다. 이러한 관점에서 볼 때, 루터는 아우구스티누스와는 다르다. 아우구스티누스는 하나님과 영혼 외에는

그 어느 것도 알고자 하지 않았다.[42]

카스파르 다비드 프리드리히는 인간을 "바다의 수도승"이라고 표현했지만, 루터가 『소교리문답서』에서 그린 인간은 외로운 인간, 한 개인이 아니며, 저 멀리서 사라져가는 불꽃도 아니다. "무한한 것에 대한 숙고와 애호"[43]를 자신의 종교로 삼는 인간도 아니다. 오히려 그 반대로 창조자 하나님에 대한 신앙은 유한한 것에 대한 숙고와 애호이다. 이러한 신앙을 가진 인간은 초보적인 환경에 살고 있음을 인지하고 있다. 물론 위험하지 않은 것도 아니며, 자신의 노력으로 모든 것이 되는 것도 아니다. 그렇다고 고립무원의 한 중심에 서 있는 것도 아니다. 오히려 인간은 처음부터 "눈, 귀 그리고 모든 기관, 이성과 모든 감각"을 가지고 태어났으며, 소통할 수 있도록 존재했다.

인간은 "몸"으로 소통할 수 있다. 이와 같은 명사로 개요를 시작하는 것은 우연이 아니다. 그것은 혼자가 아닌 공동으로 이루어지는 삶의 내적 관계를 표시하고 있다. 왜냐하면 나는 나의 감각을 통해 다른 피조물들과 연결되어 있기 때문이다. 두 번째 단락에서 설명은 주기도문을 설명할 때 내포된 연관성을 분명히 하고자 내가 "빵"의 영역이라고 지칭한 소위 확대된 몸의 두 번째 삶의 영역으로 넘어간다. 빵도 역시 개인의 영역이 아니며, 공동으로 이루어지는 삶의 영역이다.

루터가 우주적이고 정치적인 영역 등 여러 개의 삶의 영역을 『대교리문답서』에서는 언급했으나,[44] 여기 『소교리문답서』에서 설명하지 않

---

[42] "Deum et animam scire cupio. Nihilne plus? Nihil ommino"(나는 하나님과 영혼에 대해 알기를 원한다. 더 이상 아무것도 없는가? 절대적으로 아무것도 없다). Augustinus, Soliloquia I, 7,1; MPL 32,872.

[43] Friedrich Schleiermacher, Über die Religion. Reden an die Gebildeten unter ihren Verächtern(1799), hg. v. Hans-Joachim Rothert(PhB 255), Hamburg 1958, 30(Zweite Rede).

[44] 참고. 각주 31.

은 것은 아쉬움일 수 있다. 그렇지만 창조를 논하는 조항에 대한 설명이 종결되었다고 이해하지는 않는다. 즉 십계명의 2계명과 주기도문의 설명 그리고 의무표Haustafel는 『교리문답서』 전체를 묵상하는 사람들[45]에게는 여전히 현재적이다. 루터는 매번 가장 중요한 것에 집중하고 있으며, 여기 창조에 관한 항목을 설명하면서도 가장 기본적인 것, 즉 기본적 요구 basic needs[46]를 집중적으로 다루고 있다.

가장 기본적인 것들을 설명하고 강조할 목적으로 간단한 명사들이 두 개 혹은 세 개씩 쌍을 지어 차례로 배열되어 있다. 루터는 이 일을 하면서 구약성서의 집회서 17장 5절"그는 그들에게 이성, 말, 눈, 귀, 그리고 이성과 감각을 주었다"에 열거된 언어들을 배웠다. "이들 보다 더 일상적인 단어와 말들은 없다는 것을 분명히 알아야 한다. 결과적으로 이 단어들은 꼭 필요한 말들이며, 일상에서 매우 가치 있게 쓰이고 있다."[47] 사용된 많은 명사들이 안전한 존재의 완벽함에 대해 설명하고 있다. 그렇지만 충분한 것은 아니다. 명확한 선택을 했을 뿐이다. 즉 일련의 개념들은 허점도 보여주고 있으며, 본문을 읽거나 듣는 사람의 생각을 통해 개인적으로 보완되는 것이다. 나열한 것들은 물론 각각 구체적인 개념으로 시작된다. 순서대로 읽어 나가면서 상상이 개입되면, 추상적인 개념들을 만나게 되고, 개요는 끝이 난다. 그렇지만 각자가 더 생각할 수 있는 여지를 남겨 놓았다.

시제와 능동태 동사에 관한 한, 완료형'geschaffen hat'와 나란히 사용된

---

45 Oswald Bayer, Theologie(HST 1), Gütersloh 1994, 106-114("Katechismussystematik").

46 이 개념은 문화인류학에서 온 것이다. 참고. Bronislaw Malinowski, Eine wissenschaftliche Theorie der Kulter(Suhrkamp Taschenbuch Wissenschaft 104), Frankfurt a.M. 1975, 특히 39ff. 118ff.

47 Killy, aaO. (각주 36) 155.

'gegeben hat'을 사용한 후에 현재형 'erhält', 'versorgt', 'beschirmt', 'behütet', 'bewahrt'을 사용한 것을 알 수 있다. 여기서 앞에 쓰인 완료형은 현재 완료형으로 이해할 수 있다.

현재형이 중요하게 쓰이며, 그것은 이 본문에서 뿐만 아니라, 루터의 창조 이해 전반에 걸쳐 나타나는 특징이다. 동시에 완료형이 미미하나 부수적으로 사용되고 있는 것은 현재에도 계속 일어나는 일이 사실임을 강조하는 것이다. 그것은 동시에 창조자의 현존을 어느 한 시점에 묶으려는 오해를 막아준다. 창조자의 현존은 확장이 없는 어떤 순간이 아니라, 밤과 낮, 겨울과 여름과 같이 자연적인 리듬으로서 우리 삶이 보여주는 확실성 속에 있다. 반면 피조물인 나는 모든 피조물처럼 나 스스로 존재할 수 있는 어떤 순간도 없다.

『소교리문답서』의 창조에 대한 설명 중에 인간중심적으로 보이는 설명 구도를 얼핏 보면, 핵심관점에 대한 반복이 특징[48]인 전형적인 현대의 표현을 보게 되고, 만일 루터의 하나님 이해, 즉 하나님이 직접 원하여 세계 내에 머물며 현존한다는 것을 알게 될 때, 인간 중심적이라는 느낌은 곧바로 수정된다. "자아의 소유", "자아의 절대화"[49]라는 새 시대의 특징 속에서 창조자 하나님은 인간의 자유를 위한 필수조건에 지나지 않는 존재로서 탈색되어 갔다. 그러나 루터의 하나님 이해는 그 반대로 이해하도록 작용했다. 즉 하나님은 필연적으로 존재한다. 하나님은 선한 일에도 현존하나, 악한 일이 벌어질 때도 현존한다. 여기 창조에 대해 설명하는 항목에서 인간은 하나님을 공급자요, 선물을 주는 자라고 믿고 고백한다. 그

---

48 Dieter Jähnig, "Realisation," in: ders., Welt-Geschichte: Kunst-Geschichte: Zum Verhältnis von Vergangenheitserkenntnis und Veränderung, Köln, 1975, (197-218), 217.

49 Ebd.

는 약속의 말에 대해 "내가 너를 풍족하게 할 것이다!"[50]라고 답변하고 있다.

이 두 영역의 요약궁핍함에도 그리고 식량을 이 육신과 생활에 풍족하게 그리고 매일 같이 공급한다은 특별히 조심스럽고 인상 깊게 – 두 개씩 쌍을 이루고, 동음절 그리고 두운법 등 - 쓰였다. 오늘날 우리가 그것을 읽고, 안전한 존재에 대한 루터의 모든 설명을 돌이켜 생각해보면, 인간의 삶을 위태롭게 하는 결과들을 알고 인식할 수 있는 인간중심사상이 핵심이 아닌지에 대한 질문이 제기된다. 루터가 『대교리문답서』에서 창조자 하나님은 "인간의 삶의 유익과 필요를 위해 모든 피조물을 사용하라고 내게 허락했다"[51]고 설명하고 있다면, 그는 인간중심주의를 장려한 것인가?

우리는 그 문장을 신중하게 다루었다. 왜냐하면 데카르트 이후 세상에서는 루터가 살았던 비텐베르크 농경 세계와는 그 문장이 다르게 이해되기 때문이다. 비록 그렇더라도, 포기할 수 없는 진리의 순간이 그 자체에 있음을 간과해서는 안 된다. 인간에게 유용한 것이 무엇인지를 묻는 물음에 대한 비판은 고향이기도 한 세상을 약탈로 이끌어서는 안 된다. 인간은 세상에서 자신을 찾도록 참된 세상을 그 자신과 관련지어야 한다. 창조자 하나님이 내게 "모든 피조물을 섬기도록…" 했다는 루터의 말은, 이어진 문맥해, 달, [...] 낮과 밤[52]도 보여주듯이, 내가 거하는 내 주변의 모든 것을 탐욕적으로 나의 소유로 만들라는 뜻이 아니라, 하나님이 허락한 모든 것 자체를 있는 그대로 인정하고 감사로 가득한 경외심을 가지라는 요구이다.

---

50   BSLK 560,40(『대교리문답서』의 1계명 주해)
51   BSLK 648,19f.
52   BSLK 648,20-23.

공급한 것 – 거절된 허무

만일 존재에 대한 지속적인 위협이 인식되지 않는다면, 보호받고 있다는 사실에 대한 놀라움은 무의미하고 거짓이 될 것이다. 비록 짧지만, 분명히 『교리문답서』는 이에 대해서 언급하고 있다. 창조자 하나님은 매일 나를 "모든 위험에서 지키고 모든 악에서 보호하고 인도하는 자"라는 찬송을 받는다.

짧은 설명에도 불구하고 이 말에서 모든 생명에 실재하는 근본적인 위험을 볼 수 있다. 설명은 마치 언어로 만든 예술작품 같고, 이 설명에 가득한 압도적인 중요성은 위험이 우선적인 것이 아니라 단호히 오직 부차적으로만 주목을 받고 있음을 느끼게 해준다. 안전한 존재에 대해 – 측정된 범위 안에서 – 먼저 언급되고 있다. 그런 다음에 허용되지 않은 허사의 허무함에 대해 – 간단히, 하나의 병행 형태로 – 언급되고 있다. 허무 Das Nichts는 존재와 같은 근원을 가지고 있지 않다. 이 두 가지 중요성의 비중은 전혀 동일하지 않다. 악에서 생겨나는 혼돈의 힘은 전능한 힘을 가질 수 없다.

공급자

설명을 전개하는 곳에서 루터는 먼저 하나님의 행위를 과정적인 사건이라고 말하고 있는데, 이것은 루터 신학의 특징이다. 그리고 두 번째 단계에서 비로소 그는 이와 같은 행동의 근거를 – 동사에 부가된 부사적 성격으로서 – 밝히고 있다. "이 모든 것은 순전히 아버지와 같은 하나님의 선함과 자비로부터" 나온 것이다. 하나님은 그가 만든 존재를 지킨다는 점에서 선하며, 허무에서 보호한다는 점에서 자비롭다. 따라서 이 두 가지는 루터에게 창조자 하나님을 믿는 신앙의 핵심 요점이다. 선물로 준 그의 "선함"과 모든 악, 특히 죽음의 권세에서 구해주는 "자비"[53]는 구원만이 아니라 창조가 삼위일체 하나님의 자비의 활동임을 뜻한다.

형식으로 볼 때, 루터는 공급자라는 동사의 부사적 성격과 나란히 "나의 그 어떤 공로[54]와 자격도 없이"라는 또 하나의 부사적 성격의 설명을 대비하고 있다. 루터는 대구법이라는 명확한 문법을 활용하여 예술적으로 수사학을 구사했고, 하나님과 인간 – 나 자신 –, 하나님의 지식과 내 자신의 지식을 서로 연결하는 효과를 극대화하였다.

믿는 사람은 부정의 방법via negationis으로 말한다. 그는 하나님에 대해 말하지 않고, 자기 자신에 대해, 그리고 이와 동시에 다른 피조물에 대해 말한다. 인간은 창조가 근거가 없는, 오직 자기 자신 안에게 근거해 있는 선과 자비로부터 존재한다는 사실을 모든 창조를 위해 대리적으로 고백한다. 선과 자비는 근거도 없는, 오직 자기 자신 안에 근거해 있는 것으로서 다른 근거, 즉 창조의 자기 근거를 부인한다. 왜냐하면 자신의 업적을 신뢰하거나 "나의 공로와 가치"를 신뢰하려는 시도는, 그리고 매혹적이고 놀라운 능력과 스스로 생산한 우상과 허무 속에서 자라나는 염려는 "위험"과 "악"을 초래하기 때문이다. 창조자는 친히 돌봄으로써 이러한 악에서 창조를 지키고, 보존한다. 오직 창조자만이, 그와 나란히 다른 그 어떤

---

53 이 찬양은 고린도후서 1장 3-11절에 죽음으로부터 그리고 죽음을 극복하고 구하시는 하나님의 능력과 그의 자비로움과 동일하다.

54 독일어 명사는 ("나의 어떤 공로도 없이") 단수와 복수 다 사용가능하며, 라틴어 번역은 복수로 해석할 수 있다.

존재도 창조를 돌보지 않는다.[55]

3. 2. 응답

하나님의 무조건적인 공급을 고백할 때, 신앙은 자신을 주면서 다가오는 말씀에 응답하며, 신앙을 가능하게 하면서 신앙보다 먼저 온 말씀인 하나님에게 응답한다. 루터는 창조자 하나님에 대한 믿음의 표현과 함께 이미 주어진 함축적인 감사와 찬양 속에서 이 점을 놓치지 않고 있다. 그는 그의 설명의 두 번째 문장으로 응답의 필요성을 강조한다: "이 모든 것으로 인하여 나는 그에게 감사하고 찬양하며, 섬기고 복종할 수밖에 없다." 이로써 인간에 대해 말해야 할 모든 것이 언급되었다. 인간은 자신의 운명이 자신에게 생명을 부여한, 자신에게 들려오는 말씀을 통해 결정되었음을 본다. 인간의 소명은 이제 응답하는 것이다. 인간은 또한 스스로 책임도 져야 한다.

응답의 첫 번째 형태는 감사와 찬양이다. 이러한 응답을 계속 숙고한다는 것은 찬송 속에서 신앙의 생산성에 대해 말한다는 것을 의미한다. 이러한 응답 속에서 하나님은 마땅히 받아야 할 것을 생산적으로 공급한다.[56] 은사의 지속적인 공급도 이에 속한다. "그러므로 우리는 단지 친구만이 아니라 원수에게도 우리가 받은 복을 주고, 빌려주고, 나누어야 한다. 그리고 이것으로 끝나서는 안 된다. 우리는 친구와 원수를 위해 우리 자신도 죽음에 내어주어야 하고, 삶 속에서 몸과 물질로 다른 사람을 섬기고 유익

---

55 참고. 루터의 신앙고백찬송(Credolied)에서 창조에 대한 절(연): EG, 183,1(Wir glauben all an einen Gott / 우리는 모두 한 분 참 하나님을 믿는다).

56 참고. 각주 61.

하게 하는 것 외에는 다른 것을 생각해서는 안 된다."[57] 공급과 사랑의 정신은 응답 속에 포함되어 있다.

3. 3. 아멘

루터의 근본적 문제는 확신확실성에 관한 문제였다. 위협, 존재가 겪는 계속된 위험, 영적 시련에 강하게 맞설 수 있는 것은 무엇인가?

"그것은 분명히 진리이다."라는 강한 결론은 이미 주어진 확실성을 의미한다. 마지막 문장은 다시 처음 문장과 연결되어, 이제까지의 설명이 어떤 성격을 가지고 있는지를 분명히 해명한다. 그것은 단정적이고, 참되며, 확실한 말이다. 이 말은 주어진 말씀과 확실히 보장된 존재에 참여함으로써 그 진실성과 확실성을 갖게 된다. 인간의 분명한 응답과 그의 책임은 말을 던지는 창조와 함께 주어졌다.

4. 인간의 마음 - 우상 공장

인간은 "animal rationale, habens cor fingens"[58]이다. 즉 인간은 감추고, 우상을 만들며, 꾸며댈 수 있는 마음을 가진 이성적 동물이다.[59] 루터는 1536년 『인간에 대해서』 De homine라는 논제와 함께 창세기 8장 21절"사

---

57 WA 17 II,206,15-19(고난주일 설교, 엡 5:1-10; 1525).
58 WA 42,348,38(『창세기강의』 1535-1545).
59 참고. Johannes v. Lüpke, Art, "Herz", RGG[4], Bd.3, 2000, Sp. 1695-1697.

람의 마음이 계획하는 바가 어려서부터 악함이라"; 창 6:5 참고 **강의에서 이와 같은 독창적인 공식을 만들어 냈다. 공식이 보여주듯이, 루터는 인간을 이성적 동물로 보는 전통적인 정의를 이어받았다. 이성적 동물이라는 전통적 인간 정의는 아리스토텔레스의 영향이다. 아리스토텔레스에 따르면, 우선 가장 가까운 상위개념을 결정해야 하며, 그 후에 특별한 경우임을 구분해주는 종의 차이**differentia specifica**를 기입해야 한다. 이 경우를 적용해보면, 상위 개념인 "동물"은 구분해주는 "이성"을 통해서 더 명확해진다는 의미이다. 즉 인간은 이성적이거나, 이성을 가지고 있는 그런 생명체라는 뜻이다.**

루터는 창세기 8장 21절 주해에 "habens cor fingens"감추고, 우상을 만들며, 꾸며댈 수 있는 마음을 가진**라는 말을 추가하여, 인간을 이성적 존재로만 보는 일방적이고 기울어진 전통적인 인간 이해 공식을 확대하여 이해했다. 루터에 따ㅣ르면, 인간은 포장하고, 우상을 만들고, 꾸밀 수 있는 마음을 가지고 있다. 그러므로 두 개의 원초적 힘이 인간을 조종하고 있다. 하나는 이성적 의식이며, 다른 하나는 몽상적 의식이다. 전자가 세상을 이해하려는 인간의 학문적인 대응 노력이어서 주로 현재와 관련되어 있다면, 후자의 본질은 주로 과거와 미래와 관계되어 과거를 해석하고 미래를 투영하려는 상상력에 있다. 루터의 설명은 더욱 정교하다. 인간은 꾸며대는 마음을 가지고 있을 뿐만 아니라, 꾸며대는 마음이다. 인간은 말하는 존재로서 변함없이 거짓된 모습과 우상들을 만들어내는 하나의 마음이다. 상상력은 삶의 목표를 계획하는 등 행복에 관한 우상도 만들지만, 불행으로부터 두려움의 우상도 만들어낸다. 그러므로 이성이 가져오는 모든 회상, 진단, 예측은 행복하고 성공적인 삶의 모습과 사람의 마음이 꾸며내거나 고안해**

낸 상상에 의해 조종되고, 특정한 경험에 근거해서 생겨난 두려움이나 희망이라는 그림에 의해서 만들어진다.

인간이 "animal rationale, habens cor fingens"라는 루터의 인간 정의는 내용적으로는 창조신학적 인정을 요구하지만, 창세기 6장 5절과 8장 21절에 근거해 볼 때, 그것은 죄와 관련된 신학으로 이해해야 한다. 요나서 1장 5절과 『대교리문답서』의 첫 계명 주해와 연관하여 자연신학의 문제를 다루는 루터의 연구도 이와 일치한다. "인간의 상상은 쉬지 않고 우상들을 만들어 내는 공장이다."[60]라고 말한 칼뱅의 언급도 루터의 이해와 정확히 일치한다.

이러한 인간 이해는 죄를 전제할 때 타당하다. 그렇지만 이 말은 창조에 적합한 성격도 담고 있다. 찬양함으로써 나는 하나님을 하나님답게 하고, 찬양 안에서 – 시와 찬미와 신령한 노래로 골 3:16 – 하나님에게 돌려야 할 것을 그에게 드려 신앙 안에서 "cor fingens"이다. 그러므로 루터의 유명한 말 "fides creatrix divinitatis"를 그렇게 이해할 수 있다. 믿음은 신성의 창조자이다. 그러나 "non in persona sua, sed in nobis"[61]이다. 즉 그 자체가 그런 것이 아니라, 우리 안에서 그렇게 되는 것이다. 우리는 하나님에게 돌려야 할 것을 마땅히 그에게 드림으로써 하나님을 하나님답게 한다.

그러면 인간의 마음에 있는 꾸며냄을 "창조적"이라고 말할 수 있는가? 만약 하나님이 피조물을 통해 일한다면, 그 피조물은 창조적인 것인가? 무로부터의 창조를 칭의 신학을 토대로 이해한다면, 창조라는 개념은 오직 창조자에게만 적용해야 한다. 히브리어 단어 "창조하다"는 결코 인간과의

---

60 "[...] hominis ingenium perpetuam. [...] esse idolorum fabricam." Calvin, (Institutio I, 11,8; 참고. I,5,12).
61 WA 40 I,360,5f(갈 3:6, 1531).

관련 속에서 말하는 것이 아니라, 오직 하나님과 관련된 것이다. 그러므로 비록 피조물들은 함께 일하지만, 창조의 중개자나 공동 창조자가 아니다. 우리는 하나님의 협력자cooperatores Dei일 뿐이지, 공동 창조자concreatores 는 아니다.[62]

만일 인간이 자기 자신의 창조자가 되기를 원한다면, 만일 인간이 극단적으로 자신의 존재의 뿌리까지 파악하기를 원한다면, 무슨 일이 일어나는가?

---

62   WA 47,857,35(성 미가엘의 날 설교, 1539년 9월 29일). 참고. WA 18, 754,1-16.

8장
죄 그리고 노예의지

> 인간은 하나님으로부터
> 자신에게로 구부러져
> 모든 것을 자신을 위해서 추구한다고 성경은 설명한다.

1. 불신앙 속에 있는 인간의 허상: 죄

루터는 창세기 6장 5절과 8장 21절 주석에 부합하여 죄론의 맥락에서 인간을 "animal rationale, habens cor fingens" 꾸미는 마음을 가진 이성적 동물로 정의한다. 꾸미고 환상을 품고 계획하는 인간의 마음의 행위는 실제로 하나님이 사람에게 준 능력의 목적이나 하나님의 뜻에 부합하게 일어나지 않는다. 하나님은 자신을 찬양하고 올바로 인식하기를 원하고, 이를 위해 능력을 주었으나, 인간은 항상 거꾸로 우상과 거짓된 신들을 만들어 냈다. 인간의 마음은 중립적인 우상공장이 아니라 오로지 그 자신에게서 우상만을 만들어내는 곳이다.

이 주제는 『그리스도인의 자유』1520[1]라는 책의 열한 번째 단락에서 상세히 논하고 있다. 그것은 루터의 죄론을 이해하는데 열쇠가 되는 본문이다.

---

1 독일어 본문은 라틴어로 쓴 것을 단순히 번역한 것이 아니다. 라틴어판과 독일어판은 별개의 것이며, 동등하게 주목해야만 한다. 여기서는 라틴어로 쓴 본문을 사용했다. 그것은 독일어로 쓴 것보다 상세하고 정교하다.

"믿음은 신뢰하는 이를 진실되다, 신뢰할 만하다고 여김으로 말미암아, 그 어떠한 자보다 더 지극히 경외하고 받드는 그 속에서 완성된다. 왜냐하면 우리가 믿고, 경외하는 그 분의 참됨과 의義에 비길만한 다른 영광스러운 것은 없기 때문이다. 우리가 누군가에게 무엇을 돌릴 때, 진실함과 의로움과 완전히 절대적인 선을 돌리는 것보다 더 큰 것이 무엇이 있겠는가? 반면, 그 누구든 그를 신뢰하지 않으면서 그를 거짓되고 악하다고 소문내거나 혹은 그에 관해 의심하는 것은 지극히 큰 모독이 아닐 수 없다. 이와 같이 영혼도 약속하는 하나님을 굳게 신뢰할 때 그를 참되고 의롭게 여기는 것이다. 하나님에게 드릴 수 있는 것 중 그 어느 것도 이보다 더 탁월한 것은 없다. 하나님에게 참됨과 의를 돌리고, 그를 믿는 자에게 주는 모든 것을 돌려 드리는 이것이 우리가 하나님에게 드릴 수 있는 가장 고귀한 예배다. 이렇게 할 때 영혼은 자기 자신을 추스려 하나님의 뜻에 온전히 순종하게 될 것이다. 또 이렇게 할 때 영혼은 하나님의 이름이 거룩히 여김을 받게 하는데 기여할 수 있을 것이며, 하나님의 기뻐하는 뜻에 따라 자기 자신을 내어 놓을 수 있을 것이다. 영혼이 하나님의 약속에 매달린다는 것은 하나님의 참됨, 의로움, 지혜로움을 의심하지 않고 하나님은 모든 일을 지극히 선하게 행하고 처리하고 보살필 것임을 의심하지 않는 것이기 때문이다. 그럴 때 이 영혼은 이 같은 그의 믿음을 통해서 모든 일에 하나님께 지극히 순종적이지 않겠는가? 그렇다면 이제 이와 같은 순종을 통해서 완성하지 못할 계명이 어디에 있겠는가? 모든 일에 순종하는 것보다 더 훌륭한 계명 성취가 어디에 또 있겠는가? 하지만 이 순종은 행위로 되는 것이 아니라, 오직 믿음으로 되는 것이다.

이와는 달리, 약속하는 하나님을 믿지 않는 것보다 더 큰 반역, 더 큰 불신앙, 더 큰 모독이 어디 있겠는가? 이것이야말로 하나님을 거짓말쟁이로 만들거나 혹은 하나님의 참됨을 의심하는 것이 아니고 무엇이겠는가? 이것은 자신에게는 참됨, 하나님에게는 거짓과 허사를 돌리는 것과 다름이 없지 않은가? 이런 사람은 하나님을 부인하면서 그 자신을 그의 마음 안에 우상으로 세우는 사람이 아니고 무엇인가? 그렇다면, 아무리 천사들이나 사도들이 한다고 할지라도 그와 같은 불신앙 속에서 하는 일이라면 무슨 유익이 있겠는가? 그래서 하나님은 율법이 요구하는 순결하고 자비로운 행위를 함으로서 자기가 율법을 성취하고 있다고 망상하지 못하도록 - 왜냐하면 그것은 시민이자 인간으로서 당연히 해야 할 덕행이기에 - 그리고 자기가 장차 구원을 받을 수 있으리라는 생각을 하지 못하도록 이 모든 것을 분노나 정욕 가운데 가두어 둔 것이 아니라, 불신앙 가운데 가두어 둔 것이다. 그들은 불신앙이라는 죄 가운데 갇혀 있기에 자비를 구하든지 아니면 의의 심판을 통하여 정죄를 당하게 된다. 〔롬 11:32〕

그러나 하나님은 참되다며 우리가 그를 인정하는 모습을 보는 경우, 우리가 신실한 마음으로 마땅히 받아야 할 영광을 하나님에게 올려 드리는 모습을 보는 경우, 역으로 그는 이 믿음으로 인해 우리에게 진실함과 의로움을 돌려줌으로서 우리를 영화롭게 한다. 믿음은 하나님에게 속한 것을 하나님에게 돌림으로 참됨과 의로움을 이룬다. 이러한 이유로 하나님은 역으로 우리의 의에 영광을 허락하는 것이다."[2]

---

[2] WA 7,53,34-54,20(『그리스도인의 자유』(1520). 독일어로 쓰인 것은 더 짧다: "다른 누군가를 믿는 사람은 그를 경건하고 진실한(신뢰할만한) 사람이라고 여기기 때문에 믿는 것이며, 이것은 그 사람이 얻게 되는 가장 큰 영예이다. 이와 반대로 가장 큰 수치는 무책임하고, 거짓되며, 어리석다고 취급받는 것이다. 그러므로 하나님의 말씀을 굳게 믿는 영혼은 하나님이 그를 참되고 경건하며 옳다고 여긴다. 이렇게 영혼은 하나님께 그가 할 수 있는 최고의 영광을 돌린다. 영혼은 하나님이 옳음을 알고, 그의 권한을 인정한다. 영혼은 하나님의 이름을 높이고, 하나님이 원하는 대로 사용하도록 자신을 내어 맡긴다. 왜냐하면 영혼은 하나님이 그의 모든 말씀을 지키는 경건하고 참된 분임을 의심하지 않기 때문이다. 하나님을 무능력하고, 거짓되며, 어리석게 여기고, 그와 같은 불신앙으로 하나님을 부인하며, 마치 하나님보다 더 잘 알고 있는 듯이, 하나님을 거역하는 마음 안에 자신의 뜻대로 우상을 세워 하나님을 믿지 않는 것보다 더 큰 무례함은 없다. 그러나 영혼이 하나님의 참됨을 인정하고, 믿음으로 영광을 돌려 드리는 것을 하나님이 안다면, 하나님은 영혼이 가진 믿음으

1. 1. 기본 정의

루터는 여기서 '죄'란 본질적으로 '불신앙'임을 분명하게 밝힌다. 인간의 본질이 들음과 믿음³에 있다면, 타락은 듣지 않음, 불순종 그리고 불신앙, 죄안에 거하는 것이다. 이미 믿음에 관해 설명했듯이, 불신앙과 죄와 연관해서도 그것은 마치 나중에 '인간'의 본질에 추가되는 고유의 어떤 성질과 같은 것이 아니라, 인간 전체를 성격지우는 것으로 단지 인간에 관한 어떤 것이 아니며, 오히려 존재 그 자체 안에 있는 본성에 관한 것이다.

죄는 하나님의 약속을 신뢰하지 않고, 하나님은 약속한 것을 지키는지⁴, 그가 정말 그렇게 말했는지에 대해 그를 의심하는 것이다. 루터는 이것을 '하나님에 대한 논쟁'disputare de deo⁵이라고 칭한다. 신앙이 영적시련을 겪으면, 한탄하듯 하나님에게 질문을 제기한다는 점에서 하나님과 토론할 수도 있고, 그 과정에서 의심이 일어날 수도 있지만, 이 의심이 하나님과의 관계를 상실하면, 그 자체는 자기정당화와 자기합리화를 위한 표명이 된다. 삶의 성취 여부를 자신의 손에 쥐고 있다거나, 그 자신이 보증이 된다고 여기는 사람은 – 찬양과 탄원과 기도로서 - 듣고 응답하는 것은 더 이상 필요 없다고 생각한다.

루터는 죄에 대한 개념을 전적으로 약속 신앙으로부터 얻었다. 죄는 믿

로 인하여 영혼을 경건하고 신뢰할만하다 여기어 영예를 돌려준다. [...] 이것은 비록 그들이 부지런히 많은 공로를 쌓았다 할지라도 믿음이 없는 사람에게는 해당되지 않는다."(WA 7, 25,5-25; 참고. 『대교리문답서』 1계명 해설, BLSK 560-572).

3 참고. 7장 1.
4 WA 42, 120,25-122,19(창 3:6). 죄는 선악과를 먹은 것이 아니라, 하나님을 의심하며 그의 말씀에 의문을 제기한 점에 그 본질이 있다.
5 WA 42,118.11-32(창 3:4-5).

음을 따라 하지 않는 것이다롬 14:23 참조. 루터는 『그리스도인의 자유』라는 책의 열한 번째 단락에서 약속 안에서 만나는 하나님을 믿는 것이 믿음이라고 설명한다. 이것은 동시에 믿음의 반대는 무엇이며, 죄가 무엇인지를 거꾸로 보여준다. 하나님을 믿지 않는다는 것은 곧 그를 신뢰하지 않음을 뜻하는 것이요, 신뢰할 가치가 없다고 여기는 것이며 그렇게 함으로서 하나님을 거짓된 자로 만드는 것이다. 이것은 동시에 자신에게는 참됨을 그리고 하나님에게는 거짓과 허사를 돌리는 것이다. 이렇게 하는 자는 하나님을 부인하는 자요, 추상적이고 이론적인 의미에서든 아니면 실질적인 의미에서든 하나님을 믿지 않거나 혹은 하나님이 없다시 14:1고 여기기 때문에 동시에 무신론자이다.[6] 불신자는 꾸미고 포장하는 그 자신의 마음에 의존하여 자신을 우상으로 만들어 세운다.

신앙과 불신앙은 현실에 대한 해석 이상의 것이다. 이 두 가지 모두, 즉 신앙과 마찬가지로 불신앙 속에서도 그 무엇이 실제로 발생한다. 하나님의 판단은 인간 자아에 대한 존재 규명이다. 하나님에 관한 인간의 판단도 – 물론 하나님의 존재는 아니지만 – 존재에 관한 하나의 규정이지만, 이 규정은 오히려 인간에게로 다시 귀결된다. 그것은 사랑의 관계에서 일어나는 일과 같다. 누군가 나에게 "너는 나의 보물이다"라고 말한다면, 이 말은 나의 존재에 관한 말이다. 만약 내가 이 말을 듣거나 믿는다면, 나는 실제로 보물이다. 그러나 반대로 내가 만약 믿지 않는다면, 나는 보물이 아니다. 현실성Wirklichkeit은 판단을 통해서 일어난다. 죄는 질적인 존재이지,

---

6 WA 18,609,7-11(『노예의지론』 1525): "모든 사람은 어두워진 마음을 지니고 있어 그들이 성경에 있는 것을 모두 암송하고 그것을 어떻게 인용하는지를 알고 있을지라도, 그들은 성경을 이해하거나 실제로 깨닫지 못한다. 그들은 하나님의 존재를 믿지 않으며, 그들 자신이 하나님의 피조물이라는 것도 믿지 않는다. 이것은 '어리석은 자는 그의 마음에 이르기를 하나님이 없다 하도다(시 14:1)라는 말씀과 다르지 않다."

단순히 결핍, 선의 결여, 존재의 축소나 혹은 '무관심'과 '신의식의 장애물' 만은 아니다.[7] 루터는 양적으로 말하지 않는다. 그에게는 부드러운 이행은 없다. 그는 오직 하나의 질적인 차이만을 본다. 오직 하나가 아니면 다른 것, 즉 신앙이 아니면 불신앙이 있을 뿐이다.

1. 2. 기본 정의의 구분

라틴어로 쓰인 『그리스도인의 자유』에는 거의 모든 중요한 성서적인 - 특히 구약성서의 - 개념들이 들어 있다: 죄peccatum, 반역rebellio, 거짓 mendacium, 허사vanitas. 원칙적으로 인간은 죄 가운데 있으며, 자신의 운명에 저항하고 자신을 지은 하나님의 창조 요구에 저항한다. 이러한 저항은 아래와 같은 행동 속에서 나타난다.

a) 목적 상실חטא, חטאה 에서 목적 상실 속에서 하나님을 추구하는 인간은 다른 것[8]을 붙잡으며, 소통을 이루어주는, 살아있고 빛이 되는 말씀요 1:4을 듣기 보다는 자신이 만든, 말하지 못하고 듣지도 못하는 우상만을 붙잡게 된다. 이러한 실책은 동시에 다음과 같은 것이기도 하다.

b) 본래부터 허용된 교제의 왜곡עוון. 물론 이러한 왜곡 속에서 인간이 교제나 관계를 맺지 못하는 것은 아니지만, 창조자와 피조물과 맺는 그의 관계는 잘못된 관계로 이어진다. 죄인은 더는 그의 창조적 운명에 상응하는 관계 속에서 살아가지 않고, 자신과의 관계 속에서만 살아간다. 그는 일어

---

7   Friedrich Schleiermacher, Der christliche Glaube nach den Grundsätzen der Evangelischen Kirche im Zusammenhange dargestellt, ed. v. Martin Redeker, Bd. 1, Berlin, 1960, 62.66(341.355).
8   참고. 요한복음 1장 5절에 대한 루터 설명: 6장 각주 51.

나는 모든 것을 자신과 연결하고, 매사에 자신의 유익을 추구한다빌 2:4.[9] 이것은 경건한 의도 속에서도 온통 일어날 수 있고, 하나님에 관해 말하는 가운데서도 일어날 수 있다. 그러나 하나님은 죄인이 그 자신만을 위하는 상황에서는 더 이상 그를 듣지 않는다. 하나님은 인간의 자기발견과 자아실현의 도구로 기능하게 되고, 죄인은 이러한 방식으로 자기를 절대화한다. 그러므로 죄는 왜곡된 소통이며, 잘못된 관계이다.

c) 이러한 관계의 왜곡에서, 그리고 그것과 더불어 창조자를 거스르는 반역פשע,rebellio이 일어난다. 반역이라는 단어는 의지의 요소, 죄 속에 있는 능동적 본성을 표현한다. 그것은 인간이 하나님이 하나님임을 원하지 않는 것이다. 반역을 죄로 보는 이러한 이해는 루터의 『스콜라신학 반박』 Disputatio contra scholasticam theologiam, 1517 17조에서 날카롭게 언급되어 있다: "인간은 본성적으로 둔스 스코투스와 가브리엘 빌과 같은 스콜라학자들이 힘주어 주장했듯이 하나님이 하나님임을 원하지 않는다. 오히려 인간은 (가능하다면) 그 자신이 하나님이고, 하나님은 하나님이 아니기를 원했다."[10] 죄인은 철저히 자신만을 추구한다. 그는 자신의 삶을 철저히 스스로 돌보고, 자신의 노동을 통해 자기 자신을 만들기를 시도한다. 그러나 인간은 '너는 내 것이라!'는 자신에 대한 하나님의 판단과 함께 하나님의 세계를 알 수 있는 언약과 은사를 수용하지 못하며, 그 대신에 그 자신의 판단을 앞세우고, 자신에 대한 다른 이의 판단, 곧 하나님 말씀의 진리를 의심하고, 그렇

---

9 참고. 테오 디터(Theo Dieter)의 비판적 설명, Der junge Luther und Aristoteles. Eine historisch-systematische Untersuchung zum Verhältnis von Theologie und Philosophie(TBT 105), Berlin/New York 2001, 80-107: "Luther's Verhältnis des 'quaerere quae sua sunt' als Bestimmung des Sünders."

10 "Non 'potest homo naturaliter velle deum esse deum,' Immo vellet se esse deum et deum non esse deum"(Bonner Ausgabe 5, 321; WA 1,225에서와는 다르게 여기서는 이 논제에 내포되고 빌과 스코투스가 주장한 말을 반박하고 있다. 참고. aaO. 논제30('rebellio').

게 함으로써 스스로가 '오만하고 패역한 마음'렘 17:9에 빠진다. 때로는 교만과 자만 속에서 피조물인 그 자신을 과대평가하고, 때로는 자포자기 속에서 피조물인 그 자신을 경시한다.

d) 인간은 이러한 자기몰두 속에서 하나님을 거짓말쟁이로 만들며, 스스로 허위와 거짓אוך에 빠지며, 불신, 식언, 말의 남용אוש, ματαιότη, 불충을 범한다. 그러나 말이 파괴된 곳에서는 생명도 더는 안전하지 않으며, 따라서 거짓과 살인이 일어난다요 8:44.

1. 3. 하나님으로부터 돌아섬: 자기 자신에게로 굽어짐

전체적으로 죄는 - 의도적이고 자발적으로 - 하나님에게서 돌아섬 aversio a Deo이라고 이해할 수 있다.[11] 인간은 먼저 다가온 창조자의 영창 2:7; 욥 33:4; 시 104:27-30에 근거해서만 살 수 있음에도 불구하고, 하나님에게서 돌아서서 오로지 자신만을 위해 살고 있다. 죄인은 - 신앙을 통해 하나님 안에서 살고, 사랑을 통해 이웃 안에서 살도록 결정된 - 자신의 운명에 거슬러, 탐욕에 빠진 존재로서[12] 자기 자신에게로 구부러져 있다. 자기 자신에게 구부러짐 incurvatio in se ipsum[13]으로써 죄인은 본질적으로 수용하고 베풀어야 하는 삶으로부터 자신을 단절시킨다. 애초에 하나님 관계와

---

11   참고. 6장 2.3. WA 44,472,38(창 42:6-7): 'aversio a deo.'
12   WA 7,38,6-10(『그리스도인의 자유에 관하여』 1520; 결론 논제). 참고. 10장 각주 50.
13   나중까지도 계속 사용된 적절한 이 표현은 『일차시편강의』 (1513-1515)에 처음 나타나(WA 3:212.36) 『로마서강해』 (1515-1516)에서도 강조하여 사용했다. 참고. 특히 WA 56,356,5f(롬 8:3): "[Scriptural] hominem describit incurvatum in se adeo, ut non tantum corporalia, sed et spiritualia bona sibi inflectat et se in omnibus quaerat"[성경은 인간이 자신에게 구부러져서 모든 물질뿐만 아니라 정신적 산물까지도 그 자신의 목적만을 위해 사용한다고 말한다. 참고. aao.258,27f(3:21) 그리고 304,25-305,6(5:4).

세상 관계와 조화를 이루었던 자기 관계는 고립되고 절대적인 것으로 변한다. 응답하며 살도록 지음 받은 인간은 자신과 또래들과의 끝없는 자기 대화의 순환에서 헤어 나오지 못하며, 자신의 존재 전체에 대한 건방지고 오만한 염려에만 급급하다. 이와 동시에 죄인은 동료들도 끌어들여 모두가 함께 탄식하게 만든다.

죄는 창조를 통해 결정된 인간의 운명, 즉 수용하고 조건 없이 계속 주는 완전한 소통을 단절하는 것이요, 이를 참으로 파괴하는 것이다. 그러므로 불신앙의 원죄는 배은망덕, 탐욕, 인색이며, 계속 주려고 하지 않는 것이다.[14] 여전히 삶이 존재하고 모든 것이 허무하지 않은 것은 오직 하나님의 보존의 은혜 때문이며, 창조주의 행동이 계속 일어나기 때문이다. 죄 속에서도, 죄에도 불구하고, 심지어는 죄를 통해서 하나님은 그의 미래를 향해 창조 세계를 보존한다[15]. 하나님의 은혜는 죄인조차도 보호하지만, 그러나 아직은 죄인을 구원한 것은 아니다.

이러한 죄 이해에 주목할 때, 예수 그리스도의 구원 사역의 본질이 무엇인지는 이미 분명해진 셈이다. 이 소통의 사건에서 자신을 향해 구부러지고 왜곡된 세상은 자폐증으로부터 해방되며, 이와 더불어 수용하고 찬송

---

14 참고. 5장 2.1.
15 참고. 『인간에 대하여』, 논제 9(7장 2). 하나님은 이성을 통하여 어려운 상황을 인내하게 한다. 그는 경우에 따라서는 핍박을 사용하기도 한다. 루터는 『대교리문답서』 4계명 해설에서 "하나님은 심지어 한 사람이 또 다른 누군가를 살해하는 방식을 통해서 세상을 다스리기도 한다"고 말하고 있다(BSLK 600,15-21). 악을 악을 통해서 제한하는 이성 그리고 비가시적 손(unsichtbare Hand)의 일은 우리가 보아서는 결코 이해할 수 없는 일이다. 그에 못지않은 중재의 시도는 - 다양한 유형의 경건한 사람들에게도 - 냉소적으로 이끌 듯하다. 죽기 전 그리고 종말이 오기 전에, 우리가 보이는 것으로 살지 않고 믿음 안에서 살아가는 한, 하나님의 세상 통치 방식을 이해할 수 있는 방식은 우리에게 주어져 있지 않다. 물론 '이성의 목록'(List der Vernunft) 중 하나인 악인의 징의도 없다. (Georg Wilhelm Friedrich Hegel, Die Vernunft in der Geschichte, PhB 171a, Hamburg ^{5}1955, 105). 하나님의 세상통치 전체는 숨겨져 있으며, 때로는 신앙인에게도 낯설다. 그럴 경우, 신앙인은 하나님의 숨어 있음에 대해서 한탄하지만, 표면적으로 보는 것과는 달리 하나님이 통치하고 있음을 믿는다.

하며 베푸는 삶으로 다시 개방된다. '즐거운 교환'fröhliche Wechsel과 은사의 교환은 죄를 범한 인간과 의롭게 하는 하나님 사이에서 일어난 의사소통의 사건이다.[16] 하나님은 자아에 갇힌 나를 해방시키고, 나와 다른 피조물들과의 소통을 나에게 열어준다.

이러한 해방 속에서 내가 벗어난 죄란 철저한 부자유임이 입증된다. 자기 자신에게로 구부러진 인간은 창조자가 그에게 준 자유를 불가피하게 남용하고, 그런 점에서 철저히 부자유하다. 키에르케고르는 "원죄의 교의학적 설명에 대한 간편한 심리학적인 설명"이라는 부제를 단 책 『불안의 개념』1844에서 자유와 부자유가 개인과 인류 전체의 역사 속에서 어떻게 서로 얽혀 있는지를 전형적으로 보여주었다.

인간의 상태를 진단하는 방법을 자세히 들여다보면, 철학과 신학, 특히 종교개혁적인 인간론 사이에 피할 수 없는 갈등이 있다. 철학, 예컨대 에라스무스는 부자유를 자유의 가능성이라고 보고 그것을 극복할 수 있다고 생각하지만, 그와는 달리 루터는 현실적인 죄의 개념을 통해 인간이 자신에게 주어진 근본적인 자유를 항상 망가뜨리고 상실했으며, 자신의 힘으로는 이를 회복할 수 없다고 강조한다. 그러므로 종교개혁자들의 죄 개념은 "인간의 자유의 실제적인 자가당착"을 주장한다. 왜냐하면 죄의 노예 상태는 오직 자유의 현상으로만, 스스로 선택한 노예 상태요 8:34로만 이해될 수 있기 때문이다."[17]

죄 이해에 대한 질문은 인간의 자유에 대한 문제나 인간의 자유 혹은 노예 의지에 관한 질문과 뗄 수 없이 연결되어 있다.

---

16   참고. 2장 2; 10장 2.
17   Joachim Ringleben, "Freiheit VII. Dogmatisch," in RGG Bd. 3, 2000, (317-319), 317. 죄인은 "그 자신의 충동과 욕망으로 인하여" 죄를 범한다: WA 18,634,25; 참고. 635,12f. (『노예의지론』 1525).

2. 노예의지

지그문트 프로이트Sigmund Freud는 인간의 자기애가 겪은 세 가지 모욕에 대해서 말한다. 하나는 코페르니쿠스의 이름과 연관된 '우주론적' 모욕이며, 다른 하나는 찰스 다윈의 이름과 연관된 '생물학적' 모욕이고, 마지막 세 번째는 그가 직접 인간의 나르시시즘Narzissmus/자기도취에 연계시킨 '심리학적' 모욕이다. 이것은 인간의 정신적 과정이 그 자체로서는 무의식적이며, 오직 불완전하고 믿기 불확실한 인식을 통해서만 자아가 알 수 있으며, 그것은 자아에 종속된다는 사실로부터 생겨난 것이다. 이러한 설명은 "나는 그 자신의 집의 주인이 아니다"[18]라는 주장과 같은 것이다.

이와는 반대로 칸트는 근원적 악에 관한 자신의 가르침에도 불구하고 다음과 같이 말한다: "내적 자유를 위해서는 두 가지가 필요하다. 하나는 주어진 상황, 즉 현실에서 스스로 주인이 되는 것이요, 다른 하나는 (내재적으로 habituell) 그 자신을 다스리는 통치자가 되는 것, 즉 감정을 억누르고 열정을 통제하는 것이다."[19] 이러한 자유 이해는 프로이트의 관점으로 인하여 보잘 것 없는 것이 되고 만다. '나는 그 자신의 집의 주인이 아니다'라는 사실은 정신분석학이 처음 발견한 것이 아니다. 프로이트도 이 사실을 알고 있고, 더욱이 쇼펜하우어를 인용한다. 이미 시편도 인간의 '무의식'을 언급한다. 시편 19편 12절은 "자기 허물을 능히 깨달을 자 누구리요 나를 숨은[내가 의식하지 못하는] 허물에서 벗어나게 하소서." 시편 90편

---

18 Sigmund Freud, Eine Schwierigkeit der Psychoanalyse, in: ders., Gesammelte Werke, hg. v. Anna Freud, Bd. 12. Frankfurt a. M. 1947, (3-12)11.

19 Immanuel Kant, Die Metaphysik der Sitten. Metaphysische Anfangsgründe der Tugendlehre, Einleitung, in: ders., Werke in zehn Bänden, hg. v. Wilhelm Weischedel, Bd. 7, Darmstadt 1975, 539.

8절은 "주께서 우리의 죄악을 주의 앞에 놓으시며 우리의 은밀한의식하지 못하는 죄를 주의 얼굴 빛 가운데에 두었사오니"라고 말한다. 루터의 인간 이해는 결정적으로 이러한 관점과 경험의 영향을 받았다. 따라서 『아우크스부르크 신앙고백서』 11조에서는 개인고해 중에 모든 죄를 나열하는 것이 반드시 필요한 것이 아니라고 시편 19편 12절을 인용하여 주장한다. 이것은 더욱이 가능하지도 않다는 것이다.[20]

이것이 가능하지 않은 것은 우리가 우리 자신을 결정적으로 알지 못하기 때문이다. 소크라테스의 말처럼 우리가 지적으로 자신을 알지 못할 뿐만 아니라, 의지의 원초적인 무능력 때문에 우리 자신을 알 수 없다. 선지자 예레미야는 시편을 인용하여 '누가 그 자신의 마음을 알겠는가'렘 17:9 라고 묻는다. 루터에게 선지자의 이 질문은 인간의 본질을 밝혀준 것이다. 그 질문은 인간의 비밀을 묻고, 정확히 답하고 있다. 루터는 죄를 교만과 절망이라고 이해하는 아우구스티누스의 관점을 사용해 분명하게 설명한다: "거짓되고 심히 부패한 것이 마음이라 누가 이것을 알겠는가?" 이것은 우리가 우리 자신으로부터 벗어났고, 우리 자신에게 숨겨져 있으며, 우리 자신이 주인이 아니라는 뜻이다. 우리는 무의식은 말할 것도 없고, 우리 의식의 주인도 전혀 아니다. 더 나아가 우리는 양심의 주인도 아니며, 우리를 매혹시키고 두렵게도 하는 상상과 꿈의 주인도 아니다. 오히려 우리는 철저히 부자유하다. 누가 "만물보다 심히 부패한" 자신의 이 마음을 그 바닥까지 알겠는가?렘 17:9 바닥에까지 다가서는 자는 깊은 수렁으로 떨어

---

20   BSLK 66,4-8. 참고. aaO. 98,27-99.4(제25조): "참회에 관하여, 누구도 죄의 이름을 상세히 나열하도록 강요해서는 안된다. 그것은 불가능하기 때문에 시편[19:12]은 말한다: '누가 자신의 잘못을 알겠는가?' 그리고 예레미야[17:9]는 말하기를 '인간의 마음은 심히 부패하여 누구도 그것을 알 수 없다'고 한다. BSLK 251,47-49(제11조 변증); 440,25-441,13; 452,9-20; 453,8f. (Schmalkaldische Artikel; 1537) 그리고 WA26,220,2-4(Unterricht der Visitatoren an die Pfarrherrn im Kurfürstentum Sachsen; 1528).

질 것이다.

  1518년 튀빙겐에서 비텐베르크로 옮겨와 곧 바로 비텐베르크 종교개혁에 합류한 멜란히톤은 인간De hominibus viribus adeoque de libero arbitrio 인간의 능력, 특히 노예의지에 대하여에 대해 한 단락을 할애한 『신학총론』 1521 에서 인간이 그 자신의 집에서 주인이 아니라는 같은 내용을 고백하고 주장하기 시작했다. 물론 인사를 하거나 하지 않거나, 옷을 착용하거나 하지 않거나, 고기를 먹거나 먹지 않는 것은 너의 능력에 속해 있다는 사실을 경험하듯이, 인간의 이성은 외형적으로 일어나는 일에 대해서는 결정할 수 있는 분명한 자유를 갖고 있음을 부인할 수도 없고 부인해서도 안 된다. 그러나 "이와는 반대로 내적인 감정Affekte은 우리가 통제 할 수 없다. 왜냐하면 경험과 습관을 통하여 우리는 의지가 그 자신의 충동애 따라서 사랑과 증오나 이와 유사한 감정을 제거할 수 없고, 감정은 다른 감정으로 극복할 수 있음을 체험하기 때문이다."[21] 이성이 종종 의지를 수용하거나 거부하듯이, 의지도 태생적으로 감정을 거부하거나 제거할 수 있다고 주장하는 사람은 일종의 착각에 빠진 것이다. 인간의 가장 내면적인 곳에서, 인간의 마음속에서, 인간의 의지의 중심인 "감정의 근원"[22]에서 인간은 부자유하다. "인간은 자신의 마음을 전혀 통제할 수 없다."[23] 오직 하나님의 영을 통해서 변화가 일어날 때, 그는 선을 생각하고 선을 행할 수 있는 자유가 있다.

---

21 Philipp Melanchthon, Loci communes 1521, lat./dt., übersetzt von Horst-Georg Pöhlmann, Gütersloh, 1993, 1,42 und 44.

22 Melanchthon, Loci communes 1,46.

23 Melanchthon, Loci communes 1.65,43 [문장의 순서가 바뀌었다]: "[…] nihil minus in potestate sua esse quam cor suum" [그의 마음의 힘 안에 있는 것은 아무것도 없다].

이에 상응하여 루터는 1518년 하이델베르크논제에서 원죄와 결부시켜 노예의지 문제를 이해했다: "자유의지는 타락 이후에 무의미하고 공허한 이름에 불과할 뿐이다." - 이 말은 자유의지는 실체가 없는 단어에 불과하다는 뜻이다.[24] 하이델베르크논제 13항은 에라스무스와 논쟁을 낳은 배아세포가 되었다. 이 논제는 1520년 6월 15일자 교황의 파문경고교서 "주여 일어나소서"Exsurge Domini에서 41개의 "마르틴 루터의 오류" 중의 하나로 명시되었기 때문에 루터는 같은 해에 "레오 10세가 최근 교서를 통해 정죄한 『마르틴 루터의 모든 주장』 Assertio omnium articulorum에서 이를 상세히 반박했다.[25] 에라스무스는 1524년 『자유의지론』 De libero arbitrio에서 이 36개 조항을 인용했고[26], 이에 대해 루터는 다시 1525년 『노예의지론』 De servo arbitrio에서 답변했다.

루터가 회고하면서 『교리문답서』와 더불어 가장 중요하다[27]고 표현한 이 글은 에라스무스가 대변했던 인문주의적 인간 이해에 대한 하나의 도전이었다. 에라스무스에 따르면 인간은 영, 혼, 육의 세 부분으로 이루어졌다. 그의 책 『기독전사의 소핸드북』 Enchiridion militis Christiani에 따르면, 영은 우리를 신이 될 수 있게 하지만, 그러나 육은 탐욕과 원초적 감정을 가지고 우리를 동물로 변하게 한다. 혼은 그 중간에 있으며, 스스로 결정할 수 있어서 아래쪽으로 결정하면 동물적 본능을 추구하고, 위엣 것을 추구하면 신과 같이 된다. 즉 스스로 선이나 혹은 악을 결정할 수 있는 능

---

24 "Liberum arbitrium post peccatum res est de solo titulo"(WA 1,354,5; 논제 13).
25 WA 7,142,22-149,7.
26 이 제목에 대하여. 참고. Thomas Reinhuber, Kämpfender Glaube. Studien zu Luthers Bekenntnis am Ende von De servo arbitrio, TBT 104, Berlin/New York, 2000,6f.
27 WA Br 8,99f(1537년 7월 9일 볼프강 카피토에게 보낸 서신)

력이 있다. 그러므로 혼은 자유의지를 가지고 있다. 인간은 이 자유의지의 힘으로 영적으로 살고자 육과 싸울 수 있다. 에라스무스는 자신의 생각이 영과 육의 싸움에 대해 말한 바울의 견해와 같다고 생각했다. 바울도 실제로 영과 육의 싸움에 대해 말하고 있다. 그러나 그것은 완전히 다른 의미였다. 루터가 강조한 것처럼, "전인이 영이거나 육이기도"하며, "전인이 영이 되기까지 싸우는 존재"[28]이다. 신앙과 불신앙, 하나님과 우상이 서로 싸운다. 루터는 아우구스티누스의 반펠라기우스 저서의 도움을 빌어 이러한 바울의 관점을 스콜라신학자 뿐만 아니라 에라스무스와 같은 인문주의를 상대로 날카롭게 강조했다.

루터를 자극한 것은 에라스무스가 토론을 위해 제시한 논제였다. 에라스무스는 이 논제에서 "의지를 은총으로 향하게 하거나 혹은 은총에서 멀어지게 할 수 있는 자유가 우리에게 있다. 그것은 마치 우리를 비추는 빛을 향해 눈을 뜨거나 혹은 거꾸로 빛 앞에서 눈을 감는 것과 같다"[29]고 했다. 이와 비슷하게 에라스무스는 "'자유의지'를 인간의지의 힘으로 이해한다. 인간은 이 자유의지로 영원한 구원을 주는 자에게 향하거나 그로부터 멀어질 수 있다."[30] 에라스무스는 물론 인간이 자신을 구원할 능력을 가지고 있다고 생각하지는 않았다. 인간에게는 창조, 구원과 세계의 완성 등 모든 것이 은혜이다. 이 모든 것은 오직 하나님의 손에 달려 있다. 은혜에 다가설 수 있는 능력인 인간의 자유의지는 광활한 은혜의 바다 가운데 있

---

28 Heinrich Bornkamm(Hg.), Bibelvorreden, 192(Vorrede zum Römerbrief, 1522); 참고. aaO.184.

29 Desiderius Erasmus, De libero arbitrio διατριβη sive collatio(Ausgewählte Schrifien, hg. v. Werner Welzig, Nachdr. der 2. Aufl., Bd. 4, übers., eingel. und mit Anm. vers. von Winfried Lesowsky, Darmstadt 1995,54-556), IIa 11.

30 Erasmus, De libero arbitrio 1b 10. 참고. 루터의 반대 의견 WA 18,667,29-668,3(『노예의지론』 1525)

는 지극히 미미한 것[31]이며, 미세한 것이요, 작은 물방울에 불과하다. 에라스무스는 그것을 은혜의 말씀에 동의하고 저항하지 않는 인간의 능력과 행위라고 주장하고자 했다. 만약 인간이 이처럼 미약한 것도 주장하지 않는다면, 한편으로는 인간의 책임과 윤리는 불필요할 것이며, 인간이 행하는 악행도 하나님의 탓으로 돌리게 될 것이라고 에라스무스는 논박했다. 그러므로 자신을 구원하는 일에서 인간의 최소한의 협력의 부인은 인간의 책임뿐만 아니라, 하나님 특히, 선하고 은혜로운 하나님의 형상도 파괴하는 일이 될 것이라고 에라스무스는 주장했다.

루터는 에라스무스를 매우 강하게 반박한다:

"얼마나 자주 당신은 '자신' 혹은 '바로 자기 자신'이라는 대명사를 자유의지에 적용하고 있는지 깨닫지 못하고 있다. 당신은 '자유의지 자체가 구원을 주는 자에게 다가갈 수 있다'고 말함으로써 모든 능력을 가진 성령을 마치 여분의 것이거나 혹은 불필요한 것인 양, 전적으로 배제하고 있다."[32]

구원을 향해 나아가는 것, 곧 믿음은 결코 인간의 일이 아니라 오직 하나님의 일이다.[33] 믿음을 불러일으키는 하나님의 언약은 오직 하나님이 홀로 하는 일이며, 그 성취와 완성을 누구도 방해할 수 없다.[34] 하나님은 약속

31　De libero arbitrio, IV 7f; 전체 논지의 요약: IV 16.

32　WA 18,665,13-16(『노예의지론』 1525).

33　"믿음은 우리를 변화시키고 하나님에 의해서 새롭게 태어나는 우리 안에서 일어나는 하나님의 일이다, 요 1:13." (aaO. [각주 28] 182).

34　WA 18,618,19-620,12, 특히. 619,1-3 "만약 당신이 하나님은 모든 일을 개연이 아니라, 필연적이고 불변의 방식으로 행함을 의심하고 멸시한다면, 어떻게 그 분의 약속을 의지하며 신뢰하며 확신할 수 있겠는가?"

한 것을 능히 이루는 분이다 롬 4:21.

만약 구원이 전적으로 하나님의 손에 달린 것이 아니라면, 가장 작은 일에서도 내가 함께 말하고 함께 일해야 한다면, 이 작은 하나의 점 위에라도 - 이것은 분명히 아르키메데스의 점이다. - 내가 올라섰다면, 구원의 확신과 더불어 모든 것을 파괴할 불확실성이 스며들 것이다. 그러므로 루터는 에라스무스를 반박하는 책 끝에서 책 전체의 의도를 요약하면서 이렇게 고백한다.[35]

"비록 그것이 가능할지라도, 자유의지가 나에게 수여되기를 원하거나 내가 구원을 향해 갈망할 수 있는 어떤 것이 내 수중에 남아 있기를 바라지 않는다고 솔직히 고백한다. 왜냐하면 한편으로 나는 단 하나의 악마라도 모든 사람보다 강하며 아무도 구원을 받을 수 없다는 사실을 고려해 볼 때 수많은 적대자들의 위험들과 수많은 악마들의 공격 한가운데서 내가 그것을 확고하게 지키면서 유지할 수 없기 때문이다. 다른 한편으로 만약 거기에 어떤 위험이나 적대자들, 악마들이 존재하지 않는다고 해도 나는 영구적인 불확실성 아래에서 노동을 해야 하고, 허공을 치는 사람처럼 싸움을 해야 한다. 왜냐하면 내가 비록 영원을 향해 살고 일하고 있지만, 나의 양심은 어떻게 해야 하나님을 만족시킬 수 있는지를 확신하거나 보증하지 못하기 때문이다. 성취된 일이 무엇이든, 그 일이 과연 하나님을 기쁘게 할 수 있는지 없는지 혹은 하나님이 어떤 다른 것을 더 요구하는지에 관한 불안한 의심이 항상 남아 있다. 이것은 공로를 통해 의로워진다고 주

---

35 책의 마지막에 있는 결론으로 미루어 보건데, 몇 가지 논지는 비판적으로 평가될 수도 있다. 참고. 루터의 'necessitas'라는 단어 사용: "Optarim sane aliud melius vocabulum dari in hac disputatione quam hoc usitatum Necessitas, quod non recte dicitur, neque de divina, neque humana voluntate." (WA 18,616, 각주1): "나는 물론 이 논의에서 일상적으로 쓰이는 '필요'라는 말보다 더 적합한 다른 용어가 제시되기를 원했다. 이 단어는 신의 뜻이나 인간의 의지를 설명하는데 적합지 않다.

장하는 자들의 경험이 증명하고 있으며, 나도 수년 동안 호된 고통과 희생을 치르고 배운 것이기도 하다.

그러나 지금 하나님은 나의 의지에게서 나의 구원을 빼앗아서, 이를 그의 의지 안으로 가져갔다. 그러면서 이제 나의 구원은 나의 선택이 아니라 하나님의 선택에 의존하게 했고 내 자신의 행위나 노력이 아니라 그의 은총과 자비로부터 나의 구원을 약속했다. 그래서 나는 하나님이 신실하며 나에게 거짓말을 하지 않고 또한 너무 위대하고 강력해서 어떤 악마나 적대자들도 그를 이길 수 없으며, 나를 하나님에게서 빼앗아 갈 수 없다는 사실을 확실히 믿는다. "그들을 준 내 아버지는 만물보다 크며, 아무도 아버지 손에서 빼앗을 수 없다"요 10:28f고 그분은 말씀한다. 그래서 전부는 아닐지라도 일부, 아니 정말 상당히 많은 수가 구원을 받는다고 말할 수 있지만, 자유의지의 능력을 통해서는 어느 누구도 전혀 구원을 받을 수 없고 모두 함께 멸망할 것이라는 결론이 나온다.

우리는 우리 자신의 행위의 공로를 통해서가 아니라, 우리에게 약속한 하나님의 자비의 덕분으로 하나님을 기쁘게 할 수 있으며, 만약 우리가 당연히 해야 할 일을 거의 못했거나 또는 잘못 행했을지라도, 하나님은 이 때문에 우리를 책망하지 않고 오히려 아버지의 사랑으로 우리를 용서하고 우리를 개선한다는 사실을 우리는 확신하고 신뢰한다. 그러므로 모든 성도가 그들의 하나님에게 영광을 돌린다."[36]

인간이 무엇이며, 무엇을 할 수 있는지는 가장 어려운 신론의 문제를 다루지 않고는 쉽게 말할 수 없다. 만약 하나님이 자신의 전능 속에서 모든

---

[36] WA 18,783,17-39(『노예의지론』 1525.). Bruno Jordahn, in: Martin Luther, Ausgewählte Werke, hg. v. Georg Merz, Bd. 1 der Ergänzungsreihe, München ⁵1954,243-246. Reinhuber, Kämpfender Glaube. (각주 26).

일을 행한다면, 그가 구원하기도 하고 망하게도 하는가? 하나님은 단지 신앙만이 아니라, 불신앙도 불러일으키는가? 하나님은 단지 선한 일 만이 아니라 악한 일도 일으키는가? 하나님은 악한 자에게서 떨어져 있지 않는가? 악한 일을 – 어쨌든 지극히 작을지라도 – 오직 자유의지, 즉 선이나 악을 선택할 수 있는 자유를 확실히 지닌 사람과 그의 의지로부터 일어난 것으로 볼 수 없는가? 이런 문제는 철학과 신학의 오랜 전통 속에 늘 존재해 왔으며, 에라스무스는 이 문제에 개입하고 항상 거듭 이 문제를 대변해 왔다.

이러한 사상은 매우 조화롭게 보이기 때문에 루터의 사후에 개신교 진영에서는 – 멜란히톤이 그러하다! - 에라스무스가 제기한 명제, 즉 의지는 은총과 구원으로 향할 수 있거나 그것을 거부할 수 있는 미미한 능력을 가지고 있다는 명제를 다시금 붙들었다. 여기서 소위 일치신조에 살며시 모습을 보인 "신인협력논쟁"이 등장했다.[37] 논쟁의 질문은, 이미 말했듯이, 인간이 구원에 어떤 방식으로든 협력하는지, 혹은 인간이 구원을 받아들이는 일에 단지 참여하는지에 관한 것이다. 후기의 멜란히톤이 무슨 관심 속에서 구원 수용의 참여에 대한 논쟁에 참여했고, 어떤 방식과 형식으로 그렇게 했는지를 우리는 물어야 한다. 만약 신앙이, 루터에게서처럼 자기망각이라면, 그러한 관심은 도저히 일어나지 않을 것이다.

후기의 멜란히톤에게서 볼 수 있듯이, 인간이 제공된 은총으로 향할 수도 있고 그로부터 돌아설 수도 있다는 주장은 비논리적이다. 왜냐하면 멜란히톤이 일생동안 중요하게 여긴 율법과 복음 구분의 핵심은 그것이 하

---

[37] Formula Concordiae, Art, 2(BSLK 776-781). 참고. Walter Sparn, Begründung und Verwirklichung. Zur anthropologischen Thematik der lutherischen Bekenntnisse, in Bekenntnis und Einheit der Kirche. Studien zum Konkordienbuch, hg. Martin Brecht and Reinhard Schwarz, Stuttgart 1980, 129-153.

나님의 행위를 인간의 행위와 구분하도록 이끌어 준다는 점에 있기 때문이다. 율법의 영역에서는 죄인조차도 자신의 행위가 인간의 삶에 기여하며, 그렇기 때문에 선하다고 알려지도록 외적으로 행동할 수 있다. 그러나 – 사람과는 달리 중심을 보는삼상 16:7 – 하나님 앞에서는 그 일은 아무것도 아니다. 인간적이고 세속적인 일로는 '나'라는 존재를 세울 수도 없고, 의롭게 할 수도 없다.

비록 루터와 멜란히톤은 '보편적인' 휴머니즘과 비그리스인들의 휴머니즘을 하나님의 익명적인 보존 은혜의 선물로 감사히 여기고 인정하지만, 그것이 절대적인 것이 되려고 시도할 경우에는 그것을 거부한다. 왜냐하면 그들은 인간이 자신의 칭의를 스스로 제공할 수 없고, 자신의 마음을 스스로 살필 수 없으며, 자신의 죄를 스스로 용서할 수 없고 미래에 대한 불안에서 스스로 벗어날 수도 없는 존재로 보기 때문이다. 인간은 바로 이러한 염려에서, – 그리고 이와 함께 자신의 유한성을 깨닫지 못하는 그의 절망과 교만과 오만에서 – 해방되어야 한다. 그러나 이 일은 율법을 통해서는 일어나지 않으며, 오직 복음을 통해서만 일어난다. 복음을 통해서 성령은 신앙을 갖게 하며 마음을 '외적인 것으로부터' 돌이키게 하고 새롭게 한다. 그리하여 나는 나의 유한함을 수용하며, 영원의 욕망과 구원의 요구 때문에 괴로워하거나 억눌리기 보다는 유한한 것을 기꺼이 느끼고 즐거워 하게 된다.

완고하고 마음이 어두워진 인간은 이러한 해방을 자기 사랑에 대한 모독으로 여길지도 모른다. 이것의 참된 의미는 비텐베르크에서 루터와 멜란히톤과 함께 살았던 엘리자베스 크루시거Elisabeth Cruciger의 "새 사람으로 살 수 있도록 옛 사람을 모독하소서EG 67,5"라는 기도에 나타나 있다.

이것은 옛 사람을 죽이고, 그로 인해 새 사람이 살게 한다는 것이다. 새 사람은 신앙과 자신의 행위를 구분 할 수 있다. 여기서 신앙은 하나님이 그를 돌본다는 확신이며, 그 자신의 행위는 '마치 하나님이 없는 듯이'[38] 걱정하는 것을 말한다. 이러한 구분 속에서는 예컨대 정신분석의 활동도 하나의 업적으로 수용되고 평가될 수 있고, 그렇게 되어도 무방하다. 그렇다면 무의식의 규명은 프로이트가 그렇게 했듯이, 오직 "로고스" 하나님에 의해서만 규명될 수 있고, 인간의 이성에 기대될 필요는 없다.[39] 그것은 믿음의 영역에 놓아도 무방하다. 왜냐하면 인간적인 하나님이 자신의 땅에 왔고, 그렇기 때문에 하나님이 자신의 집에서 주인이 되어야 할 필요가 없는 것은 결코 모독이 아니라 가장 영광스러운 해방이기 때문이다.

3. '유전' 죄원죄

이미 강조했듯이 의지는 부자유하다. 여기서 부자유는 세상 안에서 이루어지는 인간의 행동과 결정의 자유를 가리키는 것이 아니다. 루터와 멜란히톤은 『아우크스부르크 신앙고백서』18조항에서 이런 자유의지 liberum arbitrium를 가르치고 고백한다. 의지가 부자유하다고 할 때, 이것은 인간 존재의 근거를 가리키는 것이다. 왜냐하면 인간은 – 죄와 불신앙을 통해 – 자신의 본질을 상실했기 때문이다. 죄인이 "내가 죄악 중에 출생하였음이여 모친이 죄 중에 나를 잉태하였나이다"시 51:5라고 고백해야 하듯

---

38 WA 15,373,3(시편 127은 리프란트 리가(Riga in Livland; 1524)에 있는 그리스도인들에게 강해했다).
39 Sigmund Freud, Die Zukunft einer Illusion, GW(각주18) 14,(325-380)378f.

이, 이미 주사위는 던져졌다. 루터와 『아우크스부르크 신앙고백서』2조항를 포함하여 과거 어느 때나 이 구절은 소위 '원죄'를 설명하는데 전형적인 근거 구절이었다. 이 구절은 매우 거북하고 현대인들이 수용하기 매우 어렵기 때문에 개신교의 새로운 찬송가에서 슬그머니 삭제되었다.[40] 따라서 이제는 예전과 더불어 교회 대중의 의식에서 새로운 질문과 비판적인 사고의 동기가 될 수 있었던 그런 걸림돌은 제거되었다. 원죄에 대한 새로운 질문과 비판적 사고가 필요하다는 것은 두말 할 나위가 없다. 왜냐하면 시편 본문과 '원죄'라는 단어는 신학과 신앙의 역사에서 아우구스티누스 이래 원죄의 확산을 오직 출산 행위에만 고정시킴으로써 생물학적 표상과 결합되었기 때문이다.

그렇지만 이와 더불어 본질이 왜곡되고 말았다. 루터는 본질을 정확히 알았다. 『고백』 1528이라는 글에서 루터는 다음과 같이 강조한다. 이 구절은 "나의 어머니가 죄와 함께 나를 잉태했다는 뜻이 아니라, 내가, 내가, 내가 죄 가운데 잉태되었다."[41] 문법적으로는 비록 '나의 어머니'가 주어이며, '나'는 목적어이지만 루터는 설명에서 어순을 바꾸었다. 이로써 죄인인 나 자신의 주체성, 인격성과 독자성이 의심의 여지없이 존재하게 되었다: "나의 모친이 죄 중에 나를 낳았다[...] 는 것은 곧 내가(!) 태중에 죄의 씨앗으로부터 자라났음을 뜻하며, 히브리어 본문의 의미도 이와 같다."[42]

내가 전적으로 그리고 근원적으로 원죄에 고착되어 있다는 날카로운

---

40   EG 727.

41   WA 26,503,31f.

42   WA 26,503,30-34. 루터는 원죄에 대한 가르침에서 그 외의 사항에 대해서는 철저히 전통적 사고의 틀을 지켰다. (참고. Paul Althaus, Die Theologie Luthers, Gütersloh 1983, 144; Bernhard Lohse, Luthers Theologie in ihrer historischen Entwicklung und in ihrem systematischen Zusammenhang. Göttingen 1995, 268f).

강조로 절정을 이루는 많은 언급들은 원죄가 노예의지와 결부되어 있음을 뒷받침하는 것이다.

"만약 예수 그리스도가 우리를 돕고자 세상에 와서 무죄한 어린양으로서 이 죄책과 죄를 친히 짊어지고 고난을 당함으로써 우리를 위해 값을 치루지 않았다면, 그리고 신실하고 자비로운 중보자요, 구세주요, 유일한 제사장과 우리 영혼의 감독으로서 매일 우리를 위해 호소하고 중재하지 않는다면, 모든 인간은 한 사람, 즉 아담의 후손이며, 그로부터 출생을 통해 태어나서, 아담이 낙원에서 마귀의 유혹으로 인해 범한 타락, 죄책과 죄를 상속받으며, 그로 인하여 죄 안에서 태어나 살고 죽는 모든 사람은 영원히 죽을 수밖에 없음을 성서를 통해 입증할 수 있다는 것을 나는 알고 있고, 고백하기 때문이다.

이러한 관점에서, 나는 우리의 구원자 예수 그리스도의 은혜와 도움에 정면으로 대치되는 자유의지를 찬양하는 모든 잘못된 가르침을 정죄하고 거부한다. 그리스도 밖에서는 사망과 죄가 우리의 주인이고, 마귀는 우리의 신이요 통치자이기 때문에 거기에는 우리가 의와 생명을 얻도록 할 아무런 능력과 지혜와 이성도 없다. 오히려 우리는 마귀와 죄의 포로가 되고 현혹되어 마귀의 조종대로 그들을 즐겁게 하고, 하나님과 그의 계명에 배치되는 것을 생각하고 행한다.

그러므로 나는 원죄를 죄로 인정하지 않고, 다만 그것을 약점 또는 결점으로 생각하는 옛 펠라기우스파와 새로운 펠라기우스파를 모두 배격한다. 그러나 사망이 모든 사람에게 전해졌으므로 원죄는 하나의 약점이 아니며, "죄의 삯은 사망이요"롬 6:23, "사망의 쏘는 것은 죄다"고전 15:56라고 한 사도 바울의 말처럼 가장 큰 죄이다. 다윗도 역시 시편 51편 5절에서 "내가 죄악 중에 출생하였으며,

모친이 죄 중에 있는 나를 잉태했다"[43]고 말한다.

『그리스도의 성만찬에 관하여. 고백』이라는 글에서 '나, 나, 나'라고 세 번이나 반복한 표현을 간과해서는 안 된다. 자기중심적인 인간의 본성, 책임을 회피하려는 인간의 무능력, 죄인인 그 자신을 해명할 수 없음을 이보다 더 예리하게 표현한 곳은 없다. 그러므로 '상속 죄'에 관한 한, '원죄'에 관해서 말하는 것이 더 적절하고 오해도 피할 수 있다. 따라서 이에 흔히 쓰는 라틴어는 '본래근원의 죄'라는 뜻의 'peccatum originale' 혹은 'peccatum originis'이다. 루터는 '본래근원'이라는 뜻을 역사적 시점을 가지면서 모든 인간을 성격지우는 근본운명이라는 의미에서 이해한다. 모든 인간은 언제나 이미 원죄를 가지고 태어나며, 동시에 모든 인간은 그것에 대해 책임이 있다. 그러므로 루터는 이렇게 말한다: "우리는 원죄를 '우리의 부모로부터' 물려받았다. 그렇지만 그것은 우리 자신이 그렇게 했기 때문에 우리 탓이 적다고 말할 수는 없다."[44]

4. 마귀가 올라타다.

나의 의지는 모든 사람들의 의지처럼 - 실제로 벗어날 수 없도록 - 항상 이미 부자유하고 사로잡혀 있다. 인간의 의지는 어쨌든 누군가 올라타는 한 마리 동물이다. 그것이 마귀일 수도 있고 하나님 일 수도 있다. 구원

---

43 WA 26,502,25-503,31(『그리스도의 성만찬에 관하여, 고백』 1528).

44 WA 17 II,282,14-21 Festpostille; 1527/Evangelium am Tage Mariä Empfängnis." 눅 11:27f. 참고. WA 42,121,19(창 3:6): "당시 사탄이 그것을 행했듯이, 사탄은 오늘날도 여전히 그것을 행하고 있다."

의 문제에 있어서 루터는 중립이란 가능하지 않다고 생각했다.

"그러므로 인간의 의지는 짐을 나르는 한 마리 동물처럼 중앙에 있다. 만약 하나님이 그 위에 앉으면 하나님이 원하는 곳으로 간다[…]. 만일 사탄이 그 위에 올라탄다면, 사탄이 가고자 하는 곳으로 갈 것이다. 하나님에게 갈 것인가 아니면 사탄에게 갈 것인가를 결정할 힘이 그 자신에게는 없다. 그 때문에 하나님과 사탄이 인간의 의지를 붙잡고 올라타고자 싸우는 것이다."[45]

그렇지만 동시에 - 이것은 철저히 우리의 일상적인 논리에 어긋나지만 - 이러한 벗어날 수 없는 불가피성과 실제성은 단지 죄를 범할 수밖에 없다는 운명이나 숙명만을 의미하는 것은 아니다. 죄는 오히려 동시적인, 즉 아담의 처음 행위와 동일한 근원을 가지고 있다. 그렇기 때문에 인간은 죄책과 책임을 져야 한다. 만약 인간이 하나님을 죄의 창시자로 여기고 하나님에게 그 책임을 돌리고 비난하고 모욕한다면, 그것은 가장 악독한 죄가 될 것이라고 루터는 그의 타락 이야기 주석에서 말한다.[46] 『아우크스부르크 신앙고백서』 19조항은 정확히 이에 대해 언급하고 있다: 죄의 원인에 대하여 우리는 아래와 같이 배운다. 전능한 하나님은 모든 자연을 창조하고 보존하지만, 타락한 의지는 [홀로] 모든 악을 행하고 하나님을 경멸함

---

45 WA 18,126,23-28(『노예의지론』 1525) 참고. aaO. 129,7f; 159,32-37; 248,34-38. 성상의 역사에 관한 연구. 비교. Reinhuber, Kämpfender Glaube, (각주 26)46, 각주 135: 스콜라는 짐을 끄는 짐승의 예화를 이미 알고 있었다. 그러나 그것은 동물(자유의지)과 탑승자(은총)의 협력이라는 의미로 이해했다. 참고. Alfred Adam, Die Herkunft des Lutherwortes vom Menschlichen Willen als Reittier Gottes, LuJ 30/1963,25-34.

46 "Hic umtimus gradus peccati est Deum afficere contumelia et tribuere ei, quod sit autor peccati" [하나님을 죄의 창시자라며 책임을 돌리고 모욕하는 것은 가장 악한 죄이다]. WA 42,134,8f.; 창 3:13 주해).

으로 죄를 불러일으킨다. 그것은 마귀와 모든 경건치 못한 자의 [본래의] 의지와 같다. 죄를 짓는 순간에 하나님은 그의 손을 빼거나 [혹은 뺐으며] 혹은 하나님으로부터 멀어져 마귀에게 나아간다 [혹은 나아갔다]. 이것은 예수가 요한복음 8장 44절에서 '마귀는 [모든 불경건한 자들처럼] 거짓을 말할 때마다 제 것[자신의 본성]으로 말한다.'는 말과 같다."[47]

죄를 범하지 않을 자유가 인간에게는 없다. 즉 인간은 달리 행동할 수 없다. 그렇지만 인간은 자발적으로, 자신의 결정에 따라서, 자율적으로 죄를 범하며, 그렇기 때문에 죄에 대해 책임이 있다. 이것은 이러저러한 구체적인 행위와 생각의 죄뿐만 아니라, 유전된 죄, 즉 원죄도 포함한다. '죄와 운명은 하나의 통합체'[48]이다.

이로써 악과 죄의 근원에 대한 질문에 대한 대답이 내려진 것은 분명히 아니다. 이 질문은 다음 장에서 더 깊이 다루어질 것이다.

---

47 BSLK 75,1-11; 참고. die Variante in BSLK, 19-22, 호 13:9: "오 이스라엘아, 너의 범죄는 너 자신으로부터 오는 것이고, 너의 도움은 나 혼자에게서만 오는 것이다. 이것은 누군가가 『아우크스부르크 신앙고백서』에서 시적으로 운율을 맞추어 격언의 형태로 만들었다.: "그리스도인은 자유의지에 관해 / 그것은 선한 일을 위해 있지 않음을 안다. 그러나 악을 위해서는 항상 존재해 왔다."

48 Werner Elert, Morphologie des Luthertums, Bd. 1, München 1965, 25; 참고. Reinhuber, Kämpfender Glaube, (각주 26)220, 각주 606.

9장
하나님의 진노와 악

예수 밖에서 하나님을 찾는 것이 악이다.

하나님의 진노에 관해서는 우리가 알 수 있는 하나님의 진노와 전혀 알 수 없는 하나님의 진노를 구분해야만 한다.[1]

1. 알 수 있는 하나님의 진노

성경은 알 수 있는 하나님의 진노에 대해 기록하고 있다. 구약의 상당부분을 차지하고 있는 신명기 역사가 그것이며, 죄와 그에 대한 형벌로써 분노라는 도식을 통해 나타나 있다: 백성이 하나님의 율법에 불순종하면, 하나님의 진노가 그들에게 임하고, 회개가 이어진다. 그러나 그 후에도 다시 불순종의 왕이 권세를 잡아 그 과정은 반복된다. 알 수 있는 하나님의 진노는 하나님의 사랑의 이면이다. 하나님이 자신의 백성에게 집착하는 이유는 그 백성에게 - 물론 이스라엘 백성은 가끔 과거를 회상할 때에야 비로소 이것을 깨닫지만 - 최고의 신이 되기를 원하기 때문이다.

---

[1] 이 중요한 구분에 대하여 참고. Reinhuber, Kämpfender Glaube(8장 각주 26), 91-202.

루터는 이러한 알 수 있는 하나님의 진노를 『요나서주해』 1526에서 설명한다. 요나는 하나님 앞에서 도망했으며, 의무를 회피했다. 그러나 풍랑으로 인해 죄인을 찾게 되자, 그 때서야 비로소 자신의 의무를 의식한다.

"요나가 잠자는 동안에는 회개도, 반성도 없었다. 요나는 평생 동안을 잠에 빠져있었을 것이다. 그리고 만약 하나님이 그의 죄를 잊는다면, 그도 물론 결코 그 일을 다시 생각하지 않았을 지도 모른다. 요나서가 말하는 요점은 이것이다. 요나는 거친 폭풍우가 휘몰아치는 중에도 배 밑 가장 아래에서 아주 깊은 잠에 빠져있었다. 그것은 마치 요나가 완전히 착각에 빠져, 무감각하고, 가라 앉아 죽었거나, 수치스러운 줄 모르는 마음에 기대어 영원히 멸망할지도 모르는 상황에 놓여있다고 말하는 것 일 수도 있다. 왜냐하면 죄는 인간의 마음속에서 - 자유의지에 의하건 혹은 이성에 의하건 - 선을 행할 힘을 자극하지 않기 때문이다. 요나는 거기서 코를 골며 누워 자신에 대한 하나님의 진노가 일어나 진행되고 있음을 듣지도 보지도 못하고, 느끼지도 못했다. 그러나 선원이 그를 깨워 그의 하나님을 찾도록 권면하자 뭔가 다른 일이 일어나기 시작한다. 요나는 하나님이 그가 받을 형벌과 그의 죄를 잊지 않고서 자신을 뒤쫓고 있음을 알아챘다. 그의 양심은 깨어났고 죄에서 다시 돌아서 살아나게 되었다. 거기에 "죽음의 가시인 죄"고전 15:56가 있고, 이것이 하나님의 진노를 보여주고 있다. 하나님의 진노를 드러내기에는 배도 세상도 너무 좁은 곳이다."[2]

억눌린 것이 회복되고 양심은 깨어났다. 이 사건은 극적인 혼란을 보여주지만, 그럼에도 충분히 이해 가능한 한 가지는 하나님과 인간의 소통은

---

2 WA 19,209,28-210,10.

여전히 일어나고 있다는 것이다. 요나와 그와 함께 있던 모든 죄인들은 그에게 닥친 상황이 무엇인지 해석할 수 있었다. 그는 그 일을 통해 - 비록 그것이 자비의 목소리는 아니지만 - 하나님의 목소리를 알아들을 수 있었다. 하나님의 말에서 그의 진노를 알 수 있음과 연관하여, 구약 학자들은 '결과를 초래하는 행위범주'라는 말을 쓴다. 이것은 죄와 형벌, 행위와 결과는 한 몸통이어서 상호 인지가 가능하다는 것이다.

그렇다면 알 수 없는 하나님의 진노는 무엇인가? 이것 역시 간과해서는 안되는 성경의 주제이고, 특히 탄원시편에서 언급되고 있다. 하나님의 진노를 종종 예측하기 어렵다거나, 끔찍하다거나, 납득하기 어렵다 하고, 이해할 수 없다거나 혹은 어쨌든 특정한 잘못에 대해 적절한 조치가 아니라고 해석하는 것은 정말 이상한 일이다. 이것이 욥기에서 볼 수 있는 문제이며, 루터가 『노예의지론』에서처럼, 욥기서 서문에서 다룬 문제이다.

2. 알 수 없는 하나님의 진노

알 수 없는 하나님의 숨어있음에 대한 언급은 '구약학자'인 마르틴 루터가 피할 수 없는 일이다. 『노예의지론』에 이와 연관된 유명한 구절이 있다.

"선포되지 않고 계시되지 않으며 드러나지 않고 예배의 대상이 되지 않는 하나님에 관해 논의하기 보다는 선포되고 계시되고 드러나며 예배의 대상인 하나님의 의지나 하나님에 관해 논의를 해야 한다. 하나님이 자신을 숨기고 우리에게 알리기를 원하지 않는다면 그런 하나님을 알려고 하는 것은 우리의 일이 아니다. 정말 '우리 능력 밖의 일들은 우리가 관여할 일이 아니다'라는 그 속담이 여기에 적합하다."[3]

루터는 그의 종교개혁신학[4]에서 하나님의 냉담한 숨음을 그의 아들의 고통과 죽음에 있어서도 숨었던 그것과 엄격하게 구분하였다. 후자는 구원의 현재heilsam gegenwärtig로서 십자가의 말씀 안에서 그 자신을 우리에게 선포하고 계시하고 보여준 것이다.[5] 그 결과 우리는 그를 사람이 되어 십자가에 달린 하나님이라고 듣고, 이해하고, 파악한다. 그것은 더 나아가 모든 것이 소진된 충격적인 하나님의 숨어있음과는 구분되는 것이다. 거기에는 알 수 없는 그의 분노가 있기에 그 속에서는 더 이상 그를 들을 수 없으며, 이해할 수도 없고, 다만 공포와 동일시되어 하나님을 억누르는 자요, 두려운 자요, 섬뜩한 자로 알게 되는 것이다. 이러한 경험은 정상적으로 생각하거나 말할 수 없게 만든다. 그 때문에 '숨어있는 하나님'은 하나님의 이름, 곧 그 중에서도 고유한 하나님의 이름이 아니며, 의문을 불러일으키고 한계를 가진 개념이다. 그렇다고 그 자체를 피해서는 안되며, 사용하여서 더욱 분명하고 적합하게 만들어야 한다.

본질적으로 루터 그리고 우리가 하나님의 이와 같은 어두운 측면, 즉 숨

---

[3] WA 18,685,3-6; 위-소크라테스식의 격언으로, 우리 위에서 벌어지는 것은 우리가 관여할 일이 아니다(Quae supra nos, nihil ad nos)라는 뜻이다. 루터는 이것을 숨어있는 하나님에게 적용했다. 루터는 다른 곳(4장 각주 54)에서는 이러한 표현을 완전히 타당하게 사용하지는 않는다. 참고. WA 43,458,35-463,17(창 26:9 주해; 1540/1541).

[4] 종교개혁 이전 신학에서 루터는 아직 이러한 구분을 접하지 못했다(Oswald Bayer, Promissio. 62f.,340).

[5] WA 18,685,3f(각주 3). 계시된 하나님의 거룩한 숨어있음에 대하여: WA 18,633,7-23; 639.2f.; 689,22-24.

어있는 하나님에 관하여 반드시 언급해야만 하는 중요한 두 가지 질문이 있다. 하나는 "하나님은 죄인 안에서도 일하는가?"이다. 우리는 앞 장에서 이미 이 문제를 제기했고, 여기서 좀 더 상세히 다룰 것이다. 이 문제를 좀 더 깊이 다루면, 예정의 문제에 도달한다. 즉 하나님은 정말로 영원 전부터 많은 사람들의 정죄를 정해 놓았는가?[6]

숨어있는 하나님에 관한 논의로 유도하는 또 하나의 질문(2.2)은 "하나님은 죄가 아닌 악한 일malum extra peccatum에도 관여하는가?"하는 것이다.

2. 1. 죄인에게 있는 하나님의 통전적 행위

루터는 구원의 확신[7]을 설명하고자 불가피하게 하나님의 전능과 통전적 행위에 대해 논했다.

"하나님은 모든 사람 안에서 모든 일에 역사한다. 아무것도 그가 없이는 일어나지 않는다. 아무것도 그가 없이는 유효하지 않다. 바울이 에베소서 1:19에서 말하듯이, 이것은 그의 전능함의 본질이다."[8] "나는 하나님의 전능에 대해서 [오캄주의자들처럼], 하나님이 할 수 있는 많은 일을 하지 않는 힘이 아니라, 그가 모든 사람 안에서 모든 일을 이루어 내는 실제적이고 현실적인 힘이라고 칭한다. 그러므로 성서 역시 하나님을 전능한 자라고 일컫고 있다. 그리고 이와 같은 하나

---

6 소위 '숨어있는 하나님' 문제는 '기독교인들'의 특수한 질문이라고 말할 수 있다.
7 참고. WA 18, 783,17-39(『노예의지론』 1525); 8장 각주 36. 참고. 롬 4:21.
8 WA 18,709,10-12.

님의 전능함과 예지에 의해서 자유의지 교리는 뿌리째 완전히 파괴될 것이다."[9] "자유의지는 전적으로 신적인 용어이며plane divinum nomen, 오직 신적인 권위에만 적용될 수 있다. 왜냐하면 하나님만이 하늘과 땅에서 그가 원하는 모든 것을 시편 135:6에서 노래하듯이 행할 수 있고 행하기 때문이다."[10]

루터는 창조론에서 이미 인용한 적이 있는 하나님은 나보다 더 깊이 내 안에 머물며interior intimo meo[11], 게다가 마지막까지 그렇기에[12] 그 결과 하나님과 인간이 서로가 독립적으로 상호 대결하는 것처럼 생각하게 되는 문제가 발생했다는 아우구스티누스의 말을 대변한다. 내 안에서 일하고, 말하고, 기도하고갈 4:6, 생각하는 이가 하나님이라면, 나로 하여금 죄를 짓도록 하는 이도 그가 아닌가?

이것은 "가장 악한 죄는 하나님을 모욕하고, 그가 죄를 만든 자라며 죄악의 탓을 그에게 돌리는 것"이라고 루터가 창세기 3장 13절 주해에서 말하는 것과 모순되지 않는가?[13] 하나님은 죄를 만든 이가 아니다. 그러지만 영원한 심판자로서 모든 이에게 모든 것을 행하여 그 결과 죄 역시 불러일으킨다는 이 두 가지를 어떻게 동시에 주장할 수 있는가?

루터는 이 문제를 해결하는데 있어서 곡예를 하는 것 외에는 다른 가능

---

9   WA 18,718,28-31.

10 WA 18,636,28-30. 참고. Joachim Ringleben, Art. "Freiheit VII. Dogmatisch," in RGG Bd. 3, 2000, (317-319): "인간의 의지는 은혜 밖에서는 피할 수 없는 신적 의지의 통전적 행위에 위임되기에(WA 18,615) 그 자신의 의지를 따를수록(693), - 적어도 하나님과의 관계에 관해서는 - 하나님을 규정하는데 부자유하다. - 참고. Paul Althaus, Die Theologie Martin Luthers, Gütersloh 1983, 105-107.

11 5장 각주 27.

12 하나님은 모든 피조물에 피조물 그 자신보다 "더 깊이, 더 내적으로, 더 현존해 계신다."(WA 23,137,33 ['이것은 나의 몸이요'라는 그리스도의 말씀은 확고하다는 사실. 열광주의에 반대하여; 1527]).

13 8장 각주 46f.

성은 없다고 본다: "하나님은 악한 사람 안에서 역사할 때 악한 사람을 통해 악한 것들이 행해진다고 해도 하나님이 악을 행하는 것은 아니다. 왜냐하면 스스로 선한 자가 악하게 행할 수는 없기 때문이다. 그러나 악한 도구들을 사용할 수 있는 것은 하나님의 능력이다."[14] 여기서 루터는 다음과 같은 예를 들었다: 만일 도끼가 이가 빠져있다면, 목수가 아무리 정확한 방식으로 작업을 할지라도 불량품만 생산될 것이다.[15] 아마도 이번에 드는 실례가 이 문제를 더욱 분명하게 해 줄 것이다: 물은 멈추지 않고 계속 흐르는데, 물레방아가 고장이 났을 경우이다. 물론 그러한 예들은 적용에 한계가 있다. 도대체 왜 목수는 도끼의 날을 날카롭게 갈지 않았으며, 방앗간 주인은 물이 똑바로 흐르도록 주의하지 않았느냐는 질문이 항상 제기될 수 있다. 그러나 이와 같은 질문들은 이 예들의 요점이 아니다. 루터에게는 에피쿠로스$_{Epikurs}$[16]가 말하는 '게으른' 신들에 반대하여 하나님은 계속 활동하고 있음을 증명하는 것이 중요했다.[17] 하나님은 게으르지 않고, '쉬임없이 활동'한다.[18] 창조자의 힘은 멈출 수 없다. 즉 창조자의 일은 멈추게 할 수 없으며, 비록 죄의 오용으로 창조자의 힘이 남용될지라

---

14 "Deum tamen non posse male facere, licet mala per malos faciat, quia ipse bonus male facere non potest, malis tamen instrumentis utitur, quae raptum et motum potentiae suae non possunt evadere." (WA 18,709,29-31 [『노예의지론』 1525]).

15 WA 18,709,33.

16 루터는 에피쿠로스의 '게으른' 신들에 관한 지식을 키케로를 통해 알게 되었다. De natura deorum, I,51.115.121.123; II, 59.

17 참고. WA 14,109,21(『창세기설교』 1523/1524): "하나님은 창조 후에도 게으르지 않았다. 피조물이 계속 늘어났다는 것은 하나님의 말씀이 계속 일했다는 것이다." WA 43, 117,30f(창 20:6-7; 1539): "하나님은 게으른 선포자가 아니다. 그가 말하는 것은 언제든지 [...] 생산적인 것이다; WA 47,795,2f(1539년 6월 15일자 설교): "하나님은 게으르지 않다. 그의 말씀이 있는 곳에는 어디든지 그의 일이 진행되고 있다."

18 WA 18,747,25; 711,1; 'actuosissimus'(『노예의지론』 1525).

도 그 자체는 선한 능력이다.[19] "악은 하나님이 게으름을 허용하지 않는 그 도구들에 있으며, 그 결과 악도 하나님 자신이 추진하는 일 속에서 일어난다."[20] 범죄자 역시 살아가는 힘과 지식을 하나님으로부터 얻는다. 그의 삶과 행위에서도 역시 창조자인 하나님의 능력은 계속 일어난다.

"하나님은 만유 안에서 움직이고 활동하기 때문에 불가피하게 사탄과 신앙심 없는 사람 안에서도 또한 움직이고 활동한다. 하나님은 그들 안에서 그들의 본성대로, 또 그들을 보는 그대로 활동한다. 말하자면 그들은 하나님을 싫어하고 사악하며 하나님의 전능한 일에 격하게 휩쓸리기에, 그들은 오로지 혐오스럽고 사악한 일밖에 행할 수 없다."[21]

그러므로 루터는 악은 어디에서 그 자신의 힘과 능력을 얻는 것인지에 대해 그것은 곧 전능한 하나님으로부터라고 늘 말한다. 하나님은 원래의 의도와는 다른 일이 일어나는 곳에서도 일한다.

그러나 이것으로 악의 출처와 능력을 묻는 질문에 결코 답이 된 것은 아니다. 악은 어디에서 왔는가?[22] 죄의 실제성을 묻는 이러한 질문에 대해서는 분명히 신학적으로만 책임 있는 답변이 가능하다. 즉 "죄는 죄를 지음

---

19 참고. 롬 7:12-20.
20 "[...] mala fiunt, movente ipso Deo"(WA 18,709,32f [『노예의지론』 1525]).
21 WA 18,709,21-24; 참고. 710,6f: "하나님은 죄인의 거역으로 인하여 그의 전능함을 포기할 수 없다. 신앙이 없는 자들은 자신의 거역을 바꿀 수 없다." "하나님이 히틀러에게 자신의 뜻대로 하도록 내버려 두었는가?" (Theodor Haecker, Tag- und Nachtbücher 1939-1945, hg. v. Heinrich Wild, München, 1948, 75.
22 "Si quidem deus est, unde mala? Bona vero unde, si non est?" [만약 그곳에 하나님이 계시다면 악은 어디에 있는가? 만약, 하나님이 계시지 않다면, 선은 어디에 있는가?](Boethius, Trost der Philosophie [Consolatio philosophiae], hg. u. übersetzt von Ernst Gegenschatz und Olof Gigon, Darmstadt 1984, 22f, 100-102[liber primus]).

을 통하여 세상에 왔다."²³

2. 2. 악 또는 악한 것: "악마로서의 하나님"

죄인들 가운데서도 일한다는 하나님의 능력에 대한 개념은 하나님에 대해 가르치는데 매우 난해한 사항에 속한다. 죄의 세력으로 인해 선한 이들이 넘어지는 예는 어디서나 볼 수 있다. 물론 이것을 증명할 수는 없지만, 사실처럼 보인다. 하나님은 죄가 아닌 악한 것 가운데서도 일하는지, 혹은 그가 근거나 잘못도 없는 고통malum physicum²⁴을 주는지에 대해 질문하는 사람은 악한 일에 직면하여 하나님의 정의를 묻는 질문인 신정론의 영역에 결국 도달한다.

하나님은 단순히 형벌자만은 아니다. 그것은 요나가 경험하여 알고 있으며, 신명기 역사서 그리고 부분적으로는 예언서의 주제이다. 하나님은 전혀 이해할 수 없는 일들을 일으킬 수 있다. 형벌자 하나님은 율법에 의해 적어도 언어로 알도록 일을 행하는 반면에 숨어있는 하나님은 직접 말하지 않는다. 하나님은 확실히 하소연 할 대상이다. 그러나 그 탄식을 직접 대면해서 듣지는 않는다.

숨어있는 하나님을 경험하는데 있어서 결정적으로 중요한 점은 악한

23　Rudolf Bultmann, Theologie des Neuen Testaments, Tübingen, 1984, §25,251 in Aufnahme von Sören Kierkegaard, Der Begriff Angst, Gesammelte Werke, Bd. 11f. Düsseldorf 1965, 29: "죄는 한 사람의 죄를 통하여 세상에 왔다."

24　라이프니츠(Gottfried Wilhelm Leibniz)는 1710년에 쓴 "Essais de Théodicée"에서 세 가지 형태의 악(mala)을 구분했다: "형이상학적 악은 단순한 불완전성에 그 본질이 있고; 육체적 악은 고난 속에 그리고 도덕적 악은 죄에 그 본질이 있다" (번역. Artur Buchenau, PhB 71, Hamburg 1968, 110f). 라이프니츠에 따르면, 이미 아우구스티누스와 토마스 아퀴나스와 같이, 선이 그러한 것처럼 악도 하나님이 허락한 것이다. 어느 한 부분의 불완전성은 더 큰 전체의 완전성을 이해하는데 도움이 된다.

일의 경험에서 뿐만 아니라, 파악하기 어려울 정도로 선한 일과 뒤섞여 있어서 애매모호하고 확신할 수 없다는 점이다. 즉 "하나님은 삶과 죽음 그리고 모든 것에 역사한다."

"그러나 자신의 위엄 속에 숨어있는 하나님은 죽음을 슬퍼하지도 제거하지도 않으며, 삶과 죽음 그리고 만유 속에 만유를 관장한다. 왜냐하면 그곳에서 하나님은 자신의 말씀에 스스로 얽매이지 않고 모든 만물에서 자유하기 때문이다."[25]

불명료와 불확실인 하나님의 끔찍한 숨음의 경험은 그가 악과 선애 3:38, 생명과 죽음, 어둠과 빛사 45:7, 화와 복암 3:6을 주관한다는 점에 그 본질이 있다. 자연과 역사 속에서 일어나는 아름다움과 잔혹함은 풀 수 없을 정도로 서로 얽혀 있다.

독일의 미술가 하프 그리스하버 HAP Grieshaber는 이러한 얽힘을 '얍복강의 야곱의 씨름'창 32장이라는 작품에서 감명 깊게 표현하고 있다. 야곱이 하나님과 겨루는 장면을 담은 대부분의 유명한 작품 – 렘브란트로부터 고갱을 거쳐 샤갈에 이르기까지 - 과는 달리 그리스하버는 수채화를 사용하여 두 형체를 서로 얽히고 섞이도록 겹쳐 놓았고, 그로 인해 관람자는 한참을 살펴보아도 이 두 형체를 구분할 수가 없다. 관람자는 거기에 두 형체가 있다는 것을 전혀 알 수가 없다. 아마 예측도 못했을 가능성이 있다. 피카소의 그림 '게르니카'Guernica와 비교하면서 해부학적으로 볼 때 정확하게 제 위치에 놓이지 않은 발을 세어보기 시작한다면, 두 사람이 이 그

---

25 "Caeterum Deus absconditus in maiestate neque deplorat neque tollit mortem, sed operatur vitam, mortem et omnia in omnibus. Neque enim tum verbo suo definivit sese, sed liberum sese reservavit super omnia." (WA 18,685,21-23; 『노예의지론』 1525)

하프 그리스하버, 야곱이 천사와 씨름하다(1977)
Aquarellskizze zum Engel der Geschichte © VG Bild-kunst, Bonn 2003

림에 그려져 있음을 알게 된다. 이 그림은 여러 개의 조각들을 서로 썩어 나란히 이어 하나의 동시성과 부분이면서 상호성을 표현하고 있다. 수채화에 쓰인 색은 더 많은 혼란을 불러일으킨다. 내게 다가오는 불명료함과 무슨 일이 벌어지고 있는지 미궁으로 빠져드는 혼선, 이것이 곧 숨어있는 하나님이다. 이 이야기의 끝에 이르러 그것은 비로소 분명해진다. 야곱은 간밤의 일을 회상하면서 그가 씨름한 상대가 하나님이었음을 알게 된다창 32:31-32. 그리고 해가 떠올랐다. 조금 전까지 밤새도록 그가 싸운 상대는 어둠의 세력이요, 거대한 권세를 가진 악마였을 수 있다. 즉 악마로서의 하나님이었던 것이다.

중성을 나타내는 '그것'이 개인을 나타내는 '당신'이 된 것은 자명한 것이다. 신학은 하나님을 '당신'이라고 지체 없이 말하는 데에서부터 시작할 수 있다. 루터도 이러한 방식으로 시작하지는 않는다. 전능한 '당신'이 전능한 '그것'과 달리 위로를 준다.[26] 하나님의 전능성은 찬양하는 것만은 아니다. 하나님의 전능은 우리에게 여러 가지 의미가 있기 때문이다. '전능'은 사랑처럼 그 뜻이 명확한 하나님의 성질은 아니다. 그것은 오히려 다의적으로 해석될 수 있는 메타술어이다.[27] 이것이 말하는 바는 우리를 위한 그리고 우리가 경험하는 하나님의 사랑이라는 전능성은 소름끼치는 숨어있음에서 일하는 그 전능성과 같지 않다는 것이다.

소름끼칠 정도로 하나님의 숨어있음을 경험하는 사람은 답답함에서 그리고 불가피하게 질문을 던진다. 하나님은 악에 간접적으로 관여할 뿐만 아니라, 악을 직접 행하기도 하는가? 그렇다면 어떻게 그와 악마를 구별해야만 하는가?

---

[26] 참고. 1944년 2월 21일자 베트게에게 보낸 본회퍼 서신: "하나님은 우리를 '당신'으로서 뿐만이 아니라 '그것'이라는 허약한 존재로도 만나신다. 내가 묻는 것은 우리가 어떻게 이러한 '그것'(운명)에서 '당신'을 찾는가이다. 혹은 달리 표현해서 어떻게 '운명'을 '이끌어'가야 하는가의 문제이다." Dietrich Bonhoeffer, Widerstand und Ergebung. Briefe und Aufzeichnungen aus der Haft, hg. v. Eberhard Bethge, Christian Gremmels u.a., Werke Bd. 8, Gütersloh 1998, 333f).

[27] 참고. Oswald Bayer, Art. "Eigenschaften Gottes, V. Christentum", RGG^4 Bd.2., 1999, Sp. 1139-1142.

신약성서의 많은 본문 - 특히 공관복음서 - 에서 하나님은 모든 악마와 더불어 악한 세력들과 대적한다고 우리는 들었다. 예수는 하나님의 이름으로 그들과 대적하였고, 그들과 맞서 싸워 승리했다. "만일 내가 하나님의 손을 힘입어 귀신을 쫓아내는 것이면 하나님의 나라가 이미 너희에게 임하였느니라"눅 11:20. "사탄이 하늘로부터 번개같이 떨어지는 것을 내가 보았노라"눅 10:18.

대조적으로, 구약에서는 하나님에게 대적하는 형태의 사탄은 몇 번 나타나지 않는다대상 21:1은 삼하 24:1과 대조적이다. 욥 1-2장, 슥 3:1-2. 자비롭고 은혜로운 하나님과는 정반대되는 생명을 파괴하고 소멸시키는 힘이 불쾌하게도 여호와 하나님 자신에게 기인하고 있다창 22:1, 출 4:24, 사 45:7, 암 3:6, 애 3:1-19, 욥 6:4, 12:13-25, 16장, 19장. 구약학자인 마르틴 루터는 한 사람의 그리스도인으로서 이러한 본문을 신중하게 다루었고, "예수 그리스도 없이 하나님을 찾는 것은 악마다"라고 주장한다.[28] 이보다 더 강렬한 표현은 "하나님은 그가 먼저 마귀가 되지 않는다면, 하나님일 수 없다"는 말이다.[29] 사람들은 놀란다. 어쨌든 이러한 표현은 "사랑의 하나님"이라는 표현과는 정반대의 입장에 있는 것이다. 만일 당신과 신실한 언약을 맺은 하나님이 "당신에게 아무것도 묻지 않고 행하고"[30], 아무것도 모르는 듯이 숨어 있다면[31] 하나님은 사람과 게임했을 뿐이며, 그래서 루터에 의하면 마귀의 본질이 그러하듯이, 하나님이 경박하고 믿을 수 없다는 생각이 밀

---

28 WA 40 III, 337,11: "extra Iesum quaerere deum est diabolus"(시편 130:1; 1532-1533).
29 WA 31 I, (248,17-250,2) 249,25f. (시편 117,2; 1530).
30 파울 게르하르트의 말(EG 361,9).
31 참고. 루터의 마태복음 15장 21-28절 설교: WA17 II,203,32f(Fastenpostille, 1525): "깊고 은밀한 승낙과 숨겨서 알 수 없는 거부를, 그녀(가나안 여자)가 했듯이, 하나님의 말씀을 믿는 확고한 신앙으로 이해하고 붙드는 것이 중요하다."

려들 것이다.

　마귀에 대한 루터의 언급은 거칠긴 하여도 다음과 같이 이해할 수 있다: 가장 집요한 인간의 적이자, 끊임없이 도처에서 인간을 공격하고 괴롭히는 마귀는 무서울 정도로 숨어있는 전능한 하나님의 가면일 뿐이다. 가장 심각한 영적시련은 그 속에서 하나님은 내게 적이 되고, 나는 하나님과 마귀를 더 이상 구별할 수 없는 것이다. 그래서 루터는 "하나님이 마귀인지 아니면 마귀가 하나님인지 모르겠다"[32]고 말한다. 우리는 여기서 다시 루터가 제기한 구원의 확신과 관련된 핵심질문에 직면한다. 내가 하나님과 함께 하는지에 대해 누가 혹은 무엇이 나를 확신시키는가? 세상이나, 그 자신이나, 심지어 하나님에 대한 경험을 부인하는 모순 없이 어떻게 그것을 명료하게 알 수 있는가?

　루터는 하나님의 선함, 그의 전능함과 동시에 그의 단일성을 믿는다. 그리고 이것은 정확히 말해서 구원의 확신을 위한 것이다. 그는 하나님의 능력과 선함 중 무엇을 깎아 내리거나 그의 단일성을 부인하기 보다는 오히려 논리적 모순을 감수한다.

　고대 교회에서는 영지주의가 마니교와 함께 하나님의 단일성을 부인했다. 하나님은 악과 마주선 선한 원리로서 등장한다. 마르시온은 이원론적이기에 세상의 창조자를 구원자와 분리시켰고, 이에 상응하여 구약을 신약으로부터 분리시켰다. 이러한 해법은 루터에게는 전혀 가능치 않았다. 그래서 그는 그 무서운 숨음의 실체인 어둠의 권세가 보편적인 이름 nomen appellativum인 '하나님'임을 부인한다면, 하나님은 더 이상 하나님이 아닐 것이며, 그 곁에 혹은 그 맞은편에는 주인을 잃은 힘이 있을 뿐이

32　WA TR 5,600,11f; 참고. Reinhuber, Kämpfender Glaube, 56-62(8장 각주 26).

라고 주장한다. 하나님의 단일성 때문에 숨어있는 하나님을 언급하는 것을 포기할 수 없다. 숨어있는 하나님은 아직은 우리에게 삼위일체적인 하나님은 아니다. 만일 우리가 더 이상 의심이라는 신앙의 시련이 아닌 분명히 알고 살아간다면, 하나님의 숨어있음과 성령 안에서 아들을 통해 보여준 그의 사랑 사이에서 생겨난 이와 같은 극도로 날카롭고 고통스런 차이점도 제거되고, 극복되고, 사라지게 될 것이다.[33] 최종적으로 계시된 하나님과는 달리 종말 앞에서 사라지지 않고 우리로 하여금 일하게 하며, 우리를 붙잡는 숨어있는 하나님은 너무나 어둡고 모호해서 마귀와 혼동이 되는 것이다. 그는 직접 부를 수 없다. '숨어있는 하나님'은 본래의 이름 nomen proprium이 아니며 결코 호격으로 사용될 수 없다.

3. 전능의 개념과 호칭 방식

3. 1. 강하고 그리고 약한 전능의 개념

하나님은 생명과 죽음, 선과 악 등 모든 것에 역사한다는 논제는 루터의 글 전체를 살펴볼 때 무시하거나 상대화시킬 수 있는 과장이 아니다. 예리한 이 문장은 전체 루터 신학의 기본 원칙을 표현하고 있다. 그것은 루터가 해석을 요구한 성서와 같은 경우이다.

루터의 강력한 전능의 개념이 늘 거북하게 느껴진 것은 그리 놀라운 일은 아니다. 아래 언급된 두 가지(a 그리고 b) 새로운 설명 시도는 이러한

---

33 참고. 15장.

거북함을 소위 '약화된' 전능 개념으로 완화시키고, 세 번째(c)의 것은 전형적인 설명으로 강력한 전능의 개념을 대표하지만, 가장 심사숙고해야 할 설명이다. 아래 3.2.에서는 루터가 마귀와 숨어있는 하나님에 대해서 말하는 이와는 다른 방식, 더 정확히는 그러한 설명을 거부하는 것을 보여 줄 것이다.

a) "허용승인": 고난당하는 하나님에 관한 보편적 설명

첫 번째 설명은 전능이라는 개념을 약화시키거나 혹은 모두 없애려는 데 그 본질이 있다. 그래서 하나님은 악을 일으키는 것이 아니라, 다만 허용할 뿐이라고 흔히 이야기하곤 한다. 단지 '허용'할 뿐이라는 이러한 설명은 해가 되지는 않는다. 그것은 힘의 진공상태 혹은 하나님과 맞설 수 있는 독립된 힘이 있을 수 있다는 가능성, 적어도 하나님에게 저항할 수 있는 인간의 자유를 전제하고 있다.

만약 전능의 개념이 이로써 약화된다면, 한스 요나스Hans Jonas와 같은 철학자에게서 보듯이, 전능의 개념은 완전히 포기되는 것이다. 즉 하나님은 완전히 무능력자가 된다. 한스 요나스에 의하면, 하나님에 관한 표상은 인간의 존재를 문제시함으로써 인간이 자기 자신과 함께 그리고 세상에서 행하는 일을 통해 완성되거나 보존되거나 파괴될 수 있다. 따라서 "우리의 삶의 여정은 하나님의 얼굴에 주름이 된다."[34] "우리는 치유할 수도 있고 상처를 줄 수도 있으며, 신성을 풍요롭게 할 수도 있고 빈곤하게 할 수도 있으며, 하나님의 표상을 완성하거나 왜곡할 수도 있다. 한 사람의 흉터는

---

34 Hans Jonas, Unsterblichkeit und heutige Existenz, in: Ders., Zwischen Nichts und Ewigkeit, Kleine Vandenhoeck Reihe, Göttingen 1963, (44-72) 58. Vgl. Dens., Der Gottesbegriff nach Auschwitz. Eine Jüdische Stimme, (Suhrkamp Taschenbuch 1516), Frankfurt a.M. 1987, 23.

다른 사람의 광채만큼 오래 가는 것이다."[35]

이 하나님은 완전히 인간의 행위에 좌우되는 하나님이다. 이로써 그의 '전능'은 인간의 소유와 과제가 된다. 전능에 관한 질문을 떨쳐버릴 수 없기 때문에 입장을 바꾸어 요나스와 도로테 죌레[36] 그리고 그들과 의견을 같이하는 사람들이 보여주듯이, 개개 인간과 인류전체의 도덕적 힘, 이성적 노력 그리고 책임성을 강조하는 것 밖에 없다. 만일 그리스도인들이 고난당하는 자의 부르짖음을 듣고 그들의 고통에 동참하기 위하여 함께 뭉친다면 고난은 점진적으로 물리칠 수 있다. 힘이 없음을 통해 이러한 운동은 힘을 얻게 될 것이다. 힘이 없는 하나님은 십자가 신학에 토대를 둔 인문주의에 영원한 사랑의 책임을 위해서 상징처럼 머물고 있다. 즉 그는 하나의 가설로 머물러 있다.

요나스는 인간이 지닌 하나님의 형상을 전체화하고 절대화한다. 인간은 세상의 평화에 대해 책임이 있을 뿐만 아니라, 구원에 대해 책임이 있으며, 바로 그 순간 '신'이 된다. 하나님의 의와 세상의 의의 구분은 없다. 서신과 옥중서신[37]에서 볼 수 있는 본회퍼의 말들 역시 이런 방식으로 이해되었다. 이로써 십자가에 달린 예수가 무능력자와 고통당하는 수천만 중의 하나라는 사실 뿐만 아니라, 하나님과 인간의 속성의 교류[38]로 골고다에서 무능력과 전능이 서로 엮여있음을 깨닫지 못했다.

---

35 Jonas, Unsterblichkeit(각주 34), 59.

36 Dorothee Sölle, Leiden, 1984, 183: "그리스도는 우리의 손 외에 다른 손을 가지고 있지 않다." 참고. aaO., 217(모든 인간은 선한 의지와 완전히 결속되어 있다는 관점).

37 "인간은 곤경에 처해야 비로소 하나님에게 간다."(Christen und Heiden, in Widerstand und Ergebung [각주 26], 515). "하나님은 세상에서는 힘이 없고 연약하다, 그리고 단지 그런 방식으로만 우리와 함께 계시고 우리를 도우신다." (1944년 7월 16일자 에버하르트 베트게에게 보낸 서신; Widerstand und Ergebung, 534).

38 참고. 10장 4.

b) 사랑의 이면인 하나님의 진노

두 번째 설명은 하나님은 사랑이라는 기독교 신앙의 핵심 내용에 관한 것이다. 사실 하나님 아버지는 예수 그리스도를 통해서 성령 안에서 그 마음을 알게 한다. 루터는 『대교리문답서』에서 삼위일체론을 요약하면서[39], 그것은 '하나님은 사랑이다'라는 핵심적인 내용에 대한 해석 일 뿐이라고 설명했다.

그러나 이러한 사랑을 원리화 시킬 수 있는가? 루터는 그 가능성을 부인한다. 이유는 그와 같은 원리화는 하나의 열광주의가 될 것이기 때문이다. 그것은 자신의 사랑과 모순되는 하나님의 무서운 숨어있음은 이미 과거의 일이라는 추정 속에서 믿음과 바라봄 사이에 있는 차이를 쉽게 간과해 버린다. 슐라이어마허[40] 이후로 그리고 특별히 칼 바르트의 영향을 받아 많은 사람들은 어두움과 악은 예수의 십자가 죽음 이후 골고다에서 완전히 힘을 잃었다고 주장했다. 오늘날 우리가 아직도 경험하게 되는 악은 결국 아무것도 아니며, 악처럼 보일 뿐이다.[41] 왜냐하면 존재론적으로 볼 때 세상은 이미 하나님과 화해했기 때문이다. 고린도후서 5장 17-21절은 이것을 증빙해준다.

이러한 설명은 악의 실체를 더 이상 진지하게 다루지 않는다. 악의 실체는 정교한 방식으로 기독론적으로 처리가 되고 있다. 기독론적인 완료"다

---

39 BSLK 660,18-47.

40 이 문제에 대해서 참고하라. Hans Walter Schütte, Die Ausscheidung der Lehre vom Zorn Gottes in der Theologie Schleiermachers und Ritschls, NZSTh 10 / 1968, 387-397. 슐라이어마허는 하나님의 감성에 대한 설명은 완전히 그만두고자 했다. 슐라이어마허와 리츨과 다른 하르낙의 입장은 다음의 저서에 담겨있다. Luthers theologie mit besonderer Beziehung auf seine Versöhnungs- und Erlösungslehre, Erlangen 1862(Bd.1) / 1866(Bd.2); 제2판은 루터르네상스 시대인 1926-1927년에 출판되었다.

41 플라톤은 하나님의 선함과 일치성에 대해 확신하도록 비슷한 주장을 했었다. (참고. Oswald Bayer, Theologie, HST 1, Gütersloh 1994, 23).

이루었다." 요 19:30가 완벽한 그리스도론이 되고 있다. 신학 전체는 이것을 통해 하나의 명쾌한 역사를 얻었다. 그러나 실제 위급한 상황에서 그리고 목회에서 그러한 하나의 원리화를 어떻게 적용할지는 알 수 없다.

c) 이중예정

세 번째 설명은 오늘날에는 더 이상 중요해 보이지는 않으나, 그러나 조직신학적으로 볼 때에 이 자리에서 논해야 할 성격의 것이다. 이중예정을 말하는 것은 칼뱅의 방식이다. 그는 조직적인 방식으로 이중예정에 대해 설명하고 있다. 하나님은 여기서 어떤 사람은 영원 전에 구원하기로, 다른 사람은 정죄하기로 이미 결정한 자로 나타난다.

이 설명은 물론 로마서 9-11장에 바탕을 두고 있으며, 상당한 논리적 정확성을 가지고 있다. 그러나 루터는 이 같은 형식의 신학적 언어를 비판적으로 숙고했다. 논리적으로 고착시키는 설명은 사람의 관점이 가진 한계를 간과할 위험이 있다. 그것은 기독교 신앙이 영적시련과 하나님의 열정적인 개입에 관하여 말하는 것에 부합하지 않는다. 루터는 숨어있는 하나님과 예정론에 관하여 칼뱅과는 전혀 다른 관점에서 언급했으며, 조직화를 최소화하는 대신에 더욱 목회적이었다. 어둠속에 무섭게 숨어있는 하나님은 계시된 하나님과는 결코 나란히 비교할 수 없다. 숨어있는 하나님은 오히려 한탄의 대상이며, 나는 그리스도 안에서 나타나고 말을 건넬 수 있는 하나님에게만 향할 수 있다.

예정과 관련하여 루터는 칼뱅과는 다른 표현방식을 사용한다. 내가 구원받기로 예정되었음을 나는 믿음으로 감사하며 고백할 수 있다. 그러나 그것은 내가 (희망컨대) 예정되었고, 그 때문에 나는 믿는다는 뜻은 아니다.[42] 루터는 인과적인 사상 그리고 그와 더불어 예견할 수 있는 일직선적인 관점을 피하는 것이 중요했다. 그는 단절된 시간이 아닌 그리스도의 사건을 토대로 한 신앙고백과 개연이라는 틀 안에서 사고한다. 내가 믿음 안에 있기에 구원받기로 예정되었다는 루터파의 신앙고백은 그 때문에 구체적인 삶의 정황을 가진 것이며, 구유에서 다음과 같이 노래할 수 있는 것이다: "내가 아직 태어나기 전에,/ 당신은 태어났으며/ 내가 당신을 알고, 선택하기 전에/ 당신은 나를 당신의 것으로 삼았다."[43]

위에서 언급한 세 가지 설명은 일면 각각 논리적인 측면이 있다. 그러나 해석학적이고 조직적인 측면에서 볼 때 지지를 얻을 수 없다. 세 가지 설명 모두 하나님에 대해서 알 수 있음을 고집하고 그 때문에 세 가지 모두 하나님의 전능함과 선함 사이의 관계에 대해 신학적으로 의심스러운 정의를 내리게 되는 것이다.

3. 2. 진술형식

루터는 숨어있는 하나님이나 마귀에 대해서 확정짓는 방식의 화법으로 말하지 않는다. 이해할 수도, 정의를 내릴 수도 그리고 가르칠 수도 없는

---

42 Calvin, Institutio III,21-24, 특히 21,1.5.7; 22,10; 1.4;24,4.6-8. 21,7 각주1에서 칼뱅은 루터의 저서들 중 특히 『노예의지론』에 동의하면서 관련 문제에 대해 설명하고 있다. 그러나 그는 24,3의 결론에 대해서는 반대한다: 물론 우리는 우리가 선택되었다는 확신을 복음 안에서 찾아야만 한다. "만일 우리가 하나님의 영원한 섭리를 파악하려고 시도한다면, 깊은 지옥이 우리를 삼킬 것이다. 그러나 하나님이 우리에게 이 섭리를 보여주었을 때, 결과(즉, 믿음)가 그것을 일으킨 원인(즉, 선택)을 흔들지 않도록 우리는 더 높이 올라가야만 한다. 같은 장에서 칼뱅은 외적인 말씀(verbum externum)을 찬양한다. 그러나 그는 그것을 그 뒤에 놓여 있는 근원으로 안내하는 하나의 통로라고 이해한다. 그 자체만 존재하는 것은 없다.

43 Paul Gerhardt, EG 37,2. 그 때문에: "non esse inquirendum de praedestinatione Dei absconditi"(WA 43,463, [3-17] 11f; 창 26:9, 1540/1541). 참고. 각주 3.

것이 바로 마귀의 본질이다. 이에 상응하여 루터는 마귀에 대해 이론화하지 않았다. 그는 마귀와 논쟁하지 않고, 마치 괴츠Götz von Berlichingen의 방패에 그려진 쇠주먹처럼 주먹을 흔들어 인사하거나 전설적인 잉크병을 그에게 던진다. 그는 또한 음악과 유쾌한 교제로 마귀를 내 쫓는다.

루터가 마귀를 상대로 싸우지 않았다는 내용은 바이마르 판 루터 전집에 한 페이지도 찾기 힘들다. 마귀와의 싸움이 그의 신학의 주요특징이라는 것은 "격변의 시대"라는 제목으로 논한 도입에서도 분명히 나타난다.[44] 마찬가지로 숨어있는 하나님과 계시된 하나님에 관한 루터의 구분과 순서에서는 받아들일 수 없는 것을 받아들이게 하려는 사변적인 사상이 중요하지 않다는 것도 분명하다. 신정론의 문제는 어떤 방식으로도 해결할 수 없다. 숨어있는 하나님에 관한 설명은 탄식 속에 직접적인 '삶의 정황'을 가지고 있다. 숨어있는 하나님에 관한 설명은 탄식이라는 영적시련에 의해서 등장하게 된다.

요약: 루터의 신론은 구원의 확신을 토대로 하나님의 선하심뿐만 아니라, 하나님의 전능에 대한 설명이 가능하다고 확신한다. 그러나 그 대신 하나님을 완전히 알 수 있다고 생각하지는 않는다. 그는 하나님을 완전히 이해할 수 없음을 인정한다. 이로서 숨어있는 하나님의 전능과 계시된 하나님의 선함이라는 두 가지 모두가 그것을 믿는 자들 안에 유지되는 것이다.

3. 3. 세 개의 빛

---

[44] 참고. Reinhuber, Kämpfender Glaube(8장 각주 26) 56-62: 오늘날 조직신학적인 관점에서 본 악과 마귀에 대한 루터의 진술.

루터는 자신이 딜레마에 빠져있음을 알고 있으며, 공개적으로 이것을 인정하고 있다. 그 때문에 그는 『노예의지론』 마지막 부분에서[45] 세 가지 빛에 관하여 말한다: 자연의 빛, 은총의 빛 그리고 영광의 빛이다. 첫 번째 빛은 모든 인간을 비춘다.[46] 두 번째 빛은 믿는 자들을 그리고 세 번째 빛은 세상의 완성인 심판, 즉 종말을 기대하는 성도들의 희망이다. 이 세 번째 빛이 비출 때에야 비로소, 우리가 지금 여기서는 이해할 수 없던 일들, 우리에게 숨겨지고 부당하게 보이던 사건 속에서도 하나님은 옳고 알기 쉽게 일하고 있었음이 드러날 것이다.

a) 누구든지 "자연의 빛" 즉 본래적 이성의 빛으로 세상에서 벌어지는 일에 대해 알기를 원하는 사람은 행위와 결과 사이에 명백한 연관성이 있다고 믿고 그리고 결론을 내리려한다. 마치 루터가 설명하고 있는 욥의 친구들과 같다: "그들은 하나님과 그의 의에 대하여 지나치게 세속적이고 인간적인 사고를 갖고 있었다. 그래서 마치 하나님이 인간과 같으며, 그의 법은 세상의 법과 같은 듯 여겼다."[47] 이와 같은 합리주의자의 판단처럼 매우 부적절한 것이 경험주의자의 판단이다. "만일 인간의 이성의 판단을 믿고, 그것을 따른다면, 하나님은 존재하지 않는다고 말하도록 강요받을 것이다."- 그렇게 되면 하나님은 존재하지 않는다고 입증되기에 신정론에서 아무런 책임도 돌릴 수 없다.[48]

"혹은 하나님이 불공평하다고 [...]. 왜냐하면 보라. 사악한 자들은 완전히 그들

---

45 WA 18,783,17-785,38.
46 참고. 6장 2.
47 Heinrich Bornkamm(Hg.), Bibelvorreden, 60(Vorrede zum Buch Hiob; 1524). 참고. WA 18, 784,9-11.
48 Stendahl(참고. Walter Sparn, Mit dem Bösen leben, NZSTh 32 /1990, [207-25] 221).

이 원하는 대로 이루어지지만, 이와 반대로 선한 자들은 얼마나 큰 불행을 겪고 있는지를 격언과 격언의 어머니겪인 경험이 입증하고 있다: '큰 악당일수록 행운도 더 많이 뒤 따른다.' 욥은 '강도의 장막에 풍요가 넘친다'12:6, 참고. 21:7고 했다. 시편 기자는 시편 73:12에서 세상의 죄인들이 오히려 더 부유해짐을 탄식한다. 들어보라. 어느 누가 판단해도 사악한 자들이 번성하고 선한 자들이 고통받는 것이 정말 옳은가? 그러나 이것이 세상의 법칙이다. 가장 위대한 사람들조차 하나님의 존재를 부인하며 모든 사물은 맹목적인 우연이나 운에 의해 제멋대로 움직인다고 상상하면서 죄를 짓고 타락해 왔다. 예를 들면 에피쿠로스학파나 플리니우스Pliny가 그러했다. 더 나아가 아리스토텔레스는 그가 만들어 낸 최고의 존재를 불행에서 보호하기 위해 자신 이외에 결코 다른 존재에 눈길을 돌리지 않았다. 왜냐하면 그는 하나님이 그렇게 수많은 고통과 불의를 본다는 것은 하나님 자신에게 매우 불쾌한 일이 되리라고 믿기 때문이다. 그러나 하나님을 믿었던 예언자들, 예를 들면 예레미야, 욥, 다윗, 아삽과 그 외의 예언자들도 하나님이 정말로 불공평한지에 대한 문제로 유혹 받고 영적시련을 겪었다.[49]

b) 이신칭의의 신앙 역시 영적시련을 겪은 신앙이다. 하나님의 호의와 사랑은 증명할 수 없다. 하나님이 정말로 불의한지를 묻는 질문을 떨쳐 버릴 수는 없으며, 이것은 비단 신앙인에게만 해당하는 것은 아니다. 하나님의 사랑을 증명할 수 없기에 의심을 떨쳐버릴 수 없는 것이며, 성도는 영적시련을 겪으며 살게 된다. 그는 하나님의 숨음을 자신의 언약에게로의 도피로 이해한다. 하나님은 언약 속에서 자신을 드러내며 은총의 빛을 향

---

49   WA18,784,36-785,10(『노예의지론』 1525. 아리스토텔레스에 관하여는 Metaphysics XII: Oswald Bayer, Freiheit als Antwort, Tübingen 1995, 36f. 특히 각주 36 또한 5장 각주 58.

하고, 오직 말씀 안에서 그리고 믿음 안에서만 활성화되는 복음의 빛을 향한다.[50] 하나님을 부인하거나 맹목적인 운명과 행운에 관해 말할 수 있는 또 다른 방법의 설명은 신앙인에게 가능하지 않다.

c) 욥기서는 결국 "하나님만이 공평하다"는 결론을 의도했으며,[51] 이것은 루터의 『노예의지론』의 마지막 말과도 같다. 그것은 볼 수도 알 수도 없으며 오직 믿음의 희망 안에서만 실현되는 것이다. 현재의 심판은 오직 이해할 수 없는 의로움이고, "영광의 빛은 […] 하나님이, 비록 그의 심판이 [지금은] 이해할 수 없는 의 일지라고, 가장 의로우며 완전한 의임을 보여줄 것이다. 우리는 단지 이것을 믿어야만 한다."[52] 신정론의 문제를 다룬다고 탄식이 끝나는 것은 아니다. 깨어 있어야 하며, 세상의 완성에 대한 뜨거운 희망을 가져야 한다. 종말에 하나님은 마침내 의를 드러내고 시련을 주지 않으며 탄식에 응답할 것이다.[53]

그러나 루터는 에라스무스와는 달리 이것을 더 이상 증명할 수는 없다. 즉 그는 그것을 다만 믿고 고백할 뿐이다. 내가 이해하지 못하는 어떤 하나님 – 모든 점에서 그렇지는 않으나, 고통당하는 순간에서는 이해하지 못하는 – 은 증명의 대상일 수 없다. 즉 그는 익명의 힘이다. 그가 나를 곤

---

50   WA 18,785,20.

51   욥기서 서문, Luthers Vorreden zur Bibel. (각주 47).

52   WA 18,785,35-37(『노예의지론』 1525).

53   루터는 세 가지 빛을 예로 들어 예정의 문제에서 신정론을 구분했다. 루터는 신정론을 은총의 빛으로 '해결된' 즉, 신앙으로 수용 가능한 것으로 본다. 왜 누구는 믿음을 갖고, 다른 이는 갖지 못하는가? 이 두 개의 복잡한 질문을 실제 이런 방식으로 구분할 수 있는지를 의문이다. 아니면 종말론적인 신앙의 희망 속에서 공공연한 신정론의 상처를 언급해야만 한다(참고. Oswald Bayer, Autorität und Kritik. Zu Hermeneutik und Wissenschaftstheorie, Tübingen 1991, 201-207). (우리는 사실 하나님이 고통을 제거하고, 게다가 종말에 과거가 바뀌게 될 것임을 믿고 희망할 수 있다. 그러나 '어떻게'라는 풀리지 않은 문제가 여전히 신앙인에게 심각한 영적시련이 될 수 있다.

고하게 만들어, 그 길에서 벗어나 그리스도를 통해서 자신을 알게 하고 계시하고 밝게 빛나는 아버지의 얼굴을 향해 피하게 한다. "하나님이 원치 않아도 하나님에게 다가서서 부르는 것"[54]이 중요하다. 그러나 이러한 움직임은 루터에게 결코 원리로 자리하고 있지 않다. 구원의 확신처럼 그것은 결코 소유할 수 있는 지식은 아니다. 하나님의 단일성은 루터에게는 결국 사고의 대상이 아닌 고백의 대상이다.

그러므로 신정론은, 라이프니츠의 생각처럼, 하나님에 대해서 이해하고 판단하는 이성의 장에서 논하는 것이 아니다. 욥이 경험했듯이, 그것은 오히려 하나님과 벌이는 진짜 싸움이요, 하나님께 대항하며 하나님을 부르는 것이다욥 16:19. 즉 그것은 하나님과 맞서서 하나님에게 호소하는 것이다. 하나님의 무서운 숨음의 경험에 대한 조심스럽고 한계를 분명히 인식하는 설명만이 적절하다. 그러한 설명은 탄식과 연관이 되며, 그 속에서는 "하나님과 맞서서 하나님에게 다가서고 간구하는 것"이 중요하다. 이것이 곧 복음에 계시된 하나님에게 간구하는 것이다. 하나님 아버지는 성령 안에서 그리스도를 통해서만 알 수 있다. 그는 오로지 사랑으로서 경험되는 것이다. 그렇지만 이러한 것을 원리화하는 것은 열광주의일 것이다. 그것은 자신의 사랑과 모순되는 하나님의 무서운 숨어있음은 이미 과거의 일이라는 추정 속에서 믿음과 바라봄 사이에 있는 차이를 쉽게 간과해 버린다.

54　WA 19,223,14-17(『요나서 주해』 1526): 본래적 이성은 하나님의 진노에 대해서 표현하거나 혹은 그러한 느낌을 내뿜거나 할 수 없으며, 다만 하나님을 거스르며 하나님께 나아가거나 간구할 수 있다. 요나가 하나님께 간구하는 시점에 이르자, 그는 살게 되었다. 참고. WA 5,204,26f. (『이차시편강의』 1519-1521): "ad deum [revelatum] contra deum [absconditum] confugere."

10장
"아들을 통하여 온 우리의 주": 자비와 사랑의 하나님

> 그의 사랑하는 아들에게 말하기를
> "긍휼을 베풀 때가 이르렀다.
> 가라, 내 마음에 가장 합당한 자여,
> 가난한 자들에게 구원이 되라."

이 장은 설명 과정에서 – 루터 신학 자체에 상응하여 - 죄, 죽음 그리고 마귀로부터 시작하여, 우리 주 예수 그리스도, 아들을 통하여 성령 안에서 자비롭고 사랑하는 자로 계시하는 아버지 하나님에게 나아가는 놀라운 전환을 보여준다. 이런 급진적 전환과 전향은 단지 신학적인 가르침의 설명 과정 안에서만, 단지 믿는 사람들의 경험 안에서만 일어나는 것이 아니라, 그 이전에 하나님 자신 안에서 일어나는 것이다. 그리스도와 죄인 사이의 '즐거운 교환'의 조건으로서 하나님 안에서 진노로부터 사랑으로 바뀌는 전환은 기독교 신론 전체에 특히 삼위일체론에 심원한 영향을 미친다. 이것은 종교개혁의 주요 저서에서, "사랑하는 그리스도인들이여 이제 기뻐하라"[1]는 루터의 해방 노래에서 전형적으로 등장한다.

---

1 EG 341. 만들어진 시기는 분명치 않지만, 처음 출판은 1523년 혹은 1524년으로 추정한다. WA 35, 422-425.

1. "사랑하는 그리스도인들이여, 이제는 기뻐하라"

루터에 따르면 그리스도 사건은 하나님의 존재를 설명하는데 무엇을 의미하는가?

그리스적 이해에 따르면 무상하지 않음영원불멸, 감정이 없음, 고난을 받을 수 없음, 감동이 없음은 하나님의 존재 자체에 속한다. 만약 우리가 성경의 본문을 진지하게 읽는다면, 그리스적 형이상학 및 존재론과 매우 강한 갈등들을 경험할 수밖에 없게 된다. 호세아 11장 7-11절에 따르면 존재론적으로 생각할 수 없는 일, 즉 고대의 형이상학이 신화로 여기고 거부한 일이 일어난다: 그것은 하나님 자신 안에서 일어나는 하나의 "혁명"이요, 하나의 변혁이다. 하나님은 자기 자신과 일치하는 자, 자기 자신과 동일한 자가 아니다: "나의 마음이 내 속에서 돌이키어 나의 긍휼이 온전히 불붙듯 하도다. 내가 나의 맹렬한 진노를 나타내지 아니하며 내가 다시는 에브라임을 멸하지 아니하리니 이는 내가 하나님이요 사람이 아님이라"호 11:8-9.[2]

마르틴 루터는 이런 하나님, 즉 열정적인 자비의 하나님을 경험하고, 선포하고, 생각하고, 노래했다. 이것은 "사랑하는 그리스도인들이여, 이제는 기뻐하라"는 노래 속에 가장 강렬하게 표현되어 있다.

본문의 형식은 그 내용과 동떨어져 있는 것이 아니다. 언급되는 내용은 분명히 오직 이러한 방식으로만 적절히 언급될 수 있다. 그것은 노래와 찬양으로서 가장 괴로운 고통에서 벗어난 해방의 역사를 말하고 있다. 하나

---

2 Jörg Jeremias, Der Prophet Hosea, ATD 24/1, Göttingen 1983, 143-147(하나님 안에서의 의지변혁). 참고. Ders., Die Reue Gottes, 1975,52-59.

님에 관한 "찬송적인" 발언이 무엇인지는 여기서 전형적으로 드러난다. 1523년에 등장한 본문의 형태를 규명하기 위해서는 "하나님이 그리스도 안에서 우리에게 보여준 고귀한 호의에 대한 감사의 노래"라는 초판 본문의 표제를 먼저 다루어야 한다.[3] 루터는 시편에 깊이 뿌리박혀 있는 이스라엘과 교회가 사용한 고대 기도의 기본 요소인 '궁핍', '구원'의 호소와 같은 형식적 요소를 사용했다.

얼핏 보면, 이 노래는 단지 한 개인의 노래처럼 보이기도 하지만, 공동체가 노래한 것이다. 1절에서는 참여한 다른 그리스도인들에게 찬송을 권한다. 영감이 가득한 찬송의 이유와 대상은 "우리를 위해서"$_{1,5}$[4] 일어난 일이라는 것이다. 찬송의 요구$_{1,1-4}$와 그 이유에 대한 짧은 설명은 모두 '우리'라는 형식을 취했다. 아홉 개의 긴 절에 상세히 설명되고 있는 나머지 이야기는 단수 1인칭의 형식을 취했지만, - 도입부분을 전제할 때 - 그것은 공동체와 상관없는 '1인칭'$_{Ich}$이 아니다. 신앙고백에서처럼 여기서도 모든 그리스도인을 대신해서 '나'$_{das\ Ich}$를 사용하고 있다. 즉 2절과 3절에 등장하는 '나'는 모든 사람을 대표하는 나이다.

이 찬송은 복음을 노래하고 있다. 이것은 루터가 바로 직전$_{1522}$에 『신약성서서문』에서 보여준 복음의 정의처럼 매우 상세하게 나타나 있다.[5] 복음은 이 찬송에서 『신약성서서문』에서보다 더 강렬하게 두 개의 이야기로 설명되고 있다. 그것은 하나님이 응답한 탄식의 이야기로서 오목 거울을 보듯이 "오호라 나는 곤고한 사람이로다. 이 사망의 몸에서 누가 나

---

3   각주1) WA 35:423.
4   이곳과 아래에서 각각의 절과 줄은 단순한 숫자로 표기될 것이다. 참고. 아래 316/319(EKG본문 239).
5   WA DB 6,2,23-25 그리고 4,1-23. 4장 4.

를 건져내랴 우리 주 예수 그리스도로 말미암아 하나님께 감사하리로다" 라는 로마서 7장 24절과 25절 상반부에 집중되어 있다.

두 부분으로 된 이야기는 우리가 시편 22편에서 보게 되는 탄식-응답의 패러다임에 따라서 나란히 배열되어 있다. 그렇지만 그 어떤 추이推移도 전달되지 않는다. 보고되는 고난은 막다른 종점에 도달했다. 이야기는 설명된 길의 가장 깊은 지점에 이르자 구원에 대한 희망이 없이 중단되고, 깊은 나락으로 떨어진다. 당장이라도 일어날 듯 보이는 반전이나 아도르노Theodor Adorno가 말한 그런 희망을 기대한 흔적이 전혀 없다. "한 눈에도 알 수 있는 완벽한 부정이 마주한 거울에 쓴 글씨와 같다."[6] "위험이 있는 곳에는 구원도 자라나는가?"휠더린[7] 아니다. 여기에 부정적인 변증법은 결코 적용되지 않는다. 고난이 가장 큰 곳에 하나님이 가까이 있다는 경건한 속담은 전혀 어울리지 않는다. 단절은 예리하다.

어디서나 자신의 존재를 찾는 인간의 정체성 추구는 자신이 만든 빠져나올 수 없는 무섭고 완벽한 원과 같은 감옥 안에 갇혀 있고 그 자신에게 집착하기 때문에 더는 하나님을 찾지 않는다. '하나님'이라는 단어가 나오는 곳 – "자유의지는 하나님의 심판을 미워했다"3.3는 구절에 한 번 나온다. - 에 미움의 이유와 대상이 있다. 만약 그의 『하나님 중독』의 하나님

---

[6] Theodor W. Adorno, Minima Moralia. Reflexionen aus dem beschädigten Leben, Frankfurt 1973, (333f, 마지막 명언: "최후에") 334,

[7] Friedrich Hölderlin, 찬송 "밧모섬", in: Ders., Sämtliche Werke, Große Stuttgarter Ausgabe, hg. v. Friedrich Beissner, Bd. 2/1, 1951, (165-172), 165,3f. 참고. Ernst Bloch, Das Prinzip Hoffnung, Frankfurt 1959, 127: "'위험이 있는 곳에는 구원도 자라나는가?'라는 휠더린의 이 말은 단지 죽음의 장소에 대한 두려움이 사라진 긍정적이고 변증적인 국면을 가리킨다." 하이데거(Martin Heidegger)의 『기술과 전향』[Die Technik und die Kehre, opuscula 1, Pfullingen 1962], (5-36: Die Frage nach der Technik) 28-36 und(37-47: Die Kehre) 41-43 역시 휠더린의 이 구절을 인용하고 있다.

저주 속에 있는 틸만 모저Tilmann Moser처럼[8] 여전히 오직 증오 속에만 사로잡혀 있다면, 이야기하고 있는 나Ich는 하나님이다. 현대 문학에서도 그러하듯이, 그는 이름을 숨기려고, "하나님"이 없이 자신을 표현하려고, 다른 대상을 찾으려고, 그리고 다른 수신자들, 특히 다른 사람들에게 접근하려고 큰 발걸음을 결코 내딛을 필요가 없다. 지옥은 곧 타인들이다샤르트르.[9]

    1.1 사랑하는 그리스도인들이여, 이제 기뻐하라

      2 그리고 기뻐 뛰놀자

      3 우리가 위로를 얻었고, 모두가 하나가 되었다

      4 기쁨과 사랑으로 노래 부르자

      5 하나님이 우리에게 행한 일을

      6 그리고 그의 달콤한 기적을

      7 그는 값진 대가를 지불했다.

    1부

    2.1 마귀에게 나는 사로잡혀 있다

      2 죽음이 나를 엄습해온다

      3 나의 죄는 밤낮 나를 짓누른다.

---

8 Tilmann Moser, Gottesvergiftung, Frankfurt am Main, 1976. 참고. Oswald Bayer, Gott als Autor. Zu einer poietologischen Theologie, Tübingen, 1999, 65-72: "Ichfindung als Gottesfluch"

9 Jean-Paul Sartre, Huis clos(1945), 번역 in Ders., Gesammelte Dramen, Reinbek 1969, (67-98): 97: "타인이 곧 지옥이다."

4 나는 죄 중에 태어났다

  5 나날이 죄 가운데 더욱 깊이 빠져간다.

  6 나의 삶에 선한 것은 없으며

  7 죄가 나를 사로잡았다.

3.1 내 선행은 전혀 무익하고,

  2 아무 공로 은혜 얻지 못해

  3 자유의지는 주님의 심판을 증오했으며

  4 죽음만이 남아 있다.

  5 두려움은 나를 절망케 하며

  6 죽음만이 내 몫이고

  7 지옥에 빠뜨리게 한다.

2부

4.1 거기서 하나님은 영원히 슬퍼한다.

  2 나의 불행이 넘치자

  3 그의 자비의 마음을 가져

  4 그는 나를 돕기를 원했다.

  5 그는 나에게 아버지의 마음을 보였다.

  6 그에게 남아도는 여분이 아닌

  7 그의 가장 소중한 것을 대가로 지불했다.

5.1 사랑하는 아들에게 말하기를:

2 "자비를 베풀 시간이다.

3 가라, 내 마음에 합당한 자여

4 가난한 자들에게 구원을 베풀고

5 죄의 고통에서 자유케 하라

6 그를 위해 쓰디쓴 죽음을 죽어라

7 그가 너와 함께 살게 하라."

6.1 아버지의 뜻에 순종하여

2 이 땅에 네게 와

3 동정녀에게서 태어 났으며

4 나의 형제 되었네

5 왕의 권세를 내버리고

6 종의 모습을 입었으며

7 마귀 권세를 이겼다.

7.1 나를 믿으라고 말했다.

2 이제 그것은 이루어질 것이다.

3 너를 위해 나를 친히 준다.

4 그때 내가 너를 위해 싸울 것이다.

5 나는 너의 것이고, 너는 나의 것이기 때문이다.

6 내가 있는 그 곳에 너도 있어야 하며

7 원수가 갈라놓지 못할 것이다.

8.1 그는 나의 보혈을 흘릴 것이며

  2 나의 생명을 빼앗고자;

  3 너를 위해 모든 것을 감수한다.

  4 굳건한 믿음을 가져라

  5 나의 생명이 죽음을 삼킬 것이다.

  6 나의 무죄는 너의 죄를 담당할 것이며

  7 너는 구원을 얻은 자이다.

9.1 이제 나는 아버지께 하늘을 향하며

  2 이 땅을 떠난다.

  3 거기서 너의 주인이 되어

  4 성령을 보낼 것이며,

  5 그가 고통 중에 있는 너를 위로할 것이요

  6 나를 알도록 가르쳐 줄 것이고

  7 진리 가운데로 인도할 것이다.

10.1 내가 한 일과 가르친 것을

  2 너희도 행하며 가르쳐야 한다.

  3 이로써 하나님의 나라가 확장되고

  4 찬송과 영광을 받을 것이다.

  5 사람의 훼방의 말을 조심하라

  6 그로 인하여 하늘 보화가 파괴될 것이다.

  7 이것이 너에게 마지막으로 주는 것이다.

자기인식2절 이하의 지옥행에 대한 루터 설명의 근거가 되는 단 하나의 본문을 전체 성서에서 찾는다면[10], 로마서 7장 7-24절을 말할 수 있다. 오직 옛 사람을 대리하는 새 인간롬 7:25으로부터 들을 수 있는, 동료마저롬 7:25 함께 멸망에 빠뜨리는롬 8:18-25 옛 인간의 이러한 탄식은 너무나 철저하다. 그렇기 때문에 자기실현 속에서 자신의 정체성을 염려하는 인간의 현대적인 경험은 제대로 이해하지 어렵다. 이런 경험은 오히려 바울의 탄식과 루터의 해석을 통해 비로소 적절히 표현되었다.

자기인식의 지옥행 이야기는 자신을 자기 자신 속에 가두는 자아의 운동을 말하고 있다. 이 상태가 매우 답답하기 때문에 자아는 숨을 내쉬며, 자아의 질병은 죽음으로 이어지지는 않는다. 자아는 자신의 감옥 속에서 영원한 고통을 겪는다. 자아의 본질을 설명하는 이러한 존재론에서는 정죄해야 하고 영원히 죽어야 하는 율법이 활동하고 있다. 율법은 어쩔 수 없이 나를 나 자신에게 얽어매며, - 완전히 구원을 잃어버린 인류와 멸망에 빠진 세상 한 가운데서 - 매우 강력하게 나를 얽어맨다. 그렇기 때문에 내가 나의 행위 자체를 통해 나를 얽어맸듯이, 율법은 나를 매우 얽어맨다. 그러므로 자아의 이 존재론은 자신을 의롭다고 여기는 존재론이다. 근대에 이것은 죄론과 은총론에서 아리스토텔레스를 적극적으로 수용했던 루터의 시대보다, 심지어는 아리스토텔레스의 시대보다 더 무서운 얼굴을 띠고 있었다. 아리스토텔레스의 형이상학은 자기 자신 속에서 여전히 갇혀 있는, 우주와 도시를 숭배했던 인간을 표현했다.

이 노래의 2절과 3절에서 드러나는 옛 사람의 탄식이 전적으로 이해할

---

[10] 루터가 사용한 성경의 정확한 인용에 대하여. 참고. Martin Brecht, Erfahrung – Exegese – Dogmatik. Luthers Lied "Nun freut euch, lieben Christen gemein" in: NZSTh 32 / 1990, 94-104.

수 있는 하나님의 진노 경험으로부터 비롯한다면, 현대인들에게는 하나님 경험이 익명적으로 이루어진다는 사실을 통해 하나님의 어두움은 더욱 고조된다. 루터가 여기서 설명한 율법에 대한 경험을 넘어서 신정론 문제는 오늘날 하나님의 이해할 수 없는 진노에 대한 경험과 함께 완전히 다른 형태 속에 자리하고 있다. 그렇지만 어느 경우든, 인간은 자기 자신 속에 여전히 사로잡혀 있다. 그러나 이러한 무신론 가운데서도 인간은 하나님을 벗어나지 못한다.

해방의 노래가 말하는 이야기의 1절과 2절 사이의 단절은 측량할 수 없을 정도로 매우 크기 때문에 율법 경험으로부터, 그리고 현대인들의 고난 경험으로부터도 두 이야기를 매개할 수 있는 존재 개념을 생각할 수 없다.[11] 생각할 수 없는 것은 단지 인간과 그의 세계 속에 놓는 매개만이 아니다. 하나님의 일치성도 생각하기 어렵다. 하나님은 – 율법 안에서는 – 나를 고소하기 때문에 나는 그와 그의 심판을 오직 미워하지만[3,3], 하나님은 – 복음 안에서는 – 나를 대변하기 때문에 나는 성령의 능력으로 그의 아들을 통해 하나님을 오직 전심으로 사랑할 수 있다.[12]

여하튼 – 정체성을 추구하고, 일치를 이루고자 하는 존재 개념이나 자의식 개념에 의해 지배되는 – 일반적인 사고가 통합할 없는 것은 복음에 의해 작동되고 설명된다. 어떻게 이것이 일어나고 일어났고 일어날지는 – 오직 외형적으로만 훨씬 더 중요하다고 할 수 없는 – 이야기의 두 번째 부

---

[11] Georg Büchner, Dantons Tod, 3. Akt,1. "누구나 마귀를 부인할 수 있다, 그러나 고통을 부인할 수는 없다; 오직 이성만이 하나님의 존재를 증명할 수 있고, 우리의 감정은 그에 분노한다. 아낙사고라스는 그것을 알아채고, 왜 나는 고통당하는가? 하고 말했다. 이것은 무신론의 바위이다. 가장 가벼운 고통일지라도 하나의 원자처럼 활동해 창조 세계 전체에 균열을 초래한다.

[12] 이것은 그의 『라틴어 전집』(1545) 초판 서문의 기록이 보여주듯이, 종교개혁적 발견 – 자신의 삶과 신학의 전환 – 에 대한 자신의 설명이 지닌 극명한 대조와도 일치한다(3장); WA 54,185,12-186,20, 특히 185,23f: "나는 죄인을 벌하는 의로운 하나님을 사랑하지 않고 오히려 미워했다."

분4-10절이 설명하고 있다. 그것은 결코 동일하게 지속하는, 자기 자신과 동일한 존재를 설명하는 것이 아니다. 그것은 오히려 변화, 전환, 아니 전 대미문의 변혁호 11:8을 설명하고 있다.

사람들은 다양한 방법으로 - 영원한 선택의 교리를 통해[13] 혹은 연대기적-직선적 이해로 시간과 영원에 대한 일반적인 이해의 파괴를 완화하려는 구원사적인 구조를 통해 혹은 역시 큰 영향을 끼친 실존적 해석을 통해 – 이러한 변혁의 소식을 조정하거나 그럴듯한 것처럼 꾸며대려고 시도했다. 하나님의 성육신을 영원한 선택 결정의 불가피한 실현으로 해석하거나, 그것을 인간의 죄에 대한 하나님의 반응으로 해석하려는 대안은 루터의 찬송에 의해 무너진다. "거기서 하나님은 영원히 슬퍼한다. [...]"4,1. 루터의 매우 독특한 역설과 매우 강력한 새로운 시작은 앞의 두 가지 대안을 파괴하며, - 여기서 루터는 미완료 시제 속에 현존하는 시간을 영원과 교차시킨다. - 뭔가 다르게 생각해야 할 것을 제공한다.

예수 그리스도라는 존재를 생각하게 하는 하나의 이야기가 있다는 것은 부수적인 사실이 아니다. 그러나 모든 이야기는 그 자신의 고유한 시간 구조를 가지고 있다. 한 사람의 청중이나 독자가 다른 누군가에 대해 말하기 위해서는 시간의 순서나 그 결과에 따라서 많은 관점이 사용될 수 있다. 그러므로 만약 우리가 예수 그리스도라는 존재에 대해 묻는다면, 어떤 시간적 구조 속에서 그가 언급되고 있는지를 무시할 수 없다. 그리고 예수 그리스도에 대해 언급하는 이야기의 시간적 구조에 화자話者가 연관되어 있다는 사실도 간과할 수 없다. 이 노래 속에서 화자는 분명한 '나'Ich이

---

[13] 영원한 선택에 대한 설명 자체를 거부한 것이 아니라, 마치 신학자가 하나님의 비밀 내각에 들어가 앉아 있는 듯 보이는 선험적인 구조를 거부한 것이다. 신앙고백에 기초하여 선택되었다는 귀납법적 방식은 완전히 다른 소리와 가치를 가지고 있다. 참고. 9장 3.1.

다. 이제 우리가 관심을 가져야 할 두 번째 부분에서는 전혀 다른 '나'가 화자이며, 이것은 첫 번째 부분과는 매우 다르다. 1부에서의 '나'는 그 자체가 하나라고 할 만큼 죽음과 근접해 있었다면, 2부에서 '나'는 계속 여격으로 쓰인, 즉 선물된 존재라는 여격으로 표현된 '나'이다. '나'는 선물된 존재라는 점에서 철저히, 그리고 완전히 대화를 통해 형성된다. 다시 말하면, 죄 속에서 자기 자신으로 구부러진 인간이 정체성 추구의 독재 아래 나 자신과 대화함으로써 구성되는 것이 아니라, 다른 누군가에 의해 마음이 열리고 그 대상에 의해 – 아니 그 대상 속에서 – 미래를 갖게 되는 대화를 통해 형성된다.

이와 같은 '나'는 - 우리는 그것을 '새로운' 나라고 부른다. – (전혀 소통하지 않고 그 자신 속으로 구부러지고 지옥 같이 협소한 자기 대화 속에 빠져 있는 옛 자아와는 극명하게 대조적으로) 철저히 소통하는 존재로 산다. 하나님은 예수 그리스도의 존재 속에서 그 자신과 그가 행한 그리고 그가 가지고 있으며 할 수 있는 모든 것을 아무런 유보나 조건 없이 완전히 우리에게 준다: "그의 가장 소중한 것을 대가로 지불했다"4,7; "그는 값진 대가를 지불했다"1,7. 하나님은 우리가 그의 존재의 충만함에 참여하도록 마음을 열고, 그 자신을 우리에게 내어줌으로써 자신과의 교제를 시작하게 했다.[14] 하나님의 본질은 예수 그리스도의 본질로서 성경을 통해 약속된 궁극적인 언약과 희생에 있다.

우리는 중간결과로서 다음과 같이 확신할 수 있다: 루터의 해방의 노래에서는 공동체가 성령의 영감으로 하나님을 찬양하며1절, 잃어버린 옛 인간의 탄식에 대한 응답으로서2-3절 하나님이 아들 안에서 자신을 내어주

---

14 참고. WA 26,505,38f(『그리스도의 성만찬에 관하여. 고백』 1528).

었다고 말하고 있다. 그 결과로 지옥 깊은 곳으로 떨어지는 인간의 구원이 설명되고 있다. 인간은 환영을 받는 존재로서 '수동적'으로 처음부터 하나님의 내적인 대화 속으로 인도되었다. 하나님에게 한 번도 도달하지 못한 인간의 탄식은 영원부터 경청되었다. 물론 이러한 경청과 구원은 역사적으로, 하나님의 성육신과 죽음을 통해 일어났다. 이것은 다시금 세례와 주의 만찬의 육체적인 말씀 속으로 집중된 채 우리에게도 역시 역사적으로 전달되고 소통되었다. 아버지와 아들, 아들과 아버지 간의 대화는 삼위일체론적 사변으로부터 추론된 추상적인 사고가 아니라, 처음부터 죄인을 위해 일어난 사건과 '자비'라고 설명된다. 하나님의 전 존재는 아들이 죽음에 빠진 인간에게 주는 확언 속에서 자기 자신을 내어주는 사건으로 이해된다: "나를 믿으라고 말했다 [...]; 너를 위해 내 전부를 주노라 [...]!"7-10절.

시간의 모든 세 가지 양태 속에서 움직이는4-10절 삼위일체 하나님의 구원 활동에 대한 이야기는 다음과 같은 사실 때문에 실존을 망각한 삼위일체 사변과 구분된다.[15] 화자는 선물을 주는 자로서 하나님의 말씀, 활동과 존재 안에 처음부터 포함되어 있었다. 선물은 두 번째 단계에서 비로소 주어지는 것이 아니다. 여격은 '선사 받음의 여격'으로서 매우 중요하다: "그는 나를 돕기를 원했다"4,4; "그는 나에게 아버지의 마음을 보였다"4,5; "가난한 자들에게 구원을 베풀어라", "그들 도와라", "그를 위해 쓰디쓴 죽음을 죽여라", "그가 너와 함께 살게 하라"5,4-7; "그는 이 땅에서 네게 왔다"6,2; "나에게 말했다", "이제 그것은 이루어질 것이다", "내가 너를 위해 나를 친히 준다", "그때 내가 너를 위해 싸울 것이다", "나는 너의 것이

---

15   찬양의 대상과 그 이유를 설명한 1,5-7의 요약을 발전시킨 2부는 더 상세한 설명(4절)에 따르면, 우선 신성 안에서의 사건(5-6절)과 나에게 말을 건네고, 와서 구체적으로 연결시키는 "외적인 일"(7-10절)들을 주제로 삼았다.

다다음과 같다: 나는 너에게 묶여 있다"7,1-5; "내가 너를 위해 모든 것을 감수한다"8,3; "그때 내가 너의 주인이 될 것이다"다시금 다음과 같다: 너에게 주인이 될 것이다; 9,3; "나는 너에게 영을 보낼 것이다"9,4; "이것이 너에게 마지막으로 주는 것이다"10,7.

하나님의 구원활동 속으로, 하나님의 자비 속으로 이끌려 들어간다는 것은 인간을 단순히 지적으로만 규정한다는 뜻이 아니다. 인간은 이것을 단지 생각으로만 기억할 수 있는 것이 아니며, 이것이 단지 성령의 내적 증언을 통해서만 그에게 주어지는 것도 아니다. 한 사람의 그리스도인으로서 성서적이고 공동체적인 본질에 근거하여 노래의 가사를 자신과 동일시하는 나에게, 즉 화자에게 그것은 육체적인 말씀을 통해 일어난다. 이 말씀은 세례, 성만찬과 용서의 말씀 속으로 집중되며, 성서 본문의 설교로서 이러한 집중 속에서 자신의 기준을 가진다. 그러므로 구원의 역사를 이해하는 열쇠는 의심의 여지없이 7절과 8절에 있다. 이것은 그 기본 구조에 따르면 루터가 요한복음의 고별사'내가 너희를 위하여'와 함께 받아들였던 말씀으로서 바로 주의 만찬을 베푸는 말씀이다. 여기서 이러한 방법으로 하나님은 아버지로서 아들을 통하여 성령 안에서 나에게 말하며, 그 자신을 온전히 나에게 주고, 나는 그의 존재에 참여한다. 7절과 8절이 극적으로 보여주듯이, 이것은 "즐거운 교환과 싸움"[16] 속에서 일어난다. 이것은 인간의 죄와 하나님의 의의 교환이다. 이것은 동시에 하나의 투쟁이며, 옛 세상, 즉 '원수'7,7; 8,1-2, '마귀'2,1;6,7, '죽음'2,2; 3,4; 8,5, '죄'2,3.7; 7,6, '지옥'3,7의 권세와 벌이는 투쟁이기도 하다. 슐라이어마허가 말하듯이, 죄의 용서는 단지 하나님 의식을 해명하고 강화하는 것만이 아니다. 그것은 본질적

---

[16] WA 7,25,34(『그리스도인의 자유』 1520).

으로 의식을 훨씬 뛰어 넘어 하나님과 인간을 대적하는 멸망의 권세를 정복하는 것이다.

7절과 8절을 쓰면서 루터는 특별히 자신의 논문 『그리스도인의 자유』 1520에서 사용한 용어들을 사용한다. 그것은 특히 여기서 귀 기울여 들어야 할 가치가 있다. 그리스도의 두 본성에 대한 가르침은 신성과 인성이라는 두 속성이 예수 그리스도라는 한 인격 속에서 상호 참여한다는 속성의 교류에 대한 가르침으로 첨예화되었다.[17] 그것은 죄인이 거룩한 하나님과 교류하는 조건을 말해준다. 육신이 된 말씀 안에서 감각적으로 확실히 일어나고 하나님이 만들어 준 믿음 안에서 효력을 발생하는 교류는 말하자면 하나의 '내적 측면'을 가지고 있다. 구원사적-연대기적 사고는 자신을 선재하는 '전역사'Vorgeschichte라고 소개한다. 그러나 모든 믿는 자들 중에서 나에게 준 하나님의 언약과 자신을 내어준 이러한 '내적' 역사는 – 비록 사건이 명확하게 일어난 경우에는 과거 시제로밖에는 설명할 수 없지만! - 과거의 시제로 역사화할 수 없으며, 무한한 지적 관계의 구조도 만들 수 없다.

삼위일체 하나님에 관해 설명하려는 시도는 한편으로는 아버지, 아들 그리고 성령의 무시간적인 관계 규정과 다른 한편으로는 – 시간 속에서 차례로 이어지는 - 아버지, 아들 그리고 성령의 시대의 인정 사이에서 대개 오락가락하고 있다. 그러나 다른 이는 사변과 역사의 교차 속에서 이러한 극단을 극복하기를 시도한다. 그러나 모든 이러한 시도들 중에서 실제로 인지되지 못한 것은 하나님의 존재가 선물과 약속이라는 점이다. 하나

---

17 참고. 아래 10.4. Oswald Bayer, Das Wort ward Fleisch. Luthers Christologie als Lehre von der Idiomenkommunikation, in: Jesus Christus – Gott für uns, hg. v. Friedrich Otto Scharbau, Veröffentlichungen der Luther-Akademie Ratzeburg Bd. 34, Erlangen 2003, 58-101.

님은 약속 안에서 우리에게 자기 자신을 온전히, 그리고 철저히 준다. 하나님은 자기 자신을 우리에게 최종적으로 알려 준다.

"사랑하는 그리스도인들이여, 이제 기뻐하라"는 루터의 찬송을 들여다보면, 삼위일체론의 주제를 분명히 설명할 수 있는 결정적인 요소를 발견하게 된다. 더 적절하게 말하자면, 조직신학의 전체 맥락 속에서 삼위일체론이 차지하는 위치를 정확하게 설명할 수 있게 된다. 삼위일체론은 복음, 곧 해방의 사건 외에 다른 것이 아니다. 이것은 그리스도가 획득하여 우리에게 준 자유이다. 그리스도는 지금도 말씀 안에서 성령을 통해 우리에게 자유를 약속하고 전달해준다.

만약 삼위일체론이 순수한 복음, 오직 복음만을 생각한다면, 죽이는 율법을 간단히 삼위일체 하나님 탓으로 돌릴 수는 없다. 율법 안에서 나에 맞서 말하는 자와 복음 안에서 나를 위해 말하는, 참으로 나를 위해 변호하는 자는 하나의 동일한 존재라고 고백하는 사람은 예컨대 하나님의 자명한 독자성을 인정하더라도 완화할 수 없는 기적의 역설을 말한다. 루터의 해방 노래는 3절과 4절 사이의 단절을 통해 신학이 완전히 새로운 방식으로 생각해야 할 하나의 문제점을 보여준다.[18]

하나님으로 하여금 나를 '미워하게' 하고 나를 '지옥에 빠뜨리게'3절 하는 죽이는 율법을 삼위일체 하나님의 행동으로 자명하게 이해함으로써 이 문제점은 흔히 경시된다. 그러나 해방의 노래 제2부4-10절에서 말하고 있듯이, 만약 삼위일체론이 오직, 그리고 독특하게 복음만을 – 오직 하나님

---

18 Christine Helmer, The Trinity and Martin Luther. A Study on the Relationship Between Genre, Language and the Trinity in Luther's Works(1523-1546), Mainz 1999; Dies., God from Eternity to Eternity: Luther's Trinitarian Understanding, Harvard Theological Review 96 / 2003, 127-146에서 더 다루어지고 있다.

의 자비와 그의 사랑만을 – 생각한다면, 그리고 만약 구원을 잃어버린 인간의 운명이 단지 그의 자유 왜곡의 탓으로만 돌리지 않고 이런 왜곡 가운데서도 그가 여전히 하나님과 관계를 맺고 있다면, 삼위일체론을 일반적인 신론과 인간론과 구분하고 이 둘을 서로 뒤섞지 않는 것은 불가피하다. 만약 3절과 4절 사이의 단절이 내용적으로 적절하다면, 이 단절은 이런 구분을 요구한다.

이러한 '일반적' 신론은 하나님의 요구와 책망 아래 살아 있는, 그리스도인이 아닌 사람들을 주제로 삼는다. 그것은 예수 그리스도 밖에, 그래서 삼위일체인 하나님[19]의 사랑 밖에 있는 사람들이 하나님의 전능과 관계를 맺고 있다는 사실이 무엇을 의미하는지를 묻는다. 그것은 루터의 해방 노래가 2절과 3절에서 무엇을 말하고 있는지를 묻는다.

최근의 철학과 신학의 역사에서 이러한 전능을 삼위일체론적으로 이해하려는 것은 엄청난 실책 중의 하나이다. 이러한 실책은 오직 삼위일체론에 대해서만 숙고해야 하는 복음을 어둡게 만들고 복음을 찌그러뜨리는 것과 다르지 않다. '일반적' 신론과 인간론으로서 삼위일체론과 구분되어야 할 것을 삼위일체론 안에서, 그리고 삼위일체론의 도움을 받아 숙고하려는 사람은 삼위일체론을 불가피하게 일반적 신론으로 만들어 버리고 만다. 그러나 삼위일체론과 일반적 신론의 차이점의 극복은 종말의 때에 비로소 기대할 수 있으며, 따라서 루터 신학을 설명하는 과정에서도 마지막 장의 주제가 된다. 그것은 마지막 찬양, 최종적인 찬양의 주제이다.[20]

---

19 성령 안에서 아들을 통해 "가장 깊은 아버지의 마음과 말로 표현할 수 없이 순수한 사랑"을 드러나는 곳에서만 하나님의 사랑을 경험할 수 있다. (BSLK 660,29-31)
20 삼위일체론과 일반적인 신론에 대한 상세한 구분은 15장 2.2를 보라.

2. 즐거운 교환

이제 두 번째 전형적인 본문을 살펴보면서, 그리스도 안에서 자비와 사랑의 하나님으로 알려주었고 지금도 그렇게 알려주는 삼위일체 하나님의 자기 전달에 대해 한 번 더 주목해보자. 루터는 성경에 나오는 결혼의 비유 속에 등장하는 신부의 신비로움을 사용해서 "즐거운 교환"[21]에 대해서 인상 깊게 말한다.

신앙은 "영혼이 그리스도와 하나가 되는 것이다. 그것은 마치 신부가 신랑과 하나가 되는 것과 같다. 이 비밀을 통해 (사도 바울이 에베소서 5장 32절에서 말하듯이) 그리스도와 영혼은 한 몸이 된다."[22]

"여기서는 단지 친교 회복의 즐거운 공연만이 아니라 구원을 가져오는 전쟁의 공연, 즉 승리, 구원, 속죄의 공연이 일어난다. 그리스도는 하나님이며 사람과 동일한 인격 안에서 죄를 짓지 않았고, 죽지 않고, 정죄를 당하지 않을 것이다. 그는 죄를 지을 수 없고, 죽을 수 없고, 정죄를 당할 수도 없다. 그의 공의와 생명과 구원은 꺾을 수 없고, 영원하며, 전능하다. 내가 말하지만, 이런 분이 신앙이라는 결혼반지 때문에 신부의 죄와 죽음과 지옥에 동참하고, 그것을 자신의 것으로 삼으며, 마치 그것이 자기 자신의 것이고 그 자신이 죄를 지은 것처럼 행동한다. 그는 고난을 당하고 죽고 지옥에 내려감으로써 모든 것을 정복했고, 죄와 죽음과 지옥은 그를 삼킬 수 없었다. 그렇기 때문에 놀라운 결투를 통해 모든 것이

---

21 WA 7,25,34(『그리스도인의 자유』 1520).

22 Fides "animam copulat cum Christo, sicut sponsam cum sponso. Quo sacramento(ut Apostoulus docet [Eph. 5:32]) Christus et anima efficiuntur una caro. (WA 7,54,31f 『그리스도인의 자유』 1520).

그 안에서 삼켜졌다. ['흡수되다' 고전 15:54]. 왜냐하면 그의 의가 모든 사람의 죄보다 더 크고, 그의 생명이 모든 죽음보다 더 강하고, 그의 구원이 모든 지옥보다 더 강력하기 때문이다. 이처럼 믿음을 가진 영혼은 신부의 보물인 그의 믿음을 통해 그의 신랑인 그리스도 안에서 모든 죄로부터 자유롭게 되고, 죽음으로부터 안전하게 되고, 지옥의 위험으로부터 보호를 받게 된다. 왜냐하면 그의 신랑인 그리스도의 영원한 공의와 생명과 구원이 그에게 선사되었기 때문이다. 그리하여 그리스도가 생명의 말씀을 통해, 다시 말하면, 믿음을 통해, 공의를 통해, 그리고 구원을 통해 일어난 믿음을 통해 그를 깨끗하게 씻김으로써엡 5:26-27 그는 티나 흠이 없는 영광스러운 신부가 되었다. 호세아 2장19절이 말하듯이, 그는 믿음 안에서, 자비와 긍휼 안에서, 공의와 심판 안에서 결혼을 하게 되었다."[23]

이 본문을 이해하기 위한 중요한 열쇠는 성서에 인용된 본문들이다. 그것들은 단지 장식품만은 아니다. 그것들은 이 본문들이 없어도 무방한 내용을 보여주는 것이 아니다. 그것들은 본질적으로 중요하다. 아니 본문은 그것들로, 그리고 그것들을 둘러싸고 있는 배경으로 이루어졌다. 루터가 에베소서 5장 21-33절과 그리고 내용적으로 혼인 권면과 연결되어 있는 구약성서의 본문 호세아 2장을 인용하고, 이와 함께 그 맥락호 1-3장을 인용한 것은 우연이 아니다. 호세아 1-3장에 따르면 호세아가 예언자의 상징적 행동으로서 창녀와 결혼하는 방법을 통해 야훼가 충성스럽지 못한 이스라엘에게 신뢰를 다시 약속하고, 파혼과 그로 인한 심판 앞에서 이스라엘과의 관계를 이해할 수 없는 방식으로 갱신하며, 이런 방식으로 이 관계

---

23 WA 7,55,7-23(라틴어본 번역).

를 유지해 나간다. 야훼와 이스라엘의 관계가 - "나는 주, 너의 하나님이다!" - 하나의 사랑의 관계와 혼인과 같음을 증언하고 있는 본문은 성서에서 호세아서 외에는 없다. 나중에 세속적-육적인 사랑의 노래 모음집인 아가서가 정경에 포함되고, 그 내용이 자신의 백성과 하나님의 관계로, 그리고 교회에 대한 하나님의 관계로 해석되고, 하나님과 개별적인 인간의 연합으로 해석되었다면, 그 근거는 호세아서에 있다. 물론 자신의 백성에 대한 하나님의 관계를 말해주는 - "아들"_{"내 아들을 애굽에서 불러내었거늘"; 호 11:1} 혹은 버려진 아이_{호 9:10} 비유와 같이 - 개인적인 밀접한 관계를 표현하는 다른 비유도 있다. 그러나 혼인의 비유가 압도적이다. 혼인 및 그와 연관하여 쓰인 성애_{Erotik}의 어휘들은 성서해석의 역사 속에서 특히 "신부의 신비" 등과 같이 하나님과 인간의 연대를 나타내는 표현을 만들고, 촉진하기도 한다.

십계명 첫 머리에 나오는 "나는 주 너의 하나님이니라!"는 말씀의 애절함과 절박함은 사랑의 언어에서 비롯한 것이다. 이것은 상대방을 질책하는 말씀이 아니다. 오히려 이것은 사랑의 약속이다: "나는 너의 것이고, 너는 나의 것이다!"_{호 2:19-20}. 그러나 사랑한다는 선언은 불쾌하고 어리석은 것으로 받아들여지고 거절될 수 있다. 예수 그리스도의 십자가 사건을 목도할 때 비로소 그런 것은 아니다. 호세아에 따르면 야훼는 "다른 사건과 권력, 형상과 진리"_{바르멘 신학선언 첫 번째 조항, 1934}를 자신보다 더 흥미롭고 더 중요하고 더 실제적이고 더 필요한 자로 여기는 자신의 백성에게 마치 한 사람의 구애자처럼 나타나고 있다: "이집트 땅에 있을 때부터 나는 네 하나님 여호와라, 나 외에 다른 신을 알지 말 것이라. 나 외에는 구원자가 없느니라!"_{호 13:4. 참고.} 『대교리문답서』 1계명: "보라, 오직 나만 너의 하나님으로 섬기고, 결코 다른 신을 찾지 말라." BSLK. 560:35이하. 이 구애자에게 무엇이 일어났는지는 이어지는 본문이 보여준다: "그들이 먹여준 대로 배가 불렀고 배가 부르니 그들의 마음이 교만하여 이로 말미암아 나를 잊었느니라"호 13:6.

백성은 사랑을 배신했다. 오직 심판, 곧 죽음만이 남았다호 13:7-9: "그러므로 내가 그들에게 사자 같고 길가에서 기다리는 표범 같으니라. 내가 새끼 잃은 곰 같이 그들을 만나 그의 염통 꺼풀을 찢고 거기서 암 사자 같이 그들을 삼키리라. 들짐승이 그들을 찢으리라. 이스라엘아 네가 패망하였나니 이는 너의 구원자인 나를 대적함이니라."[24]

하나님의 자비는 하나님의 진노와 마주 서 있다. 죄를 범하게 하고 파멸과 영벌의 지옥으로 추락시키는 율법의 말씀과 작용 방식을 복음의 말씀과 작용방식과 함께 전달하지 않고 이 둘의 단절을 보여줌으로써 루터는 이 새로운 시작을 이해하지 못하는 사람들을 고려한다. 이러한 단절 너머에서 복음이 두 번째이자 새롭고 궁극적인 하나님의 말씀으로 다가온다: "그 다음에는 이렇게 다른 말씀이 온다."[25]

율법의 효력은 결코 기적이 아니다. 자기 자신과 자신의 행위에 고정된다는 것이 무엇을 의미하는지는 철저히 이해될 수 있다. 행위와 결과의 관계는 그 자신의 논리를 갖고 있다. 그러나 복음은 전혀 이해할 수 없는 것이다. 하나님이 마땅히 받아야 할 심판에서, 그리고 심판의 과정 중에서 구원한다는 것은 하나의 기적이다. 복음과 율법은 결코 그럴듯하게 서로 조정할 수 없다. 이 둘은 엄격하게 대립한다. 복음은 문자적으로 역설적이

---

24 이에 대한 루터의 상세한 설명 참조. WA 7,22,30f. 만일 하나님이 완전히 심판과 타락에 빠진 백성을 - 그 자신과 그의 의를 거역호 11:8) - 그의 자비로운 마음으로 죽음에서 구원하셨다면 이러한 일은 무(無)에서의 창조와 다름없는 동일한 사랑에 의해서 일어난 것이다.

25 WA 7,24.9f.

다. 그것은 죄인이 이성적으로 기대할 수 있는 것에 거부한다. 복음은 정죄를 거부한다.

따라서 죄인과 그리고 성령 안에서 그리스도를 통해 의롭게 하는 하나님의 교제가 자명하게 일어나지 않았다는 사실이 놀라운 것이 아니다. 놀라운 것은 이 교제가 조용하고 평화롭게 일어나지 않고, 루터가 '놀라운 결투'stupendum duellum[26]라고 표현하였듯이, 놀람을 불러일으키는 결투로, 마치 야곱이 얍복강창 32장에서 벌였던 싸움과 같은 결투로 일어났다는 사실이 놀랍다. 하나님과 인간의 치명적인 대결이 즐겁게 마무리되고, 하나님과 인간 사이의 교환이 "즐거운 교환"[27]이라는 사실은 하나의 기적이다. 심판과 죽음에서 도망쳐 나온 사람은 이 기적에 대해 무한히 놀라게 된다.

"하나님의 사랑은 사랑할 가치가 있는 것을 찾지 않고, 사랑할 가치가 있도록 [이제부터 비로소] 만들어 간다."[28] 바로 이 점에서 하나님은 "하나님이며, 사람이 아니다"호 11:9. 왜냐하면 "인간의 사랑은 [이미] 사랑할 가치가 있다고 여길 때에 일어나기 때문이다."[29] 이와는 정반대로 경건치 않은 자의 칭의롬 4:5는 죽은 자를 살리는 것과 무로부터 창조하는 것롬 4:17과 다르지 않다.

하나님의 구원 행위는 오직 한계선에서, 그리고 단절을 통해 가장 예리하게 표현될 수밖에 없다.

---

26 WA 7,55,16. 참고. Uwe Rieske-Braun, Duellum mirabile. Studien zum Kampfmotiv in Martin Luthers Theologie(FKDG 73), Göttingen 1999.
27 참고. 각주 16. 종말에서야 비로소 그 교환이 "즐거운" 즉 기쁜 것이라고 말할 수 있다.
28 WA 1,354,35(하이델베르크 논제 28: 1518): "Amor dei non invenit, sed creat suum diligibile."
29 WA 1,354,35f.: "Amor hominis fit a suo diligibili."

이 "부유하고 고결하고 의로운 신랑인 그리스도가 이 가난하고 사악한 창기와 결혼하고호 1-3장, 그를 모든 죄악에서 건져내고, 그녀를 자신의 선한 모든 것으로 치장해 주었다. 그러므로 이제는 죄악이 그를 멸망시킬 수 없다. 왜냐하면 그 죄들은 그리스도에게 지워지고 그리스도에 의해 삼켜졌기 때문이다. 또한 그는 신랑의 의를 가지게 되어, 자신의 죄에도 불구하고 모든 죄에 대항할 수 있게 되었다. 사도 바울이 고린도전서 15장57,55; 참고. 호 13:14절에서 한 말도 같은 뜻이다. '예수 그리스도 안에서 이김을 주는 하나님께 감사하노니, 곧 죄와 함께 죽음을 삼켰음이라.'"[30]

『그리스도인의 자유』에서 인용된 이 구절은 루터가 '말씀'과 '영', 하나님과 믿음 안에 있는 인간의 연합에 대해 말하기 위해 세 번이나 잇따라 설명한 맥락 속에 들어 있다. 이것은 단 한 번 말하는 행위와 행위를 불러일으키는 말을 의미한다. 이것은 – 기적으로서 루터에게 매우 중요하기 때문에 – 적어도 세 번은 설명되었다. 세 번째 구간(12번째 단락)에서는 우리가 눈여겨보았던 혼인의 비유를 사용했고, 첫 번째 구간(10번째 단락)에서는 두 가지 본성에 대해 가르치는 그리스도론의 역사에서 등장하는 주제로서 철이 불 속에서 용해되는 비유를 사용했다. 이 둘을 아우르는 동일한 사건인 의롭게 하는 하나님과 죄인의 상호 인정은 11번째 구간에 나오고 있다. 하나님은 죄의 고백을 듣고 인간을 의롭게 한다. 다시 말하면, 인간에게 의를 허락한다.[31]

---

30   WA 7,26,4-12(『그리스도인의 자유』 1520).
31   참고. 2장 2. 이 같은 상호인식은 『대교리문답서』에서 루터가 보여준 1계명 설명에서처럼 여기서도 같은 방식으로 설명되고 있다. 하나님과 신앙, 말씀과 신앙이 하나라는 것(BSLK 560,21f)은 구별할 수 없는 동일성이 아닌 하나의 연합을 뜻하는 것이며, 이 연합은 궁극적으로는 하나의 구별, 즉 창조자와 피조물의 구별을 통해서 결정된다. 구별 없는 관계는 없다!

죄인이 스스로 하나님과의 교제를 차단한 채 하나님에게 대적하는 자로 머물러 있지 않는 것, 다시 말하면, 죄인이 둘 사이의 치명적인 대결 속에서 살지 않고 하나님과의 교제라는 기적을 경험하는 것은 "즐거운 교환"fröhlichen Wechsel과 교역, 저 "즐거운 경제"fröhlichen Wirtschaft, 저 구원의 경륜이라는 유쾌한 연극 속에서 일어나는 인격적인 연합 덕분에 일어난다. "여기서 부요하고 고결하고 의로운 신랑 그리스도가 가련하고 사악한 창녀와 혼인을 맺었다."

3. "나의 주 … 예수 그리스도를 믿사오니"

이제 『소요리문답서』에 등장하는 사도신경 두 번째 조항에 대한 루터의 설명을 보자. 우리는 앞에서 다룬 주제를 다시 한 번 다른 각도에서 이해할 수 있다.

"나는 예수 그리스도가

　영원 전에 아버지로부터 나신 참된 하나님이며

　그리고 또한 동정녀 마리아로부터 나신 참 인간이고

나의 주임을 믿는다.

　그는 버림받고 정죄 받은 나를 구원하였고[32],

　죄와 사망과 마귀의 권세로부터

---

[32] 참고. WA 40 II,328,1f(시편 51편 2절에 대해; 1532): "신학의 대상은 죄를 범하고 버림받은 인간과 의롭게 하며 구원하는 하나님이다."("subiectum Theologiae homo reus et perditus et deus iustificans vel salvator"). 참고. 2장 2.

구해 건져주었다;

이것은 금이나 은으로가 아닌

거룩하고 귀한 보혈과

무죄한 고난과 죽음으로 이룬 것이다.

그러므로 나는 그의 것이요

그가 죽음으로부터 일어나서 영원히 살고 통치함과 같이,

그의 나라에서 영원한 의와 순결과 축복 속에서

그를 섬기며 그의 보호 아래 살 것이다.

이것은 명확히 사실이다."[33]

3. 1. 주 예수 그리스도에 대한 믿음

이 본문의 전체 구조는 창조론과 관련하여 인간론을 상세히 고찰했던 첫 번째 조항의 해석과 상당히 일치하고 있다.[34] 해석 전체를 바르게 이해할 수 있는 표지는 "신앙은 곧 첫 번째 계명에 대한 그리스도인의 응답과 고백이다"[35]라는 문장에 들어 있다는 점을 분명히 해야 한다. "나는 믿는다" - 크레도credo - 는 것은 "나는 주 너의 하나님이다"라는 약속을 통해 전달되고 구체적으로 이루어져 연합의 상태가 되었기 때문에 말할 수 있는 것이다. "나는 예수 그리스도가 … 나의 주임을 믿는다"고 말할 수 있는 것은 하나님이 자기의 이름을 나의 믿음에 앞서 소개하고 있기 때문이다.

---

33 『소교리문답서』, 신앙고백 제2항 설명(BSLK 511,23-38).
34 참고. 7장 3.
35 『대교리문답서』, 신앙고백 제1항 설명(BSLK 647,36-38).

주kyrios라는 칭호는 70인 역이 나온 이후로 하나님 자신의 개인적 이름과 하나님을 부르는 칭호로 쓰이고 있으며, 신약성서에서는 예수 그리스도에게 사용되었다: "나의 주 나의 하나님"요 20:28, 참고. 요 1:18

여기서 인간 예수를 전능한 하나님과 동일시하여 말하고자 한 것이 무엇인지를 묻게 된다. 그렇지만 우리는 루터의 설명이 가지고 있는 전체 구조에 먼저 주목해야 한다. "나는 믿는다"라고 했을 때, 그것은 하나의 대상을 가지고 있으며, 그 대상은 동시에 그의 근거가 된다. 여기서 믿음은 그 자체가 "절대적"이지 않으며, 완전히 상대적이고 그 근거 및 내용과 연관된 믿음이다.[36]: "나는 ...임을 믿는다." 첫 번째 조항의 설명에서처럼 시작하면서 정확히 전체적인 요약이 제시되고 있는 여기서는 요한복음 20장 28절의 "나의 주"mein Herr라는 도마의 고백이 그에 해당한다참고. 빌 2:11. 전체 설명이 이 고백으로 절정에 도달한다.[37] 빌립보서 2장 11절에서처럼 그것을 결론으로 삼을 수 있다. 그렇지만 『교리문답서』는 예수 그리스도가 주님이라는 사실의 본질이 무엇인지를 설명해야 한다. 이 칭호가 말해주는 것은 정확히 무엇인가? 이와 같은 예수의 이름, 하나님의 이름이 말해주는 것은 정확히 무엇인가?

문법적으로 볼 때, "나의 주"라는 말은 "나는 믿는다"에 계속 이어지는 종속문의 정점이지만, "예수 그리스도가 나의 주[...] 임을 나는 믿는다"는 본래의 주문장보다 이해하기는 쉽다. 언어학적으로 볼 때, 문법에서 종속

---

36 참고. Philipp Melanchthon, Capita 1519/1520, CR 21,36: "믿음은 특별히 약속과 연관되어 있으며, 의롭게 하는 믿음이다"(Fides proprie relata ad promissionem est fides iustificans). "절대적" 믿음에 대해서는 7장 각주 38 참조.

37 『대교리문답서』는 주님이라는 칭호가 매우 중요함을 보여준다: "이 조항은 많은 뜻을 담고 있으나, 우리는 그것을 아이들이 하듯이 간단하고 짧게 다룰 것이며, 대신 한 단어에 집중하고자 한다. 이 단어 속에 모든 요약이 담겨 있다. 우리가 어떻게 구원받았는지를 이 단어에서 알 수 있다. 그것은 "우리 주 예수 그리스도를 믿는다"는 말이다(BSLK 651,15-22).

문은 주요 내용 즉, 믿음의 근거와 목표 - 대상 - 를 담고 있다. 이런 방식에서 본다면, 종속문은 곧 주문장이다. "나의 주"라는 고백은 최고의 정점이자 동시에 핵심 전환점이다. 이것을 토대로 할 때, 선행문"참된 하나님 [...]" 뿐만 아니라 이어지는 부문장"그는 나를 [...]"과 문장 전체를 이해할 수 있다. 앞서 나오는 선행문과 부문장은 이러한 순서로 주님이라는 호칭을 해석하고 있다.

3. 2. 그리스도의 본질은 그의 사역이다 – 그리스도의 사역은 그의 본질이다.

루터가 볼 때, 완전히 수용된 고대교회의 두 본성론은 그 자체 안에서 고정되어 있고 머물러 있는 두 본성에 관한 무용한 사변과 관찰이 아니다. 그것은 오히려 그 자체로서 구원론, 즉 구원의 가르침이다. 두 본성론은 바로 예수 그리스도의 사역과 그의 직무, 그의 기능을 말하고 있다. 예수 그리스도는 그가 "버림과 정죄를 받은 나를 구원하였다"는 점에서 참 하나님임과 동시에 참 인간이다. 그는 먼저 예컨대 그의 주체적 존재나 실체적 존재에 따라서 하나님과 인간, 하나의 실체적 본질인 "신인"Gottmensch이 아니다. 그는 이차적으로 - 내용적이고 논리적이고 시간적으로 혹은 어떤 방식으로든 이차적으로 – 구원자로도 행동했기 때문에 예수 그리스도라는 하나의 "주체"를 "구원자"라는 "술어"로 말할 수 있는 것도 아니다. 그의 본질은 오히려 그의 사역이며, 그의 사역은 그의 본질이다. 그는 – 우리와는 다르게 – 그가 행하는 것과 동일하다.

따라서 "버림과 정죄를 받은 나를 구원하였다"라는 관계문장은 우연적인 것이 아니라 본질적인 부문장으로 이해해야 한다. 부문장의 의미는 "나의 주"라는 고백에 이미 포함된 그 자신의 '주되심'을 추가적으로 말하는 것이 아니라, '주되심'의 본질이 무엇인지를 말하고 있다. 즉 그의 주되심의 본질은 무엇이며, 그의 주되심의 의미가 무엇인지를 말하는 것이다. 『대교리문답서』의 설명도 역시 이러한 해석을 지지한다.

> "이 조항의 요약은 '주님'이라는 작은 단어가 아주 단순하게 '구원자'를 뜻한다는 것이다. 이 말은 그가 우리를 마귀에게서 하나님에게로, 죽음에서 생명으로, 죄에서 의로 인도했으며, 안전하게 지켜준다는 뜻이다."[38]

따라서 "주님"Herr이라는 존칭은 동사 "구원하다"λυτρόω: 갇힌 자를 석방하다. 속전을 지불하고 풀어주다를 통해 충분히 해석된다. 거꾸로 그 사건은 – 이것은 오직 혁명과 질적으로 새로운 결정이라고 말하고 이해할 수 있는 부활절 밤의 사건을 말한다. – 되돌릴 수 없는 단 한 번의 사건의 효력을 확인하고 유지하기 위해 명칭으로, 명사로 고정된다. 그렇지만 명사 속에서 사건적 특징과 역사적 특징이 간과되거나 오인되지 않기 위해 중요한 관계문장은 다음과 같이 말하고 있다:

> "그는 그의 거룩하고 귀한 보혈과 무죄한 고난과 죽음으로 [...] 버림과 정죄를 받은 나를 구원했고, 죄와 사망과 마귀의 권세로부터 구해주었다."

"본디오 빌라도 통치 하에서" 발생한 유일회적 사건은 이렇게 분명하게

---
[38] BSLK 652,25-30.

강조되었다. 그리스도가 영원한 주님이라는 사실은 - 물론 이 사실은 우리에게는 구원의 과정 속에서 특정한 방식으로 일어난다.[39] - 단 한번 일어나는 역사적 사건인 십자가와 부활에 기반을 두고 있다. 영원한 본성과 시간적 과정의 통상적인 단절은 이로써 소용돌이처럼 서로 얽히며, 상대방 속으로 얽혀들고, 결합되고, 교차된다. 이제 영원은 결코 시간이 없이 존재하지 않으며, 시간은 결코 영원이 없이 존재하지 않는다.[40]

하나님의 구원 행위의 모든 성격은 "구원하다"라는 핵심용어에 종속되어 있다.[41] "즐거운 교환"을 통해 매개되어 귀속되는 예수 그리스도의 구원 사역은 그의 "인격"과 분리될 수 없다. 만약 그리스도의 "인격"에 대해 오직 사변으로만 말하거나 그의 구원 사역의 역사적 효력만을 말한다면, 신학적인 오류에 빠질 것이다. 두 가지, 즉 그리스도론과 구원론, 인격과 구원 사건은 다른 하나가 없이는 이해할 수 없다.

루터가 두 본성론 혹은 그리스도의 구원의 사역에 관해 말할 때, 그는 다양한 관점 속에서 이를 말했지만, 정확하게는 이것을 말했다. 왜냐하면 구원에 관해 말할 때, 그는 "하나님 그 자신"이나 "믿음 그 자체"를 알지 못했듯이, "그리스도 그 자신"에 대해 말하는 것도 신학적으로 의미 있

---

39 참고. BSLK 651,32f. 651,29-652,12와 연관해서 이해하라: "[...] 나의 주가 되었다." 참고. 야훼-왕-시편의 고백("야훼는 왕이다/왕이 되었다").

40 하나님이 사람이 된 것이 인간의 죄에 대한 대응인지에 대한 질문은 직선형의 연대기를 중시하는 사고 패턴을 따른 것이다. 성육신은 그 자체가 하나님이 인간의 죄에 아주 깊게 관여한 것이며, 오히려 동시적인 응답이자, 죄인이 아직 간구하지 않은 탄식의 응답이다: "하나님은 영원 속에서 한 탄했다"(참고. 위의 1). 이러한 표현은 보통의 논리로는 적절치 않은 문장이다. 그것은 시간과 영원 뿐만 아니라 과거, 현재, 미래가 서로 얽혀 있음을 함축하고 있다.

41 참고. 『대교리문답서』에서 상응하는 내용: "이 조항의 남은 부분은 단순히 이러한 구속이 어떻게 어떤 방법으로 이루어졌는지, 즉 그리스도가 우리를 소유하고 자기의 지배 아래 두기 위하여 얼마나 비싼 대가를 지불했는가를 밝히는데 그 목적이 있을 뿐이다. 즉 그는 성령과 동정녀에 의하여 죄가 없이 잉태되고 출생하여 사람이 되었다. 그는 죄의 주인이 되려고 고난을 받고 죽고 그리고 장사 지낸 바 된 것은 은과 금으로가 아니라 그 자신의 보배로운 피로써 내가 빚진 것을 갚아 속죄해 주기 위함이었다. 이 모든 것은 그가 나의 주가 되기 위함이었다."(BSLK 652,30-46).

다고 여기지 않았기 때문이다.[42] 만약 우리가 구원에 대한 질문의 지평 속에서 그를 만난다면, 우리는 그리스도를 만나는 셈이며, 그를 통해 참으로 하나님을 만나는 셈이다.

4. 속성의 교류와 탈중심성

"사랑하는 그리스도인들이여, 이제 기뻐하라"는 해방노래와 『그리스도인의 자유』와 사도신경 두 번째 조항에 대한 루터의 해설은 모든 신앙인에 대해 말한다. 그는 선사된 존재요, 그리스도의 인격과 사역에 절대로 의존해 있고 그래서 철저히 탈중심적인 존재이다. 믿는 자는 더는 자기 자신 안에서 살지 않고, 그리스도 안에서 산다참고. 갈 2:19 이하. 자신 속으로 구부러지고 자신을 의지하며 자신의 정체성에 집착하는 시도는 극복되었다.

신앙 안에서 예수 그리스도의 존재는 "나를 위해"pro me 결정된 존재이다. 여기서 나란 이기적인 구원을 추구하는 고립된 자아를 말하는 것이 아니다. 오히려 나는 "모든 믿는 자들과 함께"[43] 존재한다. 그러므로 나는 "우리를 위한"pro nobis 존재이다. 이것은 "너희를 위해"pro vobis 아버지 하나님이 - 아들을 통해 성령 안에서 - 약속하고 부여하고 전해준 선물이다.

인간은 죄인으로서 자신이 추구했던 정체성을 경험하는 것이 아니라 오히려 고통스러운 차이를 경험한다. 따라서 죄의 용서는 자기 자신과 동

---

42 참고. 7장 3 1 a.
43 BSLK 512,11f(『소교리문답서』의 세 번째 신앙조항 설명; 참고. 11장).

일한 상태로 높여지는 것이 아니라, 내게 항상 낯선 타자 속으로, 예수 그리스도의 낯설고 선사된 의iustitia aliena 속으로 옮겨지는 것이다. 더욱이 의롭게 된 죄인은 새로운 인간으로서 옛 사람과 관계를 맺어야 한다. 그는 여전히 - 괴롭게도 - 신앙과 현실의 차이 속에서 살아간다.

하나님 앞에서 의롭게 되는 과정에서 도덕적이고 형이상학적으로 만족하려는 인간의 정체성 요구는 거부된다. 온전해지려는 그의 노력은 무너진다. 그는 단절을 뛰어 넘어 그 어떤 연속성도 창조할 수 없다. 지금까지의 세계 경험과 자기 경험의 힘으로는 연속성을 전혀 인식할 수 없다. 오히려 그는 새롭게 창조되며, 항상 자기 밖에서, 타자 속에서, 낯선 자 속에서, 인간의 죄와 하나님의 의의 놀라운 교환을 통해 죄인의 자리에 선 자 속에서 그의 정체성을 발견한다. 예수 그리스도의 대리적인 속죄 죽음의 사건과 함께 진리의 척도는 주어졌다. 바로 이 척도로부터 신학은 근대 이전의 실체형이상학Substanzmetaphysik과 근대의 주체형이상학Subjektmetaphysik에 대해 오직 비판적인 관계를 맺을 수 있다. 왜냐하면 형이상학은 탈중심적 존재와 영속적인 낯설음을 생각하는 것을 허용하지 않기 때문이다.[44]

이로써 종교개혁자들의 신학이 근대의 사유와 겪고 있는 갈등에서 중요한 논점이 드러났다. 신학은 나에게 부여되고 내 자신의 것으로 주어진 그리스도의 의가 외적인 의iustitia aliena라는 것이 무엇을 말하는지 물어야 한다. - 그것은 타자의 선물이며, 그의 생명 덕분에 나는 산다갈 2:19 이하. 신학은 모든 정체성 표상과 대립하는 이런 역설을 어떻게 다루어야 하는가?

루터의 그리스도론과 구원론의 맥락 안에서 어렵지만 결정적인 이 질

---

44 참고, 이에 대한 상세한 논의: Bayer, Das Wort ward Fleisch(각주 17), 특히 5장 a와 b, 6장 c.

문은 이미 설명한 "즐거운 교환"에서 답변을 발견한다. 인간이 죄에서 벗어나 하나님의 의로 옮겨짐으로써 의로운 하나님과 화해된다는 사실은 하나님과 인간이 하나의 인격 안에서 결합되었다 사실을 전제하고, 이를 지속적으로 의미한다. 이것은 그들이 하나의 소통 사건 속에 나란히 존재한다는 것을 의미한다. 이 소통은 죄인에게 인간적으로 다가오지만, 죄인은 자신의 모습 그대로, 자신과 동일한 모습으로 존재할 수 없다. 하나님은 그에게 자신의 의를 전달한다. 속성의 교류에 대한 이론은 바로 이 그리스도론적이고 구원론적인 요점을 생각한 것이다. 이미 앞에서도 인용한 『그리스도인의 자유』 12번째 단락에서 그것은 확인될 수 있다: "그리스도는 하나의 동일한 인격 안에서 하나님과 인간이다… 그렇기 때문에 모든 것 [죄, 죽음 그리고 지옥]은 그 안에서 삼켜졌고,"[45] 흡수되었다.

속성의 교류가 지닌 그리스도론적 특징은 고대 교회 이래 잘 알려진 신학적 전통이었으나, 큰 의미를 주지는 못했다.[46] 그것은 마르틴 루터를 통해 비로소 그리스도론의 중심, 곧 신학 전체의 중심으로 부상했다. 루터에게 속성의 교류는 예수 그리스도의 인성과 그가 완성한 사역 – 이 둘은 결코 서로 분리해서는 안 된다. - 을 말하고 생각하기 위한 중심적 특징이 된다. 이 개념은 예수 그리스도 안에서 인간의 본성의 일반적인 성향이 신적인 본성의 일반적인 성향에 참여하고 거꾸로도 그렇다는 것을 뜻한다. 인간 그리스도 안에서 하나님이 고통을 당하고, 죽고, 죽음을 정복했다. 하나님인 그리스도 안에서 인간적인 본성은 편재하고, 전지하며, 전능하다.[47]

---

45 WA 7,55,8-16("Cum enim Christus sit deus et homo eaque persona [...]") 참고. 『그리스도인의 자유』 (1520). 각주 23.
46 참고. Bayer, "Das Wort ward Fleisch"(각주 17), III.
47 이 문제로 인하여 츠빙글리와 루터 사이에 논쟁이 벌어졌다. 루터는 1527년("이것은 나의 몸이다"

속성의 교류에 대한 루터의 이해와 함께 인간과 하나님도 그리스도론적으로 새롭게 정의되었다는 사실이 무엇을 의미하며, 루터가 바로 이 점에서 근대의 정체성 사고와 어느 정도 지속적인 갈등을 빚고 있는지를 외르크 바우르Jörg Baur는 매우 정확하게 밝혀주었다: "그리스도 안에서 하나님과 인간은 더는 닫혀 있는 실체로서 대립하지 않고, 막힘이 없이 서로 소통한다. [...] 선포, 치유와 기적에서, 고난, 십자가, 부활, 승천과 재림에 대한 기대 속에서 일어나는 그리스도의 사역은 고립된 초超-주체Super-Subjekt의 업적이 아니라, 죄와 율법과 죽음 속에서 저항하는 옛 세계를 제거하는 소통적인 존재를 구체적으로 설명해 준다. [...] 인간의 존재 근거를 그리스도와 삼위일체 안으로 옮기는 것은 '오직 말씀으로'solo verbo, 구체적으로 말하고 약속하는 하나님을 통해 가능하다. 하나님은 사람이 이제까지 자기 자신만을 의지하던 자들의 신뢰를 자신으로 향하게 하며, 이로써 완전한 탈중심성의 완성인 믿음을 불러일으킨다."[48]

이러한 탈중심성과 개방성은 근대의 개인주의와 자아 중심, 자기도취에게 충격을 준다.[49] 개방적인 신앙 진리는 자아 중심과 자아 폐쇄를 배격

는 그리스도의 말씀은 분명히 열광주의자를 반대한다; WA 23,64-283과 1528년(그리스도의 성만찬에 관하여, 고백; WA 26,261-509)에 쓴 성만찬에 대한 두 개의 논문에서 그의 입장을 표명했다. 참고. 더 상세한 내용: Jörg Baur, "Ubiquität", TRE 34, 2002, 224-241.

48 Jörg Baur, Das reformatorische Christentum in der Krise, Tübingen 1997, 17f.

49 오늘날 가현설(하나님이 인간처럼 보였을 뿐이다)이라는 이단을 경계한다. 그리스도 역시 인류의 대표로 이해해서는 안된다. "예수 그리스도는 이상적인 인간도 아니고, 신-인간의 모습을 가진 인류를 대표하는 신화의 암호도 아니다. 그는 모든 피조물과 함께 하는 창조자의 공동존재를 개개 사람들의 삶에 일치되도록 바꾸고, 율법의 모순을 복음의 긍정으로 바꾸는 사건이다."(Jörg Baur, "Der reformatorisch-lutherische Rechtfertigungsglaube angesichts der Herausforderung durch das neuzeitliche Selbstbewusstsein," in Aufbruch und Orientierung, hg. v. Joachim Heubach, Veröffentlichungen der Luther-Akademie Ratzeburg [Erlangen: Martin Luther-Verlag, 2000], 99-110, 109f.). 결국 양자론(하나님이 한 인간을 특별히 선택했다)은 가현설과 예수 그리스도를 인류의 대표로 보는 오해를 피하고자 노력한다. 그러나 이것도 정확히 오류이다. 성육신에서 "이전에 존재하지 않던 창조자가 특별한 방법으로 한 사람의 특정한 개인, 즉 나사렛 예수라는 사람으로 오는 것이 아니다. 오히려 하나님

한다. 신앙 진리에 따르면 그리스도인의 존재는 그리스도론적으로 속성의 교류에 근거한 이중적 탈중심성을 통해 결정된다. 『그리스도인의 자유』 1520 결론부에서 루터는 이 탈중심성을 감동적으로 설명했다:

"그러므로 우리의 결론은 이것이다. 그리스도인은 자기 자신 안에서 사는 것이 아니라, 그리스도 안에서 그리고 이웃 안에서 산다. 만약 그렇지 않다면, 그는 그리스도인이 아니다. 믿음을 통해 [그는] 그리스도 안에서 [살며], 사랑을 통해 이웃 안에서 산다. 믿음을 통해 그리스도인은 자신을 뛰어넘어 하나님 안으로 들어간다. 거꾸로 그는 사랑으로부터 이웃에게로 내려간다. 그렇지만 그는 항상 하나님과 그의 사랑 안에 머문다."[50]

은 직접 보내는 자와 보냄 받은 자, 즉 아버지와 아들의 다름을 공개한다. 그리고 보냄을 받은 자 안에서 단 한 가지 삶으로 일치되도록 인류를 받아들인다. 게다가 인류는 아들의 신성의 삶에 수용되어 신성에 참여하며 동시에 인간의 모든 현실을 알게 된다. 인간 예수 그리스도는 그러므로 신성을 내어주고 인성을 수용한 소통의 사건이며, 죄를 범한 다른 사람들을 그쪽으로 끌어들이는 무한한 개방이 그 안에 있다. [...] 신앙 속에서 자신을 밀리하는 죄인은 신이며 인간인 예수 그리스도와 그 안에서 외향적인 새로운 자신의 자리를 제공받는다. 그러므로 구원은 이전의 습관적인 악에서 떠나 습관적인 선을 행하는 내용의 변화가 아니라, 세례, 말씀 그리고 믿음을 통해 그리스도 안에 새로운 자리를 얻은 주체의 자기 포기이다. 초기 루터는 이것을 '인간은 오히려 사라지고, 죄가 남는다'(WA 56,334,15)고 말했다."

50　WA 7,69,12-16(『그리스도인의 자유』 1520). 참고 『교회설교』(1522) (딛 3:4-7 설교): "그리스도교의 모든 가르침, 일, 그리고 삶은 두 개의 단어 믿음과 사랑 안에 요약되어 간략하고 분명하고 충분하게 드러나 있다. 신앙인은 하나님과 이웃사이에 위치하여 위로부터 오는 것을 받아 아래로 그것을 나누는 통이나 파이프 같은 도구이다. 이것을 통해서 하나님의 은혜는 아무런 막힘없이 이웃에게 흘러 들어간다[...]. 왜냐하면 신의 본성은 순수한 호의 외에 다른 것이 아니며, 바울이 말한 것처럼, 모든 피조물들에게 선한 것들을 넘치도록 매일 부어 주는 친절과 베풀어 줌이기 때문이다"(WA 10 I ,1,100,8-101,2).

11장
하나님의 현재: 성령

성령은 회의론자가 아니다.

Spiritus sanctus non est Scepticus

1. "나는 믿는다": "성령이 복음을 통해 나를 불렀음을"

만약 우리가 이제 회심, 더 구체적으로 예수 그리스도의 – 즉 '인간'으로서 - 구원사역의 수용에 대해 묻는다면, 먼저 이렇게 답할 수 있다: 회심은 "개인이 가진 이성이나 능력"의 성과가 아니라, 하나님이 홀로 우리 안에서 행하는 일이다. 그것은 성령 하나님의 사역이다. "성령을 통하지 않고는 누구도 예수를 주라 할 수 없다"고전 12:3. 루터는 바울의 이 말을 인용하여 『소교리문답서』에서 신앙고백 세 번째 항목을 아래와 같이 설명한다.

"나는 믿는다,
1.   내 이성과 힘으로는
    예수 그리스도를 나의 주님으로 믿을 수 없고
    또한 그에게 다가설 수도 없음을;
2.1. 그러나 성령은

복음으로 나를 부르고

그의 은총으로 깨닫게 하였으며

올바른 믿음 가운데 거하도록 나를 거룩하게 하고 지켜주었음을,

2.2. 마찬가지로 하나님은 땅 위의 모든 교회를 부르고

모아 깨닫게 하고 거룩하게 하고

예수 그리스도와 더불어 바른 믿음, 하나 된 믿음 안에 거하도록 지켜

주심을;

2.3. 성령은 교회 공동체 안에서 나와 모든 신자가

매일 범하는 죄를 완전히 용서하고

종말에 나와 모든 죽은 자들을 다시 살리며

모든 신자와 함께 나에게 그리스도 안에서 영원한 생명을 줄 것을

이것은 확실한 진리이다.[1]

긴 부문장 속에서 주어가 '나'로부터 '성령'으로 바뀌는 종속절을 주목해보면, 문장이 두 개로 나뉘어 구성된 것을 볼 수 있다. 첫 번째 부분1.에서는 믿고 고백하고 것을 "나는" 할 수 없다고 말한다. 두 번째 부분2.에서는 성령이 나에게 주어 알게 된 것이 무엇인지를 말한다. 첫 부분에서 부정적인 것이 긍정적인 것으로 바뀌면서 세 가지를 제공한다. 즉 개인에 대해서2.1, 모든 교회에 대해서2.2 그리고 앞의 두 가지를 재차 강조하고 포괄하여 동일한 방식으로("마찬가지로") 감명 깊게 강조하고 있다2.3.

---

1 BSLK 511,46-512,13.

1.1. "나는 내가 … 없다는 것을 믿는다"

첫 부분을 구문론적 틀로 축소해보면, 그것은 하나의 역설이다: "나는 내가 […] 믿을 수 없다는 사실을 믿는다!"참고. 막 9:24. 나는 그것을 할 수 없다. 즉 "나의 이성이나 능력으로 할 수 없다"는 말은 사도신경 첫 번째 항목 해설에 나오는 "나의 아무런 자격과 공로 없이"라는 말과 일치한다. 믿음은 믿는 자 안에서 이루어지는 성령의 일이다. 어떻게 믿음을 갖게 되었는지 혹은 믿음 안에 있음을 주관적으로, 생물학적으로, 심리학적으로 체험했는지에 상관없이 믿음은 하나님의 일이지 인간의 일이 아니다. 구원에 관해서는 우리의 의지는 상관없다 – 우리에게는 다행스러운 일이다![2]

내가 "나의 이성이나 능력으로" 믿을 수 없음을 고백할 때, 믿음을 인간의 소질로 보려는 모든 이해는 배제된다. 자신에게 근거를 둔 그런 점에서 "절대적인"[3] 믿음은 없으며, 그 자신 밖에서부터 만들어지고, 그 자신 밖에 근거를 두며, 외향적이고 이런 의미에서 내용적으로 특정한 신앙이 있을 뿐이다. 믿음은 "예수 그리스도는 나의 주님"이라는 대상에 근거를 둔다. 하나님은 아들인 예수 그리스도를 통해서 성령 안에서 자신을 아버지로 알고 부르도록 허락한다. 믿음은 철저히 신뢰의 행위이며, 그것은 근거가 있고, 연결된 신뢰이다. 만약 내가 누구를 신뢰해야 하는지, 무엇을 신뢰해야 하는지 모른다면, - 그것이 아무리 올바르고 진지하다고 할지라도

---

2   참고. 『노예의지론』의 결론. 루터는 자유의지를 갖는 것이 가능하다고 할지라도 그것을 갖고 싶지 않다고 고백한다. 구원의 확실성은 인간이 아니라 오직 하나님 안에 근거가 있기 때문이다(참고. 8장 2, 각주 36).

3   참고. 7장 각주 38.

- 믿음의 자세는 공허하고 목적이 없는 것이다.

그러므로 루터의 『대교리문답서』 제1계명 해석을 보면, 먼저 인간의 마음의 자세나, 노력 자체가 아니라, 내가 무엇을 믿을 수 있는지, 누가 나에게 선, 곧 가장 좋은 것을 약속하며, 위급할 때에 나는 누구에게 구원을 요청해야 하는지 주시하는 것이 중요하다. 왜냐하면 구원의 자비와 보호의 축복이 나에게 약속되었기 때문이다: "나는, 나는 널 위하기를 원한다"ICH, ich will Dir. 루터는 하나님의 자기소개출 20:2, 참고. 출 3:14, 곧 그의 이름을 이렇게 해석한다. - "풍족하게 줄 것이며, 모든 궁핍에서 건져 내리라. 다만 너의 마음을 어떤 다른 것에 집착하거나 두지 않도록 하라."[4] 요나서 1장 5절에 관한 루터의 해석이 생각난다: 모든 선원들의 믿음의 기도는, 그들이 비록 신에 대해서 알고는 있으나, 그리스도인들의 믿음보다 진지하지도 바르지도 않다고 추정할 수는 없다. 그렇지만 선원들은 "분명한 하나님"을 알지 못했으며, 그렇기에 확실한 믿음도 없었다.[5]

1. 2. " … 그러나 성령은"

두 번째 부분은 스스로는 "예수 그리스도를 나의 주"로 믿을 수 없는 자신에게서 급히 방향을 바꾸어 나에게 믿음을 가져다주는 성령에 대해 이야기 한다. 믿음에 대한 자신의 무능력 고백은 이제 성령이 그 주체가 될 정도로 급진전하고 있다.

---

4   BSLK 560,40-42(『대교리문답서』).
5   참고. 6장 2.

a) "... 복음으로 나를 부르고"

"성령은 복음으로 나를 불렀다"는 문장 첫 부분은 전체 설명의 핵심 주제를 제공한다. 이러한 부름은 세례와 결속되어 있는 사건이며, 과거의 한 사건이 아닌 한 번으로 영원히 지속되는 사건이다. 그것이 지속적이라는 것은 현재 완료의 형태로 쓰인 "깨닫게 하다", "거룩하게 하다", "지켜주다"라는 동사에서도 마찬가지로 나타나 있다. 믿도록 할 뿐만 아니라, 믿음을 유지하고, 믿음 안에서 살게 하는 것도 성령의 일이다. 성령은 소위 믿게 하는 기폭자로서만 일하는 것이 아니라, 그리스도인의 삶을 매 순간마다 인도하고 지켜준다. 나중에 루터교 정통주의와 경건주의[6]에서 볼 수 있는특히 로마서 8장 29절과 연관해 등장한 구원의 순서ordo salutis에 속한 단계 중 몇 가지가 – 소명, 깨닫게 함, 성화 그리고 믿음에 거함 - 이미 여기 나타나고 있다. 그러나 용어를 볼 때 시간적으로 정해진 순서에 따라 와야 할 원칙적인 단계는 없다. 이 말들은 오히려 의롭게 하는 동일한 성령의 사역의 다양한 측면을 보여주는 것이다.

『소교리문답서』와는 달리 『대교리문답서』는 하나님에게만 표명하는 "거룩하다"는 동사가 지배적이다. 만약 인간이 거룩하다면, 이것은 홀로 거룩한 하나님이 그 자신을 알려 줌으로 인간을 직접 거룩하게 함을 의미한다. 하나님은 거룩함 그 자체이기 때문에 거룩한 자를 부르며, 더불어 살아가는 사람도 마찬가지로 거룩하다.[7] 하나님의 거룩함은 이렇게 전

---

6 참고. Johann Anselm Steiger, Art. "Ordo salutis". TRE 25, 1995, 371-376.
7 신약성서와 종교개혁적인 교리에 의하면, "거룩한 자들"은 믿는 공동체의 모든 구성원들이다. 그들의 거룩함은 약속하신 하나님의 거룩함에 그 본질이 있다: "너희는 거룩하라. 이는 나 여호와 너의 하나님이 거룩함이니라"(레 19:2). 이 "거룩함"의 개념은 모든 그리스도인들에게 적용되며, 보편적이지만, 로마교회의 이해처럼 엘리트적이지는 않다.

해지며, 하나님은 그것을 자신을 위해서 간직하고자 하지 않는다.

그렇다면 이제 성령은 어떻게 우리에게 오는가? 그는 어떻게 자신을 우리에게 주는가? 성령은 사람 안에 내적으로 믿음을 불러일으킨다. 그러나 외적이고 "가시적인 말씀"leibliche Wort이 없이는 결코 믿음을 매개하지 않는다.[8]

만일 루터가 "성령은 복음으로 나를 불렀다"는 것을 성령 이해의 핵심 주제로 삼는다면, 직접적인 성령경험인 특별한 종교적 경험에 대한 사람들의 갈망[9]은 결코 당연한 것이 아니다. 이것은 '성령은 파악 불가능성에도 불구하고 파악이 안 되는 액체는 아니라, 분명하고 귀로 들을 수 있는 말씀에서 온다'는 뜻이다.[10] 복음은 들을 수 있는 말씀의 형태를 가지고 있고, 이 말씀은 성만찬에서 동시에 볼 수 있고 만질 수 있다. 루터의 『고백』1528에 의하면, 설교에서 선포되는 말씀, 세례 그리고 성만찬은 "그것을 통해 성령이 우리에게 오는 세 가지 수단 혹은 방식이다."[11]

성령은 유령이 아니라, 말하는 존재이다.[12] 성령은 부른다. 즉 그는, 로마서 4장 17절에서 말하듯이, 말씀의 힘과 동시에 능력으로 없는 것을 있는 듯 부른다. 성령은 영의 창조자spiritus creator이다 – 그것은 루터가 중세

---

[8] 『아우크스부르크 신앙고백서』 제5조: "우리는 복음의 외적인 말씀이 없어도 자신의 준비, 생각 그리고 행위를 통해서 성령을 얻을 수 있다고 가르치는" 모든 교리를 거부한다(BSLK 58,12-15).

[9] 참고. 4장 6.3. 『슈말칼덴 조항』의 내용 중: "열광주의는 세상의 시작부터 끝까지 아담과 그의 자손에게 붙어 다닌다"(BSLK 455,27f).

[10] 성령과 말씀의 분리 불가분성: "여호와의 말씀으로 하늘이 지음이 되었으며 그 만상을 그의 입 기운으로 이루었도다"(시 33:6), 그리고 "내가 너희에게 이른 말은 영이요 생명이라"(요 6:63).

[11] WA 26,606,10-12. 외적이고 육적인 말씀에 대한 확고한 입장은 루터의 종교개혁을 오늘날 소위 종교개혁의 '좌파', 곧 영성주의자와 재세례파라고 부르는 사람들과 갈등에 빠지게 했다. 이들은 오늘날 많든지 적든지 그 일부가 개신교 자유교회로 남아 있다.

[12] 참고. 막 6:49-50: 예수는 유령(φάντασμα)이 아니다. "그가 그들과 얘기를 나누고, 그들에게 말씀하여 이르되 '안심하라, 내니 두려워 말라.'"

찬송가 "오소서 영의 창조자여"Veni creator spiritus를 "오소서 창조자 하나님이여, 성령이여"로 번안하여 말한 것과 같다.[13] 이러한 하나님의 창조의 능력은 복음의 능력과 동일하다. 복음은 물론 일어난 사건의 보도만은 아니며, 하나님의 구원의 행위인 그 사건의 일부이다. 그것은 두나미스 테우 δύναμις θεου - 곧 구원하는 하나님의 능력이다롬 1:17.

성령의 사역인 "부름" 외에 "깨닫게 하다", "거룩하게 하다" 그리고 "지켜주다"라는 동사들이 등장하고 있다. 나는 올바른 믿음 생활을 하도록 부름 받아, 거룩하게 되고, "올바른 믿음 안에" 거한다. 동사들은 시간상의 한 시점과 지속성을 보이면서 서로 얽혀있다. '깨달음'[14]은 신약성서에서 단 한 번 일어난 부름의 내적인 측면이라고 설명할 수 있다. 히브리서6:4, 10:32에서는 세례의 용어로 쓰였다. 그러나 루터는 여기서 은사 - 성령의 은사[15] - 와 연결하여 개인적 삶의 과정과 공동체의 정황으로 해석한다. 마찬가지로 "성화"를 인간이 하나님의 소유가 되는고전 6:11 일회적인 과정이라고 생각할 수 있다. 그러나 그 후에는 삶 전체에 해당되며, 전체 삶 속에서는 세례가 일으키는 것이다.[16] 『공의회와 교회에 관하여』 1539에서 성령은 "단지 한 번" 부르는 일만 하는 것이 아니라, "매일 죄를 씻어내고, 매일 삶을 갱신하여 우리가 죄 가운데 거하지 아니하고, 새 삶을 살며 온갖 선한 일을 행하고, 악한 일을 하지 않도록 한다."[17]라는 루터의 글도 여기

---

13   Hrabanus Maurus, EG 126,1.
14   참고. 고린도후서 4장 6절 그리고 『노예의지론』(4장 6.1)에서 "내적 밝음"(claritas interna).
15   참고. 성령의 일곱 가지 은사들(사 11:2) 그리고 고린도전서 12장-14장, 로마서 12장, 에베소서 4장 7-11절(특히, 5장 11).
16   "성화"가 여기서는 "참된 믿음 안에서 거룩하게 되고, 머문다"는 문장과 연관되어 있으며, 고린도전서 6장 11절과는 달리 지속적인 의미로 이해하는 것이 좋다.
17   WA 50,625,26-28. 참고. aaO. 624,30-33: 그리스도인은 "매일 거룩하게 하는 성령을 갖고 있다. 그리스도인은 그리스도가 얻게 해 준 단 한번 죄의 용서를 통해서(반율법주의자들이 어리석게 믿는

에 일치하고 있다.

가장 명확한 것은 "보호"지켜줌에서 볼 수 있는 지속적인 측면이다. 이 보호는 허무와 불신앙으로부터 계속 지켜주는 것이다. 하나님과 창조자인 성령은 삶에서 그리고 믿음에서 나를 항상 새롭게 – 게다가 지속적으로 – 지켜준다.

b) "... 마찬가지로 하나님은 땅위의 모든 교회를 불러"

이 현재시제는 지속적인 의미로 이해할 수 있다. 『아우크스부르크 신앙고백서』 제7조항과 비교해보면, 하나님의 부름에 근거해 볼 때 "하나의 거룩한 교회는 언제나 [...] 존재하며 [...] 그리고 계속 될 것이다 [...]."[18]

가장 주목할 만한 것은 루터가 개인과 공동을 동등하게 여긴 사실과 그 방법이다. "마찬가지로"라는 말은 라틴어로 번역하면 "quemadmodum"~처럼 그렇게, ~과 같은 방식으로이다. 이와 같은 동일취급은 개인이 그리스도인이 되는 것, 즉 믿음이 그에게 왔다갈 3:25는 것은 교회 형성, 즉 전체 교회가 세상에 세워짐을 의미한다. 역으로 말하면, 교회의 구성은 개개 그리스도인들의 신앙의 구성을 말하는 것이다. 논리적으로 보면 이 둘은 같은 기원과 같은 기능을 가지고 있다. 이와 같은 기원과 기능의 동일성은 같은 단어들이 교회를 묘사하는데 반복적으로 쓰이면서 강한 인상을 드러내고 있다. 루터는 어떻게 개개 그리스도인들의 신앙이 "복음으로" 교회를 구성하는지를 설명하면서 동일한 동사들을 이미 사용했다: 부르다, 깨닫게

것처럼) 뿐만 아니라, 죄의 척결, 죄의 제거 그리고 죄를 죽임을 통해서도 거룩하게 되는 것이다.

18 "[...] ecclesia perpetuo mansura sit"(BSLK 61,3).

하다, 거룩하게 하다 그리고 지켜주다. 다만 동사 '모으다'는 새로 추가했다. 왜냐하면 그것이 "그리스도교"라는 집합명사의 의미를 더욱 드러내주기 때문이다. "올바른 믿음"에 형용사 "하나뿐인"unica[19]을 첨가한 것은 이에 부응한다. 복음을 통한 부름을 알게 하는 "올바른 믿음"은 단 하나뿐이며, 모든 그리스도인을 연합시키는 유일한 것이다. 개개 그리스도인이 어떻게 교회를 구성하고, 전체 교회가 어떻게 구성되는지를 설명하면서 루터가 동일한 어휘들을 사용했다는 것을 지나치게 과대평가할 수는 없다. 교회, 즉 "세상의 모든 교회" - 다시 말해서 "보편적" 그리고 원래의 형용사적 의미에서 "가톨릭"교회 - 는 본질상 개개 그리스도인들이 복음을 통해서 부름 받기 전이나 후에는 세워지지 않았음을 말한다. 그러므로 루터는 교회를 로마-가톨릭의 의미에서 구원의 시설도 아니며, 오늘날의 협회 같은 의미를 가진 단체로 이해하지 않는다. 교회는 루터에게 복음을 통해서 이루어진 믿음을 전제조건으로 내세우며, 외형적으로 영적인 위엄을 가진 듯 보이는 법률기관이 아니다. 더 나아가 교회는 그에게 먼저 이미 신앙적으로 동일한 생각을 가진 사람들의 모임과 협정을 통해서 부차적으로 설립된 단체도 아니다. 교회는 이와 같은 - 협회적인 - 의미의 단체가 아니다.

"성령이 복음으로 나를 불렀다"는 것은 - 나를 개인적으로 불렀으나, 고립된 존재로서가 아니라, "이 땅에 있는 전체 그리스도교"의 한가운데에서 나를 불렀음을 뜻한다. 이것은 "모든 피조물들과 함께 나를 만들었다"는 첫 번째 조항의 해석과 일치한다. 사람은 살아가는데 있어서 반드시 동료 피조물들 - 그 무엇보다도 부모 - 이 필요하며, 혼자 살 수 없듯이, 혼

19　BSLK 512,7f.

자서 믿을 수 없다. 믿는 이들은 "복음을 통해서" 직접 하나님에게 나아가며 사제 혹은 교직기관 같은 중재기관이 필요하지 않듯이, 믿음은 역사적이고-신체적인 중재없이, 신앙의 어머니들과 아버지들이 없이 이루어지지 않으며, 중보하는 교회 공동체의 기도 없이는 유지할 수 없음도 사실이다. 말씀은 신앙에 앞선다. 이러한 뜻에서 루터는 교회를 "어머니"라고 표현한다.[20]

c) "… 교회 공동체 안에서 나와 모든 신자가 …"

긴 부분장의 마지막 문장은 앞에서 다루었던 두 가지 측면, 개인과 교회 전체를 모두 포함하는 표현을 담고 있다. 즉 이미 언급한 이 둘의 동일취급을 재차 강조하고 있다. 루터가 "교회"라는 말 대신에 사용한 것처럼[21] "그리스도교" 혹은 "그리스도의 백성"과 개개인의 믿음은 둘 모두 – 마찬가지로 동일하게 - 성령의 사역이다.

루터가 죄의 용서, 죽은 자의 부활 그리고 영생과 같이 단순한 순서를 따라 교리와 믿음을 설명하는 사도신경 해설의 결론 부분에서도 주체는 역시 성령이다. 우리가 지금 믿고 살든지 아니면 우리 생명이나 세상이 끝날 때 믿고 희망하든지 이 모든 일은 살리는 성령 하나님의 사역이다. 다음 13장부터 15장에서 다루는 교회[22]와 연관된 주제들 - 세상에서의 그리스도인들의 삶 신앙과 선행, 정부와 교회의 구분 두 정부 그리고 종말 - 은 이러

---

20 참고. 12장 2. 각주 34 이하.
21 참고. WA 50, 624-626(『공의회와 교회에 관하여』 1539). BSLK 655,44-656,26(『대교리문답서』 신앙고백 세 번째 조항 해설).
22 참고. 12장.

한 관점에서 쓰였다.

2. *살아있는 성령 – 믿을 수 있는 말씀*[23]

2.1. 영성주의자들열광주의자에 대한 반박

"그러므로 이제 하나님은 자신의 거룩한 복음을 알리면서 우리에게 두 가지 방식을 사용했다. 하나는 외적인 것이며, 다른 하나는 내적인 것이다. 외적으로 하나님은 구두로 전하는 복음의 선포와 세례 및 성만찬과 같은 가시적인 표지를 통해 일한다. 내적으로는 성령과 다른 은사들과 더불어 믿음을 통해 일한다. 그러나 이 모든 것은 방식과 순서에 있어서 외적인 것이 먼저 일어나야 하고 반드시 그래야만 하며, 그 결과 내적인 것이 외적인 것을 통해서 오는 것이다. 그러므로 외적인 것을 통하지 않고는 어떤 사람에게도 내적인 것이 주어지지 않도록 한 것은 하나님이 정해 놓은 것이다. 왜냐하면 하나님은 외적인 말씀과 자신이 제정한 표지 없이는 누구에게도 성령과 믿음을 주려고 하지 않기 때문이다."[24]

이 글은 『하늘의 예언자들에 반대하여 [...]』 쓴 것이다. 글의 제목은 어떤 갈등 속에서 이 글이 등장했는지 시사해준다. 루터는 우선 이글로 안

---

23 이어지는 세 가지 유형은 4장 6의 성경의 권위라는 관점에서 설명한 것을 반영하고 보충한 것이다.

24 WA 18,136,9-18(『하늘의 예언자들에 반대하여, 성상과 성만찬에 관하여』 1525); 참고. 『고백』(1528)에서 "외적으로"와 "내적으로"의 관계에 대한 설명(WA 26,506,4-12); 슈말칼덴 조항에서도 이와 유사하다. 아래 2.2 참고.

드레아스 칼슈타트를 반대했다. 그는 비텐베르크 설교자요, 교수요, 루터의 박사학위 지도교수로 한 때는 루터와 연대했으나, 신비적이고 영적인 사상을 수용한 나머지 그리스도는 성만찬에서 육체적으로 현존한다는 사상을 반대했다. 루터는 칼슈타트의 생각이 구원의 확신을 모호하게 만든다고 생각했고, 이 책으로 예리하게 반박했다. 구원으로 인도하는 것은 하늘에 숨겨진 지혜와 사유가 아니라, 분명하고 모두가 들을 수 있으며 볼 수 있는 설교와 성례전에서의 말씀에 대한 확신이다.

"도대체 무엇이 문제인가?" 루터는 칼슈타트에게 쓴다.

"거짓된 영을 가진 자여, 말씀, 말씀, 말씀을 들으라. 말씀이 행하는 것이다! 그리스도가 우리를 위해 천 번이나 자신을 내어주어 십자가에 달려도, 만일 하나님의 말씀이 없고, 나누어주지 않고, 나에게 선물로 주어지지 않고, '이것은 너희를 위한 것이니 받아 먹으라'고 말하지 않았다면, 이 모든 것은 헛될 것이오."[25]

외적인 말씀은 너무나 중요하다. 그것은 중개자로서 그리고 외적이고 교회적인 이유에서 – 무질서와 소위 더 높은 계시에 근거해서 남용되는 직임의 폐해를 막아주기에 – 뿐만 아니라, 또한 그것이 없이는 성령이 무엇이며, 성령은 무슨 일을 하며, 성령의 은사가 무엇인지 내가 알 수 없기 때문이다. 만약 성령이 단지 "복음을 통해서"만 부른다면, 그 복음은 율법

25　WA 18,202,36-203,2(『하늘의 예언자들에 반대하여』 1525). 슐레지엔의 신비주의자인 안겔루스 질레지우스의 유명한 2행시(Cherubinischer Wandersmann I.61)는 유사하면서도 많이 다르다. 그것은 내적인 면을 추구하기 때문이다: "그리스도가 베들레헴에 천 번을 나신들 / 그대 안에 없다면 그대는 잃은 자이다." 참고. "획득하다"와 "나누어주다"에 대한 루터의 구분: 12장 2.3.

과는 구분된 복음이며, 또한 성령에 대해 가르칠 때에 율법과 복음의 구분은 매우 중요하다. 그러므로 성령의 사역은 우선 율법을 강조하고, 죄에 대하여 하나님의 심판을 알리는데 그 본질이 있다. 그 후 비로소 성령은 그 다음이자 궁극적인 하나님의 말씀인 복음을 통해서 죄를 용서하고 믿음을 갖게 한다.

"우선, 모든 행위와 일을 행함에 앞서서 성령이 죄로 인하여 세상을 책망하는 하나님의 말씀을 들으라요 16:8. 죄를 인정한다면, 그리스도의 은혜에 관해서 들으라. 성령은 같은 말씀 안에서 다시 와서 어디에서든지, 누구에게든지 원하는 사람에게 믿음을 줄 것이다.[26] 그렇게 되면 [옛 아담의] 죽음과 십자가와 사랑의 사역이 시작된다."[27]

후자는 『소교리문답서』에서 논의했던 성화와 바른 믿음 안에 거함에 해당한다.

영성주의자들과 성령의 부름을 받았다는 그들의 주장에 반대하여 루터는 성령은 단지 생명과 축복을 가져오는 그리스도를 증거하는 자로 복음의 말씀을 통해서만 온다는 사실을 강조한다.

2. 2. 로마에 반대하여

---

26 참고. 『아우크스부르크 신앙고백서』, 제5조(BSLK 58,6).
27 WA 18,139,20-25(『하늘의 예언자에 반대하여』 1525).

『슈말칼덴조항』에서 루터는 놀랍게도 열광주의자들 뿐 아니라 로마 교황청에도 똑같이 신령주의의 문제가 있음을 지적한다. 그는 이것에 대해 강렬하게 논박한다.

"만일 교황이 '모든 일들은 그가 마음먹기에 달려있다'[28]고 하며, 그가 교회와 더불어 심판하고 명령하는 모든 일은 정당하다고 노래하면서 스스로 성서와 선포하는 말씀 위에 군림하고 위배한다면, 교황청도 역시 그야말로 신령주의이기 때문이다. 이 모든 것은 아담과 하와를 신령주의자들로 만들어, 그들로 하여금 하나님의 외적인 말씀을 떠나 열광주의의 영과 자만에 빠지게 한 옛 마귀요, 옛 뱀이다.[29]

열광주의처럼[30] 교황청도 역시 "외적인 말씀"에 의지하나 – 단지 자신의 말에만 의지하는 것이다.

2. 3. 에라스무스에 반대하여

---

28 Corpus Iuris Canonici, Liber Sextus Ⅰ, 2 c.1. 참고. WA 6,459,1-13(『독일 그리스도인 귀족들에게 보내는 글. 기독교개선에 관하여』 1520).

29 BSLK 454.7-15. 이것은 창세기 3장 1절 "하나님이 말씀하셨느냐 […]?"는 구절을 암시한다. 루터는 행위에 대한 맹신이 교황청에 있음을 보고(WA 7, 175,8-12; 4장 각주 63) "교황은 자기의 뜻대로 성서를 해석하고 설명할 수 있는 권한을 가지고 있으며, 어느 누구도 교황이 원하는 것과 다르게 해석 수 없다. 이렇게 그는 자신을 하나님의 말씀보다 더 높이 두고(참고. 살후 2:4), 성서를 훼손하고 파괴하고 있다"며 성서로 반박한다(『왜 교황과 그의 제자들의 책들이 마르틴 루터에 의해 불태워졌는가?』 1520). 루터의 진단이 오늘날 어느 정도로 타당한지의 문제에 대해서는 4장 6.2. "성도의 교제"(Sanctorum Communio)를 보라.

30 BSLK 454,15-455,5. 루터는 세계적이며 인간의 원초적 현상인 '열광주의'에 대해 날카로운 요약을 제공하고 있다(BSLK 455,27-456,9).

칼슈타트의 열광주의에 반대하여 믿음을 가져오는 외적인 말씀의 중요성을 제안한 루터는 에라스무스의 회의주의에 반대하여 '확고한 주장'assertio을 개진했다: "확고한 주장들을 폐지해보라. 당신은 그리스도교를 폐지한 것이다."[31] 에라스무스는 주장들 - 특히 딱딱하고 확실한 진술들과 확언들을 - 좋아하지 않는다고 직접 말한 적이 있다. 그는 오히려 가설의 영역에서 모순되는 논제들을 신중하고 조심스럽게 비교하기를 더 선호한다는 것이다.[32] 루터는 "성령은 회의주의자가 아니며, 우리 마음에는 의심스럽거나 모호한 것은 아무것도 없고, 이 주장들은 삶 자체와 모든 경험들보다 확실하고 믿을 수 있는 것들이다"[33]며 반박했다.

3. 외적인 말씀과 현대의 신령주의

믿음은 들음롬 10:17 - 약속한 말씀의 들음에서 온다. 믿음은 약속에서 오며, 나는 이 약속에서 예수 그리스도 그리고 그와 더불어 하나님의 칭의를 알고, 이 약속이 나를 본향인 천국으로 안내하며, 나를 새로운 사람이 되게 한다. 『아우크스부르크 신앙고백서』는 제5조에서 교직 - 기관 - 즉 말씀의 직임을 설명하고 있으며, 이것을 통해서 우리가 의롭게 하는 믿음을 받는다고 할 때, 그것은 루터의 신학을 대변하는 것이다.

---

31 "Tolle assertiones, et tulisti Christianismum"(WA 18,603,28f).
32 참고. Thomas Reinhuber, Kämpfender Glaube. Studien zu Luthers Bekenntnis am Ende von De servo arbitrio, TBT 104 Berlin / New York 2000, 6-8.
33 WA 18,605,32-34(『노예의지론』 1525): "Spiritus sanctus non est Scepticus nec dubia aut opiniones in cordibus nostris scripsit, sed assertiones ipsa vita et omni experientia certiores et firmiores."

"우리가 이 믿음을 얻도록 하고자 복음을 전하고 성례전을 집행하는 말씀의 직임이 제정되었다. 이 방법을 통하여 하나님은 성령을 주며, 성령은 복음을 듣는 사람들 안에 그가 원하는 장소와 원하는 시간에 믿음을 만든다. 복음은 우리가 이것을 믿을 때 우리의 공로가 아닌 그리스도의 공로를 통해서 은총을 주는 하나님을 얻게 되었다고 가르쳐준다."[34]

이 조항은 즉각적이고 직접적인 - "열광주의적" - 성령이해를 거부하면서 하나님은 "외적인 말씀" verbum externum 속에 임함을 주장한다.[35]

제5조는 『아우크스부르크 신앙고백서』에서 가장 중요하다. 그것은 칭의 이해 제4조의 결정타이며, 새로운 순종과 선행 제6조을 이해하는 데에도 중요하다. 그것은 천칭의 작은 추와 같이 결정적 역할을 한다. 말씀의 "제정"은 사실 가장 중요한 기관을 세운 것이다.[36] 교회나 교파뿐만 아니라, 세계가 여기에 달려있다. 그것은 거기서 믿음이 나와 우리로 하여금 심판에 이르기까지 세상을 하나님의 창조물로 인식하게 해주는 기관이요, 사건이다. 이 기관과 사건을 통해 "죽은 자를 살리며 없는 것을 있는 것 같이 부르는 이를" 롬 4:17 믿는 믿음을 얻는다.

이 말씀을 정말로 그렇게 높이 평가할 수 있는가? 말씀의 권위와 그 확증에 대해서는 묻지 말아야만 하는가? 그 배후에 있는 역사는 파악 가능하고 구체적이면 안 되는가? 말씀과 구분해야만 하는 어떤 사건이나 어떤 행

---

34 BSLK 58,2-10.
35 BSLK 58,12 이하. 참고. 각주 8.
36 기관에 대한 개념이 등장하는 대표적인 신약성서적인 뿌리는 특히 고린도후서 5장 18-19절(18절: "주었다" 19절: "세워졌다"; 라틴어로는 "dare"와 "ponere"이다. 참고. 엡 4:7-14["dare"]).

위의 연관성은 존재해서는 안 되는가?[37] 요한복음의 시작은 '파우스트적으로' 즉 "태초에 행위가 있었다"[38]고 수정할 수는 없는가?

 루터신학처럼, 말씀을 지나치게 높게 평가하는 것은 루터의 동시대인 중 많은 이들 – 신령주의자들, 로마교황청 그리고 에라스무스 – 에게는 현대인에게처럼 불쾌한 것이었다. 성령에 대한 루터의 이해가 지닌 면모들을 좀 더 분명하게 드러내기 위해서 나는 아래에서 전혀 식별하지 못하는 현대의 신령주의와의 논쟁으로 루터를 이끌 것이다.

 외적인 말씀은 "말씀과 성만찬"을 의미한다. 더 정확히 말하면, 성례전으로서 설교된 말씀과 말씀으로서의 성례전이다. 예수 그리스도는 듣고 알 수 있도록 그 자신을 구체적인 모습으로 "외적으로" 알려준다. 그리스도의 사건으로 인하여 연합과 소통이 중요한 의미를 얻었다: 하나님의 선하심을 "맛보아" 알지어다시 34:8.

 믿는 자 뿐만 아니라 믿지 않는 자들도 하나님의 선함과 자비를 외적으로 경험할 수 있다는 것과 개방, 소통, 제공, 전달 그리고 은사인 이 같은 경험은 이것을 사용하는 사람의 성향과는 상관없으며, 받아들이는 사람의 취향과도 상관없이 일어난다는 점에서[39] – "외적인 말씀"의 제도적 성격을 과소평가해서는 안된다. 그것은 오히려 의롭게 하는 믿음의 기초이며, 그 과정에서 방해되는 일이 개입되지 않도록 해준다. 이에 비해서 현대의 주관주의는 스스로 취하고자 노력하는 태도에서 혹은 적어도 이미 항상 –

---

37 물론 "획득하는 것"과 "나누어 주시는 것"과의 차이를 명심해야 한다. 참고. 12장 2.3.
38 Johann Wolfgang Goethe, Faust, line 1237.
39 "[…] nec pendere ex dignitate ministri aut sumentis"(BSLK 63,37f.: Wittenberger Konkordie; 1536): "그것의 능력은 성례를 베푸는 사제의 자격이나 무자격에 의존하지 않으며, 성례를 받는 사람의 자격이나 무자격에도 관계가 없다."

그것이 비록 절대의존의 감정일지라도 - 자신 안에 주어진 것에서 지침을 찾는다. 이러한 현대 그리고 신개신교적 주관주의에서 외적이고 가시적인 말씀에 반대하여 "내적인" 말씀을 주장하는 『아우크스부르크 신앙고백서』가 거부한 전형적인 신령주의자들, 열광주의자들 그리고 광신자들이 나온다.

"내적인 말씀"은 새로운 자의식을 실현시키고 "외적인 말씀"은 그것을 가능하게 해준다고 제시함으로서 내적이고 외적인 말씀의 상호관계를 "가능성"과 "실현"이라는 방식의 도움을 받아 결정하는 것은 객관적으로 옳지 않다.[40] 하나님은 외적인 방식으로 성령 안에서 우리에게 오고, 성령 안에서 그 자신을 전달한다. 이것은 먼저 재가를 얻어 실현해야 하는 하나의 가능성과는 근본적으로 다른 것이다. 즉 그것은 전권의 위임이다. 복음은 하나님의 능력롬 1:16이며, 외적인 말씀으로서 실현을 추구하는 가능성이 아니라, 실현시키는 능력이다.

물론 현대의 이성과 주관주의는 어떤 면에서는 "구원의 매체"media salutis의 필요성을 인식하고 동의할 수도 있다. 그들은 외적 수단인 구원의 매체를 필수적인 기초로서가 아니라 유용하고 기능적으로 의미를 가진 권유라는 차원에서 긍정한다. 설교, 세례 그리고 성만찬은 이러한 관점에서 볼 때 무언가를 얻고자 시작하는 일에 있어서 그리고 그 과정을 순조롭게 진행 내지 유지하는데 반드시 필요한 제도적 요소이다. 『아우크스부르크 신앙고백서』 제5조에서 "의롭게 하는 믿음을 얻도록 하나님은 말씀의 직임을 제정했고institutum est, 복음과 성례전을 주었다"[41]고 했다면, 그러

40　Wilfried Härle / Eilert Herms, Rechtfertigung. Das Wirklichkeitsverständnis des christlichen Glaubens(UTB 1016), Göttingen 1980), 119-121.

41　참고. 각주 34.

한 "기관"은 곧 주관주의를 개량하는 숫돌이라고 이해할 수 있다. 이런 뜻에서 제도적인 것, 도입된 것, 세워진 것, 주어진 것들은 신개신교적 관점에서도 역시 없어서는 안 되는 것이다. 현대의 신개신교적 주관주의는 꼭 필요한 근거를 갖고, 직접 관여하여 일하고, 자신의 것으로 삼아 소모시킬 무엇인가를 얻고자 외적이고 형식적인 제도를 필요로 한다.

그러나 이러한 주관주의는 소비자 위주의 욕심으로 인하여 루터가 주장하는 "외적인 말씀"의 적이 되었다. 오늘날 성령을 외적인 말씀에 묶는 루터의 이해에 동의하는 사람은 현대 주관주의에 대해 근본적으로 비판해야 할 어려운 임무를 감당해야만 한다.

종교개혁 신앙과 그의 자유를 현대의 자유로운 주관주의와 동일시하는 곳에서 – 헤겔에게서처럼 – 전개되는 논쟁은 특별히 치열하고도 분명하다. 헤겔은 개신교 안에서 보편성을 가진 기독교를 발견해야 한다고 주장했고, 그 때문에 제도와 의미에서 보려는 외적인 말씀을 거부할 수 있었다.

헤겔이 성만찬을 논하는 여러 곳에서 그리고 동시에 모든 외적인 것을 즐거움과 소비의 영역에 내어주듯 하나님이 믿는 자들에게 그 자신을 내어주는 점유에서 이에 대한 인상적인 증거들을 볼 수 있다. "나와 관련이 있는 모든 외적인 것은 제거되었다. 주인의 외적인 것도 마찬가지이며, 즐거움과 믿음 안에서만 나는 하나님과 관계한다."[42] 헤겔에 따르면, 정신의 생명성은 "타자로서 나타나는 것 안에, 자기 자신에게로 돌아가는 것에 그 본질이 있다. 타자로서 정신 안에 머문다는 것은 동화되지 않았거나 혹은

---

42 Georg Wilhelm Friedrich Hegel, Vorlesungen über die Geschichte der Philosophie, Suhrkamp-Werkausgabe Bd. 20, Frankfurt a. M. 1971, 51.

죽었다는 것이며, 정신이 그것을 타자로서 자신 안에 허용한다는 점에서 정신은 부자유하다."[43] "모든 외적인 것이 하나님을 향한 절대적 관계의 점에서 사라지고 이러한 외적인 것, 자아의 이질성과 더불어 모든 예속됨이 사라졌다는 것"이 종교개혁과 루터교 신앙고백의 "대 원칙"이다.[44] "루터의 단순한 가르침"은 그리스도는 "결코 외적인 방식으로 임하거나 실재하지 않으며, 정신적인 것으로서 하나님과 화해 속에서, 즉 믿음과 즐거움 속에서만 얻게 된다는 것이다. 이 두 개의 단어가 모든 것을 말하고 있다."[45]

내적인 것과 기억한 것을 강조하는 "열광주의"에 반대하여 『아우크스부르크 신앙고백서』와 『슈말칼덴조항』[46]은 의롭게 하는 믿음은 복음의 언약과 그에게 이런 방식으로 선물한 낯선 그리스도의 칭의를 계속 의지하는 것임을 강조한다. 외적인 의는 개인의 소유물이 아니다. 옳다고 여겨 자신의 것으로 삼도록 전가된 것을 자신이 가진 내적 능력을 회상시키고, 기억하게 하고 진리로 만드는데 사용할 수 없다. 그러한 자기관계성은 복음이 이루어 낸 공동체에 모순된다. 복음은 가시적이고 외적인 말씀이며, 음성, 호소, 울부짖음, 탄식 그리고 찬양이다. 간단히 표현하면 복음은 구두로 전하는 것이고, 대중에게 보이는 가시적인 것이며, 아무런 마찰이나 잡음이 없이 수용할 수도 거부할 수도 없다. 복음은 오히려 그것을 방해한다. 그리스도인은 신앙이 주는 자유를 내면적인 자기관계 속에서 확

---

43 AaO. 57.
44 AaO. 52.
45 Georg Wilhelm Friedrich Hegel, Vorlesungen über die Geschichte der Philosophie, aaO. (각주 42) Bd.12,(492-497) 494.
46 참고. 11장 2.2.

신하지 않으며, 외적이고 가시적이며 그리고 공개적인 갈등 속에서 명확하게 된 말씀에 기초하여 자유를 이해한다.

이러한 외적인 성격이 가진 몇 가지 특징들을 성만찬에서 읽을 수 있다. 성만찬에는 네 가지 요소가 상호 작용하고 있다. 먼저 공동으로 먹고 마심에서 나타나는 (a) 사회적인 동시에 자연스러운 문화적인 요소가 중요하다. 둘째는 바로 지금 사실적이고 가시적으로 경험할 수 있고 관찰할 수 있는 과정과 결부되어 인용해서 낭독하는 예수 그리스도의 제정의 말씀 안에서만 들을 수 있는 (b) 새로운 계약, 회복된 창조, 하나님과 인간의 명확한 공동체 관계이다. 이러한 종말론적인 공동체는 - 빵과 포도주를 통해 - (c) 수행되는 말씀을 통해 공동체의 일부가 되거나 그리고 된 사람들의 가시적 연합이 없이는 이루어지지 않으며, 십자가에 달린 예수의 부활에서 (d) 능력을 얻는다.

믿음의 대중성이, 언급했듯이 "외적인 말씀"에 달려 있다면, 믿음은 외적인 것에 근거하고 있고, - 경험한 것을 그가 직접 성취할 가능성으로 받아들이면서도 - 그 자체가 그 자신에 대한 동기는 아니며, 그렇다면 신앙을 구성하는 대중성은 종교가 개인적인 것이 된 시대에는 의미가 없다.[47]

한편으로 고통스럽고 비통한 경험에서 발생하는 보편적인 사회의 공공성과 개인의 의견, 양심 그리고 신앙과 연관된 개인적 자유의 구분은 결코

---

47 이에 대해 유익한 정보는 크리스티안 토마지우스(Christian Thomasius)와 발렌틴 에른스트 뢰셔(Valentin Ernst Löscher) 사이에 벌어진 믿음의 개인화에 대한 논쟁이다. 토마지우스는 종교를 개인의 사적인 것으로 본다(Hans Hattenhauer, Christian Thomaisus [in: Die Aufklärung. Gestalten der Kirchengeschichte, hg. v. Martin Greschat, Bd. 8, Stuttgart 1983, 171-186], 182). 반면 뢰셔는 "세속적인 것으로부터 영적인 것의 분리", "순수한 내적인 것을 위해 외적인 것의 포기"로 보았다(Martin Greschat, Valentin Ernst Löscher [in: Orthodoxie und Pietismus, Gestalten der Kirchengeschichte, hg. v. Dems., Bd. 7, Stuttgart 1982, 287-300], 297). 참고. Gottfried Hornig, Die Freiheit der christlichen Privatreligion. Semlers Begründung des religiösen Individualismus in der protestantischen Aufklärungstheologie(NZSTh 21 / 1979, 198-211).

제거되어서는 안 된다. 왜냐하면 공적인 것과 사적인 것은 모든 갈등에도 불구하고 상관이 있으며, 상호지지하고 의존하기 때문이다. 다른 한편 그러나 그리스도교 신앙은 『아우크스부르크 신앙고백서』의 의미에서 볼 때 "외적인 말씀"을 통해 일어나고 거기에 항구적인 근거가 있다고 이해한다면, 종교가 사적인 것이라는 형식을 따를 수 없다. 외적인 성격, 구두로 전해짐 그리고 대중성은 신앙을 만들어주는 말씀이며, 그 속에서 성령의 역사를 가능케 한다. 그러나 그 형태에 있어서는 – 물론 "인간의 힘으로가 아니라, 말씀으로 이지만"[48] – 논란이 되고 있음을 배제할 수 없다.

4. 삼위일체 하나님은 성령으로 그 자신을 완전히 준다.

1528년에 쓰인 루터의 『고백』은 『아우크스부르크 신앙고백서』의 핵심이 담긴 글이자, 루터의 신학적 선언이다. 사도신경의 세 번째 조항을 삼위일체적으로 이해하듯이, 이 글 역시 삼위일체에 대한 명료한 설명을 제공하고 있으며, 또한 계시된 하나님의 비밀은 오직 성령을 통해서만 알 수 있음을 동시에 보여주고 있다.

"자신의 모든 것을 우리에게 완전히 준 자는 세 격을 가진 한 분 하나님이다. 하늘과 땅과 모든 피조물들이 우리를 섬기고 또 우리에게 도움이 되도록 아버지는

---

[48] 『아우크스부르크 신앙고백서』, 제28조(BSLK 124,21): "sine vi humana, sed verbo." 요한 게르하르트(Johann Gerhard)의 입장 참조: "그는 종교의 사유화(개인화)도 원치 않으며 ... 양심과 믿음에 대해 강압적인 지배도 원하지 않는다"(Jörg Baur, Johann Gerhard [in: Orthodoxie und Pietismus, Gestalten der Kirchengeschichte, hg. v. Martin Greschat, Bd.7, Stuttgart 1982, 99-119], 116).

우리에게 그것을 주었다. 그러나 이 선물은 아담의 타락을 통하여 어둡게 되고 쓸모없게 되었다. 그러므로 아들은 그 후에 우리가 다시 생명과 의를 얻고, 그의 선물과 더불어 아버지를 알고 가질 수 있도록 그 자신과 그의 모든 일들, 고난, 지혜, 의를 주었고 또한 우리를 아버지와 화해시켰다. 그러나 만약 이 은혜가 숨겨져서 우리들에게 전달되지 못한다면 아무에게도 유익을 줄 수 없기 때문에, 성령이 와서 그 자신을 역시 온전히 그리고 완전하게 우리에게 준다. 그는 우리에게 나타난 그리스도의 놀라운 일을 우리가 알도록 우리를 가르친다. 그리고 우리로 하여금 이것을 받아 보존하고 우리의 유익을 위해 이것을 이용하고 또 다른 사람들에게 이것을 전달하고, 증가시키고 확장할 수 있도록 도와준다. 그는 이 일을 내적으로도 하고 외적으로도 한다. 즉 내적으로는 믿음과 다른 영적 은사들을 통하여 하고, 외적으로는 복음과 세례 그리고 성찬, 곧 성례전의 수단을 통하여 한다. 그는 세 가지 수단 또는 방법을 통해서 우리와 우리의 구원의 유익을 위해 그리스도의 고난을 가르친다."[49]

핵심 단어는 "주다"이다. 많지 않은 몇 구절 속에 동사 "주다" 내지 명사 "선물"이 일곱 번 나타난다. 게다가 "선물하다" 그리고 "나누어주다"와 관련된 동사인 "갖다", "받다", "보존하다" 등이 함께 나타난다. 성령의 신학은 모든 삼위일체 신학처럼, 하나의 단정적인 은사의 신학이다. 하나님은 단정적으로 주는 자이다: 아버지는 어떤 특별한 것을 주는 것이 아니라 – 생명과 세상을 준다; 그는 이 피조세계에서 그 자신을 우리에게 준다. 같은 방법으로 아들은 우리에게 자신을 준다. 그리고 동시에 죄로 인해 볼

---

[49] WA 26,505,38-506,12(『그리스도의 성만찬에 관하여. 고백』 1528). 참고. 위의 90이하. 『대교리문답서』에서 상응하는 부분도 거의 동일하다: BSLK 654,22-42. 삼위일체에 대해서는 15장 2 이하.

수 없도록 가려진 얼굴, 성부를 다시 한 번 새로운 방법으로 보게 한다. 성령은 결국 그리스도의 자기 주심 – 그리고 더불어 아버지 - 의 통보요 공개와 같다. 우리는 성령 안에서(으로) 예수 그리스도를 통하여 하나님 아버지를 알고 사랑한다.

12장
교회

> 말씀이 있는 곳에 교회가 있다.
>
> Ubi est verbum, ibi est Ecclesia

앞에서 강조했듯이, 『아우크스부르크 신앙고백서』의 중심은 제5조에 있다. 이것이 중심인 이유는 칭의에 대해 논하는 제4조를 가리키고 있고, 성령은 어떻게 임하며, 구원은 어떻게 받는지 즉 외적이고, 감각적으로 경험할 수 있는 말씀을 통해서 가능하다고 말하고 있기 때문이다. 또한 제5조는 이제 설명하려는 모든 것의 출발점을 제공하기 때문에 중심이다. 우선 제7조와 제8조의 주제를 설명하는데 있어서 율법과 복음의 구분이라는 종교개혁적 발견에서 교회론적인 결론을 끌어내어 종교개혁적으로 볼 때 교회를 무엇이라고 말할 수 있는지 설명할 수 있기 때문이다.

종교개혁적인 의미의 교회는, 이미 강조했듯이, 법률적인 방식으로 운영하는 구원 기관도 아니며, 의사결정에서 합의를 중요하게 여기는 협회도 아니다. 교회는 한편으로는 어떤 특정한 거룩한 장소, 거룩한 시간, 거룩한 사람이나 거룩한 의식에 달린 것도 아니며, 다른 한편으로, 중세 가톨릭이 개혁자들을 비난했듯이, 플라톤처럼 단지 관념으로만 존재하는 시민계급도 역시 아니다.[1] 교회는 베네치아 공화국[2]처럼 그렇게 눈으로 볼 수 있는 것도 아니며, 신개신교주의의 오해처럼 개개인에게 숨어있는 "내면적인 것"도 아니다.[3]

종교개혁적인 교회 이해는 무엇인가? 에른스트 트뢸치가 그의 책 『기독교 사회윤리』[4]에서 전개한 잘 알려진 세 가지 유형 - 제도화된 구원의 기관"교회", 대립공동체"종파" 그리고 생각이 동일한 개인들의 자유연합체"신비주의" - 은 루터의 교회 이해가 가지고 있는 특성을 알게 해주는 도구가 아니다. 이 주제에서 중요한 것은 루터 신학에서 종교개혁적 전환에 대한 설명이며, 곧 말씀을 은총의 수단으로써 발견했다는 점이다.[5]

---

1 WA 7,683,9-11(『무르너와 그의 동료들까지 염두에 둔 비그리스도교적, 초영적, 초교육적인 라이프치히의 보크 엠저(Bock Emser)의 책에 대한 답변』 1521): "내가 그리스도교회를 영적인 모임이라고 언급했다고 하여, 마치 플라톤이 어디에도 없는 하나의 도시를 세우듯이, 내가 교회를 세우려 한다고 너희는 나를 조롱하고 있다." 『아우크스부르크 신앙고백 변증서』(BSLK 238,21f)에서 멜란히톤은 개혁자들이 "플라톤의 도시"(Platonicam civitatem)를 꿈꾼다는 비방에 대하여 강력하게 항의했다. 루터교의 교의학에서 플라톤의 도시(Platonica civitas)의 문제는 하나의 확고한 주제였다. 참고. 예를들어 Leonhard Hutter, Compendium locorum theologicorum, Wittenberg 1610, locus XVII.1.

2 Roberto Bellarmini, Disputationes de controversiis christianae fidei adversus huius temporis haereticos, 1593, III.2.

3 누가복음 17장 21절에 대한 루터의 (정확하지 않은) 번역("하나님의 나라는 너희 안에 내재해 있다")은 에른스트 트뢸치(Die Soziallehren der christlichen Kirchen und Gruppen, Tübingen [1]1912, Ndr. Aalen 1961, 868.969.986 ["처음 두 군데에서는 "신비주의"의 설명으로서, 마지막 언급에서는 글 전체의 결론을 내리면서 자신의 입장을 나타내고자"]) 뿐만 아니라, 자유주의적인 현대 개신교 대표자들도 사용했다. 1984년 개정된 루터 성경은 "너희의 중심에"라고 정확하게 번역했다.

4 트뢸치의 "결론" 참조. Die Soziallehren der christlichen Kirchen und Gruppen, 965-986.

5 트뢸치는 여기에서 "개신교의 사회적 문제(aaO., 427-512)와 특히 루터교의 사회적 문제를 보고 있다: 말씀 자체는 교회를 포괄하는 합의를 이끌어내기에는 약하고 분명치 않다는 것이다. 루터의 천재적, 종교적-내적 사상이 비성례전적 의미를 직접 전하는 은총의 개념을 제공했지만(aaO. 432-439), 그는 여전히 "교회유형"에 사로잡혀 있어서 이제 "계층구조적인 성례전의 교회"가 아닌 성서교회와 설교교회가 되었고, 그 구성원 역시 초자연적으로 하나님이 세우고 이끌어가는 기관이라고 보았다(aaO. 449). 그러나 그 교회가 지닌 사회적-조직적 연약성으로 인해 루터의 교회는 주정부를 의존해야만 했다(aaO. 450f. 466-472). 루터는 "기관이라는 객관성과 개개 그리스도인의 주체성을 교회를 구성하는 기본적 능력인 말씀과 믿음의 개념 안에 통합시키기를 원했다. 상호 대립된 이것들을 일치시키는데 어려움이 뒤따르자 교회개념은 원래 가졌던 생각을 뛰어 넘어 한편으로는 [기구적인] 또 다른 한편으로는 [신비적이고 개인적인] 측면으로 전개된 것도 놀라운 일이 아니다"(aaO. 467). "강력의 사용 없이 지속적으로 존재 할 수 있는 사회 조직은 없다. […] 여기서 루

1. 말씀의 직임

언급한 발견에 상응하는 가장 짧은 루터의 교회 정의는 "말씀이 있는 곳에 교회가 있다"Ubi est verbum, ibi est Ecclesia는 것이다.[6]

"말씀"안에 교회를 교회답게 하는 모든 것이 포함되어 있다. 복음은 선포되는 것이다. 성례전은 가시적이고 체험하게 하는 형태를 가지고 있다. 이 복음과 더불어 거룩하게 하는 일이 직임의 본질인 성령이 일한다. 말씀을 통해 일하는 성령은 사람을 그리스도인이 되게 하고, 그 모임을 교회가 되게 한다.[7] 그 때문에 하나님의 말씀이 있는 그곳에 교회가 있다. 루터가 교회에 대해서 더 말하고 있는 것과 이 장에서 설명하고 있는 것은 이와 같은 기본원리의 설명 외에 다른 것이 아니다.

교회의 기초가 되는 말씀의 직임은 - 완전히 루터신학적인 의미에서 - 이미 여러 번 언급한 『아우크스부르크 신앙고백서』 제5조에 간결하게

터는 초기에 가졌던 이상주의를 철저히 수정했다." 이에 대해 트뢸치는 특별히 재세례파와의 논쟁을 언급한다(aaO. 471). 비록 그가 여기서 정확히 보았다고 할지라도 내적인 말씀과 외적인 기관이라는 이해에 대한 논란은 일어날 듯하다(참고. 각주 3).

[6] WA 39 II,176,8f(Promotionsdisputation von Johannes Macchabäus Scotus; 1542). 참고. WA 7,721,9-14(Ad librum eximii Magistri Nostri Magistri Ambrosii Catharini [...]; 1521): "복음은 가장 확실하고 가장 중요한 단 하나밖에 없는 교회의 상징으로서 빵과 세례보다 중요하다. 오직 복음을 통하여 교회는 잉태되고, 세워지고, 길러지고, 나타나며, 교육되고, 방목되고, 옷을 입고, 장식되고, 강화되고, 무장하고, 유지된다. 간단히 말해서, 교회의 본질과 생명은 하나님의 말씀에 그 본질이 있다. 그리스도가 말하듯이[마 4:4]: 사람은 하나님의 입으로부터 나오는 모든 말씀으로 살 것이라." [...] cum per solum Euangelium concipiatur, formetur, alatur, generetur, educetur, pascatur, vestiatur, ornetur, roburetur, armetur, servetur, breviter, tota vita et substantia Ecclesiae est in verbo dei [...].

[7] 루터는 1518년 아우크스부르크에서 카예탄에 맞서서 명확하고 분명한 믿음, 특별한 믿음(fides specialis)을 역설했다. 이것은 분명하고 확신을 가져오는 선포된 말씀에 근거하고 있으나, 카예탄은 이에 반박했다: "이것은 하나의 새로운 교회를 세우는 것을 의미한다."("Hoc enim est novam Ecclesiam construere." [Thomas de Vio, Utrum ad fructuosam absolutionem [...], in: Opuscula, Lyon 1575, 111a, 7f]). 참고. Oswald Bayer, Promissio. Geschichte der reformatorischen Wende in Luthers Theologie, (1971) Darmstadt 1989, 194-197.

담겨 있다: "그러한 [의롭게 하는] 믿음을 얻도록 하나님은 말씀의 직임을 세우고, 복음과 성례전을 주었다[...]."[8] 보기와는 달리 - "설교직"이라는 단어의 사용은 이것을 암시하는 듯 보인다 - 여기서는 안수와 연결된 직무, 곧 사제직만을 말하는 것은 아니다. "누구나 교회에서 정식으로 부름을 받은 사람이 아니면, 아무도 공식적으로 가르치거나 성례전을 베풀 수 없다"[9]고 정한 제14조의 언급과는 상당히 차이가 있다. 제5조는 특히 사제직에 대해서가 아니라, 복음 [...] 사역에 대해서, 즉 세례 받은 모든 그리스도인에게 해당하는 말씀의 직무에 관해 기본적으로 말하는 것이다. 그것은 베드로전서 2장 9절에 따른 것으로, 모든 세례 받은 자는 예수 그리스도 안에서 보여준 하나님의 해방의 사건을 알릴 권한과 의무가 있다. 말씀이 직임에 달린 것이 아니라, 직임이 소명의 말씀에 달린 것이다. 교회의 모든 직임이 소명의 말씀에 달린 것과 같다. 말씀은 이미 창조의 근거이다. 그것은 또한 거룩한 공동체라는 새로운 창조의 근거이기도 하다. 말씀은 교회의 소유물이 아니며, 교회보다 앞서거나 뒤지는 것도 아니다. 말씀은 오히려 교회의 토대이다.[10]

루터신학에 따르면 사실 말씀은 아무리 높게 평가해도 지나치지 않는다. 이와 연관하여 루터신학에서 뿐만 아니라 『아우크스부르크 신앙고백서』[11]에서 특별한 역할을 하는 본문은 이사야 55장 10-11절이다: "이는 비

---

8 BSLK 58,2-4. 참고. 아래 2.4("안수와 연관된 직임").
9 BSLK 69,2-5.
10 이와는 다르게 로마 가톨릭은 그리스도를 원성례전 그리고 교회를 기본성례전으로 보며(참고. Gunther Wenz, Art. "Sakramente I. Kirchengeschichtlich" TRE 29, 1998, [663-684] 681; Eberhard Jüngel, Wertlose Wahrheit, Tübingen 1990, 311-334), 말씀을 기본 범주로 여겨 거의 모두를 생략한다.
11 BSLK 293, Abs. 11. 참고. Leonhard Hutter, Compendium locorum theologicorum, (각주 1), locus XVII.2.

와 눈이 하늘로부터 내려서 그리로 되돌아가지 아니하고 땅을 적셔서 소출이 나게 하며 싹이 나게 하여 […], 이와 같이 내 입에서 나가는 말도 이와 같이 헛되이 내게로 되돌아오지 아니하고 나의 기뻐하는 뜻을 이루며 내가 보낸 일에 형통함이니라." 이것이 말한 것을 행하는 약속promissio이다.

루터는 이와 같은 말씀 이해를 진지하게 여겨 세례fides infantium[12]에서 현대적 사고로는 수용하기 어려워 보이는 유아들의 믿음을 주장했다. 어떻게 갓 태어난 아이가 믿을 수 있는가? 루터는 이것을 완전히 말씀을 근거로 이해하며 – 확실히 말씀이 없다면 그것은 하나의 마술이나 자동적으로 일어난 일로 여겨야 한다.[13] 하나님의 말씀은 확실히 이루어내는 말씀 verbum efficax이다. 그것은 무엇을 말하든지 헛되이 돌아오지 않고, 말한 것을 행한다.[14] 믿음은 루터의 말씀이해에 의하면, 젖먹이에게도, 비록 그가 의식하고 자각한 것을 심리적으로 서술할 수 있는 형태를 나중에 보여줄지라도, 함께 있다. 말씀은 바로 그러한 믿음을 목적으로 삼는다. 그것을 올바로 이해하고 파악할 수 있는 것은 믿음에서만 가능하다.[15]

『아우크스부르크 신앙고백서』 제5조에서 언급하고 있는 말씀의 직임이 가진 보편적인 중요성은 교회[16]란 부패한 창조질서의 회복임을 우리

---

12 참고. 아래 2.1.c.) 참고. 특히 "Von der Wiedertaufe an zwei Pfarrherrn"(1528): WA 26,144-174 그리고 마 19:13-15 주해: WA 47,326,29-337,31(1537). 아래 2.1.c.

13 참고. 아래 2.1.b.)

14 언약과 기독론과 같은 특수한 형태의 말씀에 대해서는 3장과 10장을 보라.

15 이것은 루터의 박사과정 학생인 요한네스 마카베우스 스코투스(Johannes Macchabäus Scotus, 각주 6)에 의해 명시되었다.: "말씀이 있는 곳이란, 즉 올바르게 이해되고 믿음 안에서 파악된 말씀이 있는 곳이란 의미이다[…]"("Ubi est verbum, id est, recte intellectum et fide apprehensum"; WA 39II,159,18f).

16 참고. 6장 2.

가 깨달을 때 분명해진다. 교회는 특별한 그 무엇이 아니라, "새로운 피조물"고후 5:17이다. 에덴동산에서 인간에게 말한 것 - 각종 나무의 열매는 네가 임의로 먹되창 2:16 - 과 그것이 선물임에도 깨닫지 못하여 잃어버린 것은 새로운 언약으로 약속되고 주어졌다고전 11:24. 즉 "받아 먹으라 - 이것은 너희를 위하는 나의 몸이다."[17]

2. 교회의 표지 notae ecclesiae

루터의 포괄적인 말씀이해가 교회 설립, 교회인식 그리고 교회의 경계를 위해 뜻하는 것이 무엇인지에 대해 - 오늘날 국가교회와 교회일치적 숙고에 이르기까지 - 멜란히톤이 루터적인 의미로 『아우크스부르크 신앙고백서』 제7조에서 설명하고 있다.

"[종교개혁적인 교회]는 언제나 하나의 거룩한 그리스도의 교회이며, 거룩한 그리스도의 교회로 계속 머물 것이고, 복음을 순수하게 전하고 거룩한 성례전을 복음에 근거해 베푸는 모든 성도의 회중이라고 가르칠 것이다. 교회의 참된 통일을 위해서는 복음의 순수한 이해를 선포하고, 성례전을 하나님의 말씀에 맞도록 집행하는 것으로 족하다 satis est. 그리스도 교회의 참된 일치를 위해서 사람들이 만든 의식들을 어디서나 똑같이 거행할 필요는 없다. '몸이 하나요, 성령도 한분이니 이와 같이 너희가 부르심의 한 소망 안에서 부르심을 받았느니라, 주도 하나요 믿음도 하나요 세례도 하나다'라고 바울이 에베소서 4장 4-5절에서

---

17 Oswald Bayer, Theologie, HST Bd. 1. Gütersloh 1994, 400-403.

말한 것과 같다."[18]

여기에 – 제5조에서 명확히 천명한 – 말씀을 근거로 해서 교회의 토대는 무엇이며, 무엇을 보고 교회를 알 수 있고, 무엇이 교회의 일치를 가져오는지 설명되어 있다. 교회는 순수한 복음의 선포와 두 가지 성례전, 곧 세례와 성만찬의 올바른 – 이것은 '성서에 적합하게'를 뜻한다 - 집행에서 알 수 있다. 이 세 가지 – 복음 선포, 세례, 성만찬 – 는 교회의 표지 notae ecclesiae들이다. 세례와 성만찬은 특별히 복음 선포의 명확한 형태이기 때문에 이 세 가지는 함께 속한 것이며, 유일하고 근본적이며 반드시 필요한 교회의 표지, 곧 인식을 위한 특징인 동시에 본질적 특징이다.

이러한 뚜렷한 특징이 없다면 교회가 아니다. 그러나 교회 이해에 있어서 방금 언급한 이 세 가지 특징들을 – 마치 그 외의 것은 전혀 말할 수도, 말해서도 안되는 듯이 – 배타적으로 이해할 수 없음을 루터의 교회론의 대표작인 『공의회와 교회에 관하여』 1539[19]와 『한스 보르스트 반박』 1541[20]에서 볼 수 있다. 이 글에서 루터는 교회의 표지를 몇 가지 더 추가해서 일곱 가지를 말하는가 하면, 또 다른 곳에서는 열 가지를 말한다. 물론 부분적으로는 매우 상이한 구성과 순서를 보여준다. 다른 표지들은 세 가지 핵심 표지인 설교, 세례 그리고 성만찬에 이어서 등장하기도 하고, 그 속에 포함되어 쓰이기도 했다. 『공의회와 교회에 관하여』 라는 글에서는

---

18 BSLK 61,2-17.

19 WA 50,(509-653) 624-653(3부). 『공의회와 교회에 관하여』 라는 제목에서 교회(Kirchen)라는 말은 복수가 아니다 - 그것은 루터에게는 생각할 수도 없는 일이다! - 즉, 끝에 붙은 철자(n)는 중세에 사용하던 단수의 어미이다.

20 WA 51,469-572.

고해와 용서가 네 번째로 등장하며, 다섯 번째로 봉사라고 이해한 직임그 가운데 가장 중요한 직임은 -목사직이다[21]이 이어지고, 여섯 번째로는 신앙고백을 포함한 기도와 찬양루터는 여기에 "공적인 교리문답 교육"을 포함 시킨다[22], 그리고 마지막 일곱 번째로는 복음 때문에 겪는 십자가와 고난이 등장한다.

비록 뒤의 네 가지가 앞에서 언급한 세 가지보다 덜 중요할 지라도, 그들은 분명 핵심 표지에서부터 나와 성장하고, 교회의 삶을 표현하는 있다. 『아우크스부르크 신앙고백서』 제7조에서 언급한 세 가지 표지는 그 때문에 따로 분리해서 이해해서는 안 된다 – 이것은 오늘날 자유분방한 독립 기독교나 국가교회적 형태의 교회를 정당화하고자 흔히 일어나곤 한다. "족하다"satis est는 의미는 "더 없어도 좋다"는 의미가 아니다. 근거를 설명하는데 도움이 되는 것은 발전에도 유익하며, 아무런 문제가 되지 않는다.[23]

---

21   적절한 종교개혁적인 용어로 쓰자면 "하나님의 말씀 사역"(ministerium verbi divini)이다

22   WA 50,641,24(『공의회와 교회에 관하여』 1539).

23   이와 관련하여(참고. 아래 2.3 그리고 5 라) (특히 Paul Philippi, Diakonie und Sakrament. Erwägungen über das Verhältnis von Praktischer Theologie und Ekklesiologie in einer 'Kirche des Wortes,' in: Ders., Diaconica. Über die soziale Dimension kirchlicher Verantwortung, hg. Jürgen Albert, Neukirchen-Vluyn 1984, [130-148]140f) 교회론에 관한 오늘날의 논쟁이 '그 안에'(in qua)라는 말에만 집중한 나머지 좀 더 구체적으로 밝혀야 할 중요한 것 – 즉 회중의 모임(congregatio) - 이 어떤 것인지는 소홀히 했다고 지적할 수 있다. 이와는 달리 트르츠 렌트로프(Trutz Rendtorff)는 『아우크스부르크 신앙고백서』 제7조에 대해 흔치 않는 이해를 했다: "중요한 것은 그리스도께서 우리를 해방한 그 자유는 교회의 가시성 차원에서 이루어진 것으로 칭의의 신앙을 얻는 것이 가능하도록 해주는 그러한 제도적인 중재기관이 존재한다는 것 외에 또 다른 일반적인 특징은 필요하지 않다는 것일 뿐이다."(Theologische Probleme der Volkskirche, in: Wenzel Lohff / Lutz Mohaupt [Hgg.], Volkskirche-Kirche der Zukunft? Leitlinien der Augsburgischen Konfession für das Kirchenverständnis heute. Eine Studie des Theologischen Ausschusses der VELKD, Hamburg 1977, [104-131] 122). "자유를 부여하는 자유의 기관으로서 교회는 이제 어떻게 사는가?"(AaO.130). 이와 더불어 회중의 모임이 구조적인 형태내에서 어떻게 이루어지는지 여기서 다루지 않았다. - 다른 한편, 회중의 모임은 결코 말씀의 전제로서 여길 수는 없다. - 그럴 경우, 그것은 로마 가톨릭의 해법이다. 오히려 회중의 모임은 말씀이 존재한다는 증거자체이다. 그도 그럴것이 말씀은 지금 들려주는 말씀이며, 회중은 함께 모인 살아있는 존재라는 의미가 내포되어 있기 때문이다. "하나님의 말씀은 그 백성이 없이 존재할 수 없다. 역으로 하나님의 백성은 하나님의 말씀이 없이는 존재할 수 없다. 하나님의 백성이

이 설명은 『한스 보르스트 반박』이라는 글에서는 시민의 삶과 연관해 등장한다. 올바른 혼인 이해를 교회의 표지에 포함시킨 것이 그 예이다. 반면 『공의회와 교회에 관하여』라는 글은 공적인 삶을 세 가지 신분으로 설명하는 부록에서 다루고 있다.[24]

여러 가지 표지의 나열로 볼 때 중심 개념을 외적으로 명확히 제한하지는 않았음이 분명하다. 경험으로 보아 언급된 표지의 순서가 뒤로 갈수록 교회론적으로 차지하는 가치는 점점 작아진다. 가령 고난을 경험하고 행복한 결혼을 한 것이 사실일지라도 여기에 예수 그리스도의 교회가 있는지는 말씀과 성례전처럼 분명히 알 수 없다. 이교도 역시 행복한 결혼을 할 수 있다. 그러나 그리스도인의 결혼이 하나의 행복한 결혼이고, 어느 정도로 행복한지는 핵심적이고 근본적인 교회의 표지, 즉 하나님의 말씀[25]과 연관 지을 때 일어난다.

교회의 세 가지 표지의 확대는 말씀이 자체적으로 혼자 존재하지 않고, 개별 그리스도인, 교회 그리고 세계를 유지시킬 목적으로 그들의 삶을 관통하고 있음을 환기시키는 것이다. 현대의 상투적인 언어로 바꾸어 말하면, 바른 행동Orthopraxie[26]을 목적으로 한 것이다. 루터는 그 점에 중점을 두었다: 『공의회와 교회에 관하여』에서 말하듯이, 그들 역시 "외적 표지"일 수 있다. "왜냐하면, 거기서 성령 역시 모세의 다른[즉, 두 번째] 판

거기에 없는데, 누가 설교하기를 원하며, 누가 설교를 듣고자 하겠는가? 또한 하나님의 말씀이 없는 곳에서 하나님의 백성은 무엇을 믿을 수 있으며, 믿고자 하겠는가?"(WA 50,629,34-630,2 [『공의회와 교회에 관하여』 1539]. 이 두 문장은 구성상 대칭이나, 그 내용은 비대칭으로 이해할 수 있다.

24 WA 50,651,15-653,15. 신자 개개인의 삶과 연관해서 루터는 이미 aaO. 626,1-33에서 믿음의 열매로서 행위의 중요성을 강조했었다.

25 참고. 6장 3.1.

26 참고. 13장("신앙과 선행들").

으로 우리를 거룩하게 하시기 때문이며, 그 일에서 사람들은 거룩한 그리스도 교회를 알게 된다."[27] 하나의 특정한 윤리 역시 그러므로 교회의 특징일 수 있다.

물론 오늘날 바른 행동을 전통적인 교회 표지의 대체물로서 이해하도록 흔히 요구받고 있다. 교회의 행함은 매우 중요하며 커다란 사회적 기대 속에 있다고 계속 언급하고 있고 가르치고 있다.[28] 그러나 바른 행동 자체는 루터에 의하면, 명백한 교회의 표지일 수 없다. 왜냐하면 "도덕적인 이교도 역시 바른 행동을 하고, 정말[즉, 확실히] 때때로 그리스도인보다 더 거룩해 보이기 때문이다."[29] 두 번째 판의 표지들은 그 때문에 앞에서 언급한 "최고의 거룩함인 중요한 일곱 가지"[30]처럼 "확실하다고 볼 수는 없다."[31] 칭의 받은 자의 행위를 포함하여 어떤 인간의 행위도 원칙적으로 모호함을 피할 수 없다.[32] 그러므로 명백한 표지인 말씀과 성례전과의 역결

---

27 WA 50,643,6-8(『공의회와 교회에 관하여』 1539). 이것은 사회적 공동생활을 다루고 있으며, 루터교 전통에서는 모든 사람이 - 비신자를 포함하여 - 성실히 지켜야 하는 자연법과 동일시되는 십계명 4-10까지를 뜻한 것이다. (참고. 13장 4.3.).

28 참고. 예를 들어 Peter Steinacker, Die Kennzeichen der Kirche. Eine Studie zu ihrer Einigkeit, Heiligkeit, Katholizität und Apostolizität, Berlin 1981, 19: "전통적인 이해와는 다른 [그의 연구 관점의] 변화는 그 연구가 예배에 참석한 교회공동체를 교회 이해의 출발점으로 더 이상 삼지 않았다는데서 알 수 있다. 이러한 시도가 중요할지라도, 그것은 복음적인 그리스도인의 현재의 삶의 모습과는 일치하지 않는다[...]. 우리가 그것을 교회의 표지라고 묘사하고 싶듯이, 예수의 이름으로 사람들이 살고 생각하는 어디에나 교회가 있지 않는가? 『아우크스부르크 신앙고백서』에 나오는 표지를 기준으로 기껏해야 예배를 알 수 있지만, 그러나 교회는 아니다. 스타인악커에 따르면, 말씀이 없이도 교회는 분명 존재할 수 있다. - 새로운 교회의 표지일 수 있다는 요구와 더불어 "평화, 정의 그리고 창조세계의 보존을 위한 공의회와 같은 과정" 역시 논의되고 있다.

29 WA 50,643,28f(『공의회와 교회에 관하여』 1539). 물론 이교도들이 행한 것은 "하나님을 위한 순수한 마음으로부터 나온 것이 아니다. 그들은 하나님에 대한 참된 지식과 참된 믿음이 없기 때문에 다른 것을 추구한다"(29-31줄). 참고. "거룩하게"(heilig)와 "구원받은"(selig)의 차이에 대해서는 7장 2를 보라. 행위의 동기는 외부로부터는 확실히 알 수 없다. 그러므로 교회의 표지로 삼을 수 없다.

30 WA 50,642,32f.

31 WA 50,643.27.

32 이것은 "정당한 전쟁"의 문제를 다루는 토론에서 다시 설명할 것이다. 참고. Oswald Bayer, Freiheit als Antwort. Zur theologischen Ethik, Tübingen 1995, 301f.

합이 항상 필요하다. 왜냐하면 말씀과 성례전은 교회가 가지고 있는 여러 가지 특징들 중 외적인 표지들만은 아니기 때문이다. 그것은 동시에 본질적인 특징이고 구조적인 특징이다. 즉 그들은 교회를 만들고, 교회를 구성한다. 이미 세워진 교회는 말씀과 성례전에서 인식되는 것만이 아니라, 그 인식과 함께 교회 설립이 일어난다.

성령은 이러한 교회의 표지에 추가하는 부가적인 것이 아니다. 성령은 교회의 표지들 안에서 일한다. 거룩하게 하는 하나님의 영은 교회의 말씀 안에서 일한다. 여기서 시선은 먼저 교회를 구성하고 있는 개개의 신자가 아니라, 거룩하게 하는 자와 그의 말씀을 향해야 한다. "왜냐하면 하나님의 말씀은 거룩하며, 접촉하는 모든 것을 거룩하게 하기 때문이다."[33]

그러므로 루터의 이해에 따르면, 성령과 교회는 밀접한 관계를 가지고 있다. 『대교리문답서』는 이 관계를 이렇게 말한다:

"그러므로 이 조항을 분명히 알고 배워야합니다. 만약 누가 '나는 성령을 믿습니다'는 말의 뜻이 무엇인지를 묻는다면, 이렇게 답변할 수 있습니다. '내가 성령을 믿는다'는 것은 그 이름처럼, 성령이 나를 거룩하게 함을 신뢰한다는 말입니다.' 성령은 어떤 방법으로 이 일을 할 수 있을까요? 그 방법과 수단은 무엇일까요? 하고 묻는다면, '그리스도의 교회를 통하여, 죄의 용서를 통하여, 육체의 부활과 영원한 생명을 통하여'한다고 답변하십시요. 그도 그럴것이 우선 성령은 이 세계에 하나의 특별한 공동체를 가지고 있습니다. 이 공동체는 하나님의 말씀을 통해 개개 그리스도인을 낳아 품고 있는 어머니입니다. 성령은 그 말씀을 계시하고, 역사하며, 마음을 비추고, 불을 밝혀서 사람들로 하여금 그 말씀을 이해하

---

33   WA 50,629,3f(『공의회와 교회에 관하여』 1539). 참고. 11장 각주 7.

고 받아 그 말씀에 기대어 그 말씀으로 살게 합니다."[34]

우리는 루터가 계속해서 교회를 "어머니"로 말하고 있음을 본다. 이것은 거기서 하나님의 말씀이 나에게 전달되고 그로 인하여 믿음이 일어나는 장소라는 뜻이다.[35]

교회를 세우는 말씀의 전개인 교회의 표지들notae ecclesiae은 성령이 사용하는 도구들이다. 루터는 그것을 성물이라고 칭한다. 그는 전통적인 개념을 수용했으나, 용도는 완전히 달랐다. 성물은 그 시대에는 "성인유물"에 쓰던 전문용어였다. 많은 교회 - 가령 비텐베르크 성교회와 만성절성당 - 에 수천 종류의 성인유물이 있었다. 루터는 이미 95개 논제에서 기존 유물의 축소와 유일한 유물[36]에 대한 집중을 요구했다. 교회의 보물은 "가장 거룩한 복음"[37]이며, 이것을 통해서 구원 받는다. 그 뒤에 이미 언급한 것처럼 논리적으로 배열된(비록 동시에 존재할지라도) 일곱 개 혹은 더 많은 성물이 나온다.

이제 이 성물 혹은 교회의 표지 중 가장 중요한 것들을 좀 더 상세히 살펴보자.

2. 1. 세례

---

34 BSLK 654,46-655,8.

35 『대교리문답서』에서 볼 수 있는 유사 구절은 다음과 같다. 성령이 "먼저 우리를 그의 거룩한 공동체로 인도하여, 교회의 품에 안겨 줍니다. 성령은 교회를 통해 우리에게 설교하고 우리를 그리스도께로 인도합니다."(BSLK 654,14-17).

36 "치료하다"(sanare), "거룩하게 하다"(sanctificare)와 "구원을 가져오다, 구원하다"(salvare)는 객관직이고 어원적으로 구분할 수 있다. 루터는 『공의회와 교회에 관하여』라는 글에서 두 번째와 세 번째 의미들이 매우 밀접하게 연관되어 있다고 보고 있다(WA 50,629,3-8).

37 제62조(WA 1,236,22; 1517)

세례와 성만찬 이해에서 루터가 처음부터 말씀을 중심으로 삼은 것은 아니었다. 우리가 오늘날 루터 신학의 핵심 중 하나로 거의 당연하게 여기는 이러한 통찰을 얻기까지 오랜 신학적 노력이 필요했다.

1519년 세례설교에서 루터는 여전히 아우구스티누스의 전통을 따랐고, 표지, 사물 그리고 믿음signum, res, fides이라는 세 가지 틀로 이 주제를 다루고자 했다. 그러나 특수한 사항들을 조금 더 구체적으로 다루면서 특별한 언약 개념[38]의 발견이라고 할 수 있는 종교개혁적 전환이 강력한 영향력을 드러내기 시작했다.[39]

a) 교리문답서에서도 명백히 표현된 중요한 통찰은 제정의 말씀으로 시작한다는 점에 그 본질이 있다. "세례는 무엇인가? 대답: 세례는 단순한 물이 아니라, 하나님의 계명 안에서 이해되고 하나님의 말씀과 결합된 물이다."[40] 표지는 표지일 뿐이다. 물만을 가지고서는 - 위험성, 정화의 능력 그리고 생명의 능력 등과 같은 - 무엇이 세례의 본질인지 알 수 없다.[41] 오히려 그 요소는 성경의 말씀에 의해서 흠뻑 젖어있고 사로 잡혀 있다. 즉 마태복음 28장의 세례 명령과 마찬가지로 마가복음 16장 16절의 세례 언약"믿고 세례를 받은 사람은 구원을 받으리라. 그러나 믿지 않으면 정죄를 받으리라"이다.

b) 믿음은 성례전에서 주어지는 죄의 용서를 기뻐하는데 그 본질이 있다. "세례는 무슨 유익을 가져오는가? 대답: 세례는 죄의 용서를 불러일으키고, 사망과 마귀로부터 벗어나, 하나님의 말씀과 약속을 믿는 모두에게

---

38 참고. 3장.
39 WA 2,733,27-734,13(세례의 성례전 설교, §§15; 1519); 참고. Bayer, Promissio(각주 7), 257.
40 BSLK 515,24-27(『소교리문답서』).
41 이것은 상징의 의미로 이해할 수 있다는 가능성의 한계를 표현한 것이다.

영원한 행복을 주신다막 16:16."⁴² 믿음이 성례전을 만드는 것이 아니라,⁴³ 성령이 성례전에서 믿음을 만든다. 따라서 죄의 용서를 원하는 사람은 누구나 성례전에 참여할 수 있다 - 어느 정도의 신앙을 먼저 성취한 사람들만이 참여하는 것은 아니다. "믿고 세례를 받는 사람은" - 거룩한 선언문 - "그 사실에 의해서"eo ipso "구원을 받을 것이다"selig. 이것은 언젠가는 한 번 일어난다는 것이 아니라, 성례전을 베푸는 그 순간에 일어난다. 그도 그럴것이 성례전에서 일하는 것은 한 인간에 불과한 집례자만이 아니기 때문이다. 만일 그렇다면 나는 결코 구원을 확신할 수 없을 것이다. 오히려 성례전에서 하나님의 일과 사람이 하는 신적인 말씀의 봉사는 루터가 『교회의 바벨론 포로』에서 지적했듯이 "하나이며 같은 것"⁴⁴이다.

하나님과 인간, 하나님의 말씀과 인간의 언어를 엄격히 따로 구분하는 현대의 영성주의적 사고는 이 같은 동일성 주장을 받아들이지 않는다.⁴⁵ 그렇다면 성례전에서 그 둘이 같다는 것은 성례전에 담긴 신비한 생각을 버리자는 것인가? 이러한 반론에 대해서 『아우크스부르크 신앙고백서』 제5조를 다시 한 번 언급한다: 성령 하나님의 역사는 인간의 뜻과는 상관

42　BSLK 515,36-516,2.

43　루터는 '성례전은 그것이 시행되어서가 아니라, 믿어지기에 은총을 일으키는 표지'라는 아우구스티누스의 말씀 이해를 수용했다. 참고. 루터의 수용이 지닌 문제: Bayer, Promissio(각주 7), 178f.202,268.

44　WA 6,530,27-36(1520): "그러므로 세례에서 외적인 부분을 인간의 일로 돌리고 내적인 부분을 하나님의 일로 돌려 구분 짓는 것을 조심하라. 이 둘 모두 하나님께 속한 일이다[...]. [하나님은] 원저자와 [사람은 그의] 봉사자는 서로 구분되지만, 그러나 이 둘의 일은 하나이며 같다.

45　루터의 형이상학적 구분에 의해 일시적으로 진단되었다. "우리는 그들에게 자리를 양보하지 않을 것이며 다음과 같은 원인들에 의해 만들어진 형이상학적, 철학적 구별을 인정하지 않을 것이다: 인간의 설득, 위협, 응징, 위협과, 위로들, 그러나 성령께서 하시는 일들; 다르게 말하면, 종의 세례, 죄사함, 성찬을 베푸시는 일들이고, 하나님께서는 마음을 정화시키고 죄를 용시하신다. 오! 결코 그렇지 않다; 우리는 이렇게 결론을 내린다; 하나님 자신이 설교하시고, 위협하시고, 처벌하시고, 두렵게 하시고, 위로하시고, 세례를 베푸시고, 제단의 성례와 사면(용서)을 베푸신다." (WA TR 3:673.31-36; no. 3868, May 10, 1538).

없이 하나님이 원하는 시간과 장소ubi et quando visum est Deo에 임한다. 그러나 동시에 성령의 확실한 임재도 의심의 여지없이 말씀 안에 드러나 있다. 복음을 복음으로서 들을 때, 성령 역시 거기에 있으며, 죄를 용서한다. 이 경우에 성례전은 믿음을 일으킨다: "믿으면 가질 것이다."[46]

c) 세례에 대한 세 번째 교리문답적 질문은 다음과 같다:

"물이 어떻게 이 같은 큰일을 합니까? 대답: 이렇게 큰일을 하는 것은 물론 물이 아니다. 그것은 물로 그리고 물과 함께 하는 하나님의 말씀이며, 물에 결부된 하나님의 말씀을 믿는 믿음이다. 그도 그럴것이 하나님의 말씀이 없다면, 물은 단순히 물일뿐이며 세례도 아니다. 하나님의 말씀이 함께 함으로 그것은 하나의 세례가 되고, 은혜가 넘치는 생명의 물이 된다."[47]

모든 논의는 마가복음 16장 16절에 근거하고 있으며, 더불어 말씀과 믿음에 바탕을 두고 있다. 세례는 주이신 하나님 안에서 생명을 얻는 것이다. 이 말씀을 믿는 자는 영생을 얻는다. 세례 없이는 믿음도 없고, 믿음 없이는 세례도 없다.[48]

믿음 없이는 세례도 없다. 믿음은 『교리문답서』에 첨부된 세례예전,

---

46 루터는 『세례설교』(WA 2,733,35; 1519) 그리고 『그리스도인의 자유에 관하여』(WA 7,24,13; 1520)에서 마가복음 16장 16절의 거룩법의 문장을 약속(참고. 3장 2.2.)으로 바꾸어 사용했다. 참고. Bayer, Promissio(각주 7), 200f.

47 BSLK 516,11-19.

48 여기서 "한 사람은 믿음으로 나아오고, 다른 사람은 아니다"고 해서 루터가 또 다른 관점을 가지고 있다고 추정할 수는 없다. 만일 또 다른 관점을 지녔다면, 이러한 차이의 원인, 즉 예를 들어서 예정 혹은 자유의지에 대해 묻기 시작할 수도 있었을 것이다. 그는 오히려 자신의 믿음을 위해서 필요한 사람의 관점에서 성례전을 언급한다.

세례소책자[49]에 기술되어있고, 유아세례[50]를 다음과 같이 설명하고 있다: 유아에게 묻는다. "너는 전능하신 아버지 하나님을 믿느냐?" "그의 유일하신 아들 예수 그리스도를 믿느냐?" "성령을 믿느냐?" "너는 세례 받기를 원하느냐?" 유아는 대부모의 입을 통해서 "예"[51]라고 대답한다. 이것은 "낯선 믿음"fides aliena, 곧 대리적인 믿음이다. 유아는 그 속에서 자라고 성장해야 한다. 이에 상응하는 기도의 권면이 오늘날의 예식서에도 나와 있다: "그러므로 친애하는 부모와 대부모여 기도하라. 아이는 자신의 믿음을 가질 것이고, 자신이 세례 받는 것을 기뻐하게 될 것이다."[52] 부모와 대부모들은 아이가 자신의 믿음을 갖고 책임 있는 신앙생활을 하도록 최선을 다하여 도와줄 의무가 있다.

현대의 개인주의적 사유는 - 경건을 추구하고 구속받지 않으려는 많은 그리스도인에게도 역시 - 그 같은 대리적 믿음은 이해하기가 매우 난해한 것이다. 루터는 여기서 마가복음 2장에 등장하는 치유의 이야기[53]를 소개한다. 그에 따르면, 친구들이 한 중풍병자를 예수께 데려왔고, 예수는 그들의[!] 믿음을 보았을 때 그의 죄를 용서했다막 2:5. 여기서 치유와 구원을 자동으로 얻을 수 있다고 오해해서는 안 된다. 믿음은 나를 대신해주고 중보 할 수 있는 다른 사람을 통해서도 항상 내가 가질 수 있다는 생각에 부

---

49   BSLK 535-541.
50   루터는 성서주의자는 아니다. 그는 신약성서가 유아세례를 분명히 제안하지도 금지하지도 않았음과 첫 4세기에 비로소 일반적으로 사용했음을 잘 알고 있다. 그는 성서를 문자적으로 해석하지 않고 성경의 뜻에서 해석했다. 말씀의 효력(예를 들어 사 55:10-11; 시 33:4)과 선행은총(롬 5:6,8)에 대해 말하는 구절들이 그에 해당한다.
51   BSLK 540,19-42.
52   Kirchenbuch für die evangelische Kirche in Württemberg, Teil 2: Die heilige Taufe, Sonderausg., Stuttgart 1989, 27.
53   WA 6,538,4-15(『교회의 바벨론 포로』 1520).

합하는 것이다. 대리할 수 있고 그리고 중보할 수 있는 믿음은 그 자신의 믿음을 갖도록 가교를 만들어준다.[54]

d) 『소교리문답서』에 있는 네 번째 세례질문은 루터가 세례를 일회적인 행위일 뿐만 아니라, 그리스도인으로서 세례 이후의 삶을 중요하게 보았다는 증거이다.

"물로 세례를 베푼다는 것은 무슨 뜻인가? 대답: 그것은 우리들 가운데 있는 옛 아담은 매일의 참회와 회개를 통하여 물에 잠기고, 모든 죄와 악한 욕망과 함께 죽어야 하며, 다른 한편 하나님 앞에서 의와 정결함으로 영원히 살아갈 새 사람이 매일같이 나타나고 소생하는 것을 뜻하는 것이다."[55]

세례는 그리스도인 한 사람의 실체를 탄생시킬 뿐 아니라, 그것을 간직하게 함으로써 전 생애에 해당하는 것이다. 세례 받은 자의 개인적인 삶과 연관 지어서 오늘날의 관심은 부수적으로 권리에 대한 것으로 개인을 둘도 없는 유일한 존재로 그리고 어떤 의미에서는 누구도 대신할 수 없는 존

---

54 이것은 유아세례가 의미 없이 형식적인 의식으로 수행되어도 된다는 뜻은 아니다. 그러한 오용을 막기 위해 루터는 『세례소책자』(BSLK 535-538) 서문에서 "훌륭한, 도덕적인, 신중하고 경건한 사제나 대부모가 되고자 노력해야 한다"고 주장했다. 이러한 말은 반도나투스적 정서(『아우크스부르크 신앙고백서』 제8조)와 긴장을 느끼게 한다. 여기에는 세례거부라는 일어날 수도 있는 어려운 문제도 있다. 아이가 원하지 않아도 부모에 의해서 신앙교육을 받아야 한다는 당위성을 알 수 있는 무엇이 있는가? 모든 교회가 '의심스러움에도 불구하고 유아의 유익을 위해'(in dubio pro infante) 낯선 믿음을 적용하고 있는가?

55 BSLK 516,30-38. 참고. aaO. 706,6-18(『대교리문답서』) "그러므로 참회의 삶을 산다는 것은 세례 안에서 살아간다는 것이다. 이것은 새로운 삶뿐만 아니라, 새로운 삶을 만들어내고, 증진시키고, 계속하게 한다. 왜냐하면 세례 안에는 옛 사람을 누르고 새 사람이 되어 강하게 하는 은총과 영과 능력이 담겨 있기 때문이다. 그러므로 세례는 영원히 보전됩니다. 비록 부패하고 죄를 지을지라도 우리에게는 항상 세례의 길이 있기에 옛 사람을 다시 굴복시킬 수 있습니다. 그러나 물을 다시 부을 필요는 없습니다."

재로 이해하려는 것이다. 이것은 수세자가 자신의 이름으로 부름을 받는다는 사실이 보여준다. 즉 세례 받은 자는 인간이라는 종의 하나의 표본이 아니라, 하나님과 함께 특별한 역사를 만드는 특정한 개인인 것이다.

e) 루터의 참회 이해는 그리스도인의 삶은 한번으로 일생동안 지속되는 세례를 통해서 항상 정해진다는 것을 보여준다. 참회는 그에게 효력이 정지된 세례의 대체물이 아니다. 이것은 히에로니무스Hieronymus에게 기원이 있으며, 그는 참회를 난파된 배에서 생존을 위해 붙드는 널빤지에 비유했다.[56] 참회는 오히려 세례에게로 돌아섬이다.[57] 그리스도인은 그가 살아 있는 한은 아무리 크게 성장을 하고, 많은 것을 배우고, 큰 변화를 겪는다 해도 세례가 주는 변화를 뛰어 넘을 수는 없다. 그는 세례에서 하나님의 이름으로 이미 모든 것을 얻었기 때문이다. 이 배는 난파될 수 없다. 히에로니무스의 예처럼, 내가 배에서 이탈하는 일이 일어날 수도 있다. 그러나 말씀과 믿음의 구조를 통해 나는 항상 다시금 배로 돌아오게 될 것이다.[58] 그 때문에 제2의 세례는 의미가 없다. 하나님은 세례에서 단 한번이지만 영원한 언약을 했고 - 몇 살에 세례를 받건 아무런 문제가 되지 않는

---

56   WA 6,527,12-22(『교회의 바벨론 포로』 1520: "poenitentiam appellat secundum post naufragium tabulam, quasi baptismus non sit poenitentia" 참고. Hieronymus, Epistula 130,9(ad Demetriadem de servanda Virginitate), MPL Bd. 22, 1115.

57   WA 6,572,16f(『교회의 바벨론 포로』 1520): "via ac reditus ad baptismum."

58   참고. BSLK 706,31-707,10(『대교리문답서』): "제가 이렇게 말하는 이유가 있다. 앞에서 언급했듯이, 우리는 오랜 세월 동안 세례 안에서 살아왔지만, 세례를 바르게 이해하지 못한 경우도 있었다. 그래서 다시 죄를 범하거나 넘어질 때, 더 이상 세례가 필요 없어 졌다고 생각하기도 한다. 이것은 세례를 단 한 번으로 끝나는 행위로 생각하는데서 온 것이다. 실제로 성 히에로니무스는 이렇게 서술했다. '참회는 제2의 널빤지이다. 우리가 탄 배(즉, 세례)가 난파된 후에는, 이것을 붙들고 헤엄쳐 바다를 건너야 한다.' 그리스도인으로 살아가면서 우리도 이렇게 생각할 때가 있다. 그러나 이것은 세례의 용법을 바르게 진술한 것이 아니다. 이런 식이라면 우리에게 세례는 더 이상 필요가 없다 세례의 배는 파괴되지 않는다. 왜냐하면 이 배는 앞서 말했듯이 하나님이 정하신 것이지, 우리가 만든 것이 아니기 때문이다. 물론 우리가 그 배에서 미끄러져 떨어지는 일이 일어날 수 있다. 그러나 누구든지 이런 일이 생기면, 그 배를 향해 다시 헤엄쳐서 갈 수 있고, 처음 시작 때와 같이 올라타 항해를 계속 할 수 있기까지 배를 붙들고 있어야 한다는 것을 알아야 한다."

다. 그런 점에서 세례는 소멸되지 않는 성격character indelebilis을 가지고 있으며, 수세자의 삶에서 나중에 발생하는 일과 무관하다. 그것은 구원의 보장은 아니나, 그렇지만 삶 속에서 하나님의 사역은 계속 일어나 내가 과거로 돌아갈 수 없게 한다. - 마치 내가 나의 부모에게는 일생동안 아이로 머물듯이, 우리에게 일어나는 일도 이와 동일하다.

f) 세례의 중요성 가운데 하나는 특별히 그것이 마귀에 대한 거절 abrenuntiatio diaboli이라는 점이다. 이에 대한 언급은 위에서 소개한 『세례 소책자』에 상당한 부분을 차지하고 있다.[59] 지금은 이 공식이 우리는 "마귀의 모든 일과 그의 성향을 버린다"[60]로 축소되었다. 그러나 이것 역시 많은 목회자들이 없애 버렸다. 왜냐하면, 하나의 아름다운 가족 축제와 같은 세례식에서 마귀라는 단어의 등장이 적합해 보이지 않았기 때문이다. 그렇지만 중립지대에 사는 사람은 없다는 것을 분명히 드러내기 위해서라도 마귀를 거절하는 것은 반드시 필요하다. 나는 항상 격전을 벌인다. 왜냐하면 삼위일체 하나님께 속해 있지 않으면 다른 주인과 세력에 속해 있기 때문이다.[61] 세례는 무해한 예식이 아니다. 그것은 악과의 전쟁이다. 목사, 부모, 대부 그리고 교회는 "아이를 위해 전심을 다해서 마귀와 대적해야 하며, 마귀를 기쁘게 하지 않는 일을 중요하게 여기며 살도록 해야 한다."[62]

2. 2. 참회와 용서

---

59 BSLK 537,31-42; 538,16-23 그리고 539,30-34(Exorzismus), 540,15-26(원래는 abrenuntiatio).
60 Kirchenbuch für die Evangelische Landeskirche in Württemberg(각주 52), 28.
61 참고. 8장 2 그리고 4.
62 BSLK 537,22-25(『소교리문답서』).

참회에 관한 조가 『소교리문답서』에서 세례와 성만찬 사이에 위치하고 있음에 주목할 필요가 있다.[63] 그렇지만 우리가 다니는 교회에서 개인 참회는 물론 심지어 공적참회 - "공개적인 죄의 고백" - 조차 더 이상 들을 수 없다. 종종 성만찬과 관련하여 약화된 형식으로 등장할 뿐이다. 이 같은 현실은 개신교의 경건 및 신앙에 중대한 손실이다. 19세기에 일어난 부흥운동은 이러한 손실에 대한 하나의 응답이라고 이해할 수 있다.

루터는 처음에 참회를 세 번째 성례로 인정할지에 대해 망설였다. 로마 가톨릭 전통을 반대하며 - 『교회의 바벨론 포로』라는 글로 - 그는 일곱 개의 성례를 둘로 줄였다. 말씀 및 표지로 그리스도에 의한 성서적 제정을 증명할 수 있어야 성례로 여길 수 있다는 논지였다. 그러나 참회의 경우 오직 말씀만 주어졌다(마 16:19, 18:18, 요 20:22-23). 부가적인 물질적 표지는 없다. 그러므로 참회는 세례 - 세례에로의 복귀[64] - 에 편입되어, 굳이 표현하자면 2와 2분지 1$_{2½}$만 복음적인 성례이다.

> "참회란 무엇인가? 대답: 참회는 두 부분을 포함한다. 첫째는 죄를 고백하는 것이다. 둘째는 참회를 듣는 사람(목사)으로부터 사면 혹은 용서를 받는 것이며, 이것을 마치 하나님에게서 받듯이 의심하지 말고, 이런 과정을 통해 죄가 하늘에 있는 하나님 앞에서 용서되었음을 확실히 믿는 것이다."[65]

---

63 BSLK 517,10-529,35. 『대교리문답서』에서는 이와는 달리 성만찬을 논한 마지막 단락에서 "참회에 대한 간단한 경고"를 했다.

64 참고. 각주 56-58.

65 BSLK 517.10-17(『소교리문답서』. 『대교리문답서』는 이 두 가지의 비대칭적 관계를 크게 강조했다. 용서(Absolutio)는 하나님의 일로서 "가장 고결한 일"이다(BSLK 729.18f). 그러므로 우리는 "두 부분을 분명하게 구분해야 한다. [하나님의 일과 우리의 일]" - "나는 내 죄를 괴로워하며 나의 영혼이 위로받고 새 힘 얻기를 간절히 구한다." - "그러나 하나님의 말씀을 높이고 경외하는 것은 소홀하게 여겼다"(BSLK 729.42-46, 12-14).

한 인간이 하나님의 이름으로 나에게 죄의 용서를 선언했다는 것은 하나님이 직접 같은 순간에 같은 행동으로 나를 용서한 것과 같다. 사람의 말은 하나님의 말씀을 가리킬 뿐만 아니라, 하나님의 말씀 자체이기도 하다.[66] 하나님의 말씀은 사람의 말로써 온다. – 이것이 그의 낮아짐이다. 하나님이 마리아의 태에서 사람이 된 것처럼, 그는 다른 사람이 하나님의 이름으로 말하는 말씀 안에서 죄인에게 온다. 루터에 의하면, 이 같은 다른 사람은 정식으로 안수를 받은 성직자뿐만 아니라, 세례를 받은 모든 그리스도인을 의미한다.[67]

2. 3. 주의 만찬성찬

루터는 종교개혁적 전환 이후 세례에서처럼 성만찬 이해에서도 역시 제정의 말씀에 대해 종교개혁적으로 체계화시킬 수 있는 명확한 통찰을 발견하지 못했다. 거룩하고 참된 그리스도의 몸의 존귀한 성례와 형제애에 관한 설교1519[68]에서 그는 여전히 세례설교에서와 동일하게 아우구스티누스의 전통을 따랐고, 표지, 의미bedeuteter Sache 그리고 믿음이라는 세 가지 틀을 사용했다.[69] 여기서 특별히 주목을 받은 개념은 몸의 이미지에서 발전시킨 공동체사상이었다. 디트리히 본회퍼는 "성도의 교제"Sanctorum Communio에서 – 전혀 문제가 없는 것은 아니나 – "공동체로써 존재하는 예

---

66 참고. 각주 44 이하 그리고 3장 2.
67 참고. 아래 2.5.
68 WA 2,742-758.
69 참고. Bayer, Promissio(각주 7), 226-241. 이에 대한 비평: Ursula Stock, Die Bedeutung der Sakramente in Luthers Sermonen von 1519, Leiden 1982.

수 그리스도"라고 인상 깊은 주장을 했다.[70]

루터는 『신약성서, 곧 거룩한 미사에 대한 설교』 1520[71] 이후로 제정의 말씀을 중심으로 설명한다. 이것은 언약과 믿음에 대한 그의 종교개혁적 이해와 일치하는 것이다. 그 결과 『소교리문답서』에서도 역시 주님의 만찬에 대한 그의 설명[72]은 세례 설명과 나란히 기술되어 있다: 제단의 성례란 무엇인가? - 이렇게 묻고 정의하기를 - "성찬식에서 받는 잔과 떡은 우리 주 예수 그리스도의 참된 살과 피이며, 그리스도가 직접 우리로 하여금 [그를] 먹고 마시도록 세워준 것이다."[73] 이어서 제정의 말씀에 대한 상세한 인용이 등장하며[74], 이것을 토대로 이어지는 세 가지 질문에 답하고 있다. "이와 같이 먹고 마시는데 무슨 유익이 있는가?" "육적인 것가시적인 것을 먹고 마심이 어떻게 그렇게 큰일을 행하는가?" "누가 이 성례를 받기에 합당한가?" 세 가지 질문은 잔과 떡이라는 사물res, 식사의 효력efficacia 그리고 참여자의 자격dignitas을 묻는 것이다. 답변들은 각각 이 모든 것은 "그리스도가 제정한 말씀에 근거하고 있다"[75]고 한다. 성례전의 근거는 단

---

70 Dietrich Bonhoeffer, Sanctorum Communio. Eine dogmatische Untersuchung zur Soziologie der Kirche(1930), DBW 1, hg. v. Joachim von Soosten, München 1986. 이러한 공식이 문제가 없는 것은 아니다. 왜냐하면 그것이 기독론과 교회론을 충분히 구분해서 소개하지 못하기 때문이다(참고. 이에 대한 바이어의 설명[각주 69]). Paul Althaus, Communio sanctorum. Die Gemeinde im lutherischen Kirchengedanken, München 1929(이 책에서도 다루어졌다: Die Theologie Martin Luthers, Gütersloh, 1963, 254-278)에서는 1519년의 『성만찬설교』를 더 넓은 루터 신학적 맥락 안에서 다루었다. 루터교 신학은 - 유감스럽게도! - 오늘날까지도 루터가 1519년 전개한 공동체사상의 타당성과 중요성을 제정의 말씀 및 말씀과 믿음의 상호관련을 설명해주는 성만찬교리와 교회론과의 연관성 속에서 이해할 수 없었다.

71 WA 6,353-378.
72 BSLK 519,39-521,11.
73 BSLK 519,41-520,2.
74 BSLK 520,4-21. 고린도전서 11장 23-25절. 공관복음서에 등장하는 전통적인 성만찬 내용(막 14:22-24, 마26,26-28, 눅 22:19-20).
75 BSLK 708,3-5(『대교리문답서』).

순한 예식의 수행이나 참여자의 주관적인 상태에 있지 않다.

루터는 우연치 않게 세 번씩이나 "너희를 위해 준"과 "죄를 용서하고자 흘린"이라는 두 가지 표현에 집중하고 있다.[76] 왜냐하면 죄인을 향한 하나님의 사랑, 예수 그리스도의 죽음과 부활의 능력으로 믿음을 만드는 언약[77]은 이 말씀을 통하지 않고는 더 간명하고 더 정확하게 이해할 수 없기 때문이다. 이것은 생명의 양식이라는 객관화된 표현과 주의 만찬을 일반적인 애찬으로 평준화시키려는 것을 비판하는 것이다.[78] 주님의 만찬은 하나의 산만한 삶의 축제가 아니며, 효력을 가진 그리스도의 말씀과 믿음의 연계라는 기본적 성격에서 결정된다.

a) 그러므로 먹고 마시는 데 무슨 유익이 있느냐? 는 질문에 루터는 이렇게 답변한다. "성찬에서 죄의 용서, 생명과 구원이 그와 같은 말씀을 통해서 우리에게 '보여주고' '말했을' 뿐만 아니라 '주어지게 된다.'"[79]

b) 그 선물은 어떻게 그런 효력을 가지는가? 다시 한 번, 믿음이 뒤따라 일어난다며 말씀이 강조되고 있다. "먹고 마시는 것이 아니라 거기에 쓰여 있는 '너희를 위해서 주었고' '죄를 용서하고자 흘렸다'는 하나님의 말씀이

76　BSLK 520,24-26; 34-36; 521.6f.

77　WA 9,660,32-661,1(『부활절설교』 1521): "'받아서 먹으라'는 이 말씀에 죽음과 부활의 모든 신비가 담겨있다. '이것은 나의 몸이다'라는 말은 '나는 이제 죽을 것이나 살아 있을 것이며, 그것으로 너희의 죄를 용서하는 영원한 약속으로 삼겠다'는 의미이다. 그러므로 성찬은 그가 죽지 않고 살아 있음을 가리키고 있다. 왜냐하면 그가 직접 행하고, 직접 주고, 직접 이루며, 직접 나누어주기 때문이다. 그는 베드로에게 '그것을 나누어주라'고 말하지 않고, 직접 말한다: '내가 가지고 있기에 직접 너희에게 주고, 너희에게 남겨두고 그 후 죽을 것이다. 그러나 아직은 내가 직접 그것을 나눌 것이며, 그러므로 살아 있는 것이다.'"

78　기독론적 성격을 가진 자신을 내어줌에 대한 말씀은 성찬에 대한 전통적인 역사이야기로는 해결할 수 없다.

79　BSLK 520,24. 26-28. "생명과 구원"은 종말론적인 의미로 이해할 수 있다. 주의 만찬은 영원한 형벌인 최후의 심판에서 구원을 얻게 한다.

하는 것이다." "이 말씀을 믿는 자는 말하고 쓰인 것처럼 '죄의 용서'를 받은 것이다."[80]

c) 그러면 믿음은 전제조건이 아닌가? 루터는 아니라고 말한다. 성찬을 받기 위한 적절한 '준비'는 먼저 말씀을 듣고 생기는 믿음 외에 다른 아무 것도 없다: "'너를 위해 주었고' 그리고 '죄의 사함을 위해 피를 흘렸다'는 말씀을 믿는 사람이 참으로 자격이 있고 잘 준비된 사람이다. 그러나 이 말씀을 의심하거나 믿지 않으면 자격이 없고 준비되지 않은 사람이다."[81]

예수 그리스도의 참된 몸과 피는 우리의 믿음이 없는 곳에는 존재하지 않는다! 그들은 믿음이 있는 곳에 실재하며, 제정의 말씀의 능력에 의해 주어지고 분배되고 받게 될 것이다. 하나님의 전능한 말씀이 있는 곳은 어디든지, 하늘과 땅이 창조되는 "위대한 일"[82]들이 일어난다.

거기서 아무것도 일어나지 않는 것이 아니다. '너희의 죄를 용서하고자 너희를 위해 주는 나의 몸과 피'라는 말이 말하는 것이 정확히 바로 이것이다.

그리스도의 몸과 그리스도의 피 그리고 그것으로 맺은 새로운 동맹인 영원한 하나님의 공동체가 거기에 있다. 그것은 당시 거기서 - 골고다에서 본디오 빌라도 시대에 - 일어난 일이기에 가시적으로 현존한다. 당시 거기서 "얻은" 영원한 보물은 여기서 지금 "나누어진다."[83] 이것은 주께서

---

80   BSLK 520,33-36, 38-40.
81   BSLK 521,4-9. 성만찬 참여의 유일한 '조건'은 제정의 말씀을 알고 믿음으로 받아들이는 것이다. BSLK 708,3-10(『대교리문답서』).
82   BSLK 520,32.
83   WA 18,203,27-205,28(『하늘의 예언자들에 반대하여, 성상과 성만찬에 관하여』 1525); WA 26,294,25-27(『그리스도의 성만찬에 관하여. 고백』 1528). 참고. BSLK 713,10-15(『대교리문답서』).

직접 자신의 몸과 피가 우리가 먹는 빵과 우리가 마시는 포도주와 하나가 됨을 말씀함으로[84] 일어난다. - 빵이 그의 몸으로 그리고 포도주가 그의 피로 변화되는 것이 아니라, 주의 몸과 피를 받는 자들이 죄인에서 의인으로 변화되는 것이다. 그에게서 옳다고 인정받은 사람은 이제는 자신을 위해서 살지 않고, 우리를 위해 죽고 부활한 그리스도를 위해서 산다. 부활한 주님이 직접 죽음으로 준 자신의 몸이 빵과 연합해 있다고 제정의 말씀에서 언급함으로서 – "이 빵은 너를 위해 주는 나의 몸이다!" - 그가 얻은 영원한 보물을 직접 나누어 주고, 그 일을 위해 사람의 손과 입을 사용했다.[85]

2. 4. 안수하여 세운 직임[86]

이미 언급한 것처럼, 『아우크스부르크 신앙고백서』의 제5조와 제14조가 같다고 여기는 것은 객관적으로 옳지 않다. 제5조에서 말씀의 직임은 근본적이고 보편적인 차원을 뜻한다. 즉 그것은 교회를 통한 타락한 창조질서의 회복이다. 타락한 피조물은 세례로 새로워진다. 세례 받은 모든 사람은 사제이다.

그러므로 이제 우선 '보편적인 사제직' 내지는 '모든 신앙인의 사제직'에 대해 말할 수 있다. 이와 연관하여 우리는 제14조에서 눈에 띄는 두 개

---

84 참고. WA 26,442,29-38(『그리스도의 성만찬에 관하여. 고백』 1528).
85 참고. 주님의 만찬의 네 가지 차원의 관계에 대하여(사회적, 언약적, 수행적, 효과적) 11장 3.
86 참고. Harald Goertz, Allgemeines Priestertum und ordiniertes Amt bei Luther, Marburger Theologische Studien, vol. 46(Marburg: N. G. Elwert, 1997); Dorothea Wendebourg, "Das Amt und die Ämter," ZevKR 45 /2000.5-37. 교회에 관한 로마가톨릭의 토론은 제2차 바티칸 공의회 교리헌장에 주요쟁점이 언급되어 있다(Lumen Gentium II, 10), 특히: "신자들의 공통된 사제직과 봉사의 사제직, 즉 계층 구조적인 사제직은 본질에 따른 구분이며, 정도에 따른 구분이 아니다. 그럼에도 그들은 상호 귀속되어 있다 [...]."

의 규정을 주목할 수 있다: "공적인 가르침"publice docere과 "예식을 통한 소명"rite vocatus이다.[87]

이 두 개의 규정은 동시에 베드로전서 2장 9절 이하에서 언급한 세례 받은 모든 신앙인에게 부여된 만인사제직과 확연히 구분되는 목사직에 대한 루터의 이해를 분명하게 해준다.

a) 루터의 만인 사제직 이해의 대헌장Magna Charta이라고 불리며 대중에게 큰 영향력을 끼친 글은 1520년에 출판되어 종교개혁의 주요 저서중 하나로 간주되는 『그리스도교 상태의 개선에 관하여, 독일 그리스도인 귀족에게』라는 제목의 글이다. 루터의 강력한 비판에 따르면, 로마 교황청 곧 "로마주의자들"은 자기들 주위에 세 개의 벽을 쌓고 "그것으로 이제까지 자신을 보호했으며, 누구도 그것을 개혁할 수 없어서 그 결과 기독교 전체가 비통하게 타락했다."[88] 첫 번째 벽: 그들은 세속권력의 위협에 대항하며, 세속권력은 자신들에 대해서 아무런 권한도 없다. 오히려 영적 권세가 세속 권세보다 우월하다고 주장했다. 두 번째 벽: 성경으로 확인하려고 하면, 교황 외에는 누구도 성경을 해석할 자격이 없다는 반응을 보여 왔다. 마지막 세 번째 벽: 공의회로 그들을 압박하면 교황 외에는 누구도 공의회를 소집할 수 없다며 꾸며댔다.[89]

87　(14. De ordine ecclesiastico)
　　De ordine ecclesiastico docent, quod nemo debeat in ecclesia publice docere aut sacramenta administrare nisi rite vocatus."(BSLK 69,1-5): (제14조. 교회의 직제에 관하여) "교회 질서와 관련하여 누구도 정식으로 부름을 받은 사람이 아니면, 아무도 교회에서 공적으로 가르치거나 성례전을 집행할 수 없다고 가르친다."

88　WA 6,406,21-23.

89　WA 6,406,23-29.

이에 대해 대응하면서 루터는 '보편적 사제직'이라는 자신의 이해를 주장했다.

"교황들, 주교들, 사제들, 수도원의 수도사들을 영적 계급이라고 부르고, 제후들, 영주들, 손으로 일하는 사람들장인들과 들에서 일하는 사람들농부들을 세속적 계급이라고 부르는 것은 허울 좋게 왜곡되고 날조된 것이다. 아무도 그것으로 인해 겁을 먹어서는 안 된다. 다음과 같은 이유에서이다: 모든 그리스도인은 참으로 영적계급에 속하며, 그들이 서로 다른 일을 하고 있다는 것 외에는 그들 사이에 아무런 차이가 없다."[90] "세례의 물에서 나오는 사람은, 이미 사제, 주교, 교황으로서 성별되었음을 기뻐할 수 있다. 물론 비록 모두가 그러한 직임을 수행하는 것은 아닐지라도 말이다."[91]

b) "모든 그리스도인은 참으로 영적 계급에 속하며, 그들이 서로 다른 일을 하고 있다는 것 외에는 그들 사이에 아무런 차이가 없다." 영적 계급인 세례 받은 사람과 사제 사이의 이러한 차이점을 루터는 『교회 목회자의 임명에 관하여』 De instituendis ministris Ecclesiae, 1523라는 글에서 사제sacerdos와 목사minister라는 분명한 개념으로 설명한다. "사제[즉, 신자]는 장로나 목사[즉, 공직자]와 같지 않다. 전자는 [물과 성령을 통해 세례에서] 태어나고, 후자는 [소명을 통해 직무를] 맡는다."[92] 더욱 분명한 것은

---

90 WA 6,407,10-15. 루터는 이에 대해 고린도전서 12장 12절(이하)를 인용한다.
91 WA 6,408,11-13. 한스 마르틴 바르트(Hans-Martin Barth)는 Einander Priester sein. Allgemeines Priestertum in ökumenischer Perspektive, Göttingen 1990, 29-53에서 루터가 보편적 사제직에 대해서 언급한 중요한 본문을 상세히 분석했다.
92 WA 12,178,9f("Sacerdotum non esse quod presbyterum vel ministrum, illum nasci, hunc fieri.").

"모든 그리스도인이 사제이지만 모두가 목사Pfarrer는 아니다. 목사가 된다는 것은, 그가 한 사람의 그리스도인이요 사제일 뿐만 아니라, 직임과 그에게 위임된 사역의 장이 있어야만 한다. 직업즉, 소명과 명령이 한 사람의 목사와 설교자를 만든다."[93]

"소명"Beruf이 - 라틴어 동의어 "보카치오"vocatio는 공립학교에서 종교교사라는 교회적 직임에 여전히 사용되고 있다 - 목사와 설교자를 만들고, 하나님의 말씀을 가지고 일하는 공적인 사역자minister verbi divini를 만든다.

공적인 말씀 선포와 성례전 집행이라는 교회의 직임이 특별할 수밖에 없는 이유는 간단한다. 즉 세례를 통해 받은 것을 모두가 동시에 실행할 수는 없다. 그렇지 않을 경우 혼란이 일어날 것이다.[94] 루터는 고린도전서 14장 40절"모든 것을 품위 있게 하고 질서 있게 하라"을 인용했다. 『아우크스부르크 신앙고백서』에는 "질서정연한 과정을 통해서"rite라고 쓰여 있다. 이것은 『교회 목회자의 임명에 관하여』 De instituendis ministris Ecclesiae라는 글에 재차 분명히 드러난다.

"왜냐하면 비록 모든 그리스도인들이 이러한 권리를 공동으로 가지고 있지만, 개인의 권한으로 중앙에 나서거나, 모두에게 주어진 그것을 자신을 위해 독점하려는 것은 누구에게도 허용되지 않는다.[...] 대신 공동체는 교회공동체가 좋게 보는 한 사람 혹은 [여러 사람을] 선택하거나 선발하여 동일한 권한을 가진 모든

---

93   WA 31 I,211,17-20(『시편82편 주해』 1530).
94   WA 6, 408,13-17(『그리스도교 상태의 개선에 관하여, 독일 그리스도인 귀족에게』 1520): "우리는 모두 동등한 자격을 가진 사제들이기 때문에, 어느 누구도 우리의 동의나 위임 없이 일을 수행하거나 책임을 질 수 없다. 누구도 공동체의 허용과 공적인 자격 없이 공적인 일을 수행할 수 없기 때문이다." 참고. aaO. 407,10-408,2.

사람 대신하여 그리고 모든 사람의 이름으로 이와 같은 사역을 공적으로 수행하게 해야 한다. 그렇게 할 경우 하나님의 사람들 속에 창피한 무질서는 일어나지 않을 것이다."[95]

c) 루터교 이해에서 그것이 차지하는 중요성에도 불구하고 왜 목사직 안수가 성례전이 아닌지 이것으로 분명해진다. 이것은 목사직을 "하나님이 제정"하지 않았을 것이라는 의미가 아니다. 루터는 『그리스도교 상태의 개선에 관하여, 독일 그리스도인 귀족들에게』[96]라는 글에서 이점을 확실히 밝히고 있다. 하나님에 의한 제정참고. 엡 4:11-12은 루터에게 교회공동체와 그 대표자를 통한 제정과 모순되지 않는다.[97]

2. 5. 다른 직임들

루터에게 있어서 안수하여 세운 직임, 특히 목사직은 모든 세례 받은 자에게 주신 말씀을 전하는 직임[98]이며, 하나의 특별한 – 물론 가장 중요한

---

95 WA 12,189,17-25. 『공의회와 교회에 관하여』라는 글에 이와 유사한 표현이 있다. 즉 "주교들과 목사 또는 설교자라는 직위는 반드시 있어야만 한다, 회중 전체가 그 일을 할 수는 없기 때문이다. 한 사람에게 위임하거나, 위임되도록 해야 한다. 그렇지 않을 경우, 만약 모두가 설교하기를 원하고 성례를 집행하기를 원하면서, 다른 어떤 사람에게도 그 일을 허용하지 않는다면 무슨 일이 벌어질까? 그것은 오직 한 사람에게만 위임되어야만 하며, 그 한사람에게만 설교하고, 세례를 베풀고, 죄를 용서해주고, 성례전을 집행하도록 허용해야한다."(WA 50,632,36-633,9; 1539).

96 WA 6,441,24-26(『그리스도교 상태의 개선에 관하여, 독일 그리스도인 귀족들에게』 1520). 멜란히톤 역시 여러 곳에서 성례전의 개념을 밝혔다: BSLK 293,42-294,49(『아우크스부르크 신앙고백서 변증』 XIII).

97 WA 6,564,11-13(『교회의 바벨론 포로』 1520): "말씀을 전하는 봉사자들은 우리 중에서 선택되지만"(ministri sunt ex nobis electi), 그럼에도 불구하고 하나님에 의해 부름 받은 것이다: "Deus vocat nos omnes ad ministerium vocatione per hominem estque divina vocatio"(WA 40 I, 59,4f; 『대 갈라디아서 주석』 (Grosser Galaterkommentar); 갈라디아서 1장 1절 주석, 1531/35).

98 BSLK 58,2-17(『아우크스부르크 신앙고백서』 제5조)

– 이 제도의 결정체이다. 목사직은 고립될 수 없고, 말씀의 직임에 근거한 다른 직임과 분리되어서도 안 된다. 세례 받은 사람은, 여성이든 남성이든 – 바로 그 세례를 통해서 – 하나의 직임, 하나의 능력을 가지고 있다.[99] 루터는 『공의회와 교회에 관하여』 라는 글에서 그 직임을 다섯 번째 표지라고 언급하며, 그 가운데 하나가 가장 중요한데 그것이 목사직이라고 밝혔다.[100] 그에게 여섯 번째 표지는 기도와 하나님께 드리는 찬양이다. 이것은 "교리문답이 공적으로 추구하는 것"[101]이며, 그 안에 신앙고백이 담겨 있다. 모든 세례 받은 사람들에게 명하여 익숙해진 기도 역시 그러므로 교회의 한 표지이다. 그 중에서도 주기도문은 가장 큰 교회론적인 의미를 갖고 있다참고. 눅 11:1. 여기에 교리문답을 가르쳐야 할 부모의 소명[102]과 교사, 더 나아가 음악적 재능참고. 골 3:16과 봉사 능력도 표지에 속한다. 세례 받은 사람은 이 봉사 능력으로 이웃을 돕고, 믿음을 갖도록 용기를 북돋우고, 확신하게 하며, 강하게 해주는 것이다.

이제 전개될 수 있는 모든 것은 "형제들의 위로와 상호대화"mutuum colloquium et consolatio [...] fratrum라는 말로 요약할 수 있다.[103] 루터는 여기에 마태복음 18장 19-20절"두 세 사람이 내 이름으로 모인 곳에는 나도 그들 중에 있느니라"을 인용했다. 이러한 공동체신학의 핵심에 대해 다른 곳에서 한 설교에서 그리스도인들은 "교회의 공적인 예배에서 죄의 용서를 발견할 뿐

---

99 참고. 특히, 고린도전서 12-14장과 로마서 12장. 루터는 특별히 바울의 몸에 대한 사상을 그의 성만찬 설교(1519)에서 수용하고 있다. (참고. 각주 68-70).

100 WA 50,632,35-633,11(1539).

101 WA 50,641,(20-34)24.

102 루터는 무엇보다도 가정에서 사용하도록 『소교리문답서』를 계획했다. BSLK 507,36이하, 510,26 이하, 512,16 이하, 515,21 이하, 519,38 이하, 521,12-14, 522,23-25.

103 BSLK 449,12 이하(『슈말칼덴조항』 1537).

만 아니라 집에서, 들에서, 정원에서도 발견할 수 있어야 한다고 말한다. 이웃에게 다가서는 곳에서만 위로와 구원이 있다.

"나는 가장 가까운 사람에게 슬픔을 고하고 위로를 구하고 싶다. 그가 나를 위로하며 약속한 것은 하늘에 계신 하나님도 허용할 것이다. 반대로, 나 또한 다른 사람을 위로하며 말하고 싶다. 친애하는 친구, 친애하는 형제여, 왜 염려를 벗어 버리지 못하는가? 하나라도 네가 고통을 겪는 것은 하나님의 뜻이 아니다. 하나님은 너를 위해 당신의 아들의 죽음을 허락하셨다. 그러므로 슬퍼할 필요가 없으며 기뻐할 수 있다. 그러므로 용기를 갖고 위안을 얻으라. 너는 하나님께 예배하며, 기뻐하는 일을 행할 것이다. 그리고 서로 서로 자신을 낮추어라. 주기도로 기도하라. 하늘에서도 물론 들을 것이다. 그리스도께서 '내가 너희 가운데 함께 하리라'마 18:20고 말씀하기 때문이다. 예수는 '나는 그것을 보고 듣고 있다'거나 '내가 그들에게 갈 것이다'고 말하지 않고, '나는 이미 여기에 있다'고 말하고 있다."[104]

3. 교회의 숨겨짐

비록 교회가 볼 수 있고 들을 수 있는 외적 표지들에 의해 세워지고 정해질지라도 그것은 동시에 신앙의 문제이며, 신앙 고백 속에 담긴 모든 요소가 그 대상이다. 하나님이 말씀으로 세상을 창조했다는 사실히 11:3, 예수는 역사적 인간인 동시에 그리스도라는 사실, 십자가는 하나님의 능력

---

104 WA 47,298,2-19(설교 속에 등장하는 『마태복음 18-24장 주석』 1537-1540).

이라는 사실 등 이 모든 것은 세상 사람에게는 "미련한 것"^{고전 1:18-2:16}이다. 그래서 교회는 객관적으로 확인할 수 없다. 즉 "교회는 숨겨져 있고, 거룩한 것들은 가려져있다."Abscondita est ecclesia, latent sancti[105]

교회의 거룩성은 "시장에 있는 일용품"처럼 분명히 드러나 있지 않다. 『요한계시록』 두 번째 서문에 있는 이 문장은 매우 유익한 내용을 담고 있다.

"이 문장'나는 거룩한 그리스도의 교회를 믿는다'은 나머지 다른 문장들과 마찬가지로 신앙에 대한 조이다. 이성은, 비록 온갖 안경을 낀다고 할지라도, 이것을 알 수 없다. 마귀는 온갖 추문과 떼[즉, 분열]로 교회를 뒤덮을 수 있고, 그로인해 당신은 화가 날 것임에 틀림없다. 하나님 역시 이와 똑같은 방식으로 여러 가지의 결함과 잘못 뒤에 교회를 감추어, 그 결과 당신이 바보가 되기도 하고, 잘못된 판단을 하기도 한다. 그리스도교는 보아서가 아니라, 믿음에 의해서 알 수 있다, 신앙은 보지 못하는 것들과 관계되어 있다^{히 11:1}. 신앙은 믿고 있는 주님을 찬양하는 것이다-'누구든지 나로 인하여 실족치 않는 자는 복이 있다'^{마 11:6}. 그리스도인은 그 자신 역시 감추어져 있는 사람이다. 그래서 자신의 거룩함과 됨됨이를 보지 못하며, 오직 거룩하지 못함과 악만을 자신에게서 본다. 그런데 어설픈 궤변을 늘어놓는 당신이 눈먼 이성과 순수하지 못한 눈으로 그리스도교를 보기를 원하는가?

---

105 WA 18,652,23(『노예의지론』 1525). 교회에 대해 언급한 초기의 글에서 루터는 "두 교회", 즉 외적인 교회와 내적인 교회로 구분하여 말했다(WA 6,296,37-297,5 [Von dem Papsttum zu Rom wider den hochberühmten Romanisten zu Leipzig; 1520]. 교회는 "가시적(육적인) 모임이 아니라 믿음으로 이루어진 영적인 모임"이라는 것이다(WA 18,293.3f). 그러나 루터는 곧 영성주의(Spiritualismus)의 위협으로 이러한 이중적 표현을 사용하지 않았다. 1519~1521년 논쟁서적에 나타난 루터의 교회론은 다음의 책을 참고하라. Carl Axel Aurelius, Verborgene Kirche, Hannover 1983, 특히 21-59.

요약하자면, 우리의 거룩함은 그리스도가 있는 하늘에 있으며, 시장의 잡화물처럼 눈앞에 이 세상에 있지 않다. 그 때문에 여기서는 범죄와 이단과 오류가 있고, 그들이 행하는 일들이 일어난다. 만약 복음의 말씀만이 우리에게 있고, 그것을 흠모하고 사랑한다면, 최악의 상태일지라도, 그리스도가 우리와 함께 있음을 의심하지 말아야 한다. 그러므로 여기 이 책 계시록에서 보듯이, 그리스도는 모든 재앙과 짐승들, 악한 천사들을 물리치고, 그의 성도들과 함께 계시며, 마침내 승리할 것이다."[106]

이 단락에서 중요한 몇 가지를 관찰할 수 있다.

a) 루터는 교회론의 문제를 해결하는데 요한계시록을 그 열쇠로 삼았다. 그는 1522년 첫 번째 서문을 쓸 당시에는 이 책이 그리스도를 분명히 증거하지 못한다는 모호함을 비평했었다. – 물론 그는 이에 대해서 각자의 판단에 맡긴다고 했다.[107] – 그러나 그는 지금 이 책이 쓰인 1세기 말의 박해받던 그리스도교 공동체와 16세기 교회 사이에 많은 유사점을 발견했다. 교회의 숨어있음이 특별한 주제가 되었던 기간이 있었던 듯 보이고, 성경의 책들을 말하기 시작했으나 – 다니엘서와 같이 – 그러나 큰 주목을 받지는 못했다.

b) "이 문장'나는 거룩한 그리스도의 교회를 믿는다'은 나머지 다른 문장들과 마찬가지로 신앙에 대한 조이다. 이성은, 비록 온갖 안경을 낀다고 할지라도, 이것을 알 수 없다." 눈에 보이는 교회의 상태는 종종 화가 나게 하는 원인이 되지만, 만일 참된 교회가 숨어 있다면, 그에 대해서 놀라서는

---

106   Heinrich Bornkamm(Hg.), Luthers Vorreden zur Bibel(Göttingen 1989), 230f. (= WA DB 7,419,36-421,17): "성 요한의 계시록 서문[II]"

107   Bronkamm, Luthers Vorreden zur Bibel, 218f. (aaO. 404). 4장 5.

안 된다. 만약 그렇지 않다면, 신앙고백 안에서 사는 것이 아닐 수도 있다. 루터와 다른 개혁자들은 이와 연관하여 자주 히브리서 11장 1절을 인용한다.[108] "믿음은 바라는 것들의 실상이요, 보지 못하는 것들의 증거이다."[109]

c) 교회가 감춰진 이유는 죄와 마귀 때문이다:

"마귀는 온갖 추문과 떼[즉, 분열]로 교회를 뒤덮을 수 있고, 그로인해 당신은 화가 날 것임에 틀림없다. 하나님 역시 이와 똑같은 방식으로 여러 가지의 결함과 잘못 뒤에 교회를 감추어, 그 결과 당신이 바보가 되기도 하고, 잘못된 판단을 하기도 한다."

이 내용은 숨어있는 하나님deus absconditus에 대한 루터의 생각과 연관된다: 특정한 상황에서는 마귀와 숨어있는 하나님을 실제로 나누어 생각

---

[108] 참고. WA 7,684,29f(『무르너와 그의 동료들까지 염두에 둔 비그리스도교적, 초영적, 초교육적인 라이프치히의 복 엠저(Bock Emser)의 책에 대한 답변』 1521). 각주 1.

[109] 『아우크스부르크 신앙고백서』 제7조와 제8조에 대한 변증에서 멜란히톤은 교회의 공교회성, 즉 교회의 보편성을 예로 들어 가시적 교회와 비가시적 교회 사이의 관계를 다음과 같이 요약했다: "지상의 모든 민족으로 구성된 공교회적 혹은 보편적 교회라는 이 조는 매우 위로가 되고 반드시 필요하다. 왜냐하면 셀 수 없이 많은 경건치 않은 무리들이 말씀을 경멸하고, 매우 미워하며 마치 터키, 이슬람, 다른 폭군, 이단 등이 하듯이 극도로 박해하기 때문이다. 더 나아가서 참된 가르침과 교회는 종종 마치 교황통치하에서 일어나듯 억압당하고, 잃기도 한다. 그래서 더 이상 교회가 아니며, 때로는 완전히 사라진 듯 보이기도 한다. 그러나 우리가 확신하고 의심치 않으며, 굳건히 믿는 것은 본래 그리스도의 교회는 세상이 끝나기까지 존속하며 [...], 주님 그리스도 역시 여기 이 땅에 교회라고 일컫는 무리 안에서 매일 역사하시며, 죄를 용서하고, 매일 기도를 들으며, 매일 영적 시련을 겪는 그의 백성들을 크고 강한 위로로 회복시키고, 격려한다. 그래서 믿음으로 위로하는 조는 아래와 같은 내용을 갖고 있다: '나는 공교회적 [즉, 보편적인] 그리스도의 교회를 믿는다. 이것은 누구도 교회가 하나의 다른 외적인 경찰서 [즉, 국가기관]라고 생각하지 않도록 하기 위함이다. 이 외적인 기관에서는 왕 혹은 계급이 통치하며, 교황이 교황청을 통치하는 것과 같다. 그러나 교회는 진리를 믿는 무리와 사람들로 구성되어, 비록 예식은 동일하지 않다고 할지라도, 그들은 세상에서 살면서 해가 뜰 때부터 해가 지기까지 그리스도를 참으로 믿으며, 하나의 복음, 한 분 그리스도, 하나이며 동일한 세례와 성례전을 받고, 성령을 통해서 다스림을 받는다."(BSLK 235,43-236,22; 1531).

할 수 없다.[110] 마찬가지로 교회 역시 그들의 적에게는 숨겨져 있다. 교회 역시 죄를 범한다. 신자 개개인이 항상 죄인이듯이, 교회 역시 동일하다. 즉 교회는 거룩한 동시에 죄인이며simul sancta et peccatrix. 심지어 "큰 죄인"magna peccatrix이다.[111] 교회는 주기도문을 통해 용서의 간구를 함으로써 큰 죄인임을 고백한다.[112]

『아우크스부르크 신앙고백서』 제8조는 교회는 (가능하다면) 거룩한 공동체여야 한다는 계속 반복되는 질문과 관련된 문제를 반영하고 있다. "이 땅에는 거짓된 그리스도인과 위선자들이 많고, 경건한 자들 중에도 명백한 죄인이 섞여 있다."[113] 그럼에도 불구하고 성례전은 유효하며, 그렇게 생각하는 것이 옳다.

d) 교회가 감추어진 또 다른 이유는 그리스도인인 나도 나에게 숨겨져 있다는 데에 그 본질이 있다:

"그리스도인은 그 자신 역시 감추어져 있는 사람이다. 그래서 자신의 거룩함과 됨됨이를 보지 못하며, 오직 거룩하지 못함과 악만을 자신에게서 본다. 그런데 어설픈 궤변을 늘어놓는 당신이 눈먼 이성과 순수하지 못한 눈으로 그리스도교를 보기를 원하는가?"

그리스도인인 자신의 신분 혹은 자신의 선택에 대해 객관적인 진술을

---

110   참고. 9장 2.
111   WA 34 I,276,7f(1531년 4월 9일자 부활절설교). 참고. WA 40 I,197,23f.: "Est quidem Ecclesia sancta, tamen simul peccatrix est." (갈라디아서 2장 21절에 대하여; 1535).
112   WA 34 I,276,3, 8f., 21f. (1531년 4월 9일자 부활절설교).
113   BSLK 62,5-7.

얻고자 하는 사람은 사변에 빠지거나 혹은 예정이라는 영적시련의 나락으로 떨어진다. 그러나 다행인 것은 그리스도인이라는 존재는 "그 자체가 숨겨져 있으며", 그리스도가 그것을 알고 있다는 점이다. 이것은 골로새서 3장 3절에 상응한다. 곧 "너희 [새로운] 생명이 그리스도와 함께 하나님 안에 감춰었음이니라."

교회에서 생활할 때 이것이 의미하는 것은 교우들의 하나님 관계를 판단하지 말라는 것이다. 왜냐하면 믿음은 의미 없는 것이 아니며, 그 판단 canon fidei은 오직 하나님에게만 있기 때문이다. 교우들과는 사랑의 척도 canon caritas에 따라 행동해야 한다. 이것을 최고로 여겨야 한다.[114] 중보기도를 하고 짐을 함께 짐으로 "한 사람의 그리스도인"[115]이 된다. 그렇지만, 만일 신앙을 잘못 가르칠 경우에는 – 루터가 무엇보다도 교황에 대해서 했듯이 – 자신에게 엄격해야 한다. "사랑은 모든 것을 참고 고전 13:7 모든 것을 부드럽게 만든다. 그러나 이와는 반대로 신앙은 아무것도 참지 않으며, 무엇도 부드럽게 하지 않는다."[116] 신앙과 사랑, 곧 교리와 동료 그리스도인의 이러한 구별은 교회가 분란에 빠진 상황에서는 매우 도움이 된다.

e) 요약하자면, 우리의 거룩함은 그리스도가 있는 하늘에 있으며, 시장의 잡동사니처럼 눈앞에 이 세상에 있지 않다. 그 때문에 여기서는 범죄와 이단과 오류가 있고, 그들이 행하는 일들이 일어난다. 만약 복음의 말씀만이 우리에게 있고, 그것을 흠모하고 사랑한다면, 최악의 상태일지라도, 그리스도는 우리와 함께 있음을 의심하지 말아야 한다.

---

114   WA 18,651,31-652,11(『노예의지론』 1525)
115   WA. 7,35,35(『그리스도인의 자유』 1520).
116   WA 40 II,48,(13-27) 13f(갈라디아서 5장 9절 주해; 1531)

숨어있음에도 불구하고, 교회는 신령한 유령은 아니다. 오히려 말씀과 다른 표지들은[117] 이 땅에는 항상 거룩한 그리스도의 교회가 있다는 것과 이 교회가 계속 존재할 것임을 지속적으로 증명한다.[118] 교회의 경계가 어디에 있으며, 누가 세세히 교회에 속하는지는 인간의 판단으로는 정확히 말할 수 없다. 그러한 객관성은 그렇지만 '그리스도가 너희와, 너와 함께 하신다'는 그리스도의 약속을 믿는 사람에게는 없어도 되는 것이다.

f) "[...] 그리스도는 모든 재앙과 짐승들, 악한 천사들을 물리치고, 그의 성도들과 함께 있으며, 마침내 승리할 것이다."

교회의 감추어짐은 인간의 죄, 마귀의 숨바꼭질 그리고 그리스도 자신이 숨어있음 뿐만 아니라, 우리의 믿음과 삶의 종말론적인 구조 안에도 그 이유가 있다. 그리스도가 "마침내 승리한다"는 것을 마지막 날 모두가 보게 될 것이다. 그때가 되면 교회는 더 이상 감추어지지 않을 것이다.

---

117 참고. 위의 2.1-5.
118 『아우크스부르크 신앙고백서』 제7조(BSLK 61,2-4). 참고. 『변증서』 제7조(234,28-235.6).

13장
믿음과 선행

그러므로 보라, 사랑은 믿음으로부터 흘러나온다.

Ecce sic fluit ex fide caritas

"믿음과 선행"의 주제는 교의와 윤리의 관계를 묻는 신학의 중요한 중심축이다. 우리가 믿는 것이 어떻게 우리가 행하는 것, 즉 해야만 하는 것[1], 할 수 있는 것[2], 해도 되는 것과 연관되는가? 우리는 우리의 의지로 무엇을 행하는가? 아니면 우리 안에서 일하기 때문에 행위의 주체가 되는 것은 전능한 하나님이 아닌가엡 2:10? 오늘날 윤리의 토대가 되는 자유의 문제는 루터에게 무슨 역할을 하는가?

1. 믿음은 선행의 원천이다.

종교개혁자 루터가 믿음과 행위의 관계를 설명한 출발지는 『이차시편 강의』 중 시편 14편 1절에 대해 따로 덧붙인 부록 『믿음과 행위에 대하

---

[1] 칸트의 규범윤리에서 이상적인 형태로 강조되는 것이다.
[2] 슐라이어마허의 기술윤리에서 이상적인 형태로 강조되는 것이다.

여』 De fide et operibus이다.³ 이 부록을 바탕으로 이 장에서 특별히 강조하게 될 두 개의 중요한 종교개혁 저서가 나왔다. 즉 『선행에 대한 설교』와 『그리스도인의 자유』로 모두 1520년도에 쓰였다.

『선행에 대한 설교』는 최초의 복음적인 윤리학으로 여겨지며, 믿음을 행위보다 우선시했다. 주안점은 믿음에 있다 - 그러나 믿음 그 자체가 아니라, 제1계명의 성취로서 믿음을 말하고 있다. 더 정확히 표현하면, "나는 주 너의 하나님이다"는 하나님의 언약을 믿는 믿음을 말한다. 루터는 『대교리문답서』에서 이 언약을 이렇게 해석한다: "내가 [나의 선함으로] 너에게 풍족하게 줄 것이며, [나의 자비로] 너를 도와 모든 궁핍에서 건져 낼 것이다."⁴

하나님의 언약을 신뢰하는 믿음이 모든 행위보다 우선인 이유는 무엇인가? 어떻게 믿음만이 모든 행위를 선하게 하는가? 단지 믿음만이 - 그리고 그와 더불어 단지 믿음을 불러일으키는 하나님만이 - 죄인의 자신에게로의 굽음을 부수고, 움켜진 경직된 주먹을 풀 수 있어서 다시금 나의 존재가 이웃을 위한 존재임을 당연하게 여기며 "기쁨과 사랑"으로 행하게 되는 것이다. 받아 이웃에게 주는 모습에서 '무조건적 주심'die kategorische Gabe이라는 루터의 하나님 이해의 기본 동기를 볼 수 있다: 하나님은 아버지로서 아들을 통하여 성령 안에서 모든 것을 우리에게 주었기에⁵ 우리는 죄인들이 하듯이 받은 그것을 쌓아두거나 저장해두지 않고 계속해서 나

---

3   WA 5,394,16-408,13. 참고. Wilhelm Maurer, Von der Freiheit eines Christenmenschen. Zwei Untersuchungent zu Luthers Reformationschriften 1520/21, Göttingen 1949.

4   BSLK 560,40f.

5   BSLK 661,21-42(『대교리문답서』); 참고. WA 26, 505,38-506,12(『그리스도의 만찬에 대하여. 고백』 1528).

누어 주는 것이다.

"우리가 십계명을 지키도록 하나님이 그가 가진 그리고 그가 할 수 있는 모든 것으로 어떻게 우리를 돕고 지원했는지를 우리가 알기 때문에 이러한 깨달음을 통해서 우리는 하나님의 모든 계명을 지킬 기쁨과 사랑을 얻게 된다. 즉 아버지는 모든 피조물을, 그리스도는 모든 그의 공로를, 성령은 모든 그의 은사를 지원했다."[6]

믿음은 동인, 더 나아가 동기를 불러일으켜 자신을 개방해서 받은 것을 이웃에게 계속 나누도록 하는 힘과 능력으로 작용하기에 루터는 그것을 "모든 일 중의 일"opus operum[7]이라고 칭했다. 이것은 하나의 역설처럼 보인다. 그렇지만 '오프스'opus가 다양한 의미를 가지고 있음을 안다면, 바르게 이해할 수 있다. 즉 믿음은 하나님의 일opus Dei이고, 이것이 사람의 행위opera hominum를 선하게 하는 것이다. 믿음은, 그래서 루터가 말하듯이, "장인이며 주인공"[8]이다. 믿음이 제1계명의 성취로서 다른 계명을 성취하는 행위들에 앞서고 근거가 된다면, 제1계명은 다른 모든 계명에 앞서고 근거가 된다고 동시에 말할 수 있으며, 그것이 곧 알게 될 것이지만, 십계명 해석의 모체를 이루는 것이다.[9]

루터는 『선행에 관한 설교』에서 십계명과의 관련성을 엄격하게 강조

---

6   BSLK 661,35-42.

7   WA 5,396,32(각주 3).

8   WA 6,213,14(『선행에 관한 설교』 1520).

9   이러한 연관성에 대한 설명 - 믿음을 토대로 제1계명에 주목하는 것 – 은 저자의 해석이며, 이를 위해 그는 시편 14편 1절에 추가된 설명(WA 5,394,20ff)과 『대교리문답서』의 제1계명 해설을 인용한다. 『선행에 관한 설교』에서는 제1계명의 특별한 중요성을 강조하지 않은 채 믿음을 다룬다. 참고. WA 6,209,33-210,9(『선행에 관한 설교』 §§9) 그리고 아래 각주 21.

함으로서 사람이 만든 법들 – 루터는 그것을 "의식들"[10]이라고 칭한다 – 을 반대했다. 그것들은 분명한 하나님의 뜻을 모호하게 했기 때문이다. 선행은 사람들이 짜내고 가치를 부여한 것이 아니라, 하나님의 계명을 성취하는 것이라고 말할 수 있다. 루터는 영생의 길을 묻는 부자청년의 질문에 예수가 특별한 행위를 언급하지 않고, 일반적으로 알려진 십계명을 제시한 마태복음 19장을 인용한다. 『선행에 관한 설교』[11]를 쓰기 시작하면서 바로 요한복음 6장 28-29절을 인용하여 말하듯이, 모든 선행 중 최고의 선행은 믿음이다.

"하나님이 보내신 이를 믿는 것이 하나님의 일이다." "왜냐하면 모든 선행은 이러한 행위 속에서[즉, 믿음 안에서] 일어나는 것임에 틀림없으며, 좋은 것들은 [믿음으로부터] 흘러들어가며[12], 그것은 믿음의 보답과도 같다."[13]

루터는 선행을 장려하면서 구원의 확신의 문제에 대해서는 흔들리는 신학자들을 반대한다. 루터에 의하면, 만약 내가 하나님과의 관계를 어떻게 해야 하는지 알지 못한다면, 최고의 행위들도 아무런 유익이 없는 것이다. 믿음이 없다면 최고의 행위도 죽은 것이다.

"믿음 밖에서 일어나는 모든 행위[즉, 기도, 금식, 기부 등]는 그 때문에 무가치

---

10 시편 14:1 부록의 2번째 부분; WA 5,405,6-408,13.
11 WA 6,204,25-28(1520).
12 루터는 '흘러들어가다'라는 말로 "주입된 은총"(gratia infusa)이라는 로마가톨릭의 교리를 암시해주고 있다. 이 말은 은총의 본질을 전달해 준다는 아우구스티누스의 생각에 기원이 있다.
13 WA 6,204,31f(『선행에 관한 설교』 1520).

하며 완전히 죽은 것이다. 사람들의 양심이 하나님에 대하여 어떤 위치에 있고, 또 어떻게 믿는가에 따라서 행위도 역시 결정되기 때문이다. 지금 거기[구교도들]에는 신앙도 없고, 하나님에 대한 선한 양심도 없다. 때문에 행위는 무의미하며, 그들의 모든 삶과 선도 무가치하다."[14]

그렇지만 이러한 그의 말에는 곧바로 오해도 뒤따르고 있다:

"그 때문에 내가 믿음을 강조하고 또 믿음 없이 행하는 행위를 거부할 때 그들은 내가 선행을 금한다고 비난한다. 그렇지만 나는 믿음에 근거한 참된 선행을 가르치길 원한다!"[15]

루터는 자신의 글 『선행에 관한 설교』에서 계명과 복음적 권고 consilia evangelica[16]라는 전통적인 두 단계 윤리를 제거하는 것이 중요하다고 본다. 중세교회가 산상수훈에 명시된 최고의 제자도 요구와 약간은 가볍게 여겨도 될 법한 율법들 사이의 긴장을 해결하면서 가볍게 보이는 계명은 일반 사람에게 적용하고, 어렵지만 대표적인 계명은 수도사와 수녀들이 지켜야 한다는 방식으로 했다면, 루터는 이와는 반대로, 믿음을 모든 선행의 척도로 삼아 일상적인 일 뿐만 아니라, "노래, 독서[성경과 종교서적], 오르간 연주, 미사집행, 아침 기도, 저녁 기도 그리고 다른 시간의 기도, 교회, 제단, 수도원 설립과 종, 보석, 미사의복, 소소한 장신구로 장식하는 일"[17]에

---

14 WA 6,205,6-10.
15 WA 6,205,11-13.
16 참고. Thomas von Aquin, Summa Theologiae I/II q 108 a 4.
17 WA 6,211,15-17(『선행에 관한 설교』 1520).

서도 중요하다고 보았다.

"하나님이 그것을 기뻐한다고 그[즉, 신앙인]가 자신의 마음으로 확신한다면, 비록 그것이 지푸라기 하나를 들어 올리는 것처럼 작은 일이라고 할지라도 그 행위는 선하다. 그러나 만일 확신이 없거나 의심이 든다면, 비록 그것이 죽은 자들을 다 살리고 그 자신을 [순교자로] 불사르게 하는 일일지라도 그 행위는 선하지 않다[고전 13:3]. 사도 바울은 이것을 로마서 14장[23]에서 가르치고 있다. 즉 '믿음으로 좇아 하지 아니하는 모든 것이 죄이다.'[[18]] 우리가 그리스도를 믿는 신자들이라는 이름을 갖게 된 것은 다른 행위가 아닌 최고의 행위 - 사람의 행위가 아니라,[19] 하나님의 행위이기에! - 곧 믿음으로 말미암은 것이다. 모든 다른 행위는 이방인도 [...] 역시 행할 수 있다. 그러나 그가 하나님을 기쁘게 함을 굳게 신뢰하는 일은 은혜로 깨닫고 굳게 확신하는 한 사람의 그리스도인에게만 가능한 일이다."[20]

믿음을 제1계명의 성취로 그리고 "충성"과 "진심에서 우러나오는 신뢰"로 보고, 그것이 없다면 "계명을 충분히 만족시킬 만한"[21] "다른 선행은 없다"고 이해하려는 - 이것은 아무리 강조해도 지나치지 않은 루터의 가장 중요한 신학적 통찰 가운데 하나이다. 이러한 이해는 이미 1520년에 시작

---

18 루터와 멜란히톤은 로마서 14장 23절을 죄론의 원리로 삼았다. 시편 14편 1절 부록에서 로마서 14장 23절이 가진 부정적인 표현을 마음에서 모든 선한 것이 나온다는 긍정적인 표현으로 바꾸어 놓았다. (WA 5,394,16ff).

19 루돌프 불트만은, 피히테에 이어서 행위와 일을 구분한다: 믿음은 "인간의 자유로운 결정 행위이지만(Gnade und Freiheit [1948], in: Bultmann, Glaube und Verstehen, Bd.2, Tübingen 1952, [149-161] 157), 그러나 그의 일은 아니다.

20 WA 6,206,9-18(『선행에 관한 설교』 1520).

21 WA 6,209,33-35.

되었으며, 특히 『소교리문답서』1529에서는 제1계명을 이어지는 모든 다른 계명을 해석하는 서문과 모체라고 이해했다. 루터 이전 시대에는 십계명을 흔히 추가 규정이라는 의미로 이해했고, 각 계명의 서수적 의미를 깊이 고려하지 않았다. 그러나 『소교리문답서』에서의 루터의 이해는 완전히 달랐다. 우선 제1계명을 절대적 계명으로 해석했다: "우리는 그 무엇보다 하나님을 경외하고 사랑해야 하며, 그를 신뢰해야 한다." 계속해서 다른 계명을 해석할 때에 루터는 그때마다 이 절대적 진술을 반복하고 설명해 – 독창적인 시도! - 그것이 이어진 부문장의 근거임을 강조한다. "하나님을 두려워하고 사랑하여 [제5계명 "살인하지 말라"을 예로 든다면] 이웃을 상하게 하거나 괴롭히지 말며, 그를 돕고 필요한 모든 것을 제공하라는 뜻이다."[22] 여기서는 성취를 먼저 염두에 둔 목적문장Finalsatz이 아닌 연속되는 문장, 곧 결과문장Folgesatz이 중요하다는 것이 강조되고 있다. 그러므로 "부문장daß"은 반드시 의무적이라고 볼 수 없으며, 언급했듯이, 연속적, 즉 내적이고 자연적인 결과이다. 믿음은 – 내적 필연성을 가지고 – 사랑 안에서 행하는 것이다. 믿음에서 모든 선한 행위가 솟아나오고 "흘러나온다."[23] 여기서 행위를 통한 믿음의 성취는 일시적이거나 혹은 심리적인 것이 아니라, 논리적으로 볼 때 믿음의 본질로부터 오는 결과이다.

이제 고린도전서 13장 13절과 로마서 13장 8-10절을 고려할 때 사랑과 믿음은 서로 어떤 관계가 있는지 의문이 생긴다. 사랑이 먼저 믿음을 불러 일으키는 힘은 아닌가? 사실 스콜라신학은 갈라디아서 5장 6절 해석에서 믿음은 사랑을 통해서 비로소 구원에 적합한 모습과 완성을 이룬다고 판

---

22   BSLK 508,31-34.
23   WA 6,210,1(『선행에 관한 설교』 1520).

단했다. 그래서 "사랑을 통해서 형성되는 믿음"fides caritate formata이라고 말했다. 즉 믿음은 반드시 사랑을 통해서 이루어짐에 틀림없다는 뜻이다. 고린도전서 13장 13절을 보아도 사랑이 믿음보다 더 높게 주목받고 있지 않는가? 루터는 이 둘을 계층 구조적으로 서열화하는 것을 경고한다:

"이제 위에서 말했듯이, 그러한 신실한 믿음이 사랑과 희망을 가져온다. 그렇다. 우리가 그것을 똑바로 보면, 사랑이 첫째이거나 혹은 믿음과 동시에 사랑이 거기에 있다. 왜냐하면 만일 하나님이 나에게 호의를 베풀고, 나를 사랑한다고 생각하지 않으면, 나는 하나님을 신뢰할 수 없을 것이기 때문이다. 이 사랑을 통해서 나는 다시금 하나님을 사랑하게 하고, 이 사랑이 하나님을 신뢰하도록 내 마음을 움직이며 모든 선한 것을 그에게 기대하게 만든다."[24] 그렇지만 모든 사람은 "선행을 통해서(그들이 선행이라고 칭한 것이다) 하나님이 호의적이 되도록 만들기를 원하며," 하나님에게서 "그의 호의를 구매하고 싶어한다[...]. 이것은 하나님을 마치 자신의 은총과 호의를 거저 주려고 하지 않는 행상인과 일일노동자처럼 여기기 때문이다."[25]

루터의 『로마서 서문』에는 단정적으로 "인간은 만일 그가 의롭게 되었다면, 행위 없이 살 수 없는 존재일지라도, 행위와 상관없이 의롭게 된다"[26]고 쓰여 있다. 사랑은 믿음을 보충할 목적으로 믿음에 부가되는 것이 아니다.[27] 오히려 – 이것이 갈라디아서 5장 6절 희랍어 어법의 해석이다

---

24 WA 6,210,5-9.
25 WA 6,210,19-22.
26 Heinrich Bornkamm(Hg.), Bibelvorreden, 187(= WA DB 7,16,17-19; 1522).
27 스콜라신학은 "사랑을 통해서 형성 되는 믿음"(fides charitate formata)을 가르쳤으며, 이것은

― 믿음은 그 자체에 있는 고유의 에너지를 사랑 안에서 다 쓰는 것이다. 즉 믿음은 사랑 안에서 역사한다.[28] 이것은 특정한 행위로 보여주는 것이 아니라, 그리스도인이 하는 일체의 행위에 스며있는 기본태도 속에 있는 것이다.

"인간이란 존재는 그 본질을 볼 때 무엇을 행하든지 혹은 맡기든지, 고통을 겪든지 혹은 피하든지 아무것도 행하지 않고는 한 순간도 있을 수 없다(왜냐하면 우리가 알듯이, 인생은 결코 쉬지 않기 때문이다): 그러므로 이제 경건하고 선행으로 충만하고자 하는 사람은 그렇게 시작하라. 또 모든 삶에서 연습하고 항상 행하라[...]. 그러면 그가 해야 할 일이 얼마나 되는지와 그 모든 것이 신앙에 달린 것임을 알게 될 것이고, 결코 게으를 수 없을 것이다. 왜냐하면 게으름도 신앙을 훈련하는 하나의 행위로서 발생하기 때문이다."[29]

루터가 『로마서 서문』에서 밝히고 있는 고전적이라고 칭할 수 있는 설명은 이렇다:

"믿음은 우리를 변화시키고, 하나님으로부터 새롭게 태어나게 하고, 옛 아담을 죽이는 우리 안에서 행하는 하나님의 일이다요1[:13]. 믿음은 우리를 마음과 생각과 뜻과 모든 능력이 완전히 다른 사람이 되게 하고, 더불어 성령을 데려온다.

갈라디아서 5:6절에 근거한 것이다(Thomas von Aquin, STh II/2, q.4 a.3; 참고. III,q.49.a 1,ad 5). 트렌트공의회는 이 교리를 확인했다(DH 1531 und 1648).

28 갈라디아서 5장 6절에 대한 루터의 이해에 대해서는 특히 『그리스도인의 자유』(1520)를 참고하라: "믿음은 기쁨과 사랑으로 일한다"(WA 7,34,32f und 7,64,35-37; 1520). 그의 논쟁 『혼인예복에 대하여』(1537); WA 39 I,265-333; 마22:11-12) 그리고 그에 대한 주해: WA 40 II,34,3-39,2(1531); WA 59,721, 각주10.

29 WA 6,212,32-213,1(『선행에 관한 설교』 1520).

오! 믿음은 살아있어 창조적이며 활동적이고 강력해서 선한 일을 끊임없이 하지 않기란 불가능하다. 믿음은 선행을 해야 하는지를 묻지 않고, 오히려 선행이 이루어졌는지 그리고 이루어지고 있는지를 묻는다."[30]

하나님이 홀로 행하였고 그 때문에 인간은 단지 겪고 그리고 받아들여야 하는 믿음의 칭의는 그 수난에 근거해 볼 때, 고통을 겪는 하나님의 일임을 생각할 때 최고의 행함이다. 행함 없이 존재할 수 있는 것은 없다.

루터는 『하이델베르크 논제』에서 "나는 '행함 없이'라는 말을 이렇게 이해하고자 한다. 즉 그것은 의인이 아무것도 하지 않는다는 것이 아니라, 그의 행함이 그에게 칭의를 주지 않는다는 뜻이다. 오히려 그의 [그에게 부여된] 칭의가 선행을 하게 한다."[31]

루터의 윤리는 그러므로 칸트나 슐라이어마허의 생각으로는 충분히 이해할 수 없다.[32] 슐라이어마허의 입장이 오히려 "사랑은 믿음에서 흐른다"는 것에 조금은 가깝다.[33] "선행이 선하고 경건한 사람을 만드는 것이 아니라, 선한 사람이 선하고 경건한 일을 한다."[34]

---

30   Bornkamm(Hg.), Bibelvorreden, 182(=WA DB 7,10,6-12; 1522).
31   WA 1,364,6-8(1518) 참고. 각주 26.
32   참고. 각주 1 이하.
33   WA 7,66,7("Ecce sic fluit ex fide caritas": 『그리스도인의 자유』 1520). 참고. WA 6,210,1(『선행에 관한 설교』 1520).
34   WA 7,32,5f(『그리스도인의 자유』 1520) 참고. 마 7:18. - 루터와는 달리 멜란히톤은 『골로새서 주해』(1527)를 계기로 다시 규범적 윤리에 다가서는 듯 보인다. 그러므로 『아우크스부르크 신앙고백서』 제6조에서 "그러한 믿음은 좋은 열매와 선한 행위를 맺어야 하며[debeat] 그리고 사람은 선행을 해야 한다[oporteat]"고 썼다(BSLK 60,2 이하). 『믿음에 대하여』라는 논쟁에서 루터는 멜란히톤을 인용하고 사안에 맞도록 그것을 수정했다: "우리는 믿음에 선행이 뒤따라야만 한다고, 오히려 다시 말해 따를 뿐만 아니라, 즉시 따라야한다고 고백한다. 그것은 좋은 나무가 좋은 열매를 맺을 뿐만 아니라, 직접 좋은 열매를 내는 것과 같다"(WA 39 I, 46,28-30; 1535). 칼뱅은 그리스도인의 선한 삶에 큰 가치를 두었다(『기독교강요』 II,7,12 ["제3의" 내지는 "교육적" 용법을 율법의 가장 중요한 율법이라고 보았다] 그리고 III,6,1).

2. 섬김의 자유

실제로 신앙은 그리스도인들의 삶 속에서 동일한 정도로 작용하지는 않는다. 그 때문에 루터는 『선행에 관한 설교』에서 사람은 네 그룹으로 분류한다. 첫째의 부류는 율법과 상관없이 믿음으로 자발적으로 하나님의 뜻을 행하는 사람들이다. 둘째의 부류는 자유를 죄를 범하는데 남용하지 않도록 율법의 권고가 필요한 사람들이다. 셋째의 부류는 율법의 정치적 용도로 강제하지 않으면 규범을 벗어나는 행동을 자행하는 악한 사람들이다. 마지막 넷째의 부류는 믿음이 연약한 자들로 완전한 종교개혁적인 신앙고백을 하기 까지 일종의 측정 수단으로서 선행이 필요한 자들이다.[35] 믿음 안에서 참된 자유를 얻은 첫 번째 부류의 사람들은 이제 다른 사람들을 위해서 율법에 복종할 정도로 자유하다. 루터는 이를 위해 믿음이 "강한 자"와 "약한 자"의 관계를 언급하는 로마서 14장의 바울의 주장을 인용한다.

율법은 폐기된 것이 아니라 완성되는 것이다. "네가 행하는 모든 것은 마음으로부터 나온다. 그러나 하나님의 영외에는 아무도 그와 같은 마음을 주지 않는다. 하나님의 영은 인간을 율법에 맞도록 한다. 그래서 인간은 율법을 지키는 기쁨을 얻게 되고, 두려움이나 강제가 아닌 자발적인 마음으로 계속해서 율법을 지키는 것이다."[36]

---

35   WA 6,213,22-214,11(『선행에 관한 설교』 1520). 네 번째 그룹은 "마치 환자를 대하듯이 친절히, 세심히 그리고 차분히 이끌어 신앙으로 다시 돌아오게 해야 하며, 또한 그들이 신앙을 바르게 이해하기까지는 어느 정도 그들의 양심에 거리끼지 않도록 하기 위하여 어떤 행위에 매달려 마치 그것이 구원에 필요한 것처럼 행한다 하더라도 우리는 그것을 용납하여야 한다. 그렇지 않고 만일 우리가 너무 조급하게 그들을 행위에서 떠나게 하려고 하면, 그들의 연약한 양심이 몹시 손상을 입고 혼란을 일으켜 다시는 신앙도 행위도 간직하지 못하게 될 것이다"(aaO. 215,4-10).

36   Bornkamm(Hg.), Bibelvorreden, 179(= WA DB 7, 4,31-34 [『로마서 서문』 1522]).

그리스도교 혹은 복음적인 자유는 그것을 통해서 양심이 행위로부터 자유롭게 되는 것을 뜻한다. — 그것은 아무 일도 발생하지 않는다는 의미가 아니라, 무엇도 의존하지 않는다는 의미이다.

루터는 거침없이 자유와 자발적인 새로운 순종, 거듭난 자의 들음과 행동을 강조한다. 그는 믿음과 사랑의 관계를 『그리스도인의 자유』라는 글에서 두 가지 명제로 밝혔다: "그리스도인은 자유로운 만물의 주인이며 아무에게도 예속되지 않는다. 그리스도인은 충실한 만물의 종이며 모든 사람에게 예속된다."[37] 그리스도인은 하나의 종의 개념으로 본 인간이나 혹은 종교적 존재가 아니며, 오직 자유로운 존재로서의 인간이다. 그는 그 자신 밖에 믿음 안에서, 즉 하나님 안에서 살아가며, 자신의 정체성을 찾아야만 하고 자아를 실현해야만 한다는 것에 얽매이지 않는다. 그 때문에 그는 만물의 종이 될 수 있는 것이다.

자유에 대한 루터의 많은 글은 사실 바울의 "내가 모든 사람으로부터 자유하기 때문에, 그 이유에서 나는 모든 사람에게 종이 되었다"고전 9:19는 이 말을 해석하고 있을 뿐이다. 비록 내가 자유롭지만, 그 때문에 나는 자유하다고 그는 말한다. 루터는 동시에 바울이 로마서에서 사랑을 통한 율법의 성취에 대해 말한 그 본문롬 13:8-10도 해석할 필요가 있다고 주장한다. 믿음으로 자유는 사랑 안에서 행하는 봉사를 받아들인다.

"그러므로 이제부터 사랑의 빚 외에는 아무에게든지 아무 빚도 지지 말라[롬 13:8]. 그리스도가 우리에게 자신의 피를 준 것 같이, 우리는 이웃에게 선을 베풀

---

37 WA 7,21,1-4(1520).

어야 한다. 그 때문에 우리가 따르는 모든 율법, 행위, 명령은 하나님을 섬기기 위한 것이다. 하나님으로부터 오지 않은 것은 행하지 마라[...]. 그러나 우리가 이웃을 섬기기 위해 행하는 율법, 행위, 명령은 선하며, 실천해야만 한다. 세상의 권세가 그들의 나라에 순종하고, 따르며, 봉사하듯이, 배고픈 자에게 음식을 주고, 가난한 자를 도와야 한다."[38]

사랑 안에서의 율법의 성취는 서로에 대한 의무를 다할 때 이루어진다. 이것은 상호 인정을 원하는 갈등, 곧 전쟁과 더불어 세상 끝까지 지속될 것이다. 그러나 이 전쟁은 세계사의 치명적인 투쟁에 반대하는 한 번의 움직임으로 판가름 났다. 모든 것에서 자유로운 하나님이 직접 그의 부요함에도 불구하고 우리 때문에 예수 그리스도의 역사 속에서 가난하게 되었고, 그의 가난함을 통해 우리는 부요하게 된 일에서 결정된 것이다. 바울은 고린도후서 8장 9절에서 빌립보서 2장 6-11절에 언급된 그리스도 찬양으로 잘 알려진 이야기를 그렇게 요약하고 있고, 루터도 그것을 따르고 있다. 예수 그리스도의 역사로 시작되어 칭의의 싸움에서 그가 가져온 전환에 근거하여 그리스도인은 – 옛 아담의 죽음을 통해서 – 회복되고 의롭게 되었다.

"칭의는 이제 그것을 믿는 믿음이다. 그것은 '하나님의 의' 혹은 '하나님 앞에서 옳다'라는 뜻이다. 그것은 하나님의 선물이며, 그리스도가 죄를 담당함을 모두가 알도록 하기 때문이다. 그도 그럴것이 인간은 믿음을 통하여 죄에서 해방되고 하나님의 계명을 기뻐한다. 더불어 하나님에게 마땅한 영광을 돌리고, 빚진

---

38   WA 12,157,6-14(에스링엔 시 교회에 보낸 편지, 1523). 참고. 위 228쪽, 각주 106.

것을 지불한다. 물론 사람도 자신이 할 수 있는 것을 가지고 기꺼이 동료를 섬기며, 모든 사람에게 진 빚을 갚는다."[39]

그러므로 사랑 안에서 강해진 믿음은 타자를 위해 책임을 지는 상호관계 및 다양한 방식의 의로움을 위한 노력을 회피해서는 안 되며, 어떤 의미에서 그 싸움 안에서 살아가는 것이다. 법정적인 실현 구조 - 심판으로서의 존재, 상호 인정 속에서의 존재 - 는 폐기되지 않으며, 위에서 말한 방식으로 성취될 것이다. 이런 의미에서 볼 때 구약성서와 고대근동의 지혜 전승 - 공동체 신뢰와 칭의로서의 세계질서 - 은 사랑의 개념 안에 내포되었고 실현되었다. 루터는 종종 발생하는 그의 신학 및 『아우크스부르크 신앙고백서』 제4조에 대한 오해처럼, 편협한 바울 해석을 제시하지 않는다. 율법은 사랑 안에서 실현되고, 칭의는 자비 안에서 성취되었다는 것은 더 폭넓은 사회적 그리고 우주적인 연관성을 보여주는 것이다.

3. 형이상학적 진보인가? - 윤리적 진보

믿음은 "선행을 해야 하는지 묻지 않고, 오히려 이미 했는지를 묻고 그리고 여전히 하고 있는지를 묻는다. 그러한 일을 하지 않는 사람은 믿음이 없는 사람이다."[40] 이것은 경건주의, 감리교, 성결운동 그리고 야고보서 1:22-25; 2:17, 20의 질문과 일치한다. 루터가 예상했듯이, 이것은 만일 행위

---

39 Bornkamm(Hg.), Bibelvorreden, 183(=WA DB 7,10,28-33 [『로마서서문』 1522]).
40 Bornkamm(Hg.), Bibelvorreden, 182(=WA DB 7,10,11-13 [참고. 각주 30]).

로 입증하지 않을 경우, 믿음과 무슨 상관이 있는지를 묻는 것이다. 믿음을 행위로 알 수 있는가? 아니면 믿음 역시 믿어야만 하는가?

제자의 삶[41]이 세례를 확증하는지에 대한 논의처럼, 여기서도 마찬가지로 루터의 입장을 가지고 극단적인 입장을 경고할 수 있다. 칼뱅주의에 가끔 등장하는 삼단논법 syllogismus practicus[42] - 믿음의 존재 혹은 유무를 선행을 근거로 결론짓는 것 - 은 모든 인간적 행위의 모호성에 근거해 볼 때 수용할 수 없다. 그러한 추론은 단지 불확실성과 율법주의로 귀결될 뿐이다. 다른 한편, 자유방임주의 Libertinismus[43]가 하듯이, 믿음과 행위를 완전히 분리하는 것도 마찬가지로 잘못된 것이다

루터는 두 가지 관점을 구분한다. 그에게 중요한 것은 통전적 관점이다. 즉 무엇이 일어나고 삶의 변화가 어떻게 보이는지는 상관없다 - 믿는 사람은 완전히 의롭게 된 것이다. 의롭게 된 사람에게 뒤따르는 것은 부분적 측면이다.[44] 경건의 측면에서 볼 때 성화는 과정으로서 성화이다.[45] 루터 역시 "매일 죄를 청소하고 삶을 새롭게 하면, 우리는 죄에 머물지 않고 새로운 삶을 영위할 수 있으며, 여러 가지 선행을 할 수 있다"고 말함으로 줄곧 성화에 있어서 성장을 말하고 있다.[46] "발전이란 계속해서 다시 새롭게 시작하는 것과 같다. 발전 없는 시작은 퇴보이다."[47] 성화의 이러한 과정을

---

41 12장 2.1.
42 참고. 『하이델베르크 교리문답서』, 질문 86.
43 참고. Konrad Hilpert, Art. "Libertinismus", RGG Bd. 5, 2002, Sp. 325.
44 통전적 측면과 부분적 측면의 차이에 대해서 참고. Wilfried Joest, Gesetz und Freiheit. Das Problem des Tertius Usus bei Luther und die neutestamentliche Parainese, Göttingen(1951) 1961, 55-82.
45 『교리문답해설』 제3조 주해에서 성화에 있어서 정확성과 지속성을 구분했다(참고. 11장 1.2).
46 WA 50,625,26-28(『공의회와 교회에 대하여』 1539).
47 WA 4,350,14(시편 119:88 주해; 1513-1515). 이 말은 루터의 글들에서 곧 중심주제가 된다. 그에 대한 정확한 이해를 위해서 참고. Theodor Dieter, Der junge Luther und Aristoteles. Eine historisch-

등급으로 정할 수는 없다. 믿음은 직접 내린 자신의 판단에 책임을 갖는 것이다. 우리는 우리의 행위에 대해 심판을 받을 것이다. 만일 이것을 경시할 경우, 자신에 대한 성찰은 자기에게로 굽음incurvatio in seipsum이라는 형식의 경건이 될 것이다. 성화된 사람은 자신을 주목하지 않고, 거룩하게 하는 하나님과 성화의 수단인 말씀에 관심을 기울인다.[48]

루터의 창조와 역사 이해는 이러한 관점에 부합한 역사철학과 특히 현대의 진보사상에 대해 경계를 긋는다. 이것은 의롭게 된 사람이 주변을 맴돌아 특정한 방향으로 한 걸음도 나아갈 수 없음을 뜻하지는 않는다. 오히려 그 반대이다. 옛 사람에 대한 새 사람의 관계는 확실히 진보가 있다. 『그리스도인의 자유』에서 "우리가 시작한다"는 것은 "일생에 걸쳐 완성되는 그 안에서 발전하는 것"[49]을 의미한다.

우리가 하는 일, 행동, 정치적인 참여 등은 윤리적인 측면에서 볼 때 분명 - 비록 절대적인 의미에서는 아니라 할지라도 - 하나의 진보이다. 윤리적인 의미에서의 진보는 형이상학적으로 제한을 받지 않는다. 하나님의 나라는 하나님-나라-운동과 같은 인간의 행위에 의해 이루어지지 않는다. 루터가 『노예의지론』에서 지적하듯이[50] 그것은 이미 오래전에 예비된 것이다마 25:34. 진보사상은 더 이상 구원사상이 아니다. 진보사상은 구원에 대해 왜곡된 관점을 적용하여 종교적인 매력을 잃었다. 진보사상은 정치적 영역에서도 그의 열광적 면모를 상실했다. 윤리적인 진보란 구원의

---

systematische Untersuchung zum Verhältnis von Theologie und Philosophie, TBT 105, Berlin / New York, 2001, 317-325.
48 참고. 11장 1.1.
49 WA 7,59.31(1520).
50 참고. 15장 각주 11.

문제와는 상관없는 세상에서의 진보이다. 그것은 절대주의나 전체주의의 이름으로 일어나는 것이 아니고, 작지만 명확한 발전에서 일어난다.

세속적인 진보는 "이미 존재하고 [그리고] 현재적인 것"에서 만족을 구하고, "장차 이루어질 것을 [...] 관리하고 통치하려고 한다."[51] 오늘날은 윤리적인 진보와 형이상학적인 진보의 이러한 차이점을 의식하지 않는다. 경건주의가 여기에 기여했는지 그리고 기여했다면 무엇을 통해서 기여했는지를 물어야 한다. 그러한 망각에 세례의 의미에 대한 망각도 내포되어 있다.

세례는 옛 세상과 새 세상의 경계점이다. 윤리적인 진보는 그 세례에게로의 복귀 속에만 있다. 정말 선하고, 선할 뿐만 아니라 최고라고 말할 수 있는 진보는 회개와 세례에게로의 복귀이며, 더불어 비관주의와 낙관주의 – 미래에 대한 막연한 두려움과 우주의 계속적인 진화와 발전 가능성에 대한 희망 – 의 대안이 파괴되어 없다는 세상에 대한 바른 인식이다. 왜냐하면 하나님은 창조자로서 끊임없이 새로운 것을 창조하기 때문이다.

계몽주의의 진보사상과 하나님-나라-운동에서 드러난 여러 가지 형태의 경건주의적 성화노력에 대해 회의 하면서 율법과 복음의 구분을 통해 명확해진 것을 알고 역사 속에서 살아가는 것이 중요하다. 1577년에 나온 루터교 신앙고백서인 『일치신조』는 칭의와 성화의 관계를 다루면서 중생한 자에게 율법이 지닌 중요성에 대해 묻는 물음과 연관지어 이렇게 쓰고 있다:

"이 두 가지 설교" 즉 율법과 복음은 "세상이 창조된 시작부터, 항상 하나님의

---

51 Bornkamm(Hg.), Bibelvorreden, 81(= WA DB 10 II, 106,8f. [Vorrede auf den Prediger Salomo; 1524]).

교회에서 서로 나란히 존재했으며, 적절한 차이점을 가지고 사용되었고," 그리고 "세상 끝날 까지 [...] 적용될 것이다."[52]

루터는 그리스도인들에게, 만일 그들이 복음을 통해서 의롭게 되었다면 율법을 설교하지 말아야 한다고 항상 강조했었다. 그러나 그들이 여전히 옛 세상에 속하여 죄인으로 머물러 있다면 율법을 설교해야 한다. 『일치신조』 제6조도 이것을 동일하게 강조하고 있다. "신자들에게 선행을 요구하는 것이 율법의 직임이요, 율법의 기능이요 과제라면, 그 점에서 복음은 신자로 하여금 새롭게 순종하게 하고, 순종하도록 역사한다."[53] 옛 사람과 관련하여 율법의 중요성을 강조하고자 일치신조는 계속해서 옛 인간을 다룬다. 왜냐하면 그리스도인 역시 "여전히 옛 아담에게 [...] 의존하고 있기 때문이다."[54] 옛 아담은 "문제를 일으키고, 싸움을 좋아하는 당나귀"이며, 새 사람은 그를 대항하여 "끊임없는 싸움"을 해야 한다.[55] "그리스도인" 및 "참된 신자" - 만일 이들이 옛 사람인 경우 - 와 "불신자, 비그리스도인 그리고 회개하지 않는 자"[56] 사이에 차이는 없다! 같은 율법이 "불신자들과 마찬가지로 믿는 자들에게도 적용 된다."[57]

현대적 맥락에서 특히 제기되는 긴급한 질문은 자발적인 새로운 순종에서 성화가 어떻게 열광적이지 않고 유지되는지에 관한 것이다. 그렇다면 옛 인간에게는 율법의 지속적인 중요성을 지적하는 것만으로는 충분하

---

52 BSLK 959,33-960,1.23-26(Solida Declaratio V: 율법과 복음에 관하여).
53 BSLK 965,31-34(VI: 율법의 제3용법에 관하여).
54 BSLK 964,39-42.
55 BSLK 969,14-17. 참고. 갈 5:17.
56 BSLK 969,43-45.
57 BSLK 969,25-968,1.

지 않다. 복음을 강조하는 것이 동일하게 중요하며, 객관적으로는 더 우선적이다. 새 사람은 복음으로 옛 사람을 대처할 수 있으며, 일생동안 그렇게 살아야만 한다. 그는 항상 복음의 권고를 듣고, 복음을 통해 선물로 주어진 "낯선" 그리스도의 의를 의지해야 한다. 이것은 인정, 승인, 전달의 이유를 자신에게 두어 스스로가 낯선 의를 고려하고 자신의 입장에서 기억할 수도 있다는 뜻이 결코 아니다. 그러한 자기관계성이나 믿음과 사랑의 성장 속에서 자신을 관찰하길 원하는 경건한 사람의 자기관계성 역시 복음과의 교제에는 모순된다.

거듭난 새 사람이 의심과 교만으로 가득한 옛 사람으로 회귀하지 않도록 하기 위해서는 그러한 고집을 징계하고 죽이는 율법뿐만 아니라, 무엇보다도 그러한 생각이 전혀 일어나지 못하게 하는 복음이 필요하다. 자발적인 새로운 순종이 열광주의에 빠지지 않도록 하기 위해서는 "헛된 자만"[58]이 원하듯이, 구원이 나의 것인 양 개인적 소유물로 생각하지 말고, 그 생명의 힘으로 내가 살아가는 그 누군가의 선물과 은사로 이해해야 한다갈 2:19-20.

4. 자유

4. 1. "너희는 자유를 위하여 부름을 받았다!"

루터는 신약성서에 나오는 바울의 자유 호소를 새롭게 인식하였고, 전

---

58   BSLK 454,15(『슈말칼덴조항』 1537).

적으로 옳다고 여기며 강하게 주장했다.

율법은 경솔하고 나태한 양심을 위해 필요하다. 그들에게는 율법의 요구를 강조하여 양심을 다시 일깨워야 한다. 그러나 혼란 가운데서 염려하고 우울해진 양심을 자유하게 하여 분명한 이해와 확신을 갖도록 돕는 일은 규율, 척도, 율법을 주입시키고 형벌로 위협하는 방법을 통해서는 가능하지 않다. 복음을 통해서만 그들을 도울 수 있으며, 더 나아가 예수 그리스도를 통해 가능해져 그가 직접 그의 말씀과 성만찬에서 나누어주고 알려준 자유를 통해서만이 그들을 도울 수 있다. 루터는 갈라디아서에 기록된 사도 바울의 '자유를 위한 부르심'에 동의한다: "너희는 자유를 위하여 부르심을 입었다!"갈 5:13. "그러므로 이제 그리스도께서 우리를 자유롭게 하고자 주신 그 자유에 굳게 서서 다시는 종의 멍에를 메지 말라"갈 5:1.

루터의 많은 시대적 동료들은 자유를 위한 이러한 부르심에 즉각 열정적으로 응답했다.

그러나 그들은 자유에 대한 부름이 무엇을 내포하고 있으며, 이 말이 갈라디아서에서 어떻게 전개되고 있는지 듣거나 진지하게 다루지 못했다:

"형제들아 너희가 자유를 위하여 부르심을 입었으나 그러나 그 자유로 육체의 기회를 삼지 말고 오직 사랑으로 서로 종노릇하라. 온 율법은 '네 이웃 사랑하기를 네 자신 같이 하라'는 이 말씀에서 이루어졌느니라"갈 5:13-14.[59]

그 후 루터의 자유 호소는 계몽주의 시대에 다시 한 번 큰 공명을 일으켰다. 고트홀트 에프라임 레싱Gotthold Ephraim Lessing, 1729-1781은 함부르

---

59 참고. WA 8,669,21-23(『수도사의 서원에 대한 마르틴 루터의 판단』 1521).

크의 루터교 담임목사인 괴체(Johann Melchior Goeze, 1717-1786)와의 논쟁에서 "루터, 당신은! - 위대한 인물이나 제대로 인정받지 못한 사람이다! 특히 근시안적인 완고한 사람들이 어느 누구보다도 오해를 많이 했다[...]. 그들은 당신의 슬리퍼를 손에 들고서, 당신이 시작한 길을 소리치면서 따라 가다가 곧바로 도중에 빈둥거리며 그만둔 사람들이다. - 당신은 전통의 멍에에서 우리를 풀어주었다: 누가 우리를 참을 수 없는 문자의 사슬에서 해방시키는가!"[60]라고 외쳤다.

이러한 내용과 또 많은 유사한 말들은 묻는다: 루터는, 헤겔 그리고 분명 다른 의미이기 하지만 칼 마르크스가 생각했듯이, 현대적 의미의 자유의 기수요, 프랑스 혁명의 정신적 선구자였는가?[61] 루터는 혁명가인가? 아니면 보수파인가? 그는 독보적인 존재임은 분명하다: "같은 편에 의해서도 호불호가 뒤섞여 있으며, 그의 이미지는 역사 속에서도 유동적이다."[62] 예를 들면 독일민주공화국DDR에서 그는 우선 "제후들의 종"으로 여겨졌으나, 그의 탄생 500주년인 1983년에는 "동지"[63]로서 우대되었다. 그렇다면 루터는 제후들의 종인가 아니면 동지인가? 혁명가인가 아니면 보수파

---

60 Gotthold Ephraim Lessing, Eine Parabel – Nebst einer kleinen Bitte, und einem eventualen Absagungsschreiben an den Herrn Pastor Goeze, in Hamburg, 1778, unveränderter photomechanischer Ndr. Der 3. von Franz Muncker durchgesehenen und vermehrten Auflage der Ausgabe Karl Lachmanns von G. E. Lessings sämtlichen Schriften, Bd. 13, Berlin 1897, 102,4-9. (참고. Heinrich Bornkamm, Luther im Spiegel der deutschen Geistesgeschichte, Göttingen 1970, 210f.) 헤겔도 유사한 형식으로 루터를 칭찬했다: "영혼의 자유는 루터와 함께 비로소 처음 시작했다" (Georg Wilhelm Friedrich Hegel, Vorlesungen über die Geschichte der Philosophie; in: Ders., Werke, hg. v. Hermann Glockner, Bd. 19, Stuttgart 1959,254f.).

61 참고. Oswald Bayer, Marcuses Kritik an Luthers Freiheitsbegriff(in: Ders., Leibliches Wort. Reformation und Neuzeit im Konflikt, Tübingen 1992, [151-175] 157-160.

62 Friedrich Schiller, Wallensteins Lager, Prolog. Zum Streit um Luthers Epochenzugehörigkeit s.o. Einleitung "Im Zeitenbruch".

63 참고. Peter Hölzle, Vom Fürstenknecht zum Genossen? Martin Luther im Kulturerbe der DDR(EK 16 / 1983, 595-597.

인가? 그는 자유의 주창자인가 아니면 법과 질서의 주창자인가? 그는 기존 것의 고착을 원했는가 아니면 변화를 원했는가? 그는 주관성을 원했는가 아니면 사회적 제도를 원했는가?

4. 2. 복음적으로 그리스도를 따름

이 질문에 답할 수 있는 핵심 분문은, 1539년 5월 9일에 나온 『세 가지 신분에 관하여』[64]에 등장하는 – 설교에서 이끌어 낸 - 몇 가지 논제들이다. 이 논제들은 다른 본문에 없는 루터의 윤리에 관한 역사적이고 조직신학적인 요점을 보여주나, 놀랍게도 이제까지 루터 연구에서 특별한 주목을 받지 못했고, 일반적인 루터 수용에서도 다루어지지 않았다.[65] 거기에는 느슨하거나 혹은 전혀 연관성을 찾을 수 없고, 특별히 주목을 끌지 않는 동기와 모양들이 예술적으로 서로 뒤섞여 있어서 자유와 봉사, 자유와 제도, 주관성과 사회성의 조화에 대해 묻게 된다.

이 논제들과 연관하여 윤리학자로서 루터의 업적은 다음과 같이 이해할 수 있다: 루터는 수도사 서약으로 왜곡된 진리를 - 가난, 순결 그리고 복종의 진리로 바꾸어 새롭게 강조했다.

복음에 적합한 가난이란 무엇인가?[66] 복음에 부합한 순결이란 무엇인

---

64 WA 39 II, 39-91(참고. 도입 "격변의 시대", 각주 8).

65 루돌프 헤르만이 유일하게 단편적으로 이 글을 다루었다. Luthers Zirkulardisputation über Mt 19,21(LuJ 23, 1941[!]), 35-93 이 글은 다시 실렸다 in: Ders., Gesammelte Studien zur Theologie Luthers und der Reformation, Göttingen 1960, 206-250). 참고. 현재는: Volker Stümke(14장 각주 26).

66 WA 39 II,40,8-15(『세 가지 신분에 관하여』 논제17-20; 1539).

가?[67] 무엇이 복음에 적합한 순종인가?[68] 모든 윤리적인 주제나 문제는 이 질문에 다 포함되어 있다. 가난에 대한 질문에 부, 소유, 노동의 문제가 있다. 즉 그것은 경제적 차원에서 세상과 우리의 삶에 대해 묻는 것이다. 순결의 문제는 곧 성, 결혼, 가정의 문제요, 성의 차이로 발생한 기본적인 인간의 필요와 예속과 연관하여 노동을 할 때 불가분 한데 엮여 있으나, 또한 노동에서 구별해야만 하는 인간성의 문제이다.

만일 인간이 그가 대화의 상대요 그리고 그 때문에 듣고 응답하고 직접 말할 수 있기에 인간이 될 수 있다면, 복종에도 역시 인간성의 문제가 중요하다. 인간은 들을 수 있는 존재이다. 그러나 이것은 인간을 모든 동료 피조물과 연결시키고, 피조물을 통해서 말하는 창조자, 곧 하나님에게도 연결시켜준다. 그러므로 순종이라는 단어는 인간이 하나님 앞에서 가져야 할 기본자세이며, 세상과 "세상에서 살아가는" 그 자신에 대한 기본자세이다. 즉 그것은 법 그리고 사회적, 정치적 헌법의 영역을 포함해 광의적으로 피조 세계에 대한 책임에 이르기까지 해당한다.

세 가지 서약은 그러므로 하나님, 세계 그리고 자신과 관계된 모든 영역이 다 해당한다. 세 가지 신분론이 가진 평행적 구조는 이것을 잘 보여준다.[69] 우선 우리는 루터가 1539년 토론논제에서 다루었던 가난의 영역에 주목할 수 있다. 예수는 어렸을 때부터 모든 계명들을 잘 지켰다고 말하는 청년에게 말했다: "네가 온전하고자 할진대 가서 네 소유를 팔아 가난한 자들에게 주라, 그리하면 하늘에서 보화가 네게 있으리라; 그리고 와서 나

---

67 WA 39 II,39,20-22(논제 10); 참고. WA 39 II, 44,1-4(논제 89-90).
68 WA 39 II,40,38-41(논제 31-50); 참고. WA 39 II,43,26-29(논제 82-83).
69 6장에서는 세 가지 신분론을 창조신학과 근본적인 인류학적 차원에서 설명했다면, 이제 여기서는 구원론이 중심인 자유와 연관해서 그리고 윤리학과의 관계에서 다루고 있다.

를 따르라!"마 19:21. 이것은 완전한 순종, 완전한 하나님의 뜻 성취, 철저한 따름을 다루고 있다.

아씨시의 프란시스는 한 때 이 말씀을 듣고 탁발수도사가 되었다. 프란시스와 그의 수도회로부터 "프란시스적 청빈"이 역사에 등장하여 우리의 삶에도 지속적인 자극제가 되고 있다. 아씨시의 프란시스는 우리가 매우 호감을 갖고 사랑할 가치를 지닌 인물이다. 경제적 위기에 직면하여 프란시스의 삶을 생각하는 많은 그리스도인들과 비그리스도인들이 있다. 그러나 루터는 사람들이 그만큼 선호하는 프란시스를 공격하고, 게다가 우리가 낯설 정도로 날카롭게 공격하고 있다: "성 프란시스는 훌륭한 동료였다. 그러나 그는 성경을 교육받지 못했고 경험이 없기에 미숙하다. 그도 그리고 그의 형제들도 그리스도의 이 같은 규정을 준수하지 않았다."[70] 왜 그랬을까? 왜냐하면 그들은 자신의 손으로 직접 일하는 대신 걸식수도사로서 살았고 – 살아야만 했기 때문이다. 반면 다른 사람들은 직접 일하여 양식을 얻고 재산을 소유했다.

"살아야 한다는 이유로 다른 사람들에게서 얻거나 혹은 직접 벌어서 구한 모든 것을 남김없이 팔고 버렸다는 것은 위선이고 거짓이다[...]. 그러나 그들은 먹고, 마시고, 옷을 입고 살고 있기에 모든 것을 판 것이 아니라, 모든 것을 소유하고 사용하고 있는 것이다. 게으르면서 남의 것을 가지고 안전하게 산다는 것이야말로 정말 탁월한 발상이다! 그들은 가난 혹은 '모든 것을 버리는 것'을 보통 '소유하다'는 말이 뜻하는 것과 같게 만들고 있다."[71] "만약 그들이 수도의 의미대로

---

70 WA 47,338,15-17(마 18-24 주해설교; 1537-40).
71 WA 39 II,39,23-40,3(『세 가지 신분에 관하여』 논제 11-14; 1539).

모든 것을 버리고 팔기를 원한다면, 그들은 이 세상을 떠나야만 한다."[72] 그들은 삶을 택해야만 했다. 그래야만 그들은 모든 것을 버리게 되는 것이다. "그들은 모든 것을 정말 버리기 위해서 먹고, 마시고, 입고, 거처할 곳도 없는 즉 살 수 없는 곳을 떠돌아야만 했다. 왜냐하면 삶은 가지고 있는 것을 먹고 마시며 사는 것이고, 당신이 사용한 장소, 시간 그리고 비슷한 모든 것들은 바로 그 사용을 통해서 이미 당신의 소유물이다."[73]

루터는 걸식수도회에 가했던 동일한 비판으로 통속에서 살았던 견유학파의 디오게네스의 검소한 삶을 위선이라고 생각했다.[74] 루터의 숙고는 인간 존재의 뿌리, 곧 이 세상이라는 존재와 연관되어 있다. '그리스도를 따름'이란 바로 이것과 객관적으로 연관된다고 그는 생각한다. 자신도 과거 한 때 수도사[75] - 게다가 걸식수도회 - 였던 것을 반성하면서 다룬 이 문제는 생각 없이 던지는 질문이 아닌 그리스도인의 믿음과 삶의 중심에 관한 것이다. 즉 공간과 시간 속에서 예수 그리스도를 따름의 문제, 다시 말하여 세상 속에서 그리스도인 됨의 문제를 다루고 있다.

수도원 운동은, 결국 부자 청년 이야기를 근거로 '그리스도를 따름'을 가난, 순결 그리고 절대 복종의 삶을 지키려는 노력에서 보았다. 이에 대해 루터는 수도사와 수녀는 이와 같은 세계에서 탈출해야한다고 말한다. 그렇지만 그들은 할 수 없다. 왜냐하면 그들은 살아가는 집과 수도원을 가지고 있으며, 먹을 것과 마실 것을 가지고 있고, 입을 것들을 가지고 있기

---

72 WA 39 II,40,8f(논제 17).
73 WA 39 II,40,10-13(논제 18-19).
74 참고. WA 47,360,9-27(마 18-24 주해설교; 1537-1540).
75 WA 47,349,32-35.

때문이다.[76]

루터는 '열광주의자'라고 칭하며 반박한 재세례파를 수도사와 수녀들과 같은 범주에 넣는다.[77] 그들도 처음에는 루터를 인용한 사람들이었고, 종교개혁에서 태어난 그리스도인들이었다. 그들은 열정을 다해 일관성과 급진적인 방식으로 예수 그리스도를 따르고, 산상수훈대로 살기를 원했다. 그들은 맹세와 전쟁 참여를 거부했고, 많은 사람들은 결혼 역시 거부했다. 정치적인 직임도 수용하려 하지 않았다. 그리스도인들은 만일 참된 그리스도인이 되고 주님을 정말로 따르고자 한다면 시민으로서의 의무를 가져서는 안된다고 여겼다.[78]

루터는 수도원운동에 반대했던 것과 같은 입장을 재세례파의 열광주의에도 가졌다. 루터의 윤리는 - 그의 신학 전체에서처럼 - 이 두 그룹을 향한 비판과 논쟁 그리고 "그리스도를 따름"에 대한 그들의 이해가 없이는 이해할 수 없다. 루터에게 이 둘은, 아무리 그 둘이 서로 예리한 차이를 보일지라도, 같은 것이었다. 루터는 자신의 길을 "중도적인 길"로 보고, "좌로도 우로도 치우치기를 원치 않았다."[79]

그러한 중도적인 길은 물론 폭이 넓은 것은 아니다. 루터의 길은 오히려 위험한 산등성이 길이다. 이 길은 신학적-사상적으로 그리고 실천적-존재론적으로 단지 소수만이 이해하는 길이며, 결코 대중적이지 않다는 사실

---

76 WA 47,352,18-353,8.
77 WA 47,345,26-32.
78 『아우크스부르크 신앙고백서』 제16조항이 거부한 것을(BSLK 70f) 『슈라이트하임조항』은 주장했다. in: Der linke Flügel der Reformation, Glaubenszeugnisse der Täufer, Spiritualisten, Schwärmer und Antitrinitarier, hg. v. Heinold Fast, Bermen 1962,60-71.
79 WA 18,112,33ff(『하늘의 예언자에 반대하여, 성상과 성례전에 관하여』 1525). 참고. 두 가지 내지 세 가지 전선에 대해. 4장 6. 그리고 11장 2.

에 대해 놀라서는 안 된다. 왜냐하면 그것은 이해하기가 쉽지 않고, 그렇게 사는 것도 정말 쉽지 않기 때문이다.

4. 3. 그리스도를 따름-규범과 의무표Haustafeln-규범

우리는 루터의 길을 숙고하기에 앞서 먼저 그에게는 과제가 있었으며, 그것을 생각하고, 처리하고, 살아가는 방식이 있었다는 점을 신중하게 고려해야 한다. 그리고 이것은 이미 신약성서에 다 제시되어 있었다. 어떤 그리스도인도 그 과제와 방식을 발명하지는 않는다. 그것은 그가 그리스도인이 되기를 원할 때 그에게 제시되는 것이다.

모든 것을 버리고 나를 따르라는 예수의 말씀과 연관해서 - 머리 둘 곳이 없을 정도, 즉 밤을 보낼 집이 없을 정도로 모든 것을 버리겠다는 동의이기에 - "급진적인 걸식주의"Wanderradikalismus/전적인 나그네의 삶[80]라고 말하는 신약학자도 있다. 이러한 급진적인 걸식주의와 그리스도를 따름은 나중에 교회에서는 사라졌으나, "대중화되어" 이 세상에 그 형태가 남아 있다. 그에 대한 대표적 예는 골로새서와 에베소서에서 볼 수 있는 남편과 아내, 부모와 아이, 주인과 종에게 그들의 상호관계에 대해서 주는 권고이다. 이것은 루터가 처음 사용했으며, 그를 본받아 오늘날도 사용하고 있는 신학에서 소위 말하는 의무표이다. 이와 같은 권면 - "남편들아 아내를 사랑하라!"; "아비들아 너의 자녀를 노엽게 하지 말라!"골 3:18-4:1; 엡 5:21-6:9 등. - 들은 거실에 액자처럼 걸어놓아 모든 가족들이 그것의 의미를 배

---

80 참고. 예를 들어 Gerd Theissen, Wanderradikalismus. Literatursoziologische Aspekte der Überlieferung von Worten Jesu im Urchristentum(in: Studien zur Soziologie des Urchristentums [WUNT 19], Tübingen 1979, 79-105 [=ZThK 70 / 1973, 245-272]).

우며, 가정생활을 더 질서 있게 영위하고, 어떻게 상호 관계를 해야 하는지 알게 했다.[81] 이러한 권면들은 여기 가정에서 그 의미를 가지며, 문자적으로 볼 때 가정은 그들의 장소이다. 집도, 가정도, 소유도, 아내도, 아이도 없는 사람에게 그 권면들은 아무 소용이 없다.

이제 많은 신약학자들은 그리스도를 따르는 삶이나 급진적 걸식주의의 삶은 서로 조화되지 않았고, 오늘날도 역시 가정에서의 삶과 조화시킬 수 없다는 결론에 이르고 있다. 가정의 삶이거나 아니면 그리스도를 따르는 삶이거나 둘 중 단지 하나만을 선택할 수 있다는 것이다.

이와 같은 평가에 근거해 볼 때, 윤리학자로서의 루터의 업적이 무엇인지 분명해진다. 그는 가정과 제자 중 하나를 택하는 양자택일을 인정할 수 없었고, 그 때문에 능선을 따라가는 중도의 길을 추구했다. 나는 객관적으로 뿐만 아니라 역사적으로 그가 옳게 판단했다고 본다. 때문에 위에서 언급한 신약학자의 관점과 그에 상응하는 에른스트 트뢸치[82] 계열의 한 사회학자의 관점도 적절하지 않다.

초기 예수의 말씀도 가정과 그리스도를 따르는 삶이 서로 구분되어야 한다고 제안하지 않았다. 가정과 가족을 떠나 그리스도를 따르도록 부름 받은 사람에게 부모에 대한 의무를 더욱 강조했고, 혼인은 파기될 수 없음을 가르쳤다.

어떻게 이 둘은 제휴되는가? 그렇지 않으면, 예수 자신이 모순을 범했는가? 이 문제는 누가복음 14장 26-27절과 마가복음 7장 9-13절과 연관해

81　"Ein jeder lern sein Lektion, / So wird es wohl im Hause stohn"(각자 마음을 다하여 자신의 소임을 배우라/그리하면 당신의 집에 복이 임할 것이다). BSLK 527,25f; 『소교리문답서』 의무표의 결론.

82　참고. Ernst Troeltsch, Die Soziallehren der christlichen Kirchen und Gruppen, Tübingen 1912, 특히. 420-426. 967-975.

볼 때 간단하지는 않다. "무릇 내게 오는 자가 자기 부모와 처자와 형제와 자매와 더욱이 자기 목숨까지 미워하지 아니하면 능히 내 제자가 되지 못한다. 누구든지 자기 십자가를 지고 나를 따르지 않는 자도 능히 내 제자가 되지 못하리라"눅 14:26-27. 이것은 한편으로는 그리스도를 따름의 가장 극적인 모습, 즉 "전적인 나그네의 삶"급진적인 걸식주의에 해당한다.

다른 한편, 마가복음 7장 9-13절은 이렇게 강조한다: 모세는 네 부모를 공경하라 하고 또 아버지나 어머니를 모욕하는 자는 죽임을 당하리라 하였다. 그러나 너희는 - "고르반", 곧 "하나님께 드림이 되었다"라는 예수의 인상적인 말씀을 따라서 - 아버지에게나 어머니에게 드려야 할 것을 다시 바친다면 완전한 제자의 새로운 기능을 보여주는 것이나, 너희가 부모에게 드려야 하는 것(그리고 마찬가지로: 너희 처자와 형제와 자매들에게 드려야 하는 것)을 하나님께 드리는 것은 근본적으로 하나님의 뜻에 어긋나는 행동이다.

예수의 말씀에서 인용한 두 구절을 비교하면, 루터가 윤리학자로서 고민했던 과제가 무엇인지를 알게 된다. 즉, 가정, 세상, 직장에서의 삶을 서로 연결시키고 가정과 세상을 서로 연결하여 예수 그리스도의 부르심을 따르는 제자의 삶이 스며들게 하는 것이다. 이것은 루터에게 모든 것보다 하나님을 두려워하고, 사랑하며 그를 신뢰하라는 제1계명에 순종함을 의미했다.

루터는 십계명의 첫 판1~3계명에 대한 순종을 두 번째 판4~10계명에 대한 순종과 구분함으로써 산등성이를 따라 걷는 중도적인 길을 감행한다. 첫 판이 중요하고 제1계명을 지키기 위해서라면, 모든 것을 버릴 수 있고, 모든 것을 견딜 수 있다: "몸, 재산, 명예, 자식과 아내를 다 빼앗긴다고 해도!"⁸³ "내 주는 강한 성이요"를 노래하면서 당황하지 않을 사람이 없을 듯하다 - 그 내용에 기초한 소명의 극단성 때문에 당황하여 이 구절을 감히 노래할 용기도 낼 수 없지만 - 하나님과 그의 말씀에 대해 철저히 믿고 신뢰하면서 "생명, 재물, 명예, 자식 그리고 아내 등은 모두 빼앗긴다 해도 하나님과 하나님의 약속은 빼앗길 수 없다!"고 말하는 것이다.

토론의 기초자료가 된 루터의 설교에 나오는 한 단락을 들어보자. 이것을 통해 우리는 산등성을 걷는 그의 중도의 길을 더 잘 이해할 수 있다.

"와서 나를 따르라[...]. 만약 우리가 돈과 재산을 버려서 하나님 나라를 얻을 수 있다면, 그것은 오래 걸리지 않을텐데, [...] 먹고 마실 것이 떨어지기까지. 그리스도는 그렇게 하지 않았다. 그는 모든 것을 팔지 않았고, 먹고 마시고 입었다. 그리고 그는 그에게 공급되는 것들을 취했다. 유다는 돈 주머니를 관리했고 또한 그것을 가난한 사람들에게 주었다. 그리고 그들은 때마다 빵을 먹었다. 만약 예수의 생각이 성 프란시스가 꿈꾼 그것이라면, 이렇게 말해야만 한다: [...] 모든 것을 팔아야만 하는데 왜 당신은 모든 것을 보관하고 있는가? 이런 이유로 바울 역시 장인, 곧 카펫메이커Teppichmacher로서 일을 했다. 그의 공장의 장인들과 더불어 지내고자 숙소로 돌아갔고, [자신의] 손으로 벌어 빵을 샀다. 만약 프란시스가 옳다면, 바울은 헛된 바보가 되는 것이다. 그 때문에 [와서 나를 따르라!]는 이 명령의 의미는 영적으로 이해해야 한다[...]: 마음은 물질적인 소유물들과 구별되어야 한다. - 그러면 당신은 하나님을 더욱 높이 경외할 것이며[…] 그리고 만일 필요하다면, 모든 것을 팔 것이 아니라, 당신의 몸과 생명을 위해서 남

---

83   EG 362,4. 참고. 『세 신분에 대한 순환 논쟁』, 논제 21(WA39 II,40,16f; 1539) 그리고 성전에 오르는 시편에 대한 강의(Stufenpsalmen; 1532/1533), WA 40 III,62f., 특히 십계명의 두 번째 판(62,12-14; 63,4-6)에서 하나님의 자기소개의 내용(62,4f.).

겨 두어라[...].

'어떻게?'라고 누군가 물을 것이다. '내 자신을 나무에 매달아야 되나요? 아니면 칼로 내 목을 찔러 자살을 해야 하는가?' 아니다. 당신은 당신의 생명을 사랑해야 한다. 그러나 만일 생명을 주신 하나님을 부인해야 할 경우 혹은 자신의 생명을 잃을 경우에 처하면, 당신은 생명을 포기해야한다. 왜냐하면 당신은 아무것도 하나님 보다 더 사랑해서는 안 되며, '나의 하나님을 부인하기 보다는 차라리 나의 몸과 생명을 포기하는 게 낫다'고 말해야만 한다."

그러므로 그 말을 이렇게 이해해야만 한다. "그리스도는 하나님의 계명의 올바른 [...] 실행에 대해서 말하고 있다[...]. 물론 [그러나] 혼인한 사람들은 함께 지내야만 한다: 부모는 그들의 아이들을 키워야하고 서로 떨어져서는 안 된다. 그러나 만약 폭군이 와서 '하나님과 그의 말씀을 부인하라 그렇지 않거든 너가 가진 모든 것을 내 놓으라'고 말하거나 혹은 부모가 아이들을 지키고자 한다면, 그렇다면 사람들은 폭군에게 아버지와 어머니를 [...] 모든 것을 빼앗겨야 하며, [...] 그렇게 함으로 하나님의 은혜를 간직하고, 그리고 '하나님은 나에게 아버지와 어머니, 돈과 양식을 주었다. 나는 그것을 하나님을 위하여 잃을 것이다. 그렇게 그것을 빼앗길 것이다!'라고 말할 수 있다. 그러나 그러한 강요를 당하지 않는다면, 당신은 아내와 아이, 아버지와 어머니 그리고 당신의 재산을 지킬 것이며, 하나님을 부인하지 않아도 되며, 하나님은 기꺼이 당신에게 아내, 아이, 재산을 주고, 삶을 평안하게 할 것이다. 그러면 나는 아내와 더불어 살며, 둘이 한 몸이 될 것이다." 그럴 경우 우리는 세상에서 살면서 "정부에 복종해야 한다. 그리고 칼을 들어 자살을 해서는 안 된다. 이것은 잘못된 믿음이다. 그러나 [단지] 하나님과 관련될 경우에만, 아버지, 어머니, 형제, 자매를 버려야 한다."[84]

---

84   WA 47,353,10-354,15(마 18-24장 주해설교; 1537-1540).

이것이 설교에서 루터가 한 말이다. 그는 같은 논제 속에서는 십계명의 첫 판을 두 번째 판과 구분하면서 제자로의 그리스도의 부름의 뜻을 이렇게 말한다.

"십계명의 첫 판에서, 신앙고백에서, 모든 것을 버리고 팔라는 것은 신앙과 직결된 공적인 일이다. 첫 번째 판의 [나는 주 너의 하나님이라 나 외에 다른 신들은 네게 있게 하지 말라!]는 것은 값비싼 천국의 진주를 붙들어야 하며, 반면에 모든 다른 것을 팔고 버리고 잃어야한다는 의미이다. 당신이 두 번째 판에서 이 땅에서 살기위해 적법하게 얻고 소유한 그것은 첫 번째 판을 위해서 즉 영생을 위해서 기쁨으로 잃어야 한다는 뜻이다. 그러나 첫 번째 판과 하나님에 대한 고백 외의 모든 것은 얻고, 간직하고, 지키고, 관리해도 된다. 왜냐하면 우리는 두 번째 판에 순종하는 것이 중요하다. 즉 하나님과 자연법에 따라 육체와 생명을 돌보고, 양식을 공급하며, 보호하고 그리고 관리해야 한다. 만일 누가 첫 번째 판 혹은 신앙고백의 문제와 관련이 없음에도 자신의 것을 돌보지 않는다면, 그는 믿음을 저버리는 것이고, 불신자보다도 더 나쁜 것이다. 그리스도는 '하나님이 짝지어 준 것을 사람이 나누지 못한다'고 말하고 있다. 그것은 '만일 누군가가 이 경우에 가족을 버리고 소유를 판다면, 그는 죄를 범하는 동시에 두 번째 판 외에도 첫 번째 판까지도 어기는 것'임을 의미한다."[85] 그는 하나님께 순종하지 않는 것이다.

모든 것은 버리는 것이 – 관점에 따라서는 곧 모든 것을 가지는 것이다. 이러한 변증적 관계를 생각하는 것은 쉽지 않으며, 그렇게 살아가는 것은

85　WA 39 II,40,16-31(『세 가지 신분에 관하여』 논제 21-27; 1539).

더욱 어렵다. 그렇지만 그것은 그리스도인의 신앙과 삶의 중심을 고려할 때 가장 유익한 안내이다.

4. 4. 복음적인 가난

논제에 앞서 나온 설교에서는 돈과 재물의 관계를 예로 들어 내어놓음과 움켜잡음의 변증법을 전개했다. 문제는 '부자는 하늘나라에 들어갈 수 없다는 그리스도의 말은 무슨 의미인가?' 하는 것이다. 부자가 하늘나라에 들어갈 수 없는 것은 돈과 재물을 신뢰한 나머지 하나님을 찾지 않기 때문이다.[86] 그리스도는 그를

> "다른 모든 것보다 동전 한 푼을 더 사랑하는 불경한 악인이라고 칭한다. 그는 가난한 사람에게 동전 한 푼을 주어 마음을 얻기 보다는 오히려 굶어 죽게 내버려두는 탐욕스런 배불뚝이가 자행하듯이, 그것을 자신의 우상과 주인으로 삼아 경외하고 숭배한다."[87]

하나님의 나라에 들어갈 수 없는 부자는 돈을 섬기는 부유한 사람이다. 그 때문에 복음에서는 많은 돈과 재산을 가진 사람을 부자라 하지 않고, 오직 그의 돈과 재산을 의지하는 사람을 말한다. 이와 관련하여 루터는 시편 62편 10절을 인용한다:

---

86 참고. WA 47,355,.36f. (마 18-24장 주해설교; 1537-1540).
87 WA 47,355,37-40.

"재물, 곧 돈과 재산에 마음을 두지 말라! 즉 마음으로 그것을 의지하지 말라! 재물은 하나님이 주는 선물이기 때문이다. 그것을 버려서도 안 되며, 그에 대해 하나님에게 감사하고, 그리스도인답게 잘 사용해야 한다."[88]

돈과 재산, 논과 곡식, 집과 가정을 하나님이 주신 선물로서 잘 사용하고 다른 사람들에게 나누어주면 어떤 문제도 일어나지 않을 것이다. 우리가 이러한 방식으로 우리의 부를 즐길 수 있다면 좋을 것이다. 그러나 우리는 그것을 우상으로 만들어, 창조자가 아닌 피조물을 신뢰하기에 하나님 나라에 들어갈 수 없는 것이다.

"하나님과 돈을 동시에 섬길 수 없다. 하나님이 우리 마음에 있다면, 우상은 버려야만 한다. 구원받기를 원한다면, 오직 한 분 하나님만을 섬겨야 한다. 그것이 첫 계명의 요구이다."[89]

루터는 탐욕에 대하여 이 설교뿐만 아니라 다른 많은 설교에서도 큰 비중을 두었다는 사실이 중요하다.[90] 탐욕은 그에게 – 사람이 자신을 감추고 감사를 모르고 살게 하는 비본질적인[91] 죄이다. 받은 것을 다른 사람에게 주지 못하고, 그로 인해 주고받음이 중단되며, 스스로가 삶의 과정에서 잘려나가기에 격려되고 감사하지 못하게 된다. 루터는 탐심에서 자신

---

88 WA 47,356,27-29. WA 47,356,37-357,1.
89 WA 47,357,2-5.
90 참고. 5장 2. Ricardo Rieth, "Habsucht" bei Martin Luther, Ökonomisches und theologisches Denken, Tradition und soziale Wirklichkeit in der Reformation Weimar 1996.
91 참고. WA 47,357,12(마 18-24장 주해설교; 1537-1540).

을 격리시키고, 자신에게로 구부러져 결국 마귀의 나락에 빠져 종말을 맞는 행동을 보았다; "마귀는 사람들에게 이렇게 행하라고 명령한다."[92] 인간은 탐욕 때문에 마음이 완고해지며, 불평 속에서 마음이 굳어져 창조자에게 등을 돌리고, 스스로 마음에 빗장을 걸고, 동시에 이웃에게서 귀, 마음 그리고 자신의 손을 거둔다. 이것은 모든 소유개념에 대한 정반대의 모습이다. 소유없이 인간은 존재할 수 없다. 루터 역시 그 내용을 수용한 "네게 있는 것 중에 받지 아니한 것이 무엇이냐?"고전 4:7는 바울의 물음 역시 이 같은 소유이해에서 나왔다.

그러한 소유 이해는 곧 복음적인 가난으로 산다는 것을 의미한다. 네게 있는 것 중에 받지 아니한 것이 무엇이냐? 이 질문에 우리는 주목해야 하며, 소유와 삶과 더불어 마음을 고쳐 이 땅의 재물들을 함께 나누어야 한다.

4. 5. 복음적인 순결

탐욕이 삶의 편익과 향상을 위해 사용해야 할 재물에 대한 생각이 왜곡되어 이 세상을 살아가는데 필요한 소유물과의 잘못된 관계라면, 순결은 성에 대한 왜곡된 사용, 즉 하나님이 기쁨을 목적으로 우리에게 심어주었고, 자신의 창조에 대하여 좋게 본 것을 잘못 사용하는 것이다. 복음적으로 타당한 가난이 모든 소유를 부정하는 위선적이고 강압적인 형태의 요

92　WA 47,357,19f.

구가 아니듯이, 올바른 형태의 순결은 성적 관계에 있어서 위선과 강요가 아닌 상호 사랑과 존중이 담긴 인정 속에서 행해짐을 말한다.

루터는 순결이라는 수도서약의 참 뜻을 결혼 서약에서 경험하고, 설교했으며, 『교리문답서』를 통하여 다음 세대에 가르쳐주었다: "우리는 하나님을 두려워하고 사랑하기에 말과 행위로 순결하고 정숙하게 살며, 배우자를 사랑하고 존중하는 것이다."[93] 남자나 여자나 이렇게 하도록 하나님이 불렀음을 알아야 한다. 루터가 말하듯이, "혼자의 삶에 기쁨이 있거나", "직업을 위해 좀 더 자유롭기를 원해"[94] 자유로운 결정으로 결혼을 자제하는 사람에게도 이것은 동일하게 적용되는 진리이다. 기혼자에게처럼 독신자에게도 동일하게 중요한 것은 '너희는 자유를 위하여 부름을 받았다!'는 사실이다.

4. 6. 복음적인 복종

자유를 위한 부르심은 또한 참된 복종을 가능하게 한다. 만일 수도사가 "자신의 결정이 아닌" "다른 사람의 판단과 명령을 따라" 그에게 복종하고, "자신이 바라지 않는" 규율을 따른다면[95], 수도사와 "성직자는 평신도로 바뀐 것이다. 왜냐하면 성직자가 평신도를 성직자로 바꿔놓았기 때문이다"[96]고 루터와 나중에 칼 마르크스Karl Marx, 1818-1883도 말했다. 참된 복

---

93 제6계명 해설(『소교리문답서』, BSLK 509,1-5)
94 WA 47,337,11f. (마 18-24장 주해설교; 1537-1540).
95 Regula sancti Benedicti, cap. 5, 12(CSEL 75,36).
96 Karl Marx, Zur Kritik der Hegelschen Rechtsphilosophie. Einleitung(in: Ders., Die Frühschriften, hg. v. Siegfried Landshut, Stuttgart 1968), 217.

토니 첸츠, 듣고 있는 사람(1957)
에센에 있는 그리스도의 평화 교회

종은 모든 사람에게 해당된다. 루터는 복종이라는 수도사 서약에 가려진 진실을 밝히 드러내어 인간은 단지 들을 수 있는 자이기에 인간이라는 것, 토니 첸츠Toni Zenz의 작품이 보고 생각하게 해주듯이, 그가 듣는 자일 때에만 인간임을 강조했다.

인간은 그가 언급되고 그 때문에 듣고 답하면서 직접 말할 수 있다는 점에서 인간이다. 물론 답변해야하고 책임져야 한다는 점에서도 같다. 그는 듣는 자로서 자유하다. 물론 원해서 듣는 것도 아니며, 또 들은 것을 다 받아들이는 것도 아니다. 제시와 획득, 들음과 전달, 인정과 비판사이에서 이 둘은 동시에 진행된다.[97]

이런 의미에서 복종은 상호관계, 소통, 사회성, 세계 내 정치에 이르기까지 정치적 연대의 기본 구조이다. 앞에서도 다루었듯이, 여기서 산등성을 걷는 즉 중도적 노선을 지향하는 것이 매우 어렵다는 사실을 모두는 인식하고 있다. 그렇지만 거기에는 대안이 없다. 그리스도를 따름은 세계라는 집에서 적용되는 것이다. 이 집을 벗어나면 그것은 열광적이 되고 수도사적인 것이 된다. 역으로 그리스도를 따르라는 부름은 – 바로 루터를 부른 것처럼 – 세계라는 집에서 스스로가 만족을 얻도록 노력하라는 것이다.

요약: 윤리학자로서 루터의 업적은 수도사 서약에서 잘못된 가난, 순결, 복종에 관한 진리를 다시 옳게 고쳐놓았다는 점에 그 본질이 있다. 그는 십계명의 첫 판을 두 번째 판과 연계시키고, 두 번째 판을 첫 번째 판과 비교하면서 논쟁, 설교, 교리문답의 주제로 삼았다. 이러한 것은 특히 『소교리문답서』와 또한 이미 강조했듯이, "우리는 하나님을 경외하고 사랑해야 하며, 우리는 […]"이라는 제1계명을 수용하는 나머지 계명들의 설명

---

97 참고. 4장 1.

에 잘 나타나 있다. 제1계명인 "너희는 나 외에 다른 신을 두지 말라"는 엄격한 의미에서 볼 때 그 안에 계명은 없으며, 순수한 복음의 또 다른 한 면이다. 왜냐하면 그것은 자기영광과 절망에서 해방시키고 의심을 이기고 확신하게 해주는 언약이기 때문이다: "나는 너의 주, 너의 하나님이다!"

삼위일체 하나님이 준 이 언약은, 루터에 의하면, 그리스도인이 지켜야 할 규범의 기초이며, 의무표를 지켜야 할 규범과 '그리스도를 따름'이라는 규범의 긴장 속에서 그리고 동시에 상호연관성 속에서 자유를 얻은 자로서 살아가도록 능력을 주는 것이다.[98]

---

98 참고. Oswald Bayer, Nachfolge-Ethos und Haustafel-Ethos. Luthers seelsorgerliche Ethik, in: Ders., Freiheit als Antwort. Zur theologischen Ethik, Tübingen 1995, 147-163.

14장
영적 통치와 세속 통치: 하나님의 두 왕국

> 하나는 경건하게 하고,
> 다른 하나는 외적인 평화를 만들며 악을 막아준다.
> 이 중 하나만으로는 이 세상을 유지하기에 충분하지 않다.

1. 목회 윤리

"윤리"를 "삶을 살아가는 방식에 관한 이론"으로 이해하게 되면[1], 루터가 중요한 연관성이 있다고 지적한 한 가지, 곧 '죄'가 너무 쉽게 희석되어 사라진다. 그에 의하면, 인간의 모든 삶은 이 죄라는 조건아래서 이루어진다. 죄는 인간이 피조물임을 거부하고 자신의 영광을 취하고자 돌아섬을 뜻하며 그가 쓴 모든 글 속에 이것이 잘 드러나 있다. 그래서 루터는 윤리적 문제에 대한 입장 표명에서 – 그는 주제를 회피하지는 않았다 - 일반적인 이론을 쓰지 않고, 구체적인 상황에서 양심을 다룬다: 나는 그때그때마다 불행에 처해 혼란에 빠진 양심을 지도해야만 했다.[2] 양심은 루터에게 중립적 가치를 가진 것이거나, 양심이 이미 어느 정도 전제되지만 최종 결

---

1 참고. 예를 들면 Trutz Rendtorff, Ethik. Grundelemente, Methodologie und Konkretionen einer ethischen Theologie, Bd. 1, Stuttgart 1980,11.

2 WA 10,75,9(『결혼생활에 대한 설교』 1522).

정은 결국 사적인 개인의 몫으로 돌리고 마는 인간의 태도와 행동에 대한 설명이 아니다. 루터의 윤리적 노력은 – 그의 모든 신학이 보여주듯이 - 오히려 목회Seelsorge로서 나타난다. 목회는 육체를 지닌 인간이자 동시에 포괄적인 사회적 존재인 전인을 다루는 것이며 – 특히 율법과 복음에 담긴 하나님의 말씀을 통해서 교육되고 정해지는 양심에 집중하는 것이다.

루터는 종종 글을 요청 – 『군인도 역시 구원받을 수 있는가』1526[3]처럼 – 받아썼으며, 양심의 지시에 따라 그 요청을 이행하는 것임을 분명히 했다.

"그러므로 이제, 우리가 할 수 있는 한, 약하고, 상심되어 의심하는 양심을 권면하고, 악의적인 사람들은 더 나은 교육을 받도록", "나는 당신의 요청에 동감하여 이 소책자를 약속했다"[4]고 루터는 선제후의 야전 지휘관인 기사 아사 폰 크람Assa von Kram에게 보낸 서신에서 말하고 있다.

윤리적 주제를 다루는 루터의 많은 글들은 설교에서 나왔으며, 처음부터 구체적으로 반대되는 것을 겨냥했다. 무엇보다도 세속적인 권세를 다룬 글이 대표적이며, 이번 장의 주제를 논하는데 결정적인 중요성을 가지고 있다.

루터의 윤리는, 이미 세 가지 신분[5]을 다룬 글에서 설명하고, 『선행에 관하여』[6]에서 이 이해가 분명히 드러나 있듯이, 제1계명과 깨어있는 믿음을 요구하며 스스로를 계시하는 하나님에 근거해서만 적절히 이해할 수 있다. 두 개의 정부론 역시 – 혹은, 완전히 부합된 호칭을 아니지만 두 왕

---

3 WA 19,623-662.
4 WA 19,623,20-22.
5 참고. 13장.
6 참고. 6장.

국론이라는 명칭처럼 – 이러한 전체적인 연관성에서만 적절히 이해할 수 있다. 물론 "두 왕국"이라는 말은, 루터가 이 개념을 가끔 직접 사용하고 더불어서 아우구스티누스와 "두 도성"[7], 즉 하나님 내지는 하늘의 도시와 이 세상 내지는 마귀의 도시라는 전통 안에서 움직이는 것을 볼 때, 그의 이해를 나타내기에 전혀 적합하지 않은 것은 아니다. 그러나 루터는 아우구스티누스가 사용한 이 개념을 역동적이 되도록 했음에 주목해야 한다. 즉 루터는 먼저[8] 두 개로 분리된 영역이 아니라, 하나님의 두 가지 통치방식에 대해서 말하고 있다.[9] 아우구스티누스가 역사신학적으로 언급한 두 개의 "도시"에는 각각 서로 다른 사람들과 사람들의 무리가 속해 있지만, 루터에게 있어서 모든 그리스도인은 이 두 개의 정부에 참여하고 있다는 점이다. 두 영역의 구별은 동시에 모든 그리스도인들이 살아가는 삶 한 가운데를 관통하고 있다.[10]

---

7 울리히 드크로브(Ulrich Duchrow)는 신학적 연관성을 담고, 실제로 존재하는 국가와의 모호함을 피하고자 "통치연맹"(Herrschaftsverband)이라고 번역한다. Christenheit und Weltverantwortung. Traditionsgeschichte und systematische Struktur der Zweireichelehre, Stuttgart 1970. 245. 아우구스티누스는 직접 구분하면서 "예루살렘"(시편 46 그리고 48; 계 21-22장)과 "바벨론"(계 17-18장)이라는 성서적 유형론을 소개하고 있다. 때문에 '치비타스'(civitas)는 우선 "도시"로 번역할 수 있다.

8 요한네스 헤켈(Johannes Heckel)은 아우구스티누스의 왕국사상에서 연구의 단초를 찾았고, 루터의 두 정부론은 바로 거기서 이끌어 낸 것이라고 보고 있다. in: Ders., Im Irrgarten der Zwei-Reiche-Lehre Luthers, München 1957. 파울 알트하우스(Die Ethik Martin Luthers, Gütersloh 1965, 56-59)와는 달리 헤켈은 그리스도인은 본래 세상 정부(WA 11,250 이하)에 종속되어 있는 것이 아니며, 단지 간접적으로 – 사랑을 위하여 복종하는 것임을 강조한다. 헤켈이 생각하는 세상정부는 거짓되고 부패한 나라이다. 그는 종말론적인 관점에서 참된 그리스도의 나라만을 인정한다 – 그리고 그 점에서 바르트와 일치한다 –, 반면 세상나라는 그에게 신학적 개념이기보다는 오히려 법률적 개념이다.

9 유의: "하나님의" 즉, 세속정부 역시 하나님의 정부이다. 차이점은 오직 통치와 실행의 방법과 방식에 있을 뿐이다.

10 참고. Heinrich Bornkamm, Luthers Lehre von den zwei Reichen im Zusammenhang seiner Theologie, Gütersloh(1955) 1969.

2. 영향사, 오해 그리고 대립

"두 왕국론"이라는 용어는 특히 20세기 초에 프리드리히 나우만Friedrich Naumann, 1860-1919이 범한 오해에 의해 생겨났다. 그는 루터가 세계를 두 개의 정적 범주로 나누었다고 보았다. 그 하나는 내적이고-영적인 영역으로 하나님이 볼 수 있는 양심의 영역이며, 다른 하나는 이와는 대치되는 외적이고-세속적인 영역으로 자체적인 "고유의 법"에 내맡겨져 있다. 후자는 그 보완으로서 내적 영역을 필요로 한다는 것이다.[11] 철학자 막스 쉘러Max Scheler, 1874-1928[12]와 허버트 마르쿠제Herbert Marcuse, 1898-1979[13]. 더 나아가 칼 바르트Karl Barth, 1886-1968와 다른 개혁파신학자들이 대변한 이러한 비평은 바이마르 공화국 그리고 독일국가사회주의 시대에 루터교 신학자들의 오판에 그 근거가 있다. 여기서 세속적인 영역은 스스로의 판단에 내맡겨지거나, 그렇지 않으면 인간의 법이 곧 하나님의 뜻으로 동일시되었다.[14]

개혁파 측에서는 "왕이신 그리스도의 통치" 이론에 반대했다: 그리스도의 통치를 벗어난 영역은 없으며, 그럴 경우에 그것은 영적인 영역도 아니며, 세속적인 영역도 아니다. 1934년 『바르멘 신학선언』의 두 번째 조항은 그리스도는 하나님의 격려일 뿐만 아니라, 또한 "그와 조금도 다름

---

11 Friedrich Naumann, Briefe über Religion, Berlin 1904, 특히 26번째 편지, 82.
12 Max Scheler, Von zwei deutschen Krankheiten, Gesammelte Werke Bd. 6, Bern 1963, 204-219.
13 참고. Oswald Bayer, Marcuses Kritik an Luthers Freiheitsbegriff, in: Ders., Leibliches Wort. Reformation und Neuzeit im Konflikt, Tübingen 1992, 151-175.
14 베르너 엘러트(Werner Elert)가 1934년 6월 11일 작성을 주도한 "안스바흐 선언"(Ansbacher Ratschlag) (Kurt Dietrich Schmidt [Hg.], Die Bekenntnisse und grundsätzliche Äußerungen zur Kirchenfrage, Bd.2: Das Jahr 1934, Göttingen 1935, 102-104)은 바르멘 신학선언을 반율법주의라고 비난하고 당시 독일 정부를 한결같이 인정했다.

없이" 즉 "우리의 삶 전체에 대한 하나님의 강력한 요구"이며, 그가 이 세상의 부당한 속박에서 해방시킨다고 밝히고 있다. 그러므로 "우리의 삶이 예수 그리스도가 아닌 다른 통치자의 영역에 속해 있는 듯 말하는 잘못된 교설"[15]을 배격하며, 거기서는 국가가 입안한 자체적 법률은 존중하고 있다.[16] 그러나 두 번째 논제는 반대되는 다섯 째 논제를 통해 균형을 이루고 있다. 여기서는 다시 두 왕국론에 정당성을 부여한다. 이것은 바르멘 신학선언 회의에 참여했던 루터교 사람들의 동의를 얻어내는데 결정적인 역할을 했을 것으로 추측한다: "국가는 하나님의 명령에 따라 아직 구원받지 못한 세상에서, 물론 그 안에 교회 역시 세워져 있지만, 인간의 판단과 능력을 척도로 힘을 행사하고 사용하여 법과 평화를 지켜야 할 과제를 가지고 있다고 성경은 우리에게 말하고 있다."[17] 전체주의 즉, 국가 하나 밖에 없다는 교설과 교회가 국가의 임무를 대행한다는 교설도 배격되고 있다. 두 정부에 대한 루터의 구분이 끼친 영향사를 보면서 간과해서 안되는 것은 긴급대책으로 영주를 "임시주교"Notbischof로 세워달라고 요청하고, 그 결과 영주가 통치하는 교회정부의 등장이 점차적으로 왕권과 제단의 치명적인 접근을 초래했다는 사실이다.[18] 1918년에야 비로소 독일에서 지역군주가 통치하는 교회정부는 막을 내렸다. 그때까지도 가령 프로이센의 왕

---

15 Alfred Burgsmüller and Rudolf Weth(Hg.), Die Barmer Theologische Erklärung. Einführung und Dokumentation, Neukirchen-Vluyn 1998, 35. 대부분의 독일 개신교 찬송가에 바르멘 신학 선언이 포함되어 있다(Württemberg: Nr. 836).

16 이 문제와 관련하여 참고. Ahti Hakamies, "Eigengesetzlichkeit" der natürlichen Ordnugnen als Grundproblem der neueren Lutherdeutung. Studien zur Geschichte und Problematik der Zwei-Reiche-Lehre Luthers, Witten 1971. 오늘의 논쟁을 위해서는 스스로 세운 규칙과 법이 지닌 상대성과 절대성의 차이점을 찾는 것이 유용하다.

17 참고. 각주 15) 38.

18 언급하지 않으면 안되는 것은 프로이센의 개혁파 궁정 설교가들이 이와 같은 발전에 큰 역할을 했다는 것이며, 많은 루터교 신학자들(특히 파울 게르하르트)은 군주들의 절대주의에 반대했다는 사실이다.

이 "그가 통치하는 지역" 교회의 최고 수장이었다.

어떻게 루터의 두 정부론이 정부비판적으로 사용될 수 있고 전체주의적인 통치에 저항을 적법하게 하는지 탁월한 한 예를 노르웨이 교회가 교회를 지키는 싸움에서 제시한 『교회의 기본입장』 Kirkens Grunn, 1942[19]이라는 글이 제공하고 있다. 오슬로의 주교 아이빈트 베르크그라프 Eivind Berggrav, 1884-1959는 독일 점령 당시에 국가사회주의 체제를 막아낼 수 있었다.[20]

종교개혁의 "좌파" 역시 영향사에 속한다. 루터 시대에 "열광주의"가 한편으로는 영적이고-엄숙한 신적인 국가를 주창하여 1534/1535년 뮌스터에서 벌어진 재세례왕국의 재앙을 초래했다면, 재세례파, 메노나이트를 포함하여 17세기와 18세기에는 "다른 생각을 가진 자들" Dissenter/비국교도이 등장하여 미국교회처럼 두 정부의 엄격한 분리를 요구했고, 그와 더불어 – 처음에는 미국에서 그리고 유럽에서도 역시 – 오늘날과 같은 국가와 교회의 분리, 종교자유의 기본권과 세계관에 대한 국가의 중립성에 기여했다.[21]

---

19 In: Norwegische Kirchendokumente. Aus den Jahren des Kampfes zwischen Kirche und weltlicher Macht 1941-1943, hg. v. Laure Wyss, Zürich 1946, 29-36. 추가 참고. Torleiv Austad, Der Grund der Kirche. Eine Bekenntniserklärung der norwegischen Kirche von 1942, in: Die öffentliche Verantwortung der Evangelisch-Lutherischen Kirche in einer Bekenntnissituation, Veröffentlichungen der Luther Akademie Ratzeburg, Bd. 7, v. Joachim Heubach, Erlangen 1984, 70-84.

20 참고. 특히 Eivind Berggrav, Wenn der Kutscher trunken ist. Luther über die Pflicht zum Ungehorsam gegenüber der Obrigkeit(1941), in Widerstandsrecht, hg. v. Arthur Kaufmann, WdF 173, Darmstadt 1972, 135-151; Ders., Staat und Kirche in lutherischer Sicht, in: Offizieller Bericht der Zweiten Vollversammlung des Lutherischen Weltbundes, Hannover 1952, 78-86. 더 나아가: Torleiv Austad, Die Lehre von den zwei Regimenten im norwegischen Kichenkampf 1940-1945. in: Ulrich Duchrow(Hg.), Zwei Reiche und Regimente. Ideologie oder evangelische Orientierung? Gütersloh 1977, 87-96.

21 종교자유를 전적이고 배타적으로 영국종교개혁이 가져온 부수적인 결과에 귀결시킨 게오르크 옐리넥(Georg Jellinek, Die Erklärung der Menschen- und Bürgerrechte[1895]의 주장을 마르틴 헤켈(Martin Heckel) 설득력 있게 반박한다: Martin Heckel, Die Menschenrechte im Spiegel der

3. 『세속권세에 관하여, 어느 정도까지 순종해야 하는가?』

이 주제를 다룬 루터의 기본적인 글은 『세속권세에 관하여, 어느 정도까지 순종해야하는가?』 라는 제목을 가지고 있으며, 바이마르의 선제후 궁에서 행한 설교에서 나왔다.[22] 이 글의 등장 배경에는 세속정부에 대한 영적인 책임의 문제에 대해 루터에게 답변을 요청한 센제후령 작센 지역 공작 요한Herzog Johann von Kursachsen의 질문과 요한 폰 슈바르첸베르크Johann von Schwarzenberg와의 서신왕래가 있다. 같은 시기에 게오르크 폰 작센Georg von Sachsen 공작은 인접한 지역에서 얼마 전 루터가 번역하여 출판한 신약성서의 보급을 금했고, 이것이 이 글 작성의 실제적인 원인을 제공했다. 루터의 다른 글처럼, 비록 이 글을 그때그때의 상황과의 연관성에서 이해할지라도, 그는 기본적으로 이 글을 수정하지 않았고, 정치윤리에 대한 포괄적인 생각을 그 틀을 사용하여 – 분명히 조정된 부분이 없는 것은 아니다[23] - 전개했다.

a) 첫 부분에서 루터는 비폭력을 호소하는 산상수훈이 어떻게 세속정부에 복종하라는 성경의 내용과 일치하는지의 문제를 다룬다. 그는 세속통치의 성경적 근거로 특별히 베드로전서 2장 13-14절과 로마서 13장 1-7절

---

reformatorischen Theologie(1987), in: Ders., GS Bd. 2, hg. v. Klaus Schlaich, Tübingen 1989, 1122-1193. 헤켈은 현대의 종교와 정치의 구분은 본질적으로 루터에게 그 시초가 있음을 보여주고 있다.

22 WA 11,245-281(1523). 바이마르에서 1522년 10월 24일과 25일에 바이마르에서 행한 설교는 3번째와 4번째 설교 사본만이 남아 있다(WA 10 III,371-385). 루터는 세속정부의 권세에 대한 문제를 다루면서, 그것들이 최대한 기억될 수 있도록 이러한 설교들을 이용했다. 요한 폰 쉬바르첸베르크에 대한 답으로: Volker Mantey, Zwei Schwerter – Zwei Reiche. Martin Luthers Zwei-Reiche-Lehre vor ihrem spätmittelalterlichen Hintergrund(Tübingen, 2005), 235-45.

23 참고. 각주 27과 50.

을 인용했다: "인간의 모든 제도를 주를 위하여 순종하되 혹은 위에 있는 왕이나 혹은 그가 악을 행하는 자를 징벌하고 선행하는 자를 포상하기 위하여 보낸 총독에게 하라." "각 사람은 위에 있는 권세들에게 복종하라 권세는 하나님으로부터 나지 않음이 없나니 모든 권세는 다 하나님께서 정하신 바라." 여기에 추가해서 창세기 4장 14-15절_{가인이 그를 만나는 자마다 그를 죽일 것이라는 두려움에 떨었다}과 창세기 9장 6절_{다른 사람의 피를 흘리면 그 사람의 피도 흘릴 것이니}을 인용한다. 또한 출애굽의 언약법과 마지막으로 직업에서 불의한 일을 행하지 않는 한, 군인들에게도 세례를 허락한 누가복음 3장 14절을 인용한다. 다섯 번째 반대논제는 산상수훈의 내용_{마 5:38-40}과 긴장을 초래하고 있다: "'또 눈은 눈으로 이는 이로 갚으라'_{출 21:24}하였다는 것을 너희가 들었다. 그러나 나는 너희에게 말하노니 악한 자를 대적하지 말라. 누구든지 네 오른편 뺨을 치거든 왼편도 돌려대며 또 속옷을 가지고자 하는 자에게 겉옷까지도 가지게 하라." 로마서 12장 19절, 마태복음 5장 44절, 그리고 베드로전서 3장 9절들도 이와 같은 맥락이다.

루터는 이 긴장을 이미 언급한 두-단계-윤리, 즉 "계명"과 "복음적 권면"을 통해서 해결하고자 했었다.[24] 이에 따르면, "계명"은 모든 사람에게 적용되나, 반면 "복음적 권면" – 그러니까 복음의 특별윤리라고 말하는 – 은 성숙한 그리스도인에게만 적용하는 것이다. 루터는 이러한 구별을 거부한다. 이유는 그가 보기에 성경에 근거하지 않기 때문이다. 산상수훈은 십계명의 강조이며, 십계명처럼 모든 그리스도인에게 적용되는 것이다.[25]

모순처럼 보이는 것 – 폭력금지_{산상수훈}와 국가의 독점적 권력행사_롬

---

24 참고. 13장 1.
25 이 주제는 14장 4에서 더욱 상세히 다루고 있다.

13:1-7 - 이 루터에 의해서 흥미롭게 통합되고 있다. 그는 - 완전한 그리스도인과 덜 완전한 그리스도인을 - 교회 내에서 구분하지 않고, 세상에서 구분한다. 즉 그리스도인들은 영적인 사람들이기에 세속 정부 자체가 필요 하지 않다.[26] 그러나 모든 사람들이 그리스도인은 아니기에 세속 정부는 필요하다.[27]

두 정부는 상호 대립하지 않는다. 둘 모두 필요하다: "하나는 경건하게 하는 것이요, 다른 하나는 외적인 평화를 유지하고 악행을 막는 것이다. 어느 한쪽만으로는 이 세상에서 충분하지 않다."[28] 권력의 단념은 "본래" 단지 "친애하는 그리스도인들"에게만 해당하는 것이다.[29] "그러나 참된 그리스도인은 이 땅에서 그 자신이 아닌 이웃을 위해서 살고 봉사하기에 영의 본성에 부합해서 자신에게는 필요하지 않지만, 이웃에게는 유익하고 필요한 것이기에 행하는 것이다."[30] 게다가 이것은, 루터에 의하면, 그리스도인은 기꺼이 "사형집행인, 교도관, 판사"가 될 준비를 해야 함을 의미할 수도 있다.[31] 그리스도인은 이웃을 위하며 공공의 행복을 위한 봉사적 차원에서 "공직"을 감당해야 하며, 공직자로서 불가피한 경우에 무력을 동원하고 사용해야만 한다. 그렇지만 그 자신은 "그리스도인"으로서 기꺼이

---

26 세속정부에 대한 논문에서 루터는 그리스도인을 동시에 죄인(simul peccator)으로 다루지는 않는다. 참고. Volker Stümke, Einen Räuber darf, einen Werwolf muss man töten. Zur Sozialethik Luthers in der Zirkulardisputation von 1539, in: Klaus-Michael Kodalle und Anne M. Steinmeier(Hgg.), Subjektiver Geist. Reflexion und Erfahrung im Glauben(FS Traugott Koch), Würzburg 2002, (207-228) 225, 각주 76.

27 루터는 1523년 세속정부에 대한 논문에서 세속정부를 죄의 억제와 질서 유지의 의미로 해석했다. 그러나 후에 - 특히 세 가지 신분론에서 - 가정의 창조질서와 연관시켜 정치적 차원의 가치 역시 인식하고 있다. (참고. 6장 1 그리고 3.2).

28 WA 11,252,12-14(『세속정부에 관하여』 1523).

29 WA 11,252,26.

30 WA 11,253,23-26.

31 WA 11,255,1.

모든 것을 참고 이겨내야 한다. 즉 복수를 해서는 안 되며, 개인적인 자신의 권리를 위해 소송을 해서도 안 된다.[32]

"칼"이 이웃의 삶과 공적 질서를 위해 사용되는 경우 – 이것은 적법한 무력행사를 뜻한다 - 루터는 세상정부에 대한 참여 역시 "신적거룩한 봉사"라고 표현한다.[33] 두 정부의 구분은 – 엄격히 말해서 모두가 동일하게 세속 직임을 소유하는 것은 아니며[34] - 그리스도인 개개인 모두에게 해당한다. 그리스도가 세속 직임을 수행하지 않았다면, 이것은 그만의 특별한 직임이 있기 때문이며, 그것이 세속 직임에 대한 원칙적인 금지는 아니라고 루터는 해석한다. 확실히 그리스도인으로서 세속 직임을 수행할 수 있는 것은 귀하고 그리고 특별한 은총이다. 그러나 루터는 여기에 남용의 위험이 특히 높다고 평가한다.

b) 두 번째 부분에서, 루터는 "세속 권세 어느 정도까지"에 대하여 논한다.[35] 그는, 국가가 제한적이지만, 복종을 요구할 권한이 있다는 결론에 이르렀다. 이러한 생각이 그가 쓴 글의 "주요핵심"[36]임은 제목이 잘 보여준다: 『세속권세에 관하여, 어느 정도까지 순종해야하는가』.[37] 제후들과 세속 통치자들의 권력은 오직 삶의 육적인 면에 한정된다. 이에 반하여,

---

32 WA 11,259,7-16.

33 WA 11,258,1-3; 260,32-35(루터는 "칼"을 "세상 정부가 가지고 있는 모든 것 – 세상의 권한과 법, 관습과 풍습처럼 – 이라고 이해한다[...]": WA 23,514,1-4 [스가랴서 주해, 1527]). 루터는 맹세금지 주해에서도 유사한 주장을 했다(ebd.16-19). 그러나 알브레히트 보이텔이 정확히 파악하듯이, 조직신학적으로는 해석학적 목적을 벗어나고 있다. 참고. Albrecht Beutel, Biblischer Text und theologische Theoriebildung in Luthers Schrift 'Von weltlicher Obrigkeit, wie weit man ihr Gehorsam schuldig sei'(1523), in: Stephan Chapman / Christine Helmer / Christof Landmesser(Hgg.), Biblischer Text und theologische Theoriebildung, Neukirchen-Vluyn 2001, 77-104.

34 WA 11,259,4-6(『세속권세에 관하여, 어느 정도까지 순종해야하는가』 1523).

35 WA 11,261,26.

36 WA 11,261,27.

37 이탤릭은 강조의 의미이다.

신앙과 그 근거가 되는 하나님의 말씀에 대해서는 아무런 권한이 없다. 여기서 공적인 형태의 저항인 루터의 수동적 저항의 권리가 나왔다. 게오르크 공작은 신하들에게 신약성서를 넘기라고 요구할 권한이 없다. 이 문제는 영적인 문제이며, 따라서 영적인 방법으로 – 말씀으로 – 해결해야 된다는 것이다.[38]

"믿거나 혹은 믿지 않는 것은 각자의 양심에 달려 있고, 그것이 세속 권세에 피해를 발생시키지 않기 때문에 세속 정부는 그것에 만족하고, 그들의 역할에 충실해야 하며, 믿을 수 있고 그리고 믿고자 한다면 믿도록 놔두어야 하며, 어느 누구도 강제로 억압해서는 안 된다. 왜냐하면 믿음은 아무도 강요할 수 없는 자유로운 일이기 때문이다."[39]

루터는 국가책임의 한계를 명확히 규정하고자 일명 "정부장"Obrigkeitskapitel이라고 칭하는 로마서 13장 가운데서 7절을 인용한다. "모든 사람에게 줄 것을 주되, 공세[즉, 세금]를 받을 자에게 공세를 바치고, 관세를 받을 자에게 관세를 바치고, 두려워할 자를 두려워하며, 존경할 자를 존경하라."[40]

루터는 국가권력의 한계와 연관하여 결정적으로 중요한 성구인 마태복음 22장 21절"가이사의 것은 가이사에게, 하나님의 것은 하나님께 바치라"과 특히 유

---

38 이단 대처 문제에 대한 루터의 의견 역시 그렇다(WA 11,268,19-269,31). 그는 나중에 유감스럽게도 이 문제에 대해 부분적으로 의견이 달라졌다. 이단문제에 대해 종교개혁자들과 제후들의 다양한 대처에 대해서 참고. Paul Wappler, Die Stellung Kursachsens und des Landgrafen Philipp von Hessen zur Täuferbewegung, Reformationsgeschichtliche Studien und Texte 13/14, Münster 1910.

39 WA 11,264,16-20; 참고. WA 11,260,8f.

40 WA 11,266,3-5.

명한 베드로의 결론clausula Petri이라 칭하는 사도행전 5장 29절"사람보다 하나님께 순종하는 것이 마땅하다"을 인용한다. 그러므로 성경에 관해서 제후의 권위에 복종하는 사람은 하나님의 통치를 부인하는 것이며, 그리스도인이 아니다.[41]

c) 세 번째 부분에서 루터는 마지막으로 하나의 행동지침, 더 정확히 표현하여 제후들을 위한 마음과 양심의 강령인 "제후들의 모범"Fürstenspiegel을 제시한다. 여기서 그는 능력을 발휘하고 책임을 다하는 제후들에게 복종한다고 하여 위에 있는 권세에 복종하라는 자신의 정부이해가 지닌 강제성을 상대화시키고 있다. 세속 권세는 루터에게 당연한 것이나 - 왜냐하면 그렇지 않을 경우 혼돈이 초래되기에 - 그러나 그 자신과 다른 사람들이 부당한 처리를 통해 상처를 입기도 한다. 그러므로 그리스도인이 통치자라면, 이 "희귀 새"[42]는 하나님을 신뢰하고, 신중하고 이성적으로 통치하며, 전쟁을 피하고 평화를 지켜야 하며, 무엇보다도 타당성, 공정성 ἐπιείκεια[43], 통찰력으로 다스려야 한다.

주목할 만한 것은 이 모든 것 - 하나님을 두려워하는 것을 제외하고 - 은 모두가 지녀야 할 현명한 행동이며, 그리스도인에게만 해당하는 일은 아니라는 표현이다. 루터가 여기서 말하는 공정성, 통찰력, 건강한 인간이성은 희랍인의 미덕 개념과 연관이 있는 그리스도인 윤리의 마그나 카르타인 로마서 12장 1-2절과 유사하다. 그러한 사람만이 과장된 경건의 요구

---

41 WA 11,267,1-13.
42 WA 11,267,30f.
43 참고. Althaus, Die Ethik Martin Luthers(각주 8), 113f., 139f. 참고. WA 19,632,8-24(『군인도 구원 받을 수 있는가』 1526) 그리고 WA 47,365,28f(마 18-24장 설교; 1537-1540): "공정성"(ἐπιείκεια)이란 너그럽게 눈감아 주고, 가혹하게 처리하지 않고, 받아들이며 견디는 것을 의미한다.

혹은 정의에 대한 궤변을 극복할 수 있다: "가장 엄격한 법은 가장 불의하다"summum ius, summa iniuria[44]. "그 때문에 나는 명시된 법 혹은 판사의 판결을 지키는 것으로 충분하고 가치 있다고 생각하지 않는다. 그 이상의 것이 있다."[45] 즉 여기서 쓰인 공정성ἐπιείκεια은 손끝으로 만져보고, 눈으로 확인하는 솔로몬의 지혜를 의미한다.

요약: 하나님은 영적 세계와 함께 세속 세계도 통치한다. 둘 모두 그의 것이며, 그의 나라이다. 다만 통치하는 행위와 방식에 차이가 있을 뿐이다. 하나님은, 『아우크스부르크 신앙고백서』 제16조에 간단명료하게 표현하고 있듯이[46], 경찰[즉, 합법적인 정치기구]과 세속정부를 통해서 세속 영역을 통치한다. "그런 신분 속에서" "각자는 그리스도인의 사랑과 바르고 선한 행위를 소명에 따라 수행할 수 있다."[47] 세속권세에 관한 글에서처럼, 여기 사도행전 5장 29절 역시 인간의 통치 권력의 한계에 대한 기준을 제시하고 있다. 이와는 반대로 영적인 영역에서는 잘 알려진 『아우크스부르크 신앙고백서』 제28조가 말하는 "인간의 힘이 아닌, 오직 하나님의 말씀을 통해"sine vi humana, sed verbo라는 기본원칙이 적용된다.[48]

---

44 "가장 엄격한 법이 가장 불의한 법이다"(참고. WA 17 II,92,11 [주현절(롬 13:8ff) 후 4번째 주일을 위한 서신, 고난주간설교, 1525]; WA 19,630,12f(『군인도 구원 받을 수 있는가』 1526).

45 WA 11,272,22-24.

46 BSLK 70,9.

47 BSLK 71,17-20.

48 BSLK 124,9.4f. 참고. WA 23,514,1-6(『스가랴서 주해』 [각주 33]): "나는 '칼을 통해서'를 세속정부가 가진 모든 것이라고 이해하며, [...] '말씀을 통해서'를 영적인 정부에 속한 모든 것 [...]이라고 이해한다."

4. "그리스도인"과 "공인"

"그리스도인"과 "공인" 사이의 정확한 경계를 묻는 질문에서 루터는 다양한 방식으로 입장을 제시한다. 1523년 『세속권세에 관하여, 어느 정도까지 순종해야하는가』에서는 "순교자-윤리"의 경향을 보이고 있다. 즉 그리스도인은 그 자신을 위해서 - 심지어 이것이 자신의 가족에게는 짐이 될지라도 - 기꺼이 고난 받을 준비가 되어 있어야 한다는 것이다. 불의를 겸손하게 수용해야만 하는 것은 그 안에서 숨어있는 하나님의 통치를 경험할 수도 있기 때문이다.[49] 그러나 루터에게 물어야 하는 것은 그가 말하는 직무의 개념은 매우 광범위하며, 그래서 가령 부모라는 직무 역시 포함시킬 때에 "그리스도인"이라는 존재가 "공인"과 별도로 있을 수 있는가 하는 것이다. 그렇지만 "그리스도인"과 "공인"의 기본 차이는 삶속에서의 소명과 대인관계에서 볼 때 확실히 좋은 의미를 가지고 있다. 이러한 관계에서는 나의 존재의 정당성을 추구하지 않아야 한다. 이것은 "그리스도인"으로 행동할 것인가 아니면 "공인"으로 행동할 것인가를 선택해야 할 때에만 어려움을 보여준다.

이미 세 신분론의 설명에서 살펴보았듯이, 1539년 『세 가지 신분에 관해서』 Von den drei Hierarchien에서 루터는 자신의 견해를 바꾸었다.[50] 이제 그는 그리스도인에게 스스로를 지키기 위한 정당방위를 인정한다 - 이것은 물론 신학적 입장이다. 강도의 공격을 예로 들어 악에 대한 저항은 정

---

[49] 참고. "내주는 강한 성이요"(EG 362)에서 이미 인용한 4절: "육체, 재물, 명예, 가족을 다 빼앗긴대도 진리는 살아서 그 나라 영원하리라"

[50] 스튐케(Stümke)는 인용한 구절과 루터가 '순교자-윤리'를 보여준 1526년에 나온 『군인도 구원받을 수 있는가』(WA 19,636,26-32)라는 글에 대해 강도 높은 비평을 했다. (aaO.[각주 26] 209, 각주 11).

부와 그리고 하나님의 뜻에 따라 정부에 순종하는 그리스도인의 임무라고 한결같이 말한다. 명백한 고통은 세상도피가 되고, 더불어 실현 불가능한 구걸승려의 이상과 같은 것임을 후기 루터는 선명하게 보여준다. 참된 그리스도인의 삶은 혼란한 세상에서 삶에 필요한 질서를 지키려는 싸움으로 유지된다.[51]

5. 루터의 『산상수훈-주해』

루터는 『산상수훈 주해』[52] 서문에서 "율법"과 "권고"라는 두 단계 윤리를 다시 상세히 설명한다.

스콜라주의자들은 마태복음 5장 48절을 인용하여 호소한다: "그러므로 하늘에 계신 너의 아버지의 온전하심과 같이 너희도 온전하라." 그러나 그러한 완전은 평범한 그리스도인들은 성취할 수 없는 것이었다. 그 때문에 그들은 12개의 "복음의 권고"에서 분리되었고, 그것은 "다른 그리스도인들의 완전보다 더 높고 더 완벽한 완전을 성취하기를 원하는 사람"[53]인 수도사와 수녀들에게만 적합한 것이었다. 특히 이 "권고"에 원수사랑, 복수금지, 모든 것을 기꺼이 내어주려는 마음 등이 포함되어 있다. 그러나 루터가 보기에 스콜라주의자는 불필요한 추가물인 그러한 행위를 설명하고, 실제로 거기에 매달리고 있다.[54] 루터는 이에 대해, 그리스도는 산상수훈

51　WA 40 III,207,36f. 참고. 시편 127:1 주해 내용; 1532/1533.
52　WA 32,299-301(1532).
53　WA 32,300,5-8. 특히 300.15 이하.
54　WA 32.300,5-11.

에서 "이들 계명 중에서 작은 것 하나라도 폐하는 자 그리고 '계명들'을 의미 없는 말이라고 치부하는 자들은 하늘나라에 들어갈 수 없다고 진노로 경고하신다"[55]며 반대한다. 간단히 말해 루터에게 있어서 모두에게 적용되는 계명은 항상 중요한 것이나, 소수를 위한 권고들은 그렇지 않다. 이것은 루터의 논쟁이 향하고 있는 공격의 한 방향이다.

다른 한편, "새로운 법학자들과 궤변가들, 즉 영의 무리들[즉, 분파주의자]과 재세례파들"[56]은 고쳐야 한다. 그들은 "사유재산을 갖고, 맹세하고, 공직자 혹은 판사가 되고, 전쟁에 참여하고, 아내와 자녀를 두는 것[…] 등은 잘못"[57]이라고 가르치기 때문이다. 마귀는 이런 식으로 모든 것을 뒤섞어 놓아 "세속적 영역과 신적[즉, 영적] 영역 사이의 차이를 알지 못하게 하며, 각각의 영역에 있는 차이를 가르치고 행할 수 없게 만든다."[58] 이것이 열광주의자를 수도사와 결합시키는 요인이다. 마귀는 이 둘을 이용하여 "교황권에서 일어나듯이, 선행을 완전히 억누르거나 또는 그가 지금 새로운 수도사들 혹은 영의 무리들을 통해 시작했듯이, 거짓된 선행과 위선적인 거룩함을 조성한다."[59] 이 둘 모두 "하나님이 명령한 것과는 다르고, 특별하거나 혹은 더 좋은 것"[60]을 행하기를 원하나 그 점에서 오류를 범하고 있다.

---

55   WA 32,300.3-5. 참고 WA 11,259,17-260,15(『세속권세에 관하여, 어느 정도까지 순종해야하는가』 1523): "내가 너희에게 말하노니"라는 예수의 말씀은 율법의 폐지가 아니라, - 모두에게 해당하는 - 율법의 해석이라는 의미이다.

56   WA 32,300,34f.

57   WA 32,301,1f. 이러한 이유로 『아우크스부르크 신앙고백서』 제16조는 재세례파에 반대한다고 선언하고 있다(특히 재세례파의 슈라이트하임 선언을 반대한다; 13장 각주 78).

58   WA 32,301,3-6.

59   WA 32,301,19-22.

60   WA 32,301,26.

중요한 것은 외적인 행위가 아니다. 인간이 살아가면서 지니는 정신이다.

"문 앞에서 빵을 구걸하면서도 어떤 부자보다도 거만하고 사악한 많은 거지들이 있고, 어떠한 군주나 제후보다도 상대하기 어려운 인색한 많은 농부도 있다. 그러므로 물리적 외적으로 가난하게 되든, 부자가 되든 여러분에게 맡겨진 것이다 – 하나님은 이것을 문제 삼지 않는다. 그리고 알아야 할 것은 이것이다. 누군가 하나님 앞에 있다는 것은 영적인 것이며, 마음이 가난해져야 한다는 것이다. 이것은 확신, 위로, 신뢰를 일시적인 재물에 두지 말아야하며, 거기에 마음을 쏟고 맘몬을 우상으로 삼지 말아야 함을 의미한다."[61]

6. 교회법의 문제

두 정부론은 세속적인 것과 영적인 것, 즉 세상과 교회라는 하나님의 두 가지 통치방식을 구분할 수 있는 척도를 제공해준다. 그러나 교회를 세속적인 측면에서 바라볼 때, 세속적인 것과 영적인 것의 관계를 교회법 안에서 어떻게 적절하게 설명할 수 있는가? 하는 것이 어려움이다.

『아우크스부르크 신앙고백서』 제28조의 "힘이 아닌, 말씀만으로"non vi, sed verbo라는 공식은 우선 1530년 두 영역을 혼합하여 사용하는 로마교회, 즉 주교들이 전쟁을 수행하고, 세속적인 공직을 차지하여 그 예로 제후의 자격으로 독일 황제를 선출한 것을 반대한 것이다.

둘째는 영적인 법 – 예식법 – 을 제정하여 그것을 도구로 양심을 괴롭히

---

61   WA 32,307,26-34.

러는 주교들이 요구한 권리를 거부한 것이다. "권한", 즉 주교들의 직임의 권위는 제28조에 따르면, 교회의 표지에 토대를 두고 있다. 이에 대해서는 이미 제7조도 언급하고 있다. 즉 주교의 권한은 복음을 증거하고, 성례전을 집행하며, (파문할 수 있는 권한이 포함되어 있으나, 강제로 수행해서는 안되는) 죄를 용서해주는 직임에 있다.[62] "그러나 감독들이 결혼 혹은 십일조와 같은 몇 가지에 대해서 다른 힘이나 재판권을 가지고 있다면, 이런 것은 사람의 법에 따른 것이다."[63]

교회 안에서 권한과 법을 본질에 적합하게 다루려면 어떻게 해야 하는가? 멜란히톤은 『아우크스부르크 신앙고백서』에서 "감독들과 목사들은 교회 안에서 모든 것이 질서정연하게 이루어지도록 고전 14:40 규정을 제정할 수 있다. 그러나 그것은 하나님의 은총을 얻기 위함이 아니라", "사랑과 평화를 유지하기 위한 것이다"[64]라고 고백한다. 로마 가톨릭측도 자주 인용한 사도들의 회의 행 15:20,29 역시 영적인 법을 제정하지 않았으며, 그 시대에 해당하는 것이고, 시간이 흐르면 당연히 불필요해질 수 있었다는 것이다. 피를 흘리고, 목메어 죽은 것을 멀리하라는 계명은 거리낌이 되지 않게 하려고 "한 때"[65] 적용했던 것이다.

이것은 다양한 형태의 개신교회들이 등장하는 계기가 되었고, 그들의 역사 속에서 이 같은 생각을 효율적으로 활용했다. 복음적인 교회헌법은 없다. 감독교회이거나, 회중적인 장로교회이거나, 회중교회이거나 혹은

---

62 BSLK 123,22-124,5: "신적인 법에 의하면, 주교의 직임은 – 사람의 힘이 아닌 오직 하나님의 말씀을 통해서 - 복음을 선포하고, 죄를 용서하며, 교리를 판단하고 복음에 위배된 가르침을 버리고, 경건치 않는 자들 – 그들의 불경건이 명백할 경우 - 을 교회공동체에서 제외시키는데 그 본질이 있다."
63 BSLK 125,3-6("humano iure" 사람의 법에 의한).
64 BSLK 129,13-16,28.
65 BSLK 131,21.

혼합된 형태이거나 모든 형식이 가능하다. 이 모든 것은 복음을 전하는 일에 도움이 될 수 있다. 그러나 그 모든 것 역시 오용될 수도 있다.

개혁교회 측이 종종 요구했듯이, 교회법을 "복음의 형식"으로 보는 것은 영적인 일에 세속적인 요소들이 지나치게 많이 들어와 있음을 의미한다. 복음은 오직 말씀의 문제이며, 강제성을 가진 인간의 법의 문제가 아니다. 다른 한편, 교회의 법과 행정을 위해 국가에 적용되는 "율법의 정치적 용법"usus politicus legis을 사용하는 것도 옳지 않다.[66] 본래 그리스도인에게는 더 이상 외적인 법이 필요하지 않다는 것이 타당하다면, 교회 조직과 그 안에서의 상호협력은 사실 한 가지 특별한 요구만을 부여받는다. 이 주장은 정확하다. 그러므로 교회에서는 예를 들어 봉사요구와 목회가 균형을 이루기 위해서 항상 새로운 방법을 모색해야 한다. 루터는 감독직의 본질을 목사의 봉사에서 찾았다.[67] 이것은 봉사자의 선례로서 감독의 기능과 모순되지 않으며, 그가 어떤 자세로 자신의 직임 - 사실 모든 직임이 불가피하게 인간적인 권한행사와 맞물려있듯이 - 을 수행해야 하는 지 알려주는 지침이 된다.

7. 오늘의 적용과 과제

국가는 "아직 구원받지 못한 세상"에 있기에 국가의 헌법을 적극적으로

---

66 그 한 가지 예로서 오늘날 독일교회는 공무원 제도와 입금법과 더불어 합법적인 "제3의 방안"을 제시하고 있다.

67 WA 11,271,11-16(『세속권세에 관하여, 어느 정도까지 순종해야하는가』 1523). 참고. 각주 62.

지지하는 그리스도인들은 "정의와 평화를 위해 노력"[68]함으로 악에 대항하라는 신적 임무를 부여 받았다. 코소보, 마케도니아, 아프카니스탄, 극동에서 일어나는 문제들은 이전보다 더욱더 노골적이다. 확고한 실행력이 없다면, 인권과 자유를 위한 논의는 공허하고 믿을 수 없다는 점이 지나간 몇 년 동안 분명히 드러났다. 이것은 주차 위반처럼 교육학에서 늘 적용하는 것이며, 국제 정치에서도 동일하게 적용된다. 개혁과 구호활동은 요구뿐만 아니라, 실행여부를 눈여겨보아야 하며, 단 한 번의 기회 밖에 없는 경우 – 필요시 군사적 힘을 이용해서라도 – 보호해야 한다.[69] 정치적 프로그램인 완전한 평화주의반전주의는 또 다른 형태의 열광주의와 같다.

세속정부를 "검"이라는 관점으로 주로 논했다는 것은 그 시대에 민주적인 참여 가능성이 크지 않았음을 뜻한다.[70] 농민전쟁에서 루터의 입장이 어떤 문제를 불러왔는지는 잘 알려져 있고, 루터 자신도 알고 있었다. 그것은 한편으로는 그 사건이 가진 고유의 역동성에서 설명할 수 있다. 당시 출판 기술의 수준을 고려해 볼 때, 루터의 반응은 늦을 수밖에 없었다. 또 다른 한편으로는 루터가 공공의 법질서에 부여한 높은 가치에서 설명 가능하다. 적법한 행동은 루터의 정치윤리의 핵심이다.[71] 만인에 대한 만인의 투쟁bellum omnium contra omnes처럼 루터는 아무것도 두려워하지 않았다. 특히 그 배후에 1495년 이후부터 제국 전체에서 금지된 사적인 파벌 싸움에 대한 루터의 경험이 있다. 그는 제후들의 통치가 드러낸 불의 역시

---

68 참고. 각주 17.
69 참고. Stümke, "Einen Räuber darf, einen Werwolf muss man töten," (각주 26) 227(각주 82): "외국과의 법적 관계의 해소에 반대하는 정당성"에 대한 문제는 장차 더 강해질 것이다.
70 참고. 6장 3.2.
71 참고. Reinhard Schwarz, aaO. (6장 각주 103).

분명히 보았다. 그러나 국가가 전복될 경우 발생할 극도의 혼돈을 염려했다. "천민민중은 천성적으로 정부를 미워한다."[72] 통치자들의 직무가 종종 원하는 것과 부합하지 않아도 그들의 직임은 하나님이 제정하고 수여한 것이며, 결코 무정부를 주장할 수 없다. 그 때문에 통치자에 대한 저항은 루터에게 있어서는 수동적으로만 가능하다. 어쨌든 적법한 방식이 유지되어야 한다. 시민은 직접 정부를 반대할 권한을 떠맡아서는 안된다. 통치자의 힘은 하나님의 능력에 그 경계가 있다.[73]

오늘날 우리에게 국가는 단순히 "비상질서"Notordnung 그 이상의 것이다. 국가는 인간이 그 안에서 자신의 창조의 은사를 펼칠 수 있는 가능성을 제공해준다.[74] 그러나 유럽 전역을 바라보면, 이 나라 내에서도 민주주의에 위배되는 경향을 보이고 있다. 가시화되고 있는 권력의 문제를 부인하는 것은 무책임해 보인다.

8. 두 정부와 세 가지 신분의 관계

---

72 WA 40 III,268,18f. 참고. 19-23줄(시편 127:5주해; 1532/1533). 참고. 특히 『군인들도 구원받을 수 있는가?』(1526)라는 글에서 "군중"에 대한 루터의 반대 표현: WA 19,635,14-16; 639,30-640,2.

73 하나님이 세속정부를 세웠다는 확신이 세속정부를 비판하는 쪽으로 영향을 주었는지, 옹호하는 쪽으로 영향을 주었는지는 여전히 논쟁 중에 있다(Stümke, "Einen Räuber darf, einen Werwolf muss man töten," [각주 26] 219f.). 그가 보기에 평화주의자인 황제를 도발주의자인 교황으로부터 떼어놓은 것이 루터의 관심이었다(aaO.219, 각주 55). 루터에게 있어서 후에 신학적이고 법률적인 논의의 중요성은 "부하들"(군주들)이 "상관"(황제)에게 무력으로 저항해도 되는지에 대한 문제에서 특히 민감하게 드러났다(aaO. 220f.). 참고. Eike Wolgast, Die Wittenberger Theologie und die Politik der evangelischen Stände. Studien zu Luthers Gutachten in politischen Fragen, Quellen und Forschungen zur Reformationsgeschichte Bd. 47, Gütersloh 1977.

74 참고. 6장 3.2. 마지막 단락("도덕적 동의").

루터의 평가에 의하면, 세 가지 신분에 대한 가르침은 두 정부에 대한 가르침보다 중요하다. 세 가지 신분론과는 달리 두 정부론은 요약되거나 정언적인 글이 없다.[75] 이 두 주제는 동일하지 않다. 그러나 서로를 보충해 주는 역할을 한다. 그러므로 여기서도 역시 루터 해석사에서 흔히 등장하는 도식화가 시사하는 것보다 루터의 관점이 유동적임을 주의해야 한다.

무엇보다도 두 가지 요소가 중요하다:

a) 두 정부론에서 루터는 비판적 구분에 기초하여 – 하나님은 다른 방식으로 각기 정부를 다룬다고 생각한다. 그는 세 가지 신분론에서 긍정적 배열을 시도한다. 세상에서 세 가지 신분을 통해서 모든 사람을 주관하는 것은 하나님이다.

b) 두 정부론은 정적이고 항구적인 차이를 가지고 있지 않다. 그것은 다만 지금이라는 제약된 시간과 시대에 잠정적으로 적용된다. 그러나 언젠가는 세상의 완성과 더불어 제거될 것이다. 그것은 모든 사람들이 그리스도인이 아니라는 사실과 그리스도인 자신도 새 사람이지만 법을 필요로 하는 자신 속에 있는 옛 사람이자 죄인을 대해야 한다는 사실을 감안한 것이다. 루터의 하나님의 두 정부 구분은 아직은 볼 수 없으나, 종말을 믿는 그리스도인의 삶의 방향에 도움을 주는 것이다.

이에 비하여 세 가지 신분론은 교회라는 기본 신분과 결혼 그리고 가족으로 인해 생기는 가정이라는 두 번째 신분이 이미 천국에서 시작되고, 그에 부합하여 종말에 사라지지 않고, 완성된다는 점에서 두 정부와는 다르다. 세 신분론이 두 정부론을 포괄하고, 두 정부론에 영향을 준다는 것은 언급했듯이 1539년의 논쟁에서 분명하게 드러나 있다. 루터는 거기서 무

---

75 참고. 6장 1.

정부적 요소들과 하나님을 대적하는 정치권력과 더불어 세 번째 적을 언급한다. 바로 철저한 저항이 필요한 적그리스도이다.[76] 적그리스도는 하나님이 세우고, 그의 말씀을 통해서 구원받은 신분을 대적하며, 세상 질서를 파괴할 뿐만 아니라, 모든 신분과 함께 믿음과 하나님의 창조 세계 전체를 파괴한다. 그 때문에 단순히 말씀으로 그에 맞서는 것은 충분치 않다. 근본적으로 이단을 맞서듯 해야 하며, 권세에 대항하듯이 법률적인 수단만으로 충분치 않다. 왜냐하면 "그는 어떤 신분에도 속하지 않고, 완전히 하나님의 질서 밖에 있기에 루터는 포괄적이고 적극적인 저항을 호소하고 있다."[77] 세 가지 신분 – 논쟁 제목에 교황을 세 신분과 모든 사람의 적으로 명시한 것은 무심코 내뱉은 말이 아니라, 탁월한 정치적 결과를 예측하고 행한 논쟁 전체의 목적이었다.

오늘날 교황은 루터 시대에서처럼 더 이상 복음의 적이나 세속 권력의 강탈자로 등장하지 않는다. 따라서 그를 적그리스도와 동일하게 여기는 것은 잘못이다. 논쟁은 이제 완전히 교회론적 차원에 집중하고 있으며, - 적어도 신학적인 관점에서는 – 힘으로가 아닌 말씀으로 sine vi, sed verbo 이루어지고 있다. 적그리스도와 그 시대의 로마 교황과의 동일시로부터 한 번 고개를 돌려보면, 루터의 종말론적인 관점이 중요하게 부각된다. 시작하면서 강조했듯이, 신학적 윤리는 추상적인 교리체계처럼 신학이 기본적으로 말한 것 즉 죄, 하나님의 간섭, 역사와 세계의 종말과 유리될 수 없다.

두 정부 윤리는 그들의 시간이 있다. 이에 반하여 세 가지 신분은, 정치적 상황을 고려할 경우, 매우 가변적이지만, 없어지는 것이 아니다. 하나

---

76 WA 39 II, 42,1-44,6(논제 51-91).

77 Stümke, "Einen Räuber darf, einen Werwolf muss man töten," (각주 26) 216.

의 공동체 – 완전히 하나인 공동체 – 는 본래적인 창조의 의미에서는 종말에 기대할 수 있는 것이다. 두 정부의 구분은 그러나 율법과 복음의 구분처럼 종말에 없어질 것이다.

15장
세계완성과 하나님의 삼일성Dreieinigkeit

> 우리는
> 진노에서든, 은총에서든
> 하나님이 영원토록 함께 말하고 싶은
> 피조물이다.

1. 세계의 완성

1. 1. 이중 결말인가 만물화해인가?

"마지막으로 나는 종말에 의로운 사람이나 악한 사람이나 모든 죽은 자들이 부활할 것을 믿으며, 거기서 자신의 공로에 따라 각자가 마땅히 받을 것을 받을 것이다. 그러므로 의로운 자는 그리스도와 함께 영원히 살 것이며, 악한 자는 마귀와 그의 천사들과 함께 영원히 죽을 것이다. 종말에 마귀들도 역시 구원받을 것이라고 가르치는 사람들의 말을 나는 믿지 않는다."[1]

『아우크스부르크 신앙고백서』 제17조는 만물의 화해와 "죽은 자들의 부활 이전의" 천년왕국론의 배격과 더불어 1528년 루터의 『그리스도

---
1 WA 26,509,13-18(『그리스도의 만찬에 관하여. 고백』 1528).

의 만찬에 관하여. 고백』이라는 글의 결론과 정확히 일치한다.[2]

이 결론의 전제는 제2조 "원죄에 관하여"이다. 제2조는 시작하자마자 곧 바로 죄를 최후 심판의 지평에서 논하고 있다. 죄의 문제에서는 하나님 자체를 거부하는 인간의 현재적인 태도뿐만 아니라, 그 결과로 일어나는 정죄인 "하나님의 영원한 진노"[3]가 중요하다. 그러므로 하나님과 인간의 갈등은 여전히 결정적이다. 그것은 하나님과 그의 나라에 영원히 참여하지 못하도록 배제시킨다. 만일 "세례와 성령을 통해 거듭나지 않는다면"[4] 하나님의 심판에 의해 인간은 죄인으로 진노 아래 머문다. 최후 심판의 때에 그리스도는 지금 그리고 여기서, 믿거나 혹은 믿지 않아 얻은 결과를 그대로 줄 것이다.

영원한 구원과 영원한 정죄로 끝나는 이중결말에 관한 설명을 개인적 복수의 기획으로, 그리스도인답게 아직 성숙하지 못한 사람의 하나님 이해의 기획으로 간주하고 거부하려는 노력도 오늘날까지 종교개혁자들의 고백과 대립하고 있다. 죽음과 심판을 지나 모든 사람과 피조물의 궁극적인 구원을 믿고, 바라고 가르치는 것은 복음에 합당하지 않은가?[5] 하고 긍정적으로 묻게 된다.

이러한 양자택일에 집착하는 것은 신학적으로 바람직하지 않을 것이다. 성서학과 신학사에서는 양측의 입장을 모두 찾을 수 있다. 지금까지의 전통적인 입장도 이중결말을 긍정하고 있다. 그렇지만 이 질문을 피할

---

2 BSLK 72,1-18. 참고. 『소교리문답서』 제3조 설명에 나오는 차이점: "모든 죽은 자들과 함께" / "모든 신자들과 함께 영생을 줄 것이다"(11장 1.2.).

3 BSLK 53,11f.

4 BSLK 53,12f.

5 참고. 예를 들어 J. Christine Janowski, Allerlösung. Annäherungen an eine entdualisierte Eschatologie, 2 Bde., Neukirchen 2000.

수는 없다. 두 개의 가능성 중에 어느 하나를 가르칠 수 있는가? 혹은 모든 사람의 구원은 - 인간이 버림받을 수 있다는 실제적 위협과 두려움을 반대하며 - 오히려 신앙의 문제이고 그리고 엄격한 의미에서 희망의 문제이며 그리고 기도의 관심사가 아닌가? 이것은 주기도문의 마지막 간구에 명시되어 있다: "우리를 시험에 들게 마옵시고 다만 악으로부터 구원하여주소서." 모든 사람의 구원에 대한 희망은 교리의 내용이 아니라, 기도의 내용이다.[6] 바로 마지막 날에 대한 가르침인 종말론의 영역 안에서 정말로 - 그리고 만약 그렇다면, 어떻게 - 교리들이 진술문의 의미로 사용될 수 있는지를 철저히 검토해야 한다. 따라서 이 점에서 루터와 멜란히톤을 비판할 수도 있을 것이다.

1. 2. 개인의 완성과 세상의 완성

하나님과의 관계는 죽음으로 끝나지 않는다고 신약의 말씀을 근거로 루터가 고백할 때, 그것은 어떤 인간적 속성의 연속성을 의미한 것이 아니다. 개별적인 사람의 연속성 - 그의 영혼의 불멸 같은 - 은 루터에게 중요한 것이 아니다.[7] 오히려 그는 오직 하나님의 행위와 말씀에서 그 연속성을 기대한다. 우리의 생명은 하나님으로부터 받은 것이다. 그런데 그것

---

[6] 참고. Oswald Bayer, Gott als Autor. Zu einer poietologischen Theologie, Tübingen, 1999, 198-205("Wann endlich hat das Böse ein Ende?").

[7] 루터-해석은 이 점에 대해서 분명히 의견이 분분하다: Paul Althaus, Unsterblichkeit und ewiges Leben bei Luther. Zur Auseinandersetzung mit Carl Stange, Gütersloh 1930; Fritz Heidler, Luthers Lehre von der Unsterbiichkeit der Seele, Ratzeburger Hefte 1, Erlangen 1983; Aleksander Radler, Unsterblichkeitsgedanke und Auferstehungsglaube, Veröffentlichungen der Luther-Akdaemie Ratzeburg, Bd. 11, Erlangen 1988, 25-39 (38페이지 이하에 있는 참고목록이 중요하다); Christian Herrmann, Unsterblichkeit der Seele durch Auferstehung. Studien zu den anthropologischen Implikationen der Eschatologie, Göttingen 1997.

을 원점으로 돌리는 방식으로 단순하게 말할 수는 없다. "우리는 하나님이, 진노에서든, 은총에서든, 영원히 영원토록 함께 말하고 싶은 피조물이다."[8] 이러한 책임 – 응답할 자격과 의무 – 을 벗어버릴 수 있는 사람은 아무도 없다. 하나님이 우리에게 건네는 말은 죽음을 넘어서고, 그것을 초월해 있다.

그러므로 이제 각 개인은 처음부터 인류 전체와 모든 피조물의 일부였음을 생각해야 한다. 개인의 구원 문제는 세상의 종말의 문제와 분리시켜서는 안 되며, 함께 묶어 다루어야 한다. 루터에게는 개인의 종말에 관한 일련의 진술이 있다. 즉 그는 죽음을 잠으로 이해한다. "우리는 그[즉, 그리스도]가 오셔서 무덤에서 문을 두드리며 '마르틴 박사, 일어나게!' 하실 때까지 잠들어 있을 것이다. 그때 나는 즉시 일어나 영원히 그와 함께 기쁨을 누릴 것이다."[9] 루터는 여기서 이기적으로 그 자신의 구원에 관해 묻지 않는다. 그는 모든 믿는 자와 동시에 개인을 구원하는 세상을 향한 하나님의 사랑의 약속과 완성에 대해 묻고 있다. "이것이 나의 믿음이다; 왜냐하면 모든 그리스도인이 그렇게 믿기 때문이다."[10]

하나님의 사랑이 그러한 공동체라고 이해할 때, 개인의 행복과 구원이 기주의는 처음부터 배제된 것이다. 이것은 개인적인 것이라고 오해할 수도 있는 "깨어있음"Auferweckung이라는 예화를 통해 더 잘 이해할 수 있다. 이것은 주의 만찬에서처럼 모두에게 해당되는 언약이다.

---

8   WA 43,481,32-35(창 26:24-25).
9   WA 37,151,8(눅 7:1 이하 설교; 1533년 9월 28일). "아침까지 깊이 잠들어 있던 사람이 일어날 때 그에게 무슨 일이 일어났는지 모르듯이, 우리는 마지막 날 갑자기 일어날 것이다. 우리는 죽음이 무엇과 같은지 우리가 어떻게 죽음을 통과했는지 모를 것이다." (WA 17 II,235,17 [요 8:46-59]; 『사순절설교』(1525).
10 WA 26,509,19(『그리스도의 만찬에 관하여. 고백』 1528).

하나님의 통치를 복음서에서 종종 혼인잔치와 그 기쁨 혹은 공동식사를 예로 들어 일반적으로 설명하는 것은 우연이 아니다. 요한계시록은 중요한 대목계 21:4; 참고. 7:17에서 이사야-예언을 인용한다: "만군의 여호와께서 이 산에서 만민을 위하여 [...] 연회를 베푸시리니 곧 골수가 가득한 기름진 것과 오래 저장하였던 맑은 포도주로 하실 것이다. 또 이 산에서 모든 민족의 얼굴을 가린 가리개와 열방 위에 덮인 덮개를 제하시며 사망을 영원히 멸하실 것이라. 그리고 주 여호와께서 모든 얼굴에서 눈물을 씻기실 것이라"사 25:6-8.

공동체의 식사는 선물, 교제와 기쁨으로서 하나님의 통치를 표현하기에 가장 좋은 비유이다. 분리, 고독과 고립이 극복되는 이와 같은 공동체는 만들거나 노력해서 얻는 것도 아니며, 세계사에 의해 이루어지는 것도 아니고, 세상에 대한 대심판 설명마 25:34이 강조하듯이, 하나님이 보장하고, 선물하며, 그가 먼저 준비한 것이다. 루터는 이것을 다음과 같이 인상 깊게 설명한다.

"그 나라는 [...] 예비 될 것이 아니라, 예비되었다; 그러나 그 나라의 자녀들은 예비될 것이며, 그들이 왕국을 예비하는 것이 아니다. 이것은 그 나라가 그 자녀들을 섬기는 것이지, 그 자녀들이 그 나라를 섬기는 것이 아니라는 의미이다."[11]

세상을 통치하고 세상을 포괄하고 있는 창조자요, 구원자요 그리고 완성자[12]인 삼위일체 하나님의 활동이라는 지평이 없이는 종말론은 답변될

---

11 WA 18,694,26f(『노예의지론』 1525). 참고. 13장 각주 50.
12 참고. 15장 2.

수 없다. 왜냐하면 그럴 경우에 칭의에 대한 종교개혁자들의 설명이 너무 단편적으로 이해될 것이기 때문이다. 이것은 칭의론을 개인적인 차원으로 협소화하는 것을 거부한다. 자칫 칭의론이 지닌 우주적이고 보편적인 차원을 놓치기 때문이다. 제2조보편적인 죄부터 제17조최후의 심판까지 아치형으로 구성된 『아우크스부르크 신앙고백서』 목차는 보편적인 관점과 개인적인 관점, 우주적인 관점과 인간적인 관점이 어떻게 교차되고 있는지를 도식적으로 보여주고 있다. 한편으로 개인과 그 개인의 칭의를 위한 하나님의 활동을 전체 세계라는 넓은 차원에서 설명하고 있으며제2조-제6조, 다른 한편으로 개인의 구원을 다시 한 번 설명하지만, 세상을 다루는 하나님의 보편적인 사역이라는 차원에서 설명한다제7조-제17조.

이것은 "칭의"라는 용어의 법률적 배경을 현재화 할 때 분명해진다. 우리는 오늘날 단지 사변적으로만 그것을 알고 있다. 즉 어떤 비난에 대하여 사람들은 "자신을 합리화한다." 이에 비하여 16세기의 사법 규정은 "이 단어를 범법자에 대해 법의 선고 혹은 집행을 말하고자 사용했다. '강력한 정의'를 선고하면 고문이 사용되었고, '수치스러운 정의'를 선고하면 형리에 의해 참형이 집행되었다.[13]

공적 책임을 강조하는 소리도 잘 들어야한다. 소리 하나가 최후 심판, 구원 그리고 멸망과 연관되는 최종적인 진의를 가지고 있다. 칭의에 대한 설명은 그 때문에 하나님의 요구에 대한 과소평가를 의미하지 않는다. 복음은 율법의 약화를 의미하지 않는다. 하나님의 저주가 제거된 것

---

13 Otto Hermann Pesch / Albrecht Peters, Einführung in die Lehre von Gnade und Rechtfertigung, Darmstadt 1981, 135; Werner Elert, "Deutschrechtliche Züge in Luthers Rechtfertigungslehre(1935)," in Ein Lehrer der Kirche. Kirchlich-theologische Aufsätze und Vorträge von Werner Elert, hg. v. Max Keller-Hüschemenger, Berlin / Hamburg 1967, 23-31.

이 아니고, 하나님의 진노가 사라진 것도 아니다. 죄는 "지금도 아직 존재하며"nunc quoque, 그리스도가 오신 이후에도 "영원한 죽음을 가져오고"[14], 마치 '우리는 그리스도 없이는 잃어버린 자요 정죄 받은 죄인이 된다'고 말하기라도 하듯이, 이러한 종말론적인 결과를 기독론적인 추상적 관념으로 상대화 할 수 있는 가능성을 배제한다. 왜냐하면 그리스도는 죽었다가 다시 살아나 죄는 더 이상 정죄할 것이 없기 때문이다. 하나님의 심판은 그리스도의 십자가와 함께 우리 뒤에 있는 것이 아니다. 우리 모두는 삶과 죽음을 통해 하나님의 심판과 마주서게 된다. 칭의란 최후 심판의 지평에서 정말로 잃어버리고 정죄 받은 죄인이 의롭게 되고 죄로 얼룩진 세계가 의롭게 된다는 뜻이다.

1. 3. 마지막 때

서문에서 보았듯이, 루터는 격변과 묵시라는 시대적 지평에서 살았다. 하나의 순전한 차안성은 그에게는 생각될 수 없는 것이었다. 1528년에 쓴 그의 『고백』은 단순히 사람들 앞에서가 아니라, 처음부터 끝까지 하나님의 심판의 자리 앞에 서 있음을 선언한 것이다.

"시간이 지나감에 따라 분열과 오류는 점점 증가하고 있으며, 사탄의 격노와 광포는 끝이 없다는 것을 나는 알게 되었다. [...] 나는 하나님과 세상 앞에서 나의 신앙을 한 항목씩 이 논문을 통해 고백하기를 원한다. 나는 죽을 때까지 나의 신앙고백을 지키고, 이 신앙을 갖고 이 세상을 떠나 우리 주 예수 그리스도의 심판

---
[14] BSLK 53,8f.

대 앞에 나타날 것을 결심했다. [...] 나는 술에 취해 있지도 않고, 무책임하지도 않다. 나는 내가 말하고 있는 것을 알고 있다." - 나는 내게 충만한 영적 능력으로 많은 증거들을 제시할 수 있다. - "그리고 우리 주 예수 그리스도가 재림할 때에 최후의 심판대 앞에서 이것이 나를 위하여 무엇을 의미하게 될지를 나는 매우 잘 알고 있다."[15]

정치적인 영역에 이르기까지 종교개혁자들의 신앙의 책임에 내포된 신학적-종말론적 성격은 개신교 제후들이 슈파이어 제국회의[1529]에서 보여주어 "프로테스탄트"라는 이름을 얻은 호소와 반박에 명확히 드러나 있다. "하나님의 영광과 우리의 영혼 구원 그리고 축복과 연관된 일에 누구나 그 자신을 위해서 하나님 앞에 서야 하며, 설명해야 한다[롬 14:12]. 많든 적든 행동이나 혹은 결정에 대해 변명할 수 있는 사람은 없다."[16] 마찬가지로 멜란히톤 역시 『아우크스부르크 신앙고백서』 결론에서 1530년 선언 당시에 고백적 상황을 종말론적 지평에서 보았다: "황제께서는 분명 품위가 있는 분이므로 세상의 물질, 땅과 사람들보다는 양심과 영혼의 영원한 구원과 저주에 관한 문제들을 살필 것이다; 그리고 그것은 [우리가] 여기서 다루어 온 것처럼 하나님께서 심판 날에 이와 관련하여 해명을 요구할 것이다."[17]

세상을 도피하여 다가올 피안의 세계만을 염원하는 것은 루터에게 현

---

15 WA 26,499,2-500,5.
16 Deutsche Reichstagsakten, Jüngere Reihe, Bd. 7/2, hg. die historische Kommission bei der Bayerischen Akademie der Wissenschaften, München 1963, 1277, 29-33. 참고. 종교자유사상의 근원에 대하여 14장 각주 21.
17 BSLK 136,6-9. 참고 aaO.83c,11-15.

실 세계에 대한 대안이 결코 아니다. 1945년 이후에 비로소 빛을 보았으나, 객관적으로 볼 때 루터의 생각을 정확히 드러낸 작은 사과나무의 속담[18]이 보여주듯이, 루터는 이 세상이 사라질 것이라고 기대하면서도, 활동적인 자신의 삶을 보면, 창조에 대한 긍정이 교차하고 있다. 루터는 이 세상의 허무함을 차갑게 진단하지도 않고, 두려워하지도 않는다. 오히려 믿음으로 환영한다. 사라지는 것은 "거꾸로 된 세상"이며, "맹목성에 침몰된"[19] 세상이다. 창세기의 홍수 이야기는 세상의 왜곡성이 어떻게 극복되는지를 이미 보여준 것이다.[20] 은총이 이 왜곡을 궁극적으로 물리치는 최종적인 승리를 모두가 보게 될 것이다. 지금 그리고 여기서 우리가 영위한 삶의 결과는 약속과 성취 사이의 긴장 가운데 놓여 있지만, 그러나 믿음을 위해서 모든 것이 단편적으로 이미 제공되어 있다거나, 모든 실패는 필요에 따라서 파악되고 있다는 것은 아니다. 적대적인 것과 생명을 거부하는 것은 세계의 완성을 고백하는 입장에서도 최종적으로 의미심장한 것이라고 주장할 수 없다. 죄책감과 용서는 세계 안에서는 연결되지 않는다. 오직 손노동을 멈추지 않는 신실한 사람들만이 연속성을 기대된다. 믿음 안에서 나는 세상이 어떻게 될 것인지 알고 싶은 욕구를 버릴 수 있다. 이렇게 함으로써 동시에 나는 나와 다른 사람에 대해서 최후의 심판을 내릴 부담에서 벗어날 수 있다.

우리는 여기서 다시 한 번 극도로 어려운 수로에 빠진다. 루터는 자신의 시대를 마지막 때로 인식했다: "모든 것이 마지막 때임이 확실하다." 그리

---

18 참고. 서문. 각주 28.
19 BSLK 649,26-28(『대교리문답서』).
20 창조 세계가 심판을 통하여 - 세상의 멸망(annihilatio mundi)인 홍수를 통해서 - 보존된다는 것은 노아와 약속하고(창 6:18) 자신의 약속을 세상에 알린(창 9:1-17) 하나님의 일이다. 구약에서 중요한 것은 우주에 대한 순수한 경건이 아니라, 심판을 통해서 세상을 창조로 인식하는 것이다.

고 "심판의 날이 문 앞에 다가 왔다." - 『다니엘서 서문』에는 이렇게 쓰여 있다.[21] 어떤 의미에서 16세기는 묵시적 시대였다. 왜냐하면 묵시는 연대기의 문제가 아니라, 시대의 질적 특성에 관한 것이었다. 사실 게르만의 민족 대이동 이후로 외적으로는 터키와의 전쟁, 내적으로는 농민전쟁과 교파분열 등으로 유럽 질서의 존립이 그 정도로 위험에 처했던 시대는 없었다. 루터는 다시 한 번 안정되고, 덜 종말적인 시대가 올 것이라고 생각할 수 없었다. 복음의 정확한 이해를 위한 싸움은 공개적으로 진행되었고, 전선die Fronten은 쉽게 확인되었다. 그 때문에 루터는 복음의 적을 이름으로 거명하기를 두려워하지 않았다. 『다니엘서 서문』[22]에서 그리고 그 외에도 자주 – 이미 1519년 이후부터[23] – 그는 교황을 적그리스도라고 칭했다. 당시의 이 판단을 오늘날의 교황에게 적용할 수 없음을 다시 한 번 강조한다.

루터는 위험을 무릅쓰고 자신의 시대를 성경의 묵시적인 본문을 통해 해석하고자 감행했고 따라서 때때로 실수를 범했다. 특히 어둠의 장은 유대인에 반대해서 쓴 후기의 글들과 설교들이다.[24] 그것들은 심리적으로 사소한 탈선 혹은 완고한 노인의 고집의 결과로 처리해서는 안된다. 이와 연관된 루터의 성서주해들은 전체가 오히려 그의 "투쟁-신학"Kampf-Theologie 의 기초와 연관되어 있다. 그에게 중요한 것은 언제나 그리스도의 영광이

---

21 Heinrich Bornkamm(Hg), Bibelvorreden, 121f(= WA DB 11 II,124,20).

22 WA DB 11 II, 50,1-124,20.

23 참고. Volker Leppin, Luthers Antichristverständnis vor dem Hintergrund der mittelalterlichen Konzeptionen, KuD 45 /1999, 48-63.

24 참고. Heiko Oberman, Wurzeln des Antisemitismus. Christenangst und Judenplage im Zeitalter von Humanismus und Reformation, Berlin 1981; Johannes Brosseder, Luthers Stellung zu den juden im Spiegel seiner Interpreten, Munich 1972; Reinhard Schwarz, Luther, Göttingen, ²1998, 248-254. 참고. 서문. 각주 9

다. 시간에 대한 그의 묵시적인 이해는 불행하게도 그로 하여금 두-왕국-이론조차도 주목하지 않게 했고 그 결과 - 바로 유대인 문제에 대해 - 지지할 수 없는 판단을 하게 했다.²⁵ 이에 대한 설명은 많지 않으며, 명확하게 하거나 해명할 수 있는 것도 거의 없다. 루터의 글과 성경으로 루터를 반대해야만 한다고 말한다. 그리스도인은 자신과 타인에 대해서 궁극적인 판단을 해야 한다는 부담을 가지지 않아도 된다. 그리스도만이 유일한 재판관이다.

1. 4. 마지막 사건이 아니라, 마지막 인물이다

루터는 요한계시록 22장 20절 - "주 예수여 오시옵소서" - 로 심판의 날을 기도한다. 그것은 "즐거운 마지막 날이다"extremus dies laeta.²⁶ "우리는 [...] 주의 미래[즉, 주의 재림]를 기다리며 말한다: '주 예수여 오시옵소서.'"²⁷ 고대하고 있는 최후 심판의 날은 중립적 의미가 아니라 개인적 의미로 이해해야 한다. 왜냐하면 기다려지는 대상은 주님이기 때문이다. 우리는 마지막 무명인이 아니라, 믿음으로 이미 알고 있는 마지막 오실 자를 기다린다.²⁸ 사랑하는 심판의 날에 대한 기대는 그 때문에 "사랑의 주님"

---

25 19세기와 20세기에 루터 수용사와 연관하여 루터는 인종차별적인 관점과는 무관함을 강조할 수 있다.

26 "즐거운 마지막 날"(WA 49,731,5). 참고. Otto Hermann Pesch, Im Angesicht des barmherzigen Richters. Lebenszeit, Tod und Jüngster Tag in der Theologie Martin Luthers, Catholica 42 /1988, 245-273.

27 WA 49,742,11(고린도전서 15장 51-53절 설교: 1545년 5월 10일), 특히 창세기 제1권의 서문 결론: WA 42,2,30-35(1543).

28 참고. Axel Wiemer, "Mein Trost, Kampf und Sieg ist Christus." Martin Luthers eschatologische Theologie nach seinen Reihenpredigten über 1 Kor 15(1532/33), TBT 119, Berlin / New York, 2003.

에 대한 기대와 동일하다. 루터의 제자요 친구인 에라스무스 알버Erasmus Alber의 찬송 "사랑하는 그리스도인들이여 이제 기뻐하라"[29]의 마지막 절은 이러한 기대를 정확히 표현하고 있다.

> 오 사랑하는 주여, 심판을 서두르소서!
> 당신의 영광스런 얼굴을 보게 하소서,
> 본질적으로 삼위일체이시니
> 영원하신 하나님, 우리를 도우소서.

2. 하나님의 삼일성Dreieinigkeit

2. 1. 셋이 하나인 하나님을 말하는 자리와 방식

"세계의 완성" 이후에 또 어떤 일이 일어날 수 있는가? 여기서 시도되는 삼위일체론의 정의는 의미 없는 부록, 즉 추가에 불과한가? 결코 아니다. 어디에서 이미 삼위일체에 대해서 힘주어 논했는지를 기억해야 한다: 창조론과 성령론을 설명하면서, 그러나 특히 성금요일과 부활절에 단 한 번 일어난 역전, 즉 분노에서 은혜로, 죽음에서 생명으로의 하나님의 역전과 연관해서 언급했다. 루터신학에서 이 역전은 특별히 "사랑하는 그리스도인들이여 모두 기뻐하라"는 그의 해방의 노래에서 알 수 있다. 이 역전은 아버지와 아들의 극적인 대화에서 일어났고, 성령이 약속을 통하여 우

---

29 EG 6,5(1546).

리에게 알려준 것이다.

삼위일체를 논하는 가장 적합한 자리는 그리스도 안에서 일어난 죄, 죽음 그리고 마귀로부터의 구원과 연관된 곳이다. 물론 신정론과 예정의 문제는 종말에서야 비로소 해결될 것이다. 하나님의 삼위일체성에 대한 설명은 그리스도의 사건에서 발로되어 마지막 때에 삼위일체 하나님의 최종적인 계시로 이어진다. 그러므로 삼위일체에 대한 언급은 의미 없는 부록처럼 마지막에 있는 것도 아니고, 교리적 주제 가운데 단순히 하나로서 중심에 있는 것도 아니다. 그것이 중심뿐만 아니라 마지막에 놓여 있다는 것은 고린도후서 5장 7절"우리가 믿음으로 행하고 보는 것으로 행하지 아니함이로라"의 구분처럼, 믿음의 중심에 그리고 바라봄의 끝에 있다는 의미이다. 그 때문에 삼위일체라는 주제는 루터신학을 설명하는 이 책 2부의 그리스도의 사건이 주제화되는 시점에서부터 계속 이어져 왔다. 사실 그렇다. 창조론도 이미 신앙론처럼 삼위일체라는 신학적 관점으로 이해할 수 있다.

그렇다면 삼위일체론은 "기독교신앙의 이론적 틀"[30], 즉 여타의 모든 주제를 아우르는 전조가 되어서는 안되는가? 칼 바르트와 같은 저명한 교의학자의 예를 따라, 현재에도 여전히 많은 교의학자들이 세계적으로 이러한 양상을 보여주고 있다. 그러나 나의 판단에 의하면 이것은 루터의 신학에는 일치하지 않는다. 하나님의 삼위일체성에 관한 설명은 그것으로 시작해 거기서 모든 다른 주제들을 유도해 내고 전개할 수 있는 교리적 명제가 아니다. 그럴 경우에 신학자는 조감도를 보듯이 구속사의 과정을 조망할 수는 있을 것이다. 그렇지만 그렇게 할 경우 루터가 시간과 상황을 잊

---

30 참고. Christoph Schwöbel, Trinitätslehre als Rahmentheorie des christlichen Glaubens, in Trinität, MJTh 10, hg. v. Wilfried Härle und Reiner Preul, Marburg, 1998, 129-154. Schwöbel, Art. "Trinität IV. Systematisch-theologisch", TRE 34, 2002, (110-121), 118f.

은 사변이라고 항상 거부했던 그와 유사한 상황에 빠지게 되는 위험이 있다.[31] 게다가 루터가 많은 노력을 기울였듯이, 어느 정도로 삼위일체론을 일반적인 신론과 구분해야 하는지도 말할 수 없다.[32]

교의학은 삼위일체론을 다룰 때에 불신앙의 문제는 간과하거나 혹은 전혀 문제로 삼지 않는다. 그러나 하나님의 삼일성은 순수한 복음으로서 전개할 때만 파악될 수 있으며, 그 복음에 대한 의견은 세상 끝 날까지 일치되지 않을 것이다. 복음은 신앙의 주제이며, 사변을 통해서는 파악할 수 없다. 그런 점에서 하나님의 삼일성의 논의의 자리는 종말론과 직결된다. 그 시점에서 모든 불협화음이 사라질 것이기 때문이다. 많은 찬송에 이것이 반영되어 있어서 삼위일체적 내용을 가진 구절로 끝난다.

사실 예배의식은 신학적 진술이라는 중요성과 그 진술의 배열에 대한 좋은 척도가 될 수 있다. 예배에서 하나님은 삼위일체라고 불려진다. 이것은 이 진술이 가진 찬송가적 성격을 주목하게 해준다. 즉 하나님의 삼일성은 찬송과 경배의 주제이다. 삼위일체 하나님은 종말에서야 비로소 의문의 여지없이 모두에게 가시화될 것이기 때문에 지금 그리고 여기서 삼위일체에 대한 언급은 우리에게는 고뇌와 죽음에 대한 저항과 연관되어 있다. 우리는 이 땅에서 마치 우리가 하늘에 있는 듯이 살아갈 수 없다. 아직

---

31 참고. 페트루스 롬바르두스의 『교의학』에 삼위일체를 논한 첫 번째 책에서 "머리로 하늘에 구멍을 내고, 하늘을 빙 둘러 본다"는 사변에 대한 루터의 논박이다. 그러나 "그들은 거기서 아무도 찾지 못한다. 왜냐하면 그리스도는 구유에 누워있으며, 여자의 품에 있기 때문이다. 그러므로 그들은 다시 아래로 추락해 목이 부러진다"(WA 9,406,17-20 [창세기 28장 12절 설교; 1520년경]). "성부 하나님은 하나님에 관해 '너희는 그의 말을 들으라'[마 17:5]며 그의 아들에게 말해줌으로서 믿음에 대한 논쟁을 그치기를 원한다"(WA 39 II,287,5f [게오르크 마요르(Georg Major)의 박사학위를 위한 첫 번째 토론 논제; 1544]). 이것은 동시에 루터가 이 토론에서 뿐만 아니라 말년에 여러 다른 데에서 삼위일체론을 하나님의 영원성에 대한 교리라고 집중적으로 가르치는 것을 막지는 못했다. 참조. Christine Helmer, God from Eternity to Eternity(10장 각주 18).

32 6장 2.4, 10장 1 그리고 아래 2.2.

볼 수 있는 때가 아닌 한, 우리의 하나님 찬송은 항상 영적시련을 이기는 모습으로 일어난다.

이것은 루터 신학을 이해하는 데 무슨 도움을 주는가? 이것은 무서운 하나님의 숨어있음, 곧 숨어있는 하나님Deus absconditus[33]에 대한 루터의 설명을 고려할 때 분명해진다. 하나님의 삼일성을 전제로 다루는 신학자들은 하나님의 어두운 측면을 아버지의 인성으로 돌리고, 하나님의 진노를 그의 사랑의 다른 면이라고 설명한다. 이렇게 할 경우 루터가 마귀와 싸운 전혀 파악할 수 없는 경험과 성경에도 나와 있는 그것을 이해하는 데에는 문제가 발생하지 않는다. - 예를 들어 밤에 정체를 알 수 없는 존재와 얍복강에서 싸운 야곱의 이야기이다. 파악할 수 없는 하나님의 숨어계심은 삼위일체의 내용이 아니다. 그것은 삼위일체의 명확성을 드러내주지 못한다. 하나님의 숨어있음에서 시선을 돌려 성령 안에서 그리스도를 바라보는 자만이 그 안에서 아버지를 알게 된다.

하나님의 사랑은 당연한 것이 아니며, 하나님의 역동적인 구원의 행위에서 경험할 수 있고 생각할 수 있는 것이다. 그것은 "마치 불 가운데서 구원 받은 것처럼"고전 3:15 죄인을 심판에서 구원한다. 그의 자비와 사랑은 우리가 이의를 제기할 수 없는 것이며, 그가 돌이켜 회개할 정도로호 11:8 이하 비밀스럽고 놀라운 것이다. 하나님은 우리가 할 수 없기 때문에 그것을 행한다. 그는 마음을 돌이키어 심판을 거둔다. 이것이 복음이다. 삼일성은 복음 안에서 계시하는 하나님 외에 다른 것이 아니다.

2. 2. 일반적인 신론과 구분되는 삼위일체론

---

33 참고. 9장.

"사랑하는 그리스도인들이여, 모두 기뻐하라"[34]는 루터의 해방의 노래를 관찰해 보면, 삼위일체론을 이해하는 데 매우 중요한 결과를 얻는다. 그것은 복음이 곧 해방의 사건이라는 것이다. 이 자유는 "그리스도가 우리를 위해 획득하여 가져온 것"이며, 우리에게 지금도 말씀 안에서 성령을 통하여 약속하고 알려준 것이다.[35]

삼위일체론을 순수한 복음이요, 복음 자체라고 여기는 것은 그것이 곧 "복음의 총화"[36]라는 의미이다. 그렇다면 죽이는 속성의 율법을 삼위일체 하나님의 탓으로 단순히 돌릴 수는 없다. 율법 안에서는 나를 거스리고, 복음 안에서 나를 위하며, 정말 나를 위한다고 고백하는 자는 하나의 같은 분이며, 기적의 역설을 말하고 있다. 이 기적의 역설은 하나님이 당연히 동일하다는 추정을 통해서 결코 약화될 수 없다. 루터의 해방의 노래는 3절과 4절 사이에 생긴 틈으로 문제 하나를 보여주고 있으며, 이 문제는 신학이 전례 없는 방식으로 생각할 기회를 주고 있다.

나를 "미워하고" "지옥에" "떨어지도록" 허락하는[37] 죽이는 율법을 삼위일체 하나님의 행위로 당연히 이해하는 사람들은 이 문제를 크게 보지 않는다. 그러나 삼위일체론을, 해방의 노래 두 번째 부분과 연관하여 말하듯이[38], 유일하고 특별한 복음 – 하나님의 자비와 사랑 이외에 다른 것이 아닌 – 이라고 생각한다면, 그리고 버림받은 인간의 운명은 그가 지닌 자유의 남용 때문이 아니라 하나님과의 관계의 잘못과 연관이 있다고 생각

---

34 참고. 10장 1.
35 WA 7,20,26f(『그리스도인의 자유에 관하여』).
36 Jörg Baur, Die Trinitätslehre als Summe des Evangeliums, in: Ders., Einsicht und Glaube, Aufsätze, Bd. 1, Göttingen 1978, 112-121.
37 3절.
38 4-10연.

한다면, 삼위일체와 "일반적인" 신론과 인간론을 구분하는 것이 반드시 필요하며, 이 두 가지를 서로 같은 것으로 다룰 수는 없다. 3절과 4절 사이의 틈새는, 만약 그것이 옳다면, 구분을 하는 데 필요한 것이다.

루터는 삼위일체론과 "일반적인" 신론을 예를 들어 『대교리문답서』에서 게다가 가장 적절한 위치인 신앙고백 해설 끝부분의 요약 속에서 구분하고 있다. 이것은 루터가 한 삼위일체에 대한 가장 중요한 본문 중 하나에 해당한다.

"비록 모든 세계가 하나님이 누구이며 그가 생각하고 행하는 것이 무엇인지 알고자 열심을 다해 고심했으나, [...] 조금도 이 일에 성공하지 못했다."[39] 이것은 모든 사람들, 유일신론자들에게도 해당한다:

비록 그들이 "단 한분의 [유일하고] 참된 하나님을 믿고 예배한다고 할지라도, 그들에 대한 하나님의 태도가 무엇인지를 알지 못하며, 그의 사랑과 축복에 대한 기대를 가질 수도 없고, 그 때문에 영원한 진노와 [영원한] 정죄 속에 머물게 될 것이다."[40] 십계명 역시 "그리스도인을 만들 수 없다. 그도 그럴것이 우리가 하나님의 요구를 지키지 못하기 때문에 우리에게 대한 하나님의 진노와 불쾌감이 여전히 그대로 남아 있기 때문이다."[41]

"그러나 여기에", 즉 사도신경 Credo에 "모든 것이 가장 풍부하게 집약되어 있

---

39 BSLK 660,23-27(『대교리문답서』)
40 BSLK 661,10-15.
41 BSLK 661,30-33.

다. 왜냐하면 거기서 하나님은 그 자신을 계시하고 아버지 같은 마음과 말로 표현할 수 없는 사랑을 이 세가지 조항 속에 열어주었다. 그도 그럴것이, 하나님은 이 목적, 즉 우리를 구속하고, 성화시키려는 목적에서 우리를 창조하였기 때문이다." 게다가 우리에게 "하늘과 땅에 있는 이 모든 것을 주었으며, 우리를 자기에게로 이끌고자 그의 아들과 성령 역시 우리에게 주었다. 왜냐하면 "아버지와 같은 마음의 거울인 우리의 주 그리스도가 아니었다면, 우리는 결코 아버지의 총애와 은총을 인식하지 못했을 것이다. 그리스도를 떠나서는 우리는 다만 분노하고 무서운 재판관 밖에는 볼 수 없을 것이다. 그러나 만일 성령을 통해서 계시되지 않았더라면, 우리는 그리스도에 관해서 아무것도 알지 못했을 것이다."[42]

"[...] 그리스도를 떠나서는 우리는 다만 분노하고 무서운 재판관 밖에는 볼 수 없었을 것이다!" 완전한 사랑인 삼위일체 하나님 외에 우리가 보는 하나님은 마귀의 찌푸린 얼굴일 뿐이다. "예수 그리스도를 떠나 하나님을 찾는 것은 마귀이다"Extra Iesum deum quaerere est diabolus[43] 삼위일체론과 구분해야 하는 "일반적인" 신론은 비그리스도교인들의 주제이다. 그것은 예수 그리스도를 떠나 그리고 그와 더불어 삼위일체 하나님의 사랑을 떠나 성령 안에서 아들을 통해 "가장 깊은 아버지와 같은 마음과 말로 표현할 수 없는 사랑"[44]을 보여주고 열어 주었다는 것은 무엇이며, 그것이 "하

---

42 BSLK 660,27-47. 이에 병행하여 삼위일체적 신앙론의 의미는 이것이다: "이 지식을 통해서 우리가 하나님의 모든 계명들을 사랑하고 기뻐하게 되는 것은 하나님이 십계명을 지킬 수 있도록 돕고 지도[즉, 지지]하고자 그가 가진 것과 그가 할 수 있는 능력과 더불어 그 자신을 우리에게 완전히 주심을 보기 때문이다. 아버지는 우리에게 모든 창조와 그리스도와 그의 모든 업적과 성령과 그의 모든 은사를 준다."(BSLK 661,36-42).

43 WA 40 III,337,11(시편 130:1; 1532/33); 참고. 9장 각주 28.

44 BSLK 660,29-31(『대교리문답서』); 각주 42.

나님"과 무슨 관계가 있는지를 묻는다. 그것은 루터의 해방의 노래가 2절과 3절에서 말하는 것이 무엇인지를 묻는다.

삼위일체론과 구분되는 "일반적인" 신론과 인간론은 루터의 해방의 노래가 설명한 단지 고소하고 죽이는 율법의 경험에만 관련되는 것은 아니다. 그것은 더 나아가 루터가 말한 율법의 "제1용법"primus usus legis, 곧 "정치적 용법"usus politicus이 경험되는 분야와도 연관성이 있다. 그러나 그것은 결국 우리 각 개인이 이해하기 어렵고 두려운 하나님의 숨어있음에 대한 경험과 연결된다. 하나님은 어둡고, 끝없이 먼 동시에 끝없이 가까운 - 먹어치우고, 태워버리고, 압박할 정도로 가까운 - 능력 안에 숨어 있는 것이다.

최근의 철학사와 신학사가 이러한 전능성을 삼위일체 신학적으로 파악하려는 것은 거대한 실책 중의 하나이다. 이러한 실책은 암흑화, 곧 복음을 혼란시키는 결과를 초래했다. 복음은 오직 삼위일체론을 기준으로 생각해야 한다. 삼위일체론과 구분되는 것을 - "일반적인" 신론과 인간론으로서 - 삼위일체론 안에서 그리고 삼위일체론의 도움을 받아 생각하려는 사람은 불가피하게 삼위일체론을 일반적인 신론으로 만들어야 한다. 이것은 레싱과 칸트 이후로 등장하여 헤겔의 사변적인 종교철학에서 그 완성된 실체를 찾을 수 있듯이, 현대 기독교 자연신학을 추종한 사람들에게서 등장했다.[45] 사변적 지양을 제어할 목적의 "일반적인" 신론과 인간론과의 삼위일체론의 구분은 율법과 복음의 구분의 폐지와 함께 종말에 제거된다는 사실을 믿음과 희망에서 알게 될 것이다. 그렇게 될 때에 삼위일체 하나님은 - 그 혼자만이 - 만유 안에 존재할 것이다 고전 15:28. 그렇게 될 때

---

45 참고. Oswald Bayer, Theology, HST 1, Gütersloh 1994, 511-517("자연신학의 문제점").

에 우리는 죽기까지 괴롭히고, 압박하고, 파악되지 않는 그 하나님의 숨어 있음으로부터 더 이상 영적 시련을 겪지 않을 것이다. 왜냐하면 그 숨어있음은 하나님의 자유케 하고 파악될 수 없으며 계시하는 사랑에 의해서 사라질 것이기 때문이다. 이 사랑은 복음으로 우리에게 이제 최종적으로 부여되는 것이다.

우리에게 주어지고 약속된 사랑에 근거하여 믿고 희망한 이러한 종말은 – 삼위일체 하나님의 창조사역의 완성은 – 만일 그것이 시간과 무관한 인식의 원리와 존재의 원리로 존재하기를 요구한다면, 그 참된 성격을 잘못 알게 된다. 삼위일체가 가진 보편성은 추상적으로 증명할 수 없으며, 심지어 이론적인 수단으로는 더욱 더 그러하다. 그 사실이 – 초월적 사고를 통해서 - 모든 환경에 적용된다고 주장할 수도 없으며, 선험적으로 요구거나 보장할 수도 없다.

시간을 허용하고 새로운 세계와 옛 세계 사이 내지는 신앙과 바라봄_{고후 5:7} 사이의 시대격변을 지적하고 참아내고 열어주는 예배의식과 예배 시를 통해 삼위일체 하나님에 대한 고백을 성급하게 일반화하는 것은 저지된다. 시로 고백하는 삼위일체론은 사변이 가진 시간과 상황의 망각에 빠지지 않는다. 그것은 예식서와 루터의 해방의 노래에 잘 드러난 시를 주목해 보면 알게 된다. 그것은 사유 속에서는 합치할 수 없다. 우리가 아무런 영적인 시련이 없이 삼위일체 하나님의 얼굴을 보게 될 때까지 그것은 신앙 안에서는 여전히 공개적인 상처이다.

2. 3. 언어사건으로써 삼위일체인 하나님

루터는 셋이 하나인 하나님에 대해 사변적 방법이 아니라 신학적으로 말하는 방식을 취했다. 이것은 그의 종교개혁적 주석인 요한복음 서문에서 가장 분명히 볼 수 있다: 하나님은 자신 안에서, 자신과 함께 그리고 자신에게 말하는 말씀이다, 이 말씀은 그 안에 머물며, 결코 그 자신과 분리하지 않는다: "그의 말씀은 그와 똑같아서 신성이 완전히 그 안에 있다, 그러므로 말씀을 소유한 사람은 모든 신성을 소유한 것이다"[46]; "말씀은 단지[즉, 공허한] 연기나 소리가 아니고 신성의 완전한 본질을 지니고 있다."[47] 그러므로 하나님의 "존재"에 대해서는 소통능력, 즉 소통을 가능하게 하는 말씀이라고 말할 수 있다.

우리는 다시 한 번 말씀에 대한 루터의 독특한 개념을 보게 된다. 그가 말을 내면의 표현, 소리와 연기라고 이해하는 한, 이것은 평범한 언어 사용과는 분명히 구분된다. 만약 하나님을 말씀이라고 이해한다면, 삼위일체는 대화라고 이해 할 수 있다. 즉 하나님은 그 자체가 대화요, 관계요, 하나의 관계적 "삼성"Gedritt이다. 루터는 "삼위일체"Trinität 혹은 "삼중성"Dreifaltigkeit이라는 말에서 아무런 긍정적인 관계를 찾지 못했다고 말한다.

"삼중성Dreifaltigkeit이라는 말은 매우 좋지 않은 독일어이다. 신성에서 최고의 일치가 이루어진다. 혹자는 그것을 삼위성Dreiheit이라고 부르나, 너무나 조롱

---

46   WA 10 I/1,188,7f 『교회설교』 1522).
47   WA 10 I/1,186,15f. "위에 서신[히 1:1이하]에서 언급했듯이, 우리가 그의 영광과 형상의 광채를 다룬 곳에서, 신성은 형상과 함께 형성되었으며 그리고 그것이 형상자체가 되었다. 광명은 또한 영광을 발산하였고 그리하여 그것은 영광으로 나타났다. 또한 이 구절에 따르면, 하나님은 자신에 대해 그의 말씀으로 하신다. 그러므로 그의 완전한 신성은 말씀에 따른 것이며, 자연적으로[즉, 본질적으로] 말씀 안에 머물며, 그것의 본질 안에 있다. (WA 10 I/1,186,16-187,1).

조로 들린다. 아우구스티누스 역시 적절한 용어가 없다[...]며 아쉬워했다. 삼성 Gedritt이라고 칭하자. 부를만한 다른 이름이 없다."[48]

삼위일체가 하나의 대화이고, 하나님이 자신 안에서 이루어지는 대화이며, 관계, 즉 하나의 관계적인 삼성Gedritt이라면, 그를 단일적 존재나 군주적 존재 혹은 군주적 주체로서 개념화 할 수 없다. 그는 오히려 스스로 움직인다. 즉 그는 말하는 동시에 듣는 자이다. 그는 아버지로서 말하고, 아들로서 대답한다. 성령 역시 들은 것을 우리에게 알려주고자 귀를 기울인다.[49] 그러므로 삼위일체인 하나님의 완전한 존재는 모든 피조물과 함께 나에게 주는 단 하나의 소식이며, 완전한 헌신의 사건이며, 믿을 수 있고 변함없는 약속인 것이다. 마지막으로 1528년에 나온 루터의 고백을 생각해보자: 성부, 성자 그리고 성령은 "세 위격이며 한 하나님이다." 이어지는 부문장은 하나님은 본질적으로 무엇인지를 말하고 있다: "그는 자신과 그가 가진 모든 것을 우리에게 완전히 준 분"이다.[50] 성부는 창조를 통하여 우리에게 자신을 완전히 주었다. 성자는 구속 제물로 자신을 우리에게 주어, 우리가 다시 성부에게 다가갈 수 있는 통로를 열었다. 마지막으로 성령은 믿음을 확고하게 해주는 언약에서 그 자신을 우리에게 주며, 그와 동시에 아들과 아버지를 우리에게 준다. 언약 안에서 셋이 하나인 하나님이

---

48 WA 46,436,8-12(마 3:16-17 설교; 1538년 6월 16일). 참고. Emanuel Hirsch, Hilfsbuch zum Studium der Dogmatik, Berlin ⁴1964, 17: "루터는 아직 '삼일성'(Dreieinigkeit)이라는 단어를 알지 못했다. 그러나 후에 이 단어의 사용 – 단하우어(Dannhauer, 1697)와 홀라즈(Hollaz, 1707)가 '삼일'(triunus)이라는 공식적인 라틴어를 사용하는 것과 마찬가지로 - 은 '삼중성'(Dreifaltigkeit)에 대한 거부감이 자극을 준 듯 보인다.

49 "성령은 영원히 듣는 분이다" (WA 46,60,4; 요한복음 16장 13절 설교; 1539).

50 WA 26,505,38f. 참고. 5장 각주 11과 11장 각주 49.

그 자신을 계시한다. 하나님의 삼위일체적 존재는 언약의 내적 구조이다.

2. 4. 시간과 영원

만약 셋이 하나인 하나님을 그 자체로서 밖을 향해 소통하는 능력을 가진 언어 사건으로 이해한다면, 그로 인해 결과는 철학적 – 신학적으로도 역시 - 관점에서 볼 때 역설이 된다. 즉 영원과 시간 사이에 극명한 경계가 사라지며, 마찬가지로 주체와 객체 사이의 경계도 사라진다. 하나님은 전제 군주와 같은 화해의 주체가 아니다. 그렇다. 왜냐하면 그리스도는 자신을 죄인과 동일시하고 화해도 역시 하나님 안에서 일어나기 때문이다.

"사랑하는 그리스도인들이여, 이제 기뻐하라"는 해방의 노래는 삼위일체에 대한 고백을 노래한 것으로 이해할 수 있다. 왜냐하면 영원한 하나님은 창조에서 그의 본질에 부합하는 말씀으로 시간을 만들었으며, 나사렛 예수의 이 세상에서의 운명과 완전히 자신을 동일시하고, 한시적 존재인 우리의 삶에 - 신자의 삶을 통해서든 아니면 불신자의 모순된 삶을 통해서든 - 내면극처럼 관여하기 때문에 그의 영원한 진리는 시간과 무관하지 않다. 하나님은 "내가 [이 세상에서 한시적으로 겪는!] 불행을 한탄한다."[51] 이것은 삼위일체의 내적인 대화를 나타낸다. 즉 "그는 사랑하는 아들에게 말했다. '지금이 자비를 베풀 때이다. 그들에게로 가라. 내 마음의 귀한 왕이여.'"[52] 마지막으로 요약하면, "너는 복을 받았다"[53]는 말이다.

보에티우스Boethius가 말하는 영원의 개념은 이 내용과 일치한다: "영

---

51 "사랑하는 그리스도인들이여, 이제 기뻐하라." 4절.
52 5절.
53 8절.

원성은 그러므로 제약없는 삶을 전체적이고 동시적으로 그리고 완전하게 소유하는 것이다."Aeternitas igitur est interminabilis vitae tota simul et perfectapossessio[54] 영원성은 연장된 혹은 무한한 시간이 아니라, 시간의 완성이며, 시간의 통일이다. 영원성은 시간을 없애는 것이 아니라, 시간의 충만이다. 루터 학자인 요한 게오르크 하만Johann Georg Hamann은 우리는 "중단이 없는 시간"[55] 외에 "다른 영원한 진리"를 알지 못한다고 말했다. 이것은 역설적인 표현이기는 하나, 한편으로는 추정컨대 삼위일체를 무시간적으로 사유하려는 오류와 다른 한편으로는 성부, 성자, 성령의 시대가 순차적으로 뒤따른다는 추정을 막아주는 것이다.

3. 전능한 하나님 – 하늘의 아버지[56]

우리가 아직은 이 땅에 살고 있기에고후 5:7 희미하게 경험할 뿐인 하나님의 전능성을 선하고 자비로운 아버지로 불러도 좋은 가는 주기도문의 간구에 나타난 확신에서만 가능하다. 아버지라는 하나님의 호칭 속에 완전한 삼위일체론이 내포되어 있다.[57]

주기도문의 모든 간구 앞에 나타나는 중요한 표지는 신실하고 기도에 확실히 응답하는 하나님을 아버지, 더 정확히 말해서 "아바!"Abba라고 부

---

54 Boethius, Trost der Philosophie, zweispr. Ausg. v. Ernst Neitzke, it 1215, Frankfurt a.M. 1997,310.
55 Johann Georg Hamann, Golgotha und Scheblimini! Von einem Prediger in der Wüsten(1784), SW Bd. 3, hg. v. Josef Nadler, Wien 1951, 303, 36f.
56 이 단락은 루터의 주기도문 해석을 참고했다. 상세한 설명 참조: Albrecht Peters, Kommentar zu Luthers Katechismen, Bd. 3: Das Vaterunser, hg. v. Gottfried Seebass, Göttingen 1992).
57 참고. 16장.

르며 시작하는 간구이다. 어린아이들의 방에서나 들을 수 있는 이 말은 신뢰로 가득한 호칭인 "아빠"Papa를 의미한다. 즉 가까움, 고향 그리고 보호와 연관된 이름이다.

종교사적으로 그리고 조직적이고-신학적으로 드러난 이러한 이름으로 하나님을 부르는 것은 결코 당연한 것은 아니다. 즉 죽음과 삶 등, 간단히 말해서 모든 일 - 우리로서는 이해하기 어려운 – 에 영향을 주는 전능성에 부합되지 않는다. "아바!"Abba라고 부르는 것은 현실이 전혀 반영되지 않은 기만과 유치한 환상의 표현이거나 혹은 바울이 설명한 것처럼 전혀 들어보지 못한 – 세상을 이기는 - 확신의 표현이다: "내가 확신하노니 사망이나 생명이나 천사들이나 권세자들이나 현재 일이나 장래일이나 능력이나 높음이나 깊음이나 다른 어떤 피조물이라도 우리를 우리 주 그리스도 예수 안에 있는 하나님의 사랑에서 끊을 수 없으리라"롬 8:38-39.

하나님을 "아바!"라고 부르는 것은 모든 의심이 – 우리가 명백히 좋다거나 혹은 나쁘다고 구분할 수 없는 – 결국 우리를 강하게 짓눌러 삶 전체를 불확실하게 만들며, 교만 내지는 절망에 빠지게 하고 파괴할 것이라는 확신 속에서 일어나는 것이며, 죄악도 이기고 우리가 구원 받았다는 확신에서 일어나는 것이다. 엄청난 – 즉시 이의 제기를 자극하는 - 신약성서의 메시지는 이것이다. 즉 죄악은 십자가와 예수 그리스도의 부활을 통해서 이미 극복되어 세계는 이제 완성된 평화 상태에 있으며요 19:30, 따라서 "이제 위대한 평화가 계속될 것이며, 모든 전쟁은 끝이 났다"[58]고 노래해도 좋다는 것이다.

이러한 평화와 구원의 확신은 하나님 자신의 일이다. 성령은 하나님

---

58   EG, 179,1(Nikolaus Decius: "Allein Gott in der Höh sei Ehr").

의 현재이며, 성령의 임무와 성령의 보내심은 예수가 말한 모든 것요 14:26 을 생각나게 하는 데 그 본질이 있다. 이러한 이유에서 오늘날 삶 속에서 주기도문을 진지하게 기도한다면, 성령의 능력에 의해 이 같은 일이 일어난다: "우리 모두는 성령 하나님의 인도함을 받아 하나님의 자녀가 된다. 너희는 다시 무서워하는 종의 영을 받지 아니하고 양자의 영을 받았으므로 우리가 아빠 아버지라고 부르짖느니라. 성령이 친히 우리의 영과 더불어 우리가 하나님의 자녀인 것을 증거 하신다"롬 8:14-16.

주기도문의 간구 – 성령 안에서 아들을 통해 아버지를 부르는 것 - 의 상황이 삼위일체에 대한 신학이라고 생각하게 해주는 대표적인 본문은 특별히 갈라디아서 4:4-6이다: "때가 차매 하나님이 그 아들을 보내사 여자에게서 나게 하시고 율법 아래에 나게 하신 것은, 율법 아래에 있는 자들을 속량하시고 우리로 아들의 명분을 얻게 하려 하심이라. 너희가 아들이므로 하나님이 그 아들의 영을 우리 마음 가운데 보내사 '아바 아버지!'라 부르게 하셨느니라."

주기도문의 간구로 하나님의 사랑을 확신하는 자는 그 사랑에 반하는 행동을 하지 않는다.

신뢰로 가득한 "아바!"라는 말에 들어있는 그리고 "아멘!"으로 기도를 끝맺는 강한 확신은 고통스런 분명한 문제와의 구체적인 긴장을 느끼게 한다. 구원의 확신은 신상에 일어나는 악을 탄원하게 한다. 이 탄원은 모든 피조물과 더불어 우리를 악에서 구원하고, 동시에 창조세계를 위협하는 적 – 마지막 적인 죽음의 죄를 포함하여 - 을 심판해 달라는 뻔뻔할 정도로 끈질긴 독촉눅 11:8, 매달림 그리고 귀찮게 함 속에서 사는 것이다.

"오 주여! 심판하소서, 심판하소서.

우리의 모든 고통도 함께!"⁵⁹

파울 게르하르트는 "마라나타!"고전 16:22; 계 22:20; 디다케(Didache) 10,6라는 표현을 사용했으며, 이것은 - 하나님 나라의 도래에 대한 간구처럼 - 주기도문의 마지막에 등장하는 부정적으로 표현된 이중의 간구에 비해 적극적인 표현 방식이다.

우리를 악에서 구했고 그 때문에 아버지라고 불릴 수 있는 그는 "우리를 악에서 구해 달라"는 간구로 괴롭힘을 당하는 자이다. 그도 그럴것이, 간구 속에 있는 확신은 우리가 죽기까지 - 세상의 완성으로 악한 세력이 종국을 맞기까지 - 시험을 당한다.⁶⁰

종말적인 하나님의 응시 - 하나님을 바라봄 - 는 그의 칭의의 알아챔 Innewerden이다. "영광의 빛은 [...] 지금 현세에서 심판하는 하나님이 이해할 수 없는 의의 하나님처럼 보이지만 [나중에 내세에서의] 하나님은 가장 완벽하고 분명한 의의 하나님임을 우리에게 보여줄 것이다."⁶¹ 이 영광의 빛lumen gloriae은 자연의 빛이 아니라 은총의 빛 가운데서 파악할 수 없는 하나님의 숨어있음을 밝혀줄 것이다. 최후 심판과 동일하게 하나님과의 분쟁은 끝이 날 것이며, 신정론의 문제도 풀릴 것이다: "그날에는 너희

59　EG, 361,12(Paul Gerhardt: "Befiehl du deine Wege").
60　만약 디다케(Didache) 10,6이 은총의 오심을 - 주님의 오심으로서 - 구하며, 또한 이 세상과 이 세대의 멸망을 구하는 기도라면, 그것은 부패한 피조세계인 옛 세상의 죽음과 마지막 심판을 통한 세상의 완성으로서 원래의 창조세계의 회복을 위한 기도이다.
61　WA 18,785,35-37(『노예의지론』 1525). 『노예의지론』의 결말 부분은 내용에 있어서 내가 보기에 루터의 『욥기서 서문』(WA DB 10 I,4,1-6,13; 1524)과 더불어 종말론의 핵심에 가장 부합하는 부분이다.

가 아무것도 내게 묻지 않으리라"요 16:23.

   최종적인 이 칭의는 셋이 하나인 하나님의 명백한 자기계시 – 사랑으로서 – 안에 그 본질이 있다.

16장
약속과 기도

약속이 없다면,

우리의 기도는 헛될 것이다.

루터신학이 가진 현대적 의미를 서술하는 일관된 방향은 그의 생각을 "삶의 정황"과 분리된 사고세계처럼 서술하지 않는 것이다. 그 때문에 루터 신학의 한 축이 되는 기도의 중요성에 항상 관심을 기울여야 했다. 이제 마지막 장에서 부활절 후 다섯째 주일기도주일인 1520년 5월 13일[1] 설교에 등장하는 루터의 개요에 근거해서 기도를 다룰 것이다. 루터의 종교개혁적 기도 이해가 이 글보다 탁월하게 드러난 곳은 없다. 루터의 삼위일체론이 언약신학적인 성격을 가지고 있음과 기도에 대한 이해 역시 삼위일체적인 성격을 띠고 있음을 이 글에서 분명히 알 수 있다. 루터는 이후 매년마다 기도주일Sonntag Rogate이 돌아오면, 이 설교의 기본 개요를 다시 사용했다. 『대교리문답서』의 주기도문 해설에서도 그것을 확인 할 수 있다. 즉 기도는 계명praeceptum과 약속한 응답promissio으로 구성된다. 기도는 긴급한 필요와 관련이 있고, 진지하고 열정을 다해 응답의 약속을 두드리는 것이다.[2]

---

1 시기 문제에 대해서 참고. Oswald Bayer, Promissio. Geschichte der reformatorischen Wende in Luthers Tehologie, Darmstadt, 1989, 322f. 각주 27.

2 참고. BSLK 662-668.

루터가 설명한 개요는 아래와 같다:

"모든 기도oratio는 5가지 특징을 가지고 있다. 그렇지 않을 경우, 그 기도는 쓸모없게 된다.

첫째, 기도는 하나님의 약속promissio Dei이다. 기도 전체는 이 약속에 의존한다. 만약 약속이 없다면, 우리의 기도는 무가치한 것이며, 응답을 구할 자격이 없다. 기도는 약속에 의존하기 때문이다.

둘째, 필요한 것res necessariae 혹은 간구해서 얻어야 할 것의 제시이다. 반드시 필요한 것을 얻고 싶기 때문에 이렇게 하면 흩어진 생각들이 하나님의 약속으로 모아진다. 이것을 마음의 모음animi collectio이라고 칭한다. 그 때문에 [직접] 선택한 기도소책자, 묵주와 그와 같은 것들은 사제가 드리는 기도와 같지 않다. 왜냐하면 마음이 모아지지도 않았고, 얻고자 하는 것이 마음에 반영되지도 않았기 때문이다.

셋째, 응답을 의심하지 않으며, 약속의 하나님을 신뢰하는 믿음이 필요하다. 하나님은 너와 너의 기도 때문이 아니라, 주리라는 약속을 지키려는 자신의 신실함veritas 때문에 들어주는 것이다. 그러므로 하나님의 신실함에 대한 신뢰만이 부득불 그것을 실행하게 한다.

넷째, [기도는] 전심으로 해야 된다. 흔들리는 마음으로 해도 안 된다. 모험가가 배나무를 향해서 돌을 던지는 것처럼 간구하는 것을 성급하게 얻으려magnopere desiderante 해서도 안 된다. 이것은 마치 하나님이 약속한 것을 이루어주고자 하지 않는 것처럼 되어 하나님을 우롱하는 것이 된다. 그러한 사람은 간구한 것을 얻지 못할 뿐만 아니라, 오히려 하나님으로 하여금 큰 악을 행하도록 자극하는 것이다.

다섯째, 기도는 예수가 명한 것이며 그의 이름으로 하는 것이다'너희가 무엇이든지 내 이름으로 구하면'[요 16:23], '구하라 그리하면 너희에게 주실 것이요'[마 7:7]. 그의 권위를 인정하고, 모든 것보다 아버지를 신뢰하며 그에게 나아와야 한다. 그럴 경우에 응답이 없는 기도는 없다non potest non fieri exauditio. 아버지는 하나의 매개체instrumentum인 아들을 통해 약속했다. 그리고 그리스도는 우리의 죄를 아파한다. 그는 하늘에서, 마치 그의 일이라도 되듯이 기도한다. 나에게 말하라: 거절할 것이 무엇이 있는가? 아들은 내 이름으로 하늘에서 기도하고, 나는 그의 이름으로 이 땅에서 기도한다. 그러므로 그리스도의 칭의는 나의 것이 되고, 나의 죄는 그리스도의 것이 된다. 이것은 분명히 공평하지 않은 교환inaequalis permutatio이다. 그러나 이 둘이 함께 하나가 되어 정결하게 된다. 즉 나의 죄는 그리스도 안에서 사라지고, 그의 거룩함이 나를 깨끗하게 한다. 그 결과 나는 영원한 삶을 누릴 자격을 갖는다."[3]

1. "응답이 없는 기도는 없다."

마지막 단락은 중요한 질문에 답을 준다: 만물을 다스리는 전능자를 어떻게 내가 부를 수 있으며, 그의 응답을 확신할 수 있는가?

그와 같은 의심과 죄에서의 해방은 하나님이 자신을 우리에게 주고, 우리를 자신에게 인도하는 사건과 연관해서만 경험할 수 있으며, 이것이 곧 삼위일체의 사건이다. 아버지, 아들 그리고 성령의 구분과 상호 관계 속에

---

[3] WA 4,624,8-32. 아래에서 관련된 내용이 다시 나올 경우, 구체적인 인용을 따로 표기하지 않을 것이다. 상세한 분석과 해석은 바이어(Bayer)의 Promissio(각주 1), 319-337.

서만 우리는 하나님의 행위와 말씀을 믿고 기도하는 자로서 그의 의지와 행위, 그의 언약과 속죄, 그의 자비와 신실함을 확신하게 된다.[4]

"구하라 그리하면 너희에게 줄 것이요!"라는 인간 예수의 말은 명령과 약속에서 하나님을 파악하게 해준다. 역으로 인간 예수의 말은 그것이 하나님의 명령이요 약속이기 때문에 확신을 준다. 즉 "응답이 없는 기도는 있을 수 없다. 아버지는 하나의 매개체인 아들을 통하여 약속했다." 아들은 도구이다. 그는 사람들 앞에서 모든 것을 알고 있는 자를 대신한다. 이 일은 단 한번 일어났으나, 그 능력은 오늘날도 지속되고 있다. 아들은 아버지 곁에서 인간의 불신앙에 맞서 언젠가 밝힌 하나님의 뜻이 계속 이루어지고 있음을 보증한다. 더불어 믿음과 기도의 능력과 실현도 유지되고 있다. 기도는 약속한 아버지를 붙드는 것이다. 그리스도는 우리에게 중보자가 되어 우리의 죄를 자신의 것으로 삼아 제거한다. 이 둘은 - 그리스도의 중보 사역에서 - 하나이기 때문이다. 그는 하나님 앞에서는 우리를 대변하고, 우리 앞에서는 하나님을 대변한다. 아들과 주님이 이러한 융화 속에서 하나가 되기 때문에, 우리의 기도가 주님의 말씀에 부합하고, 하나님의 응답이 아들의 기도와 일치한다면, 우리의 기도와 하나님의 응답은 하나이다. 예수의 이름으로 행하는 기도는 응답이 확실하다. 예수의 말씀을 끌어들이고, 사용하고, - 루터가 나중에 기도주일 설교에서 말하듯이 - "옷 입으면"[5] 우리는 이미 응답을 받은 것이다. 하나님은 예수의 이름으로 하

---

4 루터는 『기도에 관한 설교』(WA 2,177,9f; 1519)에서 "인애와 진리가 같이 만나고, 의와 화평이 서로 입 맞춘다"는 시편 85편 10절을 인용한다.
5 WA 15,548,3f(기도주일 설교, 1524). 언약으로 "옷 입는" 사람은 그리스도를 옷 입는 것이다. "내가 아버지에게 기도하는 것은, 자격이 있기 때문이 아니라, […] 그 아들 예수 그리스도가 그의 이름과 그가 가진 모든 것을 나에게 주었기 때문이다. 그리하여 나는 그의 모든 축복으로 인해 하나님 앞에 떳떳하게 서서 그의 공로에 힘입어 복을 받는 것이다"(WA 15,546,26-30).

는 기도를 외면하지 않는다.

"제발 나에게 말해보라: 여기서 무슨 거절이 있을 수 있겠는가? 아들은 하늘에서 나의 이름으로 기도하고, 나는 땅에서 그의 이름으로 기도한다." 단 하나의 사건이 되는 이 두 가지 요소의 융화는 용서를 구하는 인간의 말과 하나님의 용서가 서로 일치하는 데에서 가장 잘 파악할 수 있다. 루터는 마태복음 16장 19절을 주해하면서 이것을 "거룩한 정의의 선언"Satz heiligen Rechts이라 설명했다.[6] 루터의 종교개혁 신학은 인간의 말이 하나님의 말과 같다는 일반적인 가능성에 그 본질이 있지 않으며, 하나님의 구원의 현재를 믿는 용서의 말과 같은 특정한 인간의 말에 그 본질이 있다. 마찬가지로 여기서 인간의 기도에 확신을 제공하는 것이 아니라, 내가 그리스도를 통해서[7] 아버지에게 응답된다고 확신하는 기도에 제공하는 것이다. 왜냐하면 그가 동시에 아버지에게 나를 대변하기 때문이다. 그가 아버지 곁에서 우리를 위해서 간구하고 있음을 우리는 아버지에게 신실하게 나아갈 때 알게 된다.

여기서 우리는 무엇 때문에 루터가 1525년 기도주일 설교에서 두 가지 본성으로 가르치는 기독론을 거부했는지를 알게 된다. 그러한 가르침은 경직된 공식이며, 하나의 일만을 나타낸다. 그것은 하나님이 우리에게 오고, 우리를 그 자신에게 인도하는 움직임인, 즉 살아있는 관계를 보여주지 못한다. 두 본성론에 대한 성경적인 해석은 - 요한복음에 상응하여 - 그리스도의 중보직과 사역[8]에 관한 가르침으로 설명하는 것이다.

6　참고. Bayer, Promissio(각주 1), 200f; 참고. 3장 2.2.
7　참고. WA 46,85,17-24(기도주일 설교, 1538 [1539년 인쇄]).
8　참고. 10장 3.3. 그리스도의 위격은 그의 사역을 통해 알고, 그의 사역은 그의 위격을 통해서 안다. 이렇게 할 경우, 영향사적인 의미 없는 이해처럼 위격에 대한 형이상학적 사유 역시 거부된다.

그리스도를 믿는다는 것은 그리스도는 하나의 인격이며, 하나님이고 사람이며, 어느 누구도 아무것도 도울 것이 없고, 동일한 인격임을 우리 역시 여기서 안다는 것이다. 이것은 곧 그리스도는 우리를 위하여 하나님으로부터 나와 이 세상에 왔으며, 다시 세상을 떠나 아버지에게 감을 의미한다. 이것은 또한 그리스도는 우리를 위해 사람이 되어, 죽고, 부활하고 승천했음을 의미한다. 이러한 직임에 근거해 볼 때 예수 그리스도와 그것이 사실임을 믿는 다는 것은 그의 이름 안에서 살아간다는 것을 의미한다.[9]

그리스도를 통해 일어난 중재는 약속의 진수로서 『그리스도인의 자유』라는 글이 출처인 "즐거운 교환"[10]의 내용과 정확히 일치한다: "그러므로 그리스도의 의는 나의 것이고, 나의 죄는 그리스도의 것이다: 확실히 이것은 공평하지 않은 교환이다." 이 교환에서 인간이 그리스도를 통하여 얻는 것을 하나님은 그리스도를 통하여 잃는다. 즉 하나님은 자신의 것을 잃고, 자신의 정결함을 잃어 인간을 얻는다. 그는 그들과 이렇게 "정결하게 된다." "공평하지 않은 교환"은 하나님 이해가 담겨있다. 그에 따르면 하나님의 본질은 사람이 겪는 어려움에 참여하는데서 정의된다.[11] 그의 권위는 세상과 동떨어진 것도 감정이 메마른 것도 아니라, 그리스도 안에서 기도하는 자에게 용기와 힘을 주는 권위이다: "예수의 이름으로, 그의 명

---

9 WA 17 I,255,11-18; 삼위일체론, 기독론 그리고 구원론이 동시에 집약된 분명하고 탁월한 내용은 1525년 사순절 설교에서 한 누가복음 2:49절 해석에 나타나 있다(WA 17 II,24,18f): "그러므로 그리스도는 말씀을 통해 우리와 말하며, 그것을 통해서 우리를 아버지에게 인도하는 아버지 안에 있다."

10 WA 7,25,34(『그리스도인의 자유』 1520); 참고. 10장. 기도주일 설교의 마지막 결론은 『그리스도인의 자유』 제1부의 많은 부분을 짧게 드러낸 것임을 바이어는 그의 책 *Promissio*(각주 1, 330f)에서 자세히 다루고 있다.

11 이 점과 연관하여 아리스토텔레스의 형이상학에서 말하는 하나님의 개념에 대한 비평에 대해서 참고. 10장 1. 그리고 Oswald Bayer, Theologie, HST 1, Gütersloh 1994, 21-27 그리고 49-55, 특히 54. 참고. 5장 각주 58.

령에 따라 [...] 권위에 기초해 우리는 그 무엇보다도 아버지를 신뢰하며 나아간다." 이러한 그리스도의 권위 안에서 "명령" 내지 "계명" 그리고 "약속"이 하나로 통일된다. 왜냐하면 그것은 보증하고, 베풀어 주고 알려주는 권위이기 때문이다. 모든 것을 다스릴 능력을 가진 하나님만이 이것을 보장, 즉 "응답할 수 있다."[12] 그러므로 하나님 일 수 있는 요건은 "구하라 그리하면 너희에게 주시리라!"는 명확한 말씀 안에 있다. 예수 그리스도의 신성은 그러므로 약속의 전제가 아니라, 거기에 내포되어 있는 것이다. 인격, 사역 그리고 말씀의 나눌 수 없는 통일성 안에서 예수 그리스도의 신성은 그의 약속과 더불어 믿어지거나 혹은 거부되는 것이다.[13]

여기서 사용한 설교가 - 후에 기도주일 설교에서처럼 - 성령을 전혀 언급하지 않는 다는 사실은 여기서 보여준 중재사건의 삼위일체적 성격에 아무런 영향도 주지 않는다. 루터에게 성령론은 그리스도론에 내포된 것이다. 그도 그럴것이 "성령은 그리스도의 몸보다 더 멀리 나아가지 않는다. 왜냐하면 성령은 그리스도의 영이기 때문이다."[14] 성령은 죽음 이후에 부활을 통해서 비로소 열린 그리스도의 언약의 말씀에 대해 증언한다. 루터는 "나, 여러분 그리고 아버지 사이에 있는 것처럼"[15]이라고 말한 사도 요한의 고별 설교를 그와 같은 약속으로 이해한다. 성령은 "신성 안에서 일어나는 일"은 가르쳐주지 않는다.[16] 오히려 성령의 사역은 우리 자신의 힘을 의지하지 말라며 직접 우리를 향한다: "누구든지 그 자신의 이름으로

---

12 우리가 "듣고 응답하는" 것과 "확신하게 하는 것"을 동일한 것으로 생각하는 한 그것은 아직 믿는 것과 보는 것 사이의 차이점을 내포하고 있는 것이다.
13 참고. WA 28,60,12-30(요한복음 16장 25-28절 설교; 1528년 7월 28일).
14 WA 20,381,20f(기도주일 설교, 1526).
15 WA 28,60,9f(요한복음 16장 25-28절 설교; 1528년 7월 28일).
16 WA 28,60.31f.

기도하지 말고, 그리스도의 이름으로 기도해야 한다."[17]

요약: 루터에게 기도는 우리를 자신에게 이끄는 삼위일체적인 말씀이 일으키는 일이다. 하나님과 말하고자 하는 사람은 "그리스도 안에서 모든 것이 파악되었다고 말하는 성령의 음성을 듣는다."[18] 삼위일체론으로 루터가 주장하는 것은 믿음은 말씀에서 확실해지고 완전히 하나님 자신과 관계되어 있다는 것이다: "하나님은 말씀대로 한다."[19]

2. 약속, 필요성, 믿음, 열심

기도주일 설교의 결론에 무엇 때문에 약속이 기도의 첫 번째 특징인지 또 무엇 때문에 그것만이 기도의 "근거이고 능력"[20]인지가 드러나 있다. 이에 비하여 자신의 뜻대로 그리고 자기 마음대로 하는 기도는 공허하고 무가치하다. 기도의 실행과 능력은 하나님이 그리스도를 통해 기도하라 명했으며 그와 동시에 기도 응답을 약속했다는 사실에 그 본질이 있다.

루터는 기도의 두 번째 특징으로 필요성을 말한다. 필요성은 그 자체가 기도는 아니나[21] 계명과 약속이 그것을 대항한다는 점에서 기도에 속한다.

---

17 WA 28,60.32f.
18 WA 34 I,385,4f(기도주일 설교, 1531).
19 WA 9,329,31(창세기 설교, 1519-1521).
20 WA 17 I,249,15(기도주일 설교, 1525).
21 참고. 1523년 3월 9일자 주기도문 설교에서 유다와 가인에 대한 인용: "만약 약속이 없다면, 위기는 가벼워지지 않는다. 유다와 가인은 절박했다. 그러나 그들은 약속에 대한 믿음을 가지지 않았다"(WA 11,56,21f).

필요성은 기도해야 한다고 가르치지 않는다 – 그것은 의심하게 하거나 혹은 스스로 절박함을 극복하도록 인도한다. 탄원은 필요성 때문이 아니라 계명이며 약속이기 때문에 한다. 더 나아가 사실을 알고 고백한다. 사실 필요성은 약속, 즉 극복할 것이라는 약속에 직면해서야 알고 칭하는 것이다: "그의 약속과 당신의 절박한 필요성을 서로 반대편에 놓아라!"[22] 그러면 앞에 가져다 놓아야 할 필요와 기대하고 있는 도움에 "마음의 모음"인 집중이 일어나며, 이것이 "하나님의 언약"에 대한 집중이다.

언약에 대한 이와 같은 집중은 기도 안에 있는 믿음이다. 세 번째 특징은 용기이다. 이것은 말씀을 지키고 이행하도록 하나님을 압박한다. 이러한 "압박"은 언약신앙의 중요한 요소이다.[23] 믿음은 하나님이 그렇게 행하도록 압박하기 때문에 이것을 하는 것이다. 1526년 기도주일 설교가 설명하듯이, 아들의 "아멘"은 그에 대한 확신을 제공한다.

"'아멘'이라고 말하면, '그대로 이루어질 것이다'는 것은 가장 위대한 약속이다. 여기서 영원한 신뢰를 맹세한다. 그 때문에 당신은 하나님이 자신의 말로 권면하듯이 기도를 시작해야 한다: '하나님, 당신은 사랑하는 아들에게 내가 기도하면 응답될 것을 두 번 맹세했습니다. 나는 당신이 당신 아들의 입을 통해서 언약한 약속대로 와서 기도합니다.' 이것이 기도의 토대이다."[24]

---

22 "[…] oppone promissionem suam et tuam necessitatem"(WA 20,380,9f [기도주일 설교, 1526]).
23 1519년의 설교에서 하나님이 한 약속으로 하나님을 "권면하는 것"에 관해 말한다(WA 2,175,7f; 178,1f) 참고. WA 17 I,249,30(기도주일 설교, 1525): "당신을 위해 언약을 취하고, 그것으로 하나님을 붙들라." 참고. 기도주일 설교 외에도 "그 자신의 판단을 지키는 하나님"이라는 두로와 시돈 지방 여인에 대한 유명한 설교(마 15:21-28). (WA 17 II,[200-204] 204,2 [사순절 설교, 1525]).
24 WA 20,379,24-29.

믿음은 약속과 그 내용에 의해서 결정된다; 확신은 기도에 아멘으로 "지붕을 덮는 것이다."[25] 또한 확신은 아들의 "아멘"에 기초하고 있고 그 메아리이다. 기도의 응답은 오직 말씀 안에서 증명되고 오직 그 안에서 "느껴진다."[26] 약속한 응답은 삶과 죽음보다 확실하다.[27] 기도 속에 가득한 믿음은 아멘으로 하나님의 신뢰를 얻어 세상의 모든 세력보다 더 강한 하나님의 말씀의 능력을 얻는다. 그래서 루터는 1531년 기도주일 설교에서 "우리의 기도는 하나님의 능력이다"고 말했다.[28]

"어떤 권세가 '아멘'이라는 말에 대적할 수 있는가? 간구의 기도는 전능한 하나님의 위대한 힘이며, 교황과 사탄과 터키의 힘이 아닌 세상 전체가 하나님의 말씀을 대적하나, 이사야가 말한 것처럼, 그들은 하나의 작은 티끌에 불과하다사 40:15. 이 세상의 모든 힘은 보잘 것 없는 것이다. 그러므로 나는 하나님의 약속을 믿는다고 말하라."[29] 엘리야를 통해 "너는 기도하고 있는 한 사람을 본다, 그리고 그는 이 기도로 구름, 하늘 그리고 땅을 다스린다. 그러므로 하나님은 올바른 기도는 큰 능력을 가지고 있기에 그에게 불가능이란 없음을 보여준다."[30]

그리스도의 약속에 힘입어 기도는 이미 하나님이 듣고 있기에 모든 것

---

25 WA 27,130,27(기도주일 설교, 1528).
26 WA 27,130,27-33: "당신이 기도할 때, 당신의 기도를 들으실 거라는 감동을 마음에 느껴야만 한다. '하나님은 우리에게 기도할 것을 명령하셨고 약속하셨다. 나는 하나님께서 기도를 들으시고 응답하실 것을 안다.' 당신의 정직함에 바탕을 둘 수 있는 것이 아니라, 오직 그리스도의 명령과 약속에 의거한다. 만약 당신이 이것을 말하지 않는다면, 당신의 기도는 아멘이 없는 것이다. 그렇게 되면 마치 모든 기도가 참된 사실로 보일 것이다. 당신이 원하는 때에 기도의 응답 여부는 – 중요하지 않다."
27 WA 15,548,6-8(기도주일 설교, 1524).
28 WA 34 I,389,21f.
29 WA 34 I,389,9-13.
30 WA 17 I,251,19-22(왕상 18장; 기도주일 설교, 1525).

을 가능하게 한다.³¹ 그러나 말씀에 보장된 응답의 확신은 현재의 고통스러운 상황과는 종말론적인 차이를 경험하게 해준다.³² 종말론적인 차이가 지속되기에 약속의 하나님을 붙잡으려는 사람의 마음은 언약을 성취하기까지 극도의 긴장을 겪는다. 약속을 기대하는 마음의 긴장은 진지한 기도를 가능케 하며, 본질과 영향은 열망과 같다. 루터는 기도주일 설교 네 번째 단락에서 이것을 설명한다. 그러한 진지함이 경솔한 모험심"마치 배나무에 무엇인가를 던지는 사람처럼"과 마찬가지로 두려워 요동치는 마음을 지켜준다. 기도는 맹목적인 모험 이상의 것이다. 그것은 동기와 목표가 확고하고 하나이다.³³

1525년 기도주일 설교에서 '열망'을 "마음의 탄식"suspirium cordis; 참고. 롬 8:23이라는 말로 표현한 것은 위의 내용과 모순되지 않는다.³⁴ 왜냐하면 이러한 탄식은 두려움, 곤경 그리고 영적시련을 묵묵히 혹은 체념하듯이

---

31 참고. WA 46,85,31-34(기도주일 설교, 1538): 기도할 때 결코 의심하면 안 된다: 기도가 상달되었고, 목적이 이루어졌으며, 이미 승인되었음을 확실히 믿어야 한다. 왜냐하면 그것은 그리스도의 이름으로 요청되었고, 그리스도 자신이 그의 말씀으로 확증하시는 아멘으로 끝을 맺었기 때문이다.

32 WA 46,91,26-92,6: "모든 거짓된 교리와 이단들이 제거되고, 하나님 나라에 대한 모든 폭군과 박해자를 잠잠하게 하며, 경건치 못한 모든 자와 마귀의 뜻이 제어되고, 굶주림과 갈증에 대한 염려가 더 이상 우리를 시험하지 않고, 죄가 더 이상 우리를 압박하지 않으며, 마음을 약하게 할 영적 시련도 없이, 죽음에 붙들리지 않게 하는 하나님의 뜻이 이루어지는 것과 하나님의 이름이 온전히 경배됨을 보기까지(그리스도가 말하듯이 [요 16:24]) 우리의 기쁨은 충만하지 못할 것이다. 물론 이 일은 피안의 삶에 이르기까지는 일어나지 않을 것이다. 거기서는 순전하고 완전한 기쁨을 느낄 것이며, 작은 슬픔의 눈물도 흘리지 않을 것이다. 그러나 이 땅에서의 삶은 (성 바울이 말하듯이[고전 13:12]) 모든 것이 불완전하다. 그래서 믿음 안에 살아도 작은 눈물을 흘리게 된다. 이 눈물은 시작 혹은 맛보기요 [식욕을 불러일으키는] 작은 조각과 같다. 그것은 그리스도가 우리를 구속했으며, 그를 통해서 우리가 하나님의 나라에 이르렀다고 위로한다. 그러나 능력이나 결과를 볼 때 신앙에서도 삶속에서도 뒤를 따르며 그렇게 정결하게 살 수 없을 정도로 너무 연약하다. 그도 그럴것이 우리는 계속 진흙탕 속에 빠져 슬픔과 무거운 양심으로 힘들어 한다. 그 결과 기쁨은 순수함을 잃고, 점점 작아져 처음의 기쁨을 거의 느낄 수 없게 되는 것이다.

33 위의 1. 참고. WA 2, 176,38-177,1(기도주일 설교, 1519): "은총의 하나님의 참되고 확실한 약속을 신뢰하고 담대하게 용기를 가지고 나아간다면" 당신은 기도하고 응답을 받기에 타당하고 적합하다.

34 WA 17 I,251,8-252,3; 251,36-252,22.

받아들이는 것이 아니라, 약속된 승리를 가장 강렬하게 갈망하는 가운데 견디는 것을 뜻하기 때문이다. 루터에 의하면, 기도하는 사람은 곤경을 보지 않고, "주겠다고 약속한" 자 앞에서 자신을 본다.

여기서 곤궁과는 다르게 약속에 의해서 만들어지는 '열망'은 독립적인 인간의 가능성과 능력이 아니라, 우리를 대신한롬 8:26-27 성령의 말할 수 없는 탄식처럼 하나님 자신의 일이라는 사실을 간과해서는 안 된다.[35] 언약의 사용 역시 근원적으로 볼 때 삼위일체 하나님의 사건이다.

"이 일은 모든 기도와 열망에 앞서 온 하나님의 깊은 자애로움에서만 일어난다. 우리는 그의 은혜의 약속과 권고로 인해 기도하고 갈망한다. 그렇게 함으로서 우리에 대한 그의 돌봄이 얼마나 크며, 우리가 얻고 추구하는 것보다 더 많은 것을 주고자 하는지 우리는 배우게 된다."[36]

---

35 열망은 초주관적인 힘으로서 이렇게 말할 수 있다: "열망은 모든 말과 생각을 초월한다. 그 결과 사람은 그의 탄식 혹은 그의 욕망이 얼마나 깊은 지 직접 느끼지 못한다."(WA 17 I,252,11-13).
36 WA 2,175,13-17(기도주일 설교, 1519); 참고. 엡 3:20.

부록

번역 후기
성구 색인
인명 색인
용어 색인

번역 후기

　루터신학에 대한 집필은 이제까지 거의 조직신학자들이 전담해 왔다. 루터신학이 처음 한국에 번역되어 소개된 것은 파울 알트하우스의 『마르틴 루터의 신학』이었다. 독일 에어랑겐에서 1961년 집필되어 1962년 독일어로 출판된 이 책은 1994년 각각 크리스챤다이제스크사(이형기 역)와 성광문화사(구영철 역)에서 한국어로 출판되었다. 원서가 나오고 32년 만에 번역본이 소개된 것이다. 이형기 교수의 번역은 미국에서 영어로 번역 출판된 책을 다시 한국어로 번역하여 소개했고, 구영철의 번역은 원서를 토대로 라틴어까지 성실하게 번역된 점이 특징이다. 이 번역본들은 이 후 다른 루터신학이 등장하기 까지 한국에서 루터를 소개하는데 큰 길잡이 역할을 했다.

　알트하우스의 루터 신학은 이 후 1995년 베른하르트 로제의 『마르틴 루터의 신학』이 세상에 나오게 된 동기를 부여했다. 알트하우스는 자신은 조직신학자로서 루터신학 집필에 방법론적 한계가 있었음을 베른하르트 로제에게 토로했고, 역사적 및 조직신학적 방법론을 병합하여 종합적인 루터신학을 저술해 줄 것을 로제에게 요청했다. 교회사 학자요 루터 전문가인 베른하르트 로제의 "Luthers Theologie in ihrer historischen Entwicklung und in ihren systematischen Zusammenhang"(『마르틴 루터의 신학, 역사적 조직신학적 연구』, 정병식 역, 한국신학연구소, 2002)은 이렇게 해서 출간되었다.

이 후 루터신학 집필은 또 다시 조직신학자들의 몫이 되었다. 2002년 독일 튀빙겐의 오스발트 바이어Oswald Bayer 교수에 이어 2009년 독일 마르부르크 대학의 한스-마르틴 바르트Hans-Martin Barth 교수가 루터 신학의 계보를 잇는 책을 집필했다. 한스-마르틴 바르트의 책Die Theologie Martin Luthers, Eine kritische Würdigung은 2015년 『마르틴 루터의 신학, 비평적 평가』(정병식, 홍지훈 역, 대한기독교서회, 2015)라는 이름으로 한국어판이 번역 소개되었다.

하지만 루터신학의 계보를 이어가는데 중요한 징검다리 역할을 하는 2002년에 출판된 오스발트 바이어의 책Martin Luthers Theologie. Eine Vergegenwärtigung은 그동안 번역되지 못하여 아쉬움을 갖던 차에 비록 순서는 뒤 바뀌었으나 이번에 번역하여 소개하게 되었다. 바이어의 루터신학은 밀레니엄이라는 새로운 세기의 시대적 정황이 담겨 있다. 천년을 보내고 새로운 천년을 맞이하는 시점에 루터의 신학은 오늘의 교회와 신학에 여전히 유용함을 역설했다. 바이어의 이 책은 2001/02년 겨울학기에 튀빙겐 대학에서 행한 윤리를 포함한 루터신학 전반에 대한 강의의 결과물이다. 저자가 직접 서문에서 이 책의 등장 배경과 흐름을 자세히 소개하고 있기에 특별한 설명은 필요하지 않다.

이 책의 번역에 매우 오랜 시간을 할애했다. 루터 자신의 신학도 파악하기가 쉽지 않았지만, 조직신학자의 현란한 루터 해석이 어려움을 가중시켰기 때문이다. 한국어 번역본 출판에 특별한 도움을 주신 오스발트 바이어Prof. Emeritus Dr. Oswald Bayer 교수와 기센 대학에서 교회사와 루터를 강의하고 있는 아티나 렉스우트Prof. Dr. Athina Lexutt 교수에게 감사를 드린다. 두 분은 저작권 문제를 해결하는데 큰 도움을 주고, 한국어 판 루터신학의 출판에 큰 기대를 보여주며 격려를 아끼지 않으셨다. 특별히 번역에 어려움이 있을 때마다 조직신학적 용어의 쓰임에 조언을 해주고, 번역을 다듬어 준 이신건 교수에게도 감사를 드린다. 그는 1-8장, 그리고 10장을 성실히 읽어주고 수정해 주었다. 하지만 정확하지 않는 번역과 적합하지 않은 용어의 선택은 전적으로 번역자인 나에게 있다. 이 책이 한국에 루터 신학을 바르게 알리고, 또한 루터의 신학은 시대를 뛰어넘는 유용성이 있음을 알게 하는 이정표가 되어 주기를 기대한다. 이 책의 출판을 위해 편집과 인쇄에도 심혈을 기울여 주신 도서출판 공감마을의 박영범 박사에게도 감사를 표한다.

2018년 10월, 종교개혁 501주년을 기념하며

역자 정병식
서울신학대학교에서

성구 색인

구약

창세기
1:	215-216	8:21	257-259, 261
1:26-28	57, 220, 233, 241	9:1-17	478
2:	216	9:6	453
2:7	163, 175, 268	13:4	37
2:9	210	15:6	239
2:15	57	19:29	125
2:16	106, 152, 179, 186-187, 191-192, 221, 375	20:6-7	293
		22:	51
		22:1	299
		22:18	143
2:17	106, 191	26:9	290, 306
2:18	186, 215	26:24	50
2:19	47, 57, 183	26:24-25	473
2:21	186	27:38	85
3:1	359	28:12	483
3:6	264, 284	32:	333
3:9	103	32:	76, 296
3:13	285, 292	32:26	30
3:15	143	32:28	30
4:	226	32:31-32	298
4:9	103	27:28	93
4:14-15	453	44:17	45
6:5	258-259, 261	48:21	35
6:18	478		

출애굽기

3:14	349
4:24	299
20:2	44, 192, 210, 349
20:3	192, 210
21:24	453

레위기

19:2	350
26:36	158

신명기

6:4	44
6:5	80, 208

사무엘상

16:7	280

사무엘하

7:12이하	143
12:5	103
12:7	103
24:1	299

열왕기상

18:	507

역대상

21:1	299

욥기

1-2:	299
6:4	299
16:19	311
21:6-7	309
33:4	268
41:3	149

시편

1:2	53
5:17	48
14:1	134, 407, 409-410, 412
18:	45 126
19:12	271-272
22:	315
27:8	41
33:4	157
33:6	351
46:	448
48:	448
51:	74
51:2	335
51:4	75
51:5	283
68:14	117
73:12	309
82:	397
85:10	501
90:8	271

117:	29	예레미야애가	
117:2	299	3:1-19	299
119:	30, 66	3:38	296
127:	281		
127:1	223, 460	호세아	
127:5	466	1-3:	330, 334
130:1	299, 487	2:19-20	331
130:4	151	1:22	156
135:	169	2:	330
135:6	292	2:19	330
135:15-18	167	9:10	331
146:6	156	11:1	331
		11:7-11	313
전도서		11:8	322, 332, 484
9:7	168	11:8-9	313
		11:9	333
이사야		13:4	331
6:9-10	167	13:6	332
11:2	352	13:7-9	332
25:6-8	474	13:14	143, 334
28:19	52, 72		
40:15	507	아모스	
45:7	296, 299	3:6	296, 299
49:8	55		
55:10-11	373	요나	
65:24	41	1:5	50, 192-193, 195, 201, 259, 349
예레미야			
2:13	205	2:3	41
17:9	272		

미가
5:1　　　　　　　143

스가랴
3:1-2　　　　　　299

신약

마태복음

2:1-12	126
3:16-17	491
4:4	372
5:38-40	453
5:44	453
5:48	460
6:6	68
7:7	85, 500
7:18	416
11:6	401
11:28	35
15:21-28	299, 506
16:19	502
17:5	483
18:19-20	399
18:20	400, 430-431
18-24:	400, 438-440, 442, 457
19:	410
19:13-15	374
19:21	30, 210, 430
22:11-12	415
22:21	457
22:39	228
23:8	37
25:34	423, 474
26:26-28	391
28:	382
28:20	90

마가복음

1:4	174
2:	385
2:5	385
6:49-50	351
7:	191
7:9-13	435
7:33	174
8:1-9	176
9:24	348
10:9	215
14:22-24	391
16:16	382-384

누가복음

1:39-56	34

2:11	93	16:13	491
2:49	503	16:23	496, 500
3:14	453	16:24	508
7:1이하	473	16:25-28	504
10:18	299	19:30	305, 494
11:1	399	20:22-23	389
11:8	495	20:28	337
11:20	299	21:19-24	213
11:27이하	284		
14:26-27	435	사도행전	
17:21	371	5:29	457-458
22:19-20	391	12:24	38
23:44	176	15:20	464
24:30-32	34	15:29	464
		19:20	38

요한복음

1:1-14	70	로마서	
1:13	80, 276, 416	1:1	93
1:5	264	1:16	363
1:18	337	1:17	85, 87, 89, 352
6:28-29	410	1:18-3:20	167, 192
6:63	351	1:18-21	193
8:34	270	1:18-23	167
8:44	268, 286	2:15	51
8:46-59	473	2:25	100
9:6	163	3:3	155
10:28	278	3:21	132
14:26	494	3:23	35
14:27	158	3:25	34, 124
16:8	358	3:28	231-232

4:5	152, 333	12:3	239
4:17	149, 152, 333, 361	12:19	453
		13:1-7	453, 456, 454
4:21	277, 291	13:8	419, 458
5:6	385	13:8-10	413, 419
5:8	385	14:	417
6:23	283	14:12	477
7:7-24	320	14:23	265, 412
7:12	100		
7:12-20	293	고린도전서	
7:24-25	315	1:18-2:16	400
7:25	320	1:21	167
8:	178	2:2	132
8:3	268	2:7	81
8:14-16	495	3:4	36
8:18-23	209	3:15	484
8:18-25	320	3:18	240
8:19	165	4:7	218, 441
8:23	508	4:17	149
8:26-27	509	6:11	352
8:26-39	51	9:19	418
8:29	350	11:23-25	391
8:38-39	494	11:24	375
9-11:	305	12:3	202, 346
10:17	360	12:12	397
11:32	164, 263	12-14:	352, 399
11:33-36	181	13:3	412
11:35	149	13:7	405
12:	352, 399	13:12	508
12:1-2	458	13:13	413-414

14:40	397, 463	2:19-20	425
15:3이하	128	2:21	404
15:3-7	126	3:6	195, 239, 259
15:28	488	3:10-12	100
15:36	171	3:19	104
15:51-53	480	3:22	164
15:54	330	3:23	109
15:55	334	3:23-29	56, 100
15:56	283, 288	3:24	144
15:57	334	3:25	353
16:22	496	4:4-6	495
		4:6	36, 292
고린도후서		5:1	426
1:3-11	255	5:3	100
2:14	235	5:6	414-415
3:6	100	5:9	405
4:6	352	5:13	9, 426
4:13	118	5:13-14	426
5:7	11, 104, 482, 489, 493	5:17	424
5:17	156, 375	에베소서	
5:17-21	304	1:19	291
5:18-19	361	2:10	45, 407
6:2	55, 167	3:20	509
8:9	419	4:4-5	375
		4:7-11	352
갈라디아서		4:7-14	361
1:1	398	4:11-12	398
2:14	109	5:1-10	257
2:19	341, 342	5:21-6:9	434

5:26-27	330		히브리서	
5:32	329		1:1이하	490
5:21-33	330		4:16	28, 35
			5:1	35
빌립보서			6:4	352
1:6	38		11:1	403
2:4	267		13:4	216
2:6-11	419			
2:11	337		베드로전서	
			2:9	373, 395
골로새서			2:13-14	453
3:3	405		2:21	107
3:16	259, 339		3:9	453
3:18-4:1	434		4:1	107
데살로니가후서			베드로후서	
2:4	137, 359		1:19	129
3:1	37			
3:2	206		요한계시록	
			7:17	474
디모데전서			12:12	38
1:7	116		12:20	38
			17-18:	448
디모데후서			21:4	474
2:15	101		21-22:	448
3:15	123		22:20	480
디도서				
3:4-7	345			
3:5	140			

인명 색인

A

Adam, A	285
Adorno. Th.	315
Aland, K.	88
Alber, E.	377, 481
Althaus, P.	282, 292, 391, 457, 472
Angelus Silesius	357
Aristoteles	63, 234, 267, 422
Armbruster, J.	123
Äsop	67
Augustinus	7, 53, 87, 88, 92, 161, 162, 176, 196, 211, 239, 249, 250, 272, 275, 282, 292, 295, 382, 410, 448, 491
Aurelius, C. A.	401
Austad, T.	451
Austin, J.L.	90, 91

B

Barth, H.-M.	396, 512
Barth, K.	172, 449
Baur, J.	344, 367, 485
Bellarmini, R.	371
Bengel, J. A.	120, 181
Berggrav, E.	451
Beutel, A.	455
Biel, G.	62, 239
Bizer, E.	86
Blumenberg, H.	160
Boethius	294, 492
Bonhoeffer, D.	298, 391,
Bora, K. v.	144
Bornkamm, G.	180
Bornkamm, H.	42, 57, 80, 118, 119, 123, 131, 132, 142, 143, 144, 181, 234, 275, 308, 402, 414, 416, 418, 420, 423, 427, 448, 479
Bosch, H.	33
Brecht, M.	279
Brosseder, J.	479

Büchner, G.	321
Bultmann, R.	294, 412

C
Cajetan	89, 136, 159, 259, 305, 306, 372, 416, 421
Calvin, J.	194, 306,
Chagall, M.	296
Cicero	194, 236, 237, 238, 293
Cranach, L. d.Ä.	28
Cruciger, E.	176, 280

D
Darwin, Ch.	271
Decius, N.	494
Demosthenes	236
Descartes, R.	45, 117, 253
Dieter, Th.	422
Diogenes	431
Dix, O.	32
Duchrow, U.	448, 451
Duns Scotus	267
Dürer, A.	33

E
Ebeling, G.	88, 139, 180, 195, 231, 232, 240
Elert, W.	286, 449, 475

Engels, F.	116, 181
Epikur	293
Erasmus (von Rotterdam)	133, 134, 135, 141, 161, 166, 201, 274, 275, 276, 277, 279, 310, 359, 360, 362, 481

F
Fichte, J. G.	150, 151
Franciscus (von Assisi)	430, 436
Freud, S.	271, 281
Friedrich, C. D.	250

G
Gauguin, P.	296
Gehlen, A.	157
Georg v. Sachsen (Herzog) 452
Gerhard, J.	367
Gerhardt, P.	496
Goertz, H.	394
Goethe, J.W.v.	362
Goeze, J. M.	427
Gregor von Nyssa	129
Greschat, M.	367
Grieshaber, HAP	296, 297
Grimm, J.u.W.	70

H

Hacker, P.	247, 248
Hadot, P.	48
Haecker, Th.	294
Hakamies, A.	450
Hamann, J. G.	117, 165, 493
Härle, W.	363, 482
Harnack, Th.	304
Hattenhauer, H.	366
Heckel, J.	448
Heckel, M.	451
Hegel, G.W.F.	110, 122, 172, 269, 364, 365, 427
Heidegger, M.	315
Heidler, F.	472
Helmer, Chr.	327, 455
Henke, D.	172
Hennig, G.	5, 89
Hermann, R.	428
Hermisson, H.-J.	245
Herms, E.	363
Herrmann, Chr.	472
Hieronumus	33
Hilberath, B.	139
Hilpert, K.	421
Hirsch, E.	491
Hobbes, Th.	222
Höffe, O.	63
Hofius, O.	100
Holbein, A.	216
Hölderlin, F.	315
Hölzle, P.	428
Horaz	54
Hornig, G.	367
Hranabus Maurus	352
Hume, D.	194
Hutter, L.	371

I

Iwand, H.-J.	199

J

Jähnig, D.	252
Janowski, J. Chr.	471
Jellinek, G.	451
Jeremias, J.	313
Joest, W.	421
Johann v. Kursachsen (Herzog)	452
Jonas, H.	302
Jordahn, B.	278
Jüngel, E.	373
Junghans, H.	58

K

Kant, I.	48, 117, 271
Karlstadt, A. Bodenstein v.	89, 143, 357, 359
Kasper, W.	97
Kierkegaard, S.	295
Killy, W.	245, 251

Kopernikus, N.   271

L

Lange, D.	172
Leibniz, G. W.	295
Leo X.	274
Leppin, V.	479
Lessing, G.E.	427
Lohse, B.	282
Loofs, F.	151
Lortz, J.	97
Löscher, V.E.	366
Lüpke, J.v.	258

M

Mahlmann, Th.	151
Malinowski, B.	251
Mantey, V.	452
Marcion	300
Marcolfus	67
Marcuse, H.	427, 449
Margaritha, A.	32
Maritain, J.	247
Marx, K.	116, 150, 442
Maurer, W.	189, 408
Melanchthon, Ph.	273, 337
Meyer, C.F.	27
Moser, T.	316
Müntzer, Th.	140

N

Naumann, F.	449
Nicol, M.	245
Nietzsche, F.	158, 172

O

Oberman, H.	479
Osten-Sacken, P.v.d.	31

P

Pannenberg, W.	73, 109, 209
Pascal, B.	171, 172, 203
Peirce, C.S.	119
Pesch, O.H.	248, 475, 480
Peters, A.	475, 493
Philippi, P.	377
Picasso, P.	296
Platon	65, 126, 159, 304, 370, 371
Prechtl, M.M.	28, 31, 32
Prien, H.-J.	213
Pythagoras	164

R

Radler, A.	472
Reifenstein, J.	28
Reinhuber, Th.	135, 274, 279, 285, 286, 287, 300, 307, 360
Reininghaus, W.	213

Rembrandt, H.v.R. 296

Rendtorff, T. 377, 446

Rieske-Braun, U. 333

Rieth, R. 440

Ringleben, J. 162, 270, 292

Ritschl, A. 304

Rückert, H. 98

S

Sartre, J.-P. 150, 316

Sauter, G. 181

Scheler, M. 449

Schiller, F. 427

Schleimacher, F.D.E. 13, 160, 204, 206, 207, 208, 209, 239, 304, 325, 407, 416

Schloemann, M. 34, 39

Schopenhauer, A. 272

Schröder, J.H. 51

Schütte, H.-W. 304

Schwanke, J. 182,

Schwarz, R. 181, 226, 279, 465, 479

Schwarzenberg, J.v. 452

Schweizer, E. 174

Schwöbel, Chr. 482

Scotus, J.M. 372, 374

Selge, K.-V. 137

Slenczka, N. 125

Sölle, D. 303

Sparn, W. 279, 308

Spinoza, B. 160, 161

Steiger, J.A. 350

Steinacker, P. 379

Stendhal 308

Stock, U. 390

Stümke, V. 428, 454, 459, 465, 466, 468

T

Tauler, J. 63, 81

Thaidigsmann, E. 172, 240

Theissen, G. 433

Thomas v. Aquin 7, 73, 295, 411, 415

Thomasius, Ch. 366

Tillich, P. 246

Troeltsch, E. 434

Twesten, A. 114

W

Walker, F. 216

Wappler, P. 456

Weber, M. 227

Wendebourg, D. 394

Wenz, G. 373

Wiemer, A. 480

Wingren, G. 220

Wolf, E. 180, 187

Wolgast, E. 466

Z
Zenz, T.v 443
Zwingli, H. 344

용어 색인

가

가난: 149, 312, 318, 334, 419, 428-430, 436, 439, 441-442, 444

가정: 11, 30, 32, 97, 148, 151, 183-190, 210-213, 221-223, 237-238, 244, 399, 429, 434-435, 440, 454, 468

가정생활: 434

가족: 30, 189, 388, 434, 438, 459, 468

가족관계: 184

갈등학문: 231

감독: 283, 463

감독교회: 464

감독직: 464

『개인기도서』: 189

개인주의: 110, 177, 214, 220, 344, 385

개혁교회: 464

걸식수도회: 431

걸식주의: 433

게르니카: 296

견유학파: 431

결혼: 30, 32, 166, 189, 212-220, 240, 329-330, 334, 378, 429, 432, 442, 463, 468

결혼반지: 329

결혼생활: 213, 216-217, 219-220, 446

결혼서약: 442

결혼설교: 216, 219

결혼소책자: 11, 218

결혼예식: 215

『결혼을 권하고자 볼프강 라이센부쉬에게 보내는 기독교적인 글』: 32

경건: 96, 98, 135, 152, 176, 193, 212, 263, 265, 267, 285-286, 315, 333, 385, 386, 389, 403-404, 415-416, 421-422, 425, 446, 454, 458, 463, 478, 508

경건주의: 165, 350, 421, 423

경작: 57

계명: 44, 69, 71, 101-103, 187, 189, 192, 209, 210, 226,

228, 259, 262, 283, 336, 382, 409, 410-413, 420, 429, 437, 440, 445, 453, 461, 464, 487, 489, 504-506

계몽주의: 117, 423, 427

계시: 11, 49, 126, 138, 174, 208, 289-290, 301, 305, 307, 311, 357, 367, 380, 448, 482, 484, 486-487, 489, 491, 497

계시된 하나님: 16, 40-41, 139, 291, 301, 305, 307, 311, 367

계층구조: 371

고난: 40-42, 66, 71, 81, 107-108, 134, 153, 173, 175, 178, 189, 196, 201, 240, 283, 295, 303, 313, 315, 329, 336, 339-340, 344, 368, 377-378, 459

고난주일: 257, 458

공관복음서: 299, 391

공동창조자: 260

공동체: 118-120, 147-148, 156, 160, 172, 181, 209, 225, 314, 323, 325, 347, 350, 352, 355, 365, 373, 380, 402, 404, 420, 469, 473-474

공동체신학: 399

공로: 57, 81, 130, 132, 147-148, 149, 161, 217, 232-233, 243, 255, 264, 277-278, 317, 348, 361, 366, 390-391, 393, 409, 470, 501

『공의회와 교회에 관하여』 140, 189, 213, 352, 355, 376-378, 380-381, 398-399

교리직: 139

교리청: 122, 124, 138, 140

교회공동체: 379, 397, 463

『교회의 바벨론 포로』 77, 84, 87, 98, 383, 385, 387-389, 398

교회를 세우고 넘어지게 하는 조항: 151

구세주: 11, 93, 283

『구약성서서문』 142

구원의 순서: 350

국가권력: 226-227, 457

국가정부: 221, 223

권력: 137, 224, 225, 331, 454, 456, 458, 467-468

규정하는 규범: 138

『그리스도인의 자유』 101, 104, 106, 143, 177, 261, 263, 265, 266, 268, 325-326, 329, 334, 345, 384, 405, 408, 415, 416, 418, 422, 485, 503

『그리스도인의 자유로운 공의회 개

죄에 대한 새로운 호소』 136
『그리스도의 성찬에 관하여. 고백』
60, 152, 153, 170, 185, 212, 228,
236, 284, 323, 344, 368, 393-394,
470, 473
근본주의:　　　　　121, 132
기도:　　7, 11, 37, 40, 46-47, 49,
　　　　56, 57, 66-68, 70, 75, 97,
　　　　107, 118, 122, 138, 189,
　　　　196, 228, 264, 280, 292,
　　　　314, 349, 355, 377, 385,
　　　　399, 411, 472, 495, 498-
　　　　509
기도주일:　　　　　498, 501-509
『기도에 관한 설교』 501
기사:　　　　　　　32-33, 447
긴급질서:　　　　　187

나

나르시시즘:　　　　271
낙관주의:　　　　　38, 39, 178, 423
내적인 명료성:　　　135
『노예의지론』　59, 134, 141, 161-
162, 181, 201, 233, 265, 270, 275,
277-278, 285, 289, 291, 293-294,
296, 306, 308-309, 310, 348, 352,
360, 401, 405, 422, 474, 496
농민전쟁:　　　　　32, 465, 479

다

『다니엘서 서문』 479
『대교리문답서』 45, 161, 170,
179, 194, 196, 197, 207, 210, 213,
243, 253, 259, 265, 269, 304, 331,
334, 336-337, 339, 340, 349, 350,
355, 380-381, 386-387, 389, 392,
393, 408, 478, 486, 488, 498
대립공동체:　　　　371
대변:　　237
대심판:　　474
도그마:　　10
독일개신교 및 루터교 연합: 138
독일주교협의회:　　138
동력인:　　236
디다케:　　496

마

마귀:　　13, 28-30, 32-33, 67, 71,
　　　　76-77, 126, 127, 130, 141,
　　　　143, 168, 172-173, 200,
　　　　218-219, 230, 283-286,
　　　　299, 300-302, 305, 307,
　　　　312, 315, 318, 321, 325,
　　　　335, 339, 359, 382, 388,
　　　　401, 403, 406, 441, 448,
　　　　461, 470, 482, 484, 487,
　　　　508
마그나 카르타:　　　458
마니교:　　300

마라나타: 496
마르시온: 300
『마르틴 루터에게서 볼 수 있는 신앙 속의 자아』   247
마케도니아: 465
만물화해: 470
만민의 합의: 194
매춘부: 195, 197, 238
메타술어: 298
면죄부: 86, 92
목적인: 236
무로부터의 창조: 47, 149, 182
『무엇 때문에 교황과 그 측근들의 책이 마르틴 루터 박사에 의해 불태워졌는가?』   137
문법: 59, 60, 114, 141, 255, 282, 337
『미학개요』 165

바

바르멘 신학선언: 331
반전주의: 465
발명자: 241
배설물: 238
베들레헴: 357
변증법: 60, 95, 160, 164, 190, 315, 439
『복음에서 찾고 기대해야 할 것을 가르치는 작은 강의』 106
복음의 시간: 56
본보기: 104, 106, 107, 108, 132
부정의 방법: 255
부활: 126, 128, 131, 171, 182, 340, 344, 355, 366, 380, 392, 394, 470, 494, 503-504
부활절: 93, 481, 498
부활절설교: 392, 404
『불안의 개념』 270
비상질서: 466
비폭력: 453
비텐베르크: 253, 273, 280, 357
비텐베르크 시교회: 8
비텐베르크 성교회: 381

사

사랑의 신학자: 30
사회학: 184
산상수훈: 411, 432, 453-454, 460-461
산술: 59
삼위일체: 10, 11, 57, 67, 103, 104, 152, 163, 170, 255, 301, 327, 329, 344, 367-368, 388, 445, 475, 481-493, 495, 500, 504-505, 509
삼위일체론: 304, 312, 324, 326-328, 481, 483-489, 493, 503
서원: 426
선물: 60, 93, 100, 104, 106-108, 123, 143-144, 152-153, 183, 199,

201, 230, 234, 252, 255, 280, 323-324, 326, 341-342, 357, 365, 368, 375, 392, 420, 425, 440, 474
성경공부: 57
성경근본주의: 129
성만찬/성찬: 60, 93, 98-99, 104, 212, 228, 236, 239, 284, 323, 325, 344, 351, 356-357, 362-364, 366
성만찬 약속: 98
성만찬 참여: 393
성서주의: 94
성서주의자: 385
성령: 9-11, 28, 46-47, 51, 56-58, 60, 67-69, 83, 111, 114, 118, 127, 131, 134-135, 139-141, 152-153, 177, 199, 200, 202, 204, 217, 235, 276, 301, 304, 311-312, 319, 321, 323, 325-328, 333, 340-341, 346-369, 370, 372, 375, 380-385, 396, 403, 408, 409, 416, 471, 481-482, 484-485, 487, 491, 493, 495, 504, 509
성화: 166, 177, 310, 352, 350, 358, 421-423, 425, 487
성찬의 말씀: 99
『세 가지 신분에 관하여』 428-429, 438
세둘라 렉치오: 57
세속권력: 395

세속정부: 448, 452-454, 458, 465, 466
『세속권세에 관하여, 어느 정도까지 순종해야 하는가』 452, 455-456, 461, 464
『소교리문답서』 147, 153, 204, 218, 233, 241, 243, 245, 247, 250-252, 336, 341, 346, 350, 358, 382, 386, 388, 389, 391, 399, 413, 434, 442, 471, 475-476
소명: 48, 59, 220, 256, 350, 372, 373, 396-397, 399, 436, 458-459
속성의 교류: 303, 326, 341, 343-345
수사학: 59, 60, 73, 149, 255
숨어있는 하나님: 290-291, 295-296, 298, 301-302, 305-307, 403, 459, 484
슈말칼덴조항: 359, 365, 399, 425
시민법: 241
신개신교주의: 199, 247, 371
신령주의자: 363-363
신분: 30, 101, 183-189, 210-213, 215-216, 220-221, 224, 228, 231, 378, 404, 431, 436, 438, 447, 458, 467-468
신분국가: 184
신분론: 189-191, 212, 228, 236, 429, 454, 460
신분사회: 184

신분윤리: 184
신년설교: 100
신앙이해: 65, 138
신약학자: 433-434
신정론: 295, 307-308, 310-311, 321, 482, 496
신존재증명: 194
신학　73-75, 77-78, 118, 138-139, 159, 179, 206, 208, 245, 282, 298, 301, 305, 342, 360, 368, 407, 447, 469
-공동체신학
-논쟁신학: 83-84, 87, 96-97, 99
-바울신학: 123, 180
-십자가신학: 84, 303
-스콜라신학: 88, 267, 275, 414, 415
-언약신학: 498
-역사신학: 82, 448
-자연신학: 163, 165-166, 175, 185, 191-192, 195, 206, 259, 488
-조직신학: 7, 10, 12-13, 15, 82, 103, 105, 144, 307, 327, 450, 511-512
-창조신학: 47, 147, 151, 154, 156, 185, 224, 259, 429
-칭의신학: 149
-투쟁신학: 479
신학개념: 62, 79
신학대전: 7

신학수업: 47, 49, 66, 145
신학의 대상: 73-75, 78, 103, 123-124, 335
신학의 신학성: 74
신학의 주제: 10, 62, 73, 75, 77
신학적 표지: 92
신학자: 46-49, 52, 53, 56-57, 59-60
신학해제: 7
신학총론: 273
심판: 8, 32, 38, 39, 40, 67, 74-75, 79, 109, 159-160, 179, 237, 263, 308, 310, 315, 317, 321, 330, 332-333, 358-359, 361, 392, 420, 422, 471, 477-481, 484, 495-496,
심판대: 477
심판자: 32, 240, 292
심판관: 140
십계명: 11, 44, 106, 189, 210, 228, 251, 331, 409, 410, 435-436, 438, 444, 453, 486, 487
십자가 신학: 84, 303
실존주의: 150
실체형이상학: 342
『스콜라신학 반박』 267

아

아담: 80, 100, 103, 141, 166-167, 230, 235, 241, 283, 285, 351, 358-359, 367, 386, 415, 419, 424
『아우크스부르크 신앙고백서』

57, 189, 235, 286, 367, 379, 383, 432, 458, 461, 463, 477
-제2조: 282
-제4조: 361
-제5조: 351, 358, 360, 370, 372, 374, 383, 394, 398
-제7조: 377, 403, 406
-제8조: 403-404
-제14조: 57, 394
-제16조: 211, 432, 458, 461, 463
-제17조: 470, 475
-제18조: 281
-제28조: 367
『아우크스부르크 신앙고백서 변증』 398
아바: 493-495
아빠: 494, 495
아프카니스탄: 465
야곱: 29, 30, 76, 296, 298, 333, 484
약속: 34-36, 40-44, 51, 55, 65, 74, 77, 79, 82-84, 86-110, 114, 119, 123, 126, 128, 131, 133, 143, 152, 155-162, 170-171, 174, 177, 178-179, 181-183, 186, 188, 191-192, 206, 210, 218, 245, 248, 253, 262, 264-265, 276, 278, 327, 330-331, 336-337, 341, 344, 349, 350, 360, 374-375, 382, 384, 392, 400, 406, 436, 447, 473, 478, 481, 485, 489, 491, 498-501, 503-509
양자론: 344
에바다: 164, 172, 175
에메트: 155
에무나: 155
열광주의: 18, 22, 30, 140, 207, 211, 292, 304, 311, 344, 351, 356, 359, 360, 363, 365, 425, 432, 451, 461, 465
영성주의자: 351, 356, 358
영웅: 27, 53
영적시련: 17, 30, 33, 41, 46-47, 49, 50-52, 64, 66, 67, 70-72, 122, 264, 300, 305, 309, 310, 404, 484, 488, 508
영지주의: 300
예술: 56, 101, 216, 255, 428
예술가: 34
예술작품: 254
오직 말씀: 310, 344, 389, 464, 507
오직 성경: 66
오직 은총: 105
옥중서신: 303
외적인 명료성: 135, 141-142
외적인 의: 342, 365
요한계시록: 38, 132, 401-402, 474, 480
욕망: 68, 102, 149, 180, 235, 270, 280, 386, 509
용서: 22, 34, 39, 75, 91-93, 102,

　　　　　104, 124, 143, 179, 188, 218,
　　　　　228, 278, 280, 325, 341, 347,
　　　　　352, 355, 358, 377, 380, 382-
　　　　　384, 388, 390, 392-393, 398,
　　　　　400, 403-404, 463, 478, 502
우상숭배: 168
우화:　　 8, 67
원수:　　 29, 30, 37, 71, 143, 256,
　　　　　318, 325
원수사랑: 461
원역사:　 185, 226
유대:　　 130
유대교:　 149
유대인:　 30, 55, 101, 200, 480
유일성:　 71-72
『육적인 말씀, 종교개혁과 현대의 갈
　등』 13
윤리학자: 428, 434-435, 444
율법의 시간: 56
음악:　　 59, 219, 307, 399
의무표:　 11, 23, 251, 433, 435, 445
이교:　　 164
이교도:　 101, 133, 195-196, 217,
　　　　　237-238, 378-379
이성적 동물: 231, 233, 257, 258,
　　　　　261,
이성신학자: 68
이신칭의:　 309
이스라엘:　 30, 44, 286-287,
　　　　　331-332

이슬람:　　 128, 207, 403
이중예정:　 305
『이차시편강의』 58, 79-80, 126
『인간에 대한 토론』 154, 231,
　　　　　233, 235, 237, 239-240
인격주의: 159-161
인문주의: 133, 141, 150, 274, 275
『일차시편강의』 117, 268

자

자경권:　 226
자구권:　 226
자기계시: 78, 104, 497
자기도취: 271, 344
자기 자신에게 구부러짐: 168, 268
자아관련성: 247
자연신학: 163, 165-166, 175, 185,
　　　　　191-192, 195, 206, 259, 488
자연법:　 222-223, 379, 438
자유:　　 9-10, 42, 45, 90, 94, 102,
　　　　　110, 112, 116, 128-129, 144,
　　　　　149-150, 162, 183, 187, 189,
　　　　　201, 222, 225-226, 238, 252,
　　　　　270, 274, 281, 286, 296, 302,
　　　　　327-328, 364-366, 417-418,
　　　　　425-426, 428, 442, 465, 485
자유예과: 59
자유방임주의: 421
『자유의지론』 135, 201, 274
장로교회: 464

재세례파: 351, 372, 432, 451, 461
적그리스도: 30, 468-469, 479
정경: 117, 131-132, 331
정부: 221-229, 244, 355, 437,
　　　447-451, 454,
정치적 인간: 237
정치적 용법: 103, 104, 241, 488
정통주의: 350
제국회의: 477
제후들의 모범: 457
조직신학: 10, 13, 15, 82, 103,
　　　105, 144, 307, 327, 455
조직신학자: 7, 12, 511-513
종교개혁적인 전환: 10, 82, 88,
　　　100, 179
종교현상학: 192, 195, 207
종말: 11, 32-33, 39, 148, 190, 269,
　　　301, 308, 310, 328, 333, 347, 355,
　　　441, 467, 468, 469, 470, 473, 479,
　　　482, 488-489
종말론: 9, 13, 109, 310, 366, 392,
　　　406, 448, 472, 474, 476-477, 483,
　　　496, 508
주기도문: 11, 189, 250-251, 399,
　　　404, 472, 493, 495, 498, 505
주체형이상학: 342
중재자: 176
즐거운 경제: 335
즐거운 교환: 270, 312, 325, 329,
　　　333, 340, 343, 503

지리: 59
지옥: 10, 32-33, 66, 80, 128, 131,
　　　143, 213, 306, 316-317, 323-325,
　　　327, 329-330, 332, 343, 485
지옥행: 320
『진리탐구와 상처받은 양심의 위로』 8
『진리를 위하여』 98
질료인: 236

차

찬송가: 282, 450, 483
창조: 9, 10, 28, 32, 40, 45-47, 65,
　　　103, 105-107, 115, 119, 147-149,
　　　151-152, 155-157, 159-161, 163,
　　　166-167, 170-171, 175-180, 182,
　　　185, 209-210, 218, 222, 225, 227,
　　　232-233, 241-248, 251-252, 255,
　　　259-260, 266, 269, 275, 321, 332-
　　　333, 342, 352, 366, 373, 393, 394,
　　　400, 422-424, 478, 482, 487, 491-
　　　492
창조론: 74, 149, 156, 160, 163,
　　　177, 209, 233, 249, 292, 336
창조기사: 163, 178, 191, 215
창조목적: 57
창조물: 361
창조사역: 157, 489
창조세계: 379, 478, 495-496
창조시편: 157

창조신앙: 198, 248
창조신학: 47, 147, 151, 154, 156, 185, 224, 259, 429
창조이해: 38, 170, 180-181
창조의지: 32
창조자: 11, 47, 155, 159-162, 165, 168, 170, 173-174, 179, 181, 203, 206, 215, 225, 237, 240, 243-245, 247, 249-250, 252-254, 256, 259, 260, 266-270, 293, 294, 300, 334, 344, 351-353, 423, 429, 440-441, 466, 468-469, 474
창조질서: 187-188, 191-192, 206, 209, 222-223, 374, 454
창조행위: 176
천년왕국론: 470
초(超) 주체: 344
최후의 심판: 38, 392, 475, 477-478
칭의: 9, 62-63, 74, 80, 84, 92-94, 96-97, 103, 114, 123, 148-152, 154, 209, 233, 238-239, 259, 269, 280, 333, 360-361, 365, 370, 377, 379, 416, 419, 420, 423, 475-476, 496-497, 500

카

카이로스: 54-56
『케리그마와 도그마』 10
케티: 32
코소보: 465

크레도: 336

타

타율: 103
탁상담화: 12, 46-47, 60, 86, 100, 166-167, 188
탐욕: 168, 170, 177, 268-269, 274, 439, 440-441
태초: 150-151, 161, 177, 192, 362
터키: 55, 403, 479, 507
통치: 30, 57, 127, 171, 176, 179, 190, 200, 221, 226-228, 241, 269, 283, 336, 339, 403, 423, 446, 448-449, 451, 458-459, 466, 474
통치자: 241, 271, 450, 456, 466
통치권: 58
통치방식: 462
통치연맹: 448
특별한 믿음: 156, 372

파

『팡세』 172
평화주의: 465
평화주의자: 466
포스트모던: 13, 50, 110
폭력: 109, 137, 221, 225-227
폭력금지: 454
피타고라스: 164

하

하나님에게서 돌아섬: 268

하비투스: 60

하비투스 테오스도토스: 60

하와: 141, 359

협력자: 260

형상인: 236

형이상학: 3 8, 63, 65, 74, 81, 94, 151, 174, 247, 295, 313, 320, 342, 383, 420, 424, 502-503

혼인: 145, 216-218, 220, 331, 334, 378, 434, 437

혼인법: 218

혼인생활: 239

혼인서약: 91

혼인예복: 415

혼인예식: 218

혼인잔치: 474

홍수: 222, 478

화목: 153

회의론자: 346

회중교회: 464

『후텐의 최후의 날들』 27

히브리어: 72, 155, 157, 204, 259, 282